lonely planet

ÉCOSSE

Kay Gillespie, Laurie Goodlad, Mike MacEacheran,
Joseph Reaney, Neil Wilson

SOMMAIRE

Burrell Collection (p. 131), Glasgow

Carnet pratique

Comprendre

Speyside Cooperage (p. 235)

ANDREA CALANDRA/GETTY IMAGES ©

Royal Yacht Britannia (p. 87), Édimbourg

CHRIS JENNER/SHUTTERSTOCK ©, FAR LEFT: SKULLY/SHUTTERSTOCK ©

STEPHEN FINN/SHUTTERSTOCK ©

Coucher de soleil, Iona (p. 260)

BIENVENUE EN ÉCOSSE

LE VOYAGE COMMENCE ICI

Tant de personnes se sentent liées à l'Écosse, à la fois terre ancestrale, foyer spirituel et destination touristique prisée. Me concernant, il s'agit de ma maison ; j'y trouve ce qu'il me faut de confort, de calme et d'aventure. J'ai mes petits havres de paix aux quatre coins du pays, mais c'est au bord de la mer que je me sens le mieux. Les îles écossaises ont une place à part dans mon cœur et je m'évade souvent sur les Hébrides intérieures, qui me procurent toujours une joie pure : sable blanc et doux, ombres des montagnes, cheveux au vent, chaleur fumée du whisky d'Islay et baignades vivifiantes en mer. Pendant des années, j'ai rêvé de passer d'île en île et de publier mes aventures en ligne ; c'est ma vie désormais et je mesure ma chance tous les jours. Si vous entendez l'appel des îles, foncez. Vous y trouverez un joyeux nid douillet.

Kay Gillespie
@thechaoticscot

Mon expérience préférée Le coucher du soleil au nord d'Iona, quand l'écume des vagues se pose sur le sable blanc et que le ciel aux tons pastel flotte au-dessus des silhouettes de Staffa et des Treshnish.

SUR LE TERRAIN

Nos auteurs présentent les lieux qui, pour eux, incarnent le mieux l'Écosse

C'est dans la **réserve naturelle de Hermaness**, sur Unst, à l'extrême nord de la Grande-Bretagne, que l'on sent le mieux l'énergie pure des îles. La nature et le paysage se mêlent dans un tourbillon bruyant d'oiseaux de mer et de rochers à pic. Les macareux dansent au sommet des falaises et les fous de Bassan planent dans les airs : c'est le paradis sur Terre.

Laurie Goodlad

@shetlandwithlaurie

Rédactrice et guide originaire des îles Shetland, Laurie a à cœur de préserver le patrimoine culturel des communautés rurales et insulaires en Écosse (Hermaness p. 426).

L'île de Skye est une palette de couleurs : le noir anthracite et le rouge orangé des Cuillin Hills, le bleu trouble de la mer autour de la péninsule d'Elgol et le vert éclatant de la vallée de Fairy Glen... Mais ma teinte préférée, c'est le blanc argenté de **Coral Beach**. Depuis Claigan, longez le littoral sur cette plage relativement peu connue et admirez l'île la plus touristique d'Écosse sous un jour unique.

Mike MacEacheran

@MikeMacEacheran

Mike est un journaliste indépendant reconnu spécialisé dans les voyages (Skye p. 356).

Pour moi, vous n'avez pas visité l'Écosse si vous n'avez pas parcouru la **Drumbeg Loop**. Vu son emplacement, à l'extrême nord-ouest du pays, vous ne tomberez pas dessus par hasard... mais je vous garantis que le défilé incessant de pics montagneux découpés, de lochs bleus scintillants et de plages de sable blanc dignes des Caraïbes vaut le détour.

Joseph Reaney

@JoeMReaney

Écrivain et auteur spécialisé dans les voyages, Joseph vit entre l'Écosse et la République tchèque (Drumbeg Loop p. 386).

Rocks of Solitude... rien que le nom fait rêver, non ? C'est derrière une porte bleue dans un mur de pierre que commence l'un de mes sentiers préférés. Dans une forêt magique, on longe la rivière North Esk, on franchit la ligne de faille des Highlands et on suit une gorge étroite sillonnée de cascades jusqu'à un bassin isolé d'eau tourbillonnante. Le lieu parfait pour s'évader.

Neil Wilson

@neil3965

Neil vit dans le Perthshire et contribue aux guides de Lonely Planet sur l'Écosse depuis plus de 20 ans. (Rocks of Solitude p. 227).

Îles Shetland
(voir agrandissement)
0 50 km
0 25 miles
Westray
Îles Orcades
Mainland
Stromness
Kirkwall
Îles Orcades
Explorez le site "Heart of Neolithic Orkney" (p. 411)
Îles Shetland
Unst
Yell
Ulsta
Toft
Mainland
Lerwick
0 50 km
0 25 miles
OCÉAN ATLANTIQUE
Îles Shetland
Vivez un festival viking enflammé (p. 420)
Cape Wrath
Durness
Tongue
Thurso
John O'Groats
Wick
Ben Hope
Ben More Assynt
Harris
Stornoway
The Minch
Mer du Nord
Fort William
Arpentez le plus haut sommet du Royaume-Uni (p. 328)
Île de Lewis et Harris
Roulez jusqu'à des plages de rêve (p. 378)
Tarbert
Ullapool
An Teallach
Beinn Dearg
Tain
Moray Firth
Elgin
Fraserburgh
Lochmaddy
North Uist
Portree
Kyle of Lochalsh
Inverness
Loch Ness
Grantown-on-Spey
Huntly
South Uist
Skye
Lochboisdale
Five Sisters of Kintail
Kingussie
Aberdeen
Stonehaven
Longez la côte jusqu'au Dunnottar Castle (p. 233)
Mallaig
Cairngorms National Park
Braemar
Mer des Hébrides
Fort William
Ben Nevis

Île de Coll
Admirez les étoiles dans une "Dark Sky Community" (p. 259)
Île de Staffa
Repérez les macareux en bateau (p. 265)
Île d'Islay
Dégustez de délicieux whiskies (p. 266)
Kintyre
Partez en road trip sur la Kintyre 66 (p. 279)
Île d'Arran
Savourez les produits locaux de l'île (p. 282)
Oban
Esquissez quelques pas de danse lors d'un *cèilidh* (p. 252)
Culross
Visitez un village côtier bien préservé (p. 193)
Édimbourg
Admirez le coucher du soleil depuis un volcan éteint (p. 67)
Glasgow
Suivez le parcours d'art urbain (p. 123)
Tiree
Glen Coe
Blairgowrie
Arbroath
Mull
Oban
Dundee
Perth
St Andrews
Ben More
Loch Lomond & The Trossachs National Park
Stirling
Kirkcaldy
Colonsay
Lochgilphead
ÉDIMBOURG
Dunbar
Jura
Greenock
Dumbarton
Islay
Glasgow
Lochranza
Kintyre
Brodick
Kilmarnock
Peebles
Melrose
North Channel
Arran
Firth of Clyde
Ayr
Campbeltown
Moffat
Girvan
Merrick
Galloway Forest Park
Dumfries
IRLANDE
IRLANDE DU NORD
Stranraer
Newcastle-upon-Tyne
ANGLETERRE
BELFAST

WHISKIES ET DISTILLERIES

"Si vous n'aimez pas le whisky, c'est que vous n'avez pas encore trouvé le bon". Du gaélique *uisge beatha* ("eau de vie"), ce breuvage incontournable est le produit le plus connu d'Écosse. Le déguster est un rite de passage : allez directement à la source et savourez. Et quand vous aurez déniché celui que vous préférez, levez votre verre et dites *sláinte* !

Régions de production

Les zones de production font débat, mais on distingue grosso modo les régions suivantes : les Highlands, les îles dans leur ensemble, les Lowlands, le Speyside, Campbeltown et Islay.

Distilleries

Avec plus de 130 distilleries disséminées à travers l'Écosse, vous en trouverez facilement au moins une où vous arrêter.

Visites

Les visites d'une heure, avec dégustation, coûtent généralement de 15 à 20 £. Certaines distilleries proposent des visites plus longues et plus approfondies.

La Lochranza Distillery (p. 283), île d'Arran

NOTRE SÉLECTION

Faites la tournée des distilleries de l'île d'**Islay** pour passer en revue ses célèbres whiskies et trouver votre coup de cœur. (p. 266)

Immergez-vous dans la visite interactive de **Johnnie Walker Princes Street**, à Édimbourg, un bâtiment entier dédié à ce célèbre scotch. (p. 75)

Faites un aller-retour entre Skye et Raasay pour découvrir la **Torabhaig Distillery**, l'**Isle of Raasay Distillery** et la **Talisker Distillery**. (p. 361)

Visitez une demi-douzaine de distilleries du Speyside, dont la **Speyside Cooperage**, lors d'un road trip d'une journée. (p. 235)

Accompagnez votre *single malt* de chocolats artisanaux grâce au "Whisky and Arran Chocolate Pairing Tour" de la **Lochranza Distillery**. (p. 283)

PLAISIRS URBAINS

L'Écosse est connue pour les terres sauvages de ses Highlands mais aussi pour ses villes, véritables bouillon de culture mêlant art, histoire et architecture. Ces cités modernes et agréables abritent des îlots de verdure, d'anciens châteaux perchés sur des volcans éteints et de vieilles rues inchangées. Des attractions touristiques aux bars de quartier, chacune d'elles saura vous enchanter.

Transports publics

Aisément accessibles en train et en bus, les huit grandes villes écossaises sont idéales pour des excursions d'une journée sans voiture.

Menus déjeuner

À midi, les menus proposés par les meilleurs restaurants vous permettront de déguster une cuisine de qualité sans vous ruiner.

Saison festive

Venez en décembre pour les décorations de Noël, le vin chaud, les marchés et autres manifestations propres à la période, et terminez par la fête de Hogmanay, à Édimbourg.

Édimbourg (p. 48)

NOTRE SÉLECTION

À Glasgow, suivez le **City Centre Mural Trail** pour admirer les incroyables œuvres de *street art* qui ornent petites rues, pignons et vieux bâtiments. (p. 123)

Regardez le soleil se coucher sur **Édimbourg** depuis **Calton Hill** ou le sommet d'**Arthur's Seat**, deux vestiges d'un volcan aujourd'hui éteint. (p. 64)

Promenez-vous le long du fleuve de la Ness à **Inverness** et visitez l'**Inverness Museum and Art Gallery**, les **Ness Islands** et la **cathédrale**. (p. 304)

Découvrez la sépulture du roi Robert Bruce dans l'**abbaye de Dunfermline**, qui s'est récemment vu accorder le statut officiel de "ville". (p. 194)

Installez-vous dans le bus **Discover Dundee** pour un circuit avec commentaires audio et arrêts à volonté dans les sites touristiques. (p. 223)

ÎLES DE RÊVE

On est souvent surpris d'apprendre que l'Écosse compte 790 îles, dont moins de 90 sont habitées. Chacune forme un univers à part : si elles ont en commun beauté, sérénité et attachement identitaire, elles varient en revanche considérablement par leur taille, leur caractère et leur facilité d'accès. Mais qu'on s'y rende en petite embarcation, en ferry, par des ponts historiques ou en empruntant des chaussées naturelles à marée basse, toutes invitent à l'exploration.

DE GAUCHE À DROITE : ACONTADINI/GETTY IMAGES ©, GUILLERMO ARMERO/GETTY IMAGES ©, NORTHLIGHTIMAGES/GETTY IMAGES ©

Ferries

Hormis sur certaines traversées de courte durée, les ferries exigent une réservation pour les voitures et les passagers.

D'île en île

Choisissez une île en fonction de vos centres d'intérêt et du temps dont vous disposez, et informez-vous sur les sorties d'une journée dans les îles voisines.

Quand y aller

L'été rime avec plage, sorties en bateau et sports nautiques. En automne et en hiver, on peut observer les étoiles, boire du whisky au coin du feu et faire des balades vivifiantes.

Paysage côtier, Iona (p. 261)

NOTRE SÉLECTION

Prenez votre temps pour explorer le littoral d'**Iona**, entre criques abritées et plages de sable blanc aux eaux turquoise.
(p. 261)

Contemplez le ciel nocturne de l'**île de Coll** : un rêve pour les astronomes.
(p. 258)

Évadez-vous à **Fair Isle**, la plus méridionale des îles Shetland, et découvrez ses oiseaux, ses randonnées côtières, ses pulls et sa solitude.
(p. 423)

Sillonnez l'**île d'Arran** à la découverte de ses excellents produits locaux, de sa cuisine maison et de ses fruits de mer.
(p. 282)

Prenez un avion de Glasgow à **Barra** et atterrissez sur le sable de Traigh Mhòr, seule plage au monde à recevoir des vols réguliers.
(p. 380)

Le Dunrobin Castle (p. 392)

FIERS CHÂTEAUX

Fastueuses demeures royales baignant fièrement dans leur opulence d'antan ou forteresses imprenables toujours impressionnantes même partiellement tombées en ruine, les châteaux sont devenus le symbole officieux de l'Écosse. Ne pas en visiter au moins un serait presque un crime !

Droits d'entrée

L'entrée coûte généralement de 10 à 15 £. Vous pouvez aussi prendre simplement des photos depuis l'extérieur ou explorer gratuitement des petits châteaux en ruine.

Heures d'ouverture

Beaucoup de sites ferment ou réduisent leurs horaires en basse saison : vérifiez sur Internet. Les châteaux de Stirling et d'Édimbourg sont ouverts toute l'année.

NOTRE SÉLECTION

Voyez l'exposition présentée dans l'imposant **Stirling Castle** ou suivez une visite guidée pour comprendre son importance dans l'histoire écossaise. (p. 188)

Admirez le grandiose **Culzean Castle** et son vaste parc. (p. 177)

Explorez le **Dunrobin Castle**, son intérieur luxueux, ses superbes jardins et ses démonstrations de fauconnerie. (p. 392)

Découvrez les vestiges du **Gylen Castle** surplombant la mer près du Kerrera Tea Garden. (p. 256)

Suivez la côte de l'Aberdeenshire, de Stonehaven aux ruines du **Dunnottar Castle** perché sur une falaise. (p. 233)

MACAREUX, DAUPHINS ET CERFS

La terre, la mer et le ciel écossais abritent une faune abondante composée d'oiseaux et de mammifères endémiques, et d'espèces aviaires et marines migratrices qui s'y rassemblent chaque année. Observez et photographiez-les sur une île inhabitée, une côte paisible, au bord de la route ou depuis un bateau, et laissez leur simple présence vous émerveiller.

Saison des macareux

L'été, des milliers d'oiseaux marins viennent se reproduire et nicher en Écosse. La meilleure période pour les voir va de mai à juillet.

Photographie animalière

Pour de beaux clichés en gros plan sans trop dépenser, investissez dans un téléobjectif d'occasion de 200 mm ou plus.

Gardez vos distances

Tenez-vous loin des animaux, ne les nourrissez pas et restez sur les sentiers pour ne pas abîmer leurs nids ou leur habitat.

NOTRE SÉLECTION

Contemplez d'adorables macareux lors d'une sortie en bateau de Mull ou Iona vers **Staffa**. (p. 265)

Admirez des cerfs élaphes sur l'**île de Jura**, qui en compte plus de 4 000. (p. 271)

Voyez des pygargues attraper des poissons en plongeant vers la mer grâce au **Sea Eagle Adventure Trip** de Mull Charters. (p. 255)

Suivez les visites guidées de Shetland Nature sur les côtes de l'**île d'Unst** pour tenter d'apercevoir la discrète loutre d'Europe. (p. 424)

Observez les dauphins au **Scottish Dolphin Centre de Spey Bay** (p. 237) ou à **Chanonry Point**, sur l'autre rive du Moray Firth. (p. 307)

SOMMETS ET SENTIERS

Les spectaculaires paysages écossais ont mis des millions d'années à se former. Issus de l'activité volcanique, les sommets montagneux et les *glens* (vallons) ont été ciselés par les glaciers, tandis que le va-et-vient de la mer a façonné les contours de la côte. Tout un réseau de sentiers vous attend pour des randonnées longue distance à basse altitude ou de rudes ascensions ; on dénombre notamment 282 pics de 3 000 pieds (914,4 m) ou plus, baptisés *munros*.

Planifiez votre circuit

Ayez recours à des applications ou des sites Web tel **WalkHighlands** (*walkhighlands.co.uk*) ; téléchargez le plan et la description de l'itinéraire avant de partir.

Équipement

Vêtements pour tous les temps, imperméable, eau, répulsif contre les *midges* (moucherons piqueurs) au printemps et en été, et chaussures de marche pour la montagne.

Guides et transferts

Diverses agences proposent des marches guidées, en privé ou en groupe. Pour les randonnées longue distance, des forfaits incluent l'hébergement et le transfert des bagages.

DE GAUCHE À DROITE : LUCENTIUS/GETTY IMAGES ©, EMPATO/GETTY IMAGES ©, WESTEND61/GETTY IMAGES ©

Le Buachaille Etive Mòr (p. 323), West Highland Way

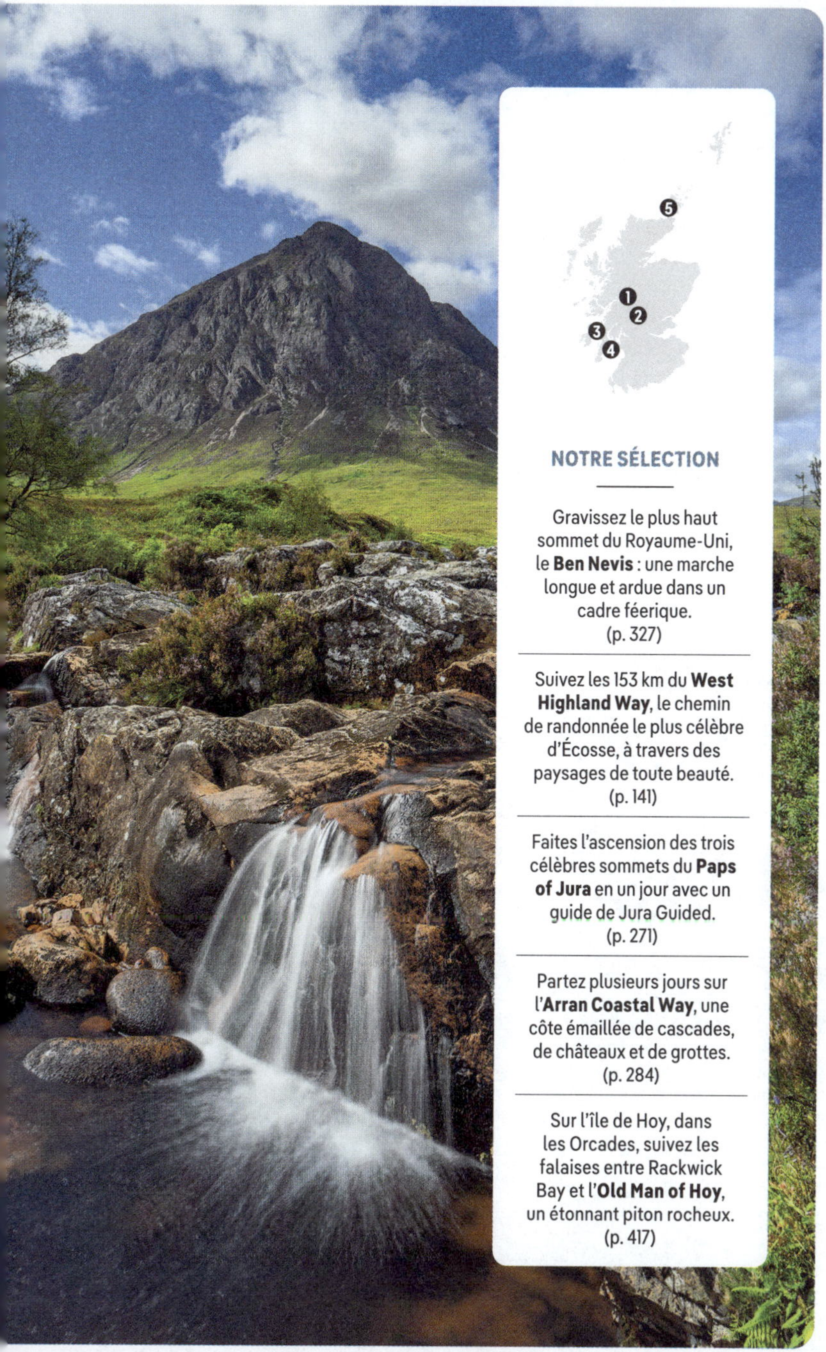

NOTRE SÉLECTION

Gravissez le plus haut sommet du Royaume-Uni, le **Ben Nevis** : une marche longue et ardue dans un cadre féerique. (p. 327)

Suivez les 153 km du **West Highland Way**, le chemin de randonnée le plus célèbre d'Écosse, à travers des paysages de toute beauté. (p. 141)

Faites l'ascension des trois célèbres sommets du **Paps of Jura** en un jour avec un guide de Jura Guided. (p. 271)

Partez plusieurs jours sur l'**Arran Coastal Way**, une côte émaillée de cascades, de châteaux et de grottes. (p. 284)

Sur l'île de Hoy, dans les Orcades, suivez les falaises entre Rackwick Bay et l'**Old Man of Hoy**, un étonnant piton rocheux. (p. 417)

VOYAGE DANS LE TEMPS

Essayer d'appréhender l'ancienneté de la présence humaine en Écosse a de quoi faire tourner la tête. Plongez dans cette histoire et ses mystères vieux de quatre millénaires : flânez dans des villages préhistoriques, interrogez-vous sur la vie de ceux qui les ont fondés, explorez des cercles de pierres et des cairns construits dans l'alignement du Soleil, de la Lune et des étoiles. Et si l'imagination vous manque, laissez un guide local retracer pour vous ce fascinant passé.

DE GAUCHE À DROITE : ARTERRA/UNIVERSAL IMAGES GROUP VIA GETTY IMAGES ©, ANDREWJSHEARER/GETTY IMAGES ©, THEASIS/GETTY IMAGES ©

Carte de réduction

Si vous comptez visiter plusieurs sites, vous ferez des économies en achetant un Explorer Pass, valable pendant 7 jours consécutifs.

Événements spéciaux

Les sites historiques accueillent des événements toute l'année : visites de nuit, marches guidées, spectacles ou activités pour enfants (consultez les sites Web).

Solstice d'été

Dans les îles du Nord et les Hébrides extérieures, on se réunit dans les cercles de pierres à l'aube et au crépuscule pour fêter le solstice d'été.

Les Callanish Standing Stones (p. 377)

NOTRE SÉLECTION

Classé par l'Unesco, le **Heart of Neolithic Orkney** comprend plusieurs sites préhistoriques, notamment **Skara Brae** et le **Ring of Brodgar**. (p. 377)

Découvrez les monolithes, cercles de pierres et cistes funéraires des **Machrie Moor Standing Stones** sur l'île d'Arran, au milieu de la lande. (p. 280)

Pédalez 60 km à travers 5 000 ans d'histoire sur Lewis en passant par le *broch* de **Dun Carloway** (tour de défense datant de l'âge du fer) et les **Callanish Standing Stones**. (p. 377)

Contemplez les cairns, les pierres levées et les monuments funéraires du site de **Clava**, dans un paisible espace boisé proche d'Inverness. (p. 304)

Embarquez vers l'île déserte de Mousa pour admirer le *broch* le mieux conservé d'Écosse : le **Mousa Broch** vieux de 2 000 ans. (p. 422)

La Golden Road (p. 379), Harris

EN VOITURE

Oubliez les longs road trips assommants. Vous êtes en Écosse ! Ici, quel que soit l'itinéraire, ce sont de nouveaux paysages qui surgissent à chaque virage et les panoramas ne cessent de changer : campagne, littoral, montagnes, landes, montées abruptes et petites routes à une voie. Plus que la destination finale, c'est le trajet qui vous enchantera.

Location de voiture

Récupérez votre véhicule à l'aéroport ou dans une grande ville ; il est possible de le restituer à un autre endroit.

Sur la route

Les routes à voie unique comportent des *passing places* (zones de dépassement) qui servent à éviter les voitures venant en sens inverse ou à doubler.

NOTRE SÉLECTION

De la Golden Road à la côte ouest, découvrez les montagnes, les paysages lunaires et les superbes plages de **Harris**. (p. 378)

Parcourez le **Rhinns of Galloway** jusqu'au point le plus méridional d'Écosse : le Mull of Galloway, son phare et son emplacement à couper le souffle. (p. 171)

Longez la jolie côte ouest de l'île de Mull entre **Tobermory** et **Fionnphort**, avec ses virages serrés et sa vue imprenable sur la mer. (p. 255)

Suivez la **Kintyre 66**, une boucle de 105 km autour de la péninsule de Kintyre. (p. 279)

LASSE JOHANSSON/SHUTTERSTOCK ©

Tobermory (p. 255)

CHARMES CÔTIERS

Avec leurs vieux ports, leurs jolis cottages, leurs couleurs vives et leurs pavés usés par le temps, les localités côtières d'Écosse sont un régal pour les yeux – et les appareils photo. Prenez des clichés de carte postale dans des petits villages de pêcheurs et des villes portuaires animées dont l'histoire, l'industrie et le caractère sont à jamais liés à la mer.

Excursions en bateau

En été, dans tous les ports d'Écosse, des bateaux vous emmènent observer la faune sauvage et faire des excursions d'une journée dans les îles.

Plaisirs gustatifs

Quelle que soit la météo, une journée au bord de la mer implique une dégustation de *fish and chips* et de crème glacée.

NOTRE SÉLECTION

Faites les boutiques, marchez jusqu'au **phare de Rubha nan Gall** et photographiez les maisons colorées de **Tobermory**, la plus jolie ville portuaire d'Écosse. (p. 255)

Savourez l'ambiance balnéaire et les panoramas montagneux d'**Ullapool** (p. 366) et régalez-vous de fruits de mer au **Seafood Shack**. (p. 367)

Tombez sous le charme de l'adorable **Culross**, alias Cranesmuir dans la série télévisée *Outlander*, où le temps semble s'être arrêté au XVIIe siècle. (p. 193)

FESTIVALS ET MUSIQUE

Les Écossais aiment faire la fête et trouvent toujours quelque chose à célébrer : leur culture, leur patrimoine, leurs traditions… ou simplement le week-end ! Sous le soleil furtif de l'été, dans le froid de l'hiver ou dans les pubs bondés, les festivités s'enchaînent toute l'année : chants, danses, courses de bateaux, spectacles d'humoristes, épreuves sportives ou feux de joie. Profitez de ces moments pour vous lier d'amitié avec les habitants.

DE GAUCHE À DROITE : JEFF J MITCHELL/GETTY IMAGES ©, JIM GRANT/SHUTTERSTOCK ©, ROBBIE JACK-CORBIS/CORBIS VIA GETTY IMAGES ©

Anticipez

Dès que les dates d'une fête ou d'une manifestation sont connues, réservez vos billets et votre hébergement.

Îles en fête

En été, les îles accueillent certains des meilleurs festivals musicaux d'Écosse et la fête commence généralement sur le bateau !

Musique live

Écoutez des chansons ancrées dans l'histoire locale, savourez un air entraînant dans un pub et dansez à perdre la tête lors d'un *cèilidh* traditionnel.

Edinburgh Festival Fringe (p. 61)

NOTRE SÉLECTION

Découvrez le célèbre **Edinburgh Festival Fringe**, quand humoristes, musiciens, acteurs et danseurs investissent les rues et les salles de spectacle. (p. 61)

Préparez-vous pour l'**Up Helly Aa**, à Lerwick : musique, costumes vikings et réplique d'un drakkar enflammé par un millier de torches. (p. 418)

Vivez une **soirée *cèilidh*** au restaurant The View à Oban pour danser et faire la fête à l'écossaise. (p. 252)

Courses de bateaux, artisanat et musique vous attendent lors du **Scottish Traditional Boat Festival** organisé sur le port pittoresque de Portsoy. (p. 239)

Explorez la **scène musicale de Glasgow**, avec ses musiciens de rue, ses concerts quotidiens et la présence régulière de têtes d'affiche. (p. 119)

VILLES ET RÉGIONS

Composez votre voyage selon vos envies

Inverness et Highlands du Centre

LE CŒUR SAUVAGE DE L'ÉCOSSE

Alliant paysages magnifiques et riche patrimoine historique, voici l'Écosse, comme on l'imagine, entre lochs mystérieux, nature sauvage, parcs nationaux et altiers sommets, sans oublier le Glen Coe et ses terribles récits de batailles et de massacres. La région a aussi son lot d'îles paisibles et de plages de sable blanc. Capitale des Highlands, Inverness a rang de porte sur l'aventure.

p. 299

Highlands et îles du Nord

BEAUTÉ SAUVAGE BATTUE PAR LES VENTS

Arpentez la côte nord sauvage et ses plages d'une beauté surnaturelle, vivez la magie de Skye et passez d'île en île dans les Hébrides extérieures. Au programme : châteaux, montagnes et whisky, sur fond d'histoire des Highland Clearances.

p. 351

Îles Orcades et îles Shetland

FAUNE, RANDONNÉE ET ARCHÉOLOGIE

Tout au nord de l'Écosse, les îles Orcades et les îles Shetland se distinguent par leur faune sauvage, leurs sentiers de randonnée et leurs sites archéologiques. Remontez le temps dans le Heart of Neolithic Orkney ou découvrez le Géoparc des îles Shetland, dans un paysage façonné par le feu et la glace.

p. 403

Écosse du Nord-Est

BORD DE MER, CHÂTEAUX ET WHISKY

La côte est reste souvent négligée par les visiteurs. Découvrez Dundee, Aberdeen et les villages de pêcheurs traditionnels du Moray Firth. Suivez la route des châteaux dans l'Aberdeenshire et admirez les pierres pictes de l'Angus. Dans les terres, le Speyside, région bien connue des amateurs de whisky, compte une cinquantaine de distilleries.

p. 217

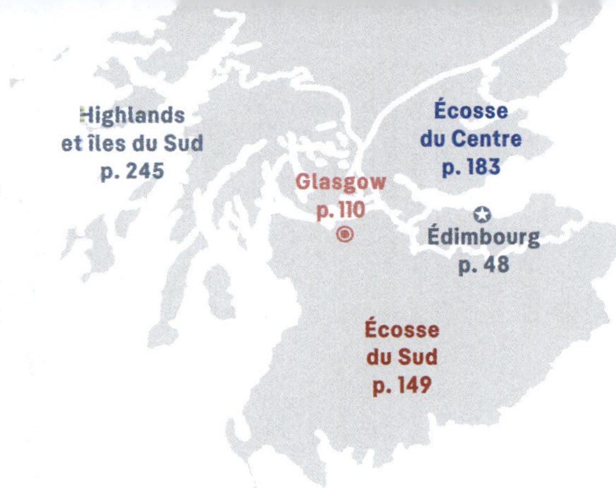

Highlands et îles du Sud

PAYSAGES, WHISKY ET FAUNE

Passez d'île en île et offrez-vous un mélange d'aventure et de détente. Au programme : sports nautiques, observation de la faune sauvage, perles historiques, ciels étoilés et plages ourlées de turquoise. Cette région très diverse abrite un parc national, des péninsules isolées et plusieurs îles magnifiques. On s'y régale des meilleurs whiskies, de fruits de mer et de délicieux produits locaux.

p. 245

Glasgow

UN DIAMANT URBAIN BRUT

Quittez la capitale et mettez le cap vers l'ouest et Glasgow, ville forte d'une âme et d'un sens de l'humour bien écossais. Les musiciens jouant sur Buchanan Street vous tiendront lieu de premier aperçu de la si célèbre scène musicale de la ville. Suivez le parcours d'art urbain et flânez dans les musées, sur les bords du fleuve et dans les espaces verts.

p. 110

Écosse du Sud

LA GRANDE OUBLIÉE

Le sud de l'Écosse est un havre de calme, entre falaises battues par les vents, sentiers VTT, campagne vallonnée, forêts paisibles et ciel étoilé. Découvrez une région au patrimoine riche, aux nombreuses abbayes médiévales et laissez-vous bercer par les voix de Robert Burns et de sir Walter Scott.

p. 149

Écosse du Centre

CHÂTEAUX, HISTOIRE ET SENTIERS LITTORAUX

Théâtre de maints événements historiques, l'Écosse du Centre est un mélange de petites villes et d'imposants châteaux, de monuments et d'anciens champs de bataille. Ici,se dresse même un palais où furent couronnés des rois. Mentionnons également le Fife, ses ports de pêche colorés, ses produits locaux réputés, et St Andrews, le "berceau du golf".

p. 183

Édimbourg

LA COMPLEXE CAPITALE ÉCOSSAISE

Édimbourg ne manque pas d'attraits, avec ses bâtiments charmants, ses pubs chaleureux, ses points de vue au sommet d'un volcan, son histoire haute en couleur et son emblématique château, perché sur un rocher. Arpentez les rues pavées de la vieille ville et laissez aller votre imagination.

p. 48

ITINÉRAIRES

Le meilleur de l'Écosse

Durée : 2 semaines **Distance :** 1450 km et plus

Ce grand tour aux quatre coins de l'Écosse vous en révélera les sites les plus emblématiques : villes, îles, plages comme paysages à couper le souffle. Chaque trajet dévoile des horizons différents, des expériences inédites et des découvertes culturelles nouvelles. Le meilleur de l'Écosse pour vous mettre en appétit et vous donner l'envie d'y revenir.

1

ÉDIMBOURG 2 JOURS

Promenez-vous 2 jours dans **Édimbourg** (p. 48) : sites historiques et pubs traditionnels rythmeront votre exploration de cette charmante vieille ville pavée. Vous grimperez alors au sommet d'un volcan éteint et plongerez dans le passé sombre de la capitale au fil de ses souterrains hantés.

Récupérez votre voiture de location dans le centre-ville d'Édimbourg avant de mettre le cap sur Inverness (3 heures 15).

2

INVERNESS 2 JOURS

Si ramassée soit la cité d'**Inverness** (p. 304), 2 jours ne seront pas de trop. Rendez hommage aux derniers clans écossais sur le site de la bataille de Culloden. Saluez les mégalithes et cairns funéraires de l'âge du bronze. À défaut de croiser "Nessie" sur les eaux du Loch Ness, pédalez ou marchez sur ses rives offrant de belles échappées sur ses îles et les petites villes tout autour. Programme de la soirée : plat écossais, whisky et concerts.

3

DURNESS 2 JOURS

Roulez jusqu'à **Durness** (p. 382), village continental le plus septentrional de l'Écosse. C'est le port d'attache idéal pour profiter pleinement des merveilles le long de l'extrême North Coast 500 : plages paradisiaques à perte de vue, littoral théâtral, trajets époustouflants et les plus hautes falaises britanniques : Cape Wrath.

***Détour :** près de Durness, randonnez jusqu'à la belle plage de **Sandwood Bay** (p. 385), l'une des plus isolées du Royaume-Uni.*

4 heures 30

4

ULLAPOOL 1 JOUR

Entre mer et montagne, dégustez du poisson frais ou un bon *fish and chips* à **Ullapool** (p. 366), village de pêcheurs et porte d'accès aux Hébrides extérieures. Les berges du Loch Broom incitent à la détente, les petites boutiques aux achats et la nature à la randonnée.

***Détour :** en chemin vers Ullapool, prenez la **Drumbeg Loop** (p. 386), route à voie unique qui longe sable blanc et littoral déchiqueté.*

1 heure 30

5

LEWIS ET HARRIS 3 JOURS

Prenez le ferry pour Stornoway, la capitale des Hébrides extérieures. Là débute l'aventure, des sites culturels de **Lewis** (p. 376), au nord, aux paysages variés de **Harris** (p. 376), au sud : sites mégalithiques, *blackhouses* traditionnelles, altiers sommets et plages immaculées, sans oublier le célèbre tweed.

***Détour :** embarquez pour Leverburgh (Harris) et naviguez jusqu'au lointain archipel déchiqueté et protégé de **St Kilda**.*

Journée complète

6

SKYE 2 JOURS

Faites la traversée de Tarbert (Harris) à **Skye** (p. 356), la légendaire. Tout est magique : rochers suggestifs, paysages mystiques, cascades féeriques, port coloré... Partez en excursion sur l'eau, longez la côte en kayak, escaladez le Quiraing et dégustez le whisky de l'île.

***Détour :** prenez le ferry (25 minutes) à Sconser (Skye) pour aller visiter l'**Isle of Raasay Distillery** (p. 361).*

3 heures

7 GLENCOE 2 JOURS

De retour sur le continent, mettez le cap vers le sud en suivant la **Road to the Isles** (p. 334) qui passe devant les plages de la côte ouest et le pittoresque viaduc de Glenfinnan. Partant de **Glen Coe** (p. 321), vous découvrirez l'histoire et les paysages caractéristiques des Highlands, parfaitement incarnés par le vallon de Glen Coe.

***Détour :** traversez le Skye Bridge et visitez le romantique* ***Eilean Donan Castle**. De retour sur l'île de Skye, prenez le ferry qui part d'Armadale.*

1 heure

ANDY MOREHOUSE/SHUTTERSTOCK ©

Buachaille Etive Mòr (p. 323), Glen Coe

ITINÉRAIRES

D'île en île

Durée : 10 jours **Distance :** 645 km et plus

Larguez les amarres et oubliez vos tracas avec cette virée originale dans les Hébrides intérieures. À pied, à vélo ou sur une planche de paddle, vous couvrirez jusqu'à 6 îles en un jour ! Et en vous régalant de pêche toute fraîche, du spectacle de la vie sauvage, des embruns sur la plage. Un conseil : profitez des traversées pour respirer à pleins poumons l'air marin.

1

GLASGOW 1 JOUR

Votre découverte de la côte ouest commence à **Glasgow** (p. 110). Consacrez au moins la journée à la découverte de cette cité historique et dynamique. Au programme : art urbain de renom, musées à gogo, cuisine à tomber, bars à whisky, scène musicale dynamique, sans oublier la plus vieille cathédrale d'Écosse.

2

INVERARAY 2 HEURES

Mettez le cap au nord-ouest et faites halte à Luss, sur les jolies berges du **Loch Lomond** (p. 273). Prenez ensuite la superbe route panoramique jusqu'au point de vue "Rest and Be Thankful" avant de gagner **Inveraray** (p. 278), pause déjeuner idéale avec une belle vue sur le Loch Fyne. Ensuite, petit cours d'histoire dans la prison ou le château enchanteur de la ville.

3

OBAN 2 JOURS

Bienvenue à **Oban** (p. 250), point d'accès aux îles et capitale écossaise des fruits de mer. Le front de mer où flâner, la folie victorienne en forme de tour inachevée sur la colline, les châteaux, les concerts et les *cèilidh* (soirées traditionnelles)... comment s'ennuyer ? Et sur la jetée : *fish and chips* ou fruits de mer pour se rassasier.

Détour :** faites la traversée en ferry (55 minutes) entre Oban et* ***Lismore *(p. 256) ou, plus court (5 minutes), entre Gallanach et* ***Kerrera*** *(p. 259).*

La journée ou la demi-journée.

4

ÎLE D'IONA 2 JOURS

Stationnez à Fionnphort (Mull) et prenez le bateau pour **Iona** (p. 260), l'île de saint Colomban venu d'Irlande. C'est le havre parfait pour recharger les batteries, se balader à pied ou à vélo, acheter de l'artisanat comme profiter du vent sur la plage ou de la quiétude mystique. Embarquez pour l'**île de Staffa** (p. 265), sa grotte-cathédrale de Fingal's Cave, les macareux (en été) et les dauphins qui pointent leur nez pendant la traversée.

5

ÎLE DE MULL 3 JOURS

Suivez la côte ouest de **Mull** (p. 255) pour aller d'éblouissement en éblouissement : cascades, montagnes, pygargues dans le ciel, loutres près du rivage... **Tobermory** (p. 255), petite capitale insulaire, est pleine de charme : édifices colorés, petites boutiques, pubs cosy et sentiers côtiers.

Détour :** prenez, au sud de Mull, le minuscule bateau au départ d'* ***Ulva Ferry *qui mène les piétons à l'* ***île d'Ulva****, où déjeuner au Boathouse.*

1 heure

6

ARDNAMURCHAN 1 JOUR

De Tobermory, regagnez le continent en passant par **Ardnamurchan** (p. 333). Des routes irrégulières et sinueuses traversent le cratère d'un volcan éteint jusqu'à l'extrémité continentale occidentale du Royaume-Uni : le phare d'Ardnamurchan. Ne manquez pas de vous arrêter dans l'incroyable baie de Sanna.

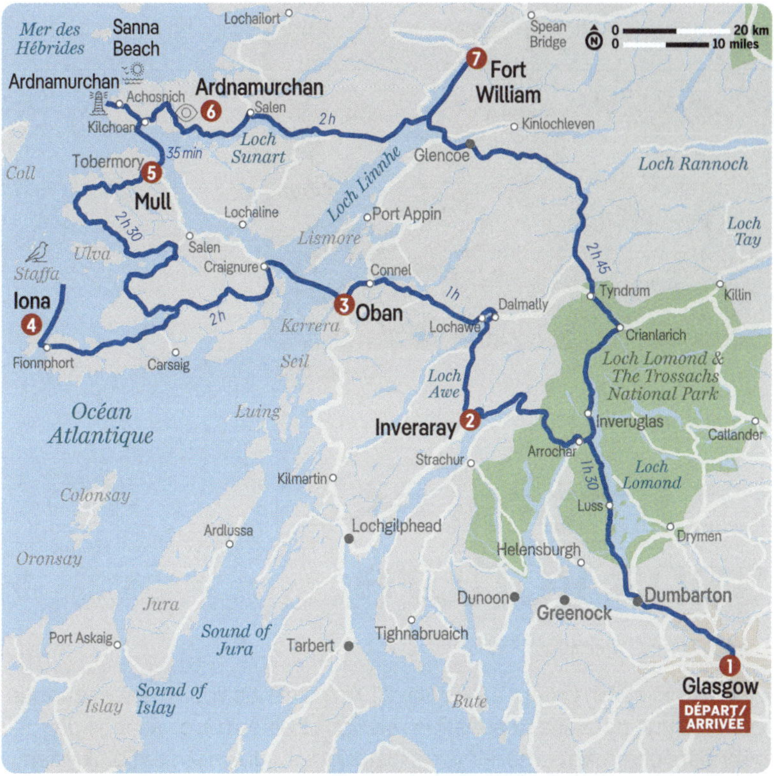

7

FORT WILLIAM 2 JOURS

Posez vos valises autour de **Fort William** (p. 328), la “capitale britannique du plein air”, et passez deux jours dans les Highlands. Montez à bord du train à vapeur ou d'une télécabine, grimpez au sommet du point culminant du Royaume-Uni ou marchez jusqu'à la deuxième plus grande cascade d'Écosse.

White Strand of the Monks (p. 261), Iona

ANDREA PISTOLESI/GETTY IMAGES ©

Crail (p. 208)

ITINÉRAIRES

Le littoral est, sans voiture

Durée : 7 jours **Distance :** 338 km et plus

On s'assoit et l'on profite du paysage ! Trains et bus vous mènent chaque jour vers une nouvelle destination : stations balnéaires et villages de pêcheurs charmants, monuments historiques, sublimes sentiers côtiers...

1

ÉDIMBOURG 2 JOURS

Après avoir vu les sites touristiques d'Édimbourg (p. 48), vous pouvez sortir de la vieille ville et gagner la **Rosslyn Chapel** (p. 98) par le bus Lothian 37 (55 minutes). Le décor sculpté dans la pierre est tout aussi impressionnant que les légendes des Templiers et du Saint-Graal flottant autour du lieu.

À la gare de Waverley, à Édimbourg, prenez le train pour Leuchars (1 heure), puis la navette jusqu'à St Andrews (10 minutes).

2

ST ANDREWS 1 JOUR

Berceau du golf, **St Andrews** (p. 202) abrite le célèbre parcours de l'Old Course. C'est aussi la plus ancienne université d'Écosse. Goûtez les produits locaux, arpentez sa plage immensément longue, baladez-vous au milieu du château en ruine et de ce qui fut la plus grande cathédrale de l'Écosse.

Partez pour la journée dans l'East Neuk (Fife) à bord du bus Stagecoach (1 heure).

3

EAST NEUK (FIFE) 1 JOUR

Cheminez sur le **Fife Coastal Path** (p. 207) d'un port pittoresque à l'autre. Partez d'Elie et parcourez les 18 km jusqu'à Crail. Vous passerez par St Monans, Pittenweem et Anstruther où vous pourrez faire une pause *fish and chips*. Vous êtes aussi libre de choisir un autre point de départ.

Prenez le bus pour St Andrews (1 heure), puis Dundee (25 minutes).

4

DUNDEE 1 JOUR

C'est de **Dundee** (p. 222) que partit pour le pôle Sud le *Discovery*. Galeries, musées, navire du capitaine Scott... une ville souvent oubliée à tort en dépit de son riche passé, notamment industriel. Un bus à impériale avec haltes à loisirs la parcourt. N'oubliez pas la vue du point culminant de la ville : jusqu'au-delà de la Tay.

Prenez le train pour Stoneheaven (55 minutes).

5

STONEHAVEN 1 JOUR

Dans la ville côtière de **Stonehaven** (p. 233), longez le rivage jusqu'au port, et faites une halte chez le glacier. Poursuivez par le sentier qui longe les falaises jusqu'aux ruines du Dunnottar Castle. Enfin, régalez-vous de fruits de mer, de *fish and chips* et terminez dans un pub.

De retour à Dundee, prenez le train pour Stirling (1 heure).

Détour : *prenez le train jusqu'à* ***Aberdeen*** *(20 minutes) où apprécier le passé maritime de la région.*

4 heures

6

STIRLING 1 JOUR

Avant de regagner Édimbourg, allez par le train jusqu'à **Stirling** (p. 188). À 5 minutes de la gare, déposez vos bagages chez Radical Storage (radicalstorage.com), en sorte de monter les mains libres à la vieille ville et de visiter le château. Si vous en avez le temps, prenez le bus 51 ou 52 et grimpez jusqu'au Wallace Monument.

Prenez le train pour Édimbourg (50 minutes)

ITINÉRAIRES

Cap vers le sud

Durée : 5 jours
Distance : 645 km et plus

À contre-courant des flots de touristes, accordez-vous une virée express dans le sud de l'Écosse. La beauté sauvage du littoral au sud-ouest secoue tout autant que l'histoire mouvementée des Borders entre forêts, bourgs pittoresques, collines ondoyantes, abbayes en ruines et phares isolés.

❶

GLASGOW ⏱1 JOUR

Après un jour ou deux à **Glasgow** (p. 110), partez à travers l'Ayrshire pour longer ensuite le littoral. Vous apercevrez au large l'île volcanique d'Ailsa Craig, au-delà du Fifth of Clyde. En route, faites halte au Culzean Castle, avant de poursuivre vers le Dumfries & Galloway.

❷

RHINNS OF GALLOWAY
⏱1 JOUR

Découvrez la **péninsule du Rhinns of Galloway** (p. 170) : Portpatrick avec son port, ses splendides jardins et ses plages désertes ; **Mull of Galloway** (p. 172), le point le plus méridional de l'Écosse, ses falaises, son célèbre phare et la vue sur l'Irlande, le comté anglais de Cumbria et l'île de Man.

***Détour :** le sentier côtier partant de Portpatrick mène aux ruines du* **Dunskey Castle** *ou au* **phare de Killantringan**.

⏱ *1 heure/4 heures*

❸

GALLOWAY FOREST PARK
⏱1 JOUR

Le jour, arpentez les sentiers de randonnée à pied ou à vélo dans le **Galloway Forest Park** (p. 167). Sinon, explorez les charmantes petites villes alentour : **Wigtown** (p. 170) et ses librairies et cafés ; ou bien **Kirkcudbright** (p. 171) la colorée, sur la côte du Solway. Le soir, place aux étoiles : vous êtes dans une réserve étoilée, un Dark Sky Park.

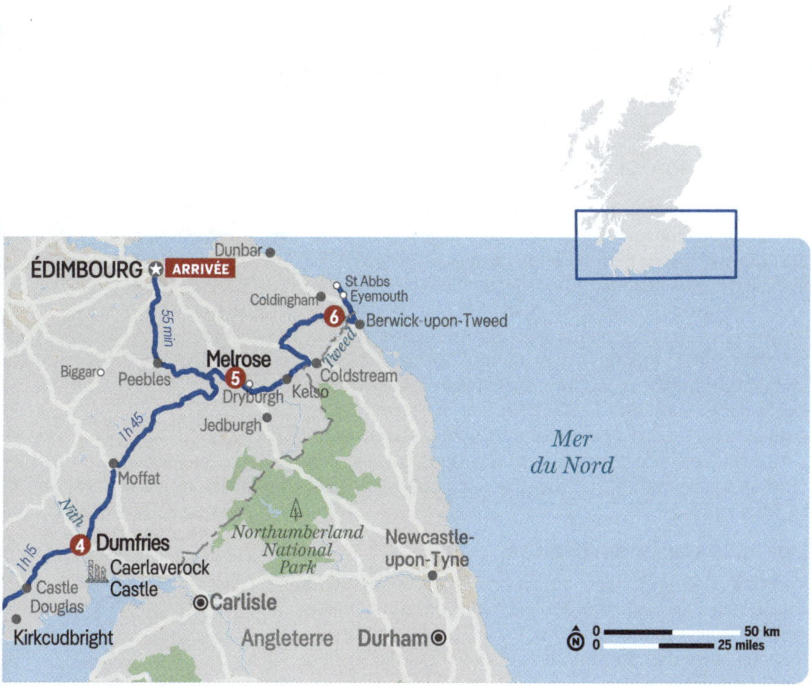

4

DUMFRIES 3 HEURES

Arrêtez-vous à **Dumfries** (p. 161) où le barde national Robert Burns vole la vedette au passé tumultueux de la ville. Entrez dans la maison où il finit ses jours, déjeunez dans son pub préféré et visitez le Robert Burns Centre. Ensuite, continuez dans la vallée des rivières Ettrick et Yarrow.

***Détour :** visitez le **Caerlaverock Castle**, château triangulaire entouré de douves, près de Dumfries.*

1 heure 30

5

MELROSE 2 JOURS

Partez à la découverte des abbayes (p. 159) et du riche passé des charmantes villes et villages des Borders : Melrose, Dryburgh, Jedburgh et Kelso. Les paysages sont aussi magnifiques. Comprenez toute l'inspiration de Walter Scott en visitant sa demeure non loin, à Abbotsford. À Kelso, rendez-vous au Floors Castle.

***Détour :** roulez vers la **St Abbs Head National Nature Reserve**, la Coldingham Bay et Eyemouth.*

6 heures

6

HAUTE VALLÉE DE LA TWEED 6 HEURES

Regagnez la Central Belt en passant par la **haute vallée de la Tweed** (p. 154), et partez à l'aventure sur les grands sentiers de VTT qui la sillonnent. Concluez votre road-trip par un après-midi de détente ou d'activité en pleine nature et une dernière visite historique à la Traquair House, la plus ancienne maison d'Écosse, près de Peebles.

QUAND PARTIR

Quand vous voulez ! L'Écosse se visite toute l'année, chaque saison apportant son lot de paysages, d'activités et d'événements différents.

Il faut être honnête, personne ne va en Écosse pour la météo. Si les journées estivales, plus longues, laissent davantage de temps pour explorer, même à cette époque-là, le soleil n'est pas garanti. L'hiver a le mérite d'être prévisible – il fera invariablement froid et sombre et il vous faudra prévoir des vêtements chauds ; vous aurez peut-être de la neige dans les Highlands. Au printemps, les cerisiers sont en fleur à Édimbourg, les forêts se tapissent de jacinthes sauvages et les fleurs égaient les îles. À l'automne, le paysage et les arbres s'embrasent. Chaque saison a son petit quelque chose. Choisissez en fonction de vos envies ou d'un événement particulier, et ne comptez pas trop sur du ciel bleu.

Par ici les bonnes affaires

Vous ferez de belles économies en évitant le pic de la saison touristique ; le prix des logements baisse au même rythme que la demande. En automne-hiver, profitez de logements à tarif réduit dans tout le pays et d'offres en demi-pension.

Tiree (p. 259)

PAROLE D'HABITANT

LE PRINTEMPS EN BORD DE MER

Gus Newman est un collectionneur de whisky, amateur de produits de la mer et gérant de Islay Sea Adventures et Islay Storm-Pods @islay_sea_adventures

"Au début du printemps, j'aime naviguer jusqu'au Mull of Oa. Je ne me lasse pas du spectacle offert par les immenses falaises et l'aiguille rocheuse de Soldiers Rock, ni des colonies d'oiseaux de mer qui s'y établissent. Parfois, on peut même apercevoir des aigles royaux. Le bateau peut aussi pénétrer dans une grotte marine, avec chute d'eau et roches vertes couvertes d'oxyde de cuivre."

SUIVEZ LE SOLEIL

L'île de Tiree, surnommée la "Hawaii du Nord", est l'un des endroits les plus ensoleillés du Royaume-Uni avec 1 524 heures de soleil par an en moyenne, le mois de mai détenant le record (240 heures). Dundee serait la ville la plus ensoleillée d'Écosse.

La météo au fil des mois

JANVIER	FÉVRIER	MARS	AVRIL	MAI	JUIN
Temp max en journée (moy) : **7°C**	Temp max en journée (moy) : **8°C**	Temp max en journée (moy) : **9°C**	Temp max en journée (moy) : **12°C**	Temp max en journée (moy) : **15°C**	Temp max en journée (moy) : **17°C**
Jours de pluie : 13	Jours de pluie : 11	Jours de pluie : 10	Jours de pluie : 9	Jours de pluie : 11	Jours de pluie : 11

À L'OUEST, LA PLUIE

Contrairement à ce qu'on raconte, il ne pleut pas tout le temps en Écosse... pas partout en tout cas. La côte ouest est très humide ; les précipitations annuelles sont supérieures à 4 000 mm dans certaines parties des Highlands. Qu'à cela ne tienne, enfilez un imper et ne subissez aucun frein !

Les grands rendez-vous

Tous les ans, le **Celtic Connections** (p. 465) sort Glasgow de son cafard hivernal. Connu à l'international, le festival de musique folk traditionnelle rassemble les mélomanes et les musiciens aux racines celtiques plus ou moins lointaines. **Janvier**

Le **Tiree Music Festival** (p. 259) est un mélange de chansons traditionnelles, d'éclats de rire et de bons moments en famille, le tout sur une plage des Hébrides. Partout, on trouve où camper. **Juillet**

On ne présente plus les Highland Games, dont le **Braemar Gathering** (p. 231) est le plus connu. Au programme : tartans, cornemuses, danses traditionnelles et sports type tir à la corde et lancer de tronc. **Septembre**

Cèilidh, défilé aux flambeaux, concerts et fête de rue géante, voilà ce qu'Édimbourg vous réserve pour **Hogmanay**. Clou du spectacle : le feu d'artifice au-dessus du château marque le début de la nouvelle année. **Décembre**

Fêtes locales et festivals

Dans la "capitale britannique du plein air", on fait la part belle à l'aventure lors du **Fort William Mountain Festival** (p. 330) : avalanche de films, prix, conférences inspirantes et célébration des activités de plein air. **Février**

Pendant une semaine autour du solstice d'été, le **St Magnus International Festival** (p. 407) met l'art à l'honneur. Au programme : performances musicales, contes, théâtre, danse et arts visuels aux quatre coins des Orcades. **Juin**

Les **Common Ridings** (p. 160), parmi les plus anciens festivals équestres au monde, se tiennent dans plusieurs villes des Borders. Un rappel des anciennes disputes de frontières entre l'Écosse et l'Angleterre. **Juin-août**

Le **Wigtown Book Festival** (p. 171) comblera les mordus de lecture. Pendant 10 jours, des rencontres, balades et films sont programmés dans la ville de Wigtown et ses nombreuses librairies. **Septembre**

PAROLE D'HABITANT

AMBIANCE AUTOMNALE

La photographe et journaliste visuelle Claire Ferguson partage ses trouvailles en Écosse. @alittlebitofclaire

"En automne, j'apprécie les choses simples : les bons petits plats à base de citrouilles de la région, le feu qui crépite, les boissons chaudes, les feuilles qui craquent sous les pas... Je sors prendre l'air et marcher en montagne autour de Glencoe, puis je me rends au Clachaig Inn pour écouter de la musique folk en dégustant un vin chaud (photo).

LE SIMMER DIM DES ÎLES SHETLAND

Le jour le plus long de l'année, la lumière du jour dure 19 heures et la nuit ne tombe jamais vraiment sur les îles tout au nord de l'Écosse. Le soleil embrasse longuement l'horizon avant l'aube. On appelle ce crépuscule le "*simmer sim*".

JUILLET	AOÛT	SEPTEMBRE	OCTOBRE	NOVEMBRE	DÉCEMBRE
Temp max en journée (moy) : **19°C**	Temp max en journée (moy) : **19°C**	Temp max en journée (moy) : **17°C**	Temp max en journée (moy) : **13°C**	Temp max en journée (moy) : **10°C**	Temp max en journée (moy) : **7°C**
Jours de pluie : 11	Jours de pluie : 11	Jours de pluie : 11	Jours de pluie : 11	Jours de pluie : 13	Jours de pluie : 13

À GAUCHE : XAVI TORRENT/REDFERNS/GETTY IMAGES ©, À DROITE : PICTURE POST/HULTON ARCHIVE/GETTY IMAGES ©

Gerry Cinnamon en concert

AVANT DE PARTIR EN ÉCOSSE

Nos recommandations pour bien se préparer

Dans sa valise

Vêtements On voit souvent défiler les 4 saisons durant la même journée. Mieux vaut parer à toute éventualité : shorts et tee-shirts si le soleil brille, couches de vêtements chauds si la météo devient capricieuse. Une veste imperméable est indispensable. Prenez aussi un couvre-chef pour les journées froides et venteuses. Le soir, une tenue simple et décontractée suffit. Dans les zones rurales et les îles, on peut passer directement des collines ou de la plage au restaurant.

Chaussures En ville, préférez le confort au style. Pour les randonnées, longues ou courtes, prévoyez des chaussures de marche imperméables.

À savoir

Allez à la rencontre des habitants. Les meilleurs souvenirs de votre séjour seront souvent les **Écossais** eux-mêmes, dont l'hospitalité et l'humour ne sont pas qu'une légende.

En voiture, sortez des routes principales dès que vous le pouvez. Les paysages les plus évocateurs vous attendent le long des étroites **routes secondaires ou tertiaires**.

Préparez-vous à affronter les **midges** – de minuscules moucherons urticants qui peuvent faire de la vie un enfer en été dans les Highlands. Emportez du répulsif à insectes, de la crème antihistaminique et des vêtements couvrants.

LIRE

Waverley (sir Walter Scott ; 1814). Un roman historique, par le romancier écossais le plus brillant de sa génération.

Sunset Song (Lewis Grassic Gibbon ; 1932). La vie rurale dans le nord-est de l'Écosse et un beau personnage féminin.

Histoire de l'Écosse. Des origines à nos jours (Michel Duchein ; 2020). Une bonne introduction à l'histoire écossaise.

Les Belles Années de mademoiselle Brodie (Muriel Spark ; 1961). Le roman le plus célèbre de l'autrice : un portrait de l'Édimbourg des années 1930.

Un bûcher sous la neige (Susan Fletcher ; 2010). Le massacre de Glencoe (1692) vu par une femme accusée de sorcellerie.

La Trilogie écossaise (Peter May ; 2011, 2012, 2013). Une série de polars captivants situés dans les Hébrides extérieures.

Le Dernier Voyage (George Mackay Brown ; 1994). Roman historique aux airs de saga, des Orcades au Vinland, au XIe siècle.

Exit Music (Ian Rankin ; 2007). Un polar qui explore la face sombre de l'Édimbourg d'aujourd'hui.

En quelques mots

Aye (aï) – "oui". Quand on vous demande si vous avez apprécié votre séjour en Écosse, la réponse est "AYE".
Naw (nau) – "non".
Wee (oui) - "petit". Une *wee lassie* est une petite fille.
Edinburgh (èd-in-brra) – la prononciation correcte du nom de la capitale n'est ni "èd-in-beurg" ni "èd-in-beuro".
Glasgow (glaz-go) – Dites "Glaz-GOW" et tout le monde se moquera de vous.
Bonnie (bonè) –"beau", "joli". Le paysage est *bonnie* ou *she is a bonnie lassie* ("c'est une jolie fille").
Eejit (idjèt) – "idiot", souvent affectueux.
Braw (brrau) – "super", "génial". *That was a braw day out* ("C'était une super journée").
Dreich (drrich) – la meilleure façon de décrire le temps gris pluvieux et gris. *It's looking dreich out there* ("Le temps est maussade").
Dinnae (dinnè) – argot de la côte ouest, équivalent de *don't*, souvent suivi de *ken* (*know*, "savoir"). Si vous ne connaissez pas la réponse à une question, dites *I dinnae ken.*
Cannae (cannè) – idem, mais pour *can't* : pour dire "je ne peux pas le faire", dites *I cannae dae it.*
Nae bother (nè bozeur) – "de rien" ; c'est peut-être ce qu'on vous répondra quand vous direz merci.
Cèilidh (kèï-li) – en gaélique, une soirée traditionnelle écossaise.
Steamin' (stimèn) – "ivre" en argot. *I got steamin' at the* cèilidh *last night* ("Je me suis cuité hier soir au *cèilidh*").
Wheesht (ouicht) – une manière très écossaise de dire "tais-toi" ; dans un genre plus percutant, dites *haud yer wheesht* ("la ferme").

VOIR

Whisky à gogo (Alexander Mackendrick ; 1949). Inspiré de l'histoire vraie d'un navire naufragé près d'Eriskay et de sa précieuse cargaison.

Outlander (Ronald D. Moore ; depuis 2014). Série TV basée sur les romans de Diana Gabaldon, mêlant fiction, fantastique et histoire jacobite.

Shetland (David Kane ; depuis 2013). Série policière adaptée des best-sellers d'Ann Cleeves, dont l'action se déroule dans les îles Shetland.

Trainspotting (Danny Boyle ; 1996). Un film culte et sombre sur les junkies d'Édimbourg ; excellente BO.

ÉCOUTER

Sunshine on Leith (The Proclaimers ; 1988). Le deuxième album de ce groupe de rock composé de frères jumeaux inclut leurs principaux hits.

The Last Dance – Farewell Concert (Runrig ; 2018). Enregistrement live de l'ultime concert de ce groupe de rock celtique, à Stirling.

Wild for Scotland (Kathi Kamleitner ; depuis 2021). Un podcast dédié à l'Écosse, ses sites et ses habitants.

Erratic Cinematic (Gerry Cinnamon ; 2017). Le premier album d'un auteur-compositeur parti de rien et devenu rapidement célèbre.

GBELLPHOTOS/SHUTTERSTOCK ©, CI-CONTRE À DROITE : MARTIN FRASER/GETTY IMAGES ©

Petit-déjeuner écossais

À TABLE !

Contrairement aux idées reçues, la gastronomie écossaise ne se limite pas au haggis, aux fritures et à l'Irn-Bru.

Tenté par un haggis en fin de soirée ? En Écosse, il y a un lieu et une heure pour tout ! À la fermeture des pubs et des clubs, dirigez-vous vers le *chippy* (échoppe de *fish and chips*) du coin et les fast-foods locaux, tout en gardant à l'esprit que votre exploration gastronomique ne saurait s'y limiter.

Le reste du temps, découvrez le meilleur de la scène culinaire locale, concoctée à base de viandes et de produits laitiers de qualité, de fruits et de légumes de saison, de produits de la mer pour beaucoup vendus tout près de l'endroit où ils ont été débarqués. Ici, la cuisine copieuse et les pâtisseries maison combleront les plus solides appétits.

Qu'il s'agisse de cafés discrets où se remettre de la veille au soir, d'établissements de haute gastronomie, de baraques à fruits de mer, de stands de cuisine de rue, de salons de thé, de boulangeries, de restaurants romantiques ou avec buffet à volonté : il y en a pour toutes les envies, tous les budgets et toutes les occasions. Que ce soit avec du poisson frais ou un en-cas frit (ou les deux à la fois), faites-vous plaisir !

Spécialités favorites

Au cœur d'un hiver long, froid et sombre, il est peu de choses aussi réconfortantes qu'un bon repas. Plat national, le haggis figure pourtant rarement sur les listes de courses hebdomadaires (sinon sous forme de petits pains pour le matin). Les repas familiaux traditionnels se composent d'aliments de base : viande, sauce et légumes – ces derniers se résumant souvent à des *tatties* (pommes de terre). Aux fourneaux, une grand-mère écossaise bonne mangeuse mitonne ses

Les essentiels

HAGGIS
Plat national, mélange d'abats de mouton, de farine d'avoine et d'épices.

CULLEN SKINK
Soupe de haddock crémeuse, avec pommes de terre et oignons.

PETIT-DÉJEUNER COMPLET
Saucisse, *tattie scones*, haggis et *black pudding*.

SAUMON FUMÉ
Au petit-déjeuner, avec des œufs, les soupes, les pâtes et les tartes.

propres *Scotch broth*, des soupes savoureuses et nourrissantes à base de bouillon de mouton, d'orge mondé, de lentilles et de pois. Citons également la *tattie soup* (une soupe de pommes de terre) et la *cock-a-leekie* (une soupe au poulet et aux poireaux).

Cette cuisine roborative revêt de nombreuses formes. On ne saurait à ce titre juger le *stovies* à son aspect : cette casserole de viande, pommes de terre semi-écrasées et oignons est agrémentée de sauce, sel et poivre, et s'accompagne volontiers d'un gâteau d'avoine. Préparé à l'origine avec les restes du rôti du déjeuner, le *stovies* peut désormais être à base de saucisses ou de *corned beef*, chaque famille ayant ses habitudes ou sa préférence en la matière. Autre classique très apprécié, le *mince and tatties*, qui réunit, dans une assiette, viande de bœuf hachée, carottes, oignons, bouillon de bœuf et pommes de terre, le tout parfois accompagné de petits pois et souvent de pain blanc tartiné de beurre.

Encore faim après le plat principal ? Un pudding cuit à l'eau bouillante devrait vous rassasier. Tenant son nom du *cloot* (linge) dans lequel on l'enveloppe pour la cuisson, le *clootie dumpling* est un dessert riche et épicé, garni de fruits secs, et se révèle délicieux avec de la *clotted cream* (une crème caillée) ou de la crème anglaise.

Cranachan

Végétariens et végans

Dans l'ensemble, la scène écossaise s'améliore en la matière. Avec leurs propres menus, restaurants et festivals, les villes répondent dans l'ensemble aux envies des végans et des végétariens. Dans les zones rurales et reculées, les options sont moins nombreuses, mais vous ne serez pas à l'abri d'une bonne surprise. Planifiez vos repas : vérifiez les cartes en ligne et n'hésitez pas à téléphoner.

ÉVÉNEMENTS CULINAIRES

Fèis Ìle (p. 269 ; en photo). En mai, Islay célèbre la culture des Hébrides à grand renfort de whisky et de musique traditionnelle. Dans les distilleries et autres lieux à travers l'île.

Scottish Wild Food Festival (p. 312). Superbe festival de recherche de nourriture dans la nature, d'ateliers et de banquets dans le Cairngorms National Park.

Spirit of Speyside (p. 236). Fête annuelle du whisky, dans le Speyside, qui met le *single malt* de la région à l'honneur.

Tarbert Seafood Festival (juillet). Défilés, concerts, démonstrations culinaires et profusion de fruits de mer célèbrent le riche patrimoine de ce village de pêcheurs.

Loch Lomond Food & Drink Festival (septembre). Marchés de producteurs, cuisine de rue, cours de cuisine, dégustation de gin et whisky sur les rives du Loch Lomond.

Arran Festival of Food & Drink (septembre). Nouveau festival mettant à l'honneur le meilleur des produits locaux de l'île.

PORRIDGE
Bouillie à base d'avoine, indispensable à un petit-déjeuner traditionnel.

CRANACHAN
Dessert à base de framboises fraîches, de crème, d'avoine et de whisky.

SHORTBREAD
Sablé au beurre traditionnel, vendu dans des boîtes ornées de tartan.

TABLET
Délicieuse confiserie sucrée plus ferme que le *fudge*.

Spécialités locales

Plats régionaux

Arbroath smokie : églefin pêché sur la côte est et fumé selon une méthode traditionnelle.
Stornoway Black Pudding : boudin noir fondant et réputé produit sur Lewis.
Viande de cerf : du fait de la surpopulation de cerfs dans les Highlands, la viande de cet animal est la plus “écoresponsable” du pays. Maigre et savoureuse, délicieuse en ragoût ou en burger.
Reestit mutton : mouton salé et séché, en soupe ou en ragoût. Spécialité hivernale des Shetland, avec une influence scandinave.
Poulet tikka masala : curry indien classique et occidentalisé originaire de Glasgow, la “capitale écossaise du curry”.

Nouveaux plaisirs sucrés

Mars frit : le nom indique tout ce qu'on a besoin de savoir. Meilleur qu'escompté.
Puffin Poo : délicieux

Irn-Bru

chocolats des Shetland à base de chocolat blanc belge, mauve et riz grillé.
Irn-Bru : soda orange vif extra-sucré très populaire en Écosse.

En bord de mer

Fish supper : églefin ou cabillaud enduit d'une pâte frite, en général servi dans un emballage à emporter pour le déguster en plein air.
Fruits de mer : coquilles Saint-Jacques pêchées à la main, huîtres fraîches, moules cuites au vin blanc et à l'ail, crabe, langoustine et homard assaisonnés.
Crème glacée maison : pourquoi ne pas goûter aux parfums Scottish Tablet et Irn-Bru ?

TABLES D'EXCEPTION

Globe Inn, Dumfries (p. 229). Commandez un menu dégustation de cinq plats dans ce pub de 1610, jadis très apprécié de Robert Burns. Réservez pour visiter la chambre qu'occupa le poète.
Rockpool Cafe, Cullen (p. 239). Goûtez au fameux *Cullen skink* (soupe au haddock) dans ce petit café géré en famille dans son village d'origine.
Three Chimneys, Skye (p. 362). Faites-vous plaisir dans l'un des restaurants gastronomiques les plus réputés du pays, sur les rives du Loch Dunvegan.
Barbecue de fruits de mer, Islay Sea Adventures (p. 269). La sortie “Special Seafood Trip” est l'occasion de pêcher ses propres fruits de mer puis de les faire griller sur le barbecue du bateau.

UNE ANNÉE DANS L'ASSIETTE

PRINTEMPS

Ciboulette, persil, chou kale, asperges, poireaux, chou Daubenton ou encore cébette : régalez-vous de légumes de saison lorsque vous mangez à l'extérieur. En mars, la rhubarbe fait son retour sur la carte des desserts.

ÉTÉ

Voici la saison des produits frais : les fruits juteux et tendres sont les stars de l'été. Faites le plein de fraises et de framboises dans les marchés locaux et magasins agricoles, ou allez les cueillir vous-même.

AUTOMNE

La période des récoltes est aussi celle de la profusion des fruits de mer, crustacés, mûres, myrtilles et prunes. À l'approche d'Halloween, les champs de citrouilles se parent de couleurs chaudes dans tout le pays (et sur Instagram).

HIVER

C'est la saison des soupes, ragoûts et *stovies*. Gibier, légumes verts et tubercules sont monnaie courante. Réchauffez-vous à coups de *drams* (mesure de whisky) tourbeux et de vin chaud sur les marchés de Noël.

BBA PHOTOGRAPHY/SHUTTERSTOCK ©

Haggis accompagné de purées de pomme de terre et de navet

L'ART DE ...

Manger du haggis

Ce mystérieux plat écossais visuellement peu attrayant vous laisse sceptique ? Pourtant, vous priver du plat national serait une erreur. Répondons d'abord à la question essentielle : qu'est-ce que le haggis ? Ce plat traditionnel consiste en un mélange d'abats de moutons hachés menus, d'oignons, de farine d'avoine, d'épices, de suif (graisse animale) et de sel, glissé dans un estomac de brebis pour être bouilli. Étonnamment bon, il a quelque chose d'une saucisse friable, poivrée, consistante et savoureuse. Traditionnellement accompagné de *neeps and tatties* (navets et pommes de terre), il est arrosé d'une sauce crémeuse au whisky. À vous de vous faire une opinion.

Commencez en douceur

Cette spécialité figure sur la plupart des cartes des cafés, stands de cuisine de rue et restaurants des zones touristiques et centres-villes écossais. Ouvrez l'œil, faites preuve de détermination et franchissez le pas. Vous ne vous sentirez peut-être pas de commander d'emblée un plat entier de haggis. Besoin étant, voyez s'il est proposé en petites entrées ou partagez-en un plat avec votre compagnon de table. Vous pouvez aussi commencer votre journée à la mode locale : un petit-déjeuner écossais complet digne de ce nom en comprend en effet une tranche. Sinon, goûtez aux petits pains fourrés au haggis.

Soyez audacieux

Le haggis se consomme sous bien des formes et recettes : nul ne vous jugera si vous sortez des sentiers battus. D'ailleurs, bien des Écossais en font autant. Cette spécialité s'invite désormais dans les pizzas, pâtes, paninis, pies, pakoras, tacos, nachos, boulettes et nems. Là où il y a des glucides, le haggis n'est jamais bien loin !

Testez l'option végétarienne

Vous ne mangez pas de viande ? Aucun souci : il en existe une version végétarienne. Ce plat de substitution se compose, pour l'essentiel, de noix, de légumes, de lentilles, d'avoine et de graines. À la faveur d'un brunch en ville, goûtez aux œufs Bénédicte avec haggis végétarien.

HAGGIS SAUVAGE

À en croire les légendes locales et des habitants espiègles, il existerait un haggis sauvage, semblable à notre dahu. Originaire des Highlands, cette petite créature poilue serait dotée de trois jambes de longueur inégale, pour mieux se déplacer sur les pentes des collines. Durant la saison de la chasse, ce discret animal peut être approché, puis effarouché : rendu à ne courir que dans un seul sens, et désavantagé par sa patte plus courte, il dévalera la pente et tombera directement dans un filet. Souvent prise au sérieux lorsqu'elle est bien racontée, cette histoire illustre bien l'humour écossais.

KHRIZMO/GETTY IMAGES ©

Pêche dans la Tweed (p. 156)

ACTIVITÉS DE PLEIN AIR

La diversité et la beauté de la nature en Écosse offrent à chacun son coin de paradis, que ce soit pour se détendre ou partir à l'aventure.

L'Écosse est une terre exceptionnelle pour les amateurs d'activités de plein air. On y dénombre 282 *munros* à conquérir – des sommets de 3 000 pieds (914,4 m) ou plus – et près de 10 000 km de côtes à parcourir (îles non comprises). Découvrez la nature et ses paysages époustouflants à votre rythme, pieds nus dans le sable blanc ou solidement chaussés sur les sentiers. Simple balade ou escalade, à la force du jarret ou de la pagaie, à la nage ou en simple spectateur, vivez des moments aussi apaisants que stimulants.

Marche, randonnée ou trek

Nul besoin d'être un randonneur ou un alpiniste confirmé pour profiter de l'air pur et des paysages sublimes de l'Écosse. Les chemins qui courent à travers vallons et forêts, le long du littoral, de sites isolés en hauts sommets permettent de parcourir des dizaines comme des centaines de kilomètres. Qu'on souhaite longer paisiblement le bord de mer ou escalader des falaises, chacun trouve son bonheur : promenades faciles, sentiers de randonnée exigeants ou crêtes étroites très techniques.

Les marcheurs aguerris consulteront le site Internet de **Scotland's Great Trails** (scotlandsgreattrails.com) où sont recensés les 29 *waymarked trails* (sentiers de randonnée longue distance), dont les fameux West Highland Way et Speyside Way. Les

Notre sélection d'activités de plein air

LE SURF
Profitez du souffle sur l'Atlantique et de ses vagues pour prendre un cours de surf sur l'**île de Tiree** (p. 258).

L'ESCALADE SUR GLACE
Kinlochleven (p. 326) abrite le plus grand mur de glace en intérieur au monde (12 m de haut). Parfait pour s'initier à la cascade de glace.

LA PÊCHE
Les saumons abondent dans la **Tweed** (p. 156), où vous pourrez vous initier à la pêche à la mouche en *no-kill* (avec prise et relâche).

EN FAMILLE

Les télécabines du domaine de Nevis Range (p. 329). Pour rejoindre l'Aonach Mòr et, selon la saison, randonner ou skier.
Les rennes en liberté autour d'Aviemore (p. 313). Promenade guidée à la rencontre de la seule harde en liberté du Royaume-Uni.
Une traversée pour voir les macareux sur l'île de Staffa (p. 255). De mai à juillet, c'est leur période de reproduction. Sur le trajet, vous croiserez peut-être des dauphins.
Collecte de coquillages à Achmelvich, sur la North Coast 500 (p. 309). Une baie protégée où profiter du sable blanc jonché de coquillages.
L'observation des étoiles au Galloway Forest Park (p. 168). Partez en nocturne avec un ranger de la première réserve de ciel étoilé reconnue au Royaume-Uni.

itinéraires des sentiers sont répertoriés par difficulté, lieu et durée sur **WalkHighlands** (walkhighlands.co.uk). Sinon, téléchargez l'application **AllTrails** (alltrails.com). Question saison, on évitera le grand nombre de marcheurs et surtout les nuées de midges (moucherons à la piqûre redoutable) en voyageant début avril/mai ou fin septembre/octobre. Autrement, vous pourrez profiter de sentiers moins fréquentés et de ciels époustouflants à l'aube et en fin de journée. Préparez-vous bien et prévoyez l'indispensable, à savoir : des chaussures de randonnée, des vêtements imperméables et chauds (plusieurs couches), un téléphone portable (chacun !), une lampe frontale, une trousse de pharmacie, assez d'eau et de nourriture, ainsi qu'une carte et une boussole.

Nage en eau libre

La nage en eau libre est tendance en Écosse. L'eau froide, aux vertus thérapeutiques, n'y manque en effet pas – la température de la mer oscille ici entre 5 et 8°C l'hiver, et 15 et 17°C l'été (on en frissonne rien qu'à l'idée !). Nombreux sont les bénéfices à tirer de cette aventure rafraîchissante : meilleure circulation, élimination des toxines, récupération musculaire, apaisement mental, stimulation de la production des endorphines, si précieuses à la sensation de bien-être. Imaginez des lochs enserrés entre arbres et montagnes, de profonds bassins naturels arrosés par des cascades, des criques abritées aux eaux cristallines. Autant de lieux que des cours de nage en eau libre vous aideront à apprivoiser sans crainte et en toute sécurité.

LES MEILLEURS SPOTS

Notre sélection des plus beaux sites et itinéraires sur la carte aux pages suivantes.

Vélo

Les aventures à deux roues réunissent en Écosse un nombre croissant de passionnés. D'avril à octobre, les températures sont plus clémentes et les jours plus longs. Vous trouverez sans nul doute le vélo et l'itinéraire adéquats selon votre forme, votre endurance et votre quête d'adrénaline. Partez à l'assaut d'une piste VTT décoiffante à travers les monts boisés ou pédalez avec constance le long d'un rude sentier côtier. Sinon envisagez un vélo électrique pour affronter sans peiner collines et vent fort insulaire. Il suffit de faire son choix entre les itinéraires cyclables balisés du National Cycle Network, géré et entretenu par Sustrans. Le site sustrans.org.uk invite à chercher par lieu, distance et circulation éventuelle l'itinéraire qui répond à votre attente.

LE STAND UP PADDLE
Une sortie guidée en paddle sur le **Loch Lomond** (p. 275) pour tester votre équilibre et découvrir peut-être... une nouvelle passion.

LE GOLF
Les sept *links* (parcours en bord de mer) de la **côte de l'Ayrshire** (p. 173) en font une destination vedette pour les golfeurs du monde entier.

LE FATBIKE
On parcourt les plages d'**Islay** (p. 267) avec une facilité toute particulière grâce à ces vélos à pneus larges.

LE KAYAK
L'embarcation idéale pour se faufiler le long du littoral découpé et des îles **Shetland** (p. 416) entre grottes, arches et piliers rocheux.

LES MEILLEURS SPOTS

Notre sélection d'activités de plein air

Sports nautiques

1. Île de Tiree (p. 258)
2. Île de Lismore (p. 256)
3. Oban (p. 250)
4. Loch Lomond (p. 275)
5. Loch Insh, Cairngorms National Park (p. 315)
6. Arisaig (p. 335)

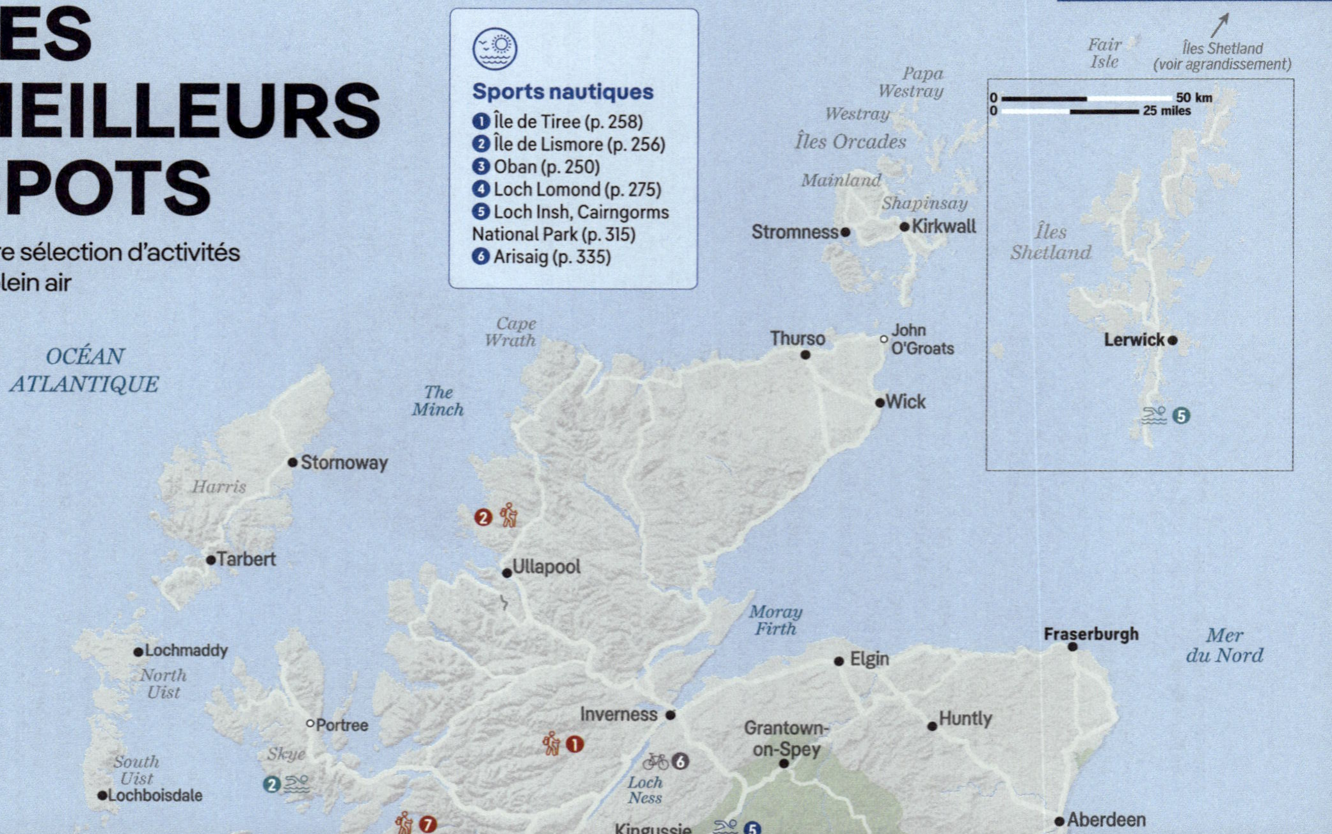

Vélo

1. Glentrool 7stanes (p. 155)
2. Three Distilleries Path, Islay (p. 267)
3. Île d'Eigg (p. 338)
4. Île de Gigha (p. 286)
5. Île de Colonsay (p. 271)
6. Canal calédonien, Inverness (p. 311)

Randonnée

1. Glen Affric (p. 309)
2. Stac Pollaidh (p. 371)
3. Southern Upland Way (p. 172)
4. Goatfell, île d'Arran (p. 283)
5. Water of Leith, Édimbourg (p. 88)
6. Glen Coe (p. 323)
7. Knoydart (p. 340)

Nage en eau libre

1. Île d'Easdale (p. 257)
2. Fairy Pools, île de Skye (p. 362)
3. Port Bàn, île d'Iona (p. 261)
4. Loch Lubnaig (p. 276)
5. Levenwick Beach, îles Shetland (p. 423)

ÉCOSSE

SUR LA ROUTE

Les chapitres de cette partie s'organisent autour des sites essentiels, qui pourront vous servir de base pour partir à la découverte des environs. Vous y trouverez toutes nos recommandations ainsi que des conseils d'habitants de la région pour vivre des expériences uniques.

Glen Rosa, île d'Arran (p. 280)

ÉDIMBOURG

CAPITALE INTEMPORELLE

Ruelles médiévales, enfilades de demeures néoclassiques, festivals d'art contemporain… L'aura culturelle d'Édimbourg n'a pas d'âge.

À l'origine, il y eut le feu et la roche. Le relief escarpé d'Édimbourg fut sculpté, il y a 350 millions d'années, par trois volcans aujourd'hui éteints depuis longtemps. Le premier, Castle Rock, est reconnaissable à son éperon rocheux surmonté du château d'Édimbourg. Le deuxième, Calton Hill, domine à l'est de New Town, coiffé de monuments et fréquenté par les amateurs de pique-nique et de panoramas. Le troisième, Arthur's Seat, est le terrain favori des sportifs et des passionnés de cerf-volant, qui gravissent ses flancs rocailleux pour admirer la vue sur Holyrood Park et au-delà.

MARION CARNIEL/SHUTTERSTOCK ©

Durant plus d'un millénaire, Édimbourg s'est vue dessinée par ces trois monts, sa vieille ville (Old Town) trouvant sa place dans les interstices creusés entre Castle Rock, Arthur's Seat et Calton Hill, respectivement à l'ouest, à l'est et au nord. Il fallut attendre le XVIIIe siècle pour que la nouvelle ville (New Town) franchisse l'imposante enceinte volcanique. Deux siècles et demi plus tard, les redoutables sommets qui gardaient autrefois la cité ne sont que de simples collines au milieu d'une immense agglomération.

La plupart des visiteurs se cantonnent au cœur historique et géologique de la ville, et on les excuse volontiers ! Comment résister au charme d'Old Town, méandre hypnotisant de rues pavées, de passages dérobés et de caveaux anciens ? Sans compter qu'août y accueille ce qui est considéré comme le plus grand festival artistique au monde. Mais une métropole moderne s'étend bien au-delà de sa vieille ville, et il suffit de grimper sur n'importe lequel de ses volcans affaissés pour le constater. On y découvre les parcs verdoyants de New Town et l'architecture georgienne de West End, les marchés de Stockbridge et les élégants restaurants de Leith, les bars branchés de Holyrood et les pubs estudiantins de Southside. Édimbourg, ville vaste, éclectique et dynamique, s'explore dans son entier.

QUARTIERS PRINCIPAUX

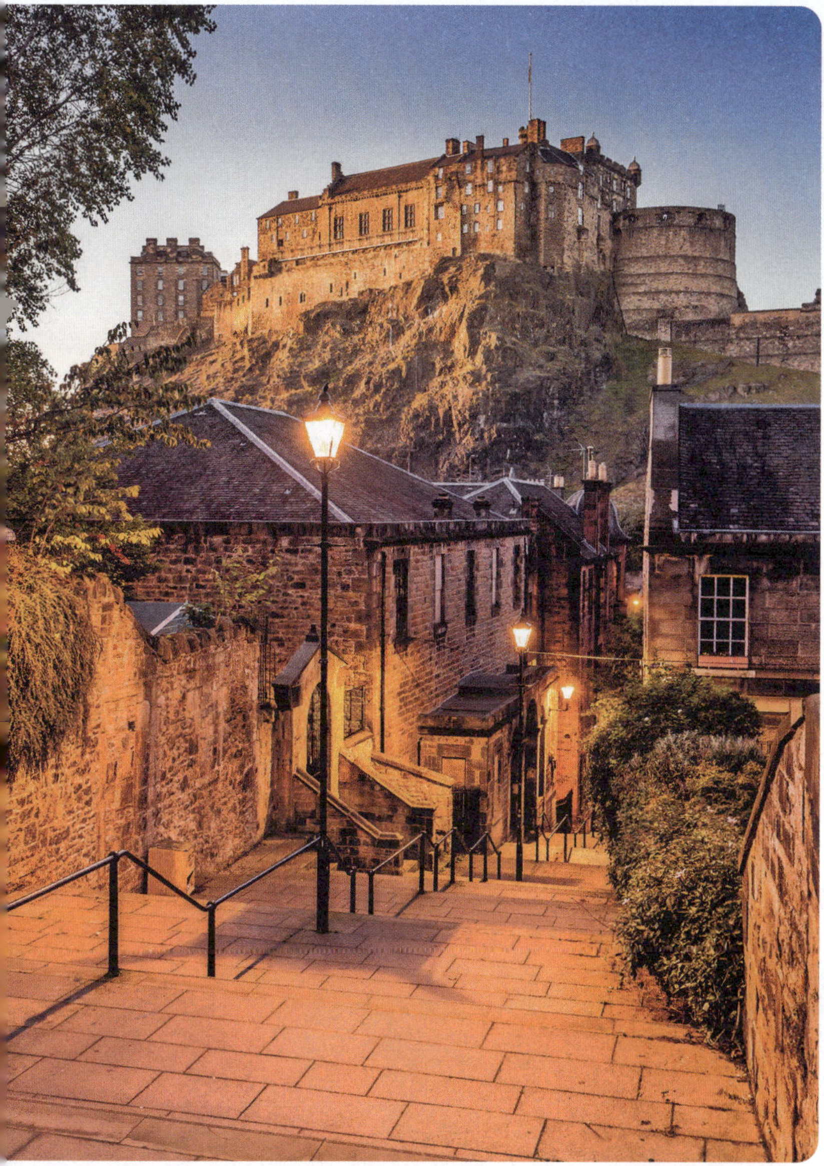
STENYO2/SHUTTERSTOCK ©

À gauche : un *scotch egg*, Stockbridge Market (p. 82). Ci-dessus : château d'Édimbourg (p. 56).

STOCKBRIDGE
Marchés alimentaires et espaces verts.
p. 82

LEITH
Pubs et restaurants au bord de l'eau.
p. 86

SUD D'ÉDIMBOURG
Collines et parcs arborés.
p. 91

S'orienter

Des *wynds* (ruelles) et *closes* (passages) d'Old Town aux larges et majestueuses rues de New Town, en passant par les sentiers balisés serpentant jusqu'au sommet d'Arthur's Seat, Édimbourg se visite idéalement à pied. Planifiez vos aventures urbaines grâce à cette carte mettant en évidence ses principaux monuments et quartiers.

DEPUIS L'AÉROPORT

Le tramway (aller simple/aller-retour 7,50/9,50 £) est le moyen le plus simple pour se rendre en ville : il relie l'aéroport d'Édimbourg à Princes St en 30 minutes et circule toutes les 5 à 10 minutes de 6h20 à 22h45. Comptez le même temps de trajet par la ligne de bus express AirLink n° 100 (aller/aller-retour 5,50/8 £) du réseau Lothian Buses (lothianbuses.com), qui fonctionne de 7h à 19h.

À PIED

Édimbourg est une ville compacte qu'il vaut mieux explorer à pied, surtout à la période des festivals, lorsque le centre devient en partie piétonnier. On peut facilement marcher d'Old Town à New Town et à la plupart des autres quartiers, moyennant quelques collines à gravir.

TRAMWAY

Outre relier l'aéroport au centre-ville, le tramway (aller simple 2 £), très pratique, poursuit sa route jusqu'à Newhaven et dessert en chemin West End, New Town et Leith. Il circule tous les jours de 5h30 environ à 23h30.

BUS

Le réseau Lothian Buses (lothianbuses.com ; aller simple 2 £) permet d'accéder aux quatre coins d'Édimbourg et à d'importantes destinations de la périphérie, dont les Pentland Hills, South Queensferry et North Berwick. Des forfaits d'un ou plusieurs jours permettent de prendre le bus et le tram en illimité (forfait journée 5 £).

0 1 km
0 0,5 mile
Firth of Forth
Western Harbour
Royal Yacht Britannia
Leith
p. 86
TRINITY
WARRISTON
CANONMILLS
Scottish National Portrait Gallery
St James Quarter
New Town
p. 70
Princes Street Gardens
Holyrood et Arthur's Seat
p. 64
Parlement écossais
Palace of Holyroodhouse
Camera Obscura
Scottish National Gallery
Gladstone's Land
Dynamic Earth
Château d'Édimbourg
Greyfriars Kirkyard
Holyrood Park
Old Town
p. 54
The Meadows
Summerhall
MARCHMONT
NEWINGTON
Sud d'Édimbourg
p. 91
GREENHILL

Planifier son séjour

Profitez de la richesse artistique des musées, promenez-vous au bord de l'eau et goûtez aux produits de la pêche locale, sans oublier de savourer un bon whisky !

BRIAN KENNEY/SHUTTERSTOCK ©

St Giles' Cathedral (p. 59)

JOUR 1

Matin

● L'artère la plus célèbre d'Édimbourg, le Royal Mile, peut occuper la journée entière. Commencez par l'esplanade du **château d'Édimbourg** (p. 56) et son panorama unique, puis visitez **Gladstone's Land** (p. 54) qui restitue le passé du site. Trouvez l'ange à cornemuse sur la façade de la **St Giles' Cathedral** (p. 59) avant un brunch bien mérité à l'**Edinburgh Larder** (p. 59).

Après-midi

● Gagnez à l'extrémité du Royal Mile le **Palace of Holyroodhouse** (p. 66) et le **Parlement écossais** (p. 66). Grimpez ensuite sur la colline d'**Arthur's Seat** (p. 67).

Soir

● Après un dîner dans le sublime **Wedgwood the Restaurant** (p. 68), terminez par une bonne bière artisanale au **Holyrood 9A** (p. 68) et un concert au **Stramash** (p. 61).

EN BAS, DE GAUCHE À DROITE : ROB CASEY/SNS GROUP VIA GETTY IMAGES ©, GABRIELA ANTOSOVA/SHUTTERSTOCK ©, BARMALINI/SHUTTERSTOCK ©

VOUS AIMEREZ AUSSI...

Découvrir Édimbourg sous d'autres angles, depuis les gradins d'un stade, sur le sable ou le pont d'un bateau, ou autour d'un verre.

ASSISTER À UN MATCH AU STADE

Les jours de derby, choisissez votre camp entre les **Hearts** (Heart of Midlothian FC) et les **Hibs** (Hibernian FC).

PROFITER DE LA PLAGE

L'immensité sablonneuse de **Portobello** se prête à des promenades, au paddle... et à la baignade pour les braves.

DÉGUSTER UN GIN

Oubliez un temps le whisky et goûtez aux gins distillés en ville : **Pickering's**, **Edinburgh Gin**, **Lind & Lime**...

JOUR 2

Matin

- Prenez un café et une viennoiserie au **Lovecrumbs** (p. 59), puis baladez-vous sur **Grassmarket** (p. 62). Remontez jusqu'au **Greyfriars Kirkyard** (p. 58), cherchez-y les tombes des célébrités locales et accordez quelques heures au passionnant **National Museum of Scotland** (p. 58). Montez sur le toit pour admirer la vue et déjeuner au café du musée.

Après-midi

- Promenez-vous dans les **Meadows** (p. 93) et dirigez-vous vers **Summerhall** (p. 93). Là, visitez la distillerie Pickering's Gin et mangez un bout au **Royal Dick Bar** (p. 98).

Soir

- Assistez à une représentation au **Queen's Hall** (p. 98) et concluez cette journée par un verre de whisky au **Dagda Bar** (p. 98).

JOUR 3

Matin

- Mettez-vous en jambes en explorant les **Princes Street Gardens** (p. 74). Plus à l'est, découvrez la **Scottish National Gallery** (p. 73) et le **Scott Monument** (p. 74), puis laissez-vous happer par les vitrines de **George Street** (p. 75). Gagnez le joli quartier de **Dean Village** (p. 79) et longez le cours de la Water of Leith vers Stockbridge au nord.

Après-midi

- Faites vos emplettes pique-nique chez **Herbie of Edinburgh** (p. 84) pour déjeuner au vert dans le **Royal Botanic Garden Edinburgh** (p. 84). Filez ensuite au nord jusqu'à Leith pour voir le **Royal Yacht Britannia** (p. 87) et vous régaler de saveurs iodées sur les quais.

Soir

- Pour finir, regagnez New Town par le tram et détendez-vous devant un cocktail au **Panda & Sons** (p. 74).

MARCHER DANS LA NATURE

Fuyez les foules dans le parc des **Meadows** ou sur les sentiers de **Corstorphine Hill** et des **Pentland Hills**.

DANSER UN SOIR DE CÈILIDH

Initiez-vous à la danse traditionnelle à l'**Edinburgh Ceilidh Club**.

VOIR UN SPECTACLE

Profitez des nombreux théâtres de la ville, du **Royal Lyceum** à l'**Edinburgh Playhouse**.

FLOTTER SUR L'EAU

À Leith, visitez le **Royal Yacht Britannia**, avant de dormir dans deux hôtels flottants : le **Fingal** et l'**Ocean Mist**.

OLD TOWN

CHÂTEAUX ET RUES PAVÉES

Avec ses rues médiévales et ses bâtiments du XVIe siècle, Old Town, la “vieille ville”, est le plus bel atout d'Édimbourg. Son artère principale, le Royal Mile, court du château aux impeccables pelouses du Palace of Holyroodhouse. Quand, au XIXe siècle, les riches marchands de la cité délaissèrent ses quartiers surpeuplés et insalubres, on bâtit deux ponts pour la relier à la nouvelle ville. Faute de pouvoir s'étaler, la vieille ville dut s'étendre en hauteur avec des édifices de cinq ou six étages faisant figure de gratte-ciel pour l'époque.

La misère qui régnait là autrefois n'est plus qu'un mauvais souvenir, mais les bâtiments qui font la spécificité du Royal Mile demeurent. Les rez-de-chaussée abritent aujourd'hui des musées, restaurants, bars et cafés, ainsi que les habituels magasins de souvenirs. Tout autour, c'est un centre-ville vibrant qui s'anime, ponctué de superbes points de vue.

Pour les infos pratiques, voir le Carnet d'adresses p. 100

À SAVOIR

Old Town s'étend autour du Royal Mile. La plupart de ses sites incontournables se trouvent soit sur cette artère, soit dans les rues adjacentes (telles South Bridge et George IV Bridge) ou un peu plus en contrebas, dans Grassmarket et Cowgate, par exemple. Explorez le quartier à pied, mais prévoyez des chaussures confortables pour arpenter les rues pavées et escarpées.

IRINA CRICK/SHUTTERSTOCK ©

Gladstone's Land

Gladstone's Land

LE ROYAL MILE AU FIL DES SIÈCLES

Prenez l'habit des habitants d'Édimbourg au fil des siècles, dans cette maison de cinq étages aménagée au XVIIe siècle par Thomas Gladstone – un riche et influent commerçant d'alors –, et récemment convertie en musée immersif. L'histoire du bâtiment (l'un des plus vieux de la rue) se révèle au fil de ses pièces à plafonds et poutres peints : imaginez-vous en propriétaire du lieu au XVIIe siècle, puis en marchand de tissus du XVIIIe ou en locataire d'une pension du siècle dernier. Puis retour au présent bien réel au rez-de-chaussée pour une douceur glacée !

Whiski Rooms

L'ÉLIXIR ÉCOSSAIS

Les amateurs de whisky affluent dans cet excellent bar-boutique de North Bank St (la rue sous Lawnmarket quand on descend vers Princes St) qui propose des dégustations quotidiennes. Après vous avoir exposé la riche histoire de cette boisson nationale, ses différentes régions d'origine et ses diverses saveurs, votre guide vous fera goûter une sélection de scotchs sur mesure, que vous soyez néophyte ou déjà grand amateur. Des dégustations avec fromages et chocolats sont aussi organisées. Enchaînez avec un repas dans l'élégant restaurant du lieu, qui sert d'alléchantes spécialités locales.

ÉDIMBOURG – OLD TOWN

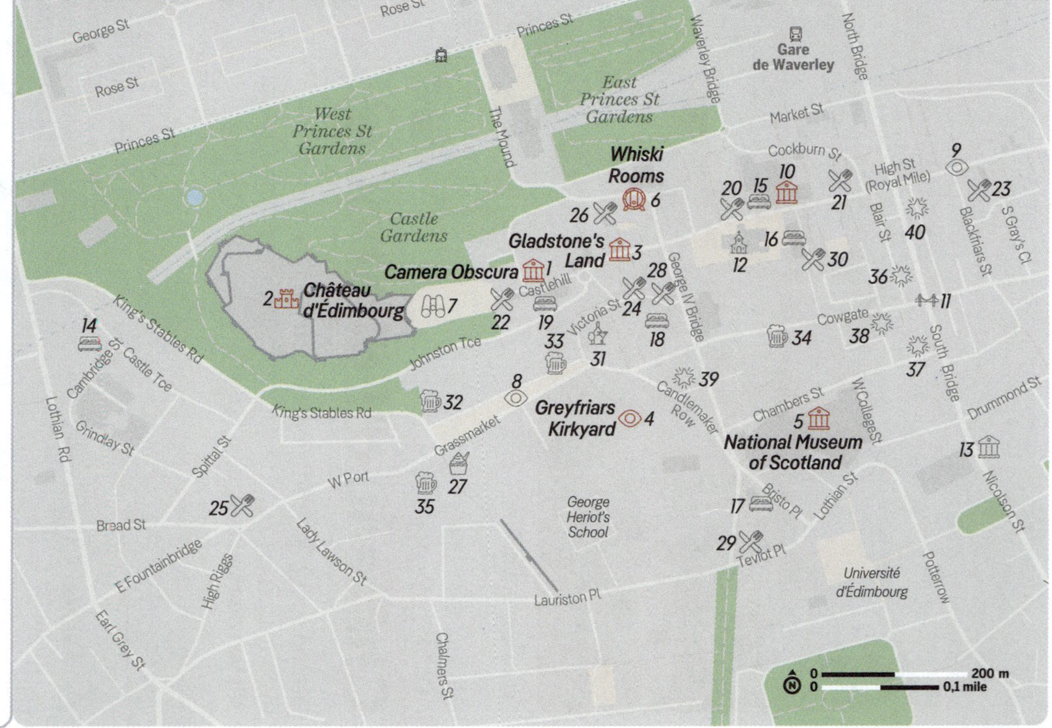

INCONTOURNABLES
1 Camera Obscura
2 Château d'Édimbourg
3 Gladstone's Land
4 Greyfriars Kirkyard
5 National Museum of Scotland
6 Whiski Rooms

VOIR
7 Esplanade du château
8 Grassmarket
9 High St
10 Real Mary King's Close
11 South Bridge
12 St Giles' Cathedral
13 Surgeons' Hall Museums

SE LOGER
14 Cambridge Street
15 Cheval Old Town Chambers
16 Code- The Court
17 Hotel du Vin Edinburgh
18 Virgin Hotels Edinburgh
19 Witchery by the Castle

SE RESTAURER
20 Angels with Bagpipes
21 Baked Potato Shop
22 Cannonball Restaurant
23 Edinburgh Larder
24 Howies Victoria St
25 Lovecrumbs
26 Makars Mash Bar
27 Mary's Milk Bar
28 Ondine
29 Saboteur
30 Wings

PRENDRE UN VERRE
31 Bow Bar
32 Cold Town House
33 Maggie Dicksons
34 Three Sisters
35 Wee Red Bare

SORTIR
36 Cabaret Voltaire
37 Jazz Bar
38 Stramash
39 Under The Stairs
40 Whistle Binkie's

ANCYMONEK/STOCK.ADOBE.COM ©

Château d'Édimbourg

INFOS PRATIQUES

www.edinburghcastle.scot

adulte/enfant 22/13,20 £
audioguide 3,50/1,50 £

9h30-18h avr-sept, 9h30-17h oct-mars

INCONTOURNABLE

Château d'Édimbourg

Perché sur un éperon rocheux dominant la ville, ce site évocateur, à la fois forteresse militaire et résidence royale, est l'un des plus visités d'Écosse.

À NE PAS MANQUER

Le faste du Great Hall

Les *Honours of Scotland*, symboles de l'identité écossaise

Ce château a joué un rôle central dans l'histoire écossaise, à la fois en qualité de résidence royale – depuis le règne du roi Malcolm Canmore (1058-1093) et de la reine Margaret, au XIe siècle – et de forteresse militaire. Il vécut sa dernière bataille en 1745. Ensuite, et jusque dans les années 1920, il servit de base principale à l'armée britannique en Écosse. Aujourd'hui, ce site évocateur est l'un des plus visités d'Écosse.

Les rochers noirs et escarpés de Castle Rock, qui dominent l'extrémité ouest de Princes Street, sont à l'origine de l'existence d'Édimbourg. Cet éperon rocheux était le point culminant le plus facile à défendre sur la route entre l'Angleterre et le centre de l'Écosse, qu'empruntèrent toutes les armées, des légions romaines des Ier et IIe siècles aux troupes jacobites de Bonnie Prince Charlie en 1745.

Flanquée des statues de Robert Bruce et de William Wallace, la **porte d'entrée** s'ouvre sur une allée pavée qui monte en passant sous la **porte à herse**, du XVIe siècle, en direction des batteries d'Argyle et de Mills Mount et de leurs canons.

Depuis les créneaux, une vue superbe s'étend sur la nouvelle ville jusqu'au Firth of Forth.

Tout au bout de la Mills Mount Battery, la foule se presse autour du fameux **One O'Clock Gun** ("canon de 13h"), un canon étincelant datant de la Seconde Guerre mondiale et tirant un obus de 25 livres (11,5 kg) à 13h pile tous les jours, sauf le dimanche, le jour de Noël et le Vendredi saint. La tradition du One O'Clock Gun remonte à 1861, date à laquelle les navires en baie du Firth of Forth ont commencé à régler leurs chronomètres de marine sur ce One O'Clock.

Au sud de Mills Mount, la route monte en s'incurvant vers la gauche et traverse **Foog's Gate** en direction de la partie la plus haute de Castle Rock, couronnée par une petite chapelle romane, **St Margaret's Chapel**, le plus vieil édifice d'Édimbourg. Elle fut sans doute construite sur ordre de David Ier ou d'Alexandre Ier, vers 1130, en mémoire de leur mère, la reine Margaret (canonisée en 1250). À côté de la chapelle, le **Mons Meg** est un canon de siège géant fabriqué à Mons (en Belgique actuelle), en 1449.

Au sommet de Castle Rock, le principal ensemble de bâtiments, organisés autour de Crown Square, est dominé par le sanctuaire du **Scottish National War Memorial**. En face se trouve le **Great Hall**, que Jacques IV (règne 1488-1513) fit bâtir pour ses cérémonies officielles, et où le Parlement écossais tint ses réunions jusqu'en 1639. Son trait le plus marquant est la charpente à blochets de son toit, du XVIe siècle.

Les **caves du château** (Castle Vaults), sous le Great Hall, ont rempli diverses fonctions : entrepôts, boulangerie et prison. Ces caves voûtées ont été refaites de manière à ressembler à une prison du XVIIIe ou du début du XIXe siècle. Sur les vieilles portes en bois, on aperçoit des graffitis tracés par des prisonniers français et américains.

Sur le côté est de la place, le **Royal Palace** fut construit aux XVe et XVIe siècles. Une suite de tableaux historiques conduit au trésor du château, une chambre forte abritant les **Honours of Scotland** (joyaux de la Couronne écossaise), les plus anciens de ce type conservés en Europe. Rangés dans un coffre après l'Acte d'union de 1707, la couronne (fabriquée en 1540 avec l'or de la couronne de Robert Bruce, du XIVe siècle), l'épée et le sceptre furent oubliés jusqu'à ce qu'ils soient remis à l'honneur, en 1818, à l'instigation du romancier sir Walter Scott. On pouvait également voir jusqu'à récemment exposée ici la pierre du Destin, pierre sur laquelle presque tous les monarques, d'abord anglais puis britanniques, s'assirent au cours de la cérémonie du couronnement – la ville de Perth expose aujourd'hui cette pierre dans un tout nouveau musée, dont elle est l'une des pièces maîtresses (p. 195).

Les **appartements royaux**, eux, comprennent notamment la chambre à coucher où Marie Stuart mit au monde le futur Jacques VI, qui réunit les Couronnes d'Écosse et d'Angleterre en 1603.

NATIONAL WAR MUSEUM

À l'extrémité ouest du château d'Édimbourg, à gauche du salon de thé (The Tea Rooms), une route descend vers ce musée qui ressuscite l'histoire militaire de l'Écosse. Les objets exposés ont été personnalisés par des récits racontant l'histoire de ceux qui les ont possédés.

À SAVOIR

- Tout en haut du Royal Mile, on traverse, avant d'entrer au château, une vaste esplanade. Bâtie pour les parades de soldats, elle accueille désormais, en août, un festival annuel de fanfares militaires.
- Visitez le site pour le coup de canon de 13h (postez-vous près du Mons Meg). Tâchez de ne pas sursauter si vous vous promenez en ville ou assistez de près ou de loin à l'exercice du One O'Clock Gun sur les remparts.

Camera Obscura & World of Illusions

Malgré ses 170 ans, la "chambre noire" d'Édimbourg (1853) ne cesse d'émerveiller les visiteurs. Grimpez dans la tour de guet pour découvrir l'**Outlook Tower**, un ingénieux dispositif de lentilles et de miroirs projetant, en temps réel sur une grande table, une image de la ville en contrebas : une sorte de vidéosurveillance d'époque victorienne. Le reste du bâtiment abrite tout un tas d'illusions d'optique, de jeux de miroirs et d'hologrammes, ainsi qu'un tunnel hypnotisant ; de quoi divertir les enfants une heure ou deux, sans éclipser la magie de la *camera obscura* du dernier étage.

National Museum of Scotland

L'ÉCOSSE DE A À Z

Cette perle de musée, dont les collections constituent une remarquable introduction à l'Écosse, se démarque aussi par l'architecture audacieuse de son nouveau bâtiment (1998), emblématique de la ville, lequel communique avec un bâtiment plus ancien, victorien, datant de 1861. Les cinq niveaux du nouveau bâtiment retracent l'histoire de l'Écosse, des débuts géologiques jusqu'aux années 1990, en recourant à une muséographie inventive et stimulante. Des audioguides sont disponibles en plusieurs langues. Le remarquable musée d'origine abrite quant à lui une immense galerie d'exposition sur trois niveaux coiffée d'une verrière. Sa collection éclectique couvre divers domaines comme l'histoire naturelle, l'archéologie, le design et la mode, les technologies scientifiques... C'est aussi ici que vous trouverez exposé le corps de la brebis Dolly, le premier mammifère cloné à partir d'une cellule d'animal adulte – une avancée scientifique majeure réalisée le 5 juillet 1996 par le Roslin Institute, situé tout près d'Édimbourg.

ANTON_IVANOV/SHUTTERSTOCK ©

National Museum of Scotland

Greyfriars Kirkyard

ENVOÛTANT CIMETIÈRE

Sur la colline dominant Grassmarket, ce labyrinthe de tombes disparates se déploie autour d'une église vieille de quatre siècles, **Greyfriars Kirk**. Certaines pierres tombales recouvertes d'une *mortsafe* (grille de fer) rappellent l'une des multiples solutions trouvées par les familles des défunts pour lutter contre le trafic entretenu par les "résurrectionnistes" – ou voleurs de cadavres – qui alimentaient les salles d'anatomie aux XVIIIe et XIXe siècles. Au tournant du XXe siècle, le cimetière a eu sa vedette : **Greyfriars Bobby**, un petit chien qui veilla durant quatorze ans sur la tombe de son maître et dont la statue trône désormais à l'entrée. De nos jours, le lieu doit davantage sa renommée à *Harry Potter*, J. K. Rowling s'y étant souvent promenée et inspirée, dit-on, des noms figurant sur plusieurs tombes.

Greyfriars Bobby

À VOIR AUSSI DANS OLD TOWN

High Street

EN PLEIN DANS LE MILE

Le **Royal Mile** – artère la plus fréquentée de la ville – suit la déclivité menant, d'ouest en est, du château d'Édimbourg au palais de Holyrood. Sous un même nom, cette "voie royale" regroupe en fait cinq rues distinctes : Castlehill, Lawnmarket, High Street, Canongate et Abbey Strand. Si chacune a son charme, aucune ne vous fera autant voyager dans l'histoire que **High Street**, sa partie centrale. Partez de l'intersection entre George IV Bridge et Lawnmarket et laissez sur votre gauche la statue du philosophe des Lumières **David Hume** (souvent accompagné d'un joueur de cornemuse) pour gagner le parvis de **St Giles' Cathedral**. Au passage, jetez un coup d'œil au **Heart of Midlothian**, un cœur tracé en pavés sur lequel on ne marche pas (mais on est censé cracher pour s'attirer la bonne fortune !) – ici se trouvait l'ancien poste de péage. Dans la cathédrale, datant en grande partie du XVe siècle, découvrez les

SUR LE POUCE À OLD TOWN

Lovecrumbs
De délicieux gâteaux dans une boulangerie-café tout de bric et de broc. £

Edinburgh Larder
Des brunchs légendaires à base de saumon, d'œufs pochés et de pommes de terre poêlées. £

Mary's Milk Bar
Un glacier qui fait l'unanimité avec ses onctueuses créations aux parfums renouvelés chaque jour. £

Baked Potato Shop
De copieuses pommes de terre chaudes aux garnitures sans viande, dont un délicieux haggis végan. £

HEARTS

Fondé en 1874, le club de foot du Heart of Midlothian (surnommé "Hearts") doit son emblème au cœur pavé qui orne la chaussée du Royal Mile. Assistez à un match au **Tynecastle Park**, stade de West End.

OÙ PRENDRE UN VERRE DANS OLD TOWN

Three Sisters
Beer garden avec restauration et écrans géants, qui fait le plein durant les festivals.

Bow Bar
Un excellent pub traditionnel du Royal Mile, servant d'authentiques ales, gins et whiskies.

Wee Red Bar
QG des étudiants en art, ce bar dansant mise sur les petits prix et la musique live.

MAGGIE LA DEMI-PENDUE

À Grassmarket, le pub **Maggie Dickson's** est une institution qui doit son nom à l'une des pendues les plus célèbres de la place. En 1724, Margaret Dickson fut exécutée et déclarée morte par le médecin. Jusque-là, rien de plus normal (dans l'Édimbourg du XVIIIe siècle). Mais une fois dans son cercueil, la pauvre femme se réveilla ! Et puisque sa peine avait été appliquée, celle qu'on appela dès lors "Maggie la Demi-Pendue" fut libre de reprendre le cours de sa vie, qui dura encore 40 ans.

riches ornementations de la Thistle Chapel, en hommage aux 16 chevaliers de l'ordre du Chardon. Notez que St Giles fut au cœur de la Réforme écossaise, et que John Knox (1513-1572), son guide, y fut pasteur de 1559 à 1572. Une fois ressorti, gagnez de l'autre côté de l'artère le **Real Mary King's Close**, lequel propose une visite souterraine d'une ruelle condamnée de la vieille ville – un aperçu intéressant de la vie quotidienne à Édimbourg au XVIIe siècle. Rejoignez ensuite la **Mercat Cross** (croix du Marché), site des proclamations royales, et poursuivez jusqu'au **Scottish Design Exchange**, établi dans un ancien bâtiment ecclésiastique, où les artistes locaux vendent aujourd'hui leurs créations. Déjeunez au **Civerinos Hunter Sq** avant de traverser South Bridge pour découvrir la fin de High Street, où la surprenante **John Knox House**, la plus vieille maison d'Édimbourg – John Knox y aurait vécu –, jouxte le **Scottish Storytelling Centre**. Terminez autour d'un verre au **World's End**.

Ville de festivals

LE MOIS D'AOÛT À ÉDIMBOURG

Dès la fin de juillet, un vent de fête souffle sur la ville : les rues se font belles, les murs se couvrent d'affiches et les food trucks affluent. On a pourtant du mal à imaginer le tourbillon qui s'empare d'Édimbourg au mois d'août, lorsque la population double et que les distributeurs de tracts et les cracheurs de

DES FESTIVALS TOUTE L'ANNÉE

De Hogmanay, le Nouvel An écossais, à l'International Storytelling Festival – la fête du conte – en octobre, Édimbourg est toujours en fête ! Le 1er mai, ne manquez pas le **Beltane Fire Festival** (p. 75).

PECOLD/SHUTTERSTOCK ©

Mercat Cross

OÙ SE LOGER DANS OLD TOWN

CoDEPod – THE CoURT
Une ancienne prison convertie en auberge de jeunesse charmante et colorée. **£**

2 Cambridge Street
Un B&B original qui se démarque par ses meubles anciens, œuvres d'art et autres curiosités. **££**

Hotel du Vin Edinburgh
Un hôtel d'une petite chaîne mariant architecture victorienne et design moderne. **£££**

JEFF J MITCHELL/GETTY IMAGES ©

Le Soweto Gospel Choir lors de l'Edinburgh Festival Fringe

feu emplissent le Royal Mile. La capitale écossaise devient alors la plus grande scène de la planète.

La principale attraction est l'**Edinburgh Festival Fringe**, le plus grand festival de spectacle vivant au monde. Durant trois semaines, des dizaines de milliers de représentations de théâtre, de stand-up, de danse, de cirque et de cabaret attirent petits et grands dans Old Town et les quartiers alentour. Et il ne s'agit là que d'un événement parmi de nombreux autres ! L'**Edinburgh International Festival** propose au même moment une riche programmation de concerts, de pièces et d'opéras. L'**Edinburgh International Book Festival** réunit de grands auteurs internationaux. Le **Royal Edinburgh Military Tattoo** est un déploiement spectaculaire de fanfares militaires. Et l'**Edinburgh Art Festival** organise des expositions dans toute la ville. Cinq festivals de premier plan, au même moment, dans une même cité bouillonnante.

Début septembre, le calme revient et la vie reprend son cours comme si de rien n'était, jusqu'à l'été suivant, mais ceux qui ont connu la saison des festivals ne l'oublient pas de sitôt !

UNE SOIRÉE DANS OLD TOWN

Beth Jamieson, assistante marketing au **Camera Obscura & World of Illusions** (p. 58), nous dévoile sa soirée idéale dans la vieille ville :

Ce que j'adore dans Old Town, c'est qu'on peut boire et manger des choses exceptionnelles à chaque coin de rue. Après le travail, je vais souvent au **Saboteur**, un petit café vietnamien qui sert de délicieux plats maison, ainsi que du café et des jus. Si je suis accompagnée d'amis qui ne connaissent pas la ville, je les emmène ensuite au **Cold Town House**, sur Grassmarket : une microbrasserie avec une super sélection de bières, de très bons cocktails et un toit-terrasse donnant sur le château. La soirée se termine au **Stramash**, sur Cowgate, pour un concert.

Cheval Old Town Chambers
Appartements chics et spacieux et services d'un hôtel. Idéal pour les familles et les longs séjours. **£££**

Witchery by the Castle
Suites éblouissantes et meubles anciens pour un séjour en grande pompe. **£££**

Virgin Hotels Edinburgh
Très bien situé, l'un des meilleurs hôtels de luxe récemment ouverts en ville. **£££**

À l'ombre du château

L'HISTOIRE SANGLANTE DE GRASSMARKET

Le temps d'une promenade de deux heures, découvrez l'histoire sombre de **Grassmarket**, une place fondée au Moyen Âge pour accueillir un marché aux bestiaux. Depuis le Royal Mile, descendez les marches de Castle Wynd. Remarquez le **boulet de canon** logé dans le mur : la légende veut qu'il ait été tiré par les troupes gouvernementales visant Bonnie Prince Charlie, dernier Stuart prétendant au trône d'Angleterre et d'Écosse – il marque en réalité la hauteur que l'eau du premier système de canalisations pouvait atteindre naturellement. L'escalier débouche sur Grassmarket, à 90 m de la **croix pavée** marquant l'emplacement du gibet. Des centaines de personnes y furent exécutées, dont de nombreux Covenantaires, fervents défenseurs de l'Église presbytérienne écossaise. Seuls quelques noms de pubs, comme le **Last Drop** (qui signifie à la fois la "dernière pendaison" et la "dernière goutte"), rappellent encore ce macabre passé. Grassmarket est aujourd'hui une place agréable, agrémentée de pubs, de glaciers et d'étals de marché. Tout au bout de la place, grimpez les **Vennel Steps** pour profiter de la vue sur le château. Repartez en sens inverse en passant devant les boutiques et façades colorées de **Victoria Street** ; au milieu de la rue, un escalier vous mènera au Royal Mile, où vous finirez votre balade avec une dégustation à la **Scotch Whisky Experience**. Pour éviter les escaliers, vous pouvez emprunter George IV Bridge et Victoria Street, qui relient Grassmarket au Royal Mile sans une seule marche à gravir.

FIGURINES DE LEWIS

Le National Museum of Scotland (p. 58) possède 11 de ces 93 pièces d'échecs sculptées au XIIe siècle dans de l'ivoire de morse retrouvées dans les Hébrides. Six autres peuvent être vues au **Museum nan Eilean** (p. 375) de Stornoway.

LES PLUS BELLES VUES D'OLD TOWN

National Museum of Scotland
Le toit-terrasse offre une vue dégagée sur le château et les toits de la ville.

Castle Esplanade
Par beau temps, on voit jusqu'à Leith et plus loin encore.

St Giles' Cathedral
La visite guidée donne accès au toit de la cathédrale, qui domine Royal Mile.

Élémentaire mon cher Watson !

UNE HISTOIRE DES TECHNIQUES MÉDICALES

Les **Surgeons' Hall Museums**, ce sont trois musées passionnants créés à l'origine pour abriter des collections destinées à l'enseignement. Tous sont installés dans un majestueux temple ionique conçu par William Playfair en 1832. Au History of Surgery Museum, consacré à la chirurgie en Écosse du XVe siècle à nos jours, l'un des principaux centres d'intérêt est l'exposition consacrée aux célèbres assassins du XVIIIe siècle, Burke et Hare, laquelle comprend une présentation du Dr Joseph Bell, qui a inspiré le personnage de Sherlock Holmes. La Dental Collection, adjacente, s'intéresse

OÙ SE RESTAURER DANS OLD TOWN

Makars Mash Bar
La purée maison s'accompagne ici d'agneau, champignons ou haggis végétarien. Simple et bon. £

Wings
Les meilleures ailes de poulet d'Édimbourg. Choisissez la sauce qui les relèvera. £

Howies Victoria Street
Une bonne affaire que la formule du midi et ses spécialités de saison, allant du cerf au saumon. ££

à l'histoire des soins dentaires et présente une série d'objets servant aux extractions. Le Pathology Museum vous fera découvrir une collection du XIXe siècle d'organes malades et de tumeurs monstrueuses conservés dans le formol.

Un monde caché

L'ÉDIMBOURG CLANDESTINE

Avec ses boutiques, restaurants et théâtres, **South Bridge** ressemble à n'importe quelle autre rue d'Old Town. Pourtant, lorsqu'on tourne sur Hunter Square et que l'on descend Blair St, tout s'éclaire : il s'agit bien d'un pont enjambant la vallée de Cowgate ! Bâti dans les années 1780, il étire ses 19 arches de pierre sur plus de 300 m. En poursuivant votre chemin vers le bas de Blair St, vous en verrez une mais où se cachent les autres ? C'est ce que l'agence **Mercat Tours** (www.mercattours.com) se propose de vous faire découvrir. Ses visites guidées vous mèneront derrière les boutiques, jusqu'aux salles voûtées cachées dans les arches souterraines de South Bridge. Plusieurs circuits de 1 heure 15 sont proposés : plongez dans l'histoire sociale et architecturale du pont ; partez sur les traces des voleurs de cadavres, meurtriers et bourreaux qui sévissaient dans ce royaume clandestin ; ou laissez-vous conter les histoires des fantômes et des goules qui hanteraient encore les lieux.

Victoria Street

LES BARS EN SOUS-SOL INCONTOURNABLES D'OLD TOWN

Whistle Binkies
Sous le South Bridge, ce bar chaleureux accueille des groupes de rock et de blues.

Under the Stairs
On trouve des cocktails originaux et de bons plats de bistrot dans ce charmant bar aux meubles chinés.

Jazz Bar
Des musiciens de blues, de funk ou de latin jazz se succèdent dans cette salle en sous-sol.

Cabaret Voltaire
Dance, house et techno font vibrer les caves voûtées de ce club.

DÉBITS SOUTERRAINS

Il n'y a pas que les sous-sols d'Old Town qui dissimulent des bars. Descendez au **32 Below** (p. 98) de Southside, au **Panda & Sons** (p. 74) de New Town ou encore au **Heads & Tales Bar** de West End.

Cannonball Restaurant
Une délicieuse cuisine italienne, dans un cadre chic, mais décontracté, tout près du château. ££

Angels with Bagpipes
Sur le Royal Mile, cette table prisée sert une cuisine écossaise raffinée et créative. ££

Ondine
Les meilleures huîtres d'Édimbourg dans cet élégant restaurant de poisson et fruits de mer. £££

HOLYROOD ET ARTHUR'S SEAT

HISTOIRE ET NATURE

Du bas du Royal Mile aux étendues vertes du parc dont il porte le nom, le quartier de Holyrood a tout du patchwork historique et architectural. Le XXIe siècle s'y exprime dans l'architecture moderne du Parlement écossais et l'allure futuriste du musée des sciences, le Dynamic Earth. L'Édimbourg médiévale, elle, subsiste dans Canongate St et les ruines de Holyrood Abbey. Pour remonter plus loin encore, il suffit de lever les yeux vers Arthur's Seat, le volcan éteint qui veille sur le tout depuis la nuit des temps.

À Holyrood, nombreux sont les sites à avoir été restaurés, refaçonnés ou convertis au cours des siècles. Passé et présent s'y entremêlent faisant de ce quartier l'un des plus fascinants d'Édimbourg à visiter.

Pour les infos pratiques, voir le Carnet d'adresses p. 102

À SAVOIR

Arthur's Seat domine Holyrood, mais c'est à ses pieds, dans deux rues parallèles – Canongate St (ultime section du Royal Mile, à l'est) et Holyrood Rd –, que sont regroupés la majorité des sites touristiques, bars et restaurants. À l'autre bout du parc, au sud-est, s'étire le charmant village de Duddingston (45 minutes à pied en traversant le parc).

Palace of Holyroodhouse (p. 66)

ÉDIMBOURG – HOLYROOD ET ARTHUR'S SEAT

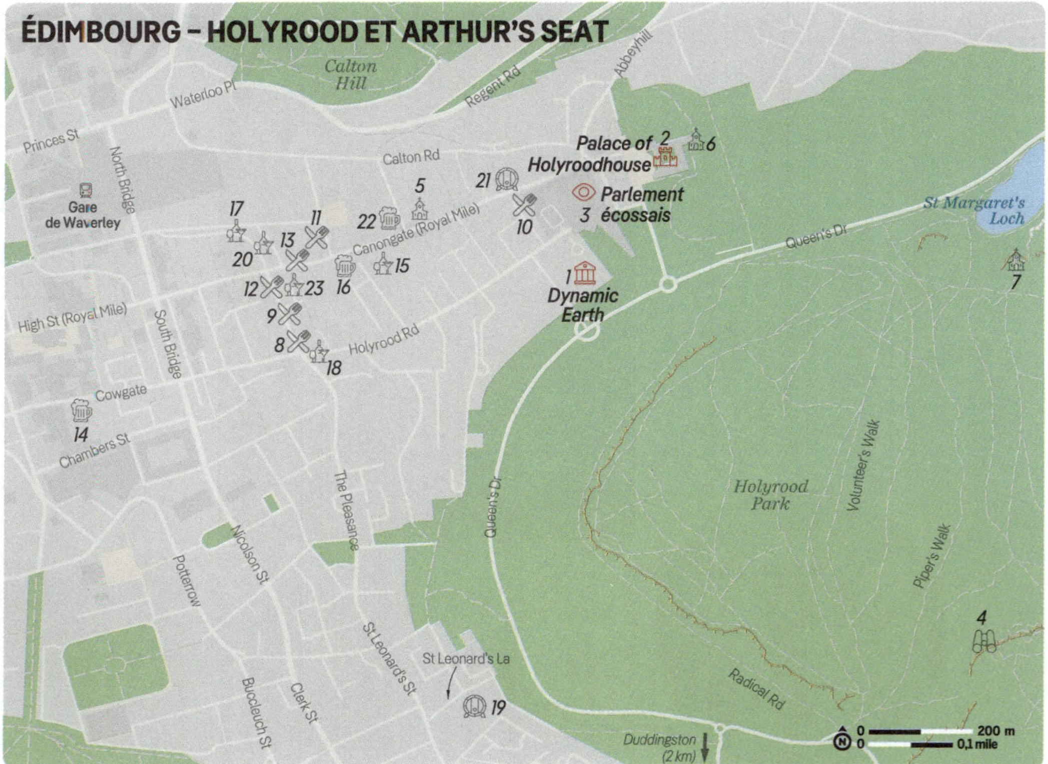

INCONTOURNABLES
1 Dynamic Earth
2 Palace of Holyroodhouse
3 Parlement écossais

VOIR
4 Arthur's Seat
5 Canongate Kirk
6 Holyrood Abbey
7 St Anthony's Chapel

SE RESTAURER
8 David Bann
9 Moo Pie Gelato
10 Oink Canongate
11 Pakora Bar
12 PIGGS
13 Wedgwood the Restaurant

PRENDRE UN VERRE
14 BrewDog Doghouse
15 Cadenhead's Whisky Shop
16 Canons' Gait
17 Cocktail Geeks
18 Holyrood 9A
19 Holyrood Distillery
20 Jeffrey St
21 Kilderkin
22 Tolbooth Tavern
23 White Horse Oyster & Seafood Bar

Canongate Kirk (p. 69)

Dynamic Earth

LÀ OÙ LA SCIENCE PREND VIE

Dynamic Earth

Ce **musée des sciences** qui s'adresse à toute la famille réunit une dizaine d'espaces d'exposition consacrés à l'histoire géologique de notre planète, du Big Bang à la formation des calottes glaciaires. Les enfants s'amusent à explorer les profondeurs des océans à bord d'un sous-marin, tandis que les adultes s'émerveillent au planétarium devant des projections en 3D accompagnées d'effets sonores retentissants. Pleine de jeux et de livres éducatifs, la boutique répond à toute la curiosité.

ULMUS MEDIA/SHUTTERSTOCK ©

Parlement écossais

IDENTITÉ NATIONALE ET POLITIQUE

Dessiné avant son décès en 2000 par l'architecte catalan Enric Miralles, relayé par sa veuve, Benedetta Tagliabue, cet édifice résolument moderne mêle béton poli, granit et acier sans aucune tour néogothique en vue. Rares sont les passants que son allure détonante séduit au premier coup d'œil, mais une fois à l'intérieur, le charme opère rapidement.
Le hall d'entrée fait se côtoyer voûtes de béton, boiseries en chêne, baies vitrées et œuvres surprenantes. Faites la visite guidée pour parcourir ses couloirs en pente, voir la Chambre des débats et en savoir plus sur la symbolique de cette architecture célébrant l'identité nationale écossaise.

Chambre des débats du Parlement écossais

ULMUS MEDIA/SHUTTERSTOCK © ; EN HAUT À GAUCHE : JONATHAN SMITH/LONELY PLANET ©

Palace of Holyroodhouse

MEURTRES ROYAUX

À son retour de la cour de France après la mort du dauphin qu'elle avait épousé trois ans plus tôt, la jeune Marie Stuart ne vécut que six ans dans ce palais, période durant laquelle elle eut l'occasion de débattre avec John Knox, figure de la Réforme écossaise. Bien que court, son séjour fut mouvementé. Tout d'abord, il y eut le meurtre de son secrétaire – et favori – David Rizzio, par son second époux, Lord Darnley. Puis l'assassinat de ce dernier et le mariage de Marie avec son commanditaire présumé, Lord Bothwell. Leur union provoqua un soulèvement, l'emprisonnement de la reine et son abdication en 1567. Se réfugiant auprès de sa cousine Élisabeth Ire, elle sera exécutée pour complot contre Sa Majesté. La visite audioguidée permet de découvrir sa chambre à coucher, les appartements royaux, les jardins du palais et les ruines de Holyrood Abbey, laquelle fut fondée par David Ier en 1128.

NEIL BUSSEY/SHUTTERSTOCK ©

Arthur's Seat

WHISKIES EN FOLIE

En 2019, la Holyrood Distillery a été la première à opérer au cœur d'Édimbourg depuis un siècle. Elle a désormais de sérieuses concurrentes : la Bonnington Distillery (2020) et la **Port of Leith Distillery** (p. 86), dont l'ouverture était imminente au moment de notre passage.

À VOIR AUSSI À HOLYROOD ET SUR ARTHUR'S SEAT

Le toit d'Édimbourg

ASCENSION AU POINT CULMINANT

Figure incontournable du paysage édimbourgeois, la colline d'**Arthur's Seat** élève sa silhouette rocailleuse et couverte d'ajoncs derrière les tours du Palace of Holyroodhouse. 251 m de dénivelé – un effort de 45 minutes – vous attendent !

Partant du parking de Queen's Drive (près du palais), le sentier grimpe gentiment en s'éloignant de la route. En chemin, un court détour mène aux ruines médiévales de St Anthony's Chapel, d'où l'on a un beau point de vue sur North Edinburgh. Revenez ensuite sur vos pas et progressez

HOLYROOD ET ARTHUR'S SEAT CÔTÉ WHISKY

Jeffrey St
Cette boutique propose des dégustations en tous genres : par régions, directement servi au fût, etc.

Cadenhead's Whisky Shop
Goûtez avant d'acheter, avec les dégustations organisées par cette institution du Royal Mile.

Kilderkin
Vous préférez siroter un verre au pub ? Celui-ci a un bar bien fourni en scotchs.

OÙ SE RESTAURER À HOLYROOD ET SUR ARTHUR'S SEAT

Oink Canongate
Fondé par deux éleveurs, ce restaurant sert de succulents sandwichs à l'effiloché de porc. **£**

Pakora Bar
Une excellente cuisine indienne du Punjab, avec haggis revisité et samossas végétariens. **£**

Moo Pie Gelato
Bière brune, tartine grillée..., ici les glaces à l'italienne ont de surprenants parfums ! **£**

L'AFTERWORK À HOLYROOD

Chef écossais renommé à la tête du **Wedgwood the Restaurant, Paul Wedgwood** nous confie ses adresses préférées de Holyrood pour boire un coup après le boulot.

Holyrood 9A
Un excellent choix de bières artisanales (d'Écosse et d'ailleurs), une sélection de pressions changeant régulièrement et de très bons whiskies.

Cocktail Geeks
Ce bar délirant est unique en son genre. J'adore leur sélection de cocktails, qui change régulièrement selon des thèmes toujours plus surprenants, comme la série *Stranger Things*, par exemple.

White Horse Oyster & Seafood Bar
Je fête toujours le Nouvel An ici avec mon équipe. Installez-vous au bar, où siroter du champagne tandis qu'on ouvre les huîtres sous vos yeux.

au cœur de Holyrood Park. Prenez la piste étroite qui dévie du sentier principal sur votre gauche. De plus en plus escarpée et rocailleuse, elle vous mènera à un plateau où vous pourrez reprendre votre souffle en contemplant le Dunsapie Loch en contrebas. Dès lors il reste 10 minutes d'ascension avant d'atteindre le sommet et de savourer la vue sur la ville et toute la ligne d'horizon : elle embrasse les ponts sur le Forth à l'ouest, la lointaine colline conique de North Berwick Law à l'est, ainsi que les Ochil Hills et les Highlands au nord-ouest.

Pour le retour, il n'y a pas d'autre solution que de rebrousser chemin, car le seul autre itinéraire qui passait par Radical Rd et les Salisbury Crags a été fermé suite à des chutes de pierres.

Distillerie urbaine

LES SECRETS DE FABRICATION DU WHISKY

Des premiers permis de distillation, délivrés en 1505 à la guilde des Chirurgiens et Barbiers, aux quelque 400 alambics clandestins en opération au XVIIIe siècle, la production de whisky ne date pas d'hier à Édimbourg. Pourtant, quand la **Holyrood Distillery** a ouvert ses portes en 2019, cela faisait près d'un siècle qu'on ne fabriquait plus de *single malt* dans la ville. En attendant le vieillissement de son whisky en fûts de chêne, une visite guidée permet de découvrir l'installation et ses locaux impeccablement rénovés.

La clientèle est plus jeune et branchée que dans la plupart des distilleries, peut-être en raison de la proximité avec le quartier étudiant de Southside. Les guides, jeunes eux aussi (fraîchement diplômés du cursus "brassage et distillation" de l'université Heriot-Watt) parlent avec passion et expertise de la fabrication du whisky, du maltage à la maturation. La dégustation finale offre l'occasion de goûter au distillat tout juste sorti de l'alambic, ainsi qu'au gin produit sur place : le Height of Arrows ("hauteur de flèches", traduction littérale du gaélique Àrd-na-Said qui a sûrement donné son nom à Arthur's Seat). Finissez autour d'un verre ou d'un en-cas dans l'agréable cour orientée au sud.

De l'autre côté de Holyrood Park

LE VILLAGE OUBLIÉ D'ÉDIMBOURG

Quand on évoque l'illustre passé d'Édimbourg, un nom demeure trop souvent oublié : celui de **Duddingston**, situé derrière Arthur's Seat. Fondé au XIIe siècle, ce petit village devrait son nom à un chevalier normand appelé Dodin. Aujourd'hui intégrée à la capitale, la localité conserve des airs de hameau rural et peut s'enorgueillir de compter certains des plus vieux édifices

OÙ SE RESTAURER À HOLYROOD ET SUR ARTHUR'S SEAT

David Bann
Avec ses plats créatifs et élégants, c'est le meilleur restaurant végétarien d'Édimbourg. **££**

PIGGS
Pas plus de six tables pour cette adresse du Royal Mile, mais de savoureuses tapas et du bon vin. **££**

Wedgwood the Restaurant
Gastronomique, de saison et sans prétention. Formule du midi d'un bon rapport qualité/prix. **£££**

Holyrood Distillery

LA VIE DE VILLAGE

Si ce n'est à Duddingston, c'est à **Dean Village** (p. 79), du côté de West End, que vous trouverez tout le charme de la vie de village, en pleine capitale écossaise.

d'Édimbourg. Venir à pied en partant du bas de Royal Mile prend 45 minutes (un peu plus si vous gravissez Arthur's Seat en chemin) pour arriver jusqu'au pub du village, **The Sheep Heid Inn**, ouvert au milieu du XIVe siècle. C'est l'une des plus vieilles tavernes écossaises et la reine Marie (Stuart) y serait même venue jouer aux quilles. Descendez Causeway et vous découvrirez l'église encore plus ancienne, **Duddingston Kirk** (début XIIe siècle). On pénètre dans l'enclos paroissial par une tour d'entrée, bâtie au XIXe siècle pour lutter contre les vols de cadavres dans le cimetière autour de l'église. Pourquoi ne pas profiter de votre présence pour pique-niquer au calme avant de retourner dans le centre ? Achetez un sandwich ou une petite tourte chez **Bizzy Lizzy** et installez-vous dans le **Dr Neil's Garden** (accès gratuit), sous le couvert des arbres magnifiques et au milieu de parterres fleuris. Une oasis de rêve au bord du Duddingston Loch.

LES PLUS BELLES ÉGLISES DE HOLYROOD ET D'ARTHUR'S SEAT

Holyrood Abbey
L'église en ruine sur le domaine de Hollyroodhouse a été celle de l'une des plus majestueuses abbayes d'Europe.

Canongate Kirk
Élisabeth II appréciait beaucoup cette église à la silhouette inhabituelle (et son cimetière peuplé de figures locales).

St Anthony's Chapel
Sur le chemin grimpant à Arthur's Seat, la halte ici vaut le détour, rien que pour la belle vue sur Leith.

OÙ PRENDRE UN VERRE À HOLYROOD ET SUR ARTHUR'S SEAT

Canons' Gait
Établissement du Royal Mile prisé pour ses bonnes bières et son service chaleureux.

BrewDog Doghouse
Ce bar à bières artisanales aux 30 tireuses coulant à flots se double heureusement d'un hôtel !

Tolbooth Tavern
Depuis deux siècles, pintes et bons plats défilent entre les vieilles pierres de ce pub traditionnel.

NEW TOWN

BOUTIQUES ET DEMEURES GEORGIENNES

Si elle fait figure de jeunette à côté d'Old Town, la "nouvelle ville" d'Édimbourg n'en a pas moins tout de même 250 ans. Désireuses d'échapper à l'exiguïté de la vieille ville surpeuplée, les élites du XVIIIe siècle ont souhaité créer une cité moderne idyllique, un paradis aux larges avenues, aux places élégantes et aux bâtisses d'inspiration classique, qui s'agenceraient parfaitement selon un plan en damier. Le succès fut immense. Bien que New Town se soit depuis agrandie, elle a conservé en son cœur ses demeures georgiennes, converties en cinq-étoiles, restaurants chics, bars à cocktails et galeries d'art.

Se promener et faire les boutiques sont deux grands plaisirs propres au quartier. Mais n'oubliez pas les jardins de Princes St pour déambuler et le sommet de Calton Hill pour contempler le château d'Édimbourg sous d'autres angles. Si jadis Princes St était le nec plus ultra pour le shopping, la rue partage désormais la vedette avec George St pour la mode, Rose St et Thistle St pour les boutiques de créateurs, Dundas St pour les antiquaires, et le centre commercial de St James Quarter pour les grandes enseignes.

Pour les infos pratiques, voir le Carnet d'adresses p. 103

À SAVOIR

Princes St est la principale voie d'accès à New Town, que l'on arrive par le train, le bus, le tram ou simplement à pied depuis Old Town en descendant la butte artificielle du Mound. Au nord s'étirent (dans l'ordre) quatre parallèles : Rose St, George St, Thistle St et Queen St. On peut aisément explorer tout le quartier à pied.

RICHIE CHAN/SHUTTERSTOCK ©

George St, New Town

INCONTOURNABLES
1 Moray Place
2 Scottish National Gallery
3 Scottish National Portrait Gallery
4 St James Quarter

VOIR
5 Catherine Sinclair Monument
6 Statue du Dr Thomas Chalmers
7 George St
8 National Monument of Scotland
9 Nelson Monument
10 Princes Street Gardens
11 Scott Monument

SE LOGER
12 Hart Street
13 Balmoral Hotel
14 Braid Apartments
15 Glasshouse

SE RESTAURER
16 21212
17 Baba
18 Dishoom
19 Dusit
20 Fhior
21 Fortitude
22 Greenwoods
23 Noto
24 Urban Angel

PRENDRE UN VERRE
25 Café Royal Circle Bar
26 CC Blooms
27 Guildford Arms
28 Habana
29 Johnnie Walker Princes Street
30 Joseph Pearce's
31 Juniper
32 Kay's Bar
33 Panda & Sons
34 Planet Bar & Kitchen

ÉDIMBOURG – NEW TOWN

Scottish National Portrait Gallery

DE CÉLÈBRES VISAGES À LA VUE DE TOUS

À l'angle de Queen St et à deux pas des pelouses de St Andrew Square se dresse ce gigantesque palais néogothique de facture vénitienne, ouvert en 1889 au public écossais pour qu'il célèbre ses héros et héroïnes. C'est aujourd'hui l'un des musées les plus visités de la ville, et il est gratuit ! Ses salles regorgent de portraits, photographies et sculptures de personnages célèbres de toutes les époques. Le style Arts and Crafts qui caractérise l'intérieur trouve sa plus belle expression dans le Great Hall, où une frise peinte par William Hole en 1898 décline de manière chronologique une "encyclopédie visuelle" d'Écossais célèbres. Un bel hommage !

Portrait du diplomate et explorateur James Bruce, Scottish National Portrait Gallery

Moray Place

CI-CONTRE À GAUCHE : JOHN LAWSON, BELHAVEN/GETTY IMAGES © ; EN HAUT À GAUCHE : DEAGOSTINI/GETTY IMAGES ©

St James Quarter

CENTRE COMMERCIAL FLAMBANT NEUF

Inauguré à l'été 2021, ce vaste **ensemble commercial** a transformé le paysage de New Town et fait beaucoup jaser. Logé entre Princes St et Leith Walk, il abrite les habituelles grandes enseignes, mais se démarque par une tour centrale de 12 étages (accueillant l'hôtel W Edinburgh), semblable à un gigantesque ruban enroulé sur lui-même. Au 4e niveau, le Bonnie & Wild Scottish Marketplace rassemble divers stands de restaurateurs indépendants.

Moray Place

LE RAFFINEMENT GEORGIEN

Réussite urbanistique s'il en est, cette place circulaire – plus précisément dodécagonale – entourée de grandes demeures urbaines à façade incurvée est l'un des plus jolis coins de New Town. C'est en 1822 que le comte de Moray a financé la construction de cette succession de maisons mitoyennes à grandes fenêtres et colonnes élégantes autour d'un jardin privé commun. Depuis sa création, il est la résidence de l'élite édimbourgeoise. Faites-en le tour pour imaginer la vie des nobles d'autrefois, puis profitez-en pour étendre votre promenade jusqu'aux rives de la Water of Leith et la jolie fontaine de St Bernard's Well (p. 79).

Scott Monument

Scottish National Gallery

RICHE MUSÉE AU CŒUR DES PRINCES STREET GARDENS

Située au cœur des ravissants Princes Street Garden (p. 74), la **Scottish National Gallery** est un imposant bâtiment de style classique, œuvre de William Playfair réalisée dans les années 1850. Ses salles octogonales éclairées de lucarnes ont aujourd'hui retrouvé leur lustre victorien d'origine, avec moquette vert foncé et murs rouge sombre. Elles réunissent une riche collection d'œuvres européennes, allant de la Renaissance au postimpressionnisme. Celles-ci sont signées le Verrocchio (le maître de Léonard dc Vinci), le Tintoret, Titien, Holbein, Rubens, Van Dyck, Vermeer, Le Greco, Poussin, Rembrandt, Gainsborough, Turner, Constable, Monet, Pissarro, Gauguin, Cézanne... Cherchez le *Portrait d'une paysanne* de Van Gogh : une étude aux rayons X a révélé à l'été 2022 un autoportrait de l'artiste caché au dos de l'œuvre sous des couches de carton et de colle.

LES MONUMENTS DE NEW TOWN

Statue du Dr Thomas Chalmers
Dans George St, cette sculpture rend hommage au premier modérateur de l'Église libre d'Écosse.

Nelson Monument
La boule du temps de cette tour de 30 m située au sommet de Calton Hill permettait aux marins de se régler sur la bonne heure.

National Monument of Scotland
Sur Calton Hill également, cette "folie écossaise" à l'image du Parthénon est restée inachevée. Elle honore les victimes écossaises des guerres napoléoniennes.

Catherine Sinclair Monument
Cette flèche gothique célèbre la vie et l'œuvre de la romancière et philanthrope du XIXe siècle.

OÙ PRENDRE UN VERRE DANS NEW TOWN

Guildford Arms
Un joli pub, tout en boiseries et en moulures. En plus, la bière y est bonne.

Juniper Juniper
Des cocktails créatifs dans un espace coloré et rempli de plantes.

Joseph Pearce's
Bières artisanales et cocktails d'inspiration scandinave pour ce bar situé en haut de Leith Walk.

METTEZ-VOUS AU VERT !

Les espaces verts d'Édimbourg ne se limitent pas à ceux de New Town. Faites aussi un tour au **Royal Botanic Garden** (p. 84) de Stockbridge, aux **Meadows** (p. 93) de Southside et au **Dr Neil's Garden** (p. 69) de Duddingston.

LOU ARMOR/SHUTTERSTOCK ©

Ross Fountain

OÙ SE LOGER DANS NEW TOWN

14 Hart Street
Central mais calme, un B&B au charme georgien idéal pour les séjours en famille. ££

Braid Apartments
Des appartements vastes, élégants et tout équipés, qui offrent plus de liberté qu'un hôtel. £££

Glasshouse
Chic et moderne, ce boutique-hôtel est connu pour le superbe jardin qu'abrite son toit. £££

Balmoral
Chambres magnifiques, vue dégagée et restaurant gastronomique. L'un des plus luxueux hôtels d'Édimbourg. £££

À VOIR AUSSI DANS NEW TOWN

Princes Street Gardens

PELOUSES IMPECCABLES ET RICHE MUSÉE

Créé dans les années 1820 après que l'on eut asséché le loch qui s'étendait au pied du château, le ravissant parc des **Princes Street Gardens** est un havre de paix entre Princes St au nord et le Royal Mile au sud. En pénétrant dans **East Princes Street Gardens** (la partie est du parc) par l'angle du Waverley Bridge, une immense structure gothique rappelant la flèche d'une cathédrale attire l'œil : il s'agit du **Scott Monument**, édifié en mémoire de Walter Scott, l'auteur d'*Ivanhoé*. Des personnages de ses différents romans ornent l'édifice. Gravissez ses 287 marches pour profiter de la vue qu'offre son sommet. En direction du château, on atteint vite le passionnant musée de la **Scottish National Gallery** (p. 73). Au-delà du Mound, on rejoint la partie ouest du parc, **West Princes Street Gardens**, et sa **Floral Clock**, dont le dessin change tous les ans depuis 1903. Suivez le chemin jusqu'à la majestueuse **Ross Fountain**, d'un turquoise éclatant, et désaltérez-vous au **Fountain Café**.

OÙ PRENDRE UN VERRE DANS NEW TOWN

Café Royal Circle Bar
Adresse très appréciée pour son riche intérieur victorien, son whisky et sa cuisine de pub.

Panda & Sons
Caché derrière une devanture de salon de barbier, un bar tout droit tiré de la Prohibition.

Kay's Bar
Ce vieux relais de poste en pierre abrite un pub chaleureux servant un grand choix de whiskies.

Boutiques et bistrots

À LA DÉCOUVERTE DE GEORGE STREET

Ces dernières années, Princes St a connu bien des déboires. Autrefois temple du shopping, l'avenue s'est métamorphosée, des magasins de chaînes low cost remplaçant les anciennes enseignes prestigieuses. Deux rues plus loin, une autre artère commerçante, tout aussi historique et bientôt entièrement piétonne, a néanmoins pris le relais. Bordée d'édifices georgiens et victoriens, **George Street** est une large avenue s'étirant entre deux jolies places arborées. Partant de St Andrew Square, parcourez-la vers l'ouest. Les marques de luxe y côtoient des créateurs indépendants (notamment au Scottish Design Exchange, qui réunit des artistes et artisans locaux). Plusieurs très bons cafés et restaurants invitent à souffler un peu avant d'atteindre à l'autre extrémité Charlotte Square, où commence le quartier de West End.

Un whisky ou un "Johnnie" ?

L'ATTRACTION MALTÉE DE PRINCES STREET

C'est une chose de savourer un verre dans un recoin sombre d'un pub victorien ; c'en est une autre de pousser les portes de **Johnnie Walker Princes Street**, un bâtiment entier dédié au whisky.

Cette "expérience touristique" ne recule devant rien pour éblouir ses visiteurs autour de l'héritage de **Johnnie Walker**. Une fois rempli le questionnaire initial (destiné à définir vos préférences gustatives), le voyage immersif et sensoriel peut commencer. Le plus intéressant est l'histoire de la marque, jouée par des acteurs qui vous conteront les prémices, il y a deux siècles, de ce qui allait devenir le scotch le plus vendu au monde. Le reste est un tourbillon captivant de performances et d'effets visuels et sonores. Au bout d'une bonne heure, vous émergerez en clignant des yeux dans une salle de dégustation paisible où vous attendra une sélection de whiskies et de cocktails. Une parfaite conclusion à la folie qui précède et – avec trois boissons incluses pour une visite à 28 £ – qui vaut à elle seule le prix d'entrée.

Le Beltane Fire Festival

FEU ET RENOUVEAU À CALTON HILL

Les tambours résonnent, les torches s'enflamment et la procession s'avance : resplendissante dans sa robe blanche et sa couronne de fleurs, la reine de Mai guide sa suite de guerrières jusqu'à l'Homme vert, pour fendre la foule à ses côtés. Ainsi débute le **Beltane Fire Festival**. Son origine remonte à l'âge du fer et au rite gaélique de Beltane, l'une des quatre fêtes annuelles célébrées

JOURNÉE GOURMANDE DANS NEW TOWN

Iain McPherson, propriétaire du bar à cocktails Panda & Sons, nous dit où se régaler à New Town.

Greenwoods
Commencez par un brunch au Greenwoods. La cuisine y est authentique et généreuse, et le service remarquable.

Fortitude
Du bon café, tout simplement. Le service est chaleureux et la déco sympa. Je m'y installe souvent pour travailler en sirotant une tasse.

Noto
Édimbourg ne manque pas d'excellents petits restaurants, et le Noto figure parmi les meilleurs. Il permet le genre de dîner que j'adore : une table pleine de savoureux petits plats à partager. Le crabe chaud au beurre est à tomber.

OÙ SE RESTAURER DANS NEW TOWN

Urban Angel
Un café qui fait la part belle aux ingrédients bio et locaux dans de délicieuses recettes. **£**

BABA
Mezze et autres spécialités orientales sont au menu du restaurant bohème du Kimpton Hotel. **££**

Dusit
Un rien novatrice, la cuisine thaïe inclut ici soupes, nouilles sautées et saveurs iodées. **££**

PASSION WHISKY

Et si vous abordiez l'univers du whisky à bord d'un petit wagon en forme de fût ? Si cela vous dit, embarquez pour la **Scotch Whisky Experience** (p. 62), en haut du Royal Mile.

Beltane Fire Festival

BARS LGBTIQ+ DE NEW TOWN

La scène LGBTIQ+ d'Édimbourg est petite mais bien établie. La plupart des bars et boîtes de nuit se concentrent dans le Pink Triangle ("triangle rose"), entre Broughton St et le haut de Leith Walk, à l'extrémité est de New Town. Les trois établissements les plus courus sont réunis autour de Greenside Place. Le **CC Blooms**, une institution fondée au début des années 1990. Le **Habana** : lounge club remuant en soirée. Le **Planet Bar & Kitchen**, avec soirées bingo ou karaoké et spectacles de drag-queens le vendredi.

par les Celtes pour marquer l'avènement d'une nouvelle saison. Dans la nuit du 31 avril au 1er mai, elle marquait l'arrivée de l'été à l'occasion d'un immense feu de joie (symbole de purification), servant à son tour à allumer les âtres des foyers. De nos jours, les Édimbourgeois se chauffent autrement, mais le grand feu demeure le point culminant de ce spectacle de trois heures, conjuguant musique, danse, théâtre et malice. Tout au long de l'ascension de ce cortège nuptial, ses personnages hauts en couleur interagissent avec le public (méfiez-vous des Rouges, incarnations du chaos présent dans la nature !) avant d'atteindre le sommet de la colline pour donner le coup d'envoi de l'été. Tandis que les flammes s'étirent vers le ciel, la musique se fait alors plus forte et les corps (parfois nus) se mettent à danser.

OÙ SE RESTAURER DANS NEW TOWN

Dishoom
De délicieux mets à partager (végétariens ou non) dans un cadre type Bombay des années 1920. **££**

Fhior
Envie de flamber ? Ici, le menu dégustation sublime les saveurs écossaises et scandinaves. **£££**

21212
Restaurant haut de gamme proposant à chaque assiette une expérience gastronomique à part. **£££**

WEST END ET ENVIRONS

ART MODERNE ET PERLES CACHÉES

Trois quartiers d'Édimbourg sont classés au patrimoine mondial de l'Unesco : Old Town, New Town et West End. Si les deux premiers ont les honneurs des touristes, le petit dernier reste largement négligé. Pourtant, ses enfilades de maisons georgiennes, ses parcs verdoyants et son vaste choix de musées, salles de concert et boutiques méritent que l'on s'y attarde.

Au nord de West End, la Scottish National Gallery of Modern Art réunit une incroyable collection d'œuvres modernes au milieu d'un ravissant parc. Non loin, Dean Village fait un point de départ idéal pour une balade le long de la Water of Leith. Vers l'est, on trouve de beaux hôtels, bars et restaurants, ainsi que les meilleures scènes musicales de la ville. Le centre et le sud invitent au shopping, tandis qu'à l'ouest s'étendent de charmantes rues résidentielles aux demeures georgiennes. West End donne aussi accès plus loin au Murrayfield Stadium et à l'Edinburgh Zoo.

Pour les infos pratiques, voir le Carnet d'adresses p. 104

À SAVOIR

C'est généralement par Shandwick Place qu'on entre dans West End quand on vient du centre. La plupart des centres d'intérêt se situent dès lors au nord et à l'ouest, à l'exception de Lothian Rd, au sud-est. West End et Dean Village se visitent aisément à pied, mais il faut prendre le bus ou le tramway pour aller jusqu'au zoo.

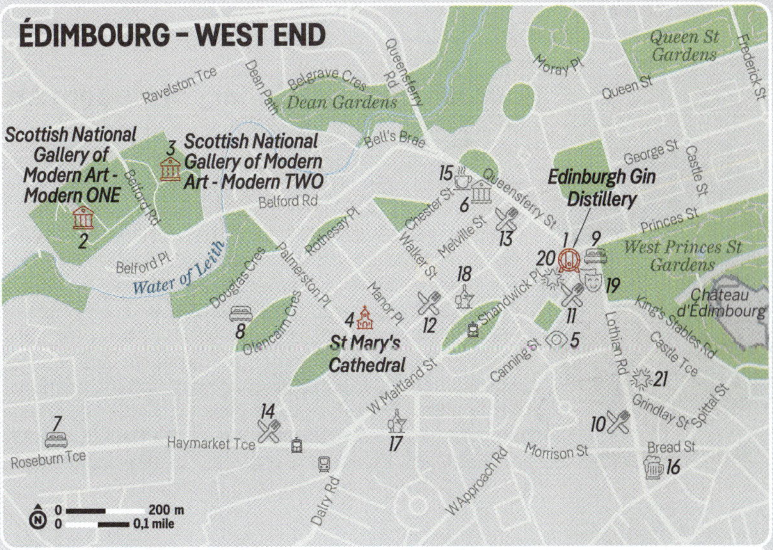

INCONTOURNABLES
1 Edinburgh Gin Distillery
2 Scottish National Gallery of Modern Art – Modern One
3 Scottish National Gallery of Modern Art – Modern Two
4 St Mary's Cathedral

VOIR
5 Horse & Rider
6 UNIONgallery

SE LOGER
7 Dunstane Houses
8 Victorian Town House
9 Waldorf Astoria Edinburgh – The Caledonian

SE RESTAURER
10 Bread Meats Bread
11 Grazing by Mark Greenaway
12 Laura's Kitchen
13 Painted Rooster
14 Vietnam House Café

PRENDRE UN VERRE
15 Constable Coffee
16 Hanging Bat
17 Jolly Botanist
18 Teuchters Bar & Bunker

SORTIR
19 Ghillie Dhu
20 Rat Pack
21 Usher Hall

St Mary's Cathedral

L'ÉDIFICE LE PLUS HAUT D'ÉDIMBOURG

La flèche néogothique de St Mary's culminant à 90 m, la cathédrale épiscopalienne marque fortement le paysage. Une fois la St Giles' Cathedral du Royal Mile attribuée au culte presbytérien, il a fallu donner un lieu de culte digne aux anglicans d'Écosse. Le projet a été confié dans les années 1870 à l'architecte de l'Albert Memorial de Londres, George Gilbert Scott. La cathédrale est connue pour ses vitraux signés Eduardo Paolozzi, lesquels illuminent le chœur d'une féerie de couleurs.

St Mary's Cathedral

MODERN TWO, Scottish National Gallery of Modern Art

Scottish National Gallery of Modern Art

PICASSO, MAGRITTE ET CONSORTS

Deux édifices néoclassiques voisins au cœur de superbes jardins vous réservent l'une des plus passionnantes immersions (tant à l'intérieur qu'à l'extérieur) dans l'art moderne. Le premier bâtiment, **MODERN ONE**, abrite l'essentiel de la collection permanente de la Scottish National Gallery of Modern Art : des toiles de Matisse, Picasso, Bacon, Warhol ou encore Tracey Emin. Le second, **MODERN TWO**, est consacré notamment aux surréalistes, dont Dalí et Magritte, ainsi qu'aux expositions temporaires. Autour de ces deux espaces muséographiques, le vaste parc paysager accorde une large place au musée de sculptures en plein air, signées de grands sculpteurs, parmi lesquels Henry Moore, Ian Hamilton Finlay et Nathan Coley. Une navette régulière circule entre ce musée d'art et la National Gallery (p. 73) dans Princes St.

Edinburgh Gin Distillery

LE WHISKY N'A QU'À BIEN SE TENIR

Pionnier du renouveau qu'a connu le gin dans les années 2010, l'aventure d'Edinburgh Gin a débuté à West End, avec une petite distillerie et deux alambics en cuivre, Flora et Caledonia. Aujourd'hui, la marque a bien grandi et dispose d'un lieu de production plus vaste à Leith, mais les curieux peuvent encore visiter ses locaux d'origine et même y fabriquer leur propre gin ! Goûtez au Seaside Gin, aux extraits de plantes côtières, ou à celui aromatisé à la rhubarbe et au gingembre. Vous trouverez aussi des éditions limitées de gins et cocktails au bar de la distillerie, le Heads and Tales.

À VOIR AUSSI DANS WEST END ET SES ENVIRONS

Oasis urbaine

À LA DÉCOUVERTE DE DEAN VILLAGE

Quand on est au beau milieu des voitures, trams, bus et piétons qui se croisent à l'intersection de Princes St et de Lothian Rd, comment imaginer qu'un havre de paix se cache à deux pas ? À 5 minutes le long de Queensferry St, vous arrivez à la petite voie de Bells Brae où le bitume a tôt fait de céder la place aux pavés, pour remonter le temps jusqu'à l'époque des bâtisses en pierre et des roues à eau. Bienvenue à **Dean Village** !

Fondé au XIIe siècle autour de plusieurs moulins, ce lieu hors du temps révèle une autre facette d'Édimbourg. Au bout de Bells Brae, tournez à droite sur le chemin de Miller Row, qui vous mènera aux impressionnantes arches de **Dean Bridge**, un viaduc du XIXe siècle qui enjambe la Water of Leith. Vous apercevez entre les arbres la toiture gothique de Rhema Church. Poursuivez le long des rives boisées jusqu'à un petit temple circulaire orné d'une statue de la déesse grecque de la santé, Hygie. C'est le **St Bernard's Well** qui protège une source naturelle sulfureuse très appréciée dès le XVIIIe siècle.

LE MEILLEUR DE L'ART DE WEST END ET DE SES ENVIRONS

Horse & Rider
Au pied d'immeubles de bureaux, une sculpture de cavalier aux prises avec sa monture cabrée.

UNIONgallery
Cette petite galerie d'art expose les œuvres d'artistes locaux, dont Alison Auldjo.

Jupiter Artland
Un parc jalonné de sculptures signées, entre autres, Antony Gormley et Anish Kapoor.

Dean Village

OÙ SE LOGER DANS WEST END ET SES ENVIRONS

Victorian Town House
Un charmant B&B aux chambres spacieuses, dans une rue victorienne calme et arborée. ££

Dunstane Houses
Proche du Murrayfield, un luxueux boutique-hôtel se doublant d'un bon restaurant. £££

Waldorf Astoria Edinburgh – the Caledonian
"The Caley" est une institution, et l'un des hôtels les plus chics (et les plus chers) d'Édimbourg. £££

Revenez ensuite sur vos pas jusqu'à Hawthornbank Lane, une rue fleurie bordée d'adorables bâtisses anciennes. Le pont de Bells Brae offre une vue de carte postale, les façades colorées des maisons à colombages tranchant sur les berges arborées. Pour repartir, continuez le long de la Water of Leith jusqu'à la National Gallery of Modern Art ou finissez de remonter Hawthornbank Lane jusqu'à Belford Road pour revenir au cœur de West End.

LES MEILLEURS CAFÉS DE WEST END ET DE SES ENVIRONS

Constable Coffee
Cette ancienne cabine de police convertie en stand ravira les fans de la série *Doctor Who* et les passionnés de caféine.

Laura's Kitchen
Une adresse incontournable de William St, servant un café de qualité, de copieux petits-déjeuners et des en-cas à emporter.

Vietnam House Café
Café, repas, tableaux, artisanat... le Vietnam est à l'honneur dans ce café-galerie.

Les stars du zoo

LA MARCHE DES MANCHOTS

Depuis son inauguration en 1913, les manchots sont les vedettes de l'**Edinburgh Zoo**. Les trois premiers manchots royaux de la capitale écossaise (les premiers jamais vus en Europe) firent alors sensation. Leur reproduction en captivité ayant été un succès, le zoo a depuis toujours pu compter sur la présence de ses petits résidents polaires. Pourtant, l'histoire aurait pu mal tourner, lorsqu'en 1951 un gardien oublia de fermer l'une des portes de leur enclos. Un groupe de manchots papous s'échappa, mais au lieu de prendre le large, ils déambulèrent sagement dans le parc, en se dandinant à la file indienne pour le plus grand plaisir des visiteurs.

Depuis, la parade des manchots (*Penguin parade*) est l'un des événements phares du zoo. Chaque jour à 14h15, un cortège de manchots royaux, papous et gorfous sauteurs est autorisé à se dégourdir les pattes dans les allées bordées de familles enthousiastes. Cette tradition vieille de 70 ans garantit aux volatiles une notoriété sans faille, malgré la concurrence que leur opposent deux autres stars en costard noir et blanc : les pandas géants Yang Guang et Tian Tian.

Dans la mêlée

UN MATCH DE RUGBY À MURRAYFIELD

C'est d'abord la clameur du public qui vous transporte. Lorsque la sélection écossaise fait son entrée sur le terrain, les acclamations de la foule font vibrer le corps et bourdonner les oreilles. Un formidable vacarme qui vous donne la chair de poule, avant de laisser place à un autre son : celui d'une cornemuse entonnant *Flower of Scotland*, l'hymne national rapidement repris par 67000 voix.

Assister à un match de rugby au **stade de Murrayfield** éveille tous les sens. Février et mars sont l'occasion de voir

OÙ ÉCOUTER DE LA MUSIQUE LIVE DANS WEST END ET SES ENVIRONS

Rat Pack
Couru pour ses cocktails et sa musique, ce piano-bar invite régulièrement des musiciens.

Usher Hall
Groupes de rock, artistes pop et orchestres nationaux se produisent dans cette superbe salle.

Ghillie Dhu
Musique traditionnelle et danseurs de *cèilidh* animent cette majestueuse salle georgienne.

Match du tournoi des Six Nations, Murrayfield

les Écossais tenter de décrocher leur premier titre au tournoi des Six Nations (leur dernière victoire date du tournoi des Cinq Nations, en 1999, avant l'intégration de l'Italie), mais ils remportent régulièrement la Calcutta Cup face à leurs rivaux de toujours, les Anglais. En octobre et novembre, l'Autumn Nations Series promet également de belles rencontres. Et si vous ne pouvez pas voir de match, vous pourrez toujours faire une visite du stade (à 11h tous les jours, sauf le dimanche) pour vous faire une idée de l'ambiance qui peut y régner.

LES MEILLEURS BARS DE WEST END ET DE SES ENVIRONS

Hanging Bat
Ce beau bar moderne de Lothian Rd mise sur les bières artisanales en tous genres.

Jolly Botanist
Un charmant bar à cocktails, où l'on a le choix entre plus de 70 gins du monde entier.

Teuchters Bar & Bunker
Avec son excellent choix de whiskies, ce pub voit défiler les fans de rugby en chemin vers Murrayfield.

Athletic Arms
Fondé par des fossoyeurs, ce pub traditionnel a peu changé depuis un siècle.

OÙ SE RESTAURER DANS WEST END ET SES ENVIRONS

Painted Rooster
Une adresse conviviale où déjeuner de savoureux bagels, soupes et gâteaux maison. **£**

Bread Meats Bread
L'un des meilleurs restaurants de burgers d'Édimbourg. **££**

Grazing by Mark Greenaway
Cet excellent restaurant d'hôtel de luxe revisite la cuisine de bistrot façon haute gastronomie. **£££**

STOCKBRIDGE

ENTRE MARCHÉS ET JARDINS

Se démarquant fièrement de sa voisine New Town, ce quartier aussi tranquille qu'éclectique est un faubourg bohème ponctué de petits cafés et traiteurs, de bars à vins chics et de gastropubs. On y fait aussi des achats dans ses librairies et magasins de vêtements indépendants, ses boutiques solidaires et ses innombrables friperies, sans compter l'un des meilleurs marchés fermiers de la ville, riche en produits frais, bio et végans.

L'un des principaux attraits de Stockbridge réside toutefois dans ses espaces verts. L'Inverleith Park, au nord, déploie 22 hectares de pelouses avec vue sur le château d'Édimbourg, mais le Royal Botanic Garden qui s'étend juste à côté est encore plus vaste. On se promène aussi le long des berges plantées d'arbres de la Water of Leith, qui serpente jusqu'au cœur de ce quartier avantageusement situé et bien desservi. Il offre aussi un accès facile à de nombreux sites proches, que ce soit le Murrayfield Stadium (p. 77) ou le Royal Yacht *Britannia* (p. 87), basé au port.

Pour les infos pratiques, voir le Carnet d'adresses p. 106

À SAVOIR

Raeburn Place et Comely Bank Rd forment l'axe principal de Stockbridge, réunissant ses meilleurs bars, restaurants et boutiques. De là, on rejoint facilement à pied l'Inverleith Park, le Royal Botanic Garden et la rivière. Princes St n'est qu'à 15 minutes de marche, mais il y a aussi des bus réguliers.

Inverleith Park

Stockbridge Market

PAPILLES EN FÊTE

Chaque dimanche, tout au long de l'année, ce grand marché attire les Édimbourgeois des quatre coins de la ville. Ses étals, tenus par des producteurs locaux, regorgent de produits bio et régionaux de qualité, du poisson à la viande, en passant par toutes sortes de fromages et de mets végans. Des stands de plats cuisinés vendent aussi des paellas, des curries ou des beignets de bananes. Enfin, c'est un lieu parfait pour acheter des souvenirs artisanaux en tous genres : savons, bijoux, colliers pour chien...

Inverleith Park

GRANDS ESPACES

Moins connu des touristes que les Princes Street Gardens ou les Meadows, ce parc est pourtant l'un des plus appréciés de la capitale. Son nom d'origine gaélique, *Inbhir Lìte*, signifie "Embouchure de la Leith". Ses pelouses en pente douce offrent une vue splendide sur la vieille ville. C'est notamment là que se pressent les pique-niqueurs du soir les jours de feux d'artifice tirés au-dessus du château, à l'occasion du Royal Military Tattoo ou de Hogmanay. Début août, le Foodies Festival y réunit le nec plus ultra pour gourmets. La proximité du Royal Botanic Garden voisin (p. 89) est un atout dont profitent une majorité de visiteurs.

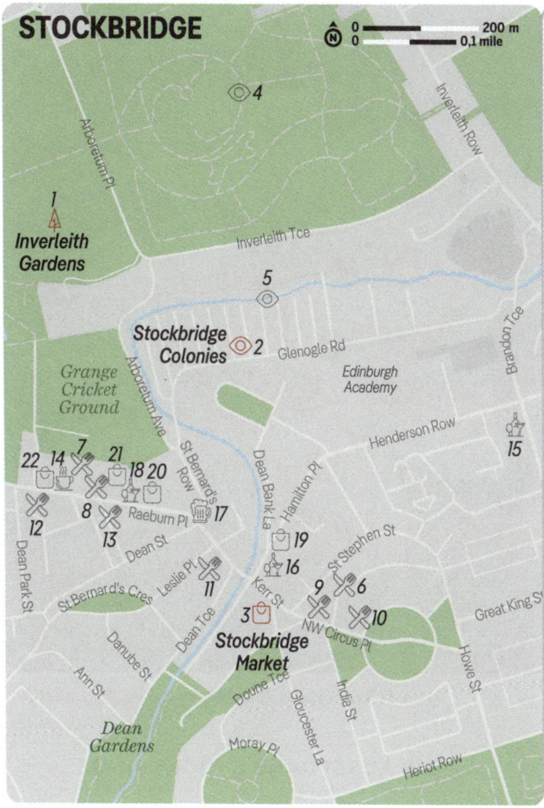

INCONTOURNABLES
1 Inverleith Park
2 Stockbridge Colonies
3 Stockbridge Market

VOIR
4 Royal Botanic Garden
5 Water of Leith

SE RESTAURER
6 Bross Bagels
7 Café Gallo
8 Herbie of Edinburgh
9 Kilted Donut
10 Pantry
11 RadiCibus
12 Scran & Scallie
13 Street Box

PRENDRE UN VERRE
14 Artisan Roast
15 Bacco Wine
16 Smith & Gertrude
17 Stockbridge Tap
18 Whiskers Wine Bar

SHOPPING
19 Bethany Shop
20 British Red Cross
21 Oxfam
22 Shelter

Stockbridge Colonies

UNE CITÉ ARTISANALE SANS PAREILLE

Dans le nord de Stockbridge, il existe le long de la Water of Leith une architecture assez inédite en ville : les “Colonies”. Ces rangées de petites maisons ouvrières sont le fruit de la révolution industrielle. La Société coopérative de construction d'Édimbourg, fondée pour fournir des logements à bas coûts aux nombreux ouvriers dont la ville avait besoin, fit sortir de terre ces allées de maisons mitoyennes tirées au cordeau. Toutes ont les mêmes caractéristiques : des lucarnes sur le toit, un petit jardin et un escalier extérieur menant au 1er étage. Chacune est ainsi divisée en deux appartements ayant chacun son entrée d'un côté ou de l'autre du bâtiment, de façon que chaque foyer ait son propre jardin. À l'origine vendus autour de 100 £, ces logements comptent aujourd'hui parmi les plus prisés de la ville.

BALADE DANS STOCKBRIDGE

Simon Milne, 1er intendant (Regius Keeper) du Royal Botanic Garden Edinburgh (p. 84) – et 16e en poste depuis 1699 –, nous confie ses coins préférés à Stockbridge.

On ne saurait prétendre connaître Édimbourg sans avoir fait un tour dans ce quartier d'allure villageoise avec ses rues pavées et sa riche architecture. Après la visite de notre jardin botanique, rejoignez la **Water of Leith**, en passant par Arboretum Ave et St Bernard's Row. On doit la belle collection d'arbres et d'arbustes plantés sur les berges à la générosité des habitants. Poursuivez jusqu'au **Stockbridge Tap**, un pub traditionnel. De là, faites le plein de produits locaux chez le traiteur **Herbie of Edinburgh** et allez pique-niquer sur une colline de l'**Inverleith Park**.

Lis dorés du Japon, Royal Botanic Garden Edinburgh

MIKE WORKMAN/SHUTTERSTOCK ©

À VOIR AUSSI DANS STOCKBRIDGE

Des perce-neige aux tournesols

LE JARDIN BOTANIQUE AU FIL DES SAISONS

Fondé près de Holyrood en 1670, avant de rejoindre son emplacement actuel en 1823, le deuxième plus ancien jardin botanique de Grande-Bretagne fut initialement un jardin médicinal. De nos jours, le **Royal Botanic Garden Edinburgh** réunit plus de 250 000 plantes, au gré d'un espace de 28 hectares magistralement dessiné, comprenant notamment de splendides serres victoriennes.

PRINTEMPS Au début de la saison, admirez à l'Alpine House les premières fleurs de l'année : des perce-neige et la floraison jaune or du noisetier des sorcières (hamamélis). Un peu plus

OÙ SE RESTAURER DANS STOCKBRIDGE

Pantry
Une alléchante sélection de plats pour petit-déjeuner et brunch. **£**

Scran & Scallie
Cuisine de bistrot réinventée pour ce gastropub privilégiant les ingrédients de saison. **££**

RadiCibus
Dans un immeuble du XIXe siècle, des menus dégustation mettant à l'honneur la cuisine italienne. **££**

tard, place aux magnolias, aux roses de Noël couleur pastel et aux trilles. Là, le Terrace Café est propice à un thé bien chaud.

ÉTÉ C'est une explosion de couleurs, entre les pavots bleus de l'Himalaya (dans le Woodland Garden) et les roses jaune rosé du Queen Mother's Memorial Garden. Étalez une nappe sur la pelouse de l'Inverleith House et pique-niquer en dominant la ville.

AUTOMNE. Le jardin se pare de tapis de lis de Guernesey rose pétant, de crocus violets et de lis des Cafres pourpres. Les enfants s'amusent avec les feuilles mortes, dans un parfum de caramel – la senteur naturelle du 'Katsura', un érable japonais.

HIVER. Loin d'être tristes et dénudés, les massifs sont égayés par les branches orangées des saules à bois coloré. N'oubliez pas les serres tropicales et tempérées, parfaites pour se réchauffer ! En fin d'hiver, les chatons jaunes de certains arbres commencent à poindre.

ENVIE DE NEUF ?

Il y a des boutiques de vêtements neufs et de créateurs dans **George Street** (p. 75) à New Town, le long de **William Street** à West End et autour de **Morningside** (p. 96) dans Southside.

Shopping solidaire

DES VINYLES AUX MEUBLES VINTAGE

Pour vous acheter un bibelot ancien ou bien des lunettes de soleil et faire par la même occasion une bonne action, explorez les surprenantes boutiques solidaires de Stockbridge. Loin de vendre des pulls troués ou des vieilleries kitsch, ces magasins proposent des articles d'occasion de qualité pour une fraction de leur prix d'origine, cet argent étant destiné à aider ceux qui en ont le plus besoin. Tout le monde y gagne !

Commencez votre virée shopping au **Bethany Shop** de Hamilton Place. Tenue par une fondation chrétienne œuvrant pour les sans-abri, cette boutique est pleine de meubles rétro et d'objets pour la maison. Promenez-vous ensuite jusqu'à Raeburn Place, grand-rue de Stockbridge et paradis de la seconde main. La **British Red Cross** (Croix-Rouge britannique) y tient une boutique de mariage vendant de superbes robes et accessoires à des prix à peine croyables , les recettes vont ensuite à des initiatives sociales. Un peu plus loin dans la rue, l'ONG **Oxfam**, qui lutte contre la pauvreté, vend des vinyles, CD et DVD à prix réduits. Enfin, poussez la porte de **Shelter**, un vaste magasin débordant de vêtements, livres, bibelots et autres trésors, dont l'achat finance l'action de l'association pour le droit au logement. Après, faites une pause au café d'à côté, l'**Artisan Roast**.

SUR LE POUCE DANS STOCKBRIDGE

Street Box
Des plats à emporter frais, authentiques et savoureux pour une adresse thaïe appréciée des habitants. £

Bross Bagels
Trois fromages ou terre-mer, ici les bagels, végétariens ou non, ne déçoivent pas. £

Café Gallo
Ce bistrot italien familial sert une belle variété de soupes, salades et sandwichs. £

Kilted Donut
On y trouve de délicieux donuts végans aux multiples parfums ainsi que du bon café. £

LES MEILLEURS BARS À VIN DE STOCKBRIDGE

Smith & Gertrude
Un bar apprécié, où des vins du monde se marient avec des assiettes de fromages et charcuterie.

Whiskers Wine Bar
À la fois bar, bistrot (mêlant avec brio cuisines britannique et française) et salle de concert.

Bacco Wine
Non loin du cœur de Stockbridge, un excellent petit caviste spécialisé dans les crus italiens.

LEITH

PUBS ET RESTAURANTS EN FRONT DE MER

Pour les infos pratiques, voir le Carnet d'adresses p. 107

La première mention de Leith remonte à 1128, lorsque ces terres furent données à l'abbaye de Holyrood par le roi David Ier. À mi-chemin de la plage de Portobello et d'Old Town, il s'agissait d'une localité indépendante avant que sa vaste voisine ne convoite son accès à la mer. Une lutte d'influence s'engagea sur plusieurs siècles, tandis que le port de Leith se développait, jusqu'à ce qu'en 1833 il soit reconnu comme un *burgh* indépendant. Moins d'un siècle plus tard, il était finalement intégré à Édimbourg.

Son riche passé se lit dans sa tour de pierre du XVIIe siècle, son pont tournant du XIXe et le *Britannia*, yacht de la famille royale au XXe siècle. Leith n'en a pas moins su évoluer avec son temps : ses entrepôts de whisky ont été convertis en appartements modernes et ses docks sont désormais bordés de restaurants chics et de bars à cocktails. Le Leith d'aujourd'hui est un quartier jeune et plein de vie, qui conserve une identité propre et un esprit indépendant.

À SAVOIR

L'artère Leith Walk relie New Town au front de mer ; bus et tramways y circulent régulièrement. Les principaux centres d'intérêt se trouvent autour des quais, dans un secteur appelé "The Shore". La promenade le long des berges de la Water of Leith en passant par Stockbridge est très agréable pour venir jusqu'au port de Leith.

Leith Links

Leith Links

AUX ORIGINES DU GOLF

S'il est généralement admis que St Andrews est le berceau du golf, c'est sur le parcours (links) de Leith que les fondements de ce jeu furent pour la première fois couchés sur le papier, en 1744, par les membres de l'Honorable Compagnie des golfeurs d'Édimbourg. Aujourd'hui, Leith Links est un parc public qui ne conserve que peu de traces de son passé. Une plaque rappelle toutefois que ce sport se jouait alors en cinq trous espacés de 365 m.

Port of Leith

LA NOUVELLE DISTILLERIE DE WHISKY

Impossible de manquer cette distillerie occupant une tour neuve à deux pas du Royal Yacht *Britannia*. Après avoir consacré plusieurs années à la conception d'une gamme innovante de spiritueux, elle s'attache à présent à proposer des visites, dégustations et dîners. Le point d'orgue de la visite se situe au 9e étage : le bar sur le toit découvre un large panorama courant du Firth of Forth au château d'Édimbourg. Non loin, la Lind & Lime Distillery, fondée par la même équipe, dédie son activité au gin. Les visites et dégustations ont lieu du jeudi au dimanche, mais la boutique est ouverte tous les jours.

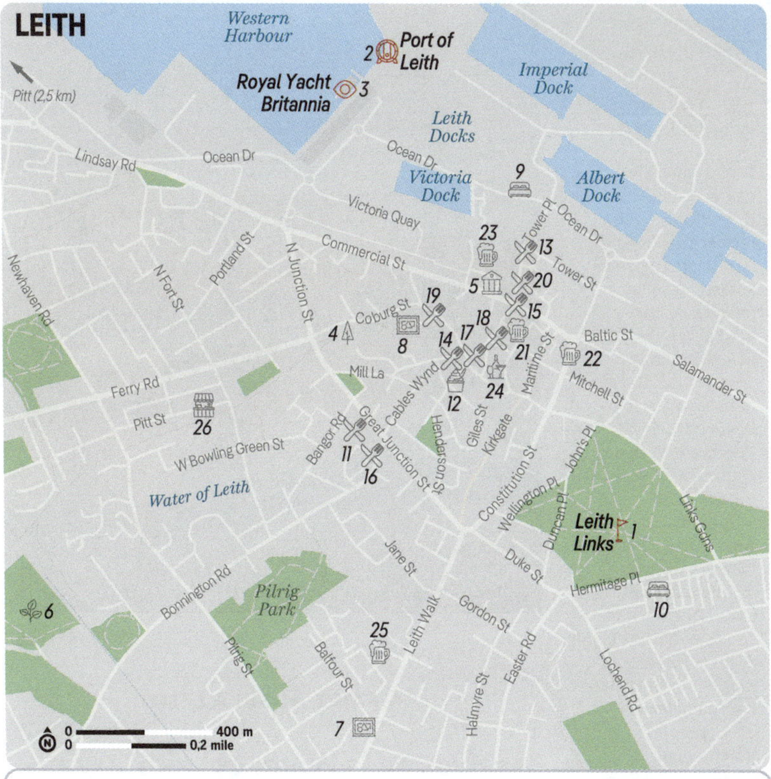

INCONTOURNABLES
1 Leith Links
2 Port of Leith
3 Royal Yacht Britannia

VOIR
4 Coalie Park
5 Custom House
6 St Mark's Park
7 Arthur Williams Mural
8 Coburg House Art Studios

SE LOGER
9 Fingal
10 Sandaig Guest House

SE RESTAURER
11 Aurora
12 Crolla's
13 Fishers
14 Heron
15 King's Wark
16 Little Chartroom
17 Mimi's Bakehouse
18 Restaurant Martin Wishart
19 Roseleaf
20 Ship on the Shore

PRENDRE UN VERRE
21 Malt & Hops
22 Nobles Bar
23 Teuchters Landing
24 Toast
25 Woodland Creatures

SHOPPING
26 Pitt

Royal Yacht *Britannia*

LE YACHT FAVORI DE LA REINE

Mis à l'eau en Écosse en 1953 et officiellement mis hors service en 1997, cet impressionnant yacht royal était tant aimé d'Élisabeth II que Sa Majesté aurait même versé une larme à son désarmement. Devenu désormais le principal attrait touristique de Leith, le *Britannia* remporte tous les suffrages au hit-parade des grands sites d'Édimbourg. On y accède par le centre commercial **Ocean Terminal**, où des photos et objets retracent l'histoire du *royal yacht* avant qu'une passerelle ne mène les curieux à bord. La visite audioguidée vous permettra d'en explorer les cinq niveaux, des ponts en teck birman à la salle des machines, en passant par les appartements royaux, somptueusement décorés dans le goût des années 1950.

DÎNER GRANDE CLASSE À LEITH

Leith ne manque pas de restaurants d'excellence où se régaler de l'entrée au dessert. Les deux adresses les plus renommées sont le **Kitchin**, qui s'engage pour une cuisine sans gâchis, locale et de saison, et le **Restaurant Martin Wishart**, qui sert des plats d'inspiration française dans une superbe salle sur les quais. Parmi les autres tables raffinées du quartier, citons le **Little Chartroom** et sa cuisine ouverte qui charment les clients avec une carte limitée mais parfaitement équilibrée ; le **Heron**, apprécié pour ses ingrédients bio achetés en circuit court ; et l'**Aurora**, avec ses plats européens modernes aux subtils accents orientaux et asiatiques.

RICHIE CHAN/SHUTTERSTOCK ©

Water of Leith

À FAIRE AUSSI À LEITH

Les rives de la Water of Leith

DU "SHORE" À STOCKBRIDGE

Prenant sa source dans les Pentland Hills, la Water of Leith serpente à travers Édimbourg avant de se jeter dans le Firth of Forth. Découvrez l'une de ses plus belles sections à l'occasion d'une promenade d'une heure, des quais du Shore jusqu'à Stockbridge. Partez de l'ancien bureau de douanes, **Custom House**, une belle bâtisse georgienne où ont élu domicile des studios d'art et de design. Suivez le cours d'eau vers le sud. On longe des immeubles modernes et des commerces avant d'atteindre les pelouses impeccables de **Coalie Park**, jadis dépôt de charbon des chantiers navals. Vous apercevrez peut-être en chemin les habitants de la rivière, martins-pêcheurs et cormorans. Passez sous le pont ferroviaire pour atteindre **St Marks Park** dans un secteur nommé Powderhall

OÙ SE LOGER DANS LEITH

Edinburgh Central Youth Hostel
Grande auberge de jeunesse de Leith Walk avec dortoirs et chambres équipés de TV. **£**

Sandaig Guest House
B&B coloré avec petit-déjeuner à tomber dans une demeure victorienne donnant sur Leith Links. **££**

Fingal
Ce bateau ravitaillant autrefois les phares accueille aujourd'hui un charmant hôtel de luxe. **££**

(poudrerie), où l'on fabriquait jadis la poudre à canon. Le chemin s'enfonce ensuite dans le quartier de Canonmills – on aperçoit sur la rive opposée la cité ouvrière de **Stockbridge Colonies** (p. 83) – avant de remonter pour rejoindre Arboretum Avenue, à l'entrée du **Royal Botanic Garden** (p. 89), au nord. Entamez votre découverte du jardin ou suivez la rivière vers le sud et les rues branchées de Stockbridge.

Menu dégustation itinérant

THE SHORE, D'UNE TABLE À L'AUTRE

Les gastronomes vous diront que Leith tient le haut du pavé. Outre plusieurs tables étoilées, on y trouve (à prix raisonnables) d'excellents restaurants de poisson et fruits de mer, des gastropubs et des cafés. Trancher exclusivement pour l'un ou l'autre est un authentique défi tant y abondent les bonnes adresses. Pourquoi ne pas découper votre repas dégustation en plusieurs étapes ?

HORS-D'ŒUVRE. Des huîtres pour commencer ? Fraîches ou en tempura, le **Ship on the Shore** les servira comme vous les aimez, et toujours avec une coupe de champagne.

ENTRÉE. Le charmant gastropub **King's Wark** concocte des entrées aussi simples que délicieuses : calamar poivre et sel, *chowder* (potage) de la mer, coquilles Saint-Jacques...

PLAT. À Leith, le plat de résistance, c'est forcément la pêche du jour ! Alors direction le front de mer et **Fishers**. Faites-vous plaisir... commandez un homard d'Anstruther accompagné de frites maison et de salade.

DESSERT. Place aux douceurs chez **Crolla's**, qui sert des glaces, des gaufres et des churros.

DIGESTIF. Logé dans une ancienne galerie d'art, le **Toast** est autant un café qu'un bar à vins. Parfait pour conclure l'expérience par un verre, un cocktail ou un café.

Sur la plage (parfois) ensoleillée

FLÂNER SUR LE SABLE DE PORTOBELLO

Autrefois plus célèbre pour ses contrebandiers que pour ses transats, **Portobello** est une station balnéaire populaire depuis la construction de sa gare ferroviaire au XIXe siècle. Cette large étendue de sable s'étire le long du Firth of Forth en direction de Leith au nord-ouest. C'est l'endroit parfait pour échapper à la ville et respirer, surtout si l'on séjourne dans la circonscription de North Edinburgh.

En partant du Leith Links, le nord de la plage de Portobello n'est qu'à 15 minutes à pied vers l'est en longeant l'A199, puis

POURQUOI J'AIME LEITH

Joseph Reaney, auteur

Mon quartier préféré d'Édimbourg est sans aucun doute Leith. J'aime le fait qu'il se distingue du reste de la capitale (à travers son histoire, son architecture et son ambiance), tout en offrant un accès facile au centre-ville (en 20 minutes de bus ou de tram, ou en une heure de promenade le long de la Water of Leith). Et puis on y trouve certains des meilleurs restaurants, cafés et pubs d'Écosse. Leith est particulièrement agréable en été, durant la saison des festivals. Si l'on y séjourne, on gagne rapidement Old Town pour voir des spectacles et l'on regagne le soir un quartier plus calme.

OÙ BRUNCHER DANS LEITH ET SES ENVIRONS

Mimi's Bakehouse
Craquez pour les petits-déjeuners écossais et les pains perdus de ce café-boulangerie. £

Pitt
Marché culinaire à Branton proposant de tout, des pancakes aux raviolis polonais. £

Roseleaf
Ce pub au charme suranné sert de savoureux œufs Bénédicte accompagnés de *black pudding*. ££

LEITH ET LES ARTS

La peintre **Trina Bohan** (www.trinabohan.co.uk) a son atelier à la Custom House de Leith. Elle nous livre ses adresses préférées dans le quartier.

Coburg House Art Studios
Cet ancien grenier réunit plus de 70 artistes en résidence (photographes, peintres, joailliers, céramistes, créateurs de kilts...) et accueille des expositions temporaires à l'étage.

Nobles Bar
Chaque recoin de cet élégant bar victorien recèle un trésor, que ce soit de superbes vitraux ou diverses marines anciennes.

Arthur Williams Mural
Ayant vécu vingt ans à la rue, Arthur Williams est devenu une véritable figure locale. Ce portrait-fresque peint en blanc sur mur noir, de l'artiste Shona Hardie, souligne à la fois la douceur et la dignité de cet homme.

FELIX MIZIOZNIKOV/SHUTTERSTOCK ©

Portobello

un chemin plus tranquille derrière la voie ferrée. Ce large ruban de sable s'étire sans interruption sur 3 km, face au vaste estuaire. On peut dès lors se balader, flâner, étudier l'architecture, variée, de bord de mer – jetez donc un coup d'œil au grès rouge du **Portobello Swim Centre** –, s'offrir un cornet de "99 Flake" – gourmandise britannique (de la glace vanille garnie d'un bâton de chocolat) prétendument inventée ici. Parvenu à la bourgade de **Joppa**, il suffit de repartir vers Portobello, qui mérite bien une visite pour ses élégantes rues georgiennes et son **Town Hall** (hôtel de ville) néoclassique. Vous pourrez alors regagner Leith Links en 45 minutes de marche (20 minutes de bus).

OÙ PRENDRE UN VERRE DANS LEITH

Teuchters Landing
Vaste choix de whiskies dans ce dédale de salles douillettes assorti d'une terrasse amarrée au quai.

Woodland Creatures
Une adresse appréciée pour son cadre verdoyant, et ses plats carnés, végans et végétariens.

Malt & Hops
Fondé en 1749 sur les quais, ce pub populaire abrite des fûts de bonne bière... et un fantôme.

SUD D'ÉDIMBOURG

COLLINES ET PARCS ARBORÉS

S'étalant au sud d'Old Town et à l'ouest de Holyrood Park, le secteur de Southside inclut les quartiers de Newington, Mayfield, Bruntsfield et Morningside. Ensemble, ils forment l'une des zones les plus hétéroclites de la capitale écossaise : des galeries d'avant-garde y côtoient un musée d'anatomie, des pubs anciens, des distilleries de gin flambant neuves, des théâtres victoriens et des salles de musiques actuelles. Si vous souhaitez un séjour paisible, on y déniche aussi certains des meilleurs B&B de la capitale, bien à l'abri des foules.

Il faut passer par là pour gagner la campagne qui s'étend au sud d'Édimbourg. Suivez l'A701... le paysage devient rapidement champêtre jusqu'à s'ouvrir sur les collines verdoyantes des Pentlands et leurs sentiers. En chemin, arrêtez-vous au château médiéval de Craigmillar, faites un tour au National Mining Museum et explorez la surprenante Rosslyn Chapel. Les golfeurs trouveront leur bonheur sur différents parcours, dont celui de Prestonfield ou le green fleuri d'ajoncs des Braid Hills.

Pour les infos pratiques, voir le Carnet d'adresses p. 109

À SAVOIR

Southside s'étend tout autour des Meadows. Ses principaux sites d'intérêt se concentrent autour de l'A1 (Nicholson St et South Clerk St), à l'est, et de l'A702 (Home St, Bruntsfield Pl et Morningside Rd) à l'ouest. De nombreux bus circulent le long de ces axes, mais on peut aussi facilement marcher du centre-ville à Mayfair ou Morningside.

Rosslyn Chapel (p. 94)

INCONTOURNABLES
1 Summerhall
2 The Meadows

VOIR
3 Barclay Viewforth Church
4 Dominion Cinema
5 Union Canal

SE LOGER
6 94DR
7 Glenalmond House
8 Southside Guest House

SE RESTAURER
9 Bonnie Burrito
10 Condita
11 Kalpna
12 Kora by Tom Kitchin
13 Mosque Kitchen
14 Nile Valley Cafe
15 Sister Bao

PRENDRE UN VERRE
16 32 Below
17 Cloisters Bar
18 Dagda Ba
19 Leslie's Bar
20 The Royal Dick
21 Southern

SORTIR
22 Church Hill Theatre
23 King's Theatre
24 Queen's Hall

SUD D'ÉDIMBOURG

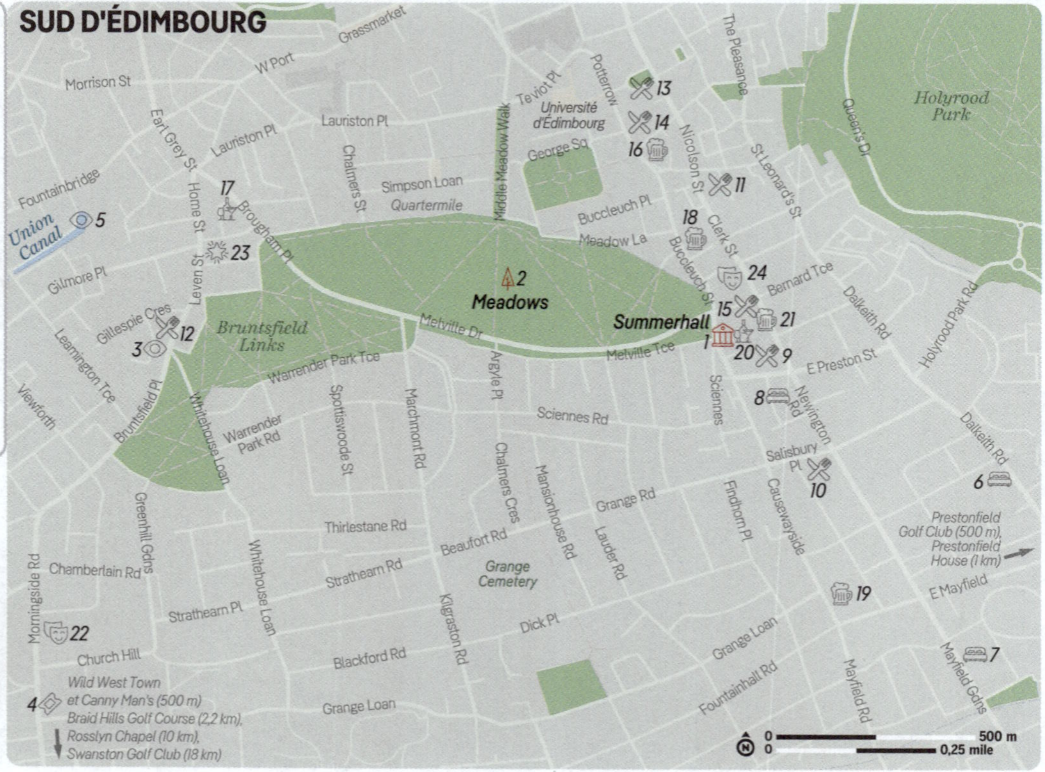

Assiette servie au Rhubarb

Concert au Summerhall

Summerhall

UNE INSTITUTION CULTURELLE

L'ancienne école vétérinaire de l'université d'Édimbourg abrite désormais l'un des principaux centres culturels et artistiques du pays. Les amphithéâtres et salles de cours, qui vivent toute l'année au rythme des pièces de théâtre, concerts, expositions et conférences, s'animent particulièrement au cours de l'Edinburgh International Festival. Summerhall accueille aussi l'un des *cèilidh* (soirée traditionnelle animée de danse et de musique) les plus courus d'Écosse. Saisissez l'occasion pour apprendre quelques pas, puisqu'un instructeur vous les enseignera avant chaque nouvel air. Le lieu abrite aussi la distillerie de gin Pickering's, qui propose des visites et dégustations du jeudi au dimanche.

Prestonfield House

SÉJOUR CHEZ LES GRANDS

Pour goûter la vie de privilégié en villégiature sans quitter le cœur d'Édimbourg, réservez une chambre à la Prestonfield House. Cette belle demeure de 1687 est l'un des plus luxueux hôtels de la ville ; un sanctuaire baroque de bustes antiques, de portraits à cadre doré et de rideaux en velours bordeaux. Prenez l'air dans son parc coupé du monde, accolé aux pelouses de Holyrood Park, avant de vous attabler à son restaurant gastronomique, le **Rhubarb**. Le seul autre établissement pouvant rivaliser de faste et de majesté est The Witchery, ouvert par la même équipe au pied du château.

SERGEI AFANASEV/SHUTTERSTOCK ©

Prestonfield House

The Meadows

POUMON VERT D'ÉDIMBOURG

Certes plus discret que Holyrood Park, le parc des Meadows n'en occupe pas moins une place de choix dans le cœur édimbourgeois. Quand le soleil est au rendez-vous, familles, étudiants et employés de bureau affluent sur ses pelouses pour pique-niquer, jouer au foot ou au Frisbee et faire voler des cerfs-volants. Même par temps moins clément, ses sentiers attirent les promeneurs. Et puis on n'y trouve pas que du gazon ; le parc possède diverses installations sportives et ludiques : courts de tennis, minigolf, aire de jeux… Si vous y venez à pied depuis Old Town, faites un détour par George St Lane pour jeter un coup d'œil à la moderne et lumineuse **chapelle St Albert the Great**, rattachée à l'université.

ALEXANDRE FAGUNDES/WIRESTOCK CREATORS/STOCK.ADOBE.COM ©

Rosslyn Chapel

INFOS PRATIQUES

rosslynchapel.com

Chapel Loan, Roslin, EH25 9PU

adulte/enfant 9,50 £/gratuit

11, 15, 16, 23, 36, 45 jusqu'à Leven St

INCONTOURNABLE

ROSSLYN CHAPEL

Ornée de gravures complexes et intrigantes, cette chapelle du XVe siècle est depuis longtemps au centre des théories sur les Templiers et le Saint-Graal.

À NE PAS MANQUER

Les piliers de l'Apprenti et du Maître Maçon

Les explications données par les guides toutes les heures, et incluses dans le prix d'entrée

Bien des années ont passé depuis le succès du roman de Dan Brown, *Da Vinci Code*, et le film qu'en a tiré Hollywood, mais l'afflux de visiteurs qu'il a engendré dans la plus belle et la plus énigmatique des chapelles d'Écosse, Roslyn Chapel, est toujours aussi important. Construite au milieu du XVe siècle à la demande de sir William St Clair, troisième et dernier prince des Orcades (Orkney), la chapelle possède, en opposition avec la mode architecturale de l'époque, un intérieur décoré somptueusement ; un monument à la gloire de la franc-maçonnerie, riche en images symboliques.

Dans la chapelle

Rosslyn Chapel est un petit édifice dont l'intérieur est si richement ornementé que le visiteur peut s'en trouver dérouté. Cela vaut la peine d'acheter au préalable le guide officiel du comte de Rosslyn (en anglais) ; feuilletez-le sur un banc dans les jardins avant d'entrer dans la chapelle par la porte nord. Le guide comporte des indications pour une visite en indépendant et explique la légende du maître maçon et de l'apprenti.

Une fois à l'intérieur de la chapelle et habitué à la pénombre, levez les yeux sur le plafond voûté, orné de roses, de lys et d'astres sculptés (saurez-vous repérer le Soleil et la Lune ?), puis partez à la découverte des riches ornementations des lieux, dont voici expliquées les principales représentations et figures.

L'apprenti et le maçon

La chapelle de la Vierge (Lady Chapel) est séparée du reste de l'église par le pilier du Maçon et le pilier de l'Apprenti. Ce dernier est sans doute la plus belle sculpture de la chapelle. Quatre pampres sortant des gueules de huit dragons représentés au pied du pilier grimpent en spirale autour de lui. Au sommet, on distingue Isaac, fils d'Abraham, ligoté sur l'autel.

Ailleurs dans la chapelle, on trouve la tête de l'apprenti assassiné, représenté avec une profonde blessure au front, au-dessus de l'œil droit. Selon la légende, l'apprenti fut tué par le maître maçon, fou de jalousie.

Le Green Man

À côté des fleurs, pampres, anges et figures bibliques, on remarque dans la chapelle de nombreux exemples du Green Man païen – ou “Homme vert”. Symbole du printemps, de la fertilité et de la renaissance, il est représenté à l'aide d'un visage ou d'un corps fait de feuillage ou de branchages.

On trouve dans la chapelle d'autres figures associées à la franc-maçonnerie et aux Templiers.

Plantes des Amériques

Bizarrement, alors que la chapelle est antérieure à la découverte du Nouveau Monde par Christophe Colomb en 1492, on y trouve des représentations de ce qui ressemble à des plantes des Amériques – telles que des épis de maïs et de l'aloe vera. Certains en ont déduit que Rosslyn serait une sorte de dépôt secret des Templiers, et l'on a prétendu que des caves scellées sous la chapelle renfermeraient tout ce que l'on peut imaginer, du Saint-Graal à la tête de Jean-Baptiste et au corps du Christ en personne.

Prolonger la visite

Après avoir découvert la chapelle, descendez la colline afin d'admirer le site spectaculaire des ruines du Roslin Castle, puis promenez-vous le long du verdoyant Roslin Glen.

LE DA VINCI CODE

L'auteur américain Dan Brown, faisant référence aux liens supposés entre la chapelle de Rosslyn et les chevaliers du Temple, puis les francs-maçons (on trouve des symboles inhabituels parmi les sculptures, et un descendant du créateur de la chapelle, William St Clair, a été grand maître), l'a prise comme cadre pour le dénouement de son roman. Rosslyn est, de fait, une œuvre codée, gravée dans la pierre. On lira *Rosslyn : splendeurs, mythes et réalités*, de Robert L. D. Cooper, pour une interprétation différente du symbolisme de la chapelle.

À SAVOIR

- Il est interdit de prendre des photos à l'intérieur de la chapelle.
- La chapelle est la propriété de l'Église épiscopalienne d'Écosse, et des services religieux y sont célébrés le dimanche matin.

L'UNION CANAL

Ouvert en 1822 pour approvisionner la capitale en vivres, l'Edinburgh and Glasgow Union Canal est aujourd'hui un itinéraire apprécié des randonneurs et des cyclistes. Le chemin de halage part du **Lochrin Basin**, à 10 minutes à pied au nord-ouest des Meadows, et court jusqu'à la **Falkirk Wheel** (Roue de Falkirk, p. 194), extraordinaire ascenseur à bateau rotatif à 50 km à l'ouest d'Édimbourg. En chemin, les curiosités ne manquent pas, parmi lesquelles les ruines du XVIe siècle du **Niddry Castle** et le passionnant **Linlithgow Palace**, berceau de Marie Stuart. Et si vous préférez découvrir le canal par les eaux, louez un kayak ou un canoë pour quelques heures ou faites une croisière de plusieurs jours à bord d'une péniche !

NATALIE DE WINTER/SHUTTERSTOCK ©

Union Canal

À VOIR AUSSI DANS LE SUD D'ÉDIMBOURG

Havre de paix tendance

PROMENADE DANS BRUNTSFIELD ET MORNINGSIDE

S'étirant au sud-ouest d'Old Town vers les Pentland Hills, les quartiers de Bruntsfield et de Morningside concentrent certains des pubs et cafés les plus branchés de la capitale, de vieux théâtres et cinémas, et des boutiques tendance et solidaires. Cette balade de 1 heure 30 vous en donnera un aperçu.

Commencez au pied du clocher de la **Barclay Viewforth Church** à la lisière ouest des Meadows. En gardant le parc sur votre gauche, suivez **Bruntsfield Place**, une avenue bordée de boutiques indépendantes (vêtements, bijoux, boulangeries, chocolatier artisanal...). En obliquant vers la gauche, la rue devient Morningside Rd. Quatre rues plus loin sur la gauche, tournez dans Newbattle Terrace pour apercevoir le **Dominion Cinema**, un bijou Art déco tenu par la même famille depuis les années 1930. Si vous en avez le temps, allez voir un film dans

OÙ SE LOGER DANS LE SUD D'ÉDIMBOURG

Glenalmond House
Chambres confort, petit-déjeuner copieux et hôtes chaleureux. La meilleure affaire des environs. **££**

Southside Guest House
Murs colorés et bon petit-déjeuner dans cet hôtel moderne occupant une maison victorienne. **££**

94DR
Une élégante pension où chaque chambre a son style. Petit-déjeuner servi dans le jardin d'hiver. **£££**

Canny Man's

l'une de ses salles à l'épaisse moquette et aux fauteuils de cuir souple. Regagnez Morningside Rd, et tournez cette fois-ci sur la droite pour découvrir un lieu bien curieux : **Wild West Town**. Nichée dans une ruelle donnant sur l'impasse Springvalley Gardens, cette rangée de baraques en bois, tout droit sortie d'un vieux film de cow-boys, servait de vitrine à un magasin de meubles dans les années 1990. Retrouvez Morningside Rd que vous longerez vers le sud jusqu'au **Canny Man's**, l'un des meilleurs bars à whiskies de la ville.

QUE DE PUBS !

On ne fait pas la tournée des grands ducs qu'à Southside ! À **Leith** (p. 86), les pubs s'alignent le long de Leith Walk et de The Shore, tandis qu'à New Town, le **Pink Triangle** (p. 76) concentre les bars LGBTIQ+.

Tournée des pubs

BARATHON DANS SOUTHSIDE

Avec son étourdissante collection de pubs victoriens, de troquets d'étudiants et de bars à bières ou à gins, le Southside peut fièrement revendiquer le titre de quartier de la soif. Suivez cet itinéraire pour découvrir cinq établissements incontournables et vous dégourdir les jambes entre chaque levée de coude.

OÙ SE RESTAURER DANS LE SUD D'ÉDIMBOURG

Kalpna
Cuisine indienne de qualité, à petits prix. Commandez le *baingan achari* (aubergines en sauce). ££

Kora by Tom Kitchin
Table gastronomique sans prétention qui revisite les plats de viande et de poisson écossais. £££

Condita
On s'arrache, à juste titre, les six tables de ce restaurant étoilé. £££

LES MEILLEURES SALLES DE SPECTACLE DU SUD D'ÉDIMBOURG

King's Theatre
Théâtre édouardien à la programmation variée, surtout connu pour ses spectacles de mime.

Queen's Hall
Cette salle à taille humaine accueille des stars mondiales du rock, du jazz et de la pop.

Church Hill Theatre
Ancienne église en grès rose, lieu clé du Fringe Festival et grande scène de théâtre amateur.

Commencez par le **32 Below**, un bar souterrain très animé, où l'on joue au bière-pong après un bon plat bien gras, idéal pour prendre des forces. Marchez ensuite 5 minutes vers le sud pour atteindre l'adorable **Dagda Bar**, où étudiants et retraités sirotent au coude-à-coude des pintes sous un joli plafond orné. Un peu plus au sud, le centre culturel du Summerhall abrite un bar minimaliste, **The Royal Dick**, le lieu parfait pour goûter au gin Pickering's distillé sur place. Les amateurs de bière préféreront l'étape suivante : le **Southern**, qui sert plus de 10 pressions sélectionnées en Écosse et ailleurs. Enfin, marchez encore 10 minutes jusqu'au **Leslie's Bar**, un pub de l'époque victorienne aux somptueuses boiseries, dont le bar d'origine en acajou.

Encore soif ? Dirigez-vous vers le nord-ouest en longeant les Meadows et finissez la soirée au singulier **Cloisters Bar**, un pub servant bières et whiskies dans un ancien presbytère.

Beautés du Sud

CHÂTEAUX, CHAPELLES ET FALAISES

Le sud d'Édimbourg ne se limite pas au quartier de Southside. Certains des plus beaux sites de la région se trouvent un peu plus loin du centre. Il suffit de louer une voiture pour la journée ou d'emprunter le réseau des bus Lothian (forfait journée) pour y parvenir.

Votre première étape sera le **Craigmillar Castle**, un impressionnant château en ruine lié au tragique destin de Marie Stuart, car c'est ici que son courtisan fomenta l'assassinat de son second mari. Montez au sommet de sa tour du XVe siècle pour jouir d'une belle vue sur la ville. Roulez 20 minutes vers le sud-est et vous arriverez au **National Mining Museum**, aménagé dans ce qui fut l'un des plus grands villages miniers d'Écosse. Guidé par d'anciens mineurs, le visiteur plonge dans l'univers minier, au plus près des immenses machines utilisées pour extraire le charbon. À 15 minutes à l'ouest, rejoignez ensuite la **Rosslyn Chapel** (p. 94 ; XVe siècle), dont le décor dense et complexe suscite bien des interprétations depuis des lustres et encore plus depuis sa présence dans le *Da Vinci Code* de Dan Brown. Poursuivez vers l'ouest sur quelques kilomètres, jusqu'aux pentes ondoyantes des **Pentland Hills**. Garez-vous près du pub The Steading et suivez le sentier menant aux collines. En revenant à Édimbourg, passez par le **Royal Observatory**, qui organise des conférences sur l'astronomie et des observations nocturnes.

RANDONNER À ÉDIMBOURG

Les sentiers des Pentland Hills sont loin d'être les seuls de la capitale. Gravissez **Arthur's Seat** (p. 67) à Holyrood Park ou montez sur Corstorphine Hill, derrière l'**Edinburgh Zoo** (p. 80).

OÙ JOUER AU GOLF DANS LE SUD D'ÉDIMBOURG

Prestonfield Golf Club
Accessible à pied depuis le centre-ville, un parcours exigeant et de beaux points de vue sur Arthur's Seat.

Braid Hills Golf Course
18-trous sur un relief vallonné fleuri d'ajoncs – autre option : le Wee Braids, en 9 trous.

Swanston Golf Club
Fondé en 1927, ce parcours toujours apprécié s'étend au cœur des Pentland Hills.

PIXS-SELL/STOCK.ADOBE.COM ©

Royal Observatory

LES MEILLEURES PAUSES DÉJEUNER DANS SOUTHSIDE

Steph Leach, chargée de l'événementiel au Summerhall (p. 93), nous indique ses coins préférés pour déjeuner dans Southside.

Nile Valley Cafe
La cantine chérie de l'équipe du Summerhall, surtout durant le Fringe Festival. J'adore l'Africa Wrap, garni de falafels, de feta et d'une sauce épicée au yaourt.

Mosque Kitchen
Leurs curries sont connus dans tout Édimbourg. Parmi les nombreux plats végétariens et végans, je craque pour le curry d'aubergine aux oignons et aux poivrons.

Sister Bao
Les prix sont abordables, l'ambiance sympathique et le service rapide. Les *oil spill noodles* (nouilles à l'huile pimentée et au chou) sont incroyables et la salade de concombre à l'huile de sésame, sauce soja et vinaigre noir est une tuerie !

Carnet d'adresses

OLD TOWN

Camera Obscura & World of Illusions
Voir p. 58 (0131-226 5856 ; www.camera-obscura.co.uk ; 549 Castlehill, EH1 2ND ; adulte/enfant 20,95/16,95 £ ; 9h30-19h lun-jeu, 9h-21h ven et dim, 9h-21h30 sam mars, 9h30-20h lun-jeu, 9h-21h ven et dim, 9h-22h sam avr-juin, 9h-22h tlj juil-août et vacances scolaires ; 23, 27, 41, 42)

Château d'Édimbourg
Voir p. 56 (0131-225 9846 ; www.edinburghcastle.scot ; Castle Esplanade, EH1 2NG ; adulte/enfant 22/13,20 £, audioguide 3,50/1,50 £ ; 9h30-18h avr-sept, 9h30-17h oct-mars, dernière entrée 1 heure avant la fermeture ; 23, 27, 41, 42)

Gladstone's Land
Voir p. 54 (0131-226 3709 ; www.camera-obscura.co.uk ; 477B Lawnmarket, EH1 2NT ; adulte/enfant 7,50/5 £ ; 10h-15h ; 9h-22h juil-août, 9h30-20h avr-juin, sept et oct, 9h30-19h nov-mars ; 23, 27, 41, 42)

Greyfriars Kirkyard
Voir p. 58 (www.greyfriarskirk.com ; Candlemaker Row, EH1 2QQ ; 10h30-16h30 lun-ven, 12h-16h sam ; 2, 23, 27, 35, 41, 42, 45)

John Knox House
Voir p. 60 (0131-556 9579 ; www.scottishstorytellingcentre.com/john-knox-house ; 43-45 High St, EH1 1SR ; adulte/enfant 7/1,50 £ ; 10h-18h tlj juil-août, lun-sam sept-juin ; 35)

National Museum of Scotland
Voir p. 58 (0300-123 6789 ; www.nms.ac.uk/national-museum-of-scotland ; Chambers St, EH1 1JF ; entrée gratuite ; 10h-17h ; 35, 45)

Real Mary King's Close
Voir p. 60 (0131 225 0672 ; www.realmarykingsclose.com ; 2 Warriston's Close, EH1 1PG ; adulte/enfant 21/15 £ ; horaires variables, voir site Internet ; 23, 27, 41, 42)

Scotch Whisky Experience
Voir p. 62 (www.scotchwhiskyexperience.co.uk ; 354 Castlehill, EH1 2NE ; adulte/enfant à partir de 17/8 £ ; 10h-18h avr-juil, 10h-17h août-mars ; 23, 27, 41, 42)

Scottish Storytelling Centre
Voir p. 60 (0131-556 9579 ; www.scottishstorytellingcentre.com ; 43-45 High St, EH1 1SR ; 10h-18h ; 35)

St Giles' Cathedral
Voir p. 59 (0131-226 0674 ; www.stgilescathedral.org.uk ; High St, EH1 1RE ; don suggéré 5 £ ; 10h-18h lun-ven, 9h-17h sam, 13h-17h dim ; 23, 27, 41, 42)

Surgeons' Hall Museums
Voir p. 62 (0131-527 1711 ; www.museum.rcsed.ac.uk ; Nicolson St, EH8 9DW ; adulte/enfant 9/5 £ ; 10h-17h ; 3, 5, 7, 8, 14, 29, 30, 31, 37, 49)

Mercat Tours
Voir p. 63 (0131 225 5445 ; www.mercattours.com ; Mercat Cross, EH1 1RF ; adulte/enfant 22/17 £ ; 10h-21h30)

Whiski Rooms
Voir p. 54 (0131-225 7224 ; www.whiskirooms.co.uk ; 4-7 N Bank St, EH1 2LP ; dégustations 30-50 £ ; plats 14-26 £ ; 10h-1h)

2 Cambridge Street
Voir p. 60 (2 Cambridge St, EH1 2DY ; 22, 30)

Cheval Old Town Chambers
Voir p. 61 (0131-510 5499 ; www.chevalcollection.com/cheval-old-town-chambers ; Cheval Old Town Chambers Royal Mile, 329 High St, EH1 1PN ; 23, 27, 41, 42)

CoDE Pod – THE CoURT
Voir p. 60 (0131-510 9380 ; www.codehostels.com ; 1A Parliament Square EH1 1RF ; 23, 27, 35, 41, 45)

Hotel du Vin Edinburgh
Voir p. 60 (0131-285 1479 ; www.hotelduvin.com ; 11 Bristo Pl, EH1 1EZ ; 35, 45)

Virgin Hotels Edinburgh
Voir p. 61 (0131-526 4810 ; virginhotels.com/edinburgh ; 1 India Buildings, Victoria St, EH1 2EX ; 23, 27, 41, 42)

Witchery by the Castle
Voir p. 61 (0131-225 5613 ; www.thewitchery.com ; Castlehill, EH1 2NF ; 23, 27, 41, 42)

Angels with Bagpipes
Voir p. 63 (0131-220 1111 ; www.angelswithbagpipes.co.uk ; 343 High St, EH1 1PW ; plats 20-32 £ ; 12h-22h mer-sam ; 23, 27, 41, 42)

Baked Potato Shop
Voir p. 59 (0131-225 7572 ; www.facebook.com/thebakedpotatoshop ; 56 Cockburn St, EH1 1PB ; plats 11-24 £ ; 11h-19h lun, 10h30-22h mar-dim)

Cannonball Restaurant
Voir p. 63 (0131-225 1550 ; www.contini.com/cannonball ; 356 Castlehill, EH1 2NF ; plats déj 10-18 £, dîner 26-29 £ ; 12h-23h mar-sam ; 23, 27, 41, 42)

Civerinos Hunter Sq
Voir p. 60 (0131-220 0851 ; www.civerinos.com ; 5 Hunter Square, EH1 1QW ; plats 11-24 £ ; 12h-21h30 lun-ven, 12h-22h sam-dim)

Edinburgh Larder
Voir p. 59 (0131-556 6922 ; www.edinburghlarder.co.uk ; 15 Blackfriars St, EH1 1NB ; formule petit-déj 8,95-14,95 £, plats déj 10,95-15,95 £ ; 7h30-15h lun-ven, 8h-15h sam-dim)

Howies Victoria Street
Voir p. 62 (0131-225 1721 ; www.howies.uk.com ; 10-14 Victoria St, EH1 2HG ; 12h-15h et 17h30-22h30 ; 23, 27, 41, 42)

Lovecrumbs
Voir p. 59 (0131-629 0626 ; www.lovecrumbs.co.uk ; 155 West Port, EH3 9DP ; 9h-18h)

Ondine
Voir p. 63 (0131-226 1888 ; www.ondinerestaurant.co.uk ; 2 George IV Bridge, EH1 1AD ; plats 20-55 £ ; 12h-22h mar-sam ; 23, 27, 41, 42)

Makars Mash Bar
Voir p. 62 (0131-226 1178 ; makarsmash.com ; 9-12 Bank St, EH1 2LP ; plats 15-20 £ ; 12h-20h30 lun-jeu, 12h-21h30 ven-sam, 12h-20h dim ; 23, 27, 41, 42)

Mary's Milk Bar
Voir p. 59 (www.marysmilkbar.com ; 19 Grassmarket, EH1 2HS ; 11h-19h mer-dim)

Saboteur
Voir p. 61 (0131-623 0384 ; www.saboteurrestaurant.com ; 19-20 Teviot Pl, EH1 2QZ ; 12h-22h ; 35, 45)

Château d'Édimbourg

Wings
Voir p. 62 (0131-629 1234 ; www.facebook.com/wings.edinburgh ; 5-7 Old Fishmarket Cl, High St, EH1 1RW ; 3 wings ou 7 nuggets 4,50 £ au choix ; 12h-22h30 ; 23, 27, 41, 42)

Bow Bar
Voir p. 59 (0131-226 7667 ; www.thebowbar.co.uk ; 80 West Bow, EH1 2HH ; 15h-22h30 mar-mer, 12h-22h30 jeu-dim ; 2, 23, 27, 41, 42)

Cabaret Voltaire
Voir p. 63 (0131-247 4704 ; www.thecabaretvoltaire.com ; 36-38 Blair St, EH1 1QR ; 19h-3h mar et jeu-sam ; 35, 45)

Cold Town House
Voir p. 61 (0131-357 2865 ; coldtownhouse.co.uk ; 4 Grassmarket, EH1 2JU ; 12h-23h dim-mer, 12h-minuit jeu, 12h-1h ven-sam ; 35, 45)

Jazz Bar
Voir p. 63 (0131-220 4298 ; www.thejazzbar.co.uk ; 1A Chambers St, EH1 1HR ; 19h-minuit lun-mar, 17h-3h mer-ven et dim, 14h-3h sam ; 35, 45)

Maggie Dicksons
Voir p. 55 (0131-225 6601 ; maggie-dicksons.edan.io ; 92 Grassmarket, EH1 2JR ; 12h-1h)

The World's End
Voir p. 60 (0131-556 3628 ; 2-8 High St, EH1 1TB ; 12h-minuit dim-jeu, 12h-1h ven-sam)

Three Sisters
Voir p. 59 (0131-622 6802 ; thethreesistersbar.co.uk ; 139 Cowgate, EH1 1JS ; 12h-1h)

Under the Stairs
Voir p. 63 (0131-466 8550 ; underthestairs.org ; 3A Merchant St, EH1 2QD ; 16h-1h lun-jeu, 14h-1h ven-dim ; 35, 45)

Wee Red Bar
Voir p. 59 (0131-651 5859 ; www.weeredbar.co.uk ; Lauriston Architecture Building, 74 Lauriston Pl, EH3 9DF ; 19h-3h)

Whistle Binkies
Voir p. 63 (0131-557 5114 ; whistlebinkies.com ; 4-6 South Bridge, EH1 1LL ; 17h-3h dim-jeu, 13h-3h ven-sam ; 2, 23, 27, 41, 42)

Beltane Fire Festival
Voir p. 75 (www.beltane.org ; 30 avr)

Edinburgh Art Festival
Voir p. 61 (www.edinburghartfestival.com ; août)

Edinburgh Festival Fringe
Voir p. 61 (0131-226 0026 ; www.edfringe.com ; août)

Edinburgh's Hogmanay
Voir p. 35 (0131-510 0395 ; www.edinburghshogmanay.com ; billets fête de rue 25 £ ; 30 déc-1er jan)

Edinburgh International Book Festival
Voir p. 61 (0945-373 5888 ; www.edbookfest.co.uk ; Charlotte Sq Gardens, EH2 4DR ; 4-28 août)

Edinburgh International Festival
Voir p. 61 (0131-473 2000 ; www.eif.co.uk ; 5-28 août)

International Storytelling Festival
Voir p. 60 (www.sisf.org.uk ; oct)

Royal Edinburgh Military Tattoo
Voir p. 61 (0131-225 1188 ; www.edintattoo.co.uk ; août)

Stramash
Voir p. 61 (0131-623 4353 ; Stramashedinburgh.com ; 207 Cowgate, EH1 1JQ ; 17h-3h ; 35, 45)

HOLYROOD ET ARTHUR'S SEAT

Arthur's Seat
Voir p. 67 (Holyrood Park ; 35)

Canongate Kirk
Voir p. 69 (0131-556 3515 ; www.canongatekirk.org.uk ; 153 Canongate, EH8 8BN ; 35)

Dr Neil's Garden
Voir p. 69 (0784 918 7995 ; www.drneilsgarden.co.uk ; 5 Old Church Ln, Duddingston, EH15 3PX ; 12)

Duddingston Kirk
Voir p. 69 (0131-661 4240 ; duddingstonkirk.org.uk ; 5 Old Church Ln, Duddingston, EH15 3PX ; 10h-18h ; 12)

Holyrood Abbey
Voir p. 69 (0131-556 5100 ; Canongate, EH8 8DX ; 35)

Our Dynamic Earth
Voir p. 66 (0131-550 7800 ; www.dynamicearth.co.uk ; Holyrood Rd, EH8 8AS ; adulte/enfant galerie et planétarium 17,50/10,95 £, planétarium 7/7 £ ; 10h-15h mer-ven, 10h-16h sam-dim ; 35)

Greyfriars Kirkyard

Palace of Holyroodhouse
Voir p. 66 (0303-123 7306 ; www.rct.uk/visit/palace-of-holyroodhouse ; Canongate, EH8 8DX ; tarif plein/18-24 ans/5-17 ans audioguide inclus 19,50/12,50/10,50 £ ; 9h30-16h30, dernière entrée 15h15 jeu-lun nov-mars, 9h30-18h, dernière entrée 16h30 jeu-lun avr-oct, ouvert tlj juil-sept ; 35)

Parlement écossais
Voir p. 66 (0131-348 5000 ; www.parliament.scot ; Horse Wynd, EH99 1SP ; 10h-17h, dernière entrée 16h30 lun et ven-sam, 9h-18h30, dernière entrée 18h mar-jeu, visite guidée 10h30, 11h30, 14h30 et 15h30 lun et ven-sam ; 35)

St Anthony's Chapel
Voir p. 69 (www.undiscoveredscotland.co.uk/edinburgh/stanthonys ; Holyrood Park, Queen's Dr, EH8 8JA ; 35)

Holyrood Distillery
Voir p. 68 (0131-285 8977 ; holyrooddistillery.co.uk ; 19 St Leonard's Ln, EH8 9SH ; visite et dégustations 16-40 £ ; 10h-1h)

Jeffrey St
Voir p. 67 (0131-556 9930 ; jeffreyst.com ; 12-14 Jeffrey St, EH1 1DT ; dégustations 28-55 £ ; 10h-18h lun-mer, 10h-19h jeu-sam, 10h-17h dim ; 35)

Port of Leith Distillery
Voir p. 86 (0787-613 6499 ; www.leithdistillery.com ; 11 Whisky Quay, Leith, EH6 6FH)

Bizzy Lizzy
Voir p. 69 (98 Duddingston Rd W, EH15 3PU ; plats 8-21 £ ; 8h30-16h30 lun-mer, 8h-18h jeu, 9h-18h30 ven-sam, 10h-17h dim ; 12)

David Bann
Voir p. 68 (0131-556 5888 ; www.davidbann.co.uk ; 56-58 St Mary's St, EH1 1SX ; plats 11,75-15,50 £ ; 12h-22h ; 35)

Moo Pie Gelato
Voir p. 67 (0131-241 8233 ; www.facebook.com/moopiegelato ; 26 St Mary's St, EH1 1SU ; 11h-18h jeu-dim ; 35)

Oink Canongate
Voir p. 67 (0758-463 7416 ; www.oinkhogroast.co.uk ; 82 Canongate, EH8 8BZ ; plats 4,95-7,70 £ ; 11h-17h ; 35)

Pakora Bar
Voir p. 67 (0131-202 5200 ; thepakorabar.co.uk ; 111 Holyrood Road, EH8 8AU ; pakoras 6-8,50 £ ; 12h-21h30 dim et mar-jeu, 12h-22h ven-sam ; 35)

PIGGS
Voir p. 68 (0131-557 2955 ; www.piggswinebar.co.uk ; 276 Canongate, EH8 8AA ; tapas 4,25-8,95 £ ; 12h-23h ; 35)

Wedgwood the Restaurant
Voir p. 68 (0131-558 8737 ; www.wedgwoodtherestaurant.co.uk ; 267 Canongate, EH8 8BQ ; menus 2/3 plats déj 23-30 £, plats dîner 22,95-29,94 £ ; 12h-13h45 et 17h-21h dim-jeu, jusqu'à 22h ven-sam ; 35)

BrewDog Doghouse
Voir p. 69 (0131-290 2300 ; www.brewdog.com/uk/edinburgh-doghouse ; 5 New St, EH8 8BH ; 7h-minuit ; 35)

Cocktail Geeks
Voir p. 68 (0131 557 1224 ; www.thecocktailgeeks.com ; Arch 14, 27 E Market St, EH8 8FS ; 12h-22h dim-jeu ; 35)

Cadenhead's Whisky Shop
Voir p. 67 (0131-556 5864 ; www.cadenhead.scot ; 172 Canongate, EH8 8DF ; 10h30-17h30 lun-sam ; 35)

Canons' Gait
Voir p. 69 (0131-556 4481 ; 232 Canongate, EH8 8DQ ; 12h-minuit ; 35)

Holyrood 9A
Voir p. 68 (0131-556 5044 ; www.theholyrood.co.uk ; 9A Holyrood Rd, EH8 8AE ; 10h-minuit lun-ven, 10h-1h sam-dim ; 35)

Kilderkin
Voir p. 67 (0131-556 2101 ; kilderkingroup.co.uk ; 67 Canongate, EH8 8BT ; 12h-23h lun, 12h-minuit mar-mer, 12h-1h jeu-sam, 12h-20h dim ; 42)

Sheep Heid Inn
Voir p. 69 (www.thesheepheidedinburgh.co.uk ; 43-45 The Causeway, EH15 3QA ; 11h-23h lun-jeu, 11h-minuit ven-sam, 12h-23h dim ; 42)

Tolbooth Tavern
Voir p. 69 (0131-557 1333 ; www.tolboothtavern.co.uk ; 167 Canongate, EH8 8BN ; 12h-23h ; 35)

White Horse Oyster & Seafood Bar
Voir p. 68 (0131-629 5300 ; www.whitehorseoysterbar.co.uk ; 266 Canongate, EH8 8AA ; 16h-22h lun-ven, 12h-23h sam, 12h-22h dim ; 35)

NEW TOWN

Catherine Sinclair Monument
Voir p. 73 (Charlotte St, EH2 4HR ; tous les bus jusqu'à Princes St, Princes St)

National Monument of Scotland
Voir p. 73 (ewh.org.uk/iconic-buildings-and-monuments/national-monument ; Calton Hill, EH7 5BN ; tous les bus jusqu'àSt Andrew's House)

Nelson Monument
Voir p. 73 (www.edinburghmuseums.org.uk/venue/nelson-monument ; 32 Calton Hill, EH7 5AA ; 10h-16h lun, 10h-17h mar-dim ; tous les bus jusqu'à St Andrew's House)

Princes Street Gardens
Voir p. 74 (Princes St ; lever-coucher du soleil ; tous les bus jusqu'à Princes St, Princes St)

Ross Fountain
Voir p. 74 (4 Princes St, EH1 2EU ; tous les bus jusqu'à Princes St, Princes St)

Scott Monument
Voir p. 74 (www.edinburghmuseums.org.uk/venue/scott-monument ; East Princes St Gardens, EH2 2EJ ; 6 £ ; 10h-16h ; tous les bus jusqu'à Princes St, Princes St)

Scottish National Gallery
Voir p. 73 (Galerie nationale d'Écosse ; 0131-624 6200 ; www.nationalgalleries.org ; The Mound, EH2 2EL ; 10h-17h ; tous les bus jusqu'à Princes St, Princes St)

Scottish National Portrait Gallery
Voir p. 78 (0131-624 6200 ; www.nationalgalleries.org ; 1 Queen St, EH2 1JD ; 10h-17h ; tous les bus jusqu'à York Pl, St Andrew Sq)

Statue du Dr Thomas Chalmers
Voir p. 73 (George St, EH2 3HT ; tous les bus jusqu'à Princes St, Princes St)

Johnnie Walker Princes Street
Voir p. 75 (0131-376 9494 ; www.johnniewalker.com ; 145 Princes St, EH2 4BL ; circuits et dégustations 28-95 £ ; circuits 13h-18h dim-jeu, 11h-19h ven-sam)

14 Hart Street
Voir p. 74 (0779-520 3414 ; www.14hartstreet.co.uk ; 14 Hart St, EH1 3RN ; 8)

Balmoral
Voir p. 74 (0131-556 2414 ; www.roccofortehotels.com/hotels-and-resorts/the-balmoral-hotel ; 1 Princes St, EH2 2EQ ; tous les bus jusqu'à Princes St)

Braid Apartments
Voir p. 74 (0131-622 8120 ; bymansley.com/braid-apartments ; Napier House, 27 Thistle St, EH2 1DX ; 29, 31, 37, 45, 51 jusqu'à George St)

Glasshouse
Voir p. 74 (0131-525 8200 ; www.marriott.com/en-us/hotels/ediak-the-glasshouse-autograph-collection ; 2 Greenside Pl, EH1 3AA ; 8)

21212
Voir p. 76 (0131-523 1030 ; www.21212restaurant.co.uk ; 3 Royal Terrace, EH7 5AB ; menus déj 3 plats 25-39 £, menus dîner 3 plats 50-80 £ ; 12h-14h et 17h45-21h mer-sam ; 26, 34 jusqu'à Leopold Place)

BABA
Voir p. 75 (0131-527 4999 ; baba.restaurant ; 130 George St, EH1 4JZ ; mezze 5,50-9,50 £, plats 8,50-15 £ ; 12h-minuit dim-jeu, 12h-1h ven-sam ; 30, 33 jusqu'à Princes St)

Dishoom
Voir p. 76 (0131-202 6406 ; www.dishoom.com/edinburgh ; 3A St Andrew Square, EH2 2BD ; plats 11,50-17,50 £ ; 8h-23h lun-mer, 8h-minuit jeu-sam, 9h-23h dim ; St Andrew Sq)

Dusit
Voir p. 75 (0131-220 6846 ; www.dusit.co.uk ; 49A Thistle St, EH2 1DY ; plats 13,50-21 £ ; 12h-22h ; 24, 29 jusqu'à Hill St)

Fhior
Voir p. 76 (0131-477 5000 ; fhior.com ; 36 Broughton St, EH1 3SB ; menus déj 4/7 plats 39/80 £, menus dîner 7/10 plats 80/105 £ ; 18h30-minuit jeu, 12h-13h30 et 18h30-20h ven-sam, 12h-minuit dim)

Fountain Café
Voir p. 74 (0131-622 2169 ; www.facebook.com/fountaincafe111 ; 111 Grove St, EH3 8AB ; plats 4,95-7,70 £ ; 8h-14h lun-ven, 8h-13h sam-dim ; 34, 35 jusqu'à Grove St)

Fortitude
Voir p. 75 (0131-557 3063 ; www.fortitudecoffee.com ; 3C York Pl, EH1 3EB ; 9h-16h ; 10, 11 jusqu'à Dublin St)

Greenwoods
Voir p. 75 (0131-220 6799 ; greenwoods.eu/restaurant/edinburgh ; 61 Frederick St, EH2 1LH ; brunch 11,75-15,95 £ ; 8h30-15h lun-ven, 8h30-16h sam-dim ; 24, 29 jusqu'à Hill St)

Noto
Voir p. 75 (0131-241 8518 ; notoedinburgh.co.uk ; 47A Thistle St, EH2 1DY ; plats 6-16 £ ; 12h-14h30 et 17h30-21h jeu-mar, 9h-17h mer ; 24, 29 jusqu'à Hill St)

Urban Angel
Voir p. 75 (0131-225 6215 ; www.urban-angel.co.uk ; 121 Hanover St, EH2 1DJ ; plats 6-11 £ ; 8h-17h lun-ven, 9h-17h sam-dim ; 23, 27 jusqu'à Thistle St)

Café Royal Circle Bar
Voir p. 74 (0131-556 1884 ; www.caferoyaledinburgh.com ; 17 West Register St, EH2 2AA ; 12h-23h lun-mer, 12h-minuit jeu, 12h-1h ven-sam, 12h-22h dim ; Princes St)

Guildford Arms
Voir p. 73 (0131-556 4312 ; www.guildfordarms.com ; 1 W Register St, EH2 2AA ; 11h-23h dim-mer, 11h-minuit jeu-sam ; St Andrew Sq)

Kay's Bar
Voir p. 74 (0131-225 1858 ; www.facebook.com/kaysbaredinburgh ; 39 Jamaica St, EH3 6HF ; 12h-23h dim-jeu, 12h-minuit ven-sam ; 24, 29 jusqu'à Howe St)

Joseph Pearce's
Voir p. 73 (0131-556 4140 ; www.bodabar.com ; 23 Elm Row, EH7 4AA ; 15h-minuit lun-mer, 12h-minuit jeu et dim, 12h-1h ven-sam ; tous les bus jusqu'à Leith Walk)

Juniper
Voir p. 73 (0131-652 7370 ; juniperedinburgh.co.uk ; 20 Princes St, EH2 2AN ; 12h-23h dim-jeu, 12h-minuit ven-sam ; tous les bus jusqu'à Princes St, Princes St)

Panda & Sons
Voir p. 74 (0131-220 0443 ; www.pandaandsons.com ; 79 Queen St, EH2 4NF ; 16h-1h mar-ven, 14h-1h sam-dim ; Princes St)

Beltane Fire Festival
Voir p. 75 (beltane.org ; avr)

St James Quarter
Voir p. 72 (0131-556 2101 ; www.stjamesquarter.com ; 1 Leith St, EH1 3SS ; 9h-20h lun-sam, 10h-18h dim ; St Andrew Sq)

WEST END ET ENVIRONS

Edinburgh Zoo
Voir p. 80 (0131-334 9171 ; www.edinburghzoo.org.uk ; 134 Corstorphine Rd, EH12 6TS ; adulte/enfant 19,95/11,35 £ ; 10h-18h avr-sept, 10h-17h oct et mars, 10h-16h nov-fév ; 12, 18, 26, 31, 100 jusqu'à Atholl Crescent)

Horse & Rider
Voir p. 79 (Rutland Ct, EH3 8ES)

Jupiter Artland
Voir p. 79 (0150-688 9900 ; www.jupiterartland.org ; The Steadings, Bonnington House, Wilkieston, EH27 8BY ; adulte/enfant 11/7 £ ; 10h-16h ; X27 jusqu'à Coxydene)

Scottish National Gallery of Modern Art
Voir p. 78 (0131-624 6200 ; www.nationalgalleries.org ; 75 Belford Rd, EH4 3DR ; 10h-17h ; 13)

St Bernard's Well
Voir p. 79 (2 Clarendon Cres, EH4 APT)

St Mary's Cathedral
Voir p. 78 (0131-225 6293 ; www.cathedral.net ; Palmerston Pl, EH12 5AW ; 8h-20h ; 25, 26, 31, 33, 44 jusqu'à Atholl Crescent)

UNIONgallery
Voir p. 79 (☎0131-225 8779 ; www.uniongallery.co.uk ; 4 Drumsheugh Pl, EH3 7PT ; 10h30-17h lun-ven, 10h30-16h sam ; 16, 36, 37, 41, 47 jusqu'à Drumsheugh Place)

Edinburgh Gin Distillery
Voir p. 78 (☎0131-656 2810 ; www.edinburghgin.com ; 1A Rutland St, EH1 2AD ; circuits et dégustations 25-45 £ ; 10h-16h45 ; 25, 26, 31, 33, 44 jusqu'à Atholl Crescent)

Dunstane Houses
Voir p. 79 (☎0131-337 6169 ; www.thedunstane.com ; 4 West Coates, EH12 5JQ ; 12, 26, 31, 100)

Victorian Town House
Voir p. 79 (☎0131-337 7088 ; 14 Eglington Cres, EH12 5DD ; 13 jusqu'à Palmerston Cres)

Waldorf Astoria Edinburgh – the Caledonian
Voir p. 79 (☎0131-222 8888 ; Princes St, EH1 2AB ; tous les bus jusqu'à Loathian Road)

Bread Meats Bread
Voir p. 81 (☎0131-225 3000 ; breadmeatsbread.com ; 90-92 Lothian Rd, EH3 9BE ; plats 9-16 £ ; 11h30-22h ; 25, 26, 31, 33, 44 jusqu'à Ushel Hall)

Constable Coffee
Voir p. 80 (☎0749-317 7913 ; www.instagram.com/constablecoffee.edin ; Drumsheugh Gardens, EH3 7QG ; 7h-14h30 lun-ven, 9h-14h30 sam ; 13 jusqu'à Drumsheugh Gardens)

Grazing by Mark Greenaway
Voir p. 81 (☎0131-222 8832 ; www.markgreenaway.com/grazing-restaurant ; Rutland St, EH1 2AB ; plats 22-45 £ ; 17h-21h mar-sam ; tous les bus jusqu'à Lothian Road)

Laura's Kitchen
Voir p. 80 (☎0131-225 8584 ; 33 William St, EH3 7LW ; 7h-15h lun-ven ; 25, 26, 31, 33, 44 jusqu'à Atholl Crescent, West End)

GABRIEL/STOCK.ADOBE.COM ©

Dean Village

Painted Rooster
Voir p. 81 (☎0131-467 1742 ; www.thepaintedrooster.co.uk ; 10 Melville Pl, EH3 7PR ; 8h30-15h30 lun-ven, 9h-16h sam-dim ; 13, 19, 36, 37, 41, 43, 47 jusqu'à Drumsheugh Place)

Hanging Bat
Voir p. 81 (☎0131-229 0759 ; www.thehangingbat.com ; 133 Lothian Rd, EH3 9AB ; 12h-minuit ; 24, 36, 36, 47 jusqu'à Bread St)

Heads & Tales Bar
Voir p. 63 (☎0131-656 2811 ; www.headsandtalesbar.com ; 1a Rutland Place, EH1 2AD ; jeu-sam 17h-3h ; 22, 30, 34 jusqu'à Lothian Road)

Jolly Botanist
Voir p. 81 (☎0131-228 5596 ; thejollybotanist.co.uk ; 256-260 Morrison St, EH3 8DT ; 16h-minuit lun-mer, 13h-1h ven-sam, 12h-minuit dim ; 31, 33 jusqu'à West Maitland St)

Teuchters Bar & Bunker
Voir p. 81 (☎0131-225 2973 ; www.teuchtersbar.co.uk ; 26 William St, EH7 3NH ; 12h-minuit dim-mer, 12h-1h jeu-sam ; 25, 33, 44 jusqu'à Shandwick Place, West End)

Vietnam House Café
Voir p. 80 (☎0131-337 8870 ; www.facebook.com/VietnamArtGalleryUK ; 28 Haymarket Terrace, EH12 5JZ ; 11h-17h lun-sam, 11h-14h dim ; 11, 26, 31 jusqu'à Haymarket Station)

Ghillie Dhu
Voir p. 80 (☎0131-222 9930 ; ghillie-dhu.co.uk ; 2 Rutland Place, EH1 2AD ; 17h-3h ven, 12h-3h sam, 12h-minuit dim ; 22, 30, 34 jusqu'à Lothian Road)

Rat Pack
Voir p. 80 (☎0131- 228 3991 ; ratpackpianobars.com ; 9 Shandwick Pl, EH2 4RG ; 21h-3h mar-jeu et dim, 19h-3h ven-sam ; 22, 30, 34 jusqu'à Lothian Road)

Usher Hall
Voir p. 80 (☎0131-228 1155 ; www.usherhall.co.uk ; Lothian Rd, EH1 2EA ; billetterie 10h-17h30, 10h-20h les soirs de spectacle ; 22, 30, 34 jusqu'à Lothian Road)

Murrayfield Stadium
Voir p. 77 (☎0131-378 1600 ; scottishrugby.org ; Roseburn St, EH12 5PJ)

STOCKBRIDGE

Royal Botanic Garden Edinburgh
Voir p. 84 (0131-248 2909 ; www.rbge.org.uk ; Arboretum Pl, EH3 5LR ; entrée gratuite, visite guidée 8 £ ; 10h-18h mars-sept, 10h-17h oct et fév, 10h-16h nov-jan, visite guidée 11h avr-oct ; 8, 23, 27 jusqu'à Atholl Crescent)

Bross Bagels
Voir p. 85 (0131-226 7999 ; www.brossbagels.com ; 72 Saint Stephen St, EH3 5AQ ; sandwichs 7,50-8,50 £ ; 9h-16h ; 24, 29 jusqu'à Kerr St)

Café Gallo
Voir p. 85 (0777-579 1423 ; www.facebook.com/thecafegallo ; 96 Raeburn Pl, EH4 1HH ; 8h30-16h ; 24, 29 jusqu'à Cheyne St)

Kilted Donut
Voir p. 85 (0131-261 7522 ; www.kilteddonut.com ; 1 N W Circus Pl, EH3 6ST ; 10h-17h mer-dim ; 24, 29 jusqu'à Kerr St)

Pantry
Voir p. 84 (0131-222 8832 ; www.markgreenaway.com/grazing-restaurant ; 1 N W Circus Pl, EH3 6ST ; plats déj 11,50-15 £, brunch 10,23-14 £ ; 9h-16h ; 24, 29 jusqu'à Circus Lane)

RadiCibus
Voir p. 84 (0131-285 8608 ; radicibus.co.uk ; 2 Deanhaugh St, EH4 1LY ; 18h-22h dim et jeu, 17h-22h30 ven-sam ; plats 18-28 £, menus dégustation 5/7 plats 63/70 £ ; 24, 29 jusqu'à Raeburn Place)

Pentland Hills

JOANNATKACZUK/SHUTTERSTOCK ©

Scran & Scallie
Voir p. 84 (0131-332 6281 ; www.scranandscallie.com ; 1 Comely Bank Rd, EH4 1DR ; plats 14-21 £ ; 12h-21h ; 24, 29 jusqu'à Dean Park St)

Street Box
Voir p. 85 (0131-332 0031 ; www.streetboxedinburgh.co.uk ; 53 Raeburn Pl, EH4 1HX ; plats 9,50-14,25 £ ; 16h-22h mar-jeu, 13h-22h ven-dim ; 24, 29 jusqu'à Circus Lane)

Bacco Wine
Voir p. 85 (0738-830 6503 ; baccowine.co.uk ; 136 Dundas St, EH3 5DQ ; 16h-23h mar-ven, 12h-minuit sam ; 23, 27 jusqu'à Fettes Row)

Smith & Gertrude
Voir p. 85 (0131-629 6280 ; smithandgertrude.com ; 26 Hamilton Pl, EH3 5AU ; 16h-23h mer-jeu, 13h-minuit ven-sam, 13h-22h dim ; 36, jusqu'à Hamilton Place)

Stockbridge Tap
Voir p. 84 (0131-343 3000 ; www.facebook.com/thestockbridgetap ; 2-6 Raeburn Pl, EH4 1HN ; 13h-23h ; 31, 33 jusqu'à Shandwick Place, West End)

Whiskers Wine Bar
Voir p. 85 (0131-343 3681 ; www.whiskerswinecafe.com ; 48 Raeburn Pl, EH4 1HL ; 17h-23h mer, 12h-minuit jeu-sam, 12h-20h dim ; 24, 29 jusqu'à Cheynes St)

Artisan Roast
Voir p. 85 (artisanroast.co.uk/pages/stockbridge-cafe ; 100A Raeburn Pl, EH4 1HH ; 8h30-17h lun-ven, 9h-16h sam-dim ; 24, 29 jusqu'à Raeburn Place)

Bethany Shop
Voir p. 85 (0131-561 8960 ; bethanychristiantrust.com ; 46 Hamilton Pl, EH3 5AX ; 9h30-16h45 lun-sam ; 24, 29 jusqu'à Kerr St)

British Red Cross
Voir p. 85 (0131-332 8192 ; www.redcross.org.uk/shop/find-a-charity-shop/edinburgh-stockbridge ; 44A Raeburn Pl, EH4 1HL ; 9h30-16h30 lun-sam, 10h-17h dim ; 29 jusqu'à Raeburn Place)

Herbie of Edinburgh
Voir p. 84 (0131-332 9888 ; 66 Raeburn Pl, EH4 1HJ ; 8h30-18h lun-ven, 9h-18h sam ; 24, 29 jusqu'à Raeburn Place)

Oxfam
Voir p. 85 (0131-332 7593 ; www.oxfam.org.uk ; 64 Raeburn Pl, EH4 1HJ ; 10h-17h lun-mer et ven-sam, 13h30-19h30 jeu, 13h-17h dim ; 29 jusqu'à Raeburn Place)

Shelter
Voir p. 85 (0131-343 2963 ; scotland.shelter.org.uk/shops/edinburgh_stockbridge_community_shop ; 104 Raeburn Pl, EH4 1HH ; 10h-18h lun-sam, 11h-17h dim ; 29 jusqu'à Raeburn Place)

Stockbridge Market
Voir p. 82 (www.stockbridgemarket.com ; angle Kerr St et Saunders St, EH3 6TQ ; 10h-17h dim ; 24, 29 jusqu'à Kerr St)

LEITH

Coburg House Art Studios
Voir p. 90 (0131-553 2266 ; www.coburghouse.co.uk ; 15 Coburg St, EH6 6ET ; 11h-16h sam-dim ; 16, 34, 35, 36, Scottish Government)

Custom House
Voir p. 88 (0131-220 1232 ; www.shbt.org.uk/our-buildings/custom-house ; 65-67 Commercial St, EH6 6LH ; 16, 34, 35, 36 jusqu'à Sandport St)

Nobles Bar
Voir p. 90 (0131-629 7215 ; www.coburghouse.co.uk ; 44A Constitution St, EH6 6RS ; 16h-minuit mar, 11h-minuit jeu-ven, 10h-minuit sam, 10h-23h dim ; 34 jusqu'à Queen Charlotte St)

Portobello Town Hall
Voir p. 89 (stockbridgecolonies.com ; 147-149 High Str, EH15 1AF ; 23, 27, 36 jusqu'à Airlie Place)

Royal Yacht Britannia
Voir p. 87 (www.royalyachtbritannia.co.uk ; Ocean Terminal, EH6 6JJ ; adulte/enfant audioguide inclus 17/8,75 £ ; 9h30-18h avr-sept, 9h30-17h30 oct, 10h-17h nov-mars, dernière entrée 1 heure 30 avant la fermeture ; 11, 36 jusqu'à Ocean Terminal)

Stockbridge Colonies
Voir p. 83 et p. 89 (stockbridgecolonies.com ; Kemp Pl, EH3 5HT ; 23, 27, 36 jusqu'à Airlie Place)

Portobello Swim Centre
Voir p. 90 (0131-458 2100 ; www.edinburghleisure.co.uk ; 57 The Promenade, EH15 2BS ; 12, 21, 49 jusqu'à Portobello Town Hall)

Edinburgh Central Youth Hotel
Voir p. 88 (0131-524 2090 ; www.hostellingscotland.org.uk ; 9 Haddington Pl, EH7 4AL ; 7, 10, 11, 14, 16, 25, 49 jusqu'à Annandale St)

Fingal
Voir p. 88 (0131-357 5000 ; www.fingal.co.uk ; Alexandra Dock, EH6 7DX ; 34 jusqu'à Bernard St)

Sandaig Guest House
Voir p. 88 (0131-554 7357 ; www.sandaigguesthouse.co.uk ; 5 East Hermitage Pl, Leith Links, EH6 8AA ; 1, 12, 49 jusqu'à Somerset Place)

Aurora
Voir p. 88 (0131-555 3664 ; www.auroraedinburgh.co.uk ; 187 Great Jct St, EH6 5LQ ; menu déj 35 £, dîner 65 £ ; 17h-21h30 lun et ven, 13h30-15h et 17h-21h30 sam-dim ; 7, 10, 12, 14, 21 jusqu'à Cables Wynd)

Crolla's
Voir p. 89 (0131-555 3664 ; crollasgelateria.com ; 1 Shore, EH6 6RH ; 15h-22h lun-mer, 15h-23h jeu-ven, 12h-23h sam, 12h-22h dim ; 16, 35, 36 jusqu'à Parliament St)

Fishers
Voir p. 89 (0131-554 5666 ; www.fishersrestaurants.co.uk ; 1 Shore, EH6 6QW ; plats 15-45 £ ; 12h-22h lun-sam, 12h30-22h dim ; 34 jusqu'à Bernard St)

Heron
Voir p. 88 (0131-554 1242 ; www.heron.scot ; 87-91A Henderson St, EH6 6ED ; menus dégustation 5-95 £ ; 17h30-21h30 lun-ven, 12h-14h et 17h30-21h30 sam-dim ; 16, 35, 36 jusqu'à The Shore)

King's Wark
Voir p. 89 (0131-554 9260 ; www.thekingswarkpub.com/contact ; 36 Shore, EH6 6QU ; plats 20-36 £ ; 12h-22h dim-mer, 12h-23h jeu-sam ; 34 jusqu'à Bernard St)

Kitchin
Voir p. 88 (0131-555 1755 ; thekitchin.com ; 78 Commercial Quay, EH6 6LX ; menus dégustation 130-180 £ ; 15h-22h lun-mer, 15h-23h jeu-ven, 12h-23h sam, 12h-22h dim ; 16, 34, 35, 36 jusqu'à Scottish Government)

Little Chartroom
Voir p. 88 (0131-556 6600 ; www.thelittlechartroom.com ; 14 Bonnington Rd, EH6 5JD ; plats 29-32 £ ; 18h-20h mer, 18h-20h15 jeu, 13h-14h15 et 18h-20h15 ven-dim ; 10, 12, 14, 21 jusqu'à Cables Wynd)

Mimi's Bakehouse
Voir p. 89 (0131-555 5908 ; www.auroraedinburgh.co.uk ; 63 Shore, EH6 6RA ; 9h-17h lun-ven, 9h-18h sam-dim ; 16, 35, 36 jusqu'à The Shore)

Pitt
Voir p. 89 (0131-555 5908 ; www.thepitt.co.uk ; 20 West Shore Rd, Granton, EH5 1QD ; voir site Internet)

Restaurant Martin Wishart
Voir p. 88 (0131-553 3557 ; mimisbakehouse.com ; 54 Shore, EH6 6RA ; menu déj 3 plats 52,50 £, menu dégustation 135 £ ; 12h-13h30 et 18h30-22h mer-sam ; 16, 35, 36 jusqu'à The Shore)

Roseleaf
Voir p. 89 (0131-476 5268 ; www.roseleaf.co.uk ; 23-24 Sandport Pl, EH6 6EW ; brunch 7,95-14,95 £ ; 10h-23h dim-jeu, 10h-minuit ven-sam ; 16, 34, 35, 36, Scottish Government)

Ship on the Shore
Voir p. 89 (0131-555 0409 ; www.theshipontheshore.co.uk ; 24-26 Shore, EH6 6QN ; plats 11-26 £ ; 11h30-22h ; 34 jusqu'à Bernard St)

Toast
Voir p. 89 (0131-467 6984 ; www.toastleith.co.uk ; 65 Shore, EH6 6RA ; 7,50-14,50 £ ; 8h-18h lun-jeu, 8h-22h ven-sam ; 34 jusqu'à Bernard St)

Malt & Hops
Voir p. 90 (0131-555 0083 1 ; www.facebook.com/realaleleith ; 48 Raeburn Pl, EH4 1HL ; 12h-23h lun-mar, 12h-minuit mer-jeu et dim, 12h-1h ven-sam ; 16, 35, 36 jusqu'à The Shore)

Teuchters Landing
Voir p. 90 (0131-554 7427 ; www.teuchtersbar.co.uk ; 1 Dock Pl, EH6 6LU ; 10h30-1h ; 16, 22, 35, 36 jusqu'à Cheynes St)

Woodland Creatures
Voir p. 90 (www.woodlandcreaturesleith.com ; 260-262 Leith Walk, EH6 5EL ; 16h-minuit lun-jeu, 12h-1h ven-sam, 12h-minuit dim ; 7, 14, 16, 25, 49 jusqu'à Balfour St)

SUD D'ÉDIMBOURG

Barclay Viewforth Church
Voir p. 96 (0131-229 6810 ; www.barclayviewforth.org.uk ; 1 Wright's Houses, EH10 4HN ; 9h-12h lun-ven, 10h-12h et 18h30-20h dim ; 11, 15, 16, 23, 36, 45 jusqu'à Leven St)

Craigmillar Castle
Voir p. 98 (0131-661 4445 ; www.historicenvironment.scot/visit-a-place/places/craigmillar-castle ; Craigmillar Castle Rd, EH16 4SY ; adulte/enfant 19,50-11,40 £ ; 10h-16h oct-mars, 9h30-17h30 avr-sept, dernière entrée 45 min avant fermeture ; 2, 14, 30 jusqu'à Craigmillar Castle Road)

Linlithgow Palace
Voir p. 96 (0150 684 2896 ; www.historicenvironment.scot/visit-a-place/places/linlithgow-palace ; Lady Victoria Colliery, Newtongrange, Dalkeith, EH22 4QN ; adulte/enfant 9,50-7,50 £ ; 10h-16h nov-mars, 10h-17h avr-oct ; 31, 449 jusqu'à Cross)

National Mining Museum Scotland
Voir p. 98 (0131-663 7519 ; www.nationalminingmuseum.com ; Lady Victoria Colliery, Newtongrange, Dalkeith, EH22 4QN ; adulte/enfant 9,50-7,50 £ ; 10h-16h nov-mars, 10h-17h avr-oct ; 29, 48 jusqu'à Craigmillar National Mining Museum)

Pentland Hills
Voir p. 98 (www.pentlandhills.org)

Rosslyn Chapel
Voir p. 94 (Collegiate Church of St Matthew ; 0131-440 2159 ; www.rosslynchapel.com ; Chapel Loan, Roslin, EH25 9PU ; adulte/enfant 9,50 £/gratuit ; 11, 15, 16, 23, 36, 45 jusqu'à Leven St)

Royal Observatory Edinburgh
Voir p. 98 (0131-668 8404 ; visit.roe.ac.uk ; Blackford Hill, EH9 3HJ ; 38, 41 jusqu'à Royal Observatory)

Wild West Town
Voir p. 97 (Morningside Rd, EH10 4QG ; 5, 11, 15, 16, 23, 36, 101 jusqu'à Springvalley Gardens)

Braid Hills Golf Course
Voir p. 98 (0131-447 6666 ; www.edinburghleisure.co.uk/venues/braid-hills-golf-course ; Braid Hills Approach, EH10 6JY ; accès aux greens sem/week-end 30,25/31,50 £ ; 7h-19h15)

Prestonfield Golf Club
Voir p. 98 (0131-667 9665 ; www.prestonfieldgolf.co.uk ; 6 Priestfield Rd N, EH16 5HS ; 25-60 £ nov-fév, 35-80 £ mars et oct, 50-140 £ avr-sept, 35-80 £ ven après 15h avr-sept ; 6h30-22h)

Swanston Golf Club
Voir p. 98 (0131-445 2239 ; swanstongolf.co.uk ; 111 Swanston Rd, EH10 7DS ; adulte/enfant été 30-40/10 £, hiver 15-20 £ ; 8h-17h)

94DR
Voir p. 96 (0131-662 92 65 ; 94dr.co.uk ; 94 Dalkeith Rd, EH16 5AF ; 2, 14, 30, 33, 51 jusqu'à Marchhall Place)

Glenalmond House
Voir p. 96 (0131-668 2392 ; www.glenalmondhouse.com ; 25 Mayfield Gardens, EH9 2BX ; 3, 7, 8, 199, 31, 37, 47 jusqu'à Mayfield Gardens)

Southside Guest House
Voir p. 96 (0131-466 6573 ; www.southsideguesthouse.co.uk ; 8 Newington Rd, EH9 1QS ; 3, 5, 7, 8, 29, 31, 37, 47 jusqu'à Newington)

Condita
Voir p. 97 (0131-667 5777 ; www.condita.co.uk ; 15 Salisbury Pl, EH9 1SL ; menu dégustation 140 £ ; 18h30-22h15 mar-sam ; 5 jusqu'à Salisbury Place)

Kalpna
Voir p. 97 (0131-342 3333 ; korabytk.com ; 14-17 Bruntsfield Pl, EH10 4HN ; plats 8-13 £ ; 17h-21h lun-jeu, 12h-21h ven-dim ; 3, 5, 7, 8, 29, 31, 37, 47 jusqu'à Newington)

Kora by Tom Kitchin
Voir p. 97 (0131-225 1333 ; www.prestonfield.com ; Prestonfield, Priestfield Rd, EH16 5UT ; plats 18-33 £ ; 12h-16h30 ; 11, 15, 16, 23, 36, 45, 101 jusqu'à Whitehouse Loan)

Mosque Kitchen
Voir p. 99 (www.mosquekitchen.com ; 31 Nicolson Sq, EH8 9BX ; plats 5-7 £ ; 11h-20h ; 3, 5, 7, 8, 14, 29, 30, 31, 33, 37, 51 jusqu'à Surgeons' Hall)

Nile Valley Cafe
Voir p. 99 (0131-667 8200 ; www.mosquekitchen.com ; 6 Chapel St, EH8 9AY ; 10h-22h ; 41 jusqu'à Chapel St)

Rhubarb
Voir p. 93 (0131-225 1333 ; www.prestonfield.com ; Prestonfield, Priestfield Rd, EH16 5UT ; plats 24-50 £ ; 12h-16h30 ; 34 jusqu'à Bernard St)

Sister Bao
Voir p. 99 (0131-667 2984 ; 32 S Clerk St, EH8 9PR ; 12h-21h ; 7, 31, 37, 47, 51 jusqu'à Bernard St)

32 Below
Voir p. 98 (0131-662 1757 ; www.thirtytwobelow.co.uk ; 32B W Nicolson St, EH8 9DD ; 17h-1h lun-sam ; 41 jusqu'à Chapel St)

Canny Man's
Voir p. 97 (0131-447 1484 ; www.cannymans.co.uk ; 237 Morningside Rd, EH10 4QU ; 11h-23h ; 5, 11, 15, 16, 23, 36, 101 jusqu'à Springvalley Gardens)

Cloisters Bar
Voir p. 98 (0131-221 9997 ; www.cloistersbar.com ; 26 Brougham St, EH3 9JH ; 12h-23h dim-mar, 12h-minuit mer-sam ; 24 jusqu'à Brougham St)

Dagda Bar
Voir p. 98 (0131-667 9773 ; www.facebook.com/thedagdabar ; 93-95 Buccleuch St, EH8 9NG ; 15h-1h lun-mar, 13h-1h mer-dim ; 12, 41 jusqu'à Meadow Lane)

St Giles' Catedral

Leslie's Bar
Voir p. 98 (0131-560 1572 ; www.lesliesbar.com ; 45-47 Ratcliff Terrace, EH9 1SU ; 12h-23h dim-jeu, 12h-minuit ven-sam ; 7, 31, 37, 47, 51 jusqu'à Bernard Terrace)

Southern Bar
Voir p. 98 (0131-662 8926 ; www.thesouthern.co.uk ; 22-26 S Clerk St, EH8 9PR ; 10h-minuit lun-jeu, 10h-1h ven-sam ; 7, 31, 37, 47, 51 jusqu'à Bernard Terrace)

The Royal Dick
Voir p. 98 (0131-560 1572 ; www.summerhall.co.uk/the-royal-dick ; 1 Summerhall, EH9 1PL ; 12h-minuit dim-mer, 12h-1h jeu-sam ; 7, 31, 37, 47, 51 jusqu'à Bernard Terrace)

Church Hill Theatre
Voir p. 98 (0131-220 4348 ; churchhilltheatre.co.uk ; Morningside Rd, EH10 4DR ; 5, 11, 15, 16, 23, 36 jusqu'à Morningside Place)

Dominion Cinema
Voir p. 96 (0131-447 4771 ; www.dominioncinema.co.uk ; Newbattle Terrace, EH10 4RT ; 9h-minuit dim-mer, 9h-1h jeu-sam ; 5, 11, 15, 16, 23, 36 jusqu'à Morningside Place)

King's Theatre
Voir p. 98 (www.capitaltheatres.com/kings)

Queen's Hall
Voir p. 98 (0131-668 2019 ; www.thequeenshall.net ; Clerk St, EH8 9JG ; billetterie 10h-17h15 lun-sam, ou jusqu'à 15 min après le début du spectacle ; 3, 5, 7, 8, 29, 31, 37, 47 jusqu'à Newington)

Summerhall
Voir p. 93 (0131-560 1580 ; www.summerhall.co.uk ; 1 Summerhall, EH9 1PL ; 9h-minuit dim-mer, 9h-1h jeu-sam ; 7, 31, 37, 47, 51 jusqu'à Bernard Terrace)

GLASGOW

LA VILLE INDOCILE QUI MONTE

Mélange désarmant de truculence et de sophistication, la plus grande ville d'Écosse a changé en vingt ans, pour devenir l'une des plus singulières métropoles britanniques.

Si on veut résumer Glasgow en une seule image, il suffit de regarder la statue équestre du duc de Wellington, dressée en face de la Gallery of Modern Art, sur Royal Exchange Sq. Elle est le plus souvent coiffée d'un cône de signalisation.

L'histoire remonte aux années 1980, lorsque le duc en fut affublé pour la première fois, probablement par un étudiant éméché. Deux jours plus tard, il fut ôté par des employés municipaux. Le cône réapparut. On le retira à nouveau. Il réapparut. Et ainsi de suite.

DAVID CATION PHOTOGRAPHY/GETTY IMAGES ©

Ce petit jeu se poursuivit des décennies durant, jusqu'à ce que, en 2013, la municipalité décida de doubler la hauteur du socle de la statue pour empêcher qu'on y grimpât. Vingt-quatre heures plus tard, une campagne baptisée "Gardons le cône" avait déjà récolté, sur Facebook, plus de 60 000 "j'aime" (la page existe encore), et les manifestations de rue qui l'accompagnèrent tournèrent à la fête lorsque les autorités reculèrent, abandonnant le projet. Le cône poursuit donc son épopée, muet symbole du sens de l'humour et de la volonté des Glaswégiens. On le pare même de couleurs pour des événements particuliers : arc-en-ciel lors de la marche des Fiertés locale, or pour les jeux du Commonwealth de 2014, bleu et jaune en soutien à l'Ukraine en 2022.

Il rappelle combien les habitants sont fiers de leur histoire ouvrière et de leur tradition de résistance à la classe dominante. La présence de Wellington, le "Duc de fer", est ainsi acceptée pour autant qu'on le puisse brocarder.

Depuis l'an 2000, après des décennies de crise économique, la ville a connu une lente transformation, dont témoignent les façades restaurées de Merchant City ou les bords de la Clyde, revitalisés. Musées, galeries et espaces verts abondent, et ce davantage encore depuis la réouverture de la splendide Burrell Collection (p. 131). Alors plongez dans cette cité sans afféterie qui associe, à la culture et à l'humour, un authentique sens de la fête.

QUARTIERS PRINCIPAUX

CENTRE-VILLE
Un centre-ville très animé.
p. 116

EAST END
Le quartier de la cathédrale. p. 120

MERCHANT CITY
Histoire et architecture.
p. 124

SOUTHSIDE ET LA CLYDE
Bords de fleuve et espaces verts.
p. 129

WEST END
Musés, boutiques et restaurants.
p. 135

THEASIS/GETTY IMAGES ©

À gauche : la Clyde (p. 129). En haut : statue du duc de Wellington (p. 124)

Kelvin
KELVINSIDE
West End
p. 135
SCOTSTOUN
Botanic Gardens
Victoria Park
HILLHEAD
A Play, a Pie & a Pint
BROOMHILL
Mackintosh House
Hunterian Museum
Kelvin Hall
SHIELDHALL
KELVINGROVE
Riverside Museum
Kelvingrove Art Gallery
Mackintosh at the Willow
GOVAN
Centre de Glasgow
p. 116
Clyde
Glasgow Science Centre
IBROX
KINNING PARK
Bellahouston Park
SOUTH CARDONALD
POLLOKSHIELDS
Southside et la Clyde
p. 129
GOVANHILL
POLLOK
Pollok Country Park
Burrell Collection
POLLOKSHAWS

S'orienter

On peut parcourir à pied le centre-ville, Merchant City et East End sans trop user ses semelles, mais pour West End et Southside, préférez le vélo, le bus ou le métro. Un billet à la journée combinant métro et bus City Sightseeing se révélera commode et peu coûteux.

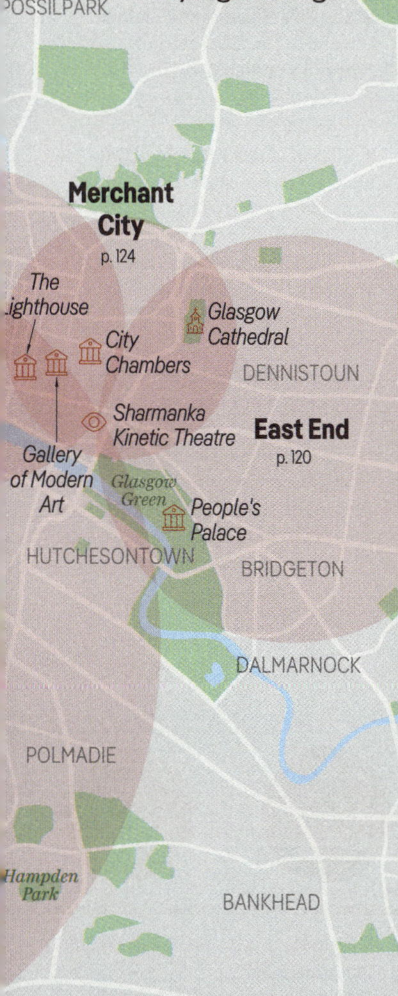

DEPUIS L'AÉROPORT

Des navettes (Service 500 ; aller simple/aller-retour 8,50/14 £) relient 24h/24 le terminal principal de l'aéroport de Glasgow à Buchanan St Station, dans le centre-ville. Il y a aussi des taxis devant le terminal – comptez 25 £ environ. Le trajet dure dans les deux cas de 20 à 30 minutes.

MÉTRO

Délicieusement rétro, le métro (spt.co.uk ; aller simple 1,75 £) forme une boucle de 15 stations seulement, très pratique pour circuler entre le centre-ville et West End. Il circule de 6h30 à 23h30 du lundi au samedi, mais de 10h à 18h seulement le dimanche.

VÉLO

Les vélos à louer sont de plus en plus répandus en ville : il y en a 800 en circulation, qu'on peut prendre et déposer à chacun des 79 points de location. Cherchez les vélos siglés d'un "People Make Glasgow" rose ou téléchargez l'appli Nextbike (nextbike.co.uk/en/glasgow/locations/ ; 1 £/20 min).

BUS

Bon réseau urbain, géré par First Glasgow (firstglasgow.com ; aller simple 1,95 £). On peut acheter son billet à bord. Il existe des bus touristiques (City Sightseeing ; citysightseeingglasgow.co.uk ; journée adulte/enfant 16/9 £) avec montée/descente à volonté qui s'arrêtent devant tous les grands sites du centre-ville et de West End, avec des audioguides en différentes langues.

Planifier son séjour

Prenez le temps d'un expresso dans un joli café, découvrez de superbes musées et l'architecture de Charles Rennie Mackintosh, puis admirez le soleil couchant sur la Clyde depuis un bar à cocktails en toit-terrasse.

CORNFIELD/SHUTTERSTOCK ©

House for an Art Lover (p. 129)

JOUR 1

Matin

● Commencez par la visite de la **cathédrale** (p. 122) et de la nécropole à flanc de colline, juste derrière. Puis passez au **St Mungo's Museum of Religious Life and Art** (p. 120) et visitez **Provand's Lordship** (p. 121).

Après-midi

● Allez déjeuner à Merchant City. Admirez son imposante architecture victorienne financée par les "magnats du tabac" du XIXᵉ siècle, puis allez au **Sharmanka Kinetic Theatre** (p. 125), cocasse et génial.

Soir

● Après le dîner, essayez un des nombreux pubs de Merchant City ou allez voir un concert au **Nice'n'Sleazy** (p. 117). Le quartier est aussi le cœur de la vie nocturne LGBTIQ+, avec ses pubs et clubs animés.

EN BAS, DE GAUCHE À DROITE : IAN MACNICOL/GETTY IMAGES ©, DAMIR HAJDARBASIC/SHUTTERSTOCK ©, SANTHOSH VARGHESE/SHUTTERSTOCK ©

VOUS AIMEREZ AUSSI...

Savourer l'ambiance d'un match de football, faire une balade le long de la Clyde, ou vous régaler d'un curry glaswégien.

SUIVRE LE "FITBA'"

Glasgow est une ville de *fitba'* (football), et il faut assister à un match du **Celtic** ou des **Rangers** à domicile.

VOIR UN FILM

Les Glaswégiens sont cinéphiles – consultez le programme du **Glasgow Film Theatre**, ou assistez au **Film Festival**, en février.

DÉGUSTER UN CURRY

Glasgow compte de très bons restaurants indiens, pakistanais et bangladais qui en font la **capitale du curry écossais**.

TIBOR BOGNAR/GETTY IMAGES ©, GEORGECLERK/GETTY IMAGES ©, IRYNA MYLINSKA/SHUTTERSTOCK ©, TEKINTURKDOGAN/GETTY IMAGES ©

JOUR 2

Matin

- Passez la matinée à visiter les **Hunterian Art Gallery** (p. 139), **Mackintosh House** (p. 139) et **Hunterian Museum** (p. 138).

Après-midi

- Allez à **Ashton Lane** (p. 141) pour déjeuner, puis consacrez l'après-midi à la collection du **Kelvingrove Art Gallery and Museum** (p. 137).

Soir

- Après une balade dans **Kelvingrove Park** (p. 141), partez flâner dans Argyle St, à la hauteur de Finnieston, pour choisir votre restaurant du soir. Les pubs où terminer la soirée ne manquent pas alentour. Sinon, repartez vers le centre et allez voir les groupes qui passent au légendaire **King Tut's Wah Wah Hut** (p. 119).

JOUR 3

Matin

- Le week-end, allez au **Barras** (p. 123), le célèbre marché aux puces de Glasgow. En semaine, frottez-vous à l'histoire sociale de la ville au **People's Palace** (p. 120), puis traversez à pied le **Glasgow Green** (p. 120) et longez le fleuve jusqu'au centre-ville.

Après-midi

- Prenez le train pour aller voir la splendide **Burrell Collection** (p. 131), rive sud, ou découvrez d'autres édifices signés Mackintosh : **Scotland Street School** (p. 133) et **House for an Art Lover** (p. 129). À défaut, direction le **Riverside Museum** (p. 131), au bord de la Clyde.

Soir

- Faites un circuit des pubs traditionnels de la ville, en passant par le fameux **Horseshoe Bar** (p. 117) et le **Pot Still** (p. 117).

VISITER LES PARCS

Le nom de Glasgow signifie "vallée verdoyante"... Et de fait, ses hectares de jolis **parcs et jardins** n'attendent que vous.

LONGER LE BORD DU FLEUVE

D'agréables **sentiers** pour piétons et cyclistes bordent la Clyde et la Kelvin.

FAIRE DU SHOPPING

Dénichez la bonne affaire au **Barras Market** ; fouinez dans les boutiques de vêtements vintage et d'antiquités de West End.

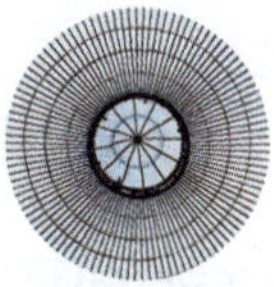

EXPLORER LES BOTANIC GARDENS

Ces jolis **jardins** du West End, avec leurs imposantes serres victoriennes, sont une oasis de verdure tranquille et familiale.

CENTRE DE GLASGOW

LE CENTRE-VILLE D'EST EN OUEST

En sortant de Central Station, on plonge d'emblée dans le tourbillon d'une métropole. Il y a foule sur les trottoirs, et des bus s'alignent dans les rues, où des taxis font assaut de klaxon. L'architecture, elle, est ici moderne, là victorienne. Bienvenue dans le centre de la plus grande ville écossaise.

En avançant d'est en ouest, on passe d'une enfilade de services, terminaux de transports, pubs et boutiques, à des rues plus paisibles, à l'exemple de Bath St, où des bureaux de luxe dominent d'élégants bars en sous-sol. C'est ici qu'on trouve la plupart des hébergements de la ville, ainsi qu'une forte population estudiantine.

Les choses à voir sont plus dans l'ouest, qui abrite aussi Mackintosh at the Willow et Bath St et Sauchiehall St, des rues très vivantes le soir ; c'est néanmoins bien dans l'est que l'énergie urbaine est la plus prégnante.

Pour les infos pratiques, voir le Carnet d'adresses p. 142

À SAVOIR

Le centre-ville de Glasgow forme un quadrillage assez facile à parcourir à pied. On peut aller de la Gallery of Modern Art dans l'est au Tenement House Museum au nord-ouest en à peine 20 minutes. Sachez qu'il y a cependant quelques pentes assez raides au nord de Sauchiehall St.

Central Station

Au cœur de Central Station

VISITE À PIED, HISTOIRE DU CHEMIN DE FER

Bâtie entre 1901 et 1905, Central Station, centre névralgique des chemins de fer écossais, est le terminus des lignes vers Londres Euston, Édimbourg et Inverness, et le centre du réseau ferré de banlieue.

Avec la visite guidée à pied d'une heure proposée par **Glasgow Central Tours**, un guide enthousiaste et amusant vous fera découvrir les entrailles de cette grande gare. Des lieux secrets, un quai abandonné datant de l'ère victorienne et abondance d'informations rendent la visite passionnante même pour qui n'est pas un amoureux du rail.

The Lighthouse

ARCHITECTURE ORIGINALE DE MACKINTOSH

Le premier bâtiment dessiné par Mackintosh, conçu en 1893, constitua à l'époque le nouveau siège du *Glasgow Herald*. Il accueille aujourd'hui le Centre for Architecture and Design écossais, aux expositions temporaires plutôt techniques (parfois payantes), et le Mackintosh Interpretation Centre, détaillant (parfois de manière un peu sèche) la vie et l'œuvre de l'architecte. Au dernier étage de ce "phare", on a une vue superbe sur les toits et les flèches du centre-ville.

Le bâtiment était toujours fermé au public lors de notre passage – consultez la page Facebook pour savoir quand il rouvrira.

INCONTOURNABLES
1 Central Station
2 Mackintosh at the Willow
3 The Lighthouse

À VOIR
4 Museum of Piping

SE LOGER
5 Citizen M
6 Grasshoppers
7 Pipers' Tryst Hotel

SE RESTAURER
8 Riverhill Coffee Bar
9 Saramago Café Bar
10 Singl-end

PRENDRE UN VERRE
11 Horseshoe Bar
12 Nice'n'Sleazy
13 Pot Still
14 Shilling Brewing Co
15 The Lane

SORTIR
16 King Tut's Wah Wah Hut
17 Stero
18 MacSorley's

Tournée des pubs

PUBS TRADITIONNELS

Commencez par le célèbre **Horseshoe Bar**, qui a très peu changé depuis son ouverture à la fin du XIXe siècle. On trouve dans ce lieu pittoresque le comptoir le plus long du Royaume-Uni. Remontez deux rues plus haut dans West Nile St pour aller à la **Shilling Brewing Co**, brasserie située dans une imposante ancienne banque ; goûtez leur Session IPA aux arômes d'agrumes. Deux pâtés de maisons vers l'ouest et un vers le nord, on arrive au **Pot Still**, un lieu hors du temps, avec son plancher qui grince et ses tables de fer forgé. Le choix de whiskies y est splendide. Terminez la soirée au **Nice'n'Sleazy**, bar étudiant de la partie animée de Sauchiehall St. L'endroit est ouvert jusqu'à 3h du matin, avec des concerts chaque soir.

Glasgow School of Art

En 1896, à 27 ans, Charles Rennie Mackintosh remporta le concours attribuant la conception des nouveaux bâtiments de la Glasgow School of Art, où il avait étudié. Il s'agit de sa plus grande réussite architecturale, achevée en 1909. Après un incendie en 2014, l'école ferma ses portes. Elle devait rouvrir quelques années plus tard lorsqu'un second incendie, en 2018, l'endommagea à nouveau. La reconstruction promise par la ville ne devrait pas être achevée avant 2027.

L'héritage de Mackintosh

GÉNIE DE L'ART NOUVEAU

Les grandes villes se définissent par les artistes, créateurs et architectes qui y ont imprimé leur marque ; à Glasgow c'est **Charles Rennie Mackintosh** (1868-1928) qui a laissé les plus belles traces. Nombre des bâtiments qu'il a conçus sont ouverts au public et ses lettrages Art nouveau, longs et minces, se retrouvent un peu partout.

Mackintosh a étudié à la Glasgow School of Art, où il rencontra **Margaret Macdonald**, artiste et designer influente, qu'il épousa. Ils collaborèrent sur maints projets et formèrent, avec la sœur et le beau-frère de Margaret, "The Four", groupe novateur à l'origine du Glasgow Style, ou **école de Glasgow**. Proches de l'Art nouveau, ils étaient aussi influencés par le mouvement Arts and Crafts et le japonisme. Entre 1923 et 1927, Mackintosh vécut en France, dans le Roussillon, où il se consacra à la peinture (pour en savoir plus, visitez le site www.crmackintoshroussillon.com). Il mourut à Londres en 1928. Et ce n'est qu'à la fin du XXe siècle que son génie fut reconnu à sa juste valeur.

Inscrivez-vous pour la visite guidée de 45 minutes du superbe intérieur de **Mackintosh at the Willow**, reconstitution datant de 2018 du Willow Tearoom dessiné et meublé par Mackintosh au début du XXe siècle pour Kate Cranston. Ici, la touche de l'architecte est visible dans chaque détail, jusqu'aux petites cuillères. Prévoyez de déjeuner sur le toit-terrasse après la visite.

Jouxtant le salon de thé, un centre d'accueil des visiteurs présente sur deux niveaux une **exposition interactive** consacrée au contexte de l'époque et à la collaboration entre Cranston, Mackintosh et Margaret Macdonald, son épouse.

Willow Tea Rooms, Mackintosh at the Willow

TREASUREGALORE/SHUTTERSTOCK ©

Concert à King Tut's Wah Wah Hut

À VOIR AUSSI DANS LE CENTRE DE GLASGOW

Souffler dans une cornemuse

HISTOIRE DES CORNEMUSES DES HIGHLANDS

À Glasgow, le **Museum of Piping**, qui fait partie du National Piping Centre, présente l'histoire de la cornemuse des Highlands, avec de jolies pièces historiques, dont des instruments datant du XVIIIe siècle. On y trouve aussi des cornemuses venues d'ailleurs en Europe. Tâchez d'y venir à l'heure des visites guidées (à midi du jeudi au samedi), pour essayer d'en jouer vous-même.

Sortir en ville

CONCERTS

Glasgow est la ville écossaise où se donnent le plus de concerts. Chaque année, musiciens en tournée et visiteurs la classent parmi leurs préférées en matière de musique vivante. Il y a abondance de salles dans le centre, et des concerts gratuits se jouent presque tous les soirs dans des bars tels que **MacSorley's**, **Stereo** ou **Nice'n'Sleazy**.

La meilleure salle en ville est le **King Tut's Wah Wah Hut**, une institution depuis 1990 accueillant des artistes chaque soir. La liste des grands noms à y être passés est très longue. Citons, entre autres, Radiohead, The Killers, Pulp, My Chemical Romance, Florence and the Machine, Biffy Clyro, Manic Street Preachers, Snow Patrol, Frightened Rabbit ou Paolo Nutini.

LES MEILLEURS CAFÉS DU CENTRE-VILLE

Riverhill Coffee Bar
Un petit lieu où le café et le chocolat chaud sont très bons, tout comme les *rolls* (petits pains garnis).

Singl-end
En sous-sol.
Bon café, petits-déjeuners généreux, viennoiseries et boissons alcoolisées.

Saramago Café Bar
Dans le Centre for Contemporary Arts, un café à la très bonne cuisine fusion végétalienne.

The Lane
Plus *beer garden* que café et juste à côté de Platform, un espace avec des stands d'alimentation.

OÙ SE LOGER DANS LE CENTRE DE GLASGOW

Grasshoppers
Petit hôtel de luxe niché discrètement en haut d'un immeuble proche de Central Station. **£££**

Citizen M
Chambres minimalistes et modernes avec de grands lits confortables. **££**

Pipers' Tryst Hotel
Hôtel confortable de huit chambres seulement, habillé de tartan, très bien situé dans le centre. **££**

EAST END

HISTOIRE MÉDIÉVALE ET MARCHÉ AUX PUCES

En descendant High St, depuis la cathédrale, vers le centre-ville, on peut voir un pignon orné d'une immense peinture murale représentant un homme barbu avec un bonnet à pompon. Si l'œuvre est récente (2016), son sujet est ancien : il s'agit de saint Mungo (saint Kentigern), le patron de la ville.

Mungo était un missionnaire chrétien du VIe siècle, qui fonda une église au bord d'un ruisseau, le Molendinar Burn. À cette église succéda, au XIIe siècle, une cathédrale qui devint le noyau médiéval de Glasgow. High St menait alors à un gué sur la Clyde.

L'actuel East End compte les plus anciens bâtiments de la ville, dont la cathédrale et Provand's Lordship. On y trouvait aussi les bas quartiers de l'époque victorienne. Démolis dans les années 1930, ceux-ci furent remplacés par des tours et des immeubles qui vivent, depuis quelque temps, une seconde jeunesse.

Pour les infos pratiques, voir le Carnet d'adresses p. 142

À SAVOIR

On rejoint aisément les sites majeurs d'East End depuis le centre. Comptez 25 minutes à pied entre Central Station et la cathédrale, ou 20 minutes pour aller au Barras Market. Le quartier est très bien desservi : les bus 38 et 57 passent tout près de la cathédrale, le n° 2 dessert Barras Market.

ESSEVU/SHUTTERSTOCK ©

Glasgow Green

People's Palace et Glasgow Green

ESPACE VERT ET HISTOIRE SOCIALE

Créé par l'évêque de Glasgow au milieu du XVe siècle, **Glasgow Green** est le plus ancien parc de la ville. Il accueille flâneurs et promeneurs de chiens, ainsi que des festivals en été.

Avec sa façade de grès rouge donnant sur le Green, le **People's Palace** est un passionnant musée présentant l'histoire sociale de Glasgow de 1750 à nos jours, de manière inventive et accessible même aux enfants. Les **Winter Gardens**, serre adjacente datant de 1898, restaient fermés au moment de notre passage.

St Mungo's Museum of Religious Life & Art

L'HISTOIRE RELIGIEUSE MISE EN VALEUR

Dans une reconstitution du palais épiscopal qui s'élevait autrefois sur le parvis de la cathédrale, ce musée vise – et réussit brillamment – à présenter en un audacieux résumé les principales religions du monde. Il montre leurs similitudes et leurs différences sur des sujets tels que la naissance, le mariage ou la mort. Il est intéressant pour ses splendides œuvres d'art qui brouillent la limite entre religion et culture, mais aussi parce qu'il donne l'occasion d'explorer, superficiellement ou en détail selon votre gré, ces différentes croyances.

INCONTOURNABLES
1 Glasgow Cathedral
2 Glasgow Green
3 People's Palace
4 Provand's Lordship
5 St Mungo's Museum of Religious Life & Art

VOIR
6 Glasgow Necropolis

PRENDRE UN VERRE
7 Drygate
8 West Brewery

SORTIR
9 Barrowland Ballroom
10 St Luke's & the Winged Ox

SHOPPING
11 Barras Art & Design
12 Barras Market
13 Randall's Antique & Vintage Centre
14 The Barras

Provand's Lordship

LE PLUS VIEIL ÉDIFICE DE LA VILLE

Tout proche de la cathédrale, Provand's Lordship est la plus ancienne maison de Glasgow. Cet exemple rare d'architecture domestique écossaise du XVe siècle (1471) était un presbytère. Les pièces, aux portes et plafonds bas, sont garnies de meubles et d'objets de l'époque. À l'étage, on a reconstitué dans l'une d'elles l'espace de vie d'un chapelain du début du XVIe siècle.

Provand's Lordship est le dernier des nombreux bâtiments religieux jadis voisins de la cathédrale. Il fut bâti pour héberger l'aumônier de la chapelle Saint-Nicolas et de l'hôpital du même nom, qui s'élevait juste au sud. Derrière Provand's Lordship, **St Nicholas Garden** est une reconstitution de ce qu'aurait pu être le jardin de l'hôpital au XVe siècle.

Glasgow Necropolis

Derrière la cathédrale, ce vaste **cimetière** du XIXe siècle, qui s'étend sur une colline verdoyante, compte près de 3 500 stèles. Les tombes ornementées des riches industriels locaux de l'époque victorienne, dont certaines conçues par de grands architectes comme Alexander "Greek" Thomson ou Charles Rennie Mackintosh, font un intéressant but de balade, avec vue superbe et florilège de néogothique. On peut acheter un guide des 60 monuments les plus importants du lieu ou en faire la visite guidée (consultez le site Internet).

Glasgow Cathedral

MAJESTÉ MÉDIEVALE

La cathédrale de Glasgow en impose, avec son intérieur sombre. Contrairement à presque toutes les cathédrales du pays, ce très bel exemple d'architecture gothique a traversé presque intact les troubles de la Réforme.

On entre par une porte latérale dans la **nef** ornée de fanions militaires. Son plafond de bois a connu plusieurs réfections, mais certaines poutres remontent au XIVe siècle ; notez les boucliers héraldiques. Nombre des étroits **vitraux** sont modernes. Ainsi, sur la gauche, occupant la fenêtre ouest, *The Creation* est une œuvre de Francis Spear datant de 1958.

Le **jubé** de la fin du XVe siècle, qui sépare la nef du chœur, est orné de sept couples de personnages qui représenteraient les sept péchés capitaux. Les quatre vitraux de la **fenêtre est**, associés aux Apôtres (par Francis Spear également), sont très évocateurs. Dans l'angle nord-est, on trouve l'entrée de la **salle capitulaire** du XVe siècle où fut fondée l'université de Glasgow ; elle sert aujourd'hui de sacristie.

Un escalier mène à la partie la plus intéressante de la cathédrale, **la crypte**. Ses nombreux piliers créent une atmosphère particulière autour de la **tombe de saint Mungo** (qui fonda ici une communauté monastique au VIe siècle), but de pèlerinage au Moyen Âge, réputé aussi méritoire qu'un voyage à Rome.

Glasgow Cathedral

ANTON_IVANOV/SHUTTERSTOCK ©

À VOIR AUSSI DANS EAST END

Une visite au Barras

OBJETS VINTAGE

Le week-end, l'incontournable visite au **Barras Market** peut prendre toute une journée si on ajoute, à un tour des boutiques et des stands, tantôt classiques, tantôt modernes et créatifs, une pause brunch et une visite du People's Palace.

Le Barras a gardé son ambiance populaire, avec des stands sans chichis, des cafés traditionnels et le sentiment que certains des articles en vente sont peut-être "tombés du camion". Allez voir le bric-à-brac du marché situé au pied du **Barrowland Ballroom**, très belle ancienne salle de bal devenue l'un des lieux de concerts les plus en vue du Royaume-Uni.

Derrière une façade anonyme, le **Randall's Antique & Vintage Centre** est, avec sa vingtaine d'antiquaires, un paradis d'objets anciens.

Au cœur du Barras, cherchez le **Barras Art & Design**, qui a donné un nouvel élan au marché avec ses stands éphémères, ses événements réguliers, son bar animé et son restaurant de cuisine fusion. Le contraste avec le reste du marché est marquant, mais bienvenu.

Parcours d'art urbain dans le centre

PEINTURES MURALES ET ART URBAIN

Depuis 2008, la municipalité égaye les sites abandonnés et les pignons du centre-ville en encourageant la création de peintures murales. Depuis quelques années, plus de trente de ces œuvres composent un parcours d'art urbain qu'on peut suivre à pied (à télécharger sur le site Internet du City Centre Mural Trail).

Le circuit part d'East End, où l'on trouve les peintures murales les plus connues, représentant les patrons de la ville, **saint Mungo** et **saint Enoch**, en retrait de High St.

MES ESPACES VERTS PRÉFÉRÉS

Gary Armstrong, journaliste, responsable de GlasgowLive.co.uk, à propos des espaces verts de la ville.

Glasgow est surnommée "la belle verte" (Dear Green Place) pour ses grands parcs. Dans le **Pollok Country Park** (p. 131), vous croiserez des bovins des Highlands aux abords de la Pollok House et de la Burrell Collection, tout juste rénovée. Non loin, **Queens Park** est idéal pour sa vue sur la ville et voisine avec certains des meilleurs endroits où bruncher. Le plus beau est sans doute **Kelvingrove Park**, où l'on trouve le superbe Kelvingrove Art Gallery and Museum (p. 137), et la Glasgow University (p. 138). À **Glasgow Green** (p. 120), Templeton on the Green et le People's Palace en imposent tout autant – et on n'est qu'à quelques pas des bars de Gallowgate et du Barrowland Ballroom, mythique salle de concerts.

OÙ PRENDRE UN VERRE DANS EAST END

West Brewery
Bières de tradition allemande, dans une ancienne fabrique de tapis à la lisière du Glasgow Green.

Drygate
Brasserie artisanale, forte d'une vingtaine de bières à la pression et d'une très agréable terrasse.

Saint Luke's
Près du Barras Market, une ancienne église devenue pub et salle de concerts.

MERCHANT CITY

HISTOIRE ET ARCHITECTURE

Glasgow s'étant enrichie, depuis la fin du XVIIIe siècle, par le commerce du tabac et du sucre, ses marchands y ont fait construire de grandioses demeures, bâtiments publics, églises et banques (le Corinthian est une ancienne banque). Le cœur de la cité, centré, depuis le Moyen Âge, sur la cathédrale, s'est ainsi déplacé vers l'ouest et le grand espace public qu'est George Sq.

Tombé en décrépitude avec le déclin de la ville, au XXe siècle, l'endroit est redevenu, depuis l'an 2000, un quartier de commerces, d'habitation et de loisirs haut de gamme, rebaptisé à des fins commerciales Merchant City. Plein de cachet, il se prête à une agréable balade, entre jolies façades, cours secrètes et détails architecturaux originaux. Le soir venu, l'animation bat son plein et les lieux LGBTIQ+, surnommés ici le "triangle rose", connaissent une belle affluence.

Pour les infos pratiques, voir le Carnet d'adresses p. 143

À SAVOIR

Le quartier se visite de préférence à pied, et vaut plus pour son architecture d'ensemble que pour des sites touristiques précis. N'oubliez pas de lever les yeux pour admirer les façades des bâtiments : beaucoup sont d'anciennes guildes marchandes, compagnies maritimes et administrations.

GMSPHOTOGRAPHY/SHUTTERSTOCK ©

Gallery of Modern Art

Gallery of Modern Art

QUAND L'ART PROVOCATEUR RENCONTRE L'ARCHITECTURE CLASSIQUE

Cette galerie d'art contemporain présente des artistes modernes, locaux ou internationaux, dans un élégant bâtiment néoclassique de Royal Exchange Sq. L'intérieur, original, offre un beau contraste et tient lieu d'écrin à des œuvres innovantes, même si la qualité des expositions reste assez variable. On y porte une attention particulière aux enfants.

À l'extérieur, la **statue du duc de Wellington**, invariablement coiffée d'un cône de signalisation, tour à tour retiré par les autorités, puis anonymement remplacé, a gagné rang de symbole.

George Square

UN VASTE ESPACE MUNICIPAL

L'imposante **George Square** est le centre municipal de Glasgow, dominé par l'hôtel de ville (City Chambers) du côté est. Ce vaste espace s'orne de statues de Glaswégiens célèbres tels Robert Burns, James Watt, sir John Moore ou, perché sur une colonne, sir Walter Scott. Deux lions montent la garde devant le mémorial de guerre. La place est traditionnellement le lieu de rendez-vous des rassemblements et des manifestations, comme celle de 2014 pour l'indépendance écossaise, et a servi de décor à de nombreux films et séries TV, dont *Succession* (saison 2) et *World War Z*.

INCONTOURNABLES
1 City Chambers
2 Gallery of Modern Art
3 George Square
4 Sharmanka Kinetic Theatre

VOIR
5 Hutcheson's Hall
6 Merchant Square
7 Old Sheriff Court
8 Tobacco Exchange
9 Trades Hall

SE LOGER
10 Babbity Bowster
11 Fraser Suites
12 Z Hotel

SE RESTAURER
13 Café Gandolfi
14 Dakhin
15 Glaschu
16 Spanish Butcher

PRENDRE UN VERRE
17 Corinthian Club
18 DogHouse Merchant City
19 Speakeasy

SHOPPING
20 Argyll Arcade
21 Buchanan Galleries
22 Princes Square

George Square

Sharmanka Kinetic Theatre

THÉÂTRE MÉCANIQUE

Cet extraordinaire théâtre mécanique occupe un centre artistique, Trongate 103. Le sculpteur et mécanicien russe Eduard Bersudsky, désormais résident écossais, y a créé, à partir de bois et de morceaux de métal, une série de figurines appelées “kinemats”. Au son d'une musique envoûtante, chacune représente une facette de l'esprit humain, drôle ou tragique, inspirée ou macabre, mais toujours haute en couleur, intelligente et propice à la réflexion.

L'une des plus poignantes est baptisée **Self-Portrait with a Monkey**. L'automate fait tourner une poignée (Sharmanka signifie “orgue de Barbarie”) et un singe se balance au bout d'un pendule, tandis qu'on entend une chanson russe mélancolique. On y reconnaît aisément la tristesse de l'artiste dans son exil volontaire, loin de la Russie.

City Chambers

ART ET ARCHITECTURE IMPOSANTS

Le majestueux **hôtel de ville** de Glasgow domine le côté est de George Sq. Mélange néoclassique et néo-Renaissance d'inspiration française, il fut inauguré par la reine Victoria en 1888 et coûta cinq fois son budget initial.

Son **foyer** est un vaste hall aux colonnes de granit rouge poli, avec des caryatides scintillantes de mica et des mosaïques complexes au sol et au plafond. Ce vrai travail d'artisan rappelle l'importance de Glasgow, alors "seconde ville de l'Empire britannique". Dans la mosaïque du sol, une reproduction des armoiries de la cité avec sa devise : "*Let Glasgow Flourish*".

Un splendide **escalier** orné de marbre de Carrare et d'albâtre, le plus grand de ce type en Europe occidentale, mène à la **salle du conseil**, lambrissée d'acajou d'Espagne sculpté. Asseyez-vous sur un des très confortables sièges de cuir rouge des conseillers, disposés en demi-cercle face au trône du Lord Provost (maire).

La **salle des banquets**, avec son plafond haut de plus de 15 m, s'orne de fresques et de tableaux peints par les Glasgow Boys, mouvement artistique de la fin du XIXe siècle, représentant l'art et l'artisanat, les Vertus, les fleuves Tay, Forth, Clyde et Tweed, saint Mungo, les chantiers navals et la foire de Glasgow.

Pour voir plus que le foyer, il faut se joindre à une des **visites guidées gratuites** qui commencent à 10h30 et 14h30, du lundi au vendredi ; venez vous inscrire plus tôt dans la journée.

LET GLASGOW FLOURISH

Les armoiries de la ville symbolisent les miracles attribués à son patron, saint Mungo.

On y voit un chêne, un rouge-gorge, un saumon et une cloche, que tous les enfants de Glasgow connaissent grâce à ce quatrain mnémotechnique :

Here is the tree that never grew
Here is the bird that never flew
Here is the fish that never swam
Here is the bell that never rang

(Voici l'arbre qui n'a jamais poussé, l'oiseau qui n'a jamais volé, le poisson qui n'a jamais nagé, la cloche qui n'a jamais sonné.)

... et aussi grâce à "Mother Glasgow", chanson de 1989 du groupe local Hue and Cry.

City Chambers

À VOIR AUSSI À MERCHANT CITY

Shopping !

FIÈVRE ACHETEUSE

Les rues piétonnes du centre de Glasgow sont jalonnées de boutiques et on vient de toute l'Écosse y passer le week-end pour renouveler sa garde-robe. Certes, il s'agit surtout de grandes enseignes, mais c'est leur concentration dans un petit périmètre qui attire la foule. Si le Royal Mile est à Édimbourg, le **"Style Mile"** est à Glasgow.

Inaugurée en 1827, la jolie **Argyll Arcade** relie Argyle St à Buchanan St. Prenez le temps de discuter avec les sympathiques portiers en haut-de-forme avant d'entrer dans la galerie, où on ne vend quasiment que des montres et des bijoux. Même si vous n'y cherchez rien de spécial, vous pourrez observer les couples transis choisir leurs alliances.

Avec tout ce raffinement, la queue de paon qui domine la façade du centre commercial de **Princes Square**, superbement rénové, est un joli symbole du Style Mile. À l'intérieur, tout n'est que fer forgé, illuminations, et boutiques de mode comme Vivienne Westwood, Ted Baker ou French Connection.

Remontez **Buchanan Street**. L'enfilade de boutiques semble s'y terminer, mais restent encore les Buchanan Galleries, aux plus de 80 enseignes. Vous en voulez encore ? Côté ouest, d'autres magasins vous attendent dans Sauchiehall St.

L'héritage des négociants de tabac

DÉCOUVERTE À PIED DE L'ARCHITECTURE VICTORIENNE

Commencez cette balade d'une heure par George Sq. Descendez Queen St vers le sud jusqu'à la Gallery of Modern Art. Ce beau bâtiment à colonnes de 1827 était le **Royal Exchange**, une bourse de commerce où les marchands s'échangeaient produits et services.

En face de la galerie, prenez Ingram St vers l'est jusqu'à **Hutcheson's Hall** – vous verrez sa flèche caractéristique sur la gauche. Cet hôpital de 1805 en a remplacé un plus ancien fondé par George et Thomas Hutcheson, dont les statues du XVIIe siècle ornent la façade.

Revenez sur vos pas et entrez au **Corinthian Club**, ancienne banque de 1842 convertie en bar et casino. Admirez ses stucs extravagants et sa haute coupole de verre.

LES MEILLEURS RESTAURANTS DE MERCHANT CITY

Café Gandolfi
Institution locale depuis plus de 40 ans, servant de bons petits-déjeuners et une excellente cuisine de bistrot. ££

Glaschu
Un havre de gastronomes, dans un beau bâtiment néoclassique voisin de la Gallery of Modern Art. £££

Spanish Butcher
Bon restaurant de bœuf venu du nord de l'Espagne ; les meilleurs morceaux s'y partagent. ££

Dakhin
Une cuisine d'Inde du Sud qui change des restaurants de curry omniprésents à Glasgow. ££

OÙ SE LOGER À MERCHANT CITY

Z Hotel
En retrait de George Sq, ce bâtiment historique cache un élégant hôtel contemporain. ££

Babbity Bowster
Ce pub animé loue des chambres au design épuré. Petit-déjeuner et parking sont compris. ££

Fraser Suites
Dans une ancienne banque du XIXe siècle, des appartements au design moderne et plaisant. ££

LES MAGNATS DU TABAC DE GLASGOW

La richesse de Glasgow aux XVIIIe et XIXe siècles, tirée du commerce du tabac, du rhum et du sucre, se reflète dans l'imposante architecture victorienne financée par les négociants et industriels de la ville.

Ceux qui s'enrichirent grâce au commerce transatlantique – associé aux horreurs de l'esclavage –, les "*tobacco lords*" (magnats du tabac), ont laissé nombre de traces à Merchant City, qui s'est développée autour de leurs entrepôts.

Pas moins de 62 rues de Glasgow portent le nom de ces esclavagistes qui firent fortune avec leurs plantations de tabac, parmi lesquelles Ingram St, Wilson St et Glassford St.

En mars 2022, la municipalité a présenté ses excuses pour le rôle jadis joué par Glasgow dans ce sinistre commerce.

NINA ALIZADA/SHUTTERSTOCK ©

Corinthian Club

Continuez vers le sud dans Glassford St en passant devant le **Trades Hall**, à la façade néoclassique sobre dessinée par Robert Adam en 1791, qui abritait la guilde des marchands. C'est le dernier bâtiment restant de Robert Adam à Glasgow.

Prenez à droite dans Wilson St puis à gauche dans Virginia St, bordée d'**anciens entrepôts de tabac**. Beaucoup sont devenus des bars à cocktails, des boutiques de mode ou des appartements. Passez sous l'arche de Virginia Court, l'ancienne **bourse du tabac**, et jetez-y un coup d'œil.

Revenez par Wilson St jusqu'au grand portique à six colonnes de l'**Old Sheriff Court**, bâti en 1844 dans le style ionien. Abandonné en 1986, le lieu a depuis été transformé en appartements de luxe.

Continuez vers l'est dans Wilson St jusqu'à la façade à colonnes de **Merchant Square**, cour couverte datant des années 1880. Cet ancien marché aux fruits accueille aujourd'hui des cafés et des bars.

OÙ PRENDRE UN VERRE À MERCHANT CITY

Corinthian Club
Dans une ancienne banque, un bar sportif à la splendide coupole en verre.

Speakeasy
Ce pub décontracté change d'ambiance au cours de la nuit, avec des DJ passant des tubes gays.

DogHouse Merchant City
Pub et brasserie indépendante ouverte du matin au soir, avec 25 bières à la pression à déguster.

SOUTHSIDE ET LA CLYDE

DOCKS REVITALISÉS ET QUARTIERS ARBORÉS

La Clyde, c'est depuis toujours le cœur de Glasgow, celle qui en a déterminé le site d'origine, puis lui a donné son port et ses docks, ouverts sur le monde.

Les chantiers navals de Glasgow étaient florissants : au début du XXe siècle, 20% des navires du globe y étaient construits. La plupart des bassins et des chantiers ont depuis été comblés ou démolis, mais certains symboles demeurent, comme la grue de Finnieston datant des années 1930, et employée jadis pour le chargement sur les cargos de grosses pièces telles que des motrices de chemin de fer.

Dès le début du XXe siècle, la ville s'est étendue au sud du fleuve, absorbant au passage villages et propriétés rurales, qui valent aujourd'hui à cette rive ses quartiers verts et arborés. C'est un secteur multiculturel où temples et mosquées voisinent avec de solides églises épiscopaliennes, et qui compte de plus en plus de restaurants, notamment du côté de Pollokshaws Rd.

Pour les infos pratiques, voir le Carnet d'adresses p. 144

À SAVOIR

Les sites de Southside sont très dispersés : mieux vaut donc prendre le temps de préparer sa visite. Certaines attractions sont accessibles en métro, les autres plutôt en bus ou en train.

Cinéma IMAX, Glasgow Science Centre

House for an Art Lover

ARCHITECTURE D'INTÉRIEUR SIGNÉE MACKINTOSH

Bien que dessinée en 1901 pour un concours organisé par un magazine allemand, cette maison ne fut bâtie que dans les années 1990 en suivant les dessins originaux de Mackintosh. Il collabora ici étroitement avec son épouse, Margaret Macdonald, dont l'influence est bien visible, notamment dans les motifs de roses. L'espace et la lumière sont au cœur des idées du brillant architecte.

La maison est dans Bellahouston Park, un vénérable parc public où se tint l'Exposition coloniale britannique de 1938. On peut s'y rendre depuis le centre-ville par les bus n°s 9, 10 et 38.

Glasgow Science Centre

UN CENTRE ÉDUCATIF INTERACTIF ET AMUSANT

Ce **centre scientifique** occupera vos enfants (et adolescents) des heures durant. Science et technologie y sont présentées sur quatre niveaux, au moyen de centaines de présentations interactives : une mine de choses à découvrir pour les esprits curieux. Il y a aussi un **cinéma IMAX** (la programmation est sur le site Internet du centre), une **tour d'observation** tournante de 127 m de haut, un **planétarium** et un **théâtre scientifique** avec des démonstrations in vivo. Prenez le bus n° 90 à Union St pour vous y rendre.

GLASGOW – SOUTHSIDE ET LA CLYDE

INCONTOURNABLES
1 Burrell Collection
2 Glasgow Science Centre
3 House for an Art Lover
4 Riverside Museum
VOIR
5 Clydeside Distillery
6 Scotland Street School Museum
7 Scottish Football Museum
ACTIVITÉS
8 Seaforce
9 Waverley
SE LOGER
10 Number 10 Hotel
11 Radisson RED
12 Village Hotel
SE RESTAURER
13 Corona Bar & Kitchen
14 Ranjit's Kitchen
15 Rum Shack
PRENDRE UN VERRE
16 Bramble
17 Cafe Strange Brew
18 Glad Cafe
SORTIR
19 Citizens' Theatre
20 Tramway

Pollok Country Park

ESPACE VERT

Pollok Country Park, le plus grand espace vert de Glasgow, abrite la fameuse Burrell Collection. C'était à l'origine un domaine que la famille Maxwell possédait depuis plus de 700 ans, le **Pollok Estate**. Il a pour centre Pollok House, la résidence principale des Maxwell, bâtie en 1752. Sir John Stirling Maxwell (1866-1956) fut l'un des fondateurs du National Trust for Scotland (NTS), qui gère maintenant ce domaine ouvert au public.

Burrell Collection

Burrell Collection

ART SOMPTUEUX

Cédée à la ville en 1944 par un riche industriel, sir William Burrell, cette collection d'art d'importance mondiale s'est retrouvée sans lieu attitré jusqu'à la construction, en 1983, d'un musée dans Pollok Country Park. Fermé depuis 2016, il a rouvert en grande pompe en 2022 après de gros travaux qui permirent notamment d'en agrandir, de plus d'un tiers, les espaces d'exposition.

Burrell (1861-1958) collectionna diverses formes d'art, depuis sa jeunesse jusqu'à sa mort, à 96 ans. Sa collection couvre maints domaines, allant des porcelaines chinoises au mobilier médiéval, des tapisseries du XVIe siècle aux tableaux impressionnistes de Cézanne et Degas. Mais elle reste à taille humaine et l'empreinte de W. Burrell lui vaut une singulière cohérence.

Chaque visiteur aura sa partie préférée mais les galeries des tapisseries sont particulièrement remarquables. Produits entre le XIIIe et le XVIe siècle, ces ouvrages immenses témoignent de la vie dans l'Europe de leur temps.

Au printemps, on gagne à passer ici une journée entière, pour profiter notamment du parc fleuri. Si vous n'allez pas plus loin au nord, c'est ici que vous pourrez voir les bovins hirsutes des Highlands, ainsi que des chevaux.

Riverside Museum

Riverside Museum et navire-musée

VOITURES ANCIENNES ET VOILIERS

Ce musée moderne doit ses superbes formes anguleuses à l'architecte irako-britannique Zaha Hadid. C'est pour l'essentiel un musée des transports où l'on peut voir une très belle série de voitures fabriquées en Écosse, des motrices de chemin de fer, des trams, des vélos (dont le premier vélo à pédale du monde, datant de 1847) et des maquettes de bateaux issus des chantiers navals locaux.

La reconstitution d'une rue commerçante de Glasgow au début du XXe siècle remet ces véhicules anciens dans leur contexte. Magnifique trois-mâts barque amarré à l'extérieur du musée, le *Glenlee* fut construit en 1896. À bord, on découvre, en famille, l'histoire de ce voilier, sa restauration, et la vie à bord de l'époque. Son entretien coûte cher : faites un don ou prenez un café sur place.

CUNINGAR LOOP

Dans un méandre de la Clyde, au sud-est de la ville, ce parc boisé propose diverses activités de plein air. Une **aire de jeux** avec balançoires, bac à sable et portiques à grimper en rondins attend les enfants les plus aventureux, et il y a plusieurs **parcours de VTT**, dont un exigeant pump track.

Point fort, le premier (et unique jusqu'à présent) **parc en extérieur d'escalade de bloc** du pays, avec neuf rochers artificiels allant jusqu'à 4 m de haut, de tous niveaux de difficulté – assurez-vous de savoir redescendre, certains peuvent être intimidants !

RICHARDJOHNSON/SHUTTERSTOCK ©

Le vapeur Waverley

À VOIR AUSSI DANS SOUTHSIDE

Scottish Football Museum

STADE DE FOOTBALL MYTHIQUE

Hampden Park, le stade de l'équipe nationale de football, abrite ce musée qui présente l'histoire du jeu en Écosse et l'influence générale des Écossais sur ce sport. Il déborde de souvenirs, dont une casquette et un billet pour le tout premier match international jamais joué, ayant opposé à Glasgow, en 1872, l'Écosse et l'Angleterre (résultat : 0-0). On peut aussi visiter le stade, lequel est par ailleurs celui de Queens Park, club de deuxième division.

Clydeside Distillery

WHISKY ET EN-CAS

Cette ancienne station de pompage, au bord de la Clyde, a été reconvertie en distillerie de whisky, tenue par de vrais

OÙ SE LOGER DANS SOUTHSIDE

Village Hotel
Chaîne hôtelière moderne d'un bon rapport qualité/prix. **££**

Number 10 Hotel
Boutique-hôtel dans une grande villa victorienne, avec chambres donnant sur Queens Park. **£££**

Radisson RED
Élégante chaîne hôtelière, pratique pour profiter de l'animation nocturne ; beau toit-terrasse. **££**

spécialistes. Le cadre est formidable et les alambics donnent sur le fleuve (n'ayez crainte, l'eau vient du Loch Katrine, et non de la Clyde). La visite d'une heure, passionnante, donne à découvrir l'histoire locale et comprend une dégustation de trois malts.

Il y a, sur place, un café agréable et une boutique de whisky bien fournie.

Scotland Street School

MACKINTOSH, TOUJOURS

L'école dessinée par Charles Rennie Mackintosh semble aujourd'hui un peu perdue dans la rue industrielle et venteuse de la rive sud qui l'accueille. Jusqu'à la pandémie, l'endroit abritait un musée de l'Éducation ; on projette aujourd'hui d'en faire une halte-garderie : la cour résonnerait alors à nouveau des cris d'enfants. Une autre partie devrait aussi rouvrir sous forme de musée, avec des reconstitutions de salles de classe à diverses périodes de l'école. En attendant, la visite reste de mise pour admirer la splendide façade signée Mackintosh. L'école se situe juste en face de la station de métro Shields Rd.

Faites une croisière sur le fleuve

EMBARQUEZ SUR UN VAPEUR À ROUES À AUBES

Faire un tour "*doon the watter*" ("sur l'eau") a été un des loisirs typiques des ouvriers de Glasgow, de la fin du XIXe siècle aux années 1950. Des dizaines de bateaux à vapeur de toutes tailles emportaient excursionnistes et vacanciers depuis le quai de Broomielaw, dans le centre (aujourd'hui occupé par un palais des congrès, le SEC), vers divers ports du Firth of Clyde.

Construit en 1947, le *Waverley*, dernier au monde des **bateaux à roues à aubes** faits pour prendre la mer, perpétue cette tradition avec des croisières quotidiennes, l'été, entre Glasgow et les îles de Bute, Great Cumbrae et Arran, ainsi que les villes de Largs, Tighnabruaich, Tarbert et Ardrishaig. Les départs se font du quai du Science Centre à Glasgow, mais aussi depuis Largs et Ayr, entre autres. Les horaires détaillés sont sur le site Internet.

Découvrez le théâtre écossais

COMPAGNIE THÉÂTRALE DE GLASGOW

Le **Citizens Theatre**, au cœur de Southside, est la principale compagnie théâtrale du pays depuis sa création, en 1943. La programmation est riche : versions modernes de pièces

BALADES EN HORS-BORD

Si la visite du trois-mâts du Riverside Museum a aiguisé vos envies de nautisme, faites une sortie avec **Seaforce Powerboats**. Au départ du quai à proximité du musée, ces hors-bord semi-rigides vous proposent différentes options, de la balade-éclair de 20 minutes passant par les "monuments" voisins, Science Centre, grue de Finnieston, Clyde Arc et les anciens chantiers navals, à la croisière de trois heures jusqu'au spectaculaire château de **Dumbarton Rock**.

Ces sorties se font toute l'année mais dépendent de la météo et de l'état de la mer : téléphonez au préalable.

OÙ PRENDRE UN CAFÉ DANS SOUTHSIDE

Cafe Strange Brew
Meilleur café de Southside, tenu par Dear Green, un torréfacteur local. Délicieux desserts.

Glad Cafe
Bar associatif à l'ambiance bohème, servant de bons cafés et des bières artisanales. Bonne cuisine également.

Bramble
Café de quartier classique de Pollokshaws Rd, servant cappuccinos et gaufres.

POURQUOI J'AIME SOUTHSIDE

Neil Wilson, auteur

Mes grands-parents travaillaient comme domestiques au Pollok Estate de sir John Stirling Maxwell (l'actuel Pollok Country Park, où se trouve la collection Burrell). Je suis né et j'ai grandi rive sud, et j'ai de grands souvenirs d'avoir exploré ses parcs et ses bois, enfant. C'est encore possible aujourd'hui ; les grands espaces verts de Southside sont un de ses principaux atouts.

Tramway

classiques ou créations de pièces écossaises contemporaines. Fidèle à ses origines ouvrières, le CT vise à rendre le théâtre de qualité accessible à tous, grâce à des tarifs bas, à des actions associatives, à des spectacles subventionnés pour les enfants des écoles, ainsi qu'à des représentations et des cours de théâtre conçus exprès pour les personnes en difficulté d'apprentissage.

Depuis 1945, le CT s'est installé dans l'ancien Royal Princess's Theatre, deuxième théâtre du Royaume-Uni par l'ancienneté (1878). Le lieu a gardé une bonne partie de son architecture victorienne, notamment l'arche de son avant-scène. Il se situe à Gorbals, quartier pauvre et déshérité à l'époque de sa fondation. La plupart des vieux bâtiments alentour ont été démolis après 1950, mais le théâtre est resté.

Il a fermé en 2018 pour une importante rénovation et la compagnie s'est installée au **Tramway**, ancien dépôt de trams de Pollokshields accueillant aujourd'hui spectacles et expos. Le théâtre d'origine devrait rouvrir en grande pompe en 2023 – essayez d'être là pour l'inauguration.

OÙ SE RESTAURER DANS SOUTHSIDE

Corona Bar & Kitchen
Ce pub richement décoré de 1913 est une institution locale où la cuisine est bonne. £

Ranjit's Kitchen
La famille sikh qui le gère donne à ce petit restaurant végétarien les saveurs authentiques d'une cuisine familiale du Pendjab. £

Rum Shack
Près de la gare de Queens Park, cet endroit gai d'inspiration caribéenne sert une cuisine aux accents jamaïcains et créoles. ££

WEST END

UN QUARTIER UNIVERSITAIRE À L'AMBIANCE BOHÈME

Entre animation étudiante et ambiance bohème, cafés et bars tendance, West End reste le quartier le plus branché et, pour certains, le plus intéressant de Glasgow. Le quartier, organisé autour de la grandeur victorienne de son université et du Kelvingrove Art Gallery and Museum, est constitué d'élégants alignements de maisons mitoyennes et de vastes espaces verts.

S'il est possible de visiter, en une journée (bien remplie), les musées de West End, mieux vaut prendre son temps pour savourer pleinement l'ambiance décontractée du quartier. On passe volontiers des heures dans ses petites boutiques indépendantes, dans ses parcs et ses jardins, ou dans ses innombrables bars et restaurants de qualité.

Pour les infos pratiques, voir le Carnet d'adresses p. 146

À SAVOIR

Les grands sites touristiques de West End sont proches les uns des autres. La visite du Kelvingrove Museum demande au moins une demi-journée, les expositions du Hunterian également. Mais on gagne aussi à flâner le long des vitrines de Byres Rd ou en suivant les rives de la Kelvin.

Òran Mór

A Play, a Pie and a Pint

THÉÂTRE À L'HEURE DU DÉJEUNER

D'aucuns seront peut-être gênés de boire dans une ancienne église, mais, comme dit la Genèse : "le Seigneur pourvoira..." Tout à la fois bar, restaurant, club et théâtre, l'**Òran Mór**, dans un cadre néogothique, possède un bon choix de whiskies.

Y sont organisées des sessions baptisées *A Play, a Pie and a Pint*, représentations théâtrales à l'heure du déjeuner, avec une nouvelle pièce chaque semaine, à 13h du lundi au samedi. Le billet comprend une *pie* (tourte, avec option végétarienne) et une boisson.

Fossil Grove

FENÊTRE SUR LA PRÉHISTOIRE

Le joli **Victoria Park**, à 3 km à l'ouest de l'université, fut créé en 1887 pour célébrer les 50 ans de règne de la reine Victoria. Durant sa construction, en creusant une route, on découvrit une série de souches fossilisées de *Lepidodendron*, vestiges des marais tropicaux qui couvraient le centre de l'Écosse il y a quelque 320 millions d'années. En 1890, on les recouvrit d'un bâtiment, aujourd'hui en rénovation. Le lieu est actuellement ouvert de 12h à 16h, le troisième dimanche de chaque mois.

INCONTOURNABLES
1 A Play, a Pie and a Pint
2 Kelvingrove Art Gallery and Museum
3 Mackintosh House

VOIR
4 Botanic Gardens
5 Hunterian Museum
6 Kelvin Hall
7 Kelvingrove Park
8 University of Glasgow

SE RESTAURER
9 Mother India
10 Ox & Finch
11 The Finnieston
12 Ubiquitous Chip

PRENDRE UN VERRE
13 Hillhead Bookclub
14 Inn Deep
15 Jinty McGuinty's

SHOPPING
16 Caledonia Books
17 Courcy's Arcade
18 Hidden Lane

Botanic Gardens

SERRES ET ESPACE VERT

Quand on entre dans ce superbe jardin victorien, le tumulte de Great Western Rd qui s'apaise tout à coup offre une sensation merveilleuse. L'entrée est libre et plusieurs parcours autoguidés sont proposés (prenez un prospectus au Kibble Palace), mais le lieu vaut surtout pour ses splendides **serres** victoriennes. La plus impressionnante, Kibble Palace, est une structure de fer forgé et de verre datant de 1873. C'est une des plus grandes serres du Royaume-Uni. Allez également voir le jardin des simples, avec ses plantes médicinales.

Botanic Gardens

Kelvingrove Art Gallery and Museum

Kelvingrove Art Gallery and Museum

HISTOIRE NATURELLE ET ŒUVRES D'ART MAJEURES

Bâtiment grandiose de l'ère de l'Empire, des grands collectionneurs et des expositions universelles, ce musée présente de manière accessible et moderne des thèmes bien différents allant de l'archéologie à l'histoire naturelle.

De splendides œuvres d'art y côtoient des animaux empaillés, des armes en dents de requin de Micronésie ou un avion de chasse de la Seconde Guerre mondiale, mais sans désordre – chaque salle a son sujet, et la collection est à taille humaine.

Commencez par les œuvres d'art de la section est. La **galerie hollandaise** compte de très belles pièces, dont un *Homme en armure* par Rembrandt. La **galerie des paysages écossais** compte de magnifiques tableaux des paysages des Highlands. *The Cotter's Saturday Night* de David Wilkie est inspiré d'un poème de Robert Burns qu'on peut écouter en l'admirant. On trouve aussi de superbes œuvres impressionnistes françaises et de magnifiques tableaux Renaissance d'Italie et des Flandres.

L'autre partie du musée réunit sur deux étages des pierres sculptées, préhistoriques et vikings, des **objets funéraires égyptiens** et d'autres trouvailles archéologiques. Les armures sont disposées dans une section consacrée aux conséquences de la guerre. Les animaux empaillés du sous-sol rappellent le passé victorien du musée ; **sir Roger the elephant** était alors un "personnage célèbre" de Glasgow. Ne manquez pas le **planétaire** de John Fulton, modèle réduit du système solaire.

UN CHEF-D'ŒUVRE DE DALÍ

Le tableau le plus important de tout le musée, et l'une des plus belles œuvres de Salvador Dalí, l'impressionnant *Christ de saint Jean de la Croix*, basé sur un de ses rêves, est accroché dans une petite salle du premier étage près de l'atrium central. Du haut d'un ciel obscur, un crucifié aux muscles saillants regarde au-dessous de lui une simple barque de pêche de Galilée (ou, ici, de Catalogne). Le peintre aurait fait poser un cascadeur de Hollywood attaché à un portique pour reproduire fidèlement sa musculature.

Hunterian Museum

Kelvin Hall

PALAIS DES CONGRÈS

Centre d'expositions à son inauguration, dans les années 1920, cet immense palais de grès a accueilli le musée des Transports de la ville (aujourd'hui au Riverside Museum) de 1988 à 2010. Rénové en 2016, c'est désormais un espace d'art et de loisirs. Outre des installations sportives, il sert de réserve au Hunterian Museum. Sa **Collections Showcase** (gratuit) permet de voir en rotation des objets tirés de ladite réserve. Les visites guidées gratuites du bâtiment, le samedi matin, durent 45 minutes.

University of Glasgow

ARCHITECTURE NÉOGOTHIQUE

Fondée en 1451, l'université de **Glasgow** est la plus ancienne d'Écosse après celle de St Andrews, et la quatrième du Royaume-Uni (après Oxford et Cambridge). Située à l'origine dans le centre, près de la cathédrale, elle occupe son emplacement actuel à Gilmorehill dans West End depuis les années 1870.

Son imposant bâtiment principal, de facture néogothique – dessiné par George Gilbert Scott, architecte réputé qui conçut aussi le Parlement de Londres –, se dresse sur une colline dominant les alentours, avec des tourelles et des cours carrées qui ne dépareraient pas dans un film de Harry Potter.

Bâtiment principal, University of Glasgow

Hunterian Museum

UN MUSÉE TYPIQUEMENT VICTORIEN

Dans le superbe bâtiment néogothique de l'université, qui vaut à lui seul la visite, ce musée original abrite la collection d'un ancien étudiant des lieux et figure du siècle des Lumières, William Hunter (1718-1783).

Des organes conservés dans des bocaux y voisinent avec des échantillons géologiques, des tessons de poteries découverts dans des *brochs* (tours fortifiées de l'âge du fer), des squelettes de dinosaures et même des animaux malformés.

Les grandes salles du musée, avec leurs hauts plafonds voûtés, sont elles-mêmes splendides. Mention spéciale pour les objets venus du mur d'Antonin et la carte du monde chinoise de 1674.

Mackintosh House

DESIGN ART NOUVEAU

Attenante à la Hunterian Art Gallery, on peut voir cette reconstitution de la maison où vécurent Charles Rennie Mackintosh et sa femme, l'artiste et créatrice Margaret Macdonald, de 1906 à 1914, et qui la conçurent eux-mêmes. L'étonnante modernité de l'endroit témoigne de leur talent manifeste pour l'architecture d'intérieur. La sérénité du salon et de la salle à manger laisse place, à l'étage, à la splendeur d'une salle de réception et d'une chambre.

La salle de réception, tout en blanc, est un régal pour les yeux. L'élégance avec laquelle les panneaux plaqués d'argent, les sièges à dossier haut et les ornements évoquent les enluminures des manuscrits celtiques est enchanteresse. Malheur à l'invité qui aurait renversé un verre de vin rouge sur le tapis...

Toute récente, la **Mackintosh House Introduction Gallery** présente la maison dans son contexte historique et culturel, avec des croquis de Mackintosh. L'entrée de cette galerie est libre, mais celle de la maison elle-même est payante.

HUNTERIAN ART GALLERY

En face du Hunterian Museum, cette galerie regroupe la Mackintosh House ainsi qu'une belle série de tableaux des anciens maîtres hollandais et une collection d'art écossais. On y trouve ainsi des œuvres fortes de Peter Howson et Joan Eardley, les portraits de Henry Raeburn et les paysages bien particuliers des "coloristes écossais", notamment ceux de l'île d'Iona peints par Francis Cadell.

Les lithos, dessins et peintures de James McNeill Whistler sont remarquables, tout comme les paysages écossais impressionnistes de William MacTaggart et le bijou signé Thomas Millie Dow.

Salle à manger, Mackintosh House

LES MEILLEURS RESTAURANTS DE WEST END

Ubiquitous Chip
Défenseur des produits nationaux depuis 1971, célèbre pour sa cuisine toujours inégalée. £££

Ox & Finch
Ces assiettes à partager inventives et délicieuses éblouiront vos papilles. £

Mother India
Une institution parmi les restaurants de curry de la ville – qualité et inventivité garanties. ££

The Finnieston
Gastropub à l'atmosphère douillette et romantique, avec une carte centrée sur les produits de la mer locaux et durables. ££

RAVID_COHEN/SHUTTERSTOCK ©

Mother India

À VOIR AUSSI DANS WEST END

Les "Lanes"

PETITES RUES ET BOUTIQUES ORIGINALES

Byres Road est l'épine dorsale de West End bohème, avec ses boutiques indépendantes, galeries d'art, antiquaires, cafés, bars et restaurants. Mais les ruelles qui l'entourent ont encore plus de cachet. Ce sont d'anciennes *mews* (les écuries, remises et logements des domestiques qui occupaient l'arrière des immeubles d'habitations haut de gamme de l'époque victorienne), devenues de jolies rues pavées bordées de petits commerces.

Commencez au nord par **Cresswell Lane**, où se trouve **De Courcy's Arcade**, avec ses petites boutiques de vêtements

OÙ FAIRE DU SHOPPING DANS WEST END

Hidden Lane
Ruelle pavée où se mêlent boutiques d'art et ateliers de créateurs en décoration d'intérieur, plus une bijouterie et un salon de thé.

Caledonia Books
La librairie d'occasion idéale, pleine de bons livres… pas toujours très bien rangés.

De Courcy's Arcade
Joli mini-centre commercial avec petites boutiques de vêtements vintage, d'art, d'articles de maison…

vintage, d'art et d'articles de maison. À son extrémité sud, continuez dans Great George Lane jusqu'à **Ashton Lane**, pittoresque et connue pour ses restaurants et ses bars animés, avec des tables dehors.

La ruelle voisine du restaurant Ubiquitous Chip ramène dans Byres Rd. Juste en face, **Ruthven Lane** est une autre enclave secrète de boutiques de mode, de disques vinyles, de bijoux artisanaux et d'objets de collection.

Kelvin Walkway

BALADE EN BORD DE RIVIÈRE

Kelvin Walkway est un sentier qui suit les rives boisées de la Kelvin. Il part du Riverside Museum, où la Kelvin rejoint la Clyde, traverse Kelvingrove Park, le jardin botanique, Dawsholm Park et Milngavie, prolongeant ainsi de 16 km le **West Highland Way**, un sentier de grande randonnée très populaire.

Les 3,2 km entre Kelvin Hall et le jardin botanique font une très belle randonnée facile d'une demi-journée. Commencez par entrer dans **Kelvingrove Park** en face du **Kelvin Hall** (bus nos 2, 3 et 77). Prenez la passerelle qui traverse la rivière et tournez à droite, en suivant les panneaux indiquant "Kelvin Way".

Dans le parc, vous verrez une statue de **Lord Kelvin** (1824-1907), génie précoce qui étudia à l'université de Glasgow dès l'âge de dix ans, créa l'échelle des températures qui porte son nom, énonça la seconde loi de la thermodynamique, breveta plus de 50 inventions et publia quelque 600 articles scientifiques. Non loin, le **Kelvingrove Bandstand**, restauré (il date de 1925), est une scène musicale Art déco en plein air où se produisent de grands noms, en juillet-août.

En arrivant aux arches de métal vert du **Kelvin Bridge** (1891), où Great Western Rd enjambe la rivière, envisagez de prendre une pause et une pinte de bière artisanale à une table en extérieur de l'**Inn Deep**, un joli pub aménagé sous les voûtes du pont.

Vous passerez encore sous deux ponts avant d'arriver au **Humpback Bridge**, sur la gauche. Traversez et montez l'escalier vers Kibble Palace, ou faites 300 m de plus jusqu'à **Ha'penny Footbridge**. Traversez et prenez la rue à gauche jusqu'à trouver, pas très loin, l'entrée nord des **Botanic Gardens**.

LES GLASGOW BOYS

À la fin du XIXe siècle, un groupe de peintres de Glasgow, ayant adopté le nom de *Glasgow Boys*, remit en question l'art "officiel" qui prévalait en ce temps à Édimbourg. Jusqu'alors, l'art écossais se limitait pour l'essentiel aux scènes historiques et à des vues des Highlands. Or ce groupe – avec notamment James Guthrie, E. A. Hornel, George Henry et Joseph Crawhall – expérimentait tant sur la couleur que sur les thèmes de la vie ordinaire, au grand dam de la scène picturale locale.

Nombre d'entre eux, partis étudier dans les ateliers parisiens, en rapportèrent une fraîcheur bienvenue, dans un monde artistique écossais plutôt conservateur. On peut voir leurs œuvres dans les galeries de Kelvingrove et du Hunterian, à la Broughton House de Kirkcudbright et à l'Edinburgh's Scottish National Gallery.

OÙ PRENDRE UN VERRE DANS WEST END

Hillhead Bookclub
Un bar décontracté et plein de cachet, aménagé dans un ancien cinéma.

Inn Deep
Endroit fabuleux sur la rive de la Kelvin où les buveurs se pressent joyeusement jusque sur le sentier qui longe la rivière.

Jinty McGuinty's
Un pub d'Ashton Lane typique du West End, que fréquentaient des auteurs célèbres, avec un *beer garden*.

Carnet d'adresses

CENTRE DE GLASGOW

Glasgow Central Station
Voir p. 116 (0845-748 4950 ; www.gsa.ac.uk ; Gordon St, Glasgow G1 3SL)

Glasgow School of Art
Voir p. 118 (0141-353 4500 ; www.gsa.ac.uk ; 167 Renfrew St, G3 6RQ ; 3, 4, 15, 77 jusqu'à Dalhousie St)

Mackintosh at the Willow
Voir p. 118 (0141-204 1903 ; www.mackintoshatthewillow.com ; 217 Sauchiehall St, G2 3EX ; exposition adulte/enfant 5,50/4,50 £, visite guidée 9,50/7,50 £, exposition et visite guidée 12/9,50 £ ; exposition 9h-17h, dernière entrée 16h30, visite guidée 9h, 10h et 11h ; 3, 4, 15, 77 jusqu'à Dalhousie St)

Museum of Piping
Voir p. 119 (0141-353 5551 ; www.thepipingcentre.co.uk ; 30-34 McPhater St, G4 0HW ; tarif plein/réduit 4,50/2,50 £ ; 9h-17h lun-ven, 9h-13h sam ; 6 jusqu'à Theatre Royal)

The Lighthouse
Voir p. 116 (0141-276 5365 ; www.thelighthouse.co.uk ; 11 Mitchell Lane, G1 3NU ; 10h30-17h lun-sam, 12h-17h dim ; 100 jusqu'à Argyle St)

Glasgow Central Tours
Voir p. 116 (0773-464 7381 ; www.glasgowcentraltours.co.uk ; 1-99 Gordon St, G1 3PE ; 15 £ ; 7h-18h lun-ven ; 10, 23, 26, 38, 100, 153 jusqu'à Union St)

Citizen M
Voir p. 119 (020-3519 1111 ; www.citizenm.com ; 60 Renfrew St, G2 3BW ; 3 jusqu'à Art & Music School)

Grasshoppers
Voir p. 119 (0141-222 2666 ; www.grasshoppersglasgow.com ; 87 Union St, G1 3TA ; 3 jusqu'à Art & Music School)

Pipers' Tryst Hotel
Voir p. 119 (0141-353 5551 ; www.thepipingcentre.co.uk ; 30-34 McPhater St, G4 0HW ; 6 jusqu'à Theatre Royal)

Riverhill Coffee Bar
Voir p. 119 (0141-204 4762 ; www.riverhillcoffee.co.uk ; 24 Gordon St, G1 3PU ; petit-déj 3-6,50 £ ; 8h-16h lun-ven, 9h-16h sam ; 2, 60, 61, 255 jusqu'à Drury St)

Saramago Café Bar
Voir p. 119 (0141-352 4920 ; www.cca-glasgow.com ; 350 Sauchiehall St, G2 3JD ; plats 9-12 £ ; 11h-minuit mar-sam ; 3, 4, 15, 77 jusqu'à Dalhousie St)

Singl-end
Voir p. 119 (0141-353 1277 ; www.thesingl-end.co.uk ; 265 Renfrew St, G3 6TT ; plats 5,50-10 £ ; 9h-17h ; 3, 4, 15 jusqu'à Garnet St)

Horseshoe Bar
Voir p. 117 (0141-248 6368 ; www.thehorseshoebarglasgow.co.uk ; 17 Drury St, G2 5AE ; 11h-minuit ; 2, 60, 61, 255 jusqu'à Drury St)

Nice 'n' Sleazy
Voir p. 117 (0141-333 0900 ; www.nicensleazy.com ; 421 Sauchiehall St, G2 3LG ; 18h-3h lun-ven, 17h-3h sam-dim ; 3, 4, 15 jusqu'à Garnet St)

Pot Still
Voir p. 117 (0141-333 0980 ; www.thepotstill.co.uk ; 154 Hope St, G2 2TH ; 11h-minuit ; 6, 7, 75 jusqu'à West Regent Lane)

Shilling Brewing Co
Voir p. 117 (0141-353 1654 ; www.shillingbrewingcompany.co.uk ; 92 West George St, G2 1PJ ; 12h-23h dim-jeu, 12h-minuit ven-sam ; 19, 38, 57 jusqu'à Renfield St)

The Lane
Voir p. 119 (0345-241 6253 ; platformgla.co.uk/beer-garden ; 253 Argyle St, G2 8DL ; 16h-minuit ven, 12h-minuit sam ; 4, 15 jusqu'à Boyd Orr Building)

King Tut's Wah Wah Hut
Voir p. 119 (0141-221 5279 ; www.kingtuts.co.uk ; 272a St Vincent St, G2 5RL ; 12h-1h ; 2 jusqu'à Douglas St)

MacSorley's
Voir p. 119 (0141-248 7629 ; macsorleys.co.uk ; 42 Jamaica St, G1 4QG ; 12h-minuit mar-jeu, 11h-minuit ven-dim)

Stereo
Voir p. 119 (0141-222 2254 ; www.stereocafebar.com ; 22 Renfield Ln, G2 5AR ; 12h-minuit)

EAST END

Glasgow Cathedral
Voir p. 122 (0141-552 6891 ; www.historicenvironment.

scot ; Cathedral Sq, G4 0QZ ; 10h-16h lun-sam, 13h-16h dim oct-mars, 10h-17h lun-sam, 13h-17h dim avr-sept, dernière entrée 30 min avant la fermeture ; CB1, CB4 jusqu'à Cathedral Square)

Glasgow Necropolis
Voir p. 122 (www.glasgownecropolis.org ; Castle St, G4 0UZ ; 7h-16h30 ; CB1, CB4 jusqu'à Cathedral Square)

People's Palace
Voir p. 120 (0141-276 0788 ; www.glasgowlife.org.uk ; Glasgow Green, Templeton St, G40 1AT ; 10h-17h lun-jeu et sam, 11h-17h ven et dim ; 18, 64, 263 jusqu'à Green St)

Provand's Lordship
Voir p. 121 (0141-276 1625 ; www.glasgowlife.org.uk ; 3 Castle St, G4 0RH ; 10h-17h lun-jeu et sam, 11h-17h ven et dim ; CB1, CB4 jusqu'à Cathedral Square)

St Mungo's Museum of Religious Life and Art
Voir p. 120 (0141-276 1625 ; www.glasgowlife.org.uk ; 2 Castle St, G4 0RH ; 10h-17h lun-jeu et sam, 11h-17h ven et dim ; CB1, CB4 jusqu'à Cathedral Square)

St Nicholas Garden
Voir p. 121 (Castle St, G4 0RA ; 10h-17h mar-jeu et sam, 11h-17h ven et dim ; 41 jusqu'à Shuttle St)

Drygate
Voir p. 123 (0141-212 8815 ; www.drygate.com ; 85 Drygate, G4 0UT ; 11h-minuit ; 90, 190, CB1 jusqu'à Drygate)

Saint Luke's & The Winged Ox
Voir p. 123 (0141-552 8378 ; www.stlukesglasgow.com ; 17 Bain St, G40 2JZ ; 12h-minuit lun-jeu, 11h-minuit sam-dim ; 2, 60, 61, 255 jusqu'à Bain St)

West Brewery
Voir p. 123 (0141-550 0135 ; www.westbeer.com ; 15 Binnie Pl, G40 1AW ; 11h-23h dim-jeu, 11h-minuit ven-sam ; 18, 64, 263 jusqu'à Graignestock St)

MNCAP/STOCK.ADOBE.COM ©

Glasgow Cathedral

Barrowland Ballroom
Voir p. 123 (0141-552 4601 ; barrowland-ballroom.co.uk ; 244 Gallowgate, G4 0TT ; 12h-minuit ; 2, 60, 61, 255 jusqu'à Ross St)

Barras Art & Design
Voir p. 123 (0141-552 4931 ; www.baadglasgow.com ; 54 Calton Entry, G40 2SB ; 16h-23h jeu, 16h-minuit ven, 11h-minuit sam, 11h-20h dim ; 2, 60, 61, 255 jusqu'à Bain St)

Barras Market
Voir p. 123 (0141-552 4601 ; www.barrasmarket.com ; 244 Gallowgate, G1 5DX ; 10h-16h sam-dim ; 2, 60, 61 jusqu'à Bain St)

Randall's Antique & Vintage Centre
Voir p. 123 (0754-626 0727 ; www.facebook.com/randallsantiqueandvintagecentre ; 32 Stevenson St, G40 2SB ; 9h-17h sam-dim ; 2, 60, 61, 255 jusqu'à Bain St)

MERCHANT CITY

City Chambers
Voir p. 126 (0141-287 2000 ; www.glasgow.gov.uk ; George Sq, Strathclyde G2 6LL ; 8h30-17h lun-ven ; 57, 153 jusqu'à Waterloo St)

Gallery of Modern Art
Voir p. 124 (0141-287 3050 ; www.glasgowlife.org.uk/museums/venues/gallery-of-modern-art-gom ; 111 Queen St, Royal Exchange Square, G1 3AH ; 10h-17h lun-mer et sam, 11h-17h ven-dim ; 2, 6, 7, 18, 21, 60, 61, 255, 263, 267 jusqu'à Ingram St)

Hutcheson's Hall
Voir p. 127 (158 Ingram St, G1 1EJ ; 6, 7, 21, 75, 267 jusqu'à Garth St)

Merchant Square
Voir p. 128 (0141-552 3038 ; www.merchantsquareglasgow.com ; 71 Albion St, G1 1NY ; 8h30-minuit dim-jeu, 8h30-3h ven-sam ; CB4 jusqu'à Albion St)

Old Sheriff Court
Voir p. 128 (0141-552 3988 ; www.tradeshallglasgow.co.uk ; 105 Brunswick St, G1 1TF ; 6, 7, 21, 75, 267 jusqu'à Garth St)

Trades Hall
Voir p. 128 (0141-552 2418 ; www.tradeshallglasgow.co.uk ; 85 Glassford St, G1 1UH ; 6, 7, 21, 75, 267 jusqu'à Garth St)

Babbity Bowster
Voir p. 127 (0141-552 5055 ; www.babbitybowster.com ; 16-18 Blackfriars St, G1 1PE ; 12h-minuit ; CB4 jusqu'à Blackfriars St)

Fraser Suites
Voir p. 127 (0141-553 4288 ; www.frasershospitality.com ; 1-19 Albion St, G1 1LH ; 2, 18, 60, 61, 64, 255, 263 jusqu'à Candleriggs)

Z Hotel
Voir p. 127 (0141-212 4550 ; www.thezhotels.com ; 36 North Frederick St, G1 2BS ; 19, 38, 41, 57 jusqu'à West George St)

Café Gandolfi
Voir p. 127 (0141-552 6813 ; www.cafegandolfi.com ; 64 Albion St, G1 1NY ; plats petit-déj 6-14 £ ; 8h-17h lun, 8h-22h mar-sam, 9h-17h dim ; CB4 jusqu'à Blackfriars St)

Dakhin
Voir p. 127 (0141-553 2585 ; dakhin.com ; 89 Candleriggs, Merchant City, G1 1NP ; plats 16,50-39,95 £ ; 12h-14h et 17h-22h30 lun-ven, 13h-22h30 sam-dim ; CB4 jusqu'à Albion St)

Glaschu
Voir p. 127 (0141-248 2214 ; glaschurestaurant.co.uk ; 32 Royal Exchange Square, G1 3AB ; plats 22-42 £ ; 12h-23h ; 6, 18, 21, 41, 100 jusqu'à St Vincent Palace)

Spanish Butcher
Voir p. 127 (0141-406 9880 ; www.spanishbutcher.com ; 80 Miller St, G1 1DT ; plats 14-24 £ ; 12h-23h mar-dim ; 6, 7, 21, 75, 267 jusqu'à Garth St)

The Lighthouse

TRAIN ARRIVAL/STOCK.ADOBE.COM ©

Corinthian Club
Voir p. 128 (0141-552 1101 ; www.thecorinthianclub.co.uk ; 191 Ingram St, G1 1DA ; 12h-minuit jeu, 12h-3h ven-sam, 12h-18h dim ; 6, 7, 21, 75, 267 jusqu'à Garth St)

DogHouse Merchant City
Voir p. 128 (0141-552 6363 ; www.brewdog.com ; 99 Hutcheson St, G1 1SN ; 11h-minuit ; 6, 7, 21, 75, 267 jusqu'à Garth St)

Speakeasy
Voir p. 128 (0141-553 5851 ; www.speakeasyglasgow.co.uk ; 10 John St, G1 1JQ ; 22h-1h mer, 21h-1h jeu, 19h-3h ven, 17h-3h sam ; 6, 7, 21, 75, 267 jusqu'à Garth St)

Sharmanka Kinetic Theatre
Voir p. 125 (0141-552 7080 ; sharmanka.com ; 103 Trongate, G1 5HD ; 10h-17h lun-mer et sam, 11h-17h ven-dim ; CB4 jusqu'à High St)

Argyll Arcade
Voir p. 127 (0141-248 5257 ; www.argyll-arcade.com ; Buchanan St, G2 8BG ; 10h-17h lun-sam, 12h-17h dim ; 2, 60, 61, 255 jusqu'à Argyll Arcade)

Buchanan Galleries
Voir p. 127 (0141-333 9898 ; buchanangalleries.co.uk ; 220 Buchanan St, G1 2FF ; 9h-18h lun-sam, 10h-18h dim ; 15, 38, 57, 77 jusqu'à West Nile St)

Princes Square
Voir p. 127 (0141-221 0324 ; www.princessquare.co.uk ; Princes Square, 48 Buchanan St, G1 3JN ; 10h-19h lun-ven, 9h-18h sam, 11h-17h dim ; 2, 60, 61, 255 jusqu'à Argyll Arcade)

SOUTHSIDE ET LA CLYDE

Burrell Collection
Voir p. 131 (0141-287 2550 ; burrellcollection.com ;

Pollok Country Park, 2060 Pollokshaws Rd, Bellahouston, G43 1AT ; 10h-17h lun-jeu et sam, 11h-17h ven et dim ; 57 jusqu'à Pollokshaws Road)

Clydeside Distillery
Voir p. 132 (0141-212 1401 ; www.theclydeside.com ; The Pumphouse, 100 Stobcross Rd, G3 8QQ ; circuits 17,50-120 £ ; 10h-17h)

Dumbarton Rock
Voir p. 133 (0141-616 6139 ; www.historicenvironment.scot/visit-a-place/places/dumbarton-castle ; Castle Rd, G82 1JJ ; adulte/enfant 19,50/15,50 £ ; 10h-16h sam-mer oct-mars, 9h30-17h30 tlj avr-sept ; 208, 218, 340 jusqu'à Victoria St)

Glasgow Science Centre
Voir p. 129 (0141-420 5000 ; www.glasgowsciencecentre.org ; 50 Pacific Quay, G51 1EA ; Science Mall adulte/enfant 12,50/10,50 £, IMAX, tour d'observation ou Planétarium supp 3 £ ; 10h-17h tlj avr-oct, 10h-15h mer-ven, 10h-17h sam-dim nov-mars ; 90 jusqu'à Paisley Road West, 23, 26 jusqu'à Pacific Drive)

House for an Art Lover
Voir p. 129 (0141-483 1600 ; www.houseforanartlover.co.uk ; Bellahouston Park, 10 Dumbreck Rd, G41 5BW ; adulte/enfant 8/6,50 £ ; généralement 10h-16h dim-ven, 10h-12h sam ; 38 jusqu'à Kilbarchan ou Spateston, 9 jusqu'à Paisley)

Navire-musée
Voir p. XXX (0141-357 3699 ; www.thetallship.com ; 100 Pointhouse Pl, G3 8RS ; 10h-17h été, 10h-15h30 hiver, dernière entrée 30 min avant la fermeture ; 100 jusqu'à Riverside Transport Museum)

Pollok Country Park
Voir p. 131 (0141-287 5064 ; www.glasgow.gov.uk/?articleid=16592 ; 2060 Pollokshaws Rd, Bellahouston, G43 1AT)

Riverside Museum
Voir p. 131 (0141-287 2720 ; www.glasgowmuseums.com ; 100 Pointhouse Pl, G3 8RS ; 10h-17h, voir le site pour les jours ; 100 jusqu'à Riverside Transport Museum)

Scotland St School Museum
Voir p. 133 (0141-287 0500 ; www.glasgowlife.org.uk/museums/venues/scotland-street-school-museum ; 225 Scotland St, G5 8QB ; consultez le site Internet/téléphonez ; 90, 121, 189 jusqu'à Scotland St)

Scottish Football Museum
Voir p. 132 (The Hampden Experience ; 0141-616 6139 ; www.scottishfootballmuseum.org.uk ; Hampden Park, G42 9BA ; adulte/enfant 8/3,50 £ ; 10h-17h lun-sam, 11h-17h dim ; 74, 75, 90, 189 jusqu'à Hampden Park)

Seaforce Powerboats
Voir p. 133 (0141-221 1070 ; www.seaforcepowerboats.co.uk ; Kelvin Harbour, Seaforce Powerboats, 150 Pointhouse Pl, G3 8RS ; course à partir de 14,95 £ ; 10h-18h ; 100 jusqu'à Riverside Transport Museum)

Vapeur Waverley
Voir p. XXX (0141-243 2224 ; waverleyexcursions.co.uk ; 50 Pacific Quay, G51 1EA ; 9h-17h lun-ven ; 90 jusqu'à Paisley Road West, 23, 26 jusqu'à Pacific Drive)

Number 10 Hotel
Voir p. 132 (0141-424 0160 ; www.10hotel.co.uk ; 16 Queen's Dr, G42 8BS ; 121 jusqu'à Queen's Park Avenue)

Radisson RED
Voir p. 132 (0141-471 1700 ; www.radissonhotels.com/en-us ; 25 Tunnel St, Finnieston Quay, G3 8HL ; 100 jusqu'à Tunnel St)

Village Hotel
Voir p. 132 (0141-375 9266 ; www.village-hotels.co.uk/glasgow ; 7 Festival Gate, Pacific Dr, G51 1DB ; 23, 26 jusqu'à Govan Road)

Bramble
Voir p. 133 (0141-737 5014 ; www.facebook.com/bramblecafesouthside ; 924 Pollokshaws Rd, G41 2ET ; plats 8-21 £ ; 9h-16h ; 3, 4, 38, 57, 103 jusqu'à Marywood square)

Cafe Strange Brew
Voir p. 133 (0141-440 7290 ; www.facebook.com/cafestrangebrew ; 1082 Pollokshaws Rd, G41 3XA ; plats 5-11 £ ; 9h-16h ; 3, 4, 29, 38 jusqu'à The Granary)

Corona Bar & Kitchen
Voir p. 134 (0141-632 6230 ; 1039 Pollokshaws Rd, Shawlands, G41 3YF ; 11h-23h ; 34, 90, 189 jusqu'à Deanston Drive)

Glad Cafe
Voir p. 133 (0141-636 6119 ; www.thegladcafe.co.uk ; 1006A Pollokshaws Rd, G41 2HG ; 10h-23h dim-jeu, 10h-minuit ven-sam ; 3, 4, 38, 57, 103 jusqu'à Langside Avenue)

Ranjit's Kitchen
Voir p. 134 (0141-423 8222 ; www.ranjitskitchen.com ; 607 Pollokshaws Rd, G41 2QG ; plats 6-18,95 £ ; 12h30-20h30 ; 3, 4, 38, 57, 103 jusqu'à Strathbungo Parish Church)

Rum Shack
Voir p. 134 (0141-237 4432 ; www.rumshackglasgow.com ; 657-659 Pollokshaws Rd, G41 2AB ; plats 8-21 £ ; 16h-minuit lun-jeu, 12h-1h ven-sam, 12h-minuit dim ; 3, 4, 38, 57, 103 jusqu'à Torrisdale St)

Citizens Theatre
Voir p. 133 (0141-429 0022 ; www.citz.co.uk ; 119 Gorbals St, G5 9DS ; 5, 6, 7, 21, 31, 75 jusqu'à Glasgow Central Mosque)

Tramway
Voir p. 134 (0845-330 3501 ; www.tramway.org ; 25 Albert Dr, G41 2PE ; 12h-17h mar-ven, 12h-18h sam-dim ; 59 jusqu'à Barrland St)

WEST END

Botanic Gardens
Voir p. 136 (0141-276 1614 ; www.glasgowbotanicgardens.com ; 730 Great Western Rd, G12 0UE ; jardins 7h-crépuscule, glasshouses 10h-16h hiver, 10h-18h été ; 6 jusqu'à Saltoun St)

Hunterian Art Gallery
Voir p. 139 (0141-330 4221 ; www.hunterian.gla.ac.uk ; 82 Hillhead St, G12 8QQ ; 10h-17h mar-dim ; 4, 15 jusqu'à University Library)

Hunterian Museum
Voir p. 138 (0141-330 4221 ; www.hunterian.gla.ac.uk ; University of Glasgow, 82 Hillhead St, G12 8QQ ; 10h-17h mar-dim ; 4, 15 jusqu'à University Library)

Kelvin Hall
Voir p. 138 (0141-276 1450 ; www.glasgowlife.org.uk ; 1445 Argyle St, G3 8AW ; 6h-22h lun-ven, 8h-18h sam-dim ; 2, 3, 77, 100 jusqu'à Bunhouse Road)

Kelvingrove Art Gallery and Museum
Voir p. 137 (0141-276 9599 ; www.glasgowmuseums.com ; Argyle St, G3 8AG ; 10h-17h lun-jeu et sam, 11h-17h ven et dim ; 3, 77 jusqu'à Kelvingrove Art Galleries)

Kelvingrove Park
Voir p. 141 (Park Terrace, G3 6BY)

Mackintosh House
Voir p. 139 (0141-330 4221 ; www.hunterian.gla.ac.uk ; 82 Hillhead St, G12 8QQ ; adulte/enfant 8/6 £ ; 10h-17h mar-dim, dernière entrée 16h15 ; 4, 15 jusqu'à University Library)

University of Glasgow
Voir p. 138 (0141-330 2000 ; www.gla.ac.uk ; University Ave, G12 8QQ ; 4, 15 jusqu'à University Library)

West Highland Way
Voir p. 141 (www.west-highlandway.org)

Mother India
Voir p. 140 (0141-221 1663 ; www.motherindia.co.uk ; 28 Westminster Tce, Sauchiehall St, G3 7RU ; plats 11-16 £ ; 17h-21h45 lun-jeu, 13h-22h ven-sam, 13h-21h45 dim ; 3, 77 jusqu'à Sauchiehall St)

Ox & Finch
Voir p. 140 (0141-339 8627 ; www.oxandfinch.com ; 920 Sauchiehall St, G3 7TF ; petites assiettes 4,25-15,50 £ ; 12h-1h ; 3, 77 jusqu'à Sauchiehall St)

The Finnieston
Voir p. 140 (0141-222 2884 ; www.thefinniestonbar.com ; 1125 Argyle St, G3 8ND ; plats 16-32 £ ; 12h-minuit ; 2, 100 jusqu'à Berkeley St)

Ubiquitous Chip
Voir p. 140 (0141-334 5007 ; www.ubiquitouschip.co.uk ; 12 Ashton Lane, G12 8SJ ; plats 25-38 £, menu dégustation 65 £ ; 12h-minuit dim-jeu, 12h-1h ven-sam ; 8, 90, 189 jusqu'à Hillhead Underground)

Hillhead Bookclub
Voir p. 141 (0141-576 1700 ; www.hillheadbookclub.co.uk ; 17 Vinicombe St, G12 8SJ ; 12h-minuit ; 8, 90, 189 jusqu'à Vinicombe St)

Inn Deep
Voir p. 141 (0141-264 2777 ; www.inndeep.com ; 445 Great Western Rd, G12 8HH ; 12h-minuit lun-sam, 12h-23h dim ; 6 jusqu'à Hamilton Park Avenue)

Jinty McGuinty's
Voir p. 141 (0141-339 0747 ; www.jintys.co.uk ; 29 Ashton Ln, Hillhead, G12 8SJ ; 11h-minuit ; 8, 90, 189 jusqu'à Hillhead Underground)

Òran Mór
Voir p. 135 (0141-357 6200 ; www.oranmor.co.uk ; angle Byres Rd et Great Western Rd, G12 8QX ; A Play, a Pie and a Pint 12,50-15 £ ; 11h-1h lun-mer, 11h-3h jeu-sam, 12h-1h dim ; 8, 90, 189 jusqu'à Vinicombe St)

Caledonia Books
Voir p. 140 (0141-334 9663 ; www.caledoniabooks.co.uk ; 483 Great Western Rd, G12 8HL ; 12h-18h mar-sam ; 6 jusqu'à Hamilton Park Avenue)

De Courcy's Arcade
Voir p. 140 (www.facebook.com/decourcysarcade ; Cresswell Lane ; 10h-17h30 lun-sam, 12h-17h dim ; 8, 90, 189 jusqu'à Hillhead Underground)

Hidden Lane
Voir p. 140 (www.thehiddenlaneglasgow.com ; 1103 Argyle St, G3 8ND ; 12h-minuit ; 2, 100 jusqu'à Derby St)

Une vieille rue dans Glasgow

HEARTLAND-ARTS/GETTY IMAGES ©

Ci-dessus : Culzean Castle (p. 177). À droite : Tweed Valley Forest Park (p. 155)

ÉCOSSE DU SUD

LA GRANDE OUBLIÉE

Bienvenue dans la région la plus délaissée d'Écosse, une contrée émaillée de collines, de paisibles rivières, de châteaux et d'abbayes.

Parcourir ces paysages, c'est voyager dans le temps. De fait, l'esprit de sir Walter Scott semble encore planer sur la sinueuse vallée de la Tweed. L'écrivain, par ses écrits, incita nombre de voyageurs à visiter sa région natale, les Borders. Il est considéré à ce titre comme le précurseur du tourisme écossais. Sur les rives de la Teviot, là où fut inventé le tweed, se tient la dernière usine de textile de Hawick. À Alloway, au sud de l'Ayrshire, on ne saurait manquer de penser à Robert Burns, poète du XVIIIe siècle et barde national. D'origine modeste et paysan de métier, il est l'auteur d'*Auld Lang Syne* ("Ce n'est qu'un au-revoir"), ballade chantée à la Saint-Sylvestre dans le monde entier.

Le passé romantique des Lowlands reste chevillé à ce territoire, fait d'abbayes en ruine, de manoirs, de collines tapissées de bruyère et de rivières peuplées de saumons. Ici, prenez aussi le temps d'arpenter les sentiers, d'observer la faune et la flore et d'admirer les étoiles. En Écosse du Sud, on trouve de surcroît maints jolis villages et de nombreuses possibiltés d'activités propices aux sensations fortes.

N'oublions pas non plus le littoral, avec ses phares dignes de contes de fées, ses superbes plages et ses falaises invitant à se balader.

SITES PRINCIPAUX

HAUTE VALLÉE DE LA TWEED
Terres fluviales historiques.
p. 154

DUMFRIES
La porte d'entrée de l'Écosse.
p. 161

GALLOWAY FOREST PARK
Aventure en pleine nature.
p. 167

TROON
Culture, châteaux et golf.
p. 173

S'orienter

Au sud d'Édimbourg et de Glasgow, cette région est la plus aisément accessible d'Écosse. Elle offre un panorama de sites remarquables, entre histoire, culture et paysages des Lowlands.

Troon, p. 173

Aux abords de cette charmante station balnéaire du sud de l'Ayrshire, la côte est ourlée de plages et de parcours de golf.

Galloway Forest Park, p. 167

Lancez-vous, à vélo, dans de belles forêts, marchez en pleine nature et veillez tard, pour admirer le ciel étoilé de ce parc estampillé Dark Sky.

Haute vallée de la Tweed, p. 154

Saumons et truites peuplent les eaux de ce fleuve traversant un *glen* (vallon) propre à ravir randonneurs, vététistes et amateurs d'excursions culturelles.

Dumfries, p. 161

Sur les berges de la Nith, cette ville tire parti, entre autres attraits, du seul château triangulaire du Royaume-Uni ainsi que de son lien avec Robert Burns.

VOITURE

La voiture est le meilleur moyen d'explorer l'Écosse du Sud. Il y suffit en moyenne d'une heure de trajet pour rejoindre beaux villages, villes et sites historiques.

BUS

Le bus est une solution commode avec des services locaux fréquents et fiables couvrant un large réseau. **Borders Buses** (bordersbuses.co.uk) et **Stagecoach West** (stagecoachbus.com) ont les horaires les plus étendus.

TRAIN

Prendre le train permet de voyager sans souci et de profiter de la vue. Les villes principales, dont Troon, Dumfries, Galashiels et Tweedbank, sont desservies. L'opérateur national, **Scotrail** (scotrail.co.uk), couvre la plupart des grandes destinations.

Planifier son séjour

Dans les salles et jardins de châteaux et manoirs, dans les bois à la biodiversité foisonnante, sur des falaises venteuses ou sur des plages dorées, il n'y a pas mieux que l'Écosse du Sud pour se détendre !

SERGEBERTASIUSPHOTOGRAPHY/SHUTTERSTOCK ©

Jedburgh Abbey (p. 159)

Si vous avez peu de temps

● Direction la **haute vallée de la Tweed** (p. 154) pour s'immerger dans le monde de Walter Scott. C'est ici que se trouve Melrose, ravissante bourgade écossaise centrée sur une place de marché. Admirez les décors sculptés (saints, dragons et gargouilles) de la **Melrose Abbey** (p. 159) avant de poursuivre à l'ouest jusqu'à **Abbotsford** (p. 157), ancienne demeure de Walter Scott transformée en musée. Après un déjeuner chez **Hoebridge** (p. 159), passez l'après-midi à profiter de splendides sentiers de VTT à **Glentress** ou **Innerleithen** (p. 155). Besoin de lever le pied ? Marchez jusqu'au sommet des **Eildon Hills** (p. 157) pour une vue incomparable sur des collines aux reflets violets, des champs et d'épaisses pinèdes.

EN BAS, DE GAUCHE À DROITE : CKP1001/SHUTTERSTOCK ©, CRAIG WATSON/SNS GROUP VIA GETTY IMAGES ©, DENNIS BARNES/GETTY IMAGES ©

AU FIL DES SAISONS

En automne, jardins, forêts et berges s'animent et se parent de rouge et or. En été, la température grimpe dans les Lowlands, l'idéal pour écumer les plages ou se balader à vélo !

JANVIER

Le 25 janvier, on célèbre la **Burns Night**. Au programme : haggis, whisky, lecture de poèmes et chansons populaires.

AVRIL

L'amour des Borders pour le rugby à sept, sport intense né à Melrose, est célébré lors du **Melrose Sevens**.

MAI

Mois idéal pour se lancer sur le **Southern Upland Way**, sentier pédestre de 344 km allant d'un littoral à l'autre.

Si vous avez trois jours

● Après une journée à profiter du meilleur des villages jalonnant le **Borders Abbeys Way** (p. 158), rejoignez **Dumfries** (p. 161), au sud-ouest, où musées et pubs rendent hommage au barde écossais, Robert Burns, et à son époque. Faites une courte escale au **Caerlaverock Castle** (p. 163). En pierre rose et entouré de douves, il fut le théâtre, au Moyen Âge, de sanglants affrontements anglo-écossais. Longez les joyaux de la Riviera de **Kirkcudbright** (p. 171), pénétrez le **Galloway Forest Park** (p. 168) et passez le dernier jour à faire de la randonnée, du VTT, ou à observer les étoiles (voire les trois). Vous voici seul au monde dans les Galloway Hills, ces Highlands miniatures.

Si vous avez une semaine

● Ce circuit régional débute à **Troon** (p. 173). Suivez les traces de Robert Burns à **Alloway** (p. 176), avant de pratiquer golf ou kitesurf. Continuez au sud pour passer un jour à chasser les fantômes du **Culzean Castle** (p. 177), puis rejoignez les oiseaux marins et les phares du **Rhinns of Galloway** (p. 172). À la pointe de la péninsule, au **Mull of Galloway** (p. 172), partez à l'est et arrêtez-vous au **Galloway Forest Park** (p 168), pour plusieurs jours d'aventure en plein air. Le tronçon final traverse les Borders : achetez des souvenirs à **Hawick** (p. 160) et, enfin, baladez-vous sur les plages de la côte est à **St Abbs** (p. 160).

JUIN

Les **Common Ridings** sont l'une des fêtes équestres les plus anciennes. Défilés et démonstrations ont lieu dans plusieurs villes, dont Hawick et Selkirk.

JUILLET

C'est la **haute saison du golf** sur la côte de l'Ayrshire. Quoi de mieux qu'un beau soleil pour s'attaquer aux 18 trous !

AOÛT

Occasion idéale pour arborer des tenues d'époque, le **Largs Viking Festival** célèbre la dernière grande bataille entre Écossais et Vikings.

OCTOBRE

Observez les quelque 7 000 astres visibles depuis le **Galloway International Dark Sky Park**.

JEFF J MITCHELL/GETTY IMAGES ©, SAILORR/SHUTTERSTOCK ©, LIZ LEYDEN/GETTY IMAGES ©, PAUL_MMPHOTOGRAPHY/SHUTTERSTOCK ©

HAUTE VALLÉE DE LA TWEED

La haute vallée de la Tweed concentre toute la richesse des Borders – rien d'étonnant, donc, à ce qu'au XIXe siècle, la région fut la première d'Écosse à voir les touristes affluer. C'est entre Peebles et Galashiels, en amont, que l'on trouve les plus beaux méandres du fleuve. D'ouest en est, à une heure au sud d'Édimbourg, le paysage se déroule, ponctué de forteresses de l'âge du fer, d'usines anciennes (l'économie locale reposait jadis sur l'industrie du textile), de demeures opulentes et de forêts de pins sylvestres parcourues de pistes de VTT. Romance et littérature imprègnent aussi les lieux, et on y trouve plusieurs sites associés à Walter Scott, dont Abbotsford, sa superbe maison de campagne au bord de la Tweed.

Pour les infos pratiques, voir le Carnet d'adresses p. 178

À SAVOIR

S'étendant d'ouest en est sur près de 60 km, la haute vallée de la Tweed mérite une découverte à vélo. Cette balade s'intègre à la **Tweed Cycle Route**, itinéraire balisé qui traverse les Borders de Biggar à Berwick-upon-Tweed.

HAUTE VALLÉE DE LA TWEED

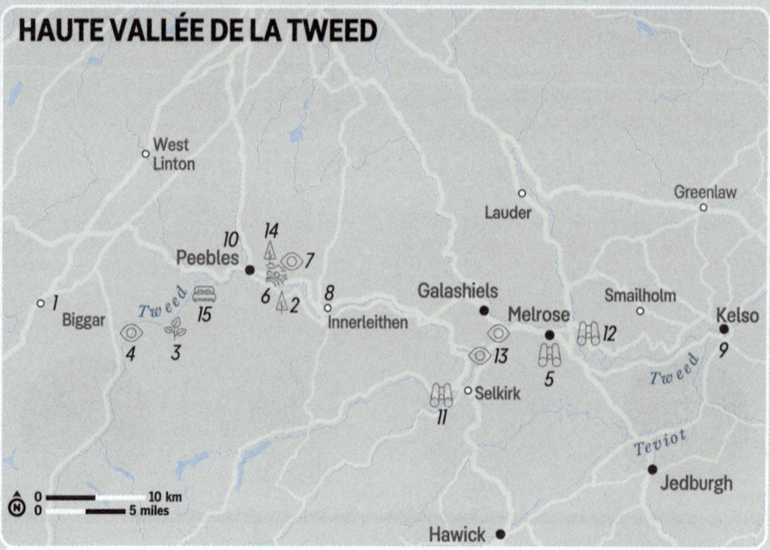

VOIR
1 Biggar
voir 10 Biggar Adventure
2 Cardrona Forest
3 Dawyck Botanic Garden
4 Drumelzier Haugh
5 Eildon Hills
6 Glentress
7 Go Ape
8 Innerleithen
9 Kelso
10 Peebles
11 Philiphaugh Salmon Viewing Centre
12 Scott's View
13 Sunderland Hall
14 Tweed Valley Forest Park

SE LOGER
voir 8 Cleikum Mill Lodge
15 Stobo Castle
voir 8 Traquair House

SE RESTAURER
voir 8 Cafe Sitooterie
voir 10 Cocoa Black Chocolate Shop & Cafe
voir 6 Glentress Peel Cafe

DUNCAN2406/SHUTTERSTOCK ©

Traquair House

Au fil du fleuve

MANOIRS SEIGNEURIAUX, JARDINS ET VÉLO

Commencez votre périple au sud-ouest du *burgh* royal de Peebles au **Dawyck Botanic Garden**, arboretum remarquable où d'immenses séquoias et sapins furent plantés en 1680. La route suit alors le fleuve à l'est, à travers le **Tweed Valley Forest Park** jusqu'au centre névralgique de la scène vététiste écossaise : Glentress. Avec le domaine voisin d'Innerleithen, ils font partie du superbe **réseau 7stanes**, lequel rassemble plusieurs paradis pour VTT maillés de sentiers à sensations – certains sont accessibles aux débutants.

Besoin de reprendre votre souffle ? Flânez du côté de la tranquille **Traquair House**, joyau de style pré-baronnial, à quelque 10 km au sud-est de Peebles. Occupé depuis 1107, cet ancien pavillon de chasse royal, qui n'a guère changé depuis le XVIIe siècle, est la plus ancienne maison d'Écosse habitée en continu. Elle appartient depuis le XVe siècle à diverses branches des Stuarts. Le poids de l'histoire se fait sentir au détour des escaliers secrets de cette bâtisse majestueuse truffée d'antiquités, où séjournèrent 27 rois et reines. Il faut visiter la salle où les prêtres vécurent et célébrèrent clandestinement la messe jusqu'en 1829. D'autres belles pièces chargées d'histoire présentent des objets d'intérêt,

POURQUOI J'AIME LA HAUTE VALLÉE DE LA TWEED

Mike MacEacheran, journaliste

Après être monté sur les collines surplombant la **Cardrona Forest**, avoir enjambé des racines noueuses et grimpé plusieurs échaliers, la haute vallée de la Tweed se déploie enfin devant moi. Entre les pins, les remous cristallins du fleuve grouillent de saumons et, en arrière-plan, les collines arrondies contrastent avec les sommets acérés du reste de l'Écosse. À l'abri des branches chargées de pommes de pin et de la dense canopée, on est pénétré de toute la sérénité des Borders. Voilà à quoi ressemble la haute vallée de la Tweed par beau temps (et pas qu'en été). Ses sentiers forestiers sont calmes et sans entraves ; on a le sentiment de s'y ouvrir à la quintessence de l'Écosse.

OÙ SE LOGER DANS LA HAUTE VALLÉE DE LA TWEED

Stobo Castle
Hôtel romantique qui plaira aux amateurs de spas. Piscines, saunas et Jacuzzis donnant sur la Tweed. **£££**

Traquair House
Ce manoir historique, où Marie Stuart dormit lors d'une partie de chasse, compte un B&B de 3 chambres. **£££**

Cleikum Mill Lodge
Auberge de jeunesse dans un bâtiment historique. Bon accueil aux cyclistes et accès facile aux pistes des 7stanes. **£**

OÙ PÉDALER

Markus Stitz, auteur de *Great British Gravel Rides* et expert émérite du bikepacking en Écosse (markusstitz.com), partage ses randonnées favorites à vélo dans les Borders.

Le Tweed Valley Railway Path
Les familles et ceux qui veulent éviter la circulation apprécient cette balade tranquille entre Peebles et Innerleithen. Le chemin goudronné longe la Tweed sur la majeure partie de l'itinéraire.

Glentress Red Route
Ce sentier de 18 km (75% en *singletrack*) comprend montées et descentes, dont le "Spooky Wood", une descente en virages serrés de près de 2 km.

Melrose-Abbotsford
Cette petite section du Capital Trail relie Melrose à la demeure de Walter Scott en suivant, le long de la Tweed, le Borders Abbey Way. Au retour, prenez le bus entre Abbotsford Link et Tweedbank.

ULMUS MEDIA/SHUTTERSTOCK ©

Pêche à la mouche sur la Tweed

comme le berceau du fils de Marie Stuart, Jacques VI d'Écosse (futur Jacques Ier d'Angleterre), ou des lettres écrites par les comtes jacobites de Traquair et leurs familles, dont une particulièrement émouvante écrite depuis le couloir de la mort, dans la tour de Londres. Les lieux abritent également une chapelle, une brasserie et un jardin clos.

À la pêche

SPORT SUR LES EAUX DE LA TWEED

Nul autre pays ne doit autant à un poisson que l'Écosse au saumon. Il fait marcher l'économie locale et prolifère dans les eaux riches en nutriments de la **Tweed**. Sur les berges, des adeptes du "*no kill*" (remise à l'eau de la prise) attendent avec moulinets et cannes. À la pêche à la mouche, c'est ici qu'on attrape le plus de saumons que partout ailleurs en Grande-Bretagne. Dans les Borders, le tourisme de la pêche a le vent en poupe.

D'abord, direction le superbe tronçon entre **Drumelzier Haugh** et **Sunderland Hall**, non loin de Selkirk : attrapez-y votre première prise dans un cadre spectaculaire et émerveillez-vous devant la richesse de l'écosystème. Voici certains des meilleurs spots où se rendre avec un *ghillie* (expert de pêche au saumon) : **Dawyck**, **Holylee**, **Traquair** et **Glenormiston**.

Si la pêche ne vous tente guère, rendez-vous plutôt au **Philiphaugh Salmon Viewing Centre**, à la confluence de la Tweed et de l'Ettrick Water, pour observer le ballet des saumons sauvages.

CAFÉS ET DOUCEURS DANS LA HAUTE VALLÉE DE LA TWEED

Cocoa Black Chocolate Shop & Cafe
Chocolats chauds, brownies et cheesecakes façon Willy Wonka dans la capitale du chocolat des Lowlands, Peebles.

Glentress Peel Cafe
De roboratives douceurs à déguster en forêt, au centre de VTT 7stanes.

Cafe Sitooterie
Soupes, sandwichs et scones, à Innerleithen.

DEAGOSTINI/GETTY IMAGES ©

Buste de sir Walter Scott, Abbotsford

Sur les traces de Walter Scott

SUR LE SENTIER LITTÉRAIRE DES BORDERS

En plus d'être un grand romancier, sir Walter Scott, à qui l'on doit *Rob Roy*, *Ivanhoé* et *Waverley*, était aussi poète, dramaturge, chasseur de trésors et un amoureux inconditionnel des Borders. De **Kelso**, il disait sans détour qu'il était le plus beau village d'Écosse. La vue panoramique des **Eildon Hills** comptait parmi ses favorites. Traversez ces trois collines jusqu'au belvédère de **Scott's View**, où vous jouirez d'une vue imprenable sur la Tweed et la Melrose Abbey, le paysage le plus célèbre de la région.

Scott vécut à **Abbotsford**, une grande demeure d'époque au bord de la Tweed. Aujourd'hui transformée en musée, on y découvre un bureau et une bibliothèque lambrissés, ainsi que des objets ayant appartenu à d'illustres Écossais collectés par Scott lui-même, comme le crucifix en perles de Marie Stuart. Recueillez-vous sur sa tombe, non loin de là, dans le transept nord de la **Dryburgh Abbey**. Édifiée vers 1150 pour les prémontrés, un ordre de chanoines fondé en France, celle-ci est sans doute l'abbaye de la région à témoigner le mieux de la vie monastique au XIIe siècle.

Vous avez du temps ? Rejoignez le **Sir Walter Scott Way**, un sentier de randonnée de 148 km reliant Moffat (dans le Dumfries & Galloway) à Cockburnspath, au bord de la mer du Nord.

AVENTURES MÉMORABLES

Go Ape
En forêt, passez d'arbre en arbre et faites de la tyrolienne.

Neidpath Castle
À l'ouest de Peebles, en contrebas de la maison forte, se trouve une plage où nager en eau libre et construire des châteaux de sable.

Peebles
Propice aux excursions en kayak, canoë et paddle sur la Tweed.

Biggar Adventure
Excursions en canoë jusqu'à Innerleithen de trois heures ou plus, voire avec une nuit de bivouac.

MORDREZ-VOUS À L'HAMEÇON ?

La Tweed est l'une des "quatre grandes" rivières à saumon d'Écosse. Aventurez-vous dans le Speyside ou au Nord-Est pour lancer une ligne dans la **Spey**, la **Tay** ou la **Dee** (p. 234).

COMMENT CIRCULER

La vallée de la Tweed se traverse en seulement 40 minutes en voiture ; il est conseillé d'y venir avec son véhicule. Les bus passent toutes les 30 minutes, mais peuvent mettre plus d'une heure à relier Peebles à Galashiels. Avec sa multitude de sentiers pédestres, le coin est parfait pour la randonnée.

Environs de la haute vallée de la Tweed

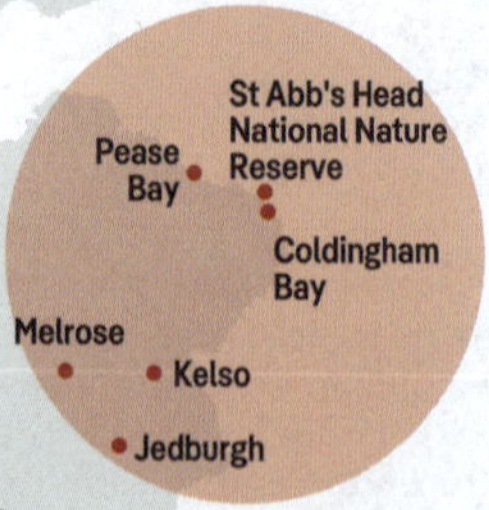

On trouve, au bord de la Tweed, de jolis villages, des coins de nature déserts et même un muséum d'histoire naturelle : de quoi ravir aussi bien les passionnés de culture que de plein air.

En suivant le fleuve à l'est, la route serpente jusqu'à Melrose, à l'ombre des Eildon Hills, tapissées de bruyère. La région était déjà habitée il y a des milliers d'années, bien avant l'arrivée des Romains, qui y installèrent, en 79, le camp fortifié de Trimontium, une position avancée de cavalerie. Aujourd'hui, Melrose est connue pour son abbaye du XIIe siècle, où passe le Borders Abbeys Way, sentier de randonnée riche en histoire et reliant entre elles Jedburgh, Dryburgh et Kelso. Tous ces endroits abondent en légendes romantiques, et en récits liés aux raids et aux conflits anglo-écossais, dont les stigmates parsèment le sud des Lowlands. Pour vous détendre, flânez sur les plages ourlant la côte splendide aux abords de St Abbs.

Pour les infos pratiques, voir le Carnet d'adresses p. 178

À SAVOIR

Ici, une voiture est indispensable pour circuler – elle permet en outre de profiter du paysage. Les sites sont à une heure de trajet depuis la haute vallée de la Tweed (comptez 30 minutes de plus jusqu'à la côte).

Melrose Abbey

GANNET77/GETTY IMAGES ©

Les Borders Abbeys

HISTOIRE MÉDIÉVALE ET VESTIGES

Les Borders ne manquent pas de sites historiques, mais ont pour joyaux ecclésiastiques les Border Abbeys, quatre grandes abbayes en ruine. Le Borders Abbeys Way s'étire sur près de 110 km, et l'on y découvre la paisible existence que menaient les moines sur ces terres avant la Réforme (1560). Des pièces remarquables sont conservées dans des lieux splendides, qui peuvent se visiter individuellement ou valoir à la promenade de tourner à l'excursion d'une journée.

Visitez d'abord la **Melrose Abbey**, à l'ambiance si particulière, pour en découvrir la salle capitulaire et les cloîtres en ruine. C'est ici qu'est inhumé le cœur de Robert Bruce. Ensuite, cap à l'est jusqu'à la **Dryburgh Abbey**, où repose Walter Scott (p. 157), et la **Kelso Abbey**, ancienne abbaye la plus riche des Borders, qui s'étendait jadis à perte de vue. Édifiée au XIIe siècle, elle fut ravagée au XVIe par les Anglais, mais ses vestiges restent l'un des plus beaux exemples d'architecture romane du pays. Enfin, partez au sud pour rejoindre la **Jedburgh Abbey**, trésor augustinien fondé par David Ier en 1138, qui fut l'objet de plusieurs affrontements lors des guerres d'indépendance.

En route, vous tomberez sur le non moins grandiose **Floors Castle**. Surplombant la Tweed à 1,5 km à l'ouest de Kelso, il est le plus grand château habité d'Écosse. Imaginée par William Adam dans les années 1720, sa sobriété georgienne fut "améliorée" dans les années 1840, avec l'ajout de remparts et de tourelles qui détonnent un peu. La salle de réception renferme des tapisseries de Bruxelles du XVIIe siècle, et la salle de bal est décorée de panneaux de chêne délicatement sculptés. De par sa beauté, le jardin clos, loué par Walter Scott lui-même, est l'une des perles du vaste domaine.

La Great Tapestry of Scotland

LA TRAME DU TEMPS

Ancien pôle d'une industrie textile de qualité, Galashiels accueille la **Great Tapestry of Scotland**, chef-d'œuvre moderne d'artisanat et de design. En 160 panneaux accrocheurs, cette tapisserie de 140 m illustre l'histoire du pays (420 millions d'années) de la préhistoire au Parlement écossais. On doit le projet à l'écrivain d'origine écossaise Alexander McCall Smith, auteur de nombreux romans policiers. Il l'a imaginé après avoir vu la tout aussi ambitieuse **Prestonpans Tapestry** (tapisserie de la bataille de Prestonpans), dans l'East Lothian.

LES MEILLEURS RESTAURANTS

Hoebridge
À Melrose, avec vue sur la rive nord de la Tweed. Menu de saison à base de produits des fermes alentour. **££**

Provender
Ce restaurant de produits locaux, à Melrose, sert des mets haut de gamme, tels que chevreuil, homard et autres fruits de mer. **££**

Windlestraw
Boutique-hôtel avec un remarquable menu dégustation de 5 plats. À l'est d'Innerleithen. **£££**

Capon Tree
Adresse raffinée, à Jedburgh, dont les deux spécialités (saumon et agneau) valent le détour. **££**

Cobbles
À Kelso, un pub à l'ambiance chaleureuse servant une excellente cuisine et de bonnes bières artisanales. **££**

OÙ SE LOGER DANS LES ENVIRONS DE LA HAUTE VALLÉE DE LA TWEED

SCHLOSS Roxburghe Hotel
Résidence de luxe au sud de Kelso, où l'on vient se retirer du monde pour faire du sport, s'exercer au tir et pêcher. **£££**

Roulotte Retreat
Un ensemble de roulottes, réparties, au pied des Eildon Hills, au bord d'un charmant étang. **£**

Townhouse Hotel
Au centre de Melrose, un hôtel douillet géré en famille avec restaurant et bar. L'abbaye est accessible à pied. **££**

À CHEVAL POUR LES COMMON RIDINGS

Du XIIIe au XVIe siècle, les Borders étaient régulièrement mises à sac par des bandits, qui, parfois liés aux Anglais ou aux Écossais, s'adonnaient au vol de bétail et au *reiving* (vieux scots pour "pillage"). On parle encore de *Border reivers*, et les patrouilles à cheval d'antan demeurent une coutume estivale. Il s'agit de défilés hippiques qui, délimitant le territoire, s'accompagnent de musique et de chants.

Le festival se décline de **Lauder** (le plus ancien) à **Selkirk** (le plus gros), mais l'événement le plus animé a lieu à **Hawick**. La fête commence dès l'aube, au son du fifre et des tambours ; quelque 200 cavaliers aux splendides tenues s'élancent ensuite dans les rues étroites de la ville et dans les champs alentour.

Le défilé équestre costumé se termine plus tard, entre réjouissances et libations.

Coldingham Bay

Oiseaux marins et sable fin

LE LITTORAL ENSOLEILLÉ DES BORDERS

La côte est accueille la **St Abb's Head National Nature Reserve** (78 hectares), bastion d'une colonie aviaire aisément visible. Guillemots, mouettes tridactyles, petits pingouins, cormorans, fulmars et macareux y font leur nid à flanc de falaise, dans des ravins, ou sur des éperons rocheux au large. Les sentiers longeant le sommet des falaises sont impressionnants. Pour y parvenir, empruntez la boucle de 3 km au départ du parking bordant la route juste à l'ouest de St Abbs.

Au sud, sur les étendues de sable, longues de près d'un kilomètre, de **Coldingham Bay**, le vacarme diminue. La baie est un endroit rêvé pour des vacances, entre surf et pêche aux crabes dans les rochers. L'**Eyemouth Beach** et la plage au sable rose de **Pease Bay** sont d'autres options.

COMMENT S'Y RENDRE ET CIRCULER

Sur le Borders Railway, des trains réguliers au départ d'Édimbourg rejoignent Tweedbank, où des bus font la liaison avec Melrose, Hawick, Selkirk et Kelso. Le trajet est bien plus long qu'en voiture ; pour plus de liberté, préférez la voiture ou le vélo.

DUMFRIES

Surnommée "reine du Sud", Dumfries est un carrefour d'histoire et de culture. Elle est de loin la plus grande ville de l'Écosse du Sud : plus de 33 000 habitants vivent sur les rives de la Nith, fleuve à marée qui se jette dans le Solway Firth, à la frontière entre l'Écosse et l'Angleterre.

Alors qu'elle a vu défiler Romains, Pictes, Anglo-Saxons, Vikings et, selon certains témoignages, Guillaume le Conquérant et le roi Arthur, on comprend aisément pourquoi Dumfries s'est établie comme un grand port médiéval et comme porte d'entrée de l'Écosse du Sud-Ouest. Sur place, vous découvrirez les liens qui unissent la ville aux deux Robert les plus célèbres du pays : le poète Robert Burns et le roi Robert Bruce, qui posa les fondations de la nation écossaise à la force de son épée. Plusieurs sites charmants de la ville leur sont d'ailleurs dédiés.

Pour les infos pratiques, voir le Carnet d'adresses p. 179

À SAVOIR

On se repère aisément à Dumfries, et la ville se parcourt très bien à pied. Pour découvrir les châteaux, abbayes et monuments des alentours, il vous faudra louer une voiture ou prendre le bus (service régulier). Pour les cyclistes, Dumfries est le point de départ de certains des plus beaux itinéraires d'Écosse du Sud.

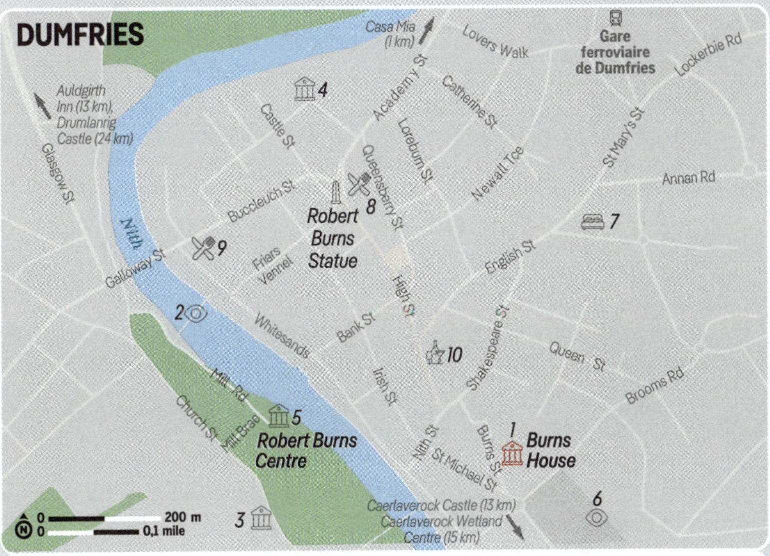

INCONTOURNABLE
1 Burns House

VOIR
2 Devorgilla Bridge
3 Dumfries Museum
4 Moat Brae
5 Robert Burns Centre
6 Robert Burns Mausoleum

SE LOGER
7 Cairndale Hotel & Leisure Club

SE RESTAURER
8 Back Street
9 Cavens Arms

PRENDRE UN VERRE
10 Globe Inn

PROMENADE À PIED : POÉSIE, PUBS ET PETER PAN

Pour vous familiariser avec l'héritage littéraire de Dumfries, commencez par la **gare ferroviaire**. Rejoignez le fleuve jusqu'à la **2 Robert Burns' House**. En 1796, le poète périt d'une maladie cardiaque à seulement 37 ans, après avoir passé ses dernières années dans cette maison en grès. On peut y voir exposés divers objets, ainsi que des manuscrits et des lettres. Tout près, le **3 Robert Burns Mausoleum**, érigé en 1817, fait pendant au tombeau d'origine du poète, plus discret, situé à St Michael's Churchyard. À quelques pas, le **4 Globe Inn**, pub épuré et confortable, date de l'époque de Burns, qui y aurait eu ses habitudes.

S'il est encore tôt, délaissez le bar pour traverser le **5 Dumfries Suspension Bridge**, pont suspendu à câbles porteurs, et rejoindre le **6 Robert Burns Centre**. Aménagé dans un moulin à eau du XVIIIe siècle rénové, le centre retrace le passage de Burns dans la ville. Il constitue la parfaite transition avec l'étape suivante, de l'autre côté du **Devorgilla Bridge** : la **7 Burns Statue**, magnifique marbre italien qui trône à côté de la Burgh Church of Dumfries.

Terminez en beauté avec le **8 Moat Brae**, où est installé le National Centre for Children's Literature and Storytelling (centre national de littérature jeunesse). Dumfries fut autrefois le lieu de vacances de prédilection de J. M. Barrie (1960-1937), l'auteur de *Peter Pan*. C'est dans cette maison néoclassique et son jardin qu'il aurait conçu Neverland, son pays imaginaire.

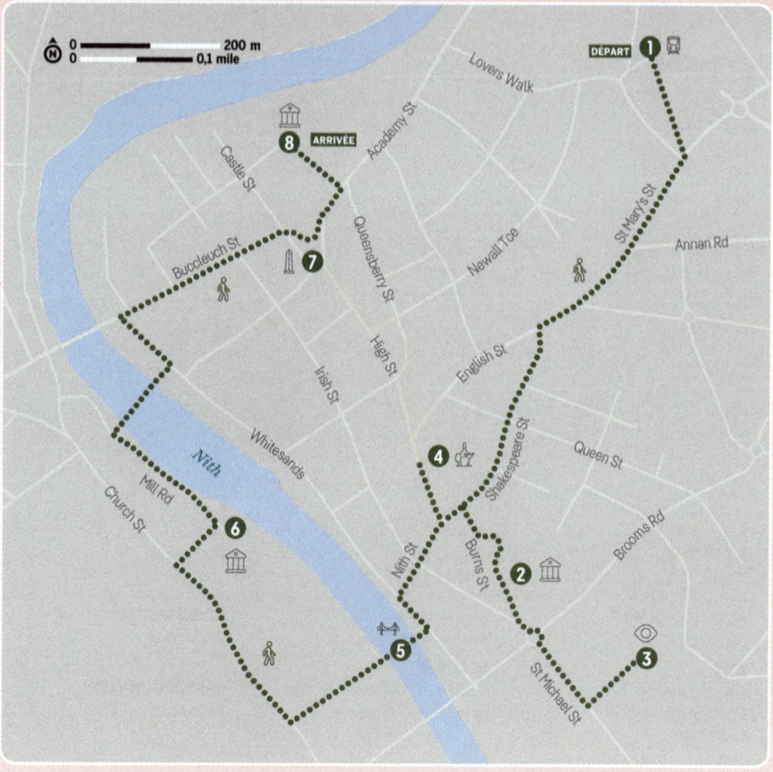

BINSON CALFORT/SHUTTERSTOCK ©

Caerlaverock Castle

Châteaux et marais d'exception

LÉGENDES, HISTOIRE ET AFFÛTS

Entouré de douves sublimes, à 20 minutes au sud de Dumfries, le **Caerlaverock Castle**, la seule forteresse du Royaume-Uni de forme triangulaire, est le théâtre de joutes annuelles. Les ruines en grès rose des tours jumelles, le pont-levis et les mâchicoulis ravissent les amateurs de châteaux. L'édifice date de la fin du XIIIe siècle, mais en 1634, ayant perdu son rôle défensif, il fut transformé en une luxueuse demeure de style Renaissance écossaise. Ironie du sort, la terrible milice des Covenantaires (presbytériens opposés à l'introduction de l'anglicanisme) le saccagea quelques années plus tard.

Rallongez votre excursion d'une demi-journée pour aller voir, non loin, le **Caerlaverock Wetland Centre**, qui protège 546 hectares de marais salants. Il en vaut la peine, notamment pour ses sentiers et caches, qui permettent d'observer bernaches nonnettes et cygnes chanteurs par milliers. Moyennant de la discrétion et de la patience, peut-être apercevrez-vous blaireaux, chevreuils et loutres.

Au nord, dans un vaste domaine animé, est érigée une autre forteresse rose : le **Drumlanrig Castle**, le pied-à-terre dans le Dumfriesshire du duc et de la duchesse de Buccleuch et de Queensberry. Renseignez-vous d'abord sur ses six siècles d'histoire avant d'en explorer les sentiers, les jardins ou la base de loisirs. Enfin, faites-vous plaisir en achetant souvenirs et en-cas dans la cour d'écurie du château.

L'OBSERVATOIRE DE LA VIE

Sur la Nith, le **Dumfries Museum** vaut le détour pour sa vue panoramique sensationnelle sur la ville, mais aussi pour le bâtiment dans lequel il est installé : un moulin à vent du XVIIIe siècle reconverti en observatoire. À l'étage se trouve la plus vieille *camera obscura* encore fonctionnelle (1836). Grâce à un agencement complexe de miroirs, cette chambre noire permet à la lumière de projeter une image de l'extérieur sur une paroi. Également consacré à l'histoire et à la préhistoire de la région, le musée expose un trésor d'outils, d'armes et de pierres taillées.

COMMENT S'Y RENDRE ET CIRCULER

Des trains à grande vitesse relient Dumfries à Glasgow (1 heure 50) et à Édimbourg (3 heures 10). Dans les deux cas, il faut prendre une correspondance à Carlisle. Le trajet en bus peut prendre une heure de plus. La compagnie de transports locale, **Stagecoach** (stagecoachbus.com), vend des forfaits à la journée (5 £).

En voiture, rejoindre la vieille ville se fait facilement depuis l'Écosse du Centre (environ 1 heure 30 depuis Glasgow et 2 heures depuis Édimbourg).

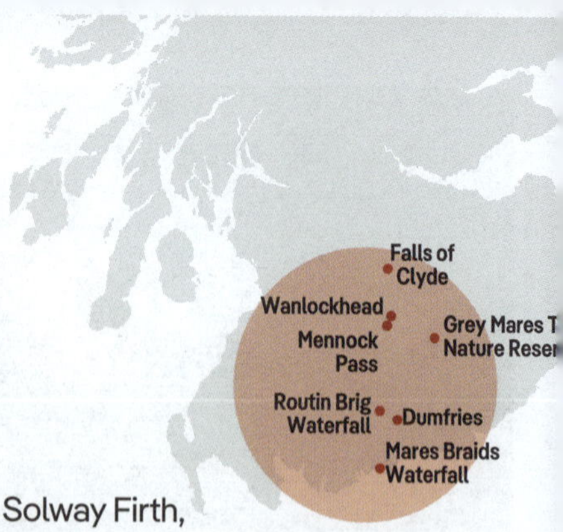

Environs de Dumfries

Entre océan de terres agricoles et Solway Firth, les alentours de Dumfries vous réservent leur lot de surprises.

Choisir un itinéraire aux abords de Dumfries, c'est être ouvert aux détours. Les routes panoramiques des Lowther Hills pénètrent dans les terres de la ruée vers l'or écossaise. Au nord, à Moffat, on peut voir plusieurs cascades ainsi que d'imposants palais et maisons. Et que dire de New Lanark, classé au Patrimoine mondial ? Autrefois centré sur l'une des plus grandes filatures au monde, le village avait quelque chose d'une utopie sociale. Le territoire est également ponctué d'abbayes, de sources et de distilleries. Cette zone n'est pas non plus en reste côté randonnée pédestre et cycliste : des sentiers serpentent entre des *glens* (vallons) bien dessinés et des sites historiques.

Pour les infos pratiques, voir le Carnet d'adresses p. 179

À SAVOIR

Trains et bus étant assez aléatoires, la voiture est indispensable dans cette région.

Falls of Clyde (p. 166)

STUART STEVENSON PHOTOGRAPHY/GETTY IMAGES ©

Mennock Pass

La ruée vers l'or écossaise

ROAD TRIP, MINES ET MINÉRAUX

Dans les collines couvertes de bruyère des Southern Uplands, **Mennock Pass** conduit les voyageurs à **Wanlockhead**, le village le plus haut d'Écosse (466 m). Populaire, pour ses paysages grandioses, auprès des randonneurs pédestres et cyclistes, il attire aussi de plus en plus d'orpailleurs. De fait, l'endroit est un haut lieu britannique du métal précieux ; après une visite au **Museum of Lead Mining** (et munis d'une licence, moyennant 10 £), les chercheurs d'or en herbe sont prêts à se lancer.

Toutefois, l'agitation actuelle n'est rien à côté de la ruée vers l'or calédonienne de 1869. Au musée sont exposées les photos anciennes de rangées entières de cabanes en bois de fortune, érigées sur les berges, et d'hommes barbus, penchés dans le rude *glen* et occupés à orpailler.

JARDIN COSMIQUE

Non loin de **Sanquhar, Crawick Multiverse**, installation de land art réalisée sur une ancienne mine de charbon à ciel ouvert, est l'un des jardins cosmiques de l'artiste américain Charles Jencks (1939-2019). Connu pour ses œuvres "terrestres", son architecture paysagère et ses reliefs provocants, Jencks a ici créé dix structures, supposées imiter astres et galaxies, et inspirées de caractéristiques et théories astronomiques et cosmologiques. À 45 minutes en voiture au nord-ouest de Dumfries.

AUTRES JARDINS COSMIQUES

Davantage de jardins excentriques signés Charles Jencks vous attendent à la **Scottish National Gallery of Modern Art** (p. 78), à Édimbourg, ou au **Jupiter Artland** (p. 79), à la sortie de la capitale, dans le paradis rural de Wilkieston.

OÙ SE LOGER DANS LES ENVIRONS DE DUMFRIES

New Lanark Mill Hotel
Dormez dans un site classé au Patrimoine mondial, dans un village de filature de coton du XVIIIe siècle. **£££**

Buccleuch Arms Hotel
À Moffat, ancien pavillon de chasse transformé en hôtel avec bar et bistrot. **££**

Hopetoun Arms Hotel
Hôtel rustique chic à Leadhills, le bastion des chercheurs d'or. **££**

NECTAR SUPRÊME : DISTILLERIES DES LOWLANDS

Annandale Distillery
Le champion du whisky *single cask* et le producteur de whisky le plus proche de la frontière anglaise. Visites intéressantes et possibilité de réserver un fût en cours de vieillissement.

Bladnoch Distillery
Fondée il y a plus de 200 ans, cette distillerie toujours en activité est installée sur un domaine de 20 hectares du Wigtownshire. Visites guidées sur mesure.

Dark Arts Distillery
Blotti contre le Galloway Forest Park, ce spécialiste du gin sec propose visites d'une heure et dégustations.

Ninefold Distillery
Seul producteur de rhum du Dumfries & Galloway. Visite de la plantation Lockerbie sur demande.

Ben Cumhaill Distillery
Étoile montante à Auldgirth, cette nouvelle distillerie de whisky *single malt* fait parler d'elle.

JACQUESVANDINTEREN/GETTY IMAGES ©

New Lanark

Retour dans le temps à New Lanark

LE SUD DU LANARKSHIRE PRÉINDUSTRIEL

À mesure que vous arrivez, la vallée boisée laisse place à l'ancienne ville industrielle, avec ses rangées de maisons en pierre, ses ateliers, son école et ses imposantes filatures de coton autrefois alimentées en énergie par de gigantesques roues à aubes. Sur les pavés, vous entendrez le clic-clac des machines à filer qui produisent aujourd'hui du fil de luxe. Après un tour dans ce qui est considéré comme le plus grand jardin sur toit du pays, remontez le temps dans le parc à thème en grimpant dans une nacelle qui vous transportera dans le South Lanarkshire du XIXe siècle.

Voici **New Lanark**, ville industrielle au bord de la Clyde, où les usines tournaient jadis à plein régime nuit et jour et dont les rues dickensiennes étaient peuplées de quelque 2 500 ouvriers. On doit ce village au philanthrope Robert Owen, qui le pensa comme une communauté égalitaire et instaura des programmes sociaux qui conduisirent à la création de la première école pour enfants du Royaume-Uni. Des villes industrielles du monde entier prirent plus tard cet endroit pour modèle.

De nos jours, les maisons, minutieusement restaurées, sont habitées et valent le coup d'œil ; vous serez occupé pour la journée. Des circuits guidés passent entre les maisons des ouvriers, près des magasins et des salles de classe historiques. Terminez en beauté avec les **Falls of Clyde**, deux chutes d'eau qui inspirèrent Turner et Wordsworth. Aller-retour, la balade jusqu'à la cascade argentée de **Corra Linn** (26 m) fait environ 2 km.

COMMENT S'Y RENDRE ET CIRCULER

New Lanark est plus facilement accessible depuis Glasgow que Dumfries (45 minutes pour la première contre une heure et plus pour la seconde).

Pour parcourir les alentours de Dumfries, il vous faudra louer une voiture. Il y a des collines partout : ne voyagez à vélo que si vous êtes un cycliste expérimenté.

GALLOWAY FOREST PARK

La plupart des visiteurs méconnaissent ce coin secret des Lowlands. Il est pourtant le plus grand parc forestier de Grande-Bretagne (780 km^2). Tout en bois, pics imposants et lochs cristallins, il est la clef de voûte de la Galloway and Southern Ayrshire Biosphere, une réserve de l'Unesco. Dépendant de la Forestry Commission, il est peu doté en infrastructures : on n'y croise donc que rarement du monde (en général des excursionnistes ou amateurs de bivouac). Fait remarquable : il fut le premier Dark Sky Park (parc de ciel étoilé) déclaré au Royaume-Uni. L'absence quasi totale de pollution lumineuse en fait un spot idéal pour observer les étoiles.

Pour les infos pratiques, voir le Carnet d'adresses p. 180

À SAVOIR

Le parc compte trois centres d'information des visiteurs, à Glentrool, Kirroughtree et Clatteringshaws. Le premier est le plus populaire. Tous présentent sentiers balisés, panneaux informatifs et café.

En contrées sauvages

RANDONNÉE, CYCLISME ET SOMMETS HISTORIQUES

Commencez un périple de deux jours dans les bois du coin sud-ouest du Galloway Forest Park au **Glentrool Visitor Centre**, pour vous renseigner sur les sentiers qui serpentent parmi les collines les plus hautes d'Écosse.

À 8 km de là débute un sentier de rêve (près de 13 km) qui monte jusqu'au sommet de **Merrick** (843 m). Ce sommet, qui appartient à la joliment nommée Range of the Awful Hand, est le point culminant du parc : d'ici, on voit jusqu'à l'Irlande du Nord par temps clair. Partez du parking du **Loch Trool** aux berges abruptes et de la **Bruce's Stone**, cairn érigé en 1929 pour commémorer la victoire décisive de Robert Bruce à Bannockburn, en 1314, sur une armée anglaise près de quatre fois plus nombreuse.

Le deuxième jour, enfourchez un vélo à Glentrool ou à Kirroughtree, deux des superbes **centres de VTT 7stanes** du Dumfries & Galloway (les trois autres sont à **Mabie**, **Dalbeattie** et **Ae**). Autre possibilité : élancez-vous sur la **Raiders' Road Forest Drive** (14 km aller-retour) dans un magnifique coin de forêt. Cette route est ouverte toute l'année aux cyclistes, cavaliers et randonneurs, mais ne l'est que d'avril à octobre pour les automobilistes.

LES MEILLEURS RESTAURANTS

Cafe at Glentrool
Les amoureux du plein air savourent café et gâteaux près du Loch Trool (ouvert d'avril à novembre).

Kirroughtree Cafe
Petits-déjeuners décontractés, pizzas cuites sur pierre, gâteaux et cafés sont proposés au Kirroughtree Visitor Centre.

Riverbank Restaurant
À Newton Stewart, adresse où déguster petits-déjeuners, burgers et sandwichs. Produits locaux à foison.

VOIR
1 Bruce's Stone
2 Dalmellington
3 Merrick
4 Newton Stewart

SE LOGER
5 Galloway Activity Centre

SE RESTAURER
6 Cafe at Glentrool
7 House o' Hill
8 Kirroughtree Cafe
voir 4 Riverbank Restaurant

PRENDRE UN VERRE
voir 4 Brew Ha Ha

RENSEIGNEMENTS
9 Clatteringshaws Tourist Office
10 Kirroughtree Tourist Office

TRANSPORTS
11 7stanes Glentrool
12 7stanes Kirroughtree
13 Parking du Loch Trool Trail
14 Raiders' Road Forest Drive

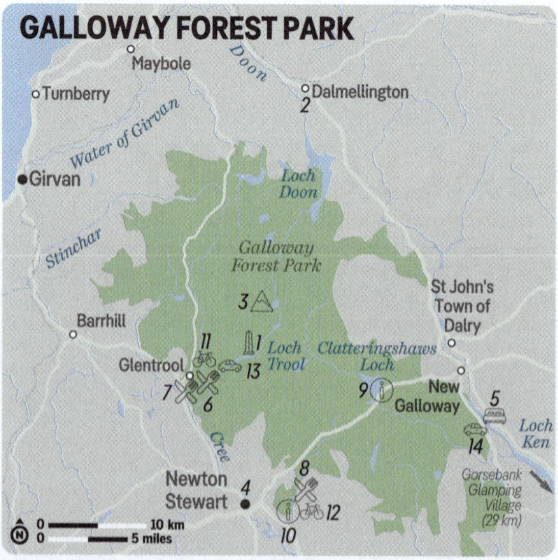

Nuit étoilée

CIRCUITS NOCTURNES ET PLANÉTARIUM

Dans le sonnet "*Thou Lingering Star*", Robert Burns célèbre le ciel du Dumfries & Galloway. De fait, dans le Galloway Forest Park, on peut observer les étoiles mieux que partout ailleurs en Écosse. Il s'agit du premier parc britannique à recevoir la désignation de Dark Sky Park, ce qui est révélateur du faible niveau de pollution lumineuse et de la facilité à observer les étoiles par temps clair. Mais ce n'est pas tout !

Ces bois sont le terrain de jeu des astronomes amateurs et professionnels, et, bien que le **Scottish Dark Sky Observatory** aux abords du **Loch Noon** à Dalmellington soit toujours fermé après un incendie dévastateur, les circuits nocturnes d'observation sont nombreux. En plus de trois centres pour visiteurs avec points d'information et prévisions météo, des **Biosphere Dark Sky Rangers** indépendants pourront vous faire découvrir pluies de météores, satellites et phénomènes célestes depuis

ATTEINDRE LES ÉTOILES

Parfait pour l'observation des étoiles, le Galloway Forest Park se prête moins à celle des aurores boréales ; préférez les coins reculés des Shetland, des Orcades, de Caithness ou de l'Aberdeenshire. Pour les plus beaux cieux nocturnes, direction la Dark Sky Island officielle, l'île de **Coll** (p. 259).

OÙ SE LOGER DANS LE GALLOWAY FOREST PARK

Creebridge House Hotel
Ancien pavillon de chasse à Newton Stewart, option la plus luxueuse des environs. À 6 km du Kirroughtree Visitor Centre. **£££**

Gorsebank Glamping Village
Camping branché au sud-est du parc avec hébergements insolites d'où observer les étoiles. **££**

Galloway Activity Centre
Établissement polyvalent sur les berges du Loch Ken, à l'est du parc, avec abondance d'activités. Yourtes, cabanes écologiques et dômes façon glamping. **£**

Galloway Forest Dark Sky Park

les meilleurs points de vue. Pour plus de détails sur les guides et circuits, rendez-vous sur gsabiosphere.org.uk.

Envie de faire cavalier seul ? Préférez l'hiver, le début du printemps et de l'été ou la fin de l'automne, comme il fait nuit plus longtemps. En famille, l'idéal est de se rendre près de **Kirkcudbright** (p. 171) pour visiter l'amusant **Dark Space Planetarium**, où la science de l'observation des étoiles se marie à une technologie de pointe.

CIRCUITS NOCTURNES ÉTOILÉS

Elizabeth Tindal, Biosphere Dark Sky Ranger, relate une session d'observation des étoiles.

La nuit, dominé par l'obscurité et les étoiles, le Galloway Forest Dark Sky Park resplendit. Premier parc à recevoir cette désignation en Europe, il est chéri par les observateurs d'étoiles. J'ai la double casquette de garde forestière indépendante et de Biosphere Dark Sky Ranger : j'aime guider les visiteurs et m'immerger avec eux dans les ténèbres pour appréhender les textures et les sons de la nuit, sentir le manteau obscur nous envelopper sous une infinité d'étoiles. L'expérience sensorielle est complète : nous faisons aussi griller de la guimauve autour d'un feu de camp en discutant de ce que nous avons vu.

COMMENT CIRCULER

Le Galloway Forest Park se parcourt très facilement : venez en voiture ou avec votre vélo. Une route pavée de 30 km traverse le parc de part en part (30 minutes en automobile).

Environs du Galloway Forest Park

Tout autour, la biosphère englobe des falaises et côtes à couper le souffle et certaines des villes les plus fascinantes du pays.

À l'ouest du Galloway Forest Park, la côte s'étire et épouse la péninsule du Rhinns of Galloway, semblable à une ancre jetée dans la mer d'Irlande. Ici, les heures se transforment en jours, en particulier lorsque l'on gravit des collines vertigineuses, que l'on parcourt des falaises peuplées d'oiseaux marins, ou que l'on se rend au pied des phares du Mull of Galloway, en passant par des plages dorées. En partant du sud vers le nord, vous arriverez à Portpatrick, un port digne d'une carte postale. Au bord du Solway Firth, vous parviendrez ensuite, plus à l'est, à la cité écossaise du livre et aux maisons colorées de la "Riviera écossaise", Kirkcudbright.

Pour les infos pratiques, voir le Carnet d'adresses p. 180

À SAVOIR

Pour explorer la région comme il se doit, déplacez-vous en voiture ou à vélo. La gare ferroviaire de Stranraer est pratique pour débuter un voyage au sud-ouest, mais sur le littoral, les bus se rendant jusqu'à Kirkcudbright sont lents et s'arrêtent sans cesse.

Sweetheart Abbey

WESTEND61/GETTY IMAGES ©

La Riviera écossaise

EN QUÊTE DE CHÂTEAUX, D'ABBAYES ET D'ART

La ville portuaire de Kirkcudbright a quelque chose de méditerranéen. Entre sa multitude de villas et de maisons qui, opulentes et colorées, donnent sur la Dee, et son histoire liée aux artistes et aux galeristes, elle abonde en sites méritant le détour. Depuis le **MacLellan's Castle** (1577), dont les ruines dominent un ensemble de maisons de marchands en pierre du XVIIIe siècle, rejoignez la **Broughton House**, investie par des membres de l'école de peinture des Glasgow Boys à la fin du XIXe siècle. Y sont exposés des tableaux d'Edward Atkinson Hornel (1864-1933), un de leurs représentants, qui vécut et travailla ici, ainsi que de plusieurs de ses contemporains. Grand bibliophile, l'artiste a aussi laissé une importante collection de livres, dont de nombreuses œuvres de Robert Burns. Lambrissée et ornée d'une réplique des frises du Parthénon, la galerie a un charme indiscutable. À l'arrière de la maison s'étend un beau jardin. Pour découvrir davantage la scène artistique locale, prenez le temps de visiter les **Kirkcudbright Galleries**, installées dans l'ancien hôtel de ville. L'exposition permanente, au rez-de-chaussée, raconte l'histoire des artistes et des créateurs qui ont séjourné dans la ville ou l'ont visité depuis un siècle et demi. Deux autres salles abritent d'excellentes expositions temporaires.

On ne saurait venir à Kirkcudbright sans un détour par la **Dundrennan Abbey** à 16 km à l'est le long du Solway Firth. L'humeur est au recueillement dans ce monastère cistercien (XIIe siècle) : c'est ici que Marie Stuart a passé son ultime séjour écossais. Bien que deux autres abbayes en ruine soient à proximité (**Sweetheart** et **Glenluce**), c'est bien elle qui a rang de joyau ecclésiastique du Galloway.

Pour vous fondre dans la population locale, prononcez "ke-koo-bri", plutôt que "kirk-cud-bright".

Ville nationale du livre

CÉLÉBRER LES LIVRES

La petite **Wigtown**, à 11 km au sud de Newton Stewart, prend très au sérieux son rôle de **ville nationale du livre en Écosse**. Les librairies y sont légion.

Les amateurs commenceront par l'une des librairies parmi la dizaine qui a redonné vie à la place centrale et aux façades historiques. L'endroit accueille un festival du livre annuel de dix jours en automne (septembre-octobre), le **Wigtown Book Festival**.

HISTOIRE DU DÉBARQUEMENT

Les amoureux d'histoire connaissent les Galloway Hills pour autre chose que ses crêtes boisées et ses terres sauvages : un épisode de la Seconde Guerre mondiale s'y serait tenu.

Il implique deux grandes figures du XXe siècle : Winston Churchill et Dwight Eisenhower. On dit qu'ils y auraient tenu, au **Knockinaam Lodge**, un hôtel de campagne près de **Portpatrick**, une réunion furtive dans la salle de réception donnant sur Port of Spittal Bay. Ils auraient ce jour planifié le débarquement allié en Normandie dans le cadre de l'Operation Overlord.

OÙ SE RESTAURER DANS LES ENVIRONS DU GALLOWAY FOREST PARK

Station House Cookery School
Cours de cuisine dans cet établissement signé Nick Morris, une pointure locale. Mettez la main à la pâte avant de vous régaler. **££**

The Auld Alliance
La cuisine s'évertue à célébrer ici des siècles d'amitié franco-écossaise. **££**

Selkirk Arms
Spécialité du Galloway, avec options végétariennes et véganes. **£**

LE SOUTHERN UPLAND WAY

Le **Southern Upland Way** est un sentier de grande randonnée (344 km) qui se rend du littoral ouest au littoral est de l'Écosse, entre **Portpatrick** et **Cocksburnpath**.

Comptez en moyenne entre 12 et 16 jours pour le parcourir. L'un des tronçons les plus beaux et paisibles s'étire sur les 21 km qui précèdent le **Castle Kennedy**.

En route, on croise des petites baies, des plages de galets et des chemins de campagne avant d'arriver aux portes du très sauvage **Galloway Forest Park**.

ADRIAN CIESLAK/SHUTTERSTOCK ©

Mull of Galloway

En voiture sur le Rhinns of Galloway

ROAD TRIP SUR L'EXTRÉMITÉ SUD-OUEST

Au sud-ouest de Stranraer, le road trip débute dans le village pittoresque de **Portpatrick**, où tout est centré sur la pêche et les marées. Des sentiers en haut des falaises relient, au nord, le port blanchi à la chaux et, au sud, Dunskey Castle, maison forte délabrée, splendide sous le soleil, en passant par le **phare de Killantringan**.

La péninsule compte deux jardins ornementaux : le **Logan Botanic Garden**, à 1,6 km au nord de Port Logan, et les **Castle Kennedy Gardens**, d'une superficie de 30 hectares. Visitez le premier si vous choisissez de poursuivre au sud pour respirer à pleins poumons, au bout d'une route mythique, l'air du **Mull of Galloway**, le point le plus méridional d'Écosse.

Vous aurez largement de quoi vous occuper ici une demi-journée durant. Outre l'imposant phare de 79 m conçu par Robert Stevenson, grand-père de l'écrivain et pointure glaswégienne de la conception des phares britanniques, vous verrez des colonies d'oiseaux marins nicheurs accrochées aux parois des falaises. L'extrémité de la péninsule est occupée par la **Mull of Galloway Nature Reserve**, où des sentiers mènent à des points de vue pour observer fous de Bassan, guillemots et, en été, macareux.

En remontant au nord depuis Drummore, la route bifurque à l'est, ce qui permet de s'arrêter sur l'une des baies sablonneuses et plages aux airs méditerranéens des **South Rhinns**. Ne manquez pas **Luce Sands**, nichée au creux de Sandhead Bay.

COMMENT CIRCULER

Mieux vaut louer une voiture pour longer la côte jusqu'au Mull of Galloway ; aucun bus ou train ne descend plus loin que Stranraer.

Pour plus de tranquillité sur les routes et pour un ciel sans nuage, venez en mai, juin ou septembre.

TROON

Quand on évoque Troon, deux images viennent à l'esprit : d'abord, celle de sables balayés par le vent, de touffes d'herbes et de couchers de soleil épiques. L'autre est celle des terrains de golf qui parent la côte d'émeraude et ont transformé ce coin reculé en destination sportive de renommée mondiale. Ces plages d'exception et ces greens plantent le décor d'une ville de l'Ayrshire qui le dispute en charme à ses voisines d'Ayr et de Largs. Son passé a aussi son importance : ancien centre industriel de la production de charbon, elle a vu naître le premier chemin de fer du pays en 1812. Les mots du plus grand poète écossais, Robert Burns, semblent portés ici par le vent, depuis sa ville natale, Alloway, à 12 km au sud.

Pour les infos pratiques, voir le Carnet d'adresses p. 181

À SAVOIR

Troon s'explore facilement à pied, mais pour aller au-delà de ses terrains de golf et de son front de mer, il vous faudra louer une voiture ; où emprunter le réseau complexe de trains et de bus de l'Ayrshire.

La côte des sports nautiques

PLAGES ET SURF

Ici, on n'est jamais bien loin de plages jouxtant le Firth of Clyde et donnant, par-delà les vagues moutonnantes, sur l'île d'Arran. Depuis la gare centrale, traversez les dunes herbeuses à pied pour atteindre la **Troon Beach**, où kitesurfeurs et windsurfeurs s'en donnent à cœur joie, aux côtés d'habitants volontiers enclins à braver la météo pour pique-niquer, se baigner et construire des châteaux de sable.

Baladez-vous sur l'esplanade pour goûter aux produits de l'Ayrshire – *fish and chips* et crème glacée. Sinon, savourez des fruits de mer lors d'un déjeuner sur le **Troon Yacht Haven**, l'une des plus grandes marinas d'Écosse, où sont proposés sorties en mer, cours et excursions en tous genres. Elle est l'un des centres de la "côte des sports nautiques" écossaise.

Envie de retourner sur la plage ? Cap sur la **Barassie Beach**, grande étendue de sable chatoyant, au nord du centre.

Windsurf à Barassie Beach

JEFF J MITCHELL/GETTY IMAGES ©

INCONTOURNABLES
1 Dundonald Links
2 Royal Troon Golf Club

VOIR
3 Barassie Beach
4 Troon Beach

ACTIVITÉS
5 Prestwick Golf Club
6 Troon Yacht Haven
7 Western Gailes Golf Club

SE LOGER
8 Marine Troon
9 Piersland House
10 Sandhill House

LE PARADIS DU GOLF

Trump Turnberry
Si son achat, par l'ancien président Donald Trump, a fait débat, ce terrain n'en abrite pas moins l'exceptionnel parcours Ailsa Golf Course.

Western Gailes
En bord de mer au nord de Troon, avec des fairways ondulants.

Prestwick Golf Club
Lieu de naissance du British Open, cet endroit accueille encore le plus ancien grand tournoi de golf au monde.

Gloire au golf

FAITES UN SWING SUR LA CÔTE SPORTIVE

La côte de l'Ayrshire, avec ses plages en alcôves, ses dunes couvertes de *machair* et sa météo changeante alliée à des vents terrestres, a de quoi faire rêver les golfeurs.

On y trouve sept terrains de golf jalousés de bien des pays et dont certains accueillent le très prestigieux **British Open**.

Citons notamment l'Old Course, parcours historique et grandiose du **Royal Troon Golf Club**, à quelques minutes de marche au sud de Troon Beach, et **Dundonald Links**, un chef-d'œuvre moderne au superbe parcours par 72.

OÙ SE LOGER À TROON

Marine Troon
Surplombe le Royal Troon Golf Club et Troon Beach, avec deux restaurants et une piscine. Service impeccable. **£££**

Piersland House
Maison de campagne victorienne traditionnelle en bord de mer, avec restaurant et bar. Non loin de la plage. **££**

Sandhill House
Charmant B&B bâti dans les années 1890, avec vue sur trois des aires de départ du Royal Troon Golf Club. **££**

Environs de Troon

Sur la côte de l'Ayrshire, parcs, châteaux somptueux et personnages indissociables de la nation écossaise n'attendent que vous.

En Ayrshire, toutes les routes mènent à Alloway, ne serait-ce qu'au plan spirituel. Cette petite communauté agricole, au sud d'Ayr, reste marquée par Robert Burns, le barde national. Dominée par les riches pâturages des Lowlands et par le bétail laitier de l'Ayrshire, la région a toujours été tributaire de l'agriculture intensive. La plupart des itinéraires touristiques étant centrés sur Burns et le XVIIIe siècle, un autre pan de l'histoire écossaise, pourtant crucial, est souvent négligé. En effet, c'est à Ayr que sir William Wallace, héros de l'indépendance (popularisé par le film *Braveheart*), entama sa lutte.

Pour les infos pratiques, voir le Carnet d'adresses p. 181

À SAVOIR

De la fin du printemps au début de l'automne, les plages austères quittent leur manteau d'hiver, les *fairways* sont verts et les couchers de soleil sont épiques.

Wallace's Monument (p. 177)

L'HISTOIRE D'AULD LANG SYNE

L'ode de Robert Burns à la nouvelle année est l'une des chansons les plus connues du monde anglophone. Écrit en scots en 1788, le poème est attribué à Burns et au baladin James Watson (il reprend des strophes d'"*Old Long Syne*", chanson populaire que ce dernier avait composée en 1711). Bien que la mélodie et l'arrangement en changèrent au fil du temps, cette ode et son au-revoir à l'année écoulée revêtirent une signification toujours plus grande pour les Écossais. Peu après, le pays fut frappé par une crise économique durable qui en poussa beaucoup à partir pour l'Amérique du Nord, l'Australie et ailleurs, emportant avec eux cette chanson.

JEFF J MITCHELL/GETTY IMAGES ©

Burns Supper, Robert Burns Birthplace Museum

Sur le Burns Trail

FAMILIARISEZ-VOUS AVEC LE POÈTE NATIONAL

Avec ses cottages de laboureurs, ses champs d'orge et ses haies, **Alloway** est le point de départ idéal pour un road trip centré sur Robert Burns. Plusieurs sites donnent vie à son histoire, à commencer par le **Robert Burns Birthplace Museum**, doté d'une solide collection de manuscrits et d'objets. Plus loin, on rejoint le **Brig O'Doon** (pont de la Doon, en arc), le **Burns Monument**, achevé en 1823, et l'**Alloway Auld Kirk**, qui figure dans le poème narratif le plus connu de l'artiste, *Tam o' Shanter*. C'est aussi ici qu'est inhumée la famille du poète ; cherchez la pierre tombale de son père, William, gravée d'une sombre épitaphe signée par son fils.

Rendez-vous au pittoresque **Burns Cottage**, un trois-pièces au toit de chaume, où le barde passa ses sept premières années. Le 25 janvier 1759, il naquit dans une chambrette, qu'il partagea

OÙ SE LOGER DANS LES ENVIRONS DE TROON

Gailes Hotel and Spa
À Irvine, adresse sophistiquée avec un spa et un restaurant excellent. **££**

Dumfries House Lodge
Cottages, appartements et pavillons au cœur d'un domaine de 809 hectares centré sur une villa palladienne dans l'est de l'Ayrshire. **££**

Glenapp Castle
Ses suites et son domaine privé font de cet hôtel de campagne l'une des adresses les plus spectaculaires de l'Ayrshire. Près de Ballantrae. **££**

ensuite avec trois de ses sept frères et sœurs. Depuis 1801, cinq ans après la mort prématurée du poète alors âgé de 37 ans, les férus de poésie et les amoureux de culture écossaise lui rendent hommage le jour de son anniversaire, avec des récitals, du haggis et du whisky. Le **Burns Supper** est devenu un symbole du nationalisme romantique, et il existe désormais plus de 250 Burns Clubs dans le monde entier.

Châteaux, falaises et claymores

EN QUÊTE DE HÉROS

Marcher dans les pas de grandes figures stimule l'imagination. Partez du **Wallace's Monument** au sud de l'Ayrshire, hommage de pierre (1857) au combattant de la liberté William Wallace, pour rejoindre la côte au sud d'Ayr et faire escale au **Greenan Castle**, superbe maison forte du XVIe siècle, accrochée à une falaise. Parmi le faisceau d'histoires qui l'entourent, la plus connue est celle d'un meurtre sanglant survenu en 1602, qui inspira à Walter Scott l'écriture de *An Ayrshire Tragedy*.

Tout cela vous prépare au spectaculaire **Culzean Castle**, à trente minutes en voiture au sud le long de la côte de l'Ayrshire. Conçue par Robert Adam, cette demeure du XVIIIe siècle occupe un site exceptionnel au bord d'une falaise. Architecte le plus influent de son temps, Robert Adam était connu pour son souci du détail et les ornements à l'élégance classique dont il agrémentait plafonds et cheminées. Le superbe escalier ovale est considéré comme l'une de ses plus belles réalisations, et l'opulence du salon circulaire offre un contraste saisissant avec la rudesse du paysage maritime en contrebas.

La mystérieuse île de l'Ayrshire

OISEAUX MARINS ET PIERRES DE CURLING

Ailsa Craig, île à 24 km à l'ouest de **Girvan** sur la côte de l'Ayrshire, est aussi iconique que méconnue.

Inhabitée, elle abrite pourtant des dizaines de milliers de fous de Bassan et de guillemots ; il s'agit de l'un des principaux sites d'observation ornithologique du sud-ouest du pays. Son sommet en forme de dôme sculpte le paysage de tous côtés. Participez à une superbe **excursion en bateau** pour observer les oiseaux marins. Vous apprendrez alors que le granit d'Ailsa Craig est le seul à être extrait pour fabriquer les pierres de curling des Jeux olympiques et des championnats du monde.

LES PLUS BELLES CASCADES

Grey Mare's Tail
L'une des plus hautes cascades de Grande-Bretagne (60 m). Ce filet d'argent voilé de brume tombe dans la Grey Mares Tail Nature Reserve, près de Moffat.

Routin Brig Fall
Tient son nom d'un pont où les sorcières avaient coutume de se rencontrer. Endroit idéal pour admirer la rivière de Cairn Water.

Mares Braids
Dans la Southwick Coastal Reserve, au bord du Solway Firth sur la côte non loin de Sandyhills, cette cascade côtière est accessible uniquement à marée basse.

FAN DE BRAVEHEART ?

Partez au nord-est de Stirling, où se dresse le **Wallace Monument** (p. 190). Plus imposant et mystérieux que son homologue de l'Ayrshire, il n'en a pas moins été bâti 12 ans après.

COMMENT S'Y RENDRE ET CIRCULER

Bien desservie par les trains et les bus, Troon est une base idéale pour explorer l'Ayrshire et ses environs. Chaque jour, une douzaine de trains directs **ScotRail** (scotrail.co.uk) relient Glasgow et Troon (45 minutes). Les bus **Stagecoach** (stagecoachbus.com) font régulièrement la navette entre les deux villes (entre 1 heure 15 et 1 heure 45 de trajet).

Carnet d'adresses

HAUTE VALLÉE DE LA TWEED

Abbotsford
Voir p. 157 (01896-752043 ; www.scottsabbotsford.com ; Melrose, Roxburghshire TD6 9BQ ; maison et jardins adulte/enfant 14/6,50 £, jardins seuls 7,50/4 £ ; 10h-16h, dernière entrée 15h)

Dawyck Botanic Garden
Voir p. 155 (0172-176 0254 ; www.rbge.org.uk/visit/dawyck-botanic-garden ; Stobo, Peebles EH45 9JU ; adulte/enfant 7,20/6,30 £ ; 10h-16h fév et nov, 10h-17h mars-oct, dernière entrée 45 min avant la fermeture)

Drumelzier Haugh
Voir p. 156 (Biggar ML12 6JD)

Dryburgh Abbey
Voir p. 157 (0183-582 2381 ; www.historicenvironment.scot/visit-a-place/places/dryburgh-abbey ; Boswells St, Melrose TD6 0RQ ; adulte/enfant 3,80/3 £ ; 9h30-17h30 avr-sept, 10h-16h oct-mars)

Philiphaugh Salmon Viewing Centre
Voir p. 156 (0175-02 1766 ; www.philiphaughestate.com ; Philiphaugh Estate Office, Selkirk TD7 5LX ; 8h-16h lun-ven)

Sunderland Hall
Voir p. 156 (www.borderarchaeology.co.uk/home/sites/sunderland-hall ; A7, Galashiels TD1 3PF)

Tweed Valley Forest Park
Voir p. 155 (0300-067 6900 ; forestryandland.gov.scot/visit/forest-parks/tweed-valley-forest-park ; Glentress, Peebles EH45 8NB)

7stanes
Voir p. 155 (forestryandland.gov.scot/visit/activities/mountain-biking/7stanes)

Biggar Adventure
Voir p. 157 (0783-487 1575 ; biggaradventure.co.uk ; Dovecot Rd, Peebles, Scottish Borders, EH45 8EQ, camping 100 £, excursion en canoë 45 £)

Go Ape
Voir p. 157 (0160-389 5500 ; goape.co.uk ; Falla Brae Car Park Glentress Forest, Peebles EH45 8NB ; accrobranche 19-40 £, tyrolienne 20-49 £ ; 10h-14h)

Neidpath Castle
Voir p. 157 (0172-172 0333 ; www.neidpathcastle.com ; Neidpath Castle, Peebles, EH45 8NW)

Cleikum Mill Lodge
Voir p. 155 (0779-059 2747 ; www.cleikum-mill-lodge.co.uk ; 7 Cleikum Mill, High St, Innerleithen EH44 6QT)

Stobo Castle
Voir p. 155 (0172-172 5300 ; www.stobocastle.co.uk ; Stobo, Peebles EH45 8NY)

Traquair House
Voir p. 155 (0189-683 0323 ; www.traquair.co.uk ; Traquair, Innerleithen EH44 6PW)

Cafe Sitooterie
Voir p. 156 (0189-683 0208 ; www.caddonview.co.uk/cafe-sitooterie-changing-menu ; 14 Pirn Rd, Innerleithen EH44 6HH ; 10h-16h jeu-dim)

Cocoa Black Chocolate Shop & Cafe
Voir p. 156 (01721-723764 ; www.cocoablack.com ; 1 Cuddy Bridge, Peebles EH45 8HX ; douceurs 2-5 £ ; 10h-16h lun-jeu, 10h-16h30 ven et dim, 10h-17h sam)

Glentress Peel Cafe
Voir p. 156 (0172-172 4571 ; www.facebook.com/PeelCafeGlentress ; Glentress Peel, Peebles EH45 8NB ; 9h-16h lun-ven, 9h-17h sam-dim)

ENVIRONS DE LA HAUTE VALLÉE DE LA TWEED

Floors Castle
Voir p. 159 (01573-223333 ; www.floorscastle.com ; adulte/enfant château et domaine 18 £/gratuit ; 10h30-17h avr-sept)

Jedburgh Abbey
Voir p. 159 (0183-586 3925 ; www.historicenvironment.scot/visit-a-place/places/jedburgh-abbey ; Abbey Bridge End, Jedburgh TD8 6JQ ; adulte/enfant 7/4 £ ; 10h-16h oct-mars, 9h30-17h30 avr-sept)

Kelso Abbey
Voir p. 159 (0189-682 2562 ; www.historicenvironment.scot/visit-a-place/places/kelso-abbey ; Kelso TD5 7JE ; 10h-16h oct-mars, 9h30-17h30 avr-sept)

Melrose Abbey
Voir p. 159 (0189-682 2562 ; www.historicenvironment.scot/visit-a-place/places/melrose-abbey ; Abbey St, Melrose TD6 9LG ; adulte/enfant 3,80/3 £ ; 10-16h oct-mars, 10h-17h avr-sept)

St Abb's Head National Nature Reserve
Voir p. 160 (www.nts.org.uk)

Capon Tree
Voir p. 159 (0183-586 9596 ; www.thecapontree.com ; 61 High St, Jedburgh TD8 6DQ ; 15h-23h mar-jeu, 16h-23h jeu, 16h-minuit ven-sam)

Cobbles
Voir p. 159 (0157-322 3548 ; www.thecobbleskelso.co.uk ; 7 Bowmont St, Kelso TD5 7JH ; plats 7-16 £ ; 12h-23h mer-sam, 12h-19h dim)

Hoebridge
Voir p. 159 (0189-682 3082 ; www.thehoebridge.com ; Gattonside, Melrose TD6 9LZ ; plats 23-32 £ ; 17h30-21h30 mer-sam)

Provender
Voir p. 159 (0189-682 0319 ; provendermelrose.com ; West End House, High St, Melrose TD6 9RU ; plats 15,50-29 £ ; 10h-21h mer-sam, 10h-15h dim)

Windlestraw
Voir p. 159 (0189-687 0636 ; www.windlestraw.co.uk ; Galashiels Rd, Walkerburn EH43 6AA ; 9h-16h lun-ven, 9h-17h sam-dim)

Roulotte Retreat
Voir p. 159 (0845 094 9729 ; www.roulotteretreat.com ; Bowden Mill, Melrose TD6 0SU)

SCHLOSS Roxburghe Hotel
Voir p. 159 (0157-345 0331 ; Heiton, Kelso TD5 8JZ)

Townhouse Hotel
Voir p. 159 (0189-682 2645 ; www.thetownhousemelrose.co.uk ; Market Square, Melrose TD6 9PQ)

DUMFRIES

Burns House
Voir p. 162 (0138-725 5297 ; www.dgculture.co.uk/venue/robert-burns-house ; Burns St, DG1 2PS ; 10h-13h et 14h-17h mar-sam)

Burns Mausoleum
Voir p. 162 (Saint Michael's Cemetery, DG1 2LA)

Caerlaverock Castle
Voir p. 163 (0138-777 0244 ; www.historicenvironment.scot ; Castle Road End, Dumfries DG1 4RU ; adulte/enfant 8,50/4,86 £ ; 10h-16h mar-sam oct-mars, 9h30-17h avr-sept)

Caerlaverock Wetland Centre
Voir p. 163 (0138-777 0200 ; www.wwt.org.uk/wetland-centres/caerlaverock ; ferme d'Eastpark, Caerlaverock DG1 4RS ; adulte/enfant 8,27/4,72 £ ; 10h-17h)

Dumfries Museum
Voir p. 163 (0138-725 3374 ; www.dgculture.co.uk ; The Observatory, Rotchell Rd, DG2 7SW ; musée gratuit, camera obscura adulte/enfant 4/2 £ ; 10h-16h mar-sam)

Drumlanrig Castle
Voir p. 163 (0184-833 1555 ; www.drumlanrigcastle.co.uk ; Thornhill DG3 4AQ ; jardins et aire de jeux adulte/enfant 8/6 £, château adulte/enfant 18/9 £ ; jardins et aire de jeux 11h-16h avr-sept, château 11h-16h juil-août)

Moat Brae
Voir p. 162 (0138-725 5549 ; www.moatbrae.org ; 101 George St, Dumfries DG1 1EA ; adulte/enfant 10/7 £, jardin seul 3 £ ; 10h-16h)

Robert Burns Centre
Voir p. 162 (0138-726 4808 ; www.dumgal.gov.uk ; Mill Rd, DG2 7BE ; présentation audiovisuelle 2,30 £ ; 10h-13h et 13h30-16h mar-sam)

Cairndale Hotel & Leisure Club
Voir p. 161 (0138-725 4111 ; www.cairndalehotel.co.uk ; 132-136 English St, DG1 2DF)

Back Street
Voir p. 161 (0138-724 8008 ; thebackstreetdumfries.co.uk ; 103 Queensberry St, DG1 1BH ; plats 16,50-20 £ ; 17h-22h mer-sam)

Cavens Arms
Voir p. 161 (0138-725 2896 ; www.cavensarms.com ; 20 Buccleuch St, DG1 2AH ; plats 11,95-28 £ ; 15h-22h30 lun, 11h30-23h mar, 11h30-23h30 mer et ven-sam, 11h30-22h30 mer-jeu, 12h-22h30 dim)

Globe Inn
Voir p. 162 (0138-732 3010 ; www.globeinndumfries.co.uk ; 56 High St, DG1 2JA ; 11h-21h mar-mer, 11h-23h jeu-sam)

ENVIRONS DE DUMFRIES

Crawick Multiverse
Voir p. 165 (0165-950 242 ; www.crawickmultiverse.co.uk ; B740, Sanquhar DG4 6EG ; adulte/enfant 6/3 £ ; 10h-13h et 14h-17h mar-sam)

Museum of Lead Mining
Voir p. 165 (0165-974 387 ; www.leadminingmuseum.co.uk ; Wanlockhead ML12 6UT ; visite guidée et musée adulte/enfant 19,50/8 £ ; 11h-16h mer-dim)

Annandale Distillery
Voir p. 166 (0146-120 7817 ; annandaledistillery.com ; Northfield, Annan DG12 5LL ; visite 18 £ ; 10h-16h)

Ben Cumhaill Distillery
Voir p. 166 (bencumhaill.co.uk ; Auldgirth, Dumfries DG2 0RZ)

Bladnoch Distillery
Voir p. 166 (01988-402605 ; www.bladnoch.com ; Bladnoch, Newton Stewart DG8 9AB ; visites 20-50 £ ; 11h-16h mer-dim)

Dark Arts Distillery
Voir p. 166 (0155-733 7217 ; www.darkartdistillery.com ; The Johnston, St Mary St, Kirkcudbright DG6 4EG ; visite adulte/enfant 15/8 £ ; 11h-15h mer-ven et dim, 11h-17h sam)

Ninefold Distillery
Voir p. 166 (0138-784 0116 ; www.ninefolddistillery.com ; Dormont Home Farm, Dalton, Lockerbie DG11 1DJ)

Buccleuch Arms Hotel
Voir p. 165 (0183-582 2243 ; www.buccleucharms.com ; The Green, St Boswells, Melrose TD6 0EW)

Hopetoun Arms Hotel
Voir p. 165 (0165-974 234 ; www.hopetounarms.co.uk ; 37 Main St, Leadhills, Biggar ML12 6XP)

New Lanark Mill Hotel
Voir p. 165 (0155-566 7200 ; www.newlanarkhotel.co.uk ; Mill No.1, New Lanark Mills, New Lanark Rd, Lanark ML11 9DB)

GALLOWAY FOREST PARK

Bruce's Stone
Voir p. 167 (0300-067 6800 ; Loch Trool, Glentrool, Newton Stewart DG8 6SU)

Crawick Multiverse
Voir p. 165 (0165-950 242 ; www.crawickmultiverse.co.uk ; Glentrool, Newton Stewart DG8 6SZ ; adulte/enfant 6/3 £ ; 10h-13h et 14h-17h mar-sam)

Glentrool Visitor Centre
Voir p. 167 (0300-067 6800 ; forestryandland.gov.scot/visit/forest-parks/galloway-forest-park/glentrool-visitor-centre ; Glentrool, Newton Stewart DG8 6SZ ; 10h30-16h)

Dark Skies Park
Voir p. 168 (0155-733 7213 ; www.darkspaceplanetarium.org ; The Johnston, St Mary St, Kirkcudbright DG6 4EG ; adulte/enfant 15/8 £ ; 10h-16h)

7stanes Glentrool
Voir p. 168 (forestryandland.gov.scot ; Unamed Road, Newton Stewart)

7stanes Kirroughtree
Voir p. 168 (forestryandland.gov.scot ; Newton Stewart DG8 7BE)

Raiders' Road Forest Drive
Voir p. 167 (www.wikiloc.com/offroading-trails/raiders-road-forest-drive-82593160 ; A762, Castle Douglas DG7 2NG)

Creebridge House Hotel
Voir p. 168 (0167-140 2121 ; www.creebridge.co.uk ; 6 Creebridge, Newton Stewart DG8 6NP)

Galloway Activity Centre
Voir p. 168 (0155-650 2011 ; www.lochken.co.uk ; Loch Ken, Shirmers Bridge, Parton, Castle Douglas DG7 3NQ)

Gorsebank Glamping Village
Voir p. 168 (0155-661 0174 ; www.gorsebank.co.uk ; Greenhill Farm, A710 Coast Road, Dalbeattie DG5 4QT)

Cafe at Glentrool
Voir p. 167 (0167-184 0745 ; www.facebook.com/Glentroolvisitorcentre ; Glentrool, Newton Stewart DG8 6SZ ; 10h30-16h)

Kirroughtree Cafe
Voir p. 167 (0167-140 2994 ; www.facebook.com/Kirroughtree ; Forest Dr, Newton Stewart DG8 7BE ; sandwich 5,75 £ ; 11h-15h30 lun-ven, 10h-16h sam)

Riverbank Restaurant
Voir p. 167 (0167-140 3330 ; www.facebook.com/pages/Riverbank-Restaurant/109046719156927 ; Goods Ln, Newton Stewart DG8 6EH ; 9h-16h lun-sam)

Loch Trool Trail Car Park
Voir p. 167 (Southern Upland Way, Newton Stewart DG8 6SS)

ENVIRONS DU GALLOWAY FOREST PARK

Broughton House
Voir p. 171 (0155-733 0437 ; www.nts.org.uk ; 12 High St, Kirkcudbright DG6 4JX ; tarif plein/réduit 8/7 £ ; 10h-16h mi-mars à oct)

Dundrennan Abbey
Voir p. 171 (0155-750 0262 ; www.historicenvironment.scot/visit-a-place/places/dundrennan-abbey ; Dundrennan, Kirkcudbright DG6 4QH ; adulte/enfant 6/3,60 £ ; 9h30-17h30)

Dunskey Castle
Voir p. 172 (0155-733 1276 ; www.dunskey.com ; Stranraer DG9 9AA ; 10h-16h lun-sam, 12h-16h dim)

Glenluce Abbey
Voir p. 171 (0155-733 1856 ; www.historicenvironment.scot ; Newton Stewart DG8 0AF ; adulte/enfant 4,80 £/gratuit ; 9h30-17h30 dim-mar avr-sept)

Killantringan Lighthouse
Voir p. 172 (0783-743 7313 ; www.facebook.com/Portpatrickl ; Killantringan DG9 8TW Portpatrick)

Kirkcudbright Galleries
Voir p. 171 (0155-733 1276 ; www.kirkcudbrightgalleries.org.uk ; St Mary St, Kirkcudbright DG6 4AA ; 10h-16h lun-sam, 12h-16h dim)

Logan Botanic Garden
Voir p. 172 (0177-686 0231 ; www.rbge.org.uk ; Port Logan, Stranraer DG9 9ND ; adulte/enfant 7,20 £/gratuit ; 10h-17h mars-oct, 10h-16h 1er-15 nov, 10h-16h sam-dim fév)

MacLellan's Castle
Voir p. 171 (0155-733 1856 ; www.historicenvironment.

scot ; Castle St, Kirkcudbright DG6 4JD ; adulte/enfant 6/3,60 £ ; 9h30-13h et 14h-17h30 avr-sept)

Mull of Galloway
Voir p. 172 (0177-698 0090 ; www.mull-of-galloway.co.uk ; Drummore, Stranraer DG9 9HP ; 10h-17h mars-oct, 10h-16h 1-15 nov, 10h-16h sam-dim fév)

Sweetheart Abbey
Voir p. 170 (0138-785 0397 ; www.historicenvironment.scot ; New Abbey, Dumfries DG2 8BU ; adulte/enfant 6/3,60 £ ; 9h30-17h30 avr-sept, 10h-16h sam-mer oct-mars)

Knockinaam Lodge
Voir p. 171 (0177-681 0471 ; www.knockinaamlodge.com ; Portpatrick, Stranraer DG9 9AD)

Selkirk Arms
Voir p. 171 (0155-733 0402 ; www.selkirkarmshotel.co.uk ; High St, Kirkcudbright DG6 4JG ; plats 13-29 £ ; 12h-14h et 17h30-20h)

Station House Cookery School
Voir p. 171 (0749-324 2792 ; Stationhousecookeryschool.co.uk ; St Mary St, Kirkcudbright DG6 4DN ; 10h-17h)

The Auld Alliance
Voir p. 171 (0155-733 0888 ; www.auldalliancekirkcudbright.co.uk ; 29 St Cuthbert St, Kirkcudbright DG6 4DX ; plats 15-22 £ ; 17h30-21h mer-sam)

Wigtown Book Festival
Voir p. 171 (0198-840 2036 ; www.wigtownbookfestival.com ; 22 sept-2 oct)

TROON

Marine Troon
Voir p. 174 (0129-231 4444 ; marineandlawn.com/marinetroon/?utm_source=google&utm_medium=local&utm_campaign=hotel-marinetroon ; 8 Crosbie Rd, Troon KA10 6HE)

Piersland House
Voir p. 174 (0129-231 4747 ; www.piersland.co.uk/?utm_source=google&utm_medium=googlemybusiness ; Craigend Rd, Troon KA10 6HD)

Sandhill House
Voir p. 174 (0182-283 3722 ; www.sandhillhousecornwall.co.uk ; Sand Hill, Gunnislake Pl18 9DR)

Dundonald Links
Voir p. 174 (0129-431 4000 ; dundonaldlinks.com ; Ayr Rd, Troon, Irvine KA11 5BF ; 95 £ mi-oct à mai, 195 £ mai à mi-oct)

Royal Troon Golf Club
Voir p. 174 (0129-231 1555 ; www.royaltroon.co.uk ; Craigend Rd, Troon KA10 6EP ; 105-315 £; 7h30-17h)

Troon Yacht Haven
Voir p. 173 (0129-231 5553 ; www.yachthavens.com/troon-yacht-haven ; Harbour Rd, Troon KA10 6DJ ; 10h-16h mi-mars à oct)

Prestwick Golf Club
Voir p. 174 (0129-247 7404 ; www.prestwickgc.co.uk ; 2-4 Links Rd, Prestwick KA9 1QH ; 195 £ lun-mar et jeu avr et oct, 235 £ mer et ven, 245 £ sam-dim avr et oct, 240 £ lun-mar et jeu mai-sept, 180 £ mer et ven, 270 £ sam-dim mai-sept ; 9h-17h lun-ven)

Trump Turnberry
Voir p. 173 (0165-533 1000 ; www.royaltroon.co.uk ; Turnberry, Ayrshire KA26 9LT ; 200 £ ; 7h30-17h)

Western Gailes
Voir p. 173 (0129-431 1649 ; westerngailes.com ; Gailes Rd, Irvine KA11 5AE ; nov à mi-mars 75 £, mi-mars à avr 125 £, mai à mi-oct lun-ven 210 £, mai-sept sam 225 £, mai-sept dim 210 £ ; 9h-17h)

ENVIRONS DE TROON

Alloway Auld Kirk
Voir p. 176 (40 Alloway, Ayr KA7 4PQ ; 9h-18h)

Burns Monument
Voir p. 176 (Alloway, Ayr KA7 4PQ)

Culzean Castle
Voir p. 177 (0165-588 4455 ; www.nts.org.uk/visit/places/culzean ; Maybole KA19 8LE ; adulte/enfant 9,75/5,65 £ ; 10h-16h)

Greenan Castle
Voir p. 177 (Ayr KA7 4JU)

Robert Burns Birthplace Museum
Voir p. 176 (0129-244 3700 ; www.nts.org.uk/visit/places/robert-burns-birthplace-museum ; Murdoch's Lone, Alloway, Ayr KA7 4PQ ; tarif Plein/réduit musée et cottage 11,50/8,50 £ ; musée 10h-16h30, Burns Cottage 11h-15h50, dernière entrée 30 min avant la fermeture)

Wallace's Monument
Voir p. 177 (A719, Kilmarnock KA1 5NE)

Dumfries House Lodge
Voir p. 176 (0129-042 9920 ; dumfries-house.org.uk/lodge ; Dumfries House Estate, Cumnock KA18 2NJ)

Gailes Hotel and Spa
Voir p. 176 (0129-420 4040 ; www.gaileshotel.com ; Marine Dr, Irvine KA11 5AE)

Glenapp Castle
Voir p. 176 (0146-583 1212 ; www.glenappcastle.com ; Glenapp Castle, Ballantrae, Girvan KA26 0NZ)

DOBYCHIN EVGENY/SHUTTERSTOCK ©

Ci-dessus : Scone Palace (p. 195). Page de droite : Wallace Monument (p. 190)

ÉCOSSE DU CENTRE

CHÂTEAUX, HISTOIRE ET SENTIERS CÔTIERS

Fières forteresses, rivières radieuses, coquets villages de pêcheurs et greens de légende... Par sa diversité, l'Écosse du Centre condense toute l'essence du pays.

Villes pleines de charme et ruines théâtrales témoignent de l'histoire mouvementée de cette région où les racines de la nation écossaise sont profondément ancrées. Des batailles décisives autour de Stirling ont joué un rôle dans l'indépendance du pays, des châteaux haut perchés y affirment toujours leur présence imposante, et c'est à Scone (p. 195), près de Perth, que les rois écossais ont longtemps été couronnés sur la pierre du Destin.

La proximité de Glasgow et d'Édimbourg a beau en rendre l'accès aisé, on se sent très vite à mille lieues de l'agitation urbaine. Après un repas à une table élégante ou une pinte de bière dans un pub historique de Stirling, de Perth ou de St Andrews, on a tôt fait de partir randonner sur le littoral déchiqueté, au bord d'une rivière ou au beau milieu des fleurs sauvages dans les bois.

Que l'on arrive de Glasgow ou d'Édimbourg, on pressent la beauté du Nord alors que les paysages des Lowlands cèdent peu à peu la place à la majesté des Highlands. Forêts, cascades, collines et rivières se révèlent dans toute leur splendeur, sous le regard protecteur des pics qui se dressent au septentrion.

Pour explorer la campagne boisée du Perthshire, rien de mieux que la randonnée, à pied ou à vélo. Pour apprécier le littoral verdoyant du Fife et ses ports de pêche, place à la pêche à la ligne. Au terme de cette bonne journée au grand air, pubs et restaurants parmi les plus sympathiques d'Écosse sauront vous réconforter.

SITES PRINCIPAUX

STIRLING
Châteaux haut perchés et champs de bataille historiques.
p. 188

PERTH
Racines royales et balades sur les rives.
p. 195

ST ANDREWS
Histoire, golf, randonnée et saveurs iodées.
p. 202

S'orienter

Frôlant au nord les Highlands, la région centrale de l'Écosse englobe les plaines du Stirlingshire, la péninsule de Fife et la vallée de la Tay, dans les Lowlands. Cette région d'Écosse est celle où la distance entre la mer du Nord et l'Atlantique est la plus réduite.

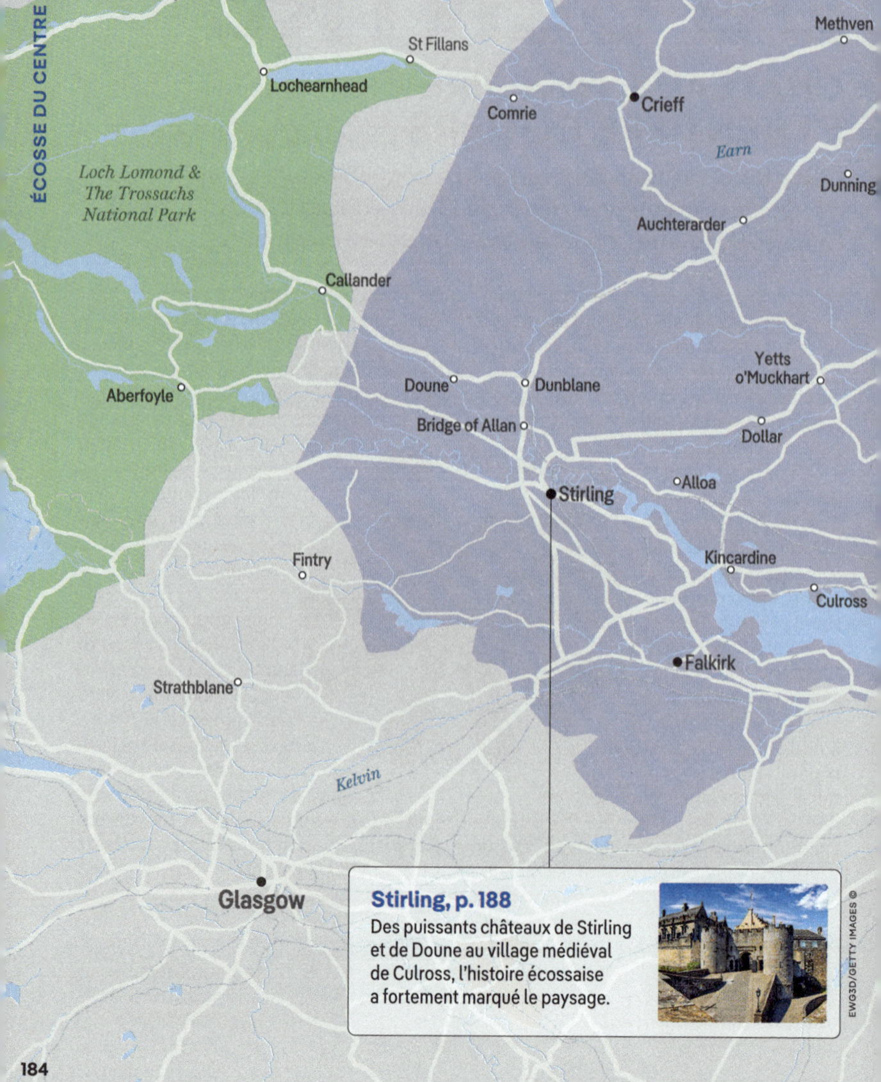

Stirling, p. 188

Des puissants châteaux de Stirling et de Doune au village médiéval de Culross, l'histoire écossaise a fortement marqué le paysage.

EWG3D/GETTY IMAGES ©

Perth, p. 195

À l'embouchure de la Tay, le plus long fleuve écossais, The Fair City ("la belle ville") est entourée du somptueux Scone Palace et de la bibliothèque historique d'Innerpeffray.

St Andrews, p. 202

Doyenne des universités écossaises, capitale religieuse de l'Écosse (dont saint André est le patron) et berceau du golf. De coquets villages côtiers tout autour pour savourer les produits de la pêche.

VOITURE

Une voiture permet d'optimiser le séjour si l'on s'écarte des villes principales. Attention néanmoins aux difficultés de stationnement en centre-ville dans les grandes villes.

BUS

De bonnes liaisons routières existent entre Édimbourg ou Glasgow et Stirling ou Perth. Comptez sur un bus/heure entre Édimbourg et St Andrews. Dans le Perthshire et le Fife, le billet East Scotland Dayrider permet de voyager toute une journée de façon illimitée à bord des bus Stagecoach (stagecoachbus.com).

TRAIN

Au départ de Glasgow et d'Édimbourg, les trains pour Stirling et Perth sont fréquents. Les lignes continuent vers Dundee, Aberdeen et Inverness. Le train n'est pas néanmoins le plus commode pour explorer le centre de l'Écosse ou gagner St Andrews (relié par navette à la plus proche gare, Leuchars).

Planifier son séjour

Du fait de la diversité des sites et lieux à visiter et de l'ampleur du territoire, il faut s'organiser. Définissez votre programme et prévoyez le temps adéquat.

SCOTLAND'S SCENERY/SHUTTERSTOCK ©

Loch Leven (p. 200)

Avec peu de temps et une voiture

- Pour une unique journée d'excursion au départ d'Édimbourg, embarquez avec votre auto à Queensferry pour rejoindre la péninsule de Fife, puis longez la route côtière en traversant les villages de l'**East Neuk** avant d'atteindre St Andrews (p. 206). Déambulez dans les ruines de la cathédrale et visitez le St Andrews Castle avant de déjeuner au **Balgove Larder**. Traversez le Tay Bridge et gagnez Perth en une heure pour vous joindre à la visite guidée (1 heure, sur réservation préalable en ligne) du **Scone Palace** (p. 195). La route du retour vers Édimbourg passe par **Kinross**. Si vous en avez le temps, faites une pause pour vous promener sur les rives du **Loch Leven** (p. 200).

EN BAS, DE GAUCHE À DROITE : PRODUCT OF RDPHOTOGRAPHY381/GETTY IMAGES ©, JULIETPHOTOGRAPHY/SHUTTERSTOCK ©, ZEEKING/SHUTTERSTOCK ©

AU FIL DES SAISONS

L'Écosse du Centre est parsemée de fleurs sauvages : les perce-neige fleurissent en février, les jonquilles en avril et les jacinthes des bois en mai. En octobre et en novembre, place aux couleurs automnales.

JANVIER

Marquée par différentes fêtes, la saison de la pêche au saumon dans la **Tay** ouvre le 15 janvier.

MAI

Période privilégiée pour admirer les jacinthes des bois et profiter du **Perth Arts Festival**.

JUILLET

Le mois des **Highland Games** à **St Andrews** et la pleine saison des crustacés dans la péninsule de Fife (excellents homards et crabes).

Sans voiture

● Visiter à la journée **Stirling** (p. 188) depuis Édimbourg ou Glasgow est l'excursion parfaite si l'on n'est pas motorisé. Le trajet en train dure seulement 40 à 50 minutes et il y a une liaison ferroviaire toutes les demi-heures. Arrivé à la gare, suivez le **Back Walk** (p. 188) jusqu'à **Mote Hill**, puis consacrez le reste de la matinée à visiter le **Stirling Castle** (p. 188). Déjeunez chez **Hermann's** (p. 191), puis promenez-vous à travers la **vieille ville** (p. 188) avant de gagner l'arrêt des bus face à la gare ferroviaire. Prenez le bus 51 pour rejoindre le **Wallace Monument** (p. 190) et grimper à son sommet afin de contempler la plaine alentour. Puis retournez à la gare.

En un week-end prolongé

● Partant d'Édimbourg, roulez vers le Fife dont vous longerez la route côtière jusqu'à **Anstruther** (p. 208). Visitez le **Scottish Fisheries Museum** (p. 208) avant de déjeuner au **Cellar** (p. 207) ou de savourer un *fish and chips* sur le port. Poursuivez ensuite votre chemin jusqu'à **St Andrews**. Le temps d'en découvrir les sites, de jouer au golf, de vous promener sur la plage ou de parcourir une partie du **Fife Coastal Trail**, passez-y deux jours. Le dimanche, rejoignez Perth pour visiter le **Scone Palace**. Déjeunez à **Perth**, baladez-vous sur les rives du fleuve, puis faites une **sortie en kayak** (p. 197) sur la Tay (réservez à l'avance). Passez la nuit à Perth, puis revenez à Édimbourg via **Stirling**, pour visiter son château.

AOÛT

Studios, galeries, jardins et cottages exposent les artistes locaux pour le **Pittenweem Arts Festival**.

SEPTEMBRE

Festival du roman policier **Bloody Scotland** à Stirling, le rendez-vous des fans d'Ian Rankin et de Val McDermid.

OCTOBRE

Explosion de **couleurs automnales** dans les bois autour de Perth, Stirling et sur la péninsule de Fife. Belles promenades assurées !

NOVEMBRE

La fête nationale écossaise, le **St Andrew's Day**, a lieu le 30 novembre. Concerts, stands de rue, danses et golf à St Andrews.

STIRLING

"Prenez Stirling et vous tiendrez toute l'Écosse." Cette maxime explique qu'une forteresse se dresse depuis la nuit des temps à Stirling, point stratégique entre les Lowlands et les Highlands. Les deux plus grandes batailles pour l'indépendance de l'Écosse se sont déroulées dans la plaine, à quelques pas de la colline du château : la victoire de William Wallace sur l'armée anglaise au pont de Stirling en 1297, et celle de Robert Bruce à Bannockburn en 1314, qui permit d'établir la nation écossaise.

Forte d'un emplacement inexpugnable au sommet d'un spectaculaire *crag* (ici le sommet d'un volcan éteint) boisé, la vieille ville de Stirling, superbement préservée, se distingue par ses édifices historiques et ses rues pavées sinuant jusqu'aux remparts de son très imposant château, d'où la vue s'étend sur des kilomètres à la ronde. Hommage de l'époque victorienne à l'un des plus grands héros de l'indépendance écossaise, l'austère Wallace Monument de style néogothique se dresse haut sur la plaine où Wallace eut raison des Anglais. Un peu plus loin, c'est Bannockburn, théâtre de la victoire décisive de Robert Bruce dix-sept ans plus tard.

Pour les infos pratiques, voir le Carnet d'adresses p. 210

À SAVOIR

La visite du château laisse un souvenir ineffaçable, mais gardez du temps pour la vieille ville et le formidable Back Walk, qui permet de faire à pied le tour du *burgh* royal et de ses fortifications en grimpant vers la forteresse.

VIEILLE VILLE DE STIRLING

Pelotonnée sur les pentes au pied du château, la **vieille ville** contraste fortement avec la Stirling moderne. Ses rues escarpées et pavées sont bordées de joyaux architecturaux bâtis entre le XVe et le XVIIe siècle, tels l'**Argyll's Lodging**, un splendide hôtel particulier, et le **Cowane's Hospital**. Ses remparts (1547) sont parmi les mieux conservés d'Écosse.

En contrebas du *burgh*, le **vieux pont de Stirling**, l'un des plus anciens d'Écosse, étire ses gracieuses arches de pierre sur le Forth. Seuls les piétons et les cyclistes peuvent l'emprunter.

Tour de ville par le Back Walk

L'ENCEINTE DE LA VIEILLE VILLE

En sortant de la gare, prenez en face Station Rd, tournez à droite puis virez à gauche dans une rue piétonne, Friars St. Au bout, obliquez à gauche, puis vers la droite en suivant King St qui rejoint Corn Exchange St. Là où se dresse la statue de Henry Campbell Bannerman (*Prime minister*, 1905-1908) face à la bibliothèque publique, vous serez au point de départ du **Back Walk**, un sentier piétonnier balisé qui fait le tour du château en suivant les remparts de la **vieille ville**.

Passez l'une des portes de ville pour accéder à l'Old Town Cemetery où s'élève une **pyramide** de 1863, symbole des valeurs de la Réforme. Au sud, on a vue sur le **King's Knot**, un remblai octogonal aujourd'hui engazonné marquant l'emplacement des anciens jardins d'agrément (XVIIe siècle) du château.

Suivez la promenade au-delà du château et traversez Ballengeich Rd pour atteindre Mote Hill où se trouve la **Beheading Stone** – pierre de décapitation qui aurait été utilisée au XVe siècle. Non loin, deux canons pointent au-dessus du site de la bataille du pont de Stirling (1297). De là, vous pouvez rejoindre l'entrée du **château** via Crofthead Rd et Upper Castlehill.

Stirling Castle, résidence des Stuarts

HAUT LIEU HISTORIQUE ET STRATÉGIQUE

En déambulant sur les remparts du **Stirling Castle**, vous comprendrez pourquoi le château a joué un rôle aussi important

INCONTOURNABLE
1 Stirling Castle

VOIR
2 Argyll's Lodging
3 Beheading Stone
4 Cowane's Hospital
5 Old Town Jail
6 Stirling Old Bridge
7 The Star Pyramid

ACTIVITÉS
8 The Back Walk

SE LOGER
9 Friars Wynd
10 Victoria Square Guesthouse
11 Willy Wallace Backpackers Hostel

SE RESTAURER
12 Brea
13 Darnley Coffee House
14 Hermann's

PRENDRE UN VERRE
15 Brewdog
16 Caffe Pompei
voir 4 Cowane's Cafe
17 Curly Coo
18 Settle Inn

dans l'histoire de l'Écosse. Ce point de vue inégalable donne sur les plaines des environs et les collines des Highlands au nord. Il domine aussi le pont sur la Forth en contrebas, principal itinéraire pour une armée qui voudrait envahir l'Écosse.

L'étendue du site ne doit pas vous impressionner, vous aurez largement le temps d'en apprécier la totalité. À moins d'être incollable sur l'histoire de la royauté écossaise, commencez par la **Castle Exhibition**, à l'entrée, qui brosse un large exposé des faits et présente les trouvailles archéologiques faites sur le site.

Traversez les **Great Kitchens** où se préparaient les festins, puis passez dans la cour principale pour admirer la **Royal Chapel**. En été, le **Great Hall** est le cadre d'événements tels

OÙ SE LOGER À STIRLING

Willy Wallace Backpackers Hostel
Auberge de jeunesse centrale et commode. Ambiance amicale et dortoirs spacieux. **£**

Friars Wynd
Non loin de la gare, un hôtel aménagé dans une maison de ville du XIXe siècle joliment restaurée, avec éléments d'époque. **££**

Victoria Square Guesthouse
Un luxueux B&B aux chambres immenses, avec baies vitrées et mobilier d'époque. **£££**

TAPISSERIES ET GALERIE DE PORTRAITS

Les **tapisseries de Stirling** sont une copie d'une superbe série de tapisseries du XVIe siècle exposée au Metropolitan Museum de New York. Cette restitution est le fruit d'un minutieux travail : un tissage à la main qui a pris des années (2001-2014). De toute beauté, les tapisseries figurent une chasse à la licorne (riche de symboles chrétiens). À l'extrémité du Nether Bailey (la basse cour, au nord du château), une exposition retrace leur création ; régulièrement, un tisserand y présente les techniques utilisées.

La **Stirling Heads Gallery**, au-dessus des appartements royaux, expose les originaux des médaillons de chêne sculptés et peints qui décoraient jusqu'en 1777 le plafond de la salle d'audience du roi (où ils ont été reproduits depuis). Ils constituent une étonnante galerie de membres de la famille royale, courtisans et autres personnages bibliques.

EWG3D/GETTY IMAGES ©

Stirling Castle

que des danses de la Renaissance (renseignez-vous à l'entrée). Gardez le meilleur pour la fin (il y a moins de monde après 16h) : la découverte du somptueux **Royal Palace** construit sous Jacques V au XVIe siècle par des maçons français. Prenez le temps d'admirer les **tapisseries de Stirling**, une copie d'une série de tapisseries Renaissance minutieusement reproduite au début de ce siècle.

Le prix d'admission au château inclut l'audioguide et la participation aux visites guidées partant à intervalles réguliers.

National Wallace Monument

IDENTITÉ ÉCOSSAISE ET VASTE VUE SUR LA PLAINE

Érigé à l'époque victorienne en hommage à William Wallace, héros de l'indépendance écossaise incarné par Mel Gibson dans le film *Braveheart* (1995), le **National Wallace Monument** présente un style si gothique qu'on l'imagine sans peine encerclé de chauves-souris et de corbeaux. Du sommet de la tour dite The Crown, la vue embrasse la sublime étendue verdoyante de la vallée du Forth, notamment le site de la victoire de Wallace

OÙ PRENDRE UN VERRE À STIRLING

Brewdog
Bar décontracté servant pas moins de 15 bières artisanales du monde entier.

Settle Inn
Le plus vieux pub (1733) de Stirling, plein de cachet, qui accueille des concerts de musique folk le vendredi soir.

Curly Coo
Le seul bar à whisky de Stirling affichant à la carte plus de 130 whiskies *single malt*.

sur les Anglais au pont de Stirling (1297). Ce belvédère parvient presque à justifier le tarif d'entrée, franchement élevé.

Grimpez l'étroit escalier et traversez au fil des étages différentes salles dont le Hall of Arms présentant l'épée (1,67 m de long) de William Wallace et l'homme recréé en 3D, ou encore la galerie des héros écossais immortalisés dans le marbre.

Le bus n° 52 partant de l'arrêt B, en face de la gare ferroviaire de Stirling, dessert le centre d'accueil des visiteurs. De juillet à septembre, un bus touristique avec montée/descente à volonté relie la gare routière, le château et le monument.

Dans la peau des indépendantistes

RECONSTITUTION NUMÉRIQUE D'UNE BATAILLE HISTORIQUE

La défaite de l'armée anglaise le 24 juin 1314 à Bannockburn posa les fondations de la nation écossaise. Tirant parti du terrain marécageux, Robert Bruce remporta une grande victoire tactique sur des troupes bien plus nombreuses et mieux équipées.

Le centre d'interprétation **Battle of Bannockburn Experience** vous fait revivre de manière interactive la fameuse bataille. La projection numérique du champ de bataille sur un paysage en 3D permet de voir les mouvements d'infanterie et de cavalerie. À condition de réserver en ligne un créneau horaire, vous pourrez, une fois choisi votre camp, participer pleinement au combat en prenant vos propres décisions tactiques.

À l'extérieur, le "champ de bataille" se résume à une étendue d'herbe bien entretenue, que couronne un large cercle de métal où est gravé le poème *Here lies our land* écrit par la poétesse écossaise Kathleen Jamie pour le 700e anniversaire de la bataille. S'y dresse également la statue équestre du vainqueur écossais.

Desservi par environ 3 bus/heure partant de la gare routière de Stirling, Bannockburn se trouve à environ 3 km au sud de Stirling.

Dans celle des prisonniers

GEÔLES VICTORIENNES

Impressionnante prison de l'époque victorienne laissée à l'abandon des années 1960 jusqu'en 2015, l'**Old Town Jail** vit une nouvelle vie comme site touristique. Des guides en costumes mènent le visiteur dans les anciennes cellules puis au sommet de la tour d'observation, en racontant de sinistres histoires de détenus, de châtiments et d'exécutions, ainsi que divers faits et anecdotes de l'histoire de Stirling. Départ des circuits toutes les 30 minutes.

LES MEILLEURES TABLES DE STIRLING

Brea
Un bistrot très fréquenté aux produits écossais choisis avec soin : poissons et fruits de mer, haggis, burgers de 1re classe et plats végétariens. **££**

Hermann's
Pour un voyage culinaire entre Écosse et Autriche, un élégant café-restaurant servant du *Cullen skink* (soupe au haddock) comme des escalopes viennoises ou de typiques *spätzle*. Plats végétariens en sus. **££**

Birds & Bees
Sis en périphérie nord, un pub prisé des gens du coin pour ses nachos, ses steaks, son chili con carne et son *fish and chips*. On peut s'asseoir dehors et les enfants ont suffisamment d'espace pour se dépenser. **££**

COMMENT CIRCULER

La vieille ville et le château de Stirling sont faciles d'accès à pied depuis les gares routière et ferroviaire, mais notez que la visite implique de gravir une colline. Vous devrez prendre une voiture ou un bus pour atteindre le Wallace Monument et Bannockburn.

Il peut être compliqué de se garer dans le centre-ville. Si vous venez en voiture, il est conseillé d'utiliser le parking Castleview Park and Ride au nord de la ville, sa navette gratuite desservant St John St, à 5 minutes à pied du château.

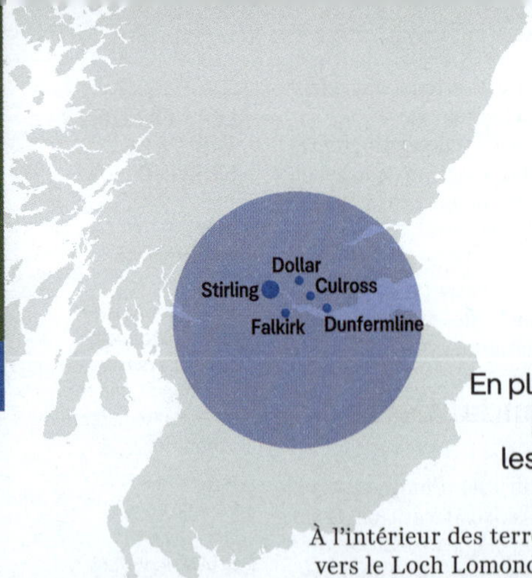

Environs de Stirling

En plus de châteaux, palais en ruine, grandes demeures et manoirs, les environs de Stirling comptent une merveille d'ingénierie.

À l'intérieur des terres, le pays de Stirling s'étire à l'ouest vers le Loch Lomond et les Trossachs (parc national). Au nord, il grimpe vers les Highlands. À l'est, il s'étend dans le Fife ; au sud, dans les ceintures urbaines de Glasgow et d'Édimbourg. Entre villes et campagne, ses multiples sites historiques font l'objet de belles escapades à la demi-journée, voire de deux jours pleins au départ de Stirling. Le Doune Castle comme le village de Culross, bien que très fréquentés, vous émerveilleront. Le Castle Campbell, les *Kelpies* ou une croisière sur les canaux pour emprunter la roue de Falkirk vous ménageront des échappées plus loin des foules.

Pour les infos pratiques, voir le Carnet d'adresses p. 210

À SAVOIR

Doune est réputé pour son château, mais c'est aussi un village pittoresque pour faire d'agréables balades le long de la Teith.

Falkirk Wheel

MUNROI/GETTY IMAGES ©, ARCHITECT: TONY KETTLE

Sacré Doune Castle !

CHÂTEAU CONNU COMME LIEU DE TOURNAGE

Rendu célèbre par le plus connu des longs métrages des Monty Python (*Monty Python : Sacré Graal !* 1975), le **Doune Castle** est aussi inscrit au panthéon des lieux de tournage avec les séries *Outlander* et *Game of Thrones*. Située à 20 minutes de bus au nord-ouest de Stirling, cette forteresse médiévale est surtout l'une des mieux conservées d'Écosse. Offrez-vous le plaisir des commentaires hilarants du défunt Terry Jones des Monty Python pour le visiter en prenant un audioguide. Le Great Hall à l'allure de cathédrale et l'immense cuisine à la cheminée suffisamment grande pour y rôtir un bœuf entier sont à voir absolument.

Le château n'a guère été modifié depuis sa construction au XIVe siècle pour le duc d'Albany. Pavillon de chasse préféré des monarques, il jouait aussi un rôle stratégique de premier plan du fait de sa situation à la croisée des chemins entre les Lowlands et les Highlands. Marie Stuart y a séjourné, de même que Bonnie Prince Charlie.

Un village du XVIIe siècle

BURGH ROYAL SUPERBEMENT PRÉSERVÉ

Familier des fans de la série *Outlander*, qui y reconnaîtront le village fictif de Cranesmuir, **Culross** (prononcez *kou*-ross) est le village du XVIIe siècle le mieux préservé d'Écosse. Il ne faut guère qu'une demi-heure de bus pour le rejoindre à l'est de Stirling (avec correspondance à Alloa). De petites maisons chaulées aux toits de tuiles rouges bordent ses ruelles pavées à arpenter avant de grimper le long de Back Causeway jusqu'à l'**abbaye** cistercienne pour profiter de la perspective sur le Firth of Forth. Pas moins de 20 bâtiments de ce village sont gérés par le National Trust for Scotland (NTS). C'est le cas du **Culross Palace**, manoir construit au XVIIe siècle par sir George Bruce, *laird* local (propriétaire foncier) qui géra l'exploitation des mines. Ses boiseries décoratives et ses plafonds en bois peint sont d'importance nationale, notamment les scènes allégoriques de la **Painted Chamber** (début du XVIIe siècle). À l'arrière de la demeure, le **jardin** du XVIIe a été reconstitué et offre une vue superbe depuis sa terrasse en surplomb.

Une grande roue à bateaux

MERVEILLE D'INGÉNIERIE MODERNE

Quand la roue tourne, elle évite aux bateaux de passer une journée entière à franchir 11 écluses entre le Forth & Clyde Canal et l'Union Canal que séparent 35 m de dénivelé. Depuis son achèvement en

CASTLE CAMPBELL

Plantée sur un éperon rocheux, entre deux ravins boisés connus sous les noms de Burn of Sorrow et Burn of Care, l'ancienne forteresse des ducs d'Argyll s'appelait initialement *Castle Gloom* (château des Ténèbres). La maison forte du XVe siècle a conservé des salles intéressantes, mais c'est surtout la vue spectaculaire depuis les hauteurs qui justifie la visite. Partant du parking en bas, un joli sentier en boucle (30 minutes) monte au château, puis revient en passant par le ravin. Le château se trouve à 1,6 km au nord du charmant village de Dollar, à environ 23 km à l'est de Stirling. Le château était fermé pour travaux au moment de la rédaction de ce guide.

OÙ SE LOGER PRÈS DE DOUNE

Cromlix House
Natif de Dunblane, le champion Andy Murray a fait aménager en hôtel ce manoir à 7 km au nord-est de Doune. Avec un court de tennis ! **£££**

Mains Farm
Site de glamping à Thornhill, à 6 km à l'ouest de Doune, où vous pouvez dormir dans un hélicoptère Sea King converti. **££**

Lanrick Treehouses
Luxueux bungalows de bois perchés dans une forêt protégée, à 4 km au nord-ouest de Doune. **£££**

LE TOP 5 DES DÉCORS D'OUTLANDER

La série *Outlander* (*Le Chardon et le Tartan* en Suisse et au Canada) qui se déroule en partie dans l'Écosse du XVIIIe siècle a eu un tel succès mondial que les visiteurs affluent sur les sites qui lui ont servi de décor. Le site Internet VisitScotland (visitscotland.com/fr-fr) répertorie sur une carte interactive les principaux lieux de tournage de la saison 1 à la saison 4.

Doune Castle
Castle Leoch dans la série, principal site de la saison 1.

Culross
Le Cranesmuir de la série.

Glasgow Cathedral
Sa crypte est l'Hôpital des Anges à Paris, dans la saison 2.

The Hermitage
Le superbe domaine boisé de Dunkeld qui apparaît dans la saison 5.

Highland Folk Museum
Les répliques de cottages des Highlands aux toits herbeux ont servi de cadre à plusieurs scènes d'époque.

2012, cet ascenseur à bateaux rotatif appelé la **Falkirk Wheel** soulève ainsi les embarcations à 35 m de hauteur pour les faire passer d'un canal à l'autre. Ce prodige d'ingénierie civile n'est qu'à 20 minutes de route au sud de Stirling. Réservez en ligne une croisière d'une heure (5 à 10 départs par jour de mars à octobre) pour embarquer sur un bateau que la roue fera grimper jusqu'à l'Union Canal. Vous passerez ensuite par le Roughcastle Tunnel avant de revenir à votre point de départ en repassant par la roue. Un centre d'information des visiteurs explique le fonctionnement de cette roue époustouflante.

Également à Falkirk, à l'entrée est du Forth & Clyde Canal, les **Kelpies** sont deux sculptures monumentales en plein air, de 30 m de haut, représentant deux têtes de chevaux. Œuvre du sculpteur écossais Andy Scott, elles portent le nom des chevaux aquatiques de la mythologie écossaise et rendent hommage aux équidés qui tractaient jadis les bateaux le long du canal. Une visite guidée de 45 minutes permet d'en découvrir l'intérieur.

De l'abbaye royale à la philanthropie

L'ANCIENNE CAPITALE DE L'ÉCOSSE

Dunfermline a beau avoir été le siège du pouvoir royal et la capitale de l'Écosse du XIe au XVe siècle, ce n'est qu'à l'occasion du jubilé de platine d'Élisabeth II en 2022 qu'elle a été gratifiée du statut de *City*. Elle se situe à 1 heure 15 de bus de Stirling et 2 heures suffisent pour visiter ses principaux sites.

Commencez par le monastère bénédictin fondé par David Ier au XIIe siècle, **Dunfermline Abbey**. Un prieuré et un palais attenant avaient auparavant la faveur des membres pieux de la royauté : Malcolm III y épousa au XIe siècle la princesse anglo-saxonne exilée Marguerite (canonisée sous le nom de sainte Marguerite d'Écosse), qui y fut inhumée, tout comme son fils, puis son époux ultérieurement. L'abbaye devint en quelque sorte le panthéon des rois d'Écosse. L'église actuelle (XIXe siècle) conserve sous la chaire les restes de Robert Bruce, inhumé en 1329.

À côté du réfectoire se dresse l'ancienne hôtellerie de l'abbaye, **Dunfermline Palace** (fermé lors de la rédaction de ce guide), transformée pour Jacques VI dont le fils, l'infortuné Charles Ier, naquit ici en 1600. En contrebas s'étend le **Pittencrieff Park**, espace boisé offert à la ville et à ses habitants par un célèbre enfant du pays : le magnat de l'acier Andrew Carnegie (1835-1919). Au pied de la colline, à quelques pas de là, le cottage où est né le futur philanthrope américain accueille un musée, l'**Andrew Carnegie Birthplace Museum**. Parti travailler aux États-Unis en 1848, Carnegie devint dès la fin du XIXe siècle l'un des hommes les plus riches au monde. Il distribua 90% de sa fortune pour fonder des bibliothèques, des universités et des écoles dans le monde entier.

OÙ SE RESTAURER PRÈS DE DOUNE

Buttercup Cafe
Charmant café où petit-déjeuner jusqu'à 11h30, puis savourer des plats du jour jusqu'à 16 ou 17h. £

Woodhouse Kippen
À 13 km au sud-ouest de Doune, de parfaits plats maison pour déjeuner, tels que les soufflés au fromage ou les traditionnels *toasties* fourrés au haggis. ££

Café Circa
Petit-déjeuner et déjeuner typiques au bistrot du Scottish Antique & Arts Centre, à 1,6 km au nord-ouest de Doune. ££

PERTH

Édifiée sur les rives de la Tay, The Fair City ("la belle ville") possède de nombreux espaces verts entourant un centre-ville aisé à visiter. Le Parlement écossais y siégea jadis, et si le roi Jacques Ier n'avait pas été assassiné au monastère de Blackfriars en 1437, Perth aurait peut-être été la capitale de l'Écosse. Elle n'en fit pas moins fortune grâce au tissage, à la teinture, à la pêche et à la brasserie, donnant au pays quelques marques fort célèbres comme Pullar's pour la teinturerie et Dewar's ou Bell's pour le whisky. La brochure *Walks Around Historic Perth* disponible au Perth Museum vous en apprendra plus sur l'histoire de cette ville où il fait bon se balader.

En périphérie de la ville, le Scone Palace, demeure à la grandeur décadente érigée à côté du tertre où l'on couronnait les rois d'Écosse, est un site incontournable. Aisément accessible d'Édimbourg comme de Glasgow, Perth elle-même mérite amplement la visite pour son architecture, ses musées et ses bons restaurants.

Pour les infos pratiques, voir le Carnet d'adresses p. 211

À SAVOIR

Si vous êtes en voiture, stationnez au parking South Inch, au sud du centre-ville. C'est le moins cher de la ville (50 p) et le seul proche du centre où se garer à la journée.

Une pierre très convoitée

SYMBOLE DE LA NATION ÉCOSSAISE

Commencez votre visite de Perth par le tout nouveau **Perth Museum** (ouverture prévue au printemps 2024) aménagé dans l'ancien hôtel de ville et destiné à retracer la naissance et l'histoire de la nation écossaise autour de sa pièce maîtresse, l'authentique **Stone of Destiny**, la "pierre du Destin" volée aux Écossais par le roi Édouard Ier d'Angleterre en 1296. Découvrez les différentes expositions permanentes, qui évoquent la vie quotidienne à Perth aux XIIIe, XIVe et XVe siècles.

Passez ensuite l'Auld Brig ("vieux pont"), dit aussi Smeaton's Bridge. Construit en 1771 et élargi en 1869, il enjambe la Tay. Tournez à gauche et partez en direction du nord le long d'Isla Rd pour rejoindre le **Quarrymill Woodland Park** (25 minutes à pied), dont les sentiers serpentent au cœur de jolis vallons boisés. Des géologues ont montré que la pierre du Destin venait probablement des carrières de grès encore visibles aujourd'hui.

Continuez toujours vers le nord sur Isla Rd. Au bout de 200 m, tournez à gauche pour entrer dans le domaine du **Scone Palace** par la Queen's Gate. Une agréable promenade de 20 minutes à pied dans le parc vous mènera à cette élégante demeure de style georgien qui a remplacé au début du XIXe siècle le palais de 1580. Une petite colline connue sous le nom de **Moot Hill** lui fait face : c'est à son sommet qu'étaient couronnés les rois écossais. Une réplique de la pierre du Destin le rappelle. L'affaire remonte à 906, lorsque le roi Constantin II d'Écosse (900-943) et l'abbé Cellach reconnurent Scone comme capitale royale de l'Écosse, et donc lieu du couronnement des monarques écossais.

Au sommet de la colline, un **mausolée** du début du XIXe siècle abrite les tombeaux des vicomtes de Stormont, dont un

PIERRE DU DESTIN

En 1296, Édouard Ier d'Angleterre la vola à l'abbaye de Scone. La pierre sur laquelle furent couronnés les rois écossais restera dès lors sept siècles sous l'assise de la King Edward's Chair à l'abbaye de Westminster où furent couronnés tous les souverains anglais, puis britanniques à l'exception du dernier, Charles III. Seuls intermèdes avant sa restitution à l'Écosse en 1996 : un bref séjour à Gloucester durant les raids aériens de la Seconde Guerre mondiale, puis trois mois en 1950 lorsque des étudiants nationalistes écossais la rapatrièrent à Noël sur leur terre.

À VOIR
1 Black Watch Museum
2 Fergusson Gallery
3 Perth Art Gallery
4 Perth Museum

SE LOGER
5 Parklands

SE RESTAURER
6 63 Tay Street
7 North Port
8 Tabla

PRENDRE UN VERRE
9 King James
10 Old Ship Inn
11 Perth Distillery

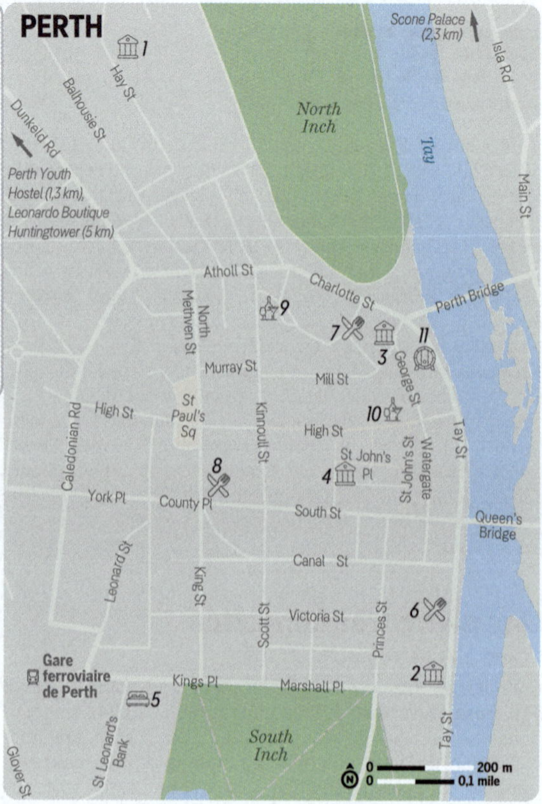

impressionnant monument en marbre sculpté rendant hommage à David, le premier vicomte de Scone (décédé en 1631).

Revenez à Perth par le même chemin, à pied, à vélo, en voiture ou en bus.

Des paons à noms de rois

ÉLÉGANTE DEMEURE ARISTOCRATIQUE

Le **Scone Palace** de 1580 a fait place à la riche et élégante demeure georgienne qu'une **visite guidée** d'une heure permet de découvrir. Des pièces somptueuses décorées de meubles français et de majestueux portraits se succèdent.

OÙ SE LOGER À PERTH

Parklands Hotel
Luxueuse villa nichée dans un jardin luxuriant à flanc de colline, en surplomb des espaces verts de South Inch. **£££**

Perth Youth Hostel
Ouverte l'été dans une résidence étudiante du Perth College, une auberge de jeunesse à 20 minutes à pied du centre. **£**

Leonardo Boutique Huntingtower
Boutique-hôtel bucolique, entouré de jardins, à l'ouest de Perth. **£££**

DEAGOSTINI/GETTY IMAGES ©

Salle à manger, Scone Palace

Le Scone Palace (fermé de novembre à mars) appartient depuis des siècles aux Murray, comtes de Mansfield, et nombre d'objets ont une histoire captivante. Chaque pièce comporte des informations détaillées en plusieurs langues. Des panneaux expliquent également l'histoire de certains rois d'Écosse couronnés à Scone. À l'extérieur, des **paons** (tous baptisés du nom d'un monarque) font la roue à travers le superbe domaine, lequel comprend des bois, un jardin à papillons et un labyrinthe.

En kayak sur la Tay

PERTH VUE AU FIL DE L'EAU

À la fois port et pont sur la Tay, Perth doit sa prospérité au plus long cours d'eau d'Écosse. **Outdoor Explore** propose d'en mesurer l'ampleur, le temps d'une sortie en kayak. Ces 2 heures 30 sur la Tay font voir Perth d'un autre œil. Vous pagayerez le long de l'historique Moncreiff Island et apercevrez peut-être des castors, loutres et martins-pêcheurs. Vous passerez ensuite sous le Smeaton's Bridge du XVIIIe siècle avant de revenir à votre point de départ en longeant le centre-ville.

LES MEILLEURES TABLES DE PERTH

North Port
L'endroit où se régaler des meilleurs plats de poissons et fruits de mer écossais, de steaks de chevreuil et de plats végétariens. Atmosphère chaleureuse avec boiseries aux murs. **££**

63 Tay Street
Restaurant à l'élégance discrète où les meilleurs produits écossais s'allient au savoir-faire français. **£**

Tabla
L'une des meilleures tables indiennes de tout le centre de l'Écosse. **££**

OÙ PRENDRE UN VERRE À PERTH

Perth Distillery
Distillerie de gin artisanale installée dans des caves à voûtes de pierre. Visite et dégustation à 15h30 le jeudi.

Old Ship Inn
Joli pub typique dans une allée proche de High St ; grand choix de gins et de bières artisanales.

King James
Au-dessus des rares vestiges médiévaux du monastère de Blackfriars, visibles à travers la dalle de verre au sol.

Smeaton's Bridge (p. 195) sur la Tay

DE GRANDS MOMENTS FESTIFS À PERTH

Perth Festival of the Arts
La seconde quinzaine de mai, un rendez-vous musical, théâtral et chorégraphique de qualité réunissant des orchestres connus, des musiciens classiques et des compagnies célèbres.

Rewind Scotland
Fin juillet, place chaque année à la musique des années 1980.

Scottish Game Fair
Fin juin-début juillet, le domaine de Scone Palace accueille la grande fête des loisirs campagnards, de la pêche à la mouche au ball-trap, en passant par des démonstrations de dressage de chien, de tir à l'arc et de fauconnerie.

Balade artistique le long des rives

MUSÉE ET GALERIES D'ART

Commencez par la **Fergusson Gallery**. Joliment aménagée dans un ancien réservoir à eau en fonte de forme circulaire, cette galerie expose les peintures du coloriste écossais J. D. Fergusson qui a vécu à Paris, étudié les impressionnistes et fréquenté les cercles et ateliers de l'époque. L'influence de Matisse dans ses toiles est évidente : il y campe de voluptueuses femmes sur fond de nature méditerranéenne luxuriante.

Suivez la promenade qui longe la rivière en direction du nord jusqu'au Smeaton's Bridge, et tournez à gauche pour atteindre la **Perth Art Gallery**, élégant édifice néoclassique inspiré du Panthéon à Rome, dont les collections se concentrent sur le développement de l'art et du design en Écosse jusqu'à aujourd'hui.

Retrouvez la promenade en bord de rivière, partez vers l'amont et allez jusqu'à l'extrémité du parc North Inch pour rejoindre le Balhousie Castle, qui abrite le **Black Watch Museum**. Ce musée rend hommage à ce qui fut le plus éminent des régiments écossais, formé en 1725 afin de contrôler les Highlanders rebelles à la suite des révoltes jacobites de 1715.

COMMENT S'Y RENDRE ET CIRCULER

Des trains desservent fréquemment Glasgow, Édimbourg, Stirling et Dundee depuis Perth. Si vous venez en voiture, vous pourrez vous garer aisément au Broxden Park and Ride, en périphérie ouest de la ville.

Environs de Perth

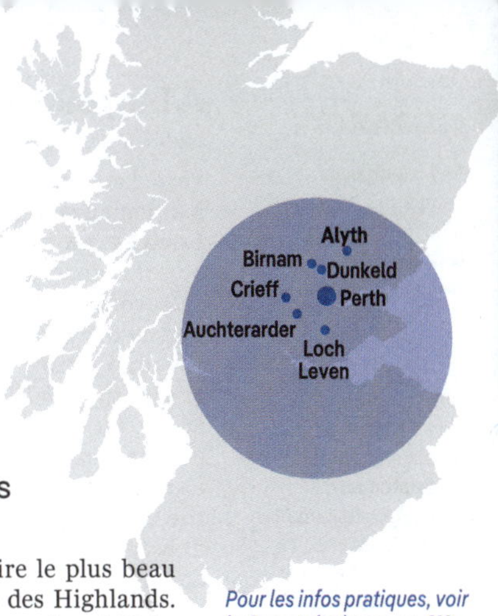

Dégourdissez-vous les jambes sur le Loch Leven Heritage Trail et tentez d'apercevoir des castors sur les rives de la Tay.

La variété des paysages fait du Perthshire le plus beau comté écossais. Il chevauche la frontière des Highlands. Le Highland Perthshire (p. 320) s'étend au nord au-delà du joli village de Dunkeld. Le Lowland Perthshire va des rues calmes de Perth aux marchés fermiers des villes de Crieff et d'Alyth, sans oublier des sites touristiques un peu à l'écart, comme la bibliothèque d'Innerpeffray. Au sud de Perth, Kinross (jadis l'un des plus petits comtés d'Écosse) se tient sur les rives du séduisant Loch Leven, au beau milieu duquel trône Lochleven Castle. Le lieu est apprécié pour la pêche à la truite et la randonnée pédestre comme cycliste.

Pour les infos pratiques, voir le Carnet d'adresses p. 212

À SAVOIR

Vous pouvez louer des vélos auprès de Loch Leven Cycles, sur la rive est du lac, près de Loch Leven's Larder.

Castor d'Europe (p. 200) dans la Tay

GLENEAGLES

Au fin fond de la campagne, près d'Auchterarder, le **Gleneagles Hotel** est l'un des établissements les plus connus d'Écosse. Rien à voir avec un B&B ! Luxueux s'il en est, cet hébergement prestigieux compte trois **parcours de golf de championnat**, une table étoilée, **Andrew Fairlie** (dîner uniquement), et une variété de chambres et de suites à l'élégance incontestable.

En dépit de la magnificence du bâtiment et du personnel en kilt, nul besoin d'être une personnalité de marque pour recevoir un bon accueil, et les familles profiteront de nombreuses activités. On peut y arriver en train, à moins de préférer le service de limousine.

Un peu plus loin sur la route, **Phoenix Falconry** propose de vous initier à l'art de la fauconnerie, pour une heure ou une journée entière, où vous ferez voler des buses de Harris et d'autres rapaces sur le domaine.

À bicyclette autour du lac

EXERCICE ET VIE LACUSTRE SUR LE LOCH LEVEN

Vaste lac d'eau douce niché au pied des collines de Lomond, à 21 km au sud de Perth (35 minutes par le bus), l'admirable **Loch Leven** forme une réserve naturelle où viennent nicher plus de canards que sur tout autre lac intérieur en Europe. Sans compter que des dizaines de milliers d'oiseaux d'eau y font halte lors de leur migration annuelle.

À votre arrivée à **Kinross**, vous pouvez louer un vélo pour faire le tour du lac. Le **Loch Leven Heritage Trail**, long de 21 km, est un itinéraire accessible, tant pour marcheurs que pour cyclistes (personnes à mobilité réduite comprises). Profitez en chemin des informations fournies par la **Royal Society for the Protection of Birds (RSPB)**, qui gère le site et des postes d'observation à l'extrémité sud du loch. À l'est, il est agréable de déjeuner au **Loch Leven's Larder**, un restaurant-boutique géré servant des produits frais, la plupart issus de la ferme familiale.

De retour à Kinross, une excursion en bateau permet de gagner l'île et le **Lochleven Castle**, aujourd'hui fermé. Sachez que c'est dans cette forteresse que Marie Stuart fut emprisonnée en 1567. Vous pouvez louer des bateaux au Kinross Pier pour vous adonner à la **pêche à la mouche** et tenter d'attraper des truites.

Soirée castors

UNE ESPÈCE BÂTISSEUSE ET DEVENUE NOCTURNE

Le castor d'Europe, chassé jusqu'à l'extinction en Écosse au XVIe siècle, est revenu dans les rivières et lochs du Perthshire et se reproduit rapidement. Joignez-vous à une sortie d'observation des castors de 4 heures en soirée, organisée par **Perthshire Wildlife** (chaque semaine d'avril à septembre) pour apercevoir ces animaux discrets. La première moitié du parcours, qui commence près d'Alyth (à 27 km au nord-est de Perth), vous marcherez le long des rives pour déceler des signes de la présence des castors : troncs mâchés, branches cassées, barrages construits avec des brindilles. Puis, installés paisiblement près d'un étang, vous regarderez les castors nager, se nourrir et se toiletter.

Des livres pour tous

LA PLUS VIEILLE BIBLIOTHÈQUE DE PRÊT D'ÉCOSSE

Fondée en 1680 par l'érudit David Drummond dont la famille régnait sur ces terres, la **Library of Innerpeffray** a été la première ouverte au public en Écosse. Cette immense

OÙ SE LOGER À DUNKELD ET À BIRNAM

Atholl Arms Hotel
Une adresse classique au cadre campagnard, avec *beer garden* côté fleuve. Chiens bienvenus. **£££**

Erigmore
Dans les bois le long du fleuve, de confortables lodges en bois très stylés, avec terrasse et bain à remous privé. **££**

Kennacoil
Petits bungalows à toit arrondi (*pods*), dans un site exceptionnel donnant sur le Rumbling Bridge, à 3 km à l'ouest de Dunkeld. **££**

collection de livres rares dont certains ont plus de 500 ans était mise à la disposition de tous. Si vous aimez les livres, vous pouvez aisément passer une demi-journée ici, en compagnie des guides bénévoles.

La bibliothèque avait pris initialement place dans la chapelle de la famille Drummond édifiée en 1507, l'**Innerpeffray Chapel**. On y remarque aujourd'hui encore des fragments de stuc peint, souvenirs du tombeau familial que la chapelle privée est devenue après la Réforme, ainsi que le remarquable **Faichney Monument**, une poignante pierre tombale.

La bibliothèque est indiquée le long d'une route de ferme à environ 8 km au sud-est de Crieff, à partir de la B8062.

Le petit monde de Pierre Lapin

SUR LES PAS DE BEATRIX POTTER

Beatrix Potter et le monde animalier de ses livres pour enfants sont souvent associés au Lake District, mais c'est compter sans les très longs étés qu'elle a passés enfant dans les villages jumeaux de **Dunkeld** et de **Birnam**, de ses 5 ans à ses 15 ans (1871-1882). Dunkeld se trouve à 17 minutes en train au nord de Perth.

Commencez par une visite du **Birnam Arts Centre**. L'exposition permanente s'attache à montrer les liens que la naturaliste, illustratrice et écrivaine a tissés avec le Perthshire. Le jardin de sculptures animalières recrée autour de *Pierre Lapin* (*Peter Rabbit*) tous les acteurs de la fameuse série de petits livres taillés pour les petites mains, de Madame Trotte-Menu (*Mrs. Tittlemouse*) au crapaud Jeremy Fisher. Suivez ensuite les rives de la Tay jusqu'au **Birnam Oak**, un chêne contemporain de Shakespeare. Des étais soutiennent ses branches maîtresses cinq fois centenaires. Sur l'autre rive, on aperçoit **Eastwood House**, d'où Beatrix Potter écrivit en 1892 ses lettres illustrées destinées à un enfant malade et lui contant l'histoire de quatre petits lapins, les prémices du *Tale of Peter Rabbit*.

Traversez la Tay par le gracieux **pont** (1808) de Thomas Telford pour visiter **Dunkeld** et sa belle cathédrale du XIVe siècle à demi détruite. Longez encore la rivière jusqu'à l'ancien fief des ducs d'Atholl, le riche domaine qui entoure le **Dunkeld House Hotel**. On peut aussi suivre le sentier jusqu'au pont routier de l'A9 pour revenir par l'autre rive, en faisant un détour par la rivière Braan et les bois de l'**Hermitage**, ancien domaine des ducs qui y firent édifier une folie XVIIIe, Ossian's Hall, au sommet des spectaculaires **Falls of Braan**, des chutes d'eau où l'on aperçoit des saumons remonter le courant, en particulier en septembre-octobre.

LES MEILLEURES TABLES DE DUNKELD

Taybank
Adresse de choix pour une cuisine de pub au soleil sur les rives de la Tay à l'heure du déjeuner, ou un dîner plus recherché dans la jolie salle à manger à l'étage. **££**

Aran Bakery
Des croissants aux amandes frais, des boissons chaudes et plein de bonnes choses dans cette boulangerie-pâtisserie ouverte par un ancien candidat du challenge télévisé *Great British Bake Off*. **£**

Dunkeld Fish Bar
Fish and chips de qualité, mais aussi la "gourmandise frite de la semaine". Vous laisserez-vous tenter ?

COMMENT S'Y RENDRE ET CIRCULER

Partant d'Édimbourg, l'autoroute M90/A9 traverse l'ouest du Fife, Perth et Dunkeld. Itinéraire le plus rapide pour rejoindre Inverness, elle peut être très fréquentée, surtout le week-end. Sa transformation en voie rapide (deux voies séparées) sur toute sa longueur devrait être finie en 2025. D'ici là, les travaux peuvent entraîner des ralentissements.

ST ANDREWS

En dépit de sa modeste taille, St Andrews a su se bâtir une solide réputation. Lieu de pèlerinage, capitale religieuse de l'Écosse, puis la plus ancienne ville universitaire d'Écosse (et la troisième plus vieille de Grande-Bretagne), elle atteint l'apogée de sa renommée comme berceau du golf. Les pèlerins d'aujourd'hui viennent rarement sans un jeu de clubs !

St Andrews impressionne fortement : ruines médiévales, université majestueuse, plages de sable inouïes, hébergement et restauration au top. L'Old Course, le terrain de golf le plus célèbre au monde, jouit d'un emplacement splendide en bord de mer, à l'extrémité ouest de la ville. À côté s'étire la magnifique plage de West Sands, celle du dépassement de soi immortalisée à l'écran par *Les Chariots de feu*.

Aller d'un site à l'autre à pied est aisé, mais prévoyez au moins une journée entière pour profiter de tous ses attraits sans vous stresser.

Pour les infos pratiques, voir le Carnet d'adresses p. 213

À SAVOIR

Se loger à St Andrews la semaine de remise des diplômes en juin ou bien lors des grands tournois de golf relève souvent de l'impossible. Réservez bien à l'avance.

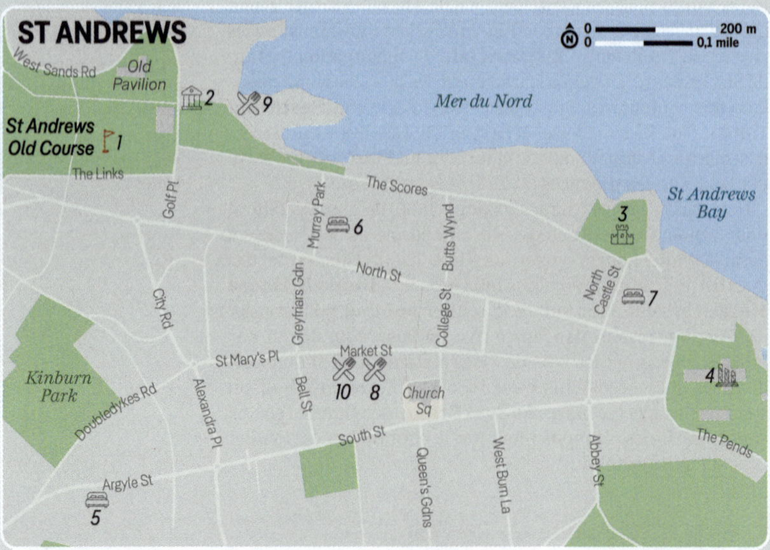

INCONTOURNABLE	VOIR	SE LOGER	SE RESTAURER
1 St Andrews Old Course	**2** British Golf Museum	**5** 34 Argyle St	**8** Mitchell's Deli
	3 St Andrews Castle	**6** Cameron House	**9** Seafood Ristorante
	4 St Andrews Cathedral	**7** Old Fishergate House	**10** Tailend

St Andrews Old Course

Fouler le plus vieux gazon du monde

LE SUMMUM DU GOLF

L'**Old Course** de St Andrews est le parcours le plus ancien et le plus connu au monde. On y joue au golf depuis le XVe siècle. Dès 1457, victime de sa popularité, ce sport fut interdit par Jacques II, car il perturbait l'entraînement de ses archers.

Pour fouler son gazon, il faut réserver sur le site Internet ou contacter par téléphone le Reservations Department. Une démarche à engager dès le dernier mercredi d'août de l'année précédant la date souhaitée.

Faute d'une réservation si précoce, l'accès au green tient littéralement de la loterie. Il faut alors glisser son bulletin dans une urne au bureau des caddies, participer au tirage en ligne ou encore téléphoner à la réception avant 14h l'avant-veille du jour où l'on souhaite jouer (pas de partie le dimanche). Il faut savoir que les demandes par bulletin suscitent une très forte participation et que les *green fees* (frais d'accès au green) s'élèvent à 295 £ d'avril à octobre.

OPEN CHAMPIONSHIP

Créé en 1860 sur le parcours de golf écossais de Prestwick dans l'Ayrshire, l'Open est le plus ancien et le plus prestigieux des quatre grands tournois internationaux masculins de golf. Il est organisé par le St Andrews' Royal and Ancient Golf Club. Le lieu du tournoi change chaque année, mais se tient toujours au Royaume-Uni sur un links (un terrain côtier avec des dunes recouvertes d'herbe). Il revient à St Andrews tous les cinq ans. La compétition de 2020 a été reportée à cause du Covid-19, mais la 150e édition s'y est déroulée en 2022. Consultez le site Internet pour connaître les lieux des prochaines éditions.

OÙ SE RESTAURER À ST ANDREWS

Seafood Ristorante
Un établissement élégant, offrant une vue panoramique sur la baie de St Andrews. **£££**

Tailend
Tout frais pêché à Arbroath, plus au nord, le poisson est ici frit à la demande pour un *fish and chips* de qualité. **£**

Mitchell's Deli
Excellent traiteur-café-restaurant qui met les produits locaux à l'honneur. **££**

POURQUOI J'AIME ST ANDREWS

Neil Wilson, auteur

Je ne joue pas au golf, mais St Andrews est une de mes villes préférées en Écosse. Les ruines de la cathédrale et du château sont très intéressantes et le Wardlaw Museum, encore récent et peu connu, évoque l'histoire de l'université de manière fascinante. J'aime parcourir les étagères de la librairie Toppings, prendre un brunch décontracté au Mitchell's Deli, puis faire une promenade revigorante avec mon chien sur la longue plage de West Sands, en pensant au film *Les Chariots de feu*.

EWG3D/GETTY IMAGES ©

St Andrews Cathedral

Si vous ne tenez pas particulièrement à jouer, des visites guidées à pied de l'Old Course sont proposées. Le dimanche, vous pouvez vous promener librement sur le parcours et, les autres jours, suivre les sentiers qui le bordent.

En face du Royal and Ancient Clubhouse, le **British Golf Museum** retrace de manière très complète l'histoire et le développement du sport en soulignant le rôle de St Andrews.

Autour des reliques de saint André

RUINES DE LA CATHÉDRALE ET DU CHÂTEAU

On attribue la fondation de St Andrews à saint Regulus (ou saint Rule), un moine fuyant Patras au IVe siècle avec les reliques de saint André (saint patron de l'Écosse) pour en éviter la translation à Constantinople. La cité se développa rapidement en tant que lieu de pèlerinage, avant de devenir la capitale religieuse de l'Écosse et, en 1410, le siège de la première université écossaise.

Gagnez l'extrémité est de South St pour découvrir les ruines de ce qui fut l'un des plus beaux édifices médiévaux de Grande-Bretagne, **St Andrews Cathedral** – il se résume aujourd'hui à

OÙ SE LOGER À ST ANDREWS

34 Argyle St
B&B dans une jolie maison en pierre ancienne à l'ouest du centre-ville, avec quatre suites luxueuses dignes d'un hôtel. **£££**

Cameron House
On se sent ici comme chez soi grâce à l'accueil chaleureux des propriétaires. Chambres à la superbe décoration. **££**

Old Fishergate House
Proche de la cathédrale, une maison du XVIIe siècle, au mobilier d'époque. Chambres spacieuses. **£££**

Sarcophage de saint André, St Andrews Cathedral

quelques pans de mur et fragments d'arche, et un seul pignon. On peut en apprécier la taille et la majesté passées en grimpant au sommet de la **St Rule's Tower** voisine, seul vestige de l'église qui précéda la cathédrale et abritait initialement les reliques du saint. Le musée du site conserve le sarcophage de saint André (fin du VIIIe siècle), l'un des plus beaux exemples européens de bas-relief du haut Moyen Âge. Longez ensuite le Pends, le sentier côtier, sur 350 m pour rejoindre le panorama imprenable qu'on a du **St Andrews Castle**. Sous terre, un réseau complexe de tunnels de siège rappelle les combats entre catholiques et réformateurs écossais. Humides et recouverts de mousse, ils ne s'en visitent pas moins.

Goûter les produits locaux

VISITE GUIDÉE GASTRONOMIQUE

Réservez une visite guidée gastronomique de 3 heures 30 avec **Eat Walk St Andrews**. Vous en apprendrez plus sur l'histoire et l'architecture de la ville tout en vous rendant à pied dans cinq lieux, où vous ferez une pause pour goûter des boissons et des aliments locaux.

COMMENT S'Y RENDRE ET CIRCULER

Il n'y a pas de gare à St Andrews, mais un train circule entre Édimbourg et Leuchars, à 8 km au nord-ouest. De là, des bus desservent régulièrement St Andrews.

Il existe aussi des liaisons routières entre Édimbourg et le centre-ville de St Andrews, à raison d'une toutes les heures.

Environs de St Andrews

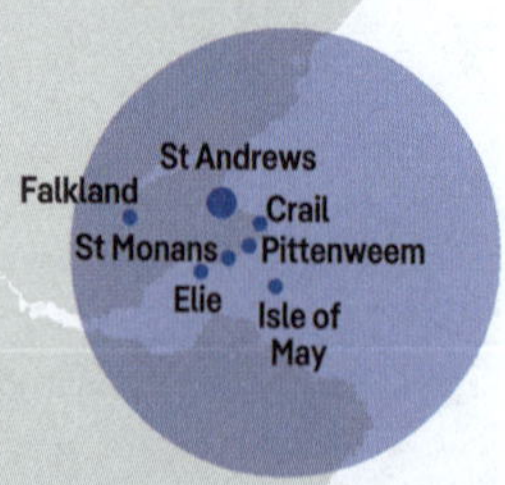

Le royaume de Fife enchante les visiteurs. Au programme : villages de pêcheurs, cuisine de la mer raffinée, châteaux médiévaux ou bunkers hérités du second conflit mondial.

Dans le Fife, l'East Neuk est une charmante portion de littoral courant au sud de St Andrews jusqu'à la pointe de Fife Ness, puis filant vers l'ouest jusqu'à Elie. *Neuk* signifie "coin" en vieux scots. Un endroit plein de charme où les villages de pêcheurs aux toits de tuiles rouges et pignons à gradins soulignent les échanges commerciaux pluriséculaires avec les Pays-Bas.

L'East Neuk se parcourt aisément au départ de St Andrews ou d'Édimbourg à la journée, mais il est aussi plaisant d'y séjourner plus longuement. Par sa longue histoire comme centre de l'industrie de la pêche, l'East Neuk est le royaume du poisson en cuisine. De la table étoilée aux *fish and chips* parmi les meilleurs d'Écosse, nulle inquiétude : les amateurs de saveurs marines seront à la fête.

Pour les infos pratiques, voir le Carnet d'adresses p. 214

À SAVOIR

La ligne routière 95, qui circule toutes les heures sur la côte entre St Andrews et Leven, permet de randonner sans avoir à prévoir un parcours en boucle.

Fife Coastal Path

Kingsbarns Distillery (p. 208)

À pied sur un littoral chargé d'histoire

DE VILLAGE DE PÊCHEURS EN VILLAGE DE PÊCHEURS

Marchez le long du **Fife Coastal Path**, lequel relie entre eux les villages de l'**East Neuk**. Photogéniques à souhait, leurs maisons de pêcheurs soulignent l'importance de cette activité pour la péninsule de Fife. C'est l'endroit rêvé pour se régaler de saveurs iodées, du simple *fish and chips* aux plats de poisson des tables étoilées. Deux à trois jours suffisent à couvrir les 40 km entre Elie et St Andrews. Si vous préférez économiser vos pas, visitez les villages par la route à vélo, en voiture ou par les bus.

Partez d'**Elie** (à 40 minutes de bus au sud de St Andrews) en attaquant le parcours par la **Chain Walk**, le long de la côte rocheuse de Kincraig Point. Cette partie un peu plus sportive du sentier est équipée de barreaux en acier et de chaînes fixés dans les rochers pour vous aider (comptez 2 heures et renseignez-vous sur les horaires des marées avant de partir). Continuez sur la vaste plage de sable, où l'on joue au cricket en été. De là, vous rejoindrez en 45 minutes l'ancien village de pêcheurs de **St Monans**, son église paroissiale et **Craig Millar**, où vous vous régalerez des arrivages du jour.

LES MEILLEURES TABLES DU FIFE

Cellar Restaurant
Étoilé au Michelin en 2015, cet élégant restaurant d'Anstruther affiche un menu créatif qui met à l'honneur les produits de la mer comme de la terre écossaises : poisson, fruits de mer, agneau, porc et bœuf. Réservez ! **£££**

Newport
Le cadre est fantastique avec de grandes fenêtres surplombant le Firth of Tay, de l'autre côté du Tay Bridge en venant de Dundee. L'idéal pour savourer un déjeuner où figurent les meilleurs produits locaux. **££**

Haar
L'accent est mis sur les productions locales de première fraîcheur, notamment la pêche, rehaussée de subtiles saveurs asiatiques.
La meilleure table à St Andrews. **£££**

OÙ SE LOGER À ANSTRUTHER

Murray Library Hostel
Des dortoirs de 4 à 8 lits, certains avec vue sur la mer. Chambres privatives avec lits jumeaux ou lit double également. **£**

Spindrift B&B
Légendaire hospitalité écossaise dans cette maison d'hôtes, la première bâtisse sur la gauche quand on vient de l'ouest. **££**

The Bank Hotel
La chambre double avec baie vitrée du 1er étage offre une vue superbe sur la mer et le port. **£££**

FALKLAND PALACE

On dit que Marie Stuart y aurait passé les plus beaux jours de sa vie. C'est là que le roi Jacques V d'Écosse, son père, rendit son dernier soupir ; Jacques VI et Charles II y séjournèrent aussi. Résidence de campagne des Stuarts, le palais fut construit entre 1501 et 1541 sous Jacques IV et Jacques V pour remplacer un château du XIIe siècle. Aux artisans français et écossais, il fut demandé de bâtir un chef-d'œuvre d'architecture gothique écossaise. Ne manquez pas dans la Keeper's Bedroom le lit à baldaquin fabriqué pour Jacques VI en 1618. La chapelle royale a pour sa part été superbement restaurée. Concluez votre visite dans les jardins où se trouve le plus ancien court d'origine de *real tennis* ("vrai tennis" ou "tennis royal" ; sorte de jeu de paume) au monde encore en usage, et créé en 1539 pour Jacques V.

THOMASCANSS/SHUTTERSTOCK ©

Macareux, Isle of May

Le sentier traverse le port de **Pittenweem**, connu pour sa très ancienne chapelle d'ermite nichée dans une grotte. On atteint ensuite le port animé d'**Anstruther**, où vous pourrez visiter le **Scottish Fisheries Museum**, un excellent musée relatant l'histoire de l'industrie écossaise de la pêche, y compris à travers des activités interactives pour enfants. Prenez ensuite le temps de savourer quelques-uns des meilleurs *fish and chips* d'Écosse ou les plats raffinés du **Cellar**, un restaurant étoilé.

L'East Neuk prend des allures de carte postale 6 km plus loin avec **Crail**, sans doute le port le plus photographié d'Écosse. Profitez de votre passage pour apprécier les crustacés frais du **Lobster Store**. Les derniers 23 km du parcours, entre Crail et St Andrews, passent par Cambo Sands, où un détour par un sentier boisé permet de rejoindre le superbe **Cambo Gardens** (un café servant des produits locaux) et la **Kingsbarns Distillery**.

À 30 m sous terre

VESTIGE DE LA GUERRE FROIDE

Construit dans les années 1950 à 11 km au sud-est de St Andrews, le **Scotland's Secret Bunker** rappelle la guerre froide qui sévissait alors entre États-Unis et Union soviétique.

OÙ MANGER POISSON ET FRUITS DE MER DANS L'EAST NEUK

Anstruther Fish Bar
Fish and chips primé, réputé pour son églefin frit, son crabe et ses crevettes en beignets. £

Lobster Store
Pittoresque petite baraque du port de Crail où acheter crabes et homards pêchés localement et tout juste cuits. ££

Ship Inn
Pub populaire de la plage d'Elie, avec au menu produits de la mer locaux et steaks. ££

En cas de guerre nucléaire, ce devait être l'un des quartiers régionaux de commandement britannique. Enfoui à 30 m sous terre et protégé par du béton armé de près de 5 m d'épaisseur, ce bunker aussi fascinant qu'inquiétant abrite, sur deux niveaux, d'austères salles d'état-major, centres de communications, studios de diffusion, arsenaux et dortoirs, le tout rempli d'objets d'époque et de panneaux explicatifs. Il faut être motorisé ou faire appel à un taxi pour y venir.

Au large avec les oiseaux de mer

CROISIÈRE ET RÉSERVE ORNITHOLOGIQUE INSULAIRE

À 10 km au large au sud-est d'Anstruther, l'**Isle of May**, longue de 1,8 km et large de 500 m, est une réserve naturelle spectaculaire. D'avril à juillet, ses falaises accueillent plusieurs espèces nicheuses, dont des mouettes tridactyles, de petits pingouins, des guillemots et cormorans, et plus de 80 000 macareux. Sur l'île, les ruines du prieuré du XIIe siècle, St Adrian's Chapel, évoquent le culte rendu à saint Adrien d'Écosse, moine missionnaire assassiné ici lors du raid danois de 875. Pour gagner l'île et observer les oiseaux, les bateaux partent d'Anstruther, situé à 25 minutes de bus au sud-est de St Andrews.

Le **May Princess** vous embarque à son bord pour 5 heures de temps, dont 2 à 3 heures sur l'île (sauf en cas de grippe aviaire). Cette sortie en mer organisée tous les jours de juillet à septembre, mais moins fréquemment d'avril à juin, part à des horaires liés à la marée (consultez le site Internet ou téléphonez auparavant). Le kiosque du port délivre et réserve les passages jusqu'à une heure avant le départ.

Sur les terres du domaine

FLEURS SAUVAGES ET WHISKY

Le manoir de la famille Erskine, **Cambo Estate**, à 35 minutes au sud-est de St Andrews, est célèbre pour son **jardin clos de murs**, au milieu duquel coule un ruisseau d'agrément. On y déambule avec plaisir avant d'aller nourrir en famille les cochons du domaine. En janvier et février, la floraison spectaculaire des perce-neige embellit un peu plus le lacis de sentiers forestiers alentour.

Sur le domaine, une ferme georgienne à l'abandon a été restaurée pour accueillir la **Kingsbarns Distillery**. Ouverte en 2015, elle produit un whisky caractéristique des Lowlands à partir d'orge cultivé dans le Fife. Son premier *single malt*, baptisé Dream to Dram, a remporté quantité de prix en 2020.

MEILLEURS MAGASINS ET MARCHÉS FERMIERS DANS LE FIFE

Balgove Larder
À 1,6 km à l'ouest de St Andrews, cette boutique fermière (ouverte tous les jours) fait aussi office de café. On y sert de copieux petits-déjeuners et déjeuners concoctés avec la production locale. La grange voisine (fermée lundi et mardi) a été équipée de grands barbecues au charbon de bois où cuisent des steaks tendres et des burgers juteux.

Bowhouse
Ce marché proche de St Monans (2e week-end du mois) regorge d'étals de producteurs et d'artisans locaux.

Pillars of Hercules
Ouvert tous les jours, un magasin et café fermier bio à 1,6 km au nord-ouest du village de Falkland. Café végétarien en plein air.

COMMENT CIRCULER

La visite de l'East Neuk et du reste du Fife est plus facile en voiture. Les week-ends d'été, il peut être compliqué de stationner dans les villages.

Carnet d'adresses

STIRLING

Argyll's Lodging
Voir p. 188 (www.historicenvironment.scot/visit-a-place/places/argyll-s-lodging ; Castle Hill, FK8 1EG ; P2 jusqu'à Bow St)

Battle of Bannockburn Experience
Voir p. 191 (0178-681 2664 ; www.nts.org.uk/visit/places/bannockburn ; Glasgow Rd, Whins of Milton, FK7 0LJ ; accès libre au champ de bataille, "Experience" adulte/enfant 7,50/5,50 £ ; 10h-17h30 avr-oct, 10h-17h nov-mars ; 51 jusqu'à 1314 Inn)

Beheading Stone
Voir p. 188 (pierre de décapitation ; 33 Crofthead Rd, Gowan Hill, FK8 1AA ; 57, 59, 160 jusqu'à Union St)

Cowane's Hospital
Voir p. 188 (www.cowanes.org.uk ; 49 John St, FK8 1ED ; P2 jusqu'à Youth Hostel)

National Wallace Monument
Voir p. 190 (0178-647 2140 ; www.nationalwallacemonument.com ; Abbey Craig, FK9 5LF ; adulte/enfant 10,75/6,75 £ ; 9h30-17h avr-juin et sept-oct, 9h30-18h juil-août, 10h-16h nov-déc, 10h-17h jan-mars ; 52 jusqu'à Wallace Monument Car Park)

Old Town Jail
Voir p. 191 (0178-659 5024 ; www.oldtownjail.co.uk ; St John St, FK8 1EA ; Performance Tours sam-dim adulte/enfant 12/7 £, visite seule 9/6 £ ; 10h-18h mi-juil à oct ; P2 jusqu'à Youth Hostel)

Star Pyramid
Voir p. 188 (www.oldtowncemetery.co.uk/stones/the-star-pyramid ; Valley Lane Cemetery Rd, FK8 1EG ; P2 jusqu'à Bow St)

Stirling Castle
Voir p. 188 (0131-220 1111 ; www.stirlingcastle.scot ; Castle Wynd, FK8 1EJ ; adulte/enfant 17,50/10,50 £ ; 9h30-18h avr-sept, 9h30-17h oct-mars, dernière entrée 1h avant la fermeture ; P2 jusqu'à Bow St)

Stirling Old Bridge
Voir p. 189 (www.historicenvironment.scot/visit-a-place/places/stirling-old-bridge ; River Forth ; 57 jusqu'à Scott St)

Friars Wynd
Voir p. 189 (0178-647 3390 ; www.friarswynd.co.uk ; 17 Friars St, FK8 1HA ; 54, 57, 59, 324, 925 jusqu'à Stance F)

Victoria Square Guesthouse
Voir p. 189 (0178-647 3920 ; www.victoriasquareguesthouse.com ; 12 Victoria Sq, FK8 2QZ ; P2 jusqu'à The Smith Institute)

Willy Wallace Backpackers Hostel
Voir p. 189 (0178-644 6773 ; www.willywallacehostel.com ; 77 Murray Pl, FK8 1AU ; 54, 57, 59, 324, 925 jusqu'à Stance F)

Birds & Bees
Voir p. 191 (01786-473663 ; www.thebirdsandthebees-stirling.com ; Easter Cornton Rd, Causewayhead, FK9 5PB ; plats 11,50-14,50 £, steaks 23,50-37,50 £ ; 11h-minuit ; C30 jusqu'à Munro Avenue)

Brea
Voir p. 191 (0178-644 6277 ; www.brea-stirling.co.uk ; 5 Baker St, FK8 1BJ ; plats 18-26 £ ; 12h-21h dim-jeu, 12h-22h ven-sam ; 23, 27, 41, 42)

Hermann's
Voir p. 191 (01786-450632 ; hermanns-restaurant.co.uk ; 58 Broad St, FK8 1EF ; menu déj 2/3 plats 18,50-21,50 £, plats dîner 15,80-22,80 £, menu dîner 2/3 plats 26,90-29,90 £ ; 12h-22h mer-sam ; P2 jusqu'à Bow St)

Brewdog
Voir p. 190 (01786-440043 ; www.brewdog.com ; 7 Baker St, FK8 1BJ ; 16h-23h lun-jeu, 12h-minuit jeu-sam, 12h-22h dim ; P2 jusqu'à Golden Lion Hotel)

Curly Coo
Voir p. 190 (0178-644 7191 ; curlycoobar.com ; 51 Barnton St, FK8 1HH ; 16h-minuit lun-jeu, 16h-1h ven-sam, 17h-minuit dim ; 19, 51, 52, 54, 57, 59, 324, 925 jusqu'à Sheriff Court)

Settle Inn
Voir p. 190 (0178-647 4609 ; 91 St Mary's Wynd, FK8 1BU ; 15h-minuit mar-jeu, 12h-1h ven-sam, 12h-minuit dim)

ENVIRONS DE STIRLING

Andrew Carnegie Birthplace Museum
Voir p. 194 (0138-372 4302 ; www.carnegiebirthplace.com ; Moodie St, Dunfermline KY12 7PL ; 11h-16h)

Culross Abbey
Voir p. 193 (www.historicenvironment.scot ; Kirk St, Culross Dunfermline KY12 8JD)

Castle Campbell
Voir p. 193 (0138-388 0359 ; www.nts.org.uk ; Dollar, Clackmannanshire FK14 7PP ; adulte/enfant 6/3,60 £ ; 10h-17h avr-sept, 10h-16h oct, dernière entrée 1h avant la fermeture, fermé nov-mars ; 28 jusqu'à The Palace)

Culross Palace
Voir p. 193 (0125-974 2408 ; www.historicenvironment.scot ; Culross, Dunfermline FK14 7PP ; adulte/enfant 6/3,60 £ ; 10h-17h avr-sept, 10h-16h oct, dernière entrée 1h avant la fermeture, fermé nov-mars ; 28 jusqu'à The Palace)

Doune Castle
Voir p. 193 (0178-684 1742 ; www.historicenvironment.scot/visit-a-place/places/doune-castle ; Castle Hill, Doune FK16 6EA ; adulte/enfant 10/6 £ ; 9h30-17h30 avr-sept, 10h-16h oct-mars)

Dunfermline Abbey
Voir p. 194 (0138-372 4586 ; dunfermlineabbey.com/wwp ; St Catherine's Wynd, Dunfermline KY12 7PE ; adulte/enfant 6/3,60 £ ; 10h-12h et 13h-16h mar-sam)

Dunfermline Palace
Voir p. 194 (0138-373 9026 ; www.historicenvironment.scot/visit-a-place/places/dunfermline-abbey-and-palace ; St Margaret's St, Dunfermline KY12 7PE ; adulte/enfant 6/3,60 £ ; 10h-17h30 lun-sam, 13h-17h30 dim avr-sept, 10h-16h mar-sam, dernière entrée 30 min avant la fermeture)

The Kelpies
Voir p. 194 (01324-590600 ; www.thehelix.co.uk ; The Helix, Falkirk ; visites adulte/enfant 7,50 £/gratuit ; centre d'information des visiteurs 9h30-16h, visites 11h, 11h30, 13h30 et 14h30)

13THREEPHOTOGRAPHY/STOCK.ADOBE.COM ©

Dunkeld Cathedral

Cromlix House
Voir p. 193 (0178-682 2125 ; www.cromlix.com ; Kinbuck, FK15 9JT)

Lanrick Treehouses
Voir p. 193 (www.lanricktreehouses.co.uk ; The Treehouses at Lanrick Near, Doune FK16 6HJ)

Mains Farm
Voir p. 193 (0178-685 0735 ; www.mainsfarmwigwams.com ; Thornhill, Stirling FK8 3QR)

Buttercup Cafe
Voir p. 194 (0178-684 2511 ; 7 Main St, Perthshire, Doune FK16 6BJ ; plats 11,50-14,50 £, steaks 23,50-37,50 £ ; 9h-16h lun-ven, 9h-17h sam, 10h-16h dim ; 59 jusqu'à Bank St)

Cafe Circa
Voir p. 194 (0178-684 1683 ; scottish-antiques.com/cafe-circa ; The Scottish Antiques Centre, Doune FK16 6HG ; plats petit-déj 6,95-10,75 £, plats déj 13,50-14,95 £ ; 9h30-16h30)

Woodhouse Kippen
Voir p. 194 (0178-687 0156 ; www.thewoodhousekippen.co.uk ; Kippen Station, Stirling FK8 3JA ; plats 4,95, 12,50 £ ; 10h-17h ; P2 jusqu'à Bow St)

PERTH

Black Watch Museum
Voir p. 198 (0173-863 8152 ; www.theblackwatch.co.uk ; Hay St, PH1 5HR ; adulte/enfant avr-oct 10/4,25 £, nov-mars 7,25/4 £ ; 9h30-16h30 avr-oct, 10h-16h nov-mars, dernière entrée 1h avant la fermeture ; 9 jusqu'à Balhousie Avenue)

Fergusson Gallery
Voir p. 198 (0173-878 3425 ; www.culturepk.org.uk/museums-and-galleries/the-fergusson-gallery ; angle Marshall Pl et Tay St, PH2 8NS ; 10h-16h30 lun et jeu-dim)

Perth Museum
Voir p. 195 (0173-878-3414 ; www.culturepk.org.uk/museums-and-galleries/perth-museum ; King Edward St, Perth PH1 5UG ; 3, 11, 12 jusqu'à South St)

Perth Art Gallery
Voir p. 198 (0173-863 2488 ; www.culturepk.org.uk/museums-and-galleries/perth-art-gallery ; 78 George St, PH1 5LB ; 10h-16h ven-lun ; 3, 7, 11, 12 jusqu'à George St)

Quarrymill Woodland Park
Voir p. 195 (Perth PH2 7HQ ; 3, 58 jusqu'à Upper Springland)

Scone Palace
Voir p. 195 (0173-855 2300 ; www.scone-palace.co.uk ; Scone Estate, PH2 6BD ; adulte/enfant 17,50/12,50 £, jardins uniquement 11/7,50 £ ; palais et jardins 10h-17h30 ven-dim mars-oct, jardins 10h-17h ven-dim fév-mars ; 3, 58 jusqu'à Sawmill)

Outdoor Explore
Voir p. 197 (0790-432 4102 ; outdoorexplore.co.uk/welcome-to-perth-city-tours ; Westfield Farm, Balmoral Road, Blairgowrie, PH10 7HY ; 10h-17h jeu-lun)

Leonardo Boutique Huntingtower
Voir p. 196 (0173-858 3771 ; www.leonardohotels.co.uk/hotels/perth/leonardo-huntingtower ; Crieff Rd, Huntingtower PH1 3JT ; 155 jusqu'à Almond Grove)

Parklands Hotel
Voir p. 196 (0173-862 2451 ; www.theparklandshotel.com ; 2 St Leonard's Bank, PH2 8EB ; 5, 6, 13, 17, 70 jusqu'à St Leonards Bank)

Perth Youth Hostel
Voir p. 196 (0173-887 7800 ; www.hostellingscotland.org.uk ; Crieff Rd, PH1 2GA ; 15, 23, 155 jusqu'à College)

63 Tay Street
Voir p. 197 (0173-844 1451 ; www.63taystreet.com ; 63 Tay St, PH2 8NN ; menu déj 4 plats 28 £, menu dîner 5 plats 55 £ ; 18h-20h45 mer, 12h-13h45 et 18h-20h45 jeu-sam ; 16, 51 jusqu'à Canal St)

North Port
Voir p. 197 (0173-858 0867 ; www.thenorthport.co.uk ; 8 North Port, PH1 5LU ; plats 16-29 £ ; 9h30-16h30 mar-sam ; 7, 57, 58 jusqu'à Charlotte St)

Loch Leven

Tabla
Voir p. 197 (0173-844 4630 ; www.tablarestaurant.co.uk ; 173 South St, PH2 8NY ; plats 14-16 £ ; 17h-22h dim-jeu, 12h-14h et 17h-22h ven-sam ; 2, 7, 8, 12, 14, 17, 19, 36, 56 jusqu'à South St)

King James
Voir p. 197 (0138-732 3010 ; www.kingjamespub.co.uk ; 73 Kinnoull St, PH1 5EZ ; 11h-minuit lun-jeu, 11h-0h30 ven-sam, 12h-minuit dim ; 4, 15, 23, 27, 34 jusqu'à Kinnoull St)

Old Ship Inn
Voir p. 197 (0795-792 4767 ; oldshipinnperth.co.uk ; 31 High St, PH1 5TJ ; 11h-23h lun-jeu, 11h-minuit ven-sam, 12h30-23h dim ; 3, 7, 11, 12 jusqu'à High St)

Perth Distillery
Voir p. 197 (0173-863 8337 ; www.perthdistillery.co.uk ; George Inn Ln, Tay St, PH1 5LG ; 11h-16h jeu-ven, 10h-16h sam ; 3, 7, 11, 12 jusqu'à George St)

Game Fair
Voir p. 198 (www.scottishfair.com ; 30 juin-2 juil)

Perth Festival of the Arts
Voir p. 198 (0173-862 1031 ; www.perthfestival.co.uk ; mai)

Rewind Scotland
Voir p. 198 (scotland.rewindfestival.com ; 21-23 juil)

ENVIRONS DE PERTH

Birnam Arts Centre
Voir p. 201 (0135-072 7674 ; www.birnamarts.com ; Station Rd, Birnam, Dunkeld PH8 0DS ; 10h-16h mer-dim ; Dunkeld & Birnam Station)

Dunkeld House Hotel
Voir p. 201 (0135-072 7771 ; dunkeldhousehotel.co.uk ; Blairgowrie Road, Dunkeld PH8 0HX)

Eastwood House
Voir p. 206 (0135-072 7447 ; eastwoodhousedunkeld.com ; Dunkeld, Perthshire PH8 0HY)

Hermitage
Voir p. 201 (www.nts.org.uk ; parking 3 £)

Innerpeffray Chapel
Voir p. 201 (Crieff PH7 3RF ; 9h-17h)

Lochleven Castle
Voir p. 200 (0157-786 2670 ; www.historicenvironment.scot ; Pier Rd, Kinross KY13 8UF ; adulte/enfant visite et traversée 9/5,40 £ ; 9h-17h ; Lochleven Castle Ferry Landing)

Loch Leven Heritage Trail
Voir p. 200 (www.pkct.org/loch-leven-heritage-trail)

Perthshire Wildlife
Voir p. 200 (0798-497 5095 ; perthshirewildlife.co.uk ; The Old Post Office, Murthly PH1 4EL ; 30-99 £/pers ; 8h30-17h mar, 8h30-22h mer-ven, 10h-17h sam-dim)

Phoenix Falconry
Voir p. 200 (0771-569 1803 ; www.scottishfalconry.co.uk ; Easterton Farm, Auchterarder PH4 1RQ ; 30-99 £/pers ; 9h-17h)

Loch Leven Fisheries
Voir p. 200 (0157-786 3407 ; www.fishlochleven.co.uk ; The Pier, Pier Rd, Kinross KY13 8UF ; location bateau 30-60 £ ; 9h-17h ; Lochleven Castle Ferry Landing)

Atholl Arms Hotel
Voir p. 200 (0179-648 1205 ; www.athollarmshotel.co.uk ; B8079, Pitlochry PH18 5SG)

Erigmore
Voir p. 200 (0135-072 7236 ; www.verdantleisure.co.uk/central-scotland/perthshire/erigmore ; Erigmore House, St Mary's Rd, Birnam PH8 0BJ)

Gleneagles Hotel
Voir p. 200 (0176-466 2231 ; www.gleneagles.com ; Gleneagles Hotel, Auchterarder PH3 1NF ; golf journée déc-fév 80 £, mars et nov 100 £, avr 180 £, mai et oct 255 £, juin 330 £, juil-sept 450 £ ; Andrew Fairlie menu dégustation 165 £, menu 3/4 plats 125/155 £ ; Andrew Fairlie à partir de 18h ; 19, 20 jusqu'à Gleneagles Trades Entrance)

Kennacoil
Voir p. 200 (0135-072 3333 ; www.kennacoil.co.uk ; Kennacoil House, Dunkeld PH8 0BP)

Aran Bakery
Voir p. 201 (0135-072 7029 ; www.aran-bakery.com ; 2 Atholl St, Dunkeld PH8 0AR ; pâtisserie 2,5-3 £, en-cas 3,5-6 £ ; 9h-17h)

Dunkeld Fish Bar
Voir p. 201 (0135-072 7486 ; www.lochlevenslarder.com ; 12 Atholl St, Dunkeld PH8 0AR ; plats 6-11 £ ; 15h-20h mer-jeu, 15h-21h ven, 12h-21h sam, 12h-20h dim)

Loch Laven's Larder
Voir p. 200 (0159-284 1000 ; www.lochlevenslarder.com ; Channel Farm, Kinross KY13 9HD ; plats 6-11 £ ; 9h-17h)

Taybank
Voir p. 201 (0135-067 7123 ; www.thetaybank.co.uk ; Tay Terrace, Dunkeld PH8 0AQ ; plats déj 8-18 £, plats dîner 12-28 £ ; 9h-17h)

Library of Innerpeffray
Voir p. 200 (0176-465 2819 ; innerpeffraylibrary.co.uk ; Crieff PH7 3RF ; 10h-17h mer-dim)

ST ANDREWS

St Andrews Castle
Voir p. 205 (0133-447 7196 ; www.historicenvironment.scot/visit-a-place/places/st-andrews-castle ; The Scores, KY16 9AR ; adulte/enfant 9,50/5,50 £ ; 9h30-17h30 avr-sept, 10h-16h oct-mars ; CGI jusqu'à North Castle St)

St Andrews Cathedral
Voir p. 204 (0133-447 2563 ; www.historicenvironment.scot/visit-a-place/places/st-andrews-cathedral ; The Pends, KY16 9QL ; adulte/enfant 7,50/4,50 £ ; 10h-16h ven-dim oct-mars, 10h-17h30 tlj avr-sept ; CGI jusqu'à North Castle St)

British Golf Museum
Voir p. 204 (0133-446 0046 ; www.britishgolfmuseum.co.uk ; Bruce Embankment, KY16 9AB ; adulte/enfant 12-15 £/gratuit ; 9h30-17h lun-sam, 10h-17h dim avr-oct, 10h-16h tlj nov-mars ; 59, 92, 94, 95, 98, 99 jusqu'à Grannie Clark's Wynd)

Eat Walk St Andrews
Voir p. 205 (0774-086 9359 ; www.eatwalkstandrews.co.uk ; W Stands Rd, KY16 9XL ; circuit 69-75 £/pers ; 9h-20h, circuit 13h et 17h)

Old Course
Voir p. 203 (réception 0133-446 6666, réservations 0133-446 6718 ; www.standrews.com ; W Stands Rd, KY16 9XL ; accès au green 95-295 £ ; 9h-18h ; 59, 92, 94, 95, 98, 99 jusqu'à Grannie Clark's Wynd)

34 Argyle St
Voir p. 204 (0771-286 3139 ; www.34argylestreet.com ; 34 Argyle St, KY16 9BU)

Cameron House
Voir p. 204 (0133-447 2306 ; www.cameronhouse-sta.co.uk ; 11 Murray Park, KY16 9AW)

Old Fishergate House
Voir p. 204 (0133-447 0874 ; www.oldfishergatehouse.co.uk ; North Castle St, KY16 9BG)

Mitchell's Deli
Voir p. 203 (01334-441396 ; www.mitchellsdeli.co.uk ; 110-112 Market St, KY16 9PB ; brunch 8-13 £, plats dîner 10-22 £ ; 9h-21h dim-mar, 9h-22h mer-sam ; 64, 90, 91, 93, 94, 95 jusqu'à Market St)

Seafood Ristorante
Voir p. 203 (01334-479475 ; www.theseafoodrestaurant.com ; The Scores, KY16 9AB ; menus 2/3 plats 78/90 £ ; 12h-23h mer-sam)

Tailend
Voir p. 203 (0135-072 7486 ; www.thetailend.co.uk ; 130 Market St, KY16 9PD ; plats 11,95-17,75 £ ; 12h-21h30 ; 64, 90, 91, 93, 94, 95 jusqu'à Market St)

ENVIRONS DE ST ANDREWS

Cambo Estate
Voir p. 209 (0133-345 0313 ; www.camboestate.com ; Kingsbarns, St Andrews KY16 8QD ; adulte/enfant 6,50 £/gratuit ; 9h-17h lun-sam)

Cambo Gardens
Voir p. 209 (0133-331 0628 ; www.cambogardens.org.uk ; Kingsbarns, St Andrews KY16 8QD ; adulte/enfant 6,50 £/gratuit ; 10h-16h)

Falkland Palace
Voir p. 208 (0133-785 7397 ; www.nts.org.uk/visit/places/falkland-palace ; East Port, Falkland, Cupar KY15 7BY ; adulte/enfant 13/9 £ ; 11h-17h, fermé nov-fév ; 36, 64, 66, jusqu'à Palace)

Kingsbarns Distillery
Voir p. 208 (0133-345 1300 ; www.kingsbarnsdistillery.com ; East Newhall Farm, Kingsbarns, KY16 8QE ; visites 12-50 £ ; 10h-17h ; 95 jusqu'à Cambo Lodge)

Isle of May
Voir p. 209 (0133-331 0301 ; secretbunker.co.uk ; Crown Buildings, Troywood, Fife K16 8QH ; adulte/enfant 14,95/10,95 £ ; 10h-17h fév-oct ; 95 jusqu'à School Road)

Scottish Fisheries Museum
Voir p. 208 (0133-331 0628 ; www.scotfishmuseum.org ; St Ayles, Harbourhead, Anstruther KY10 3AB ; adulte/enfant 9 £/gratuit ; 10h-16h30 lun et mer-sam, 11h-16h30 dim)

Scotland's Secret Bunker
Voir p. 208 (0133-331 0301 ; secretbunker.co.uk ; Crown Buildings, Troywood, Fife K16 8QH ; adulte/enfant 14,95/10,95 £ ; 10h-17h fév-oct ; 95 jusqu'à School Road)

Elie Chainwalk
Voir p. 207 (Leven KY9 1HB)

Isle of May Cruises May Princess
Voir p. 209 (795-758 5200 ; www.isleofmayferry.com ; Middle Pier, Anstruther KY10 3AB ; adulte/enfant 38/18 £ ; avr-sept)

Murray Library Hostel
Voir p. 207 (0133-331 1123 ; www.murraylibraryhostel.com ; 7 Shore St, Anstruther KY10 3EA)

Spindrift B&B
Voir p. 207 (0133-331 0573 ; www.thespindrift.co.uk ; Pittenweem Rd, Anstruther KY10 3DT)

The Bank Hotel
Voir p. 207 (0133-331 0189 ; www.thebank-anstruther.co.uk ; 23-25 High St, Anstruther, KY10 3DQ)

Anstruther Fish Bar
Voir p. 208 (0133-331 0518 ; www.anstrutherfishbar.co.uk ; 42-44 Shore St, Anstruther KY10 3AQ ; à emporter 6,35-14,05 £ ; 11h30-20h30 dim-jeu, 11h30-21h ven-sam ; 95 jusqu'à Fisheries Museum)

Cellar
Voir p. 207 (0133-331 0378 ; www.thecellaranstruther.co.uk ; 24 East Green, Anstruther KY10 3AA ; menu déj 75 £, menu dîner 120 £ ; 17h-23h lun-mar, 12h-14h30 et 17h-23h mer-sam, jusqu'à 22h dim ; 95 jusqu'à Fisheries Museum)

Haar
Voir p. 207 (0133-447 9281 ; www.haarrestaurant.com ; 1 Golf Pl, St Andrews KY16 9JA ; menus dégustation 75-82,50 £ ; 12h-19h45 mer-sam ; 92, 95, 98 jusqu'à Abbotsford Crescent)

Newport
Voir p. 207 (0138-254 1449 ; thenewportrestaurant.co.uk ; 1 High St, Newport-on-Tay, Fife DD6 8AB ; déj 3 plats 32,50 £, menu dégustation 65 £ ; 12h-14h30 et 18h-21h jeu-sam, 12h-14h et 17h30-20h30 dim ; 69, 77, 92 jusqu'à Post Office)

Craig Millar @ 16 West End
Voir p. 207 (0133-373 0327 ; www.16westend.com ; 16 West End, St Monans, Anstruther KY10 2BX ; menu déj 3/4 plats 37-43 £, menu dîner 5/6 plats 70/80 £ ; 12h30-14h et 18h30-21h mer-sam, 12h30-14h dim)

Lobster Store
Voir p. 208 (Reilly Shellfish ; 0133-345 0476 ; www.facebook.com/reillyshellfish ; 34 Shoregate, Crail, Anstruther KY10 3SU ; plats 6-15 £ ; 12h-16h)

Ship Inn
Voir p. 208 (0133-333 0246 ; www.shipinn.scot ; The Toft, Elie, Leven KY9 1DT ; plats 17,95-34,95 £ ; 9h30-23h)

Balgove Larder
Voir p. 209 (0133-489 8145 ; www.balgove.com ; Strathtyrum Farm, Strathtyrum, St Andrews KY16 9SF ; 9h-17h ; 59, 92, 94, 99 jusqu'à Strathtyrum Golf Course)

Bowhouse
Voir p. 209 (www.bowhousefife.com ; St Monans, East Neuk, Anstruther KY10 2DB ; 10h-16h sam-dim)

Pillars of Hercules
Voir p. 209 (0133-785 7749 ; www.pillars.co.uk ; Falkland, Cupar KY15 7AD ; 9h-17h hiver, 9h-18h été ; 64 jusqu'à Pillars of Hercules)

Village de Crail

JAN HOLM/SHUTTERSTOCK ©

Ci-dessus : pierres pictes d'Aberlemno (p. 226). À droite : cordages marins, Portsoy (p. 239)

ÉCOSSE DU NORD-EST

VILLES PORTUAIRES, CHÂTEAUX ET WHISKY

Aux cités industrieuses succède un littoral tout en falaises et ports de pêche. Riches terroirs, vallons et vallées verdoyants et moult distilleries de whisky complètent le tableau.

Nombre de visiteurs traversent cette région à la hâte pour rejoindre le Loch Ness et l'île de Skye, sans savoir qu'ils se privent d'une contrée pourtant tout aussi belle et riche que l'Ouest.

Le Nord-Est réunit deux des plus grosses villes écossaises : Dundee et Aberdeen. La première, la "ville des trois J" – le jute, la marmelade (*jam* en anglais) et le journalisme –, a construit en 2018 un éclatant musée du design, le V&A Dundee (p. 223), mais aussi en 1900 le *Discovery* (p. 223), qui a conduit le capitaine Scott au pôle Sud. La seconde, la "cité de granit", doit sa prospérité au pétrole de la mer du Nord.

STEVE ALLEN/SHUTTERSTOCK ©

Arrière-pays de Dundee, l'Angus aux riches terres agricoles fertiles et aux *glens* (vallons) magnifiques semés de mystérieuses pierres pictes abrite aussi les ruines d'Arbroath Abbey (p. 226), le très shakespearien Glamis Castle (p. 226) et Kirriemuir (p. 227), le berceau de *Peter Pan*.

Aberdeen est le point de départ idéal pour découvrir la splendide vallée de la Dee (le Royal Deeside) qui mène à la plus fameuse villégiature de Sa Majesté, Balmoral Castle (p. 230), et aux dunes vertigineuses de la Forvie National Nature Reserve (p. 233).

Au nord s'étire le Moray Firth au littoral frangé de péninsules rocheuses et de longues plages de sable émaillées de ports pittoresques, tels que Pennan, Cullen et Portsoy.

C'est aussi ici que passe la vallée de la Spey, réputée dans le monde entier pour sa cinquantaine de distilleries de whisky et connue sous le nom de Speyside.

SITES PRINCIPAUX

DUNDEE
Musées et histoire.
p. 222

ABERDEEN ET LE ROYAL DEESIDE
Liens avec la Couronne britannique.
p. 228

SPEYSIDE
Whisky et randonnée.
p. 234

VOITURE

Sorti de Dundee et Aberdeen, il est indispensable d'être motorisé pour explorer l'Écosse du Nord-Est, ses châteaux, ses distilleries et ses villages de pêcheurs.

BUS

Les bus sont pratiques pour se déplacer en ville ou pour des excursions à la journée vers les plus grandes agglomérations. Il y a entre autres des liaisons toutes les heures entre Aberdeen et Ballater ou encore entre Dundee et Arbroath.

TRAIN

Une seule ligne ferroviaire relie Dundee à Aberdeen, puis à Inverness via Elgin. Il y a des gares à Arbroath et à Stonehaven. Les arrêts les plus proches du Speyside sont Keith et Elgin, tous deux à plus de 16 km.

S'orienter

Cette région qui s'enroule autour des franges orientales des Highlands couvre des miles et des miles. Comptez un minimum de cinq heures pour rejoindre Aberlour depuis Dundee en empruntant la route côtière dans son ensemble.

Speyside, p. 234
Plus de la moitié des distilleries écossaises sont nichées dans ces collines vertes. Le littoral du Moray est couvert de sentiers pédestres et plein de coins sauvages.

Aberdeen et le Royal Deeside, p. 228
Dans cette terre de châteaux par excellence, lieu de villégiature de la Couronne britannique, Aberdeen offre un cadre urbain bienvenu.

Dundee, p. 222
Une ville côtière avec des musées de renommée mondiale et un arrière-pays, l'Angus, où abondent sites historiques et paysages magnifiques.

STRELKA/SHUTTERSTOCK ©

Planifier son séjour

La richesse touristique de l'Écosse du Nord-Est a pour revers la distance d'un site à l'autre. Si vous avez peu de temps, concentrez-vous sur une région et ses environs plutôt que de vouloir couvrir toute la région.

Balmoral Castle (p. 230)

Excursion à la journée depuis Dundee

- Un court trajet en voiture (16 km) vous mènera au **Glamis Castle** (p. 226), petite merveille de style seigneurial écossais (environ 2 heures de visite), avant de faire cap sur Kirriemuir et de découvrir la **JM Barrie's Birthplace** (p. 227). Avant de quitter la ville de *Peter Pan*, on peut déjeuner chez **88 Degrees**, puis emprunter la B9134 et passer par Forfar pour gagner **Aberlemno** (p. 226) et ses pierres pictes sculptées.

- Obliquez au sud-est vers la côte d'Arbroath pour parcourir les vestiges de l'**Arbroath Abbey** (p. 226) et, si vous en avez le temps, faire une promenade vivifiante le long des **falaises** avant de regagner Dundee.

AU FIL DES SAISONS

Printemps et automne sont parfaits pour visiter musées et cités, et déguster divers whiskies. L'été, place à la randonnée et à l'observation de la nature.

MAI

Les bons vivants se rassemblent cinq jours à Dufftown pour le **Spirit of Speyside**, grande fête du whisky, accompagnée de musique et de gastronomie.

JUIN

Trois jours durant, la fête bat son plein à Stonehaven autour de la bière artisanale pour le **Midsummer Beer Happening**.

JUILLET

Rassemblement de vieux gréements en bois dans le petit port de Portsoy pour le **Scottish Traditional Boat Festival**.

Excursion à la journée depuis Aberdeen

L'A93 qui suit la vallée de la Dee vers l'ouest vous mènera au domaine du **Crathes Castle** (p. 231), auquel il convient de consacrer la matinée. Poursuivant dans la même direction, les **Dinnie Stones** (p. 231) portées par-delà Potarch Bridge incitent à une courte halte sur le chemin de **Ballater** (p. 231), charmant village où se balader et déjeuner. Consacrez l'après-midi à la visite de la villégiature écossaise de la Couronne britannique, le **Balmoral Castle** (p. 230). De là, traversez les landes par la B976, une ancienne route militaire au parcours éminemment panoramique, puis bifurquez sur l'A939, avant de prendre à droite sur l'A944 pour rejoindre Aberdeen.

De Dundee à Elgin, six jours de road trip

Passez la matinée à Arbroath avant de remonter la côte jusqu'au **Dunottar Castle** et à **Stonehaven** (p. 233). Partez alors par l'A957 à travers les collines jusqu'à Banchory et passez le deuxième jour à remonter le **Royal Deeside** (p. 232) avant de regagner le littoral à **Aberdeen** (p. 232) pour y dormir deux nuits et profiter de la ville entre-temps. Entamez votre quatrième jour à la réserve de **Forvie** (p. 233), puis filez au nord jusqu'à **Pennan** (p. 239, 1 heure de route) avant de suivre la côte vers l'ouest jusqu'à **Banff** (p. 236), puis **Portsoy** (p. 239) et **Spey Bay** (p. 237). Regagnez l'intérieur des terres jusqu'à **Aberlour** (p. 235), au sud, pour la cinquième nuit. Pour conclure l'aventure, partez sur le **Whisky Trail** (p. 235) pour finir à Elgin.

AOÛT

La **floraison de la bruyère** pare d'un large manteau violet les collines de l'Angus et de l'Aberdeenshire.

SEPTEMBRE

Le 1er samedi du mois, le **Braemar Gathering** organise les *Highland Games* les plus réputés d'Écosse.

NOVEMBRE

Dundee réunit pendant trois jours les passionnés de plein air le temps du **Dundee Mountain Film Festival**.

DÉCEMBRE

Le dernier jour de l'année, **Hogmanay** est célébré de façon spectaculaire à Stonehaven par une procession de boules de feu jetées à la mer.

DUNDEE

Trafalgar Square, à Londres, a son Nelson et Princes St, à Édimbourg, son monument à sir Walter Scott. Le City Square de Dundee s'orne, de manière plus prosaïque, d'une statue en bronze de Desperate Dan, un personnage de bande dessinée bien connu de plusieurs générations d'écoliers britanniques qui, à partir de 1937, eurent l'occasion de lire ses aventures dans *The Dandy*, publié par l'éditeur local D.C. Thomson.

En plus d'un emplacement de rêve le long de la rive nord du Firth of Tay, Dundee peut se targuer d'abriter trois icônes touristiques : le V&A Dundee, le Discovery Point et le musée des Verdant Works, en hommage au travail du jute. S'y ajoute le séduisant quartier en bord de mer de Broughty Ferry, sans oublier les Dundoniens eux-mêmes, des gens très chaleureux et particulièrement attachants.

Les larges travaux de revitalisation du front de mer autour de Discovery Point sont en outre aujourd'hui sur le point d'aboutir, mettant un peu plus en valeur l'architecture saisissante de son musée du design, le V&A Dundee.

Pour les infos pratiques, voir le Carnet d'adresses p. 240

À SAVOIR

Économisez en achetant (sur place ou en ligne) un billet combiné pour le RRS *Discovery* et pour les Verdant Works. Des brochures détaillant des sentiers à thème autoguidés sont disponibles à l'office du tourisme.

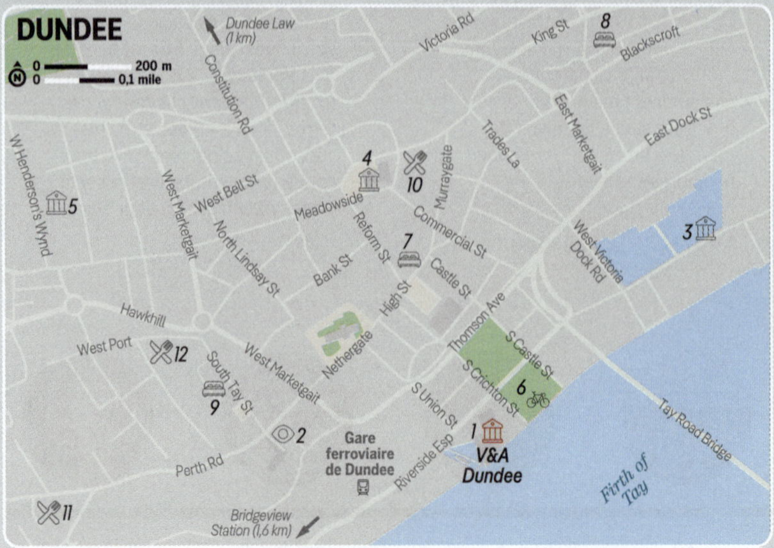

INCONTOURNABLE
1 V&A Dundee

VOIR
2 Dundee Contemporary Arts
3 HMS Unicorn
4 McManus Galleries
5 Verdant Works

ACTIVITÉ
12 Dundee Cycle Hub

SE LOGER
6 Dundee Backpackers
7 Hotel Indigo
8 Urban Quarters

SE RESTAURER
9 Bach
10 Beirut
11 Gallery 48

Dundee depuis le Firth of Tay

Dundee à ciel ouvert

BUS TOURISTIQUES À ARRÊTS MULTIPLES

Les **bus à impériale à toit ouvert** de Discover Dundee sont idéaux pour découvrir la ville. À raison de deux départs chaque heure de 9h30 à 17h, ils relient entre eux les principaux sites de Dundee tout en offrant des commentaires sur l'histoire de la ville. On a la possibilité de faire halte à sa guise. Les billets sont valables 24 heures ; comptez bien une journée pour couvrir tous les sites clés.

Le circuit part du tout nouveau front de mer autour de Discovery Point, dont le point d'orgue est le splendide édifice dessiné par l'architecte japonais Kengo Kuma pour le musée du design ouvert fin 2018, le **V&A Dundee**, une annexe du Victoria & Albert Museum de Londres. Les œuvres de designers écossais – de Charles Rennie Mackintosh à des artistes modernes telle la styliste Holly Fulton –, ainsi que le meilleur des arts et du design du monde entier y sont exposés.

Tout près se dressent les trois mâts du **RRS Discovery**, navire historique sorti des chantiers navals de Dundee en 1900 pour porter le capitaine Robert Falcon Scott et son équipage jusqu'au pôle Sud. Le pont, la cambuse, le quartier lambrissé d'acajou des officiers et les cabines de Scott et de l'équipage se visitent.

Prenez le bus pour faire le tour du centre-ville, passer devant le **Dundee Contemporary Arts** (centre d'art moderne, de design et de cinéma) et rejoindre les **Verdant Works**, l'un des plus beaux musées d'Europe consacrés à l'industrie. Une ancienne manufacture de jute a été restaurée pour accueillir des machines d'époque en état de marche. On trouve expliquées les différentes

LES MEILLEURES TABLES DE DUNDEE

Bach
Un café-bar aux influences écossaises, néo-zélandaises, asiatiques et mexicaines. Le petit-déjeuner est réputé le meilleur de Dundee. £

Beirut
L'adresse favorite des étudiants dans Perth Rd, appréciée pour la saveur et la fraîcheur de sa cuisine moyen-orientale. £

Gallery 48
Proche des Verdant Works, ce café-bistrot méditerranéen branché affiche d'authentiques tapas espagnoles et des planches de fromage et de charcuterie. ££

Bridgeview Station
De cet ancien bâtiment ferroviaire en brique rouge, on a vue sur le Firth of Tay. L'accueil y est familial, le cadre agreable et le rapport qualité/prix avantageux. £

OÙ SE LOGER À DUNDEE

Dundee Backpackers
Dans un bâtiment historique reconverti, une auberge à l'emplacement central, à proximité de la vie nocturne. £

Urban Quarters
Un ensemble de 4 appartements de 2 chambres (4 couchages) décorés avec goût et pourvus de cuisines modernes. £££

Hotel Indigo
Accessible à pied du centre-ville et de Discovery Point, un boutique-hôtel dans une ancienne usine textile. ££

S'ÉCHAPPER DE DUNDEE UNE JOURNÉE

Marian et Simon, les fondateurs de la gamme innovante de spiritueux et liqueurs de plantes **Highland Boundary**, énumèrent leurs activités favorites dans les environs.

Le **Cateran Ecomuseum** est un musée hors les murs. Il n'y a qu'à marcher, pédaler ou rouler en voiture sur des itinéraires prédéfinis pour en découvrir toutes les curiosités.

Coin de nature d'exception, le **Den of Alyth** est un vrai bijou qui attend d'être découvert. Magique, ce vieux bois offre un terrain de randonnée idéal en toute saison.

Peel Farm est une fabuleuse destination familiale pour goûter au meilleur du Perthshire et de l'Angus. Allez voir les animaux de la ferme et savourez café ou déjeuner dans une atmosphère chaleureuse.

ATMOSPHERE1/SHUTTERSTOCK ©, ARCHITECT: KENGO KUMA

V&A Dundee (p. 223)

étapes de fabrication du jute, de la récolte de la matière première en Inde jusqu'à la fabrication d'un large éventail de produits finis.

Arrêt suivant : les **McManus Galleries**, un musée de la ville à taille humaine. De l'âge du fer à nos jours, on couvre l'histoire de Dundee en une seule visite sans se presser. L'accent est mis sur la catastrophe ferroviaire du Tay Bridge et l'industrie baleinière.

Le bus remonte ensuite vers **Dundee Law**, le point culminant de Dundee d'où l'on a une vue imprenable sur le Firth of Tay. Ensuite, demi-tour via le City Quay, où vous pouvez visiter le **HMS Unicorn**. Construit en 1824 et armé de 46 canons, il est le plus vieux navire britannique encore à flot.

Le front de mer à vélo

VISITE ET EXERCICE

Louez un vélo au **Dundee Cycle Hub** voisin du V&A Dundee et partez sur la piste balisée du front de mer (qui fait partie de la National Cycle Network Route 1). Passez par le City Quay et les docks, puis pédalez 20 à 30 minutes le long du rivage pour atteindre la banlieue balnéaire de **Broughty Ferry**, appelé localement "The Ferry".

Visitez l'imposante tour du **Broughty Castle** et son petit musée, puis détendez-vous sur la longue plage de sable (environ 1,6 km) aux abords du château. Le coin regorgeant de bonnes adresses où manger et prendre un verre, prévoyez de déjeuner ici avant de repartir vers Dundee.

COMMENT CIRCULER

Le centre-ville est dense et facile à parcourir à pied. Pour plus d'informations sur les bus locaux, renseignez-vous auprès de **Xplore Dundee** (xploredundee.com).

Environs de Dundee

Un château shakespearien tout en tourelles, des pierres gravées d'étranges symboles, et l'endroit où Peter Pan a pris son envol.

Pour les infos pratiques, voir le Carnet d'adresses p. 240

À SAVOIR

Pour vous repérer parmi les sites de pierres pictes, procurez-vous la brochure gratuite en anglais, *The Angus Pictish Trail* (à télécharger sur aberlemno.org/pictish-room-and-stones.php).

L'Angus, la *council area* de Dundee, se compose de terres agricoles fertiles qui s'étendent au nord de la ville jusqu'à la frontière des Highlands. C'est un territoire plein de charme, ses larges *straths* (vallées) et ses petites collines verdoyantes tranchant sur le riche sol rouge-brun des champs fraîchement labourés. Le littoral spectaculaire va des falaises de grès rouge d'Arbroath à la longue plage de sable de Lunan Bay.

Aux VIIe et VIIIe siècles, la région fut le bastion des Pictes, d'où cette présence impressionnante de pierres gravées de symboles. Et c'est à l'Arbroath Abbey, abbaye aujourd'hui en ruine, que fut signée en 1320 la déclaration d'indépendance de l'Écosse.

Enfin, la cité balnéaire à l'ancienne d'Arbroath et son vieux port de pêche sont à l'origine du fameux *Arbroath smokie* – le [haddock] : de l'églefin fumé de façon traditionnelle.

Glamis Castle (p. 226)

ARBROATH

Port de pêche et station balnéaire à l'ancienne, Arbroath est le lieu de production du célèbre **Arbroath smokie** (haddock). L'Union européenne a reconnu en 2004 le droit exclusif d'utiliser cette appellation à l'églefin fumé selon la méthode traditionnelle, dans un rayon de 8 km autour d'Arbroath.

Fondée en 1178 par le roi Guillaume le Lion, l'**Arbroath Abbey** rappelle, avec ses magnifiques ruines de grès rouge, la célébrité passée de la région. L'abbé Bernard de Linton aurait rédigé dans ses murs la célèbre **déclaration d'Arbroath** (1320), affirmant le droit de l'Écosse à l'indépendance. Un nouveau centre d'accueil des visiteurs a ouvert pour le 700e anniversaire de la Déclaration.

Mystérieuses pierres pictes

SYMBOLIQUE DU MONDE PRÉROMAIN

Ce circuit de quatre heures au départ et à l'arrivée de Dundee nécessite une voiture si l'on veut couvrir les principaux sites de pierres pictes de l'Angus, un héritage des tribus guerrières qui peuplaient ces contrées il y a 2 000 ans. Partez d'abord au nord-ouest en direction de **Meigle**, dont l'église-musée renferme 26 pierres sculptées. Bifurquez à l'est jusqu'à Eassie, où une plaque gravée d'une croix bien conservée (VIIe siècle) est exposée dans l'**Eassie Old Church**. Continuez à l'est jusqu'au **Meffan Museum** de Forfar qui conserve une impressionnante collection de pierres sculptées, avant de rejoindre Aberlemno, apogée du circuit. Les **pierres d'Aberlemno** (VIIe-IXe siècle) comptent parmi les plus belles pierres pictes d'Écosse. Trois pierres gravées de divers symboles se dressent au bord de la route. Dans le cimetière au pied de la colline, une magnifique pierre (VIIIe siècle) est ornée d'une croix celtique, de décorations et d'animaux entrelacés et, au dos, de scènes de la bataille de Nechtansmere (où les Pictes vainquirent les Northumbriens en 685). Après un court trajet, vous reconnaîtrez la **Brechin Cathedral** à sa tour ronde de style irlandais (XIe siècle). Elle abrite une petite collection de pierres pictes. Faites ensuite route au sud jusqu'à Arbroath, dont le **St Vigean's Museum** expose une collection de plus de 30 pierres sculptées pictes et médiévales. La pièce maîtresse est la **pierre de Drosten**, gravée de silhouettes d'animaux et de scènes de chasse sur une face, et d'une croix celtique au revers.

Notez que les pierres d'Aberlemno sont protégées des intempéries, donc recouvertes, d'octobre à mars.

Le prétendu château de Macbeth

TRAGÉDIE SHAKESPEARIENNE ET ROYAUTÉ

Scottish baronial (château seigneurial écossais) couronné d'une forêt de tourelles pointues et de créneaux, le **Glamis Castle** (ouvert d'avril à octobre) est à 35 minutes de bus au nord de Dundee. C'est le cadre que choisit Shakespeare pour sa tragédie *Macbeth*. Résidence royale depuis 1372, il s'agit de la demeure familiale des comtes de Strathmore et Kinghorne. "Queen Mum" (Elizabeth Bowes-Lyon, 1900-2002), la mère de feu Élisabeth II, a passé son enfance à Glamis (prononcé "glams") et y a mis au monde sa fille cadette, la princesse Margaret (1930-2002). La visite guidée conduit à travers les appartements, notamment dans l'impressionnant **salon de réception** au plafond voûté en stuc ouvragé. Armes et armures

OÙ SE LOGER À ARBROATH

Harbour Nights
Quatre chambres décorées avec style et vue sur le port pour certaines. Bon petit-déjeuner et emplacement fantastique. **££**

Townhouse Hotel
L'édifice georgien rénové n'est qu'à quelques minutes à pied d'Arbroath Abbey. Chambres soignées. **££**

Old Brewhouse
Sur le front de mer, des chambres au calme avec vue sur le port, dans une maison du XVIIe siècle rénovée. Service avenant. **££**

CLAIRE FRASER PHOTOGRAPHY/SHUTTERSTOCK ©

Arbroath smokies, Arbroath

sont exposées dans la **crypte hantée** et des fresques ornent la chapelle (elle aussi hantée). Si le **Duncan's Hall** porte le nom du roi Duncan assassiné par Macbeth, la scène est néanmoins censée se dérouler dans le château d'Inverness.

Le berceau de Peter Pan

LIEU DE PÈLERINAGE

Surnommée Wee Red Town ("la toute petite ville rouge") à cause de ses maisons en grès rouge serrées les unes contre les autres, **Kirriemuir** est à une heure de bus au nord de Dundee. Le dramaturge et écrivain James Matthew Barrie (1860-1937) y a vu le jour et la maison du père de *Peter Pan* est un lieu de pèlerinage pour petits et grands. Commencez le circuit d'une demi-journée au pied du **bronze de Peter Pan**, situé au croisement de Bank St et de High St. Longez ensuite Bank St et School Wynd vers l'est, vous arrivez à une petite maison chaulée de tisserand, **JM Barrie's Birthplace**. Meublée dans le style de l'époque, la maison natale de l'auteur a conservé son lavoir à l'arrière, qui servit de "théâtre" pour de premières représentations informelles. On y trouve aussi le bureau londonien où fut écrite l'histoire du héros volant. Poursuivez sur Brechin Rd puis obliquez sur Cemetery Rd à votre gauche. Aux portes du cimetière, suivez les panneaux jusqu'à la tombe de l'écrivain, **Barrie's Grave**, puis montez jusqu'au **Peter Pan Park**, d'où l'on a une vue sur les Angus Glens. Il y a là un pavillon de cricket des années 1930 offert à la ville par l'enfant du pays. Dans sa tourelle ont été installés une lentille et un miroir formant la **camera obscura** où la campagne environnante vient se projeter sur une table d'observation – l'un des quatre seuls dispositifs du genre en Écosse.

L'ANGUS PAR SES SENTIERS

Arbroath Cliff Trail
Perché au sommet des falaises, ce superbe sentier suit la côte sur 8 km vers le nord jusqu'au charmant village de pêcheurs d'Auchmithie. On y aurait inventé l'*Arbroath smokie*, spécialité à savourer au But'n'Ben Restaurant du village.

Rocks of Solitude
À 3 km au nord d'Edzell, sur une aire de repos proche du Gannochy Bridge, une porte percée dans un mur de pierres donne accès à un bel itinéraire pédestre. On suit la gorge boisée sur 2,4 km avant d'arriver à de superbes cascades.

COMMENT S'Y RENDRE ET CIRCULER

Rejoignez Arbroath par le train. Mais vous aurez besoin d'une voiture pour en explorer les environs.

ABERDEEN ET LE ROYAL DEESIDE

Aberdeen, principale ville du nord-est de l'Écosse, doit sa prospérité au pétrole de la mer du Nord. Ici, les revenus de l'or noir ont tant fait grimper les prix qu'ils atteignent parfois les niveaux de Londres. La plupart des sites d'intérêt culturel, tels le Maritime Museum (p. 229) et l'Aberdeen Art Gallery, sont néanmoins gratuits.

Longée par l'A93, la vallée de la Dee s'étend de l'ouest d'Aberdeen à Braemar (p. 231), en passant par Aboyne et Ballater. Associée de longue date à la famille royale, qui vient toujours passer des vacances au château de Balmoral (p. 230), la vallée fluviale, du moins son cours supérieur, a pris ainsi le nom de Royal Deeside.

Fleuve mondialement réputé pour la pêche au saumon, la Dee prend sa source dans les montagnes des Cairngorms à l'ouest de Braemar, point de départ de plusieurs randonnées dans les hauteurs.

Pour les infos pratiques, voir le Carnet d'adresses p. 241

À SAVOIR

Si vous souhaitez parcourir le Deeside Trail dans un seul sens, sachez qu'à Ballater, le loueur de VTT et vélos électriques **Bike Station** livre jusqu'à Aberdeen.

ABERDEEN

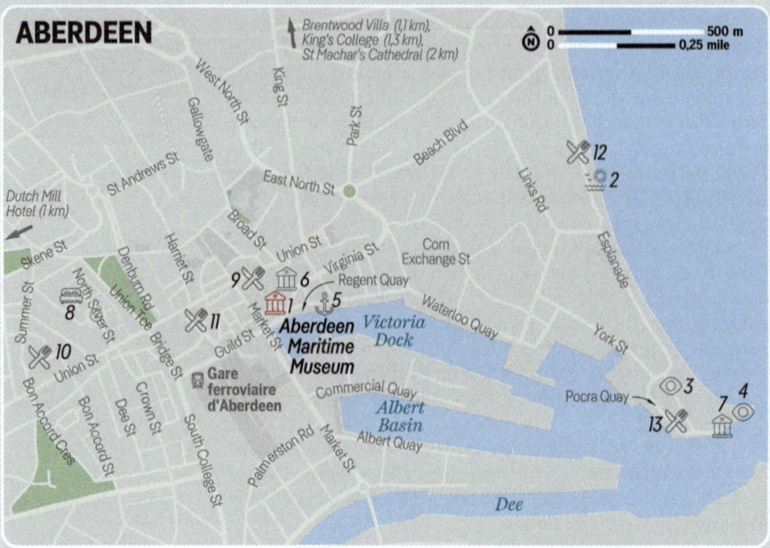

INCONTOURNABLE
1 Aberdeen Maritime Museum

VOIR
2 Aberdeen Beach
3 Footdee
4 Marine Operations Centre
5 Port d'Aberdeen
6 Provost Ross's House
7 Roundhouse

SE LOGER
8 Globe Inn

SE RESTAURER
9 McGinty's Meal an' Ale
10 Braided Fig
11 Café 52
12 Promenade Cafe
13 Silver Darling

PECOLD/SHUTTERSTOCK ©

Aberdeen Maritime Museum

L'héritage maritime d'Aberdeen

EFFERVESCENCE DES DOCKS ET DOUCEUR DU SABLE

Prévoyez une demi-journée pour parcourir l'**Aberdeen Maritime Museum**, qui domine les docks à l'est du centre-ville. Aménagé dans une réplique à trois étages d'une plate-forme pétrolière de la mer du Nord, le musée maritime fournit des explications approfondies sur l'industrie du pétrole. D'autres sections dans la **Provost Ross's House**, la plus vieille maison d'Aberdeen, traitent de la construction navale et des industries de la pêche et de la chasse à la baleine. Les clippers, des bateaux à voile très rapides avec lesquels les marchands anglais du XIXe siècle importaient du thé, de la laine et des marchandises exotiques (telles que l'opium), et qui repartaient chargés d'émigrants en route vers l'Australie, étaient une spécialité des chantiers navals d'Aberdeen.

Quittez le musée, descendez les marches et traversez la rue, puis tournez à gauche le long de Regent Quay. Vous voilà entouré des grands navires de ravitaillement des plates-formes pétrolières mouillant dans les docks voisins. Dominé par les industries pétrolière et automobile, le **Port of Aberdeen** est l'un des ports les plus actifs du Royaume-Uni. Il accueille aussi des ferries à destination des Orcades et des Shetland.

OLD ABERDEEN

C'est ici, près de 2 km au nord du centre d'Aberdeen, que fut fondée en 1495 la première université d'Aberdeen (et la troisième d'Écosse), **King's College**, par l'évêque Elphinstone. La chapelle du collège (XVIe siècle) est reconnaissable à sa tour carrée coiffée d'une couronne de pierre. Depuis sa construction, l'intérieur a conservé son intégrité, notamment ses vitraux grandioses et ses stalles.

Non loin, la **St Machar's Cathedral** (XVe siècle), aux deux tours massives, est un rare exemple de cathédrale fortifiée. La légende veut que saint Macaire ait reçu l'ordre de construire une église là où le fleuve dessine une crosse d'évêque, ce qu'il fit ici. Son plafond à armoiries de 1520 figure 48 écussons de rois, nobles, archevêques et évêques. Une merveille.

OÙ SE LOGER À ABERDEEN

Globe Inn
Sept belles chambres confortables à l'étage de ce pub apprécié. Petit-déjeuner continental servi dans la chambre. **££**

Dutch Mill Hotel
Imposant manoir habillé à l'intérieur d'un décor moderne. Bar populaire et restaurant dans la véranda. **££**

Brentwood Villa
À 2 km du centre-ville, un B&B aux lits confortables et salles de bains impeccables. Propriétaires d'une aide précieuse. **££**

BALMORAL CASTLE

Résidence privée destinée à la famille royale, le Balmoral Castle fut commandité en 1855 par la reine Victoria. Son architecture est à l'origine du retour en force du style seigneurial écossais qui caractérise tant de manoirs écossais du XIXe siècle. La **visite guidée** (une heure) du domaine et de la salle de bal se réserve en ligne. Après, vous aurez tout loisir de parcourir le domaine et les jardins seul.

À l'intérieur du château, seule la **salle de bal**, ornée de peintures de Landseer, de photos et d'objets appartenant à la famille royale, est ouverte au public. N'espérez pas voir les appartements privés où la reine Élisabeth passait autrefois ses vacances d'été. Du reste, on apprend davantage ici sur la gestion des domaines des Highlands que sur la vie des têtes couronnées.

Le château est ouvert d'avril à juillet et à certaines dates en octobre et novembre.

YULIA_BOGOMOLOVA/SHUTTERSTOCK ©

Footdee

Continuez sur le front de mer industriel jusqu'à Pocra Quay à l'entrée du port, où se dressent la **Roundhouse**, construite en 1798 pour héberger le bureau du capitaine de port, et un peu plus loin la tour moderne qui la remplace désormais, le **Marine Operations Centre**.

À l'entrée du port, observez les dauphins qui chassent les saumons cherchant à remonter la Dee. Immédiatement voisin de l'Operations Centre, le vieux village de pêcheurs de **Footdee** (prononcé "*fittie*") a conservé tout son charme. Enfin, c'est dans l'ancien bureau des douanes qu'est installée l'une des meilleures adresses pour piscivores d'Aberdeen, **Silver Darling**.

Au nord court l'Esplanade qui s'étire jusqu'au sable doré d'**Aberdeen Beach**. La queue devant **Promenade Cafe** s'explique : les glaces y sont délicieuses !

Le Royal Deeside à vélo

LÀ OÙ PASSAIT JADIS LE TRAIN

Les 66 km du **Deeside Way** relient Aberdeen à Ballater, au cœur du Royal Deeside. L'effort, à vélo ou à pied, reste limité car l'itinéraire emprunte le tracé d'une ancienne ligne de chemin de fer. Les pentes sont donc douces – l'idéal pour randonner en famille – et l'on compte un à deux jours de trajet à vélo (adapté aux vélos de route) ou quatre jours à pied.

OÙ SE RESTAURER À ABERDEEN

Braided Fig
Un figuier drapé de guirlandes lumineuses attire tous les regards dans ce restaurant informel et intimiste. ££

Café 52
Havre du chic industriel servant l'une des meilleures cuisines à prix avantageux du Nord-Est. ££

McGinty's Meal an' Ale
Belle adresse servant bœuf Angus aberdonien et bières artisanales. Dans une ruelle jouxtant Union St. ££

Au départ du Duthie Park à Aberdeen, suivez le sentier verdoyant et bien balisé vers l'ouest à travers la banlieue d'Aberdeen, en dépassant d'anciens quais de gare. Juste après Peterculter, faites un détour pour voir le **Drum Castle**. Faute de temps, poursuivez la piste jusqu'à 3 km plus loin. Les plafonds peints jacobéens du **Crathes Castle** (XVIe siècle) sont en effet renommés tout comme ses jardins.

Prochaine étape : la jolie ville de **Banchory**, idéale pour passer la nuit si vous faites la route en deux jours. La piste monte ensuite le long de routes forestières avant de descendre jusqu'à Potarch Bridge. Devant le pub se dressent les **Dinnie Stones**. Ces deux pierres de granit (quelque 350 kg en tout) portent le nom du colosse Donald Dinnie, qui réalisa en 1860 l'exploit de passer le pont une pierre dans chaque main.

Traversez ensuite **Kincardine O'Neil**, le plus ancien village du Royal Deeside, et **Aboyne**, où évoluent des planeurs, avant d'atteindre la fin du sentier à **Ballater**, charmant hameau lié à la royauté, par la présence de l'**Old Royal Station** joliment restaurée.

Ici prend fin le Deeside Way, mais vous pouvez poursuivre encore sur 13 km jusqu'à **Balmoral**.

De châteaux en autos

ARCHITECTURE ET VOITURES ANCIENNES

Débutez ce circuit panoramique d'une journée (châteaux fermés d'octobre à mars) en quittant Aberdeen via l'A944. À la bifurcation avant Westhill, obliquez à gauche sur la B9119 en direction de Tarland. Au bout de 29 km, prenez sur votre droite l'A980 en direction d'Alford. Quelques kilomètres plus loin, les tourelles en encorbellement, belvédères et créneaux du **Craigievar Castle** (fermé le mercredi) accrocheront forcément votre regard. Un exemple parfait du style seigneurial écossais.

À un peu plus de 6 km au nord, le **Grampian Transport Museum** d'Alford réunit une belle collection de véhicules anciens, dont une moto Triumph Bonneville, des Ford T, une Ferrari F40 et une Aston Martin V8 Mk II.

Après un déjeuner à l'**Alford Bistro**, cap à l'ouest par l'A944 et l'A97 pour visiter les superbes ruines du **Kildrummy Castle** (XIIIe siècle), ancien siège du comte de Mar, jadis l'une des forteresses les plus impressionnantes d'Écosse. Passez par Strathdon à l'ouest, puis filez au sud jusqu'à Ballater pour rejoindre l'A93 sur le Royal Deeside, qui mène à l'ouest de Balmoral et de l'imposant **Braemar Castle**.

LE BRAEMAR GATHERING

Maints villes et villages organisent des **Highland Games** en été, mais les plus célèbres sont ceux du Braemar Gathering, qui se tient le premier samedi de septembre. Cet événement est organisé chaque année depuis 1817 par la Braemar Royal Highland Society. Parmi les épreuves : danses traditionnelles des Highlands, cornemuse, tir à la corde, course le long des pentes abruptes du Morrone, lancer de tronc, de marteau et de pierre et saut en longueur. La reine Victoria assista au Braemar Gathering de 1848, et depuis, la tradition de mécénat royal perdure.

Visitez le **Braemar's Highland Games Centre** : un pavillon vert dans le Princess Royal and Duke of Fife Memorial Park, où a lieu le Braemar Gathering, y présente l'histoire des jeux.

COMMENT CIRCULER

Ce sont principalement des bus **First Aberdeen** (firstbus.co.uk/aberdeen) qui circulent en ville. On règle son trajet en montant à bord. Pour circuler en ville de façon illimitée jusqu'à minuit, optez pour le ticket FirstDay (4,45 £) valable sur tous les bus de la compagnie.

Le bus **Stagecoach** (stagecoachbus.com) n° 201 relie Aberdeen à Ballater (1 heure 45, 1/heure du lundi au samedi, 6/jour le dimanche) via Crathes Castle. Toutes les 2 heures, il y en a un qui continue jusqu'à Braemar (30 minutes supplémentaires).

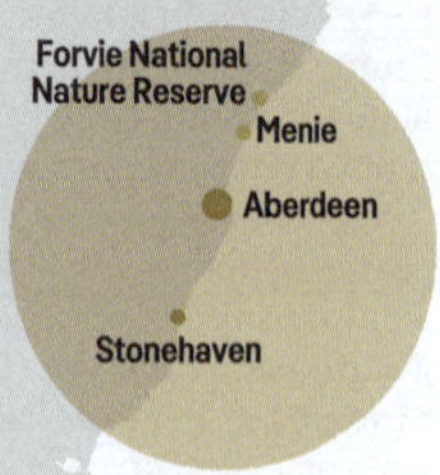

Ailleurs dans le Royal Deeside

Falaises, sentiers côtiers, châteaux en ruine… les alentours d'Aberdeen mettent en appétit. Précisément, les bons restaurants de poisson ne manquent pas.

Tout hérissée de falaises vertigineuses, où nichent de bruyants oiseaux marins en été, la côte sud d'Aberdeen est seulement interrompue par le grand et joli port de Stonehaven, autrefois centré sur l'industrie de la pêche, aujourd'hui sur le tourisme. Sa piscine Art déco en plein air, son excellente cuisine de la mer, ses pubs animés sur le port et le sentier sur les falaises menant au beau Dunnottar Castle valent le détour.

Bas et sablonneux, le littoral septentrional contraste avec la côte sud : de jolies plages et un long cordon dunaire herbeux encadrent le Trump International Golf Links, à Menie, ainsi que les sentiers pédestres et la réserve naturelle de Forvie.

Pour les infos pratiques, voir le Carnet d'adresses p. 242

À SAVOIR

Stonehaven réunit une bonne gamme de B&B, quelques hôtels et un bon terrain de camping. Il y a foule en été ; réservez bien à l'avance pour juillet et août.

Dunnottar Castle

ARTERRA/UNIVERSAL IMAGES GROUP VIA GETTY IMAGES ©

Phoque gris, Forvie National Nature Reserve

Vertigineux !

RANDONNÉE, FALAISE ET CHÂTEAU

Ancien petit village de pêcheurs au sud d'Aberdeeen, **Stonehaven** (à 45 minutes de bus), chef-lieu du comté de Kincardineshire depuis 1600, est désormais une station balnéaire familiale courue. Si vous aimez la "rando", le littoral et les châteaux, voici une demi-journée taillée pour vous.

L'itinéraire démarre à la lisière nord de la ville, au parking (gratuit) proche de la piscine extérieure Art déco (1934), l'**Open Air Pool**, piscine d'eau de mer chauffée. Longez le front de mer vers le sud après une précoce halte gourmande chez **Aunty Betty's**, délicieux glacier.

Une promenade en planches longe le rivage jusqu'au **port** pittoresque encerclé de falaises. Plusieurs pubs sympathiques avoisinent son plus vieil édifice, le **Tolbooth** (vers 1600), devenu un petit musée d'histoire locale et un excellent restaurant de poisson. Allez jusqu'à l'autre bout du port pour attaquer le sentier pédestre balisé qui longe les falaises sur 2 km avant d'atteindre les ruines époustouflantes du **Dunnottar Castle**. Sur ce promontoire herbeux juché à 50 m au-dessus des flots et jonché d'édifices ancestraux, on se souvient du Hamlet incarné en 1990 par Mel Gibson dans le film de Franco Zeffirelli.

Un Nouvel An en fanfare

BOULES DE FEU

Si vous souhaitez participer à la célèbre **Fireball Ceremony**, qui enflamme Stonehaven pour Hogmanay (31 décembre), réservez votre logement fort en amont. La ville a conservé une tradition préchrétienne : les habitants défilent en faisant tournoyer des boules de feu, avant de les lancer dans les eaux du port.

LES DUNES DE FORVIE

Au nord d'Aberdeen, le littoral déroule ses dunes sur plus de 22 km, formant l'un des plus vastes cordons dunaires du Royaume-Uni. Et la marque de l'homme reste minimale dans cette **Forvie National Nature Reserve**. Randonnées sauvages et sentiers balisés à travers les dunes mènent à un village médiéval abandonné, où ne subsistent que les vestiges d'une église. Pour les oiseaux, les dunes sont une importante zone de nidification et d'alimentation – ne sortez pas des sentiers d'avril à août.

Muni de vos jumelles, à l'extrémité sud de la réserve, à l'embouchure de l'Ythan, vous observerez de nombreux phoques se prélasser sur le sable à marée basse et jusqu'à 2 000 eiders à duvet, qui nichent ici au printemps.

OÙ SE RÉGALER DE POISSON ET DE FRUITS DE MER À STONEHAVEN

Tolbooth
Le vénérable édifice municipal abrite sur le port l'une des tables les plus cotées de la région pour le poisson et les fruits de mer. £££

Marine Hotel
Real ales à la pression et plats du jour à base de produits de la mer assurent le succès de ce pub sur le port. ££

Creel Inn
Pub rustique réputé pour sa carte de poissons et fruits de mer locaux. À Catterline, à 8 km au sud de Stonehaven. ££

SPEYSIDE

La Spey se classe juste après la Tay avec un cours proche de 170 km de long. Prenant sa source au Loch Spey (29 km à l'ouest de Newtonmore), le fleuve se jette dans l'océan Atlantique à Spey Bay (13 km à l'est d'Elgin). Appelé Speyside, son cours inférieur réunit sur ses rives pas moins de 50 distilleries de whisky, l'atout vedette de la région.

Cœur de cette région du Speyside, Aberlour – Charlestown of Aberlour de son nom complet – s'étire sur les rives de la Spey. Berceau des fameux *shortbreads* Walkers, la jolie petite ville accueille dans sa grand-rue l'Aberlour Distillery. Ce n'est pas tout ! La pêche au saumon sur la Spey est de renommée mondiale : tentez l'aventure près du Knockando Woolmill, et baladez-vous le long du Speyside Way (p. 236).

Si Rome est bâtie sur sept collines, Dufftown repose sur sept distilleries, dit-on dans le coin. La ville a ainsi été surnommée "capitale écossaise du whisky pure malt".

Pour les infos pratiques, voir le Carnet d'adresses p. 242

À SAVOIR

Impossible d'atteindre les distilleries les plus reculées sans voiture. Conducteurs, ne désespérez pas : la plupart des distilleries proposent un kit à emporter et à savourer plus tard, une fois quitté le volant. Mieux vaut réserver pour les visites de distilleries.

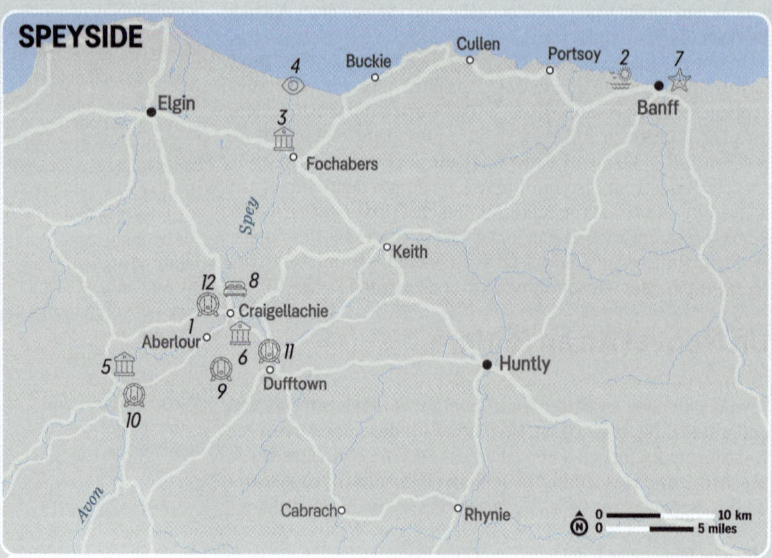

VOIR
1 Aberlour
2 Banff Links
3 Baxters Highland Village
4 Viaduc de Garmouth
5 Knockando
6 Speyside Cooperage

ACTIVITÉS
7 Macduff Marine Aquarium

SE LOGER
voir 1 Bankhouse B&B
8 Craigellachie Hotel
voir 1 Mash Tun

SE RESTAURER
voir 1 Fresh!
voir 1 Spey Larder

PRENDRE UN VERRE
9 Aberlour Distillery
10 Glenfarclas Distillery
11 Glenfiddich Distillery
12 Macallan Distillery

Speyside Cooperage

Un itinéraire whisky sur mesure

SUR LA VOIE DU CONNAISSEUR

La visite d'une distillerie est un passage obligé dans le Speyside. En voici une demi-douzaine parmi les plus importantes, idéales pour un parcours motorisé à la journée. Commencez par l'excellente visite de l'**Aberlour Distillery**. Ensuite, cap à 8 km au sud-ouest jusqu'à la petite et familiale **Glenfarclas Distillery**.

Traversez la Spey et prenez la B9102 à l'est en vous arrêtant à **Knockando**, une filature de laine du XVIIIe siècle restaurée avec amour et encore en activité. Continuez jusqu'à la **Macallan Distillery** (ouverte uniquement le week-end), installée dans un centre d'information des visiteurs remarquable au toit végétalisé. Déjeunez à l'Elchies Brasserie (pensez à réserver).

Retraversez la Spey pour gagner Craigellachie et bifurquer au sud sur l'A941 pour voir les tonneliers à l'œuvre à la **Speyside Cooperage**. Gagnez ensuite la grande et animée **Glenfiddich Distillery**. La visite débute par une vidéo un rien pompeuse, mais amusante et instructive.

Terminez par la ville voisine de **Dufftown**, capitale écossaise du whisky pure malt, qui accueille deux fois par an le festival

ELGIN

Capitale provinciale du Moray depuis plus de huit siècles, Elgin fut une ville puissante à l'époque médiévale. Beaucoup pensent que les vestiges de l'**Elgin Cathedral**, la cathédrale que l'on surnomme la "Lanterne du Nord", comptent parmi les plus évocateurs d'Écosse. De plan octogonal, la salle capitulaire est sans doute la plus belle du pays. Consacrée en 1224, la cathédrale fut incendiée en 1390 par le terrible Alexandre Stuart, surnommé le Loup de Badenoch, fils illégitime de Robert II, après son excommunication par l'évêque de Moray.

À l'intérieur d'un édifice victorien construit à cet effet, l'**Elgin Museum** n'est autre qu'un ancien cabinet de curiosités aux mille et une pièces glanées de par le monde : têtes réduites originaires d'Équateur, momies péruviennes, pierres pictes gravées, poissons et reptiles fossilisés découverts dans les roches de la région et mondialement réputés...

OÙ SE LOGER À ABERLOUR

Mash Tun
Cinq chambres charmantes installées dans un bâtiment en pierre traditionnel. Vues sur la Spey. **££**

Craigellachie Hotel
À 1,6 km au nord-est d'Aberlour, un hôtel de campagne à la délicieuse atmosphère surannée. **£££**

Bankhouse B&B
Une jolie maison, des propriétaires sympathiques et, bien qu'en plein centre, un havre de paix. **££**

BANFF ET MACDUFF

À l'embouchure du Deveron, la ville georgienne de Banff est appréciée pour ses 800 m de sable doré, la plage de **Banff Links**, qui s'étire vers l'ouest. Au sud, **Duff House** est l'un des trésors mésestimés d'Écosse. Ce manoir baroque présente une superbe collection d'œuvres écossaises et européennes, notamment des portraits de Raeburn, du Greco et de Gainsborough.

Dans le port de pêche voisin de Macduff, le **Macduff Marine Aquarium** dispose d'un bassin grandiose de 400 000 litres d'eau à ciel ouvert, avec un récif couvert d'une forêt de varech et une machine à vagues. Parmi les curiosités marines du lieu : le labre varié aux couleurs vives, le lompe à la peau verruqueuse et le redoutable poisson-loup. Un système de retransmission en direct permet d'observer les sites de nidification des oiseaux marins de la réserve naturelle de Troup Head.

GEORGECLERK/GETTY IMAGES ©

Spey

Spirit of Speyside. Le **Whisky Museum** expose une sélection d'objets en rapport avec la distillerie, et le **Whisky Shop** propose des centaines de *single malts*.

Randonnée sur le Speyside Way

DISTILLERIES ET DAUPHINS

Ce long sentier de 106 km suit le cours de la Spey, de Buckie à Aviemore, dans les Cairngorms. Les 8 km qui séparent Fochabers de Spey Bay permettent une randonnée sans difficulté sur une demi-journée.

Le village de **Fochabers** est situé avant un pont routier, le dernier à enjamber la Spey avant qu'elle ne se jette dans la mer. La localité compte une place agréable, une église et une tour d'horloge datant de 1798. À l'ouest du pont, le **Baxters**

OÙ SE RESTAURER À ABERLOUR

Mash Tun
Un B&B plein d'atmosphère et assorti d'un excellent restaurant qui sert de bons plats de pub. **££**

Fresh!
Excellent café de quartier, le Fresh sert des petits-déjeuners et concocte un *Cullen skink* (soupe au haddock) maison au déjeuner. **£**

Spey Larder
Traiteur parfait pour s'approvisionner en vue d'un pique-nique sur les rives de la Spey. **£**

DEA / S. VANNINI/GETTY IMAGES ©

Baxters Highland Village

Highland Village retrace l'histoire de la famille Baxter et de leur célèbre marque de produits alimentaires écossais de qualité, fondée en 1868. Déjeunez au café du coin.

Le sentier suit la rive est de la **Spey**, qui est l'un des cours d'eau les plus célèbres du pays pour la pêche au saumon. Sans surprise, vous croiserez des pêcheurs, mais aussi des animaux sauvages : hérons, martins-pêcheurs et loutres. À l'approche de Spey Bay, faites un bref détour le long du Moray Coast Trail (balisé) jusqu'au **viaduc de Garmouth**, ancien pont ferroviaire sur la Spey, pour profiter de la vue de rêve sur le fleuve.

À l'embouchure du fleuve, à **Spey Bay**, le **Scottish Dolphin Centre** occupe une ancienne glacière où l'on conservait traditionnellement les prises de saumon locales. C'est là l'un des meilleurs sites pour observer les dauphins depuis la terre ferme. À l'intérieur du centre sont exposées des images de faune sauvage et il existe un dispositif audiovisuel qui vous permet d'inspecter à distance les profondeurs du Moray Firth. Un agréable café s'y trouve aussi. À l'extérieur, dauphins, phoques et autres créatures marines réjouissent le visiteur qui peut participer à une promenade guidée axée sur la vie sauvage.

COMMENT S'Y RENDRE ET CIRCULER

Elgin est à 1 heure 30 de train d'Aberdeen et à 45 minutes d'Inverness. Toutes les heures, des bus partent d'Elgin (40 minutes) et de Dufftown (15 minutes) pour Aberlour.

Les week-ends d'été, prenez le train depuis Inverness ou Aberdeen jusqu'à Keith, puis montez à bord d'un train de la Keith and Dufftown Heritage Railway (keith-dufftown-railway.co.uk) pour rejoindre Dufftown.

Ailleurs dans le Speyside

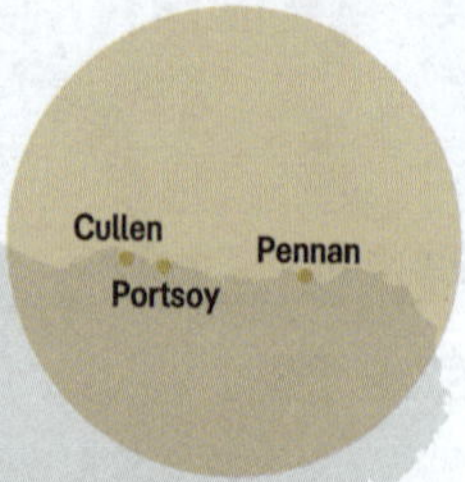

Ancien port de pêche, Cullen se réinvente aujourd'hui comme une destination de choix sur la côte du Moray Firth.

Au cœur d'un ancien comté celtique, le vieux comté de Moray ("meu-ray") est réputé pour la douceur de son climat et la richesse de ses terres agricoles, dont l'orge, cultivée au XIXe siècle, a fourni la matière première aux distilleries de whisky du Speyside. Il a donné son nom au Moray Firth, grande baie se rétrécissant à l'ouest aux abords d'Inverness.

La côte sud de la baie, de l'embouchure de la Spey jusqu'à Fraserburgh à l'est, alterne entre falaises abruptes et longues plages de sable, le tout ponctué de petits ports de pêche pleins de caractère, comme Pennan, où furent tournées des scènes du film *Local Hero*, Portsoy, qui accueille un festival de vieux gréements en bois, et Cullen, berceau du fameux *Cullen skink*.

Pour les infos pratiques, voir le Carnet d'adresses p. 243

À SAVOIR

Goûtez à la spécialité la plus célèbre du Moray, le *Cullen skink* (p. 38), une soupe consistante à base de haddock, d'oignons, de pommes de terre, de lait et de beurre.

Viaduc de Cullen

WDG PHOTO/SHUTTERSTOCK ©

HELEN HOTSON/SHUTTERSTOCK ©

Portsoy

Un village de pêcheurs traditionnel

BALADE PHOTOGÉNIQUE SUR LE LITTORAL

Comptez deux heures pour cette promenade tranquille à Cullen, à 40 minutes de route au nord-est d'Aberlour. Aux abords de la **place du village**, visitez les quelques **magasins d'antiquités**, puis prenez au sud-ouest Grant St et bifurquez à droite dans North Deskford St. Au bout de la rue, vous arrivez à l'ancienne ligne de chemin de fer qu'emprunte le **Moray Coast Trail**. En la suivant vers l'ouest sur 400 m, on arrive au **viaduc de Cullen** d'où la vue sur le village est imprenable.

Regagnez Deskford St, descendez par les escaliers sous l'arche, traversez la route principale, redescendez des volées de marches pour atteindre le dédale de ruelles et les cottages typiques de **Seatown**. Marchez en direction du front de mer et suivez-le vers la droite, en passant par le port, jusqu'au bout de Port Long Rd.

Environ 150 m après le parking, vous tomberez sur le **Pet Cemetery**, émouvant mémorial créé par un retraité, dédié à des centaines d'animaux domestiques et orné de galets et de coquillages.

Le Scottish Traditional Boat Festival

VIEUX GRÉEMENTS, SAVEURS IODÉES ET TRADITION

Entouré d'un dédale de ruelles bordés de charmants cottages, le village de pêcheurs de **Portsoy** (à 45 minutes de voiture au nord-est d'Aberlour) a conservé son pittoresque port de pêche du XVIIe siècle. L'art de la construction navale traditionnelle y perdure toute l'année. Vous constaterez l'habileté des menuisiers de marine au **Boatshed**. Encore mieux : venez assister au **Scottish Traditional Boat Festival** (fin juin ou début juillet). Le port devient alors le théâtre d'un joyeux rassemblement de vieux gréements. Au programme : courses à la voile, musique folklorique, théâtre de rue et cuisine locale.

CHARMANT PENNAN

Charmant petit port blotti au pied de falaises de grès rouge, à 20 km à l'ouest de Fraserburgh, Pennan figure dans le film *Local Hero* (1983). Des fans continuent de venir appeler depuis la cabine téléphonique rouge qui joue un rôle clé dans le film. La cabine n'était qu'un décor de film, mais la campagne menée par les cinéphiles et les habitants a nécessité l'installation d'une vraie cabine au même emplacement.

L'intérieur de l'hôtel du village, Pennan Inn, apparaît aussi dans le film, bien que ce soit l'une des maisons situées à l'est sur le front de mer qui ait été utilisée pour figurer son extérieur. Les scènes de plage ont été tournées à l'autre bout du pays, sur Camusdarach Beach, à Arisaig.

OÙ SE RESTAURER À CULLEN

Rockpool Cafe
Le meilleur café du littoral du Moray, parfait pour goûter à la spécialité locale, le *Cullen skink* (soupe au haddock). £

Seafield Arms
Un hôtel traditionnel qui a fait peau neuve et sert des dîners sophistiqués. ££

The Ice Cream Shop
Confiserie traditionnelle qui vend aussi une excellente crème glacée maison. £

Carnet d'adresses

DUNDEE

Broughty Castle
Voir p. 224 (0138-243 6916 ; www.leisureandculturedundee.com/culture/broughty-castle ; Castle Approach, Ferry, DD5 2TF ; 10h-16h mar-sam, 12h30-16h dim)

Cateran Ecomuseum
Voir p. 224 (cateranecomuseum.co.uk ; Eastfield House, Bamff Road, Alyth, PH11 8DR)

Dundee Contemporary Arts
Voir p. 223 (0138-243 2444 ; www.dca.org.uk ; 152 Nethergate, DD1 4EA ; 10h-minuit ; 5, 16, 17, 39, 73 jusqu'à Queens Hotel)

HMS Unicorn
Voir p. 224 (0138-220 0900 ; www.frigateunicorn.org ; Victoria Dock Rd, DD1 3BP ; adulte/enfant 7,80/3,90 £ ; 10h-16h lun-sam fév-nov, horaires restreints nov-mars ; 5, 16, 17, 18, 22, 28, 32, 33, 39, 57, 59, 73, 77 jusqu'à Caird Hall)

McManus Galleries
Voir p. 224 (0138-230 7200 ; www.mcmanus.co.uk ; Albert Sq, DD1 1DA ; 10h-17h lun-sam, 12h30-16h dim ; 1, 2, 18, 28 jusqu'à Albert Square)

RRS Discovery
Voir p. 223 (0138-230 9060 ; www.rrsdiscovery.co.uk ; Riverside Drive, DD1 4XA ; adulte/enfant 17/9 £ ; 10h-17h mer-lun ; 41, 42, 46, 99 jusqu'à Railway Station)

V&A Dundee
Voir p. 223 (0138-241 1611 ; www.vam.ac.uk/dundee ; 1 Riverside Esplanade, DD1 4EZ ; 10h-17h mer-lun ; 41, 42, 46, 99 jusqu'à Railway Station)

Verdant Works
Voir p. 223 (0138-230 9060 ; www.verdantworks.co.uk ; West Henderson's Wynd, DD1 5BT ; adulte/enfant 12/6,50 £ ; 10h-17h mer-lun ; 6, 22, 51 jusqu'à Hunter St)

Discover Dundee
Voir p. 223 (0138-222 1609 ; www.xploredundee.com/discover-dundee-open-top-tour ; Xplore Dundee Travel Centre, 80-82 Commercial St, Dundee DD1 2AP ; billet adulte/enfant 1,90-2,35/1,15-1,50 £ ; 41, 42, 46, 99 jusqu'à Railway Station)

Dundee Cycle Hub
Voir p. 224 (0138-233 9491 ; www.dacyclehub.org ; Waterfront Place, Riverside Esplanade, DD1 4EZ ; 9h30-17h mar-sam ; 5, 16, 17, 18, 22, 28, 32, 33, 39, 57, 59, 73, 77 jusqu'à Caird Hall)

Dundee Backpackers
Voir p. 223 (0138-222 4646 ; www.hoppo.com/dundeebackpackershostel ; 71 High St, DD1 1SD ; 5, 137, 138, 139 jusqu'à High St)

Hotel Indigo
Voir p. 223 (0138-247 2110 ; www.ihg.com/hotelindigo/hotels/gb/en/dundee/dndid/hoteldetail ; Lower Dens Mill, Constable St, DD4 6AD ; 5, 39, 73 jusqu'à Foundry Lane)

Urban Quarters
Voir p. 223 (0787-645 0961 ; www.urbanquarters.co.uk ; 26 South Tay St, DD1 1P ; 5, 16, 17, 39, 73 jusqu'à Queens Hotel)

Bach
Voir p. 223 (0793-422 1060 ; www.the-bach.com ; 31 Meadowside, DD1 1DJ ; plats 8,50-12,50 £ ; 9h-16h30 ; 1, 2, 18, 28 jusqu'à Albert Square)

Beirut
Voir p. 223 (0138-276 0776 ; www.beirutdundee.co.uk/order-online ; 142 Perth Rd, DD1 4JW ; plats 5,60-16,50£ ; 12h-22h mer-sam ; 5, 16, 17, 39, 73 jusqu'à Roseangle)

Bridgeview Station
Voir p. 223 (0138-266 0066 ; www.bridgeviewstation.com ; Riverside Dr, DD1 4DB ; plats déj 12,50-17,50 £ ; 8h-16h30 lun-jeu, 8h-17h ven-dim)

Gallery 48
Voir p. 223 (0138-222 5666 ; gallery48.co.uk ; 48 West Port, DD1 5ER ; menu déj 2/3 plats 18,50-21,50 £, plats dîner 15,80-22,80 £, menu dîner 2/3 plats 26,90-29,90 £ ; 8h-minuit ; 6, 22, 51 jusqu'à Brown St)

Peel Farm
Voir p. 224 (0157-556 0205 ; www.peelfarm.com ; Bridgend of Lintrathen, Kirriemuir DD8 5JJ ; en-cas 6,25-8,20 £ ; 9h-16h30 ; 1, 2, 18, 28 jusqu'à Albert Square)

ENVIRONS DE DUNDEE

Arbroath Abbey
Voir p. 226 (0124-187 8756 ; www.historicenvironment.scot/visit-a-place/places/arbroath-abbey ; Abbey St, Arbroath DD11 1EG ; adulte/enfant 4,75/2,75 £ ; 10h-16h oct-mars, 10h-17h avr-sept ; 42, 43 jusqu'à Old and Abbey Church)

Barrie's Grave
Voir p. 227 (Cemetery Rd, Kirriemuir DD8 4DD)

Brechin Cathedral
Voir p. 226 (0135-662 9360 ; brechincathedral.org.uk ; 6 Church St, Brechin DD9 6EU ; 10h-16h mar-sam, 12h30-16h dim ; 21, 140, 141 jusqu'à Westwood)

Eassie Old Church
Voir p. 226 (Eassie, Forfar DD8 1SG)

Glamis Castle
Voir p. 226 (0130-784 0393 ; www.glamis-castle.co.uk ; Angus DD8 1RJ ; adulte/enfant 16/10 £ ; 10h-17h, dernière entrée 16h avr-oct)

JM Barrie's Birthplace
Voir p. 227 (0157-557 2646 ; www.nts.org.uk/visit/places/j-m-barries-birthplace ; 9 Brechin Rd, Kirriemuir DD8 4BX ; adulte/enfant 8/1 £ ; 10h30-16h30 jeu-dim mars-mai et sept-oct, 10h30-16h30 mer-dim juin-août ; 20, 27, 128 jusqu'à Bank St)

Meffan Museum
Voir p. 226 (0130-749 1771 ; angusalive.scot/museums-galleries/visit-a-museum-gallery/meffan-museum-and-art-gallery ; 20 W High St, Forfar DD8 1BB ; 10h-16h jeu-sam ; 20, 21, 23, 27, 117, 118, 125; 181 jusqu'à The Cross)

Pierres d'Aberlemno
Voir p. 226 (School Ln, Forfar DD8 3TE)

St Vigean's Museum
Voir p. 226 (0124-187 8756 ; www.historicenvironment.scot/visit-a-place/places/st-vigeans-stones-and-museum ; St Vigeans, Arbroath DD11 4RB ; adulte/enfant 7,50/4,50 £ ; 9h30-12h30 et 13h30-17h30 jeu et sam-lun)

Harbour Nights
Voir p. 226 (0124-143 4343 ; www.harbournights-scotland.com ; 4 The Shore, Arbroath DD11 1PB)

Old Brewhouse
Voir p. 226 (0124-187 9945 ; www.oldbrewhousearbroath.co.uk ; 1 High St, Arbroath DD11 1BH ; 27 jusqu'à Ladybridge St)

Townhouse Hotel
Voir p. 226 (0124-143 1577 ; townhousehotelarbroath.co.uk ; 99 High St, Arbroath DD11 1DP ; 27 jusqu'à Gala Club)

ABERDEEN ET LE ROYAL DEESIDE

Aberdeen Maritime Museum
Voir p. 229 (0300 020 0293 ; www.aberdeencity.gov.uk/AAGM/plan-your-visit/aberdeen-maritime-museum ; Shiprow AB11 5BY ; 10h-17h lun-sam, 12h-15h dim)

Balmoral Castle
Voir p. 230 (0133-974 2534 ; www.balmoralcastle.com ; Balmoral Estates, Ballater AB35 5TB ; visites guidées adulte/enfant 16,50/8,50 £ ; 10h-16h mar-sam, 12h30-16h dim)

Braemar Castle
Voir p. 231 (0133-974 1219 ; www.braemarcastle.co.uk ; Braemar, Ballater AB35 5XR ; adulte/enfant 10/4 £ ; 10h-17h)

Craigievar Castle
Voir p. 231 (0133-988 3635 ; www.nts.org.uk/visit/places/craigievar ; Alford AB33 8JF ; adulte/enfant 14,50/1 £ ; 10h30-16h ven-lun)

Crathes Castle
Voir p. 231 (0133-084 4525 ; www.nts.org.uk/property/crathes-castle-garden-and-estate ; adulte/enfant 14,50/1 £ ; 10h-16h ven-dim jan-fév et oct-déc, 10h-17h jeu-lun mars-mai et sept, 10h-17h tlj juin-août)

Dinnie Stones
Voir p. 231 (www.thedinniestones.com ; Potarch)

Drum Castle
Voir p. 231 (0133-070 0334 ; www.nts.org.uk/visit/places/drum-castle ; Drumoak, Banchory AB31 5EY ; adulte/enfant 15,50/1 £ ; 10h30-16h sam-dim jan-mars et nov-déc, 10h30-16h jeu-lun avr-mai et sept-oct, 10h30-16h tlj juin-août)

Grampian Transport Museum
Voir p. 231 (0138-243 6916 ; www.leisureandculturedundee.com/culture/broughty-castle ; Castle Approach, Ferry, DD5 2TF ; adulte/enfant 12/5 £ ; 10h-17h avr-sept, 10h-16h oct ; 218, 231, 421, 422 jusqu'à Bank Brae)

Kildrummy Castle
Voir p. 231 (0197-557 1331 ; www.historicenvironment.scot/visit-a-place/places/kildrummy-castle ; Kildrummy, Alford AB33 8RA ; adulte/enfant 7,50/4,50 £ ; 10h-12h30 et 13h30-17h30 avr-sept)

King's College
Voir p. 229 (0122-427 2000 ; www.abdn.ac.uk ; Kings Quad, High St, AB24 3SW ; 20 jusqu'à King's College)

Old Royal Station
Voir p. 231 (0133-975 5306 ; Station Sq ; 201 jusqu'à Golf Road)

Marine Operations Centre
Voir p. 230 (0122-459 7000 ; N Pier, Aberdeen AB11 5HB ; 13 jusqu'à York St)

Provost Ross's House
Voir p. 229 (48 Shiprow, Aberdeen AB11 5BZ)

Roundhouse
Voir p. 230 (Roundhouse, Pocra Quay, Footdee, Aberdeen AB11 5DQ ; 13 jusqu'à York St)

St Machar's Cathedral
Voir p. 229 (0122-448 5988 ; www.stmachar.com ; The Chanonry ; 10h-16h lun-sam, 14h-17h dim ; Dunbar St)

Brentwood Villa
Voir p. 229 (0796-012 0426 ; brentwood-villa-bed-and-breakfast.travel-england.co.uk ; 560 King St, AB24 5SR ; 1, 2, 50, 53, 61, 64, 68, 290, 291 jusqu'à School Drive)

Dutch Mill Hotel
Voir p. 229 (0122-432 2555 ; www.dutchmill.co.uk ; 7 Queens Rd, AB15 4NR ; 4, 5, 6, 11, 777 jusqu'à Queen's Gardens)

Globe Inn
Voir p. 229 (0122-464 1171 ; www.the-globe-inn.com ; 13-15 North Silver St, AB10 1RJ ; 55, 59, 305 jusqu'à Union Terrace Gardens)

Alford Bistro
Voir p. 231 (01975-563154 ; thealfordbistro@btconnect.com ; 40 Main St, Alford AB33 8PX ; plats 7-11 £ ; 9h-16h lun, 9h-20h jeu-ven, 9h-18h30 sam-dim ; 218, 231, 421, 422 jusqu'à Bank Brae)

Braided Fig
Voir p. 230 (0122-462 0333 ; www.thebraidedfig.co.uk ; 39 Summer St, AB10 1SB ; plats 15-20 £ ; 11h30-22h30 mar-dim ; 1, 2, 7, 172 jusqu'à Langstane Kirk)

Café 52
Voir p. 230 (0122-459 0094 ; www.cafe52.co.uk ; 52 The Green, AB11 6PE ; plats déj 11 £, plats dîner 15 £ ; 12h-minuit mer-sam, 18h-minuit mar ; 1, 2 jusqu'à St Nicholas Kirk)

McGinty's Meal an' Ale
Voir p. 230 (0122-462 6720 ; www.mcgintysmealanale.co.uk ; 504 Union St, AB10 1TT ; plats 9,45-13,50 £ ; 16h-minuit lun-jeu, 16h-1h ven, 12h-1h sam, 12h-23h dim ; 5, 16, 17, 39, 73 jusqu'à Roseangle)

Promenade Cafe
Voir p. 230 (0122-459 0798 ; www.facebook.com/PromenadeCafeAberdeen ; 3-4 Esplanade, Sea Beach, AB24 5NS ; 10h-17h mer-dim ; 13 jusqu'à Queens Links Leisure Park)

Silver Darling
Voir p. 230 (0122-457 6229 ; www.thesilverdarling.co.uk ; Pocra Quay, AB11 5DQ ; plats 16-25 £ ; 12h-14h et 17h-21h lun-ven, 12h-21h sam-dim ; 13 jusqu'à York St)

Braemar Gathering
Voir p. 231 (0133-975 5377 ; www.braemargathering.org ; Princess Royal & Duke of Fife Memorial Pk ; adulte/enfant à partir de 12/2 £ ; sept)

AILLEURS DANS LE ROYAL DEESIDE

Dunnottar Castle
Voir p. 233 (0156-976 6320 ; www.dunnottarcastle.co.uk ; Stonehaven AB39 2TL ; adulte/enfant 9,50/4,50 £ ; 9h-18h avr-sept, 10h-17h oct et mars, 10h-15h nov-jan, 10h-16h fév)

Forvie National Nature Reserve
Voir p. 233 (0135-875 1330 ; www.nature.scot/enjoying-outdoors/visit-our-nature-reserves/forvie-national-nature-reserve ; Forvie, Collieston, Ellon AB41 8RU ; 10h-17h lun-ven)

Open Air Pool
Voir p. 233 (0156-976 2134 ; www.stonehavenopenairpool.co.uk ; Queen Elizabeth Park, The Links, Stonehaven AB39 2RD ; adulte/enfant 6,20/3,90 £ ; 13h-19h30 lun-ven, 10h-18h sam-dim juin, 10h-19h30 lun-mar et jeu-ven, 22h-minuit mer, 10h-18h sam-dim juil-août ; 7, 8 jusqu'à Cowie Bridge)

Tolbooth Museum
Voir p. 233 (0751-246 6329 ; www.stonehaventolbooth.co.uk ; 3 Old Pier, Stonehaven AB39 2JU ; 13h30-16h30 ven-lun ; 26, 107 jusqu'à Mill Inn Road)

Aunty Betty's
Voir p. 233 (0156-976 3656 ; www.auntybettys.co.uk ; The Promenade, Stonehaven AB39 2RD ; glaces 4,50-7 £ ; 10h-19h lun-mer, 10h-20h jeu-dim ; 7, 8 jusqu'à Cowie Bridge)

Creel Inn
Voir p. 233 (0156-975 0254 ; www.thecreelinn.co.uk ; Catterline, Stonehaven AB39 2UL ; plats 13,95-28,95 £ ; 12h-23h mer-jeu, 12h-minuit ven-sam, 12h-22h dim)

Marine Hotel
Voir p. 233 (01569-762155 ; www.marinehotelstonehaven.co.uk ; 9-10 The Shore, Stonehaven AB39 2JY ; plats 14,95-28,95 £ ; 12h-21h)

Tolbooth Restaurant
Voir p. 233 (0156-976 2287 ; www.tolbooth-restaurant.co.uk ; Old Pier, Stonehaven AB39 2JU ; plats 18-33 £ ; 12h-14h et 18h-21h mer-sam, 12h-15h dim ; 26, 107 jusqu'à Mill Inn Road)

Fireball Ceremony
Voir p. 233 (www.stonehavenfireballs.co.uk ; 31 déc)

SPEYSIDE

Baxters Highland Village
Voir p. 236 (0134-382 0393 ; www.baxters.com ; Baxters, Fochabers IV32 7LD ; 8h30-17h lun-ven)

Duff House
Voir p. 236 (0126-181 8181 ; www.historicenvironment.scot/visit-a-place/places/duff-house ; Banff AB45 3SX ; adulte/enfant 9,50/5,50 £ ; 10h15-16h ven-dim oct-mars, 9h30-17h jeu-dim avr-sept ; 35, 273, 300, 301, 405 jusqu'à Airlie Gardens)

Elgin Cathedral
Voir p. 235 (0134-354 7171 ; www.historicenvironment.scot/visit-a-place/places/elgin-cathedral ; King St, Elgin IV30 1HU ; adulte/enfant 9,50/5,50 £ ; 10h-16h oct-mars, 10h-17h30 avr-sept)

Elgin Museum
Voir p. 235 (0134-354 3675 ; www.elginmuseum.org.uk ; 1 High St, Elgin IV30 1EQ ; don bienvenu ; 10h-17h lun-ven, 11h-16h sam avr-oct)

Garmouth Viaduct
Voir p. 237 (www.livebreathescotland.com/spey-viaduct ; Garmouth, Fochabers IV32 7LE)

Knockando Woodmill
Voir p. 235 (0134-081 0345 ; www.kwc.co.uk ; Knockando, Aberlour AB38 7RP ; 10h-16h mar-dim avr-oct)

Scottish Dolphin Centre
Voir p. 237 (0134-382 0339 ; dolphincentre.whales.org ; Tugnet Ice House, Spey Bay, Fochabers IV32 7PJ ; 10h30-16h jeu-lun)

Speyside Cooperage
Voir p. 235 (0134-087 1108 ; www.speysidecooperage.co.uk ; Dufftown Road, Craigellachie, Banffshire AB38 9RS ; visite à partir de 4 £ ; 9h-17h lun-ven, fermé Noël-début jan)

Whisky Museum
Voir p. 236 (0134-082 1591 ; www.whisky.dufftown.co.uk ; 10 Conval St, Dufftown, Keith AB55 4AE ; 10h-16h avr-oct ; 36, 365 jusqu'à The Clock Tower)

Macduff Marine Aquarium
Voir p. 236 (0126-145 5775 ; www.macduff-aquarium.org.uk ; 11 High Shore, Macduff AB44 1SL ; adulte/5-15 ans 8,10/4,90 £ ; 11h-16h sam-mer nov-mars, 10h-17h lun-ven et 11h-17h sam-dim avr-oct ; 35, 271, 272, 273, 300 jusquà Gellymill)

Bankhouse B&B
Voir p. 235 (034-087 1976 ; bankhousebandb.uk ; 102 High St, Aberlour AB38 9QA ; 36, 365 jusqu'à The Square)

Craigellachie Hotel
Voir p. 235 (0134-088 1204 ; www.craigellachiehotel.co.uk ; Victoria St, Speyside, Craigellachie, Aberlour AB38 9SR ; 36, 365 jusqu'à Craigellachie Garage)

Mash Tun
Voir p. 235 (0134-088 1771 ; www.mashtun-aberlour.com ; 8 Broomfield Sq, Aberlour AB38 9QP ; 36, 365 jusqu'à The Square)

Fresh!
Voir p. 236 (0134-088 1638 ; www.facebook.com/Freshcoffeehouseaberlour ; 121 High St, Aberlour AB38 9PB ; plats petit-déj 8,95-10,95 £ ; 9h-15h mar-dim ; 36, 365 jusqu'à The Square)

Mash Tun
Voir p. 236 (0134-088 1771 ; www.mashtun-aberlour.com ; 8 Broomfield Sq, Aberlour AB38 9QP ; plats 14-29 £ ; 12h-0h30 dim-jeu, 12h30-1h ven-sam ; 36, 365 jusqu'à The Square)

Spey Larder
Voir p. 236 (01340-871243 ; www.speylarder.com ; 96-98 High St, Aberlour AB38 9QA ; 9h-17h lun-sam ; 36, 365 jusqu'à The Square)

Aberlour Distillery
Voir p. 235 (0134-088 1249 ; www.aberlour.com/fr ; Banffshire, Aberlour AB38 9PJ ; 10h-16h mar-sam)

Glenfarclas Distillery
Voir p. 235 (0180-750 0345 ; glenfarclas.com ; Ballindalloch ; visites 12-150 £ ; 10h-16h lun-sam)

Glenfiddich Distillery
Voir p. 235 (0134-082 2211 ; www.glenfiddich.com ; Dufftown, Banffshire AB55 4DH; visites 20-60 £ ; 10h-16h)

Macallan Distillery
Voir p. 235 (0134-031 8000 ; www.themacallan.com ; Easter Elchies, Craigellachie, AB38 9RX ; visites 50-150 £ ; 10h-16h mar-sam, 12h30-16h dim)

Whisky Shop
Voir p. 236 (0134-082 1097 ; www.whiskieshopdufftown.co.uk ; 1 Fife St, Dufftown, Keith AB55 4AL ; 10h-17h lun-sam ; 36, 365 jusqu'à Clock Tower)

AILLEURS DANS LE SPEYSIDE

Cullen Viaduct
Voir p. 239 (Cullen, Buckie AB56 4SJ)

The Boatshed
Voir p. 239 (0126-184 3577 ; portsoyboatshed.org ; 90 Church St, Portsoy, Banff AB45 2QR ; 9h-17h lun-sam)

Rockpool Cafe
Voir p. 239 (0154-284 1397 ; www.rockpool-cullen.co.uk ; 10 The Square, Cullen, Buckie AB56 4RR ; plats 3,95-6,50 £ ; 10h-16h mar-dim ; 35, 405 jusqu'à The Square)

Seafield Arms
Voir p. 239 (0154-284 1604 ; www.seafieldarmscullen.co.uk ; 17-19 Seafield St, Cullen, Buckie AB56 4SH ; plats 16,90-37,95 £ ; 35, 405 jusqu'à The Square)

The Ice Cream Shop
Voir p. 239 (0154-284 0484 ; www.facebook.com/theicecreamshopcullen ; Seafield St, Cullen, Buckie AB56 4SW ; 12h-18h ; 35, 405 jusqu'à The Square)

Scottish Traditional Boat Festival
Voir p. 239 (www.stbfportsoy.com ; juin ou juil)

Ci-dessus : colonnes de basalte, Staffa (p. 265). Ci-contre : Iona Abbey (p. 260)

HIGHLANDS ET ÎLES DU SUD

PAYSAGES, WHISKY ET FAUNE SAUVAGE

Cette région ne fait pas les choses à moitié : on y trouve le whisky le plus fumé, les plages les plus belles et des fruits de mer d'une fraîcheur incomparable.

Dans cette région magnifique de l'Ouest, la découverte des îles vous vaudra des moments inoubliables. Véritable safari à l'écossaise, l'exploration des Hébrides intérieures permet de croiser la faune sauvage dans son habitat naturel : pygargues évoluant dans le ciel, cerfs élaphes parcourant les collines, dauphins bondissant hors de l'eau en un joyeux ballet et macareux déambulant à vos pieds, assez près pour pouvoir engager avec eux une conversation à sens unique.

ASHLEY COOPER/GETTY IMAGES ©

Lorsque vous ne serez pas sur la côte, vous pourrez randonner dans des montagnes nées d'anciens volcans, nager dans des bassins bleu vif au pied des cascades, vous perdre dans des réserves naturelles et des forêts primaires si rares et si précieuses qu'elles sont protégées au sein de parcs nationaux, ou écouter un concert dans un pub.

Monolithes, croix celtiques artistement sculptées et châteaux en ruine font aussi partie du paysage et invitent à faire une pause pour mieux s'imprégner des lieux, et laisser le temps à son imagination de remonter le temps. Ici, le passé demeure bien vivant, dans les histoires et les chansons, dans les monuments et les musées, dans le cœur des habitants… de même qu'il en sera dans le vôtre, en repartant.

SITES PRINCIPAUX

OBAN
Fruits de mer et musique traditionnelle.
p. 250

ÎLE D'IONA
Plages, couchers de soleil et sorties en bateau.
p. 260

ÎLE D'ISLAY
Whisky et histoire.
p. 266

LOCH LOMOND & THE TROSSACHS NATIONAL PARK
Randonnées et sports nautiques.
p. 273

ÎLE D'ARRAN
Gastronomie et géologie.
p. 280

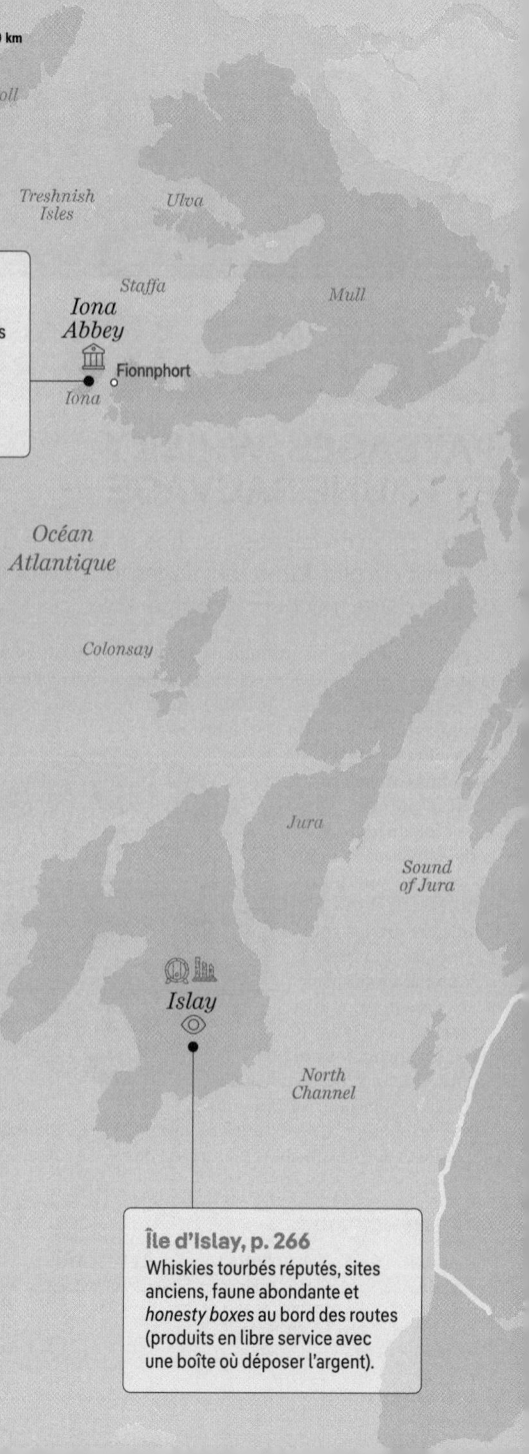

Île d'Iona, p. 260
Couchers de soleil sur des plages de sable blanc, sorties en bateau vers Staffa pour voir des macareux et la célèbre Iona Abbey, berceau du christianisme en Écosse.

Île d'Islay, p. 266
Whiskies tourbés réputés, sites anciens, faune abondante et *honesty boxes* au bord des routes (produits en libre service avec une boîte où déposer l'argent).

VOITURE

Parfaite pour se déplacer facilement et rapidement, partir librement en exploration et faire des détours impromptus en sillonnant les péninsules de la côte ouest, les îles et le parc national, au fil de routes rivalisant de beauté.

TRANSPORTS PUBLICS

Pour qui ne veut ou ne peut pas conduire, les trains **ScotRail** (www.scotrail.co.uk) vont de Glasgow à Balloch (Loch Lomond), Ardrossan (pour Arran) et Oban. Les bus **Citylink** (www.citylink.co.uk) relient Glasgow à Kintyre (ferries pour Islay et Gigha) en faisant halte au Loch Lomond et à Inveraray.

FERRY

La traversée en ferry **CalMac** (www.calmac.co.uk) vers les Hébrides intérieures ou Arran est un must (pensez à réserver). À bord, prenez un *CalMac and Cheese* (gratin de macaroni) à la cafétéria et un *Malt of the Month* (whisky du mois) au bar.

Oban, p. 250
Une cité portuaire appréciée, porte d'entrée vers les îles et capitale écossaise des fruits de mer. Ambiance balnéaire, concerts et nombreux ferries.

Loch Lomond & The Trossachs National Park, p. 273
Paysages saisissants, infrastructures modernes, sports nautiques, bateau et nage dans les lochs, marches en montagne, randonnées sur le West Highland Way, camping dans la nature.

Île d'Arran, p. 280
Cette petite île au relief unique, composé de hautes et de basses terres, offre un peu de tout : montagnes, plages, activités de plein air, whisky et fruits de mer.

LOUIELEA_SHUTTERSTOCK ©

S'orienter

D'une incroyable diversité, les Highlands et les îles du Sud occupent une vaste zone sur la côte ouest de l'Écosse. Leur histoire, leur géologie, leur gastronomie et leurs activités de plein air en font des destinations de choix.

Planifier son séjour

Ne surchargez pas votre programme. Rejoignez paisiblement la côte ouest, visitez au moins une île et prenez le temps de vous immerger dans l'histoire, les paysages et la sérénité des lieux.

Bruichladdich Distillery (p. 266), Islay

Un jour

● **Oban** (p. 250) est la vitrine parfaite de la côte ouest. Allez directement déjeuner de fruits de mer frais à l'**Oban Seafood Hut** (p. 250), puis montez à la **McCaig's Tower** pour une vue imprenable sur la ville et le ballet des ferries. Goûtez le whisky local à l'**Oban Distillery** (p. 252) avant de penser au dîner : un simple *fish and chips* sur le front de mer ou un repas plus chic à l'**Etive Restaurant**. Finissez la soirée par un concert à l'**Oban Inn** (p. 252) ou à **Markie Dans** (p. 252) et par un *cèilidh* avec danses traditionnelles à **The View** (p. 253).

AU FIL DES SAISONS

La côte ouest est réputée pluvieuse : prenez un imperméable. En été, profitez de la plage. Le printemps se prête à l'exploration des îles. L'automne rime avec paysages dorés et ambiance paisible.

AVRIL

Journées plus longues, **fleurs sauvages** et *midges* (moucherons piqueurs) moins présents. Idéal pour randonner sur le West Highland Way.

MAI

Jours plus ensoleillés et commerces ouverts pour la saison. La foule n'est pas encore arrivée.

JUIN

Le meilleur moment pour voir des **macareux** sur Staffa, accessible en bateau depuis Mull ou Iona.

Un long week-end

- D'Ardrossan, embarquez pour Brodick, sur l'île d'**Arran** (p. 280). Flânez dans le parc du **Brodick Castle** (p. 280) ou baignez-vous dans la cascade du **Glen Rosa** (p. 280), puis explorez l'île : voyez les plages de **Lamlash**, **Kildonan** et **Blackwaterfoot** (p. 280), marchez jusqu'aux **Machrie Moor Standing Stones** (p. 280), photographiez le **Lochranza Castle** (p. 280), goûtez les produits locaux (p. 282) et terminez par le bar de plage d'**Arran Botanical Drinks** (p. 283). Gravissez le **Goatfell** (p. 283) par temps dégagé ou louez une planche de paddle à **Arran Active** (p. 280). Si vous conduisez, prenez le ferry de Lochranza à Claonaig (Kintyre) et revenez par **Inveraray** (p. 277) et le **Loch Lomond** (p. 275).

Sept jours dans les îles

- Consacrez deux ou trois jours à **Oban** : explorez la ville (p. 280) et allez passer une journée à **Kerrera** (p. 256), **Lismore** (p. 256) ou **Easdale** (p. 257). Gagnez Mull en ferry pour découvrir **Tobermory** (p. 255), sur la côte nord. Si vous êtes à pied, partez à la découverte des loutres avec **Mull Magic** (p. 258), puis prenez le bus pour Fionnphort ; sinon, roulez le long de la jolie côte ouest et faites un saut à **Ulva** pour le déjeuner (p. 265). Enfin, passez deux nuits sur la paisible **Iona** (p. 260). Au programme : plages de sable blanc, couchers de soleil et excursion en bateau vers **Staffa** et ses macareux (p. 264).

JUILLET

L'été bat son plein : sports nautiques, baignade et **Tiree Music Festival**. Les plages des Hébrides vous tendent les bras !

OCTOBRE

Feuillages et paysages se parent des couleurs de l'automne. À vous les **marches en forêt** et les boissons chaudes.

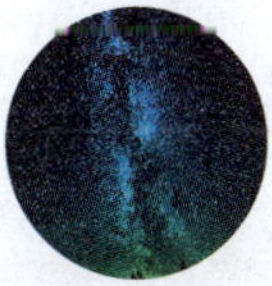

NOVEMBRE

Les journées plus courtes sont propices à l'**observation des étoiles** sur l'île de Coll.

DÉCEMBRE

Repas roboratifs, feux de cheminée et whisky dans les pubs. **Manifestations festives** et célébrations de Hogmanay.

OBAN

Petit joyau de bord de mer, Oban doit sa notoriété au tourisme, mais tout y a commencé par le whisky, comme il se doit en Écosse. La fondation de l'Oban Distillery en 1794 a transformé ce village de pêcheurs en une station balnéaire prospère. Le bateau à vapeur *Comet* y débarquait jadis des Victoriens aisés désireux de suivre les traces de célèbres écrivains et compositeurs venus chercher l'inspiration dans les îles sauvages et inhabitées des Hébrides intérieures. Aujourd'hui, Oban a conservé son statut de porte d'accès aux îles, et le flot incessant de ferries et de passagers qu'elle accueille y crée une grande effervescence. Ne vous contentez pas d'y passer : goûtez les fruits de mer et le whisky, explorez les châteaux et la côte, apprenez à danser lors d'un *cèilidh* (soirée traditionnelle écossaise), savourez les couchers de soleil et les bons moments. Oban est à la fois un point de départ et une aventure en soi.

Pour les infos pratiques, voir le Carnet d'adresses p. 288

À SAVOIR

Vous pourrez profiter de la nature à votre guise mais, en haute saison, réservez votre hébergement bien à l'avance pour bénéficier des meilleurs tarifs et disponibilités ; même chose pour dîner au restaurant, surtout le week-end. Au déjeuner, il est facile d'obtenir une table pour le jour même.

LES MEILLEURS CAFÉS D'OBAN

Food from Argyll at the Pier
Café accueillant jouxtant le terminal des ferries ; petits pains et produits locaux. £

Oban Chocolate Company
Chocolats maison, gâteaux, milkshakes et le meilleur chocolat chaud d'Oban, sur place ou à emporter. £

Hinba Coffee Roasters
Cafés choisis avec soin et torréfiés sur l'île de Seil, gâteaux maison et pâtisseries véganes. £

Julie's Coffee House
Très apprécié : excellent café, déjeuners légers, scones et gâteaux fraîchement cuits. £

Poisson frais et haute cuisine

RÉGALEZ-VOUS DE FRUITS DE MER

Quel meilleur endroit que la "capitale écossaise des fruits de mer" pour déguster poissons et crustacés ? C'est sur son petit port que les touristes arrivent et repartent en train, en bus ou en bateau, tandis que des pêcheurs débarquent les prises du jour sur l'Oban Railway Pier. Repérez la cabane verte de l'**Oban Seafood Hut**, un établissement décontracté et authentique, et prenez place dans la queue pour commander un sandwich aux crevettes, des moules au vin blanc et à l'ail cuites sur place ou un assortiment de fruits de mer, servis sur une assiette jetable pour une fraction des tarifs pratiqués ailleurs.

De l'autre côté de la baie, sur North Pier, l'**Ee-Usk** est une autre institution locale : avec son emplacement sur la jetée et ses baies vitrées, il est difficile d'oublier d'où vient votre repas, même si vous êtes attablé à l'intérieur. Essayez les coquillages du Loch Linnhe, les pétoncles de Mull et les écrevisses de Luing.

En retrait de la promenade très fréquentée, l'**Etive Restaurant** sert une cuisine haut de gamme dans une ambiance conviviale. Les talentueux John et David, chef et sommelier, proposent fruits de mer de saison, accords mets-vins et service impeccable.

Vous pouvez aussi opter pour l'un des grands plaisirs simples de la côte ouest : un *fish and chips* au bord de l'eau. Voyez le **George Street Fish Restaurant & Chip Shop**, l'**Oban Fish & Chip Shop** ou **Nories** et méfiez-vous des mouettes qui guettent dans le ciel.

INCONTOURNABLE
1 McCaig's Tower

VOIR
2 No 17 The Promenade
3 Oban Distillery

ACTIVITÉS
4 Basking Shark Scotland
22 Oban Sea Tours

SE LOGER
5 Dungallan Country House
6 Oban Youth Hostel

SE RESTAURER
7 Ee-Usk
8 Etive Restaurant
9 Food From Argyll at the Pier
10 George Street Fish Restaurant & Chip Shop
11 Julie's Coffee House
12 Nories
13 Oban Chocolate Company
14 Oban Seafood Hut

PRENDRE UN VERRE
15 Aulay's Bar
16 Hinba Coffee Roasters
17 LULU lounge
18 Markie Dans
19 Oban Inn
20 Perle Hotel
21 The View Oban

PUBS : BONNES ADRESSES

Simon McCulloch, qui vit à Oban depuis 25 ans, tient avec sa compagne Kirsty une pension de luxe récemment rénovée, la Dungallan Country House. L'établissement compte un bar ouvert à tous et servant plus de 100 whiskies, mais Simon a aussi quelques adresses favorites en ville.

Aulays Bar
Pub accueillant, chaleureux et bien tenu avec des pots de fleurs suspendus à l'extérieur. Retransmissions sportives.

Markie Dans
Tables de billard, jukebox et concerts ; apprécié des jeunes et animé le week-end.

LULU Lounge
À la fois chic et détendu, parfait en amoureux : vins pétillants, cocktails et alcools.

TOTALJLA/SHUTTERSTOCK ©

McCaig's Tower, au-dessus d'Oban

Whisky, musique et danse

SOIRÉE FESTIVE EN VILLE

Une visite avec dégustation de l'**Oban Distillery** vous donnera un aperçu du monde fascinant de la production de whisky. Cette distillerie ouverte depuis plus de 200 ans, l'une des plus anciennes et des plus petites d'Écosse, avec seulement deux alambics, est restée fidèle aux méthodes traditionnelles pour élaborer son très apprécié *single malt*. Une fois réchauffé et d'humeur joyeuse, vous serez prêt à aller écouter de la musique.

Fondée durant la même décennie que la distillerie, l'**Oban Inn** allie histoire et hospitalité et accueille des concerts hebdomadaires et des spectacles de musique traditionnelle

OÙ SE LOGER À OBAN

Oban Caravan & Camping Park
Cabanes, mobil homes, emplacements pour tentes et camping-cars, vue sur le détroit de Kerrera. **£**

Oban Youth Hostel
Une villa victorienne abordable sur le front de mer : chambres privées, dortoirs, petit-déjeuner continental. **££**

Greystones B&B
Hébergement haut de gamme dans une demeure seigneuriale superbement aménagée avec vue sur la ville. **£££**

annoncés sur les réseaux sociaux. De l'autre côté de la rue, à l'étage, la terrasse de **The View** vous attend pour un repas et une boisson, prélude à deux heures de danse des Highlands lors des soirées *cèilidh* organisées deux fois par semaine en haute saison.

Jardin perché et arcades en pierre

GRIMPEZ VERS UN ÉDIFICE EMBLÉMATIQUE

Dominant la principale artère de la ville, **Battery Hill** est coiffée d'une insolite construction aux faux airs de Colisée, la **McCaig's Tower**, édifiée par le banquier John Stuart McCaig en 1897, autant pour donner du travail aux tailleurs de pierre que pour créer un mémorial en l'honneur de sa famille. Le décès de son commanditaire mit un coup d'arrêt au projet, dont l'aspect final demeure sujet à conjectures. Reprenez votre souffle après la montée abrute, puis photographiez la vue sur la ville, regardez passer les ferries à vos pieds et oubliez l'animation urbaine dans le charmant jardin, bien entretenu.

Châteaux côtiers et clan

SUR LES TRACES DU CLAN MACDOUGALL

Depuis le centre d'Oban, une marche de 1,6 km conduit au **Dunollie Castle**, érigé par les MacDougall de Lorn au XIIIe siècle et qui résista à un siège d'un an durant la rébellion jacobite de 1715. Récemment restaurée, cette place forte qui gardait jadis la côte dévoile une vue magnifique sur la baie d'Oban et les Hébrides intérieures. Suivez une visite guidée, examinez les objets exposés dans le 1745 House Museum voisin, promenez-vous dans le parc arboré, déjeunez au Kettle Garden Café et achetez des tartans et des tissus typiques de Dunollie au Draper's Shop.

Plus loin sur la côte, l'imposant **Dunstaffnage Castle**, autre château du clan MacDougall, date également du XIIIe siècle. Pour y accéder, prenez un bus West Coast Motors pour Benderloch, puis faites 1,7 km à pied.

ACTIVITÉS EN MER

Sea Kayak Scotland
Sorties guidées en kayak le long de la côte ; débutants acceptés pour les balades d'une demi-journée.

Oban Sea Tours
Circuits (2 heures) dans le Firth of Lorne : histoire, paysages, observation de la faune.

Ganavan Sands
Jolie plage de sable face à Mull. Parfaite pour la nage en eau libre.

Basking Shark Scotland
Une agence éco-responsable, pour nager avec des requins pèlerins.

FESTIN MARIN

Sur Islay, réservez le "Seafood Special Trip" d'**Islay Sea Adventures** (p. 269) pour déguster un barbecue de fruits de mer... que vous pourrez peut-être pêcher vous-même !

COMMENT S'Y RENDRE ET CIRCULER

Desservie par les principaux moyens de transports, Oban est la base idéale pour explorer la côte ouest et les Hébrides intérieures. Depuis/vers Glasgow, le train direct **ScotRail** (www.scotrail.co.uk) emprunte la West Highland Railway Line : pour avoir les meilleurs prix, réservez 12 semaines à l'avance. Les bus **Citylink** (www.citylink.co.uk) et **West Coast Motors** (www.westcoastmotors.co.uk) vont à Glasgow, Inveraray, Fort William et les Slate Islands. **CalMac** (www.calmac.co.uk) assure des liaisons fréquentes à destination des Hébrides intérieures depuis le terminal des ferries ; pour aller plus vite, prenez un vol **Hebridean Air Services** (www.hebrideanair.co.uk) au départ de l'aéroport d'Oban.

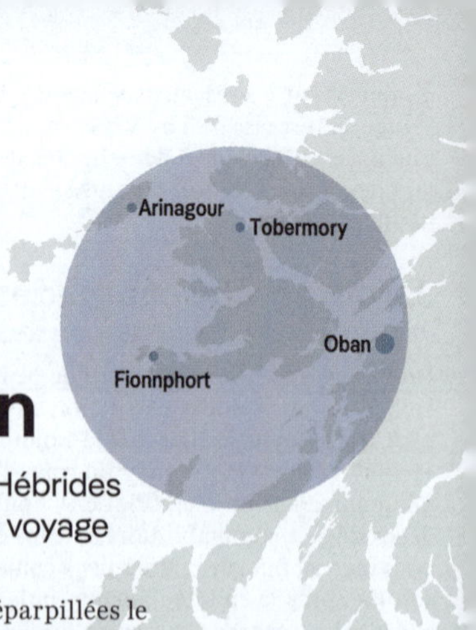

Environs d'Oban

Oban est le point de passage vers les Hébrides intérieures. Excursion d'une journée ou voyage d'île en île : l'émerveillement garanti !

Le monde moderne a peu de prise sur ces îles éparpillées le long de la côte ouest comme autant de joyaux. Si toutes ont en commun leur beauté naturelle, leur littoral éblouissant, leurs traditions et leur hospitalité, chacune possède ses particularités, ses qualités et son histoire. La durée du trajet en ferry est variable (de 3 minutes à 3 heures) et les expériences qui vous attendent ne sont pas moins diverses : ciel étoilé, routes pittoresques, vagues, montagnes, petits villages ou lieux tranquilles pour faire le vide et vous recentrer. Quel que soit votre choix, les Hébrides intérieures dégagent un charme irrésistible : une fois sur place, vous aurez bien du mal à repartir.

Pour les infos pratiques, voir le Carnet d'adresses p. 289

À SAVOIR

Pour des idées sur les sites à voir, téléchargez l'application **Scottish Islands Passport** (islands.scot) et recevez un "tampon" virtuel pour chaque lieu visité.

Aros Park, Tobermory

DOLFILMS/SHUTTERSTOCK ©

Tobermory, jolie ville portuaire sur Mull

BOUTIQUES, BALADES ET PORT TYPIQUE

"Capitale" et point fort de l'**île de Mull**, **Tobermory** se doit de figurer dans votre parcours d'île en île, ou mérite une excursion d'une journée depuis Oban. Pour vous y rendre, réservez le ferry du matin pour Craignure, puis montez dans un bus West Coast Motors. Cette jolie ville portuaire vous enchantera, avec ses quais, ses maisons de toutes les couleurs, ses bateaux de pêche débarquant leurs prises et la présence apaisante de l'eau. Flânez dans Main St, achetez des friandises à **Tobermory Handmade Chocolate**, trouvez de beaux cadeaux à **Island Blue Tobermory** et prenez une glace à **Isle of Mull Ice Cream**. À 1,7 km en montant, la **Sgriob-ruadh Farm** produit du cheddar à déguster sur des toasts dans le Glass Barn, une ravissante serre tapissée d'un enchevêtrement de vigne.

Derrière le **Mull Aquarium**, premier aquarium d'Europe à relâcher régulièrement ses poissons, un sentier forestier mène à l'**Aros Park**, avec ses ponts en bois et ses cascades qui se déversent dans la mer : un bon endroit pour prendre des photos du port dans un cadre arboré. De l'autre côté de la baie, un sentier conduit au **phare de Rubha nan Gall** d'où vous pouvez admirer la Calve Island, les péninsules de l'ouest des Highlands et les Small Isles. Terminez par une dégustation à la **Tobermory Distillery** ou allez directement écouter de la musique au coin du feu dans un pub : le chaleureux et moderne **Macgochans** ou le **Mishnish**, douillet et traditionnel.

OÙ SE RESTAURER À TOBERMORY

Cafe Fish
Commandez un assortiment (*platter*) ou la spécialité de ragoût : le "Cafe Fish stew". Réservez. ££

The Galleon, Bistro on the Brae
Excellents produits, plats de saison renouvelés quotidiennement et petite salle sans prétention. ££

Fisherman's Pier Fish & Chip Van
Fish and chips avec petits pois et sauce tartare, sur le port. £

Tobermory Fish Co
À emporter : truite et saumon fumés, moules et assortiments de fruits de mer et produits locaux. £££

Road trip sur la côte ouest sauvage de Mull

ROUTES SINUEUSES ET PAYSAGES MÉMORABLES

S'il est deux fois plus long que la route principale de Tobermory à Fionnphort, ce circuit sur la côte ouest de Mull réserve une agréable balade du nord au sud. Quittez Tobermory vers l'ouest jusqu'à Dervaig et faites un détour par l'**Old Byre Heritage Centre** pour vous informer sur l'histoire, l'art et l'artisanat de l'île et prendre le thé. Suivez la promenade **Calgary Art in Nature** jusqu'au sable blanc de **Calgary Bay**. Reprenez vers le sud et la cascade d'**Eas Fors Waterfall**, pour arriver à la jetée d'Ulva Ferry. Un panneau en bois permet d'appeler un petit bateau qui vous conduira sur Ulva : déjeunez à **The Boathouse**. L'après-midi, embarquez vers Staffa et Lunga avec **Turus Mara**, ou observez les pygargues avec **Mull Charters**.

LE "BLUE POOL"

Sur l'île d'Arran, une belle marche dans le **Glen Rosa** (p. 280) conduit à une cascade, avec un bassin aux eaux bleues assez profond pour se baigner, sur fond de montagne.

OÙ SE LOGER SUR L'ÎLE DE MULL

Ross of Mull Bunkrooms
Hébergement pour petits budgets dans un ancien cottage ; sdb modernes et salon douillet avec poêle à bois. £

Island Pods, Gruline
Luxueux bungalows dans le Benmore Estate ; accès facile aux montagnes et à la mer. ££

Western Isles Hotel
Hôtel historique doté d'une belle cheminée. Repas servis dans une serre au-dessus de la baie. £

Le reste du trajet en fin d'après-midi est ponctué de sublimes paysages marins et de beaux jeux de lumière sur les terres. Longeant le **Loch na Keal**, la B8073 rejoint la B8035 pour la portion de route la plus spectaculaire de l'île ; guettez les loutres et les aigles. Cette route à une voie aux virages serrés est prise entre les rochers et la mer : roulez lentement et prudemment. Terminez à **Fionnphort**, principale localité portuaire de la péninsule du Ross of Mull et réservez au **Keel Row** pour dîner en admirant la côte de granit rose.

Escapade et déjeuner à Kerrera

CHÂTEAU EN RUINE ET CUISINE LOCALE

Partez pour une demi-journée de marche ou de vélo vers le plus joli restaurant de la région, le **Kerrera Tea Garden**. L'**île de Kerrera** est accessible en 5 minutes par un ferry pour piétons depuis Gallanach, à 3 km du centre d'Oban. Une initiative locale permet de réserver des vélos électriques, disponibles à l'ancienne école, près du débarcadère. Faites le tour de l'île dans le sens antihoraire, avec une halte à la *honesty shop* de la **Balliemore Farm**, pour une boisson fraîche, des produits artisanaux et une glace (servez-vous et laissez l'argent dans une boîte). Gardez de la place pour la cuisine de Martin et Aideen au Kerrera Tea Garden : *stovies* (plat à base de pommes de terre), soupe de lentilles, gâteaux, muffins et boissons chaudes, avec tables dedans ou dehors et toilettes insolites. Avant de reprendre le ferry, poussez vers les ruines du **Gylen Castle** (XVIe siècle) presque camouflé sur une plate-forme rocheuse dans une échancrure de la côte.

L'île de Lismore avec les habitants

TERRE, MER ET CHIENS DE BERGER

Loin de l'animation d'Oban, passez une journée à **Lismore**, une île à la nature brute et aux eaux limpides, où vous vous laisserez conduire, guider et nourrir aux bons soins d'Explore Lismore. Tenue par un couple d'habitants, cette agence propose des découvertes sur mesure : Robert présente l'histoire, le patrimoine et la faune de l'île lors d'un circuit privé en Land Rover, tandis qu'Iris concocte une cuisine maison inspirée de ses origines hollandaises et suédoises. Un pique-nique (en option) tiré du coffre de la Land Rover au **Castle Coeffin** ou à la **Sailean Lime Quarry**, deux sites emblématiques de l'île, vous permettra de goûter ses délicieuses préparations. Sinon, vous les trouverez à la **Dutch Bakery**, dans une cabine téléphonique rouge située à l'embarcadère des ferries de Port

SPOTS PHOTO

Talentueuse photographe freelance basée à Mull, **Eilidh Cameron** puise son inspiration dans les paysages, la lumière et la faune de l'île. Voici ses spots photo préférés. *@eilidh__cameron*

Glengorm Castle & Estate
Le meilleur endroit pour voir le coucher de soleil en été, avec une superbe vue sur Ardnamurchan Point et sur Rùm et Skye au nord.

Croig Harbour
Joli petit port où l'on peut acheter des huîtres fraîches. Guettez les loutres et découvrez les plages alentour.

Loch Na Keal
Les rives du loch offrent une splendide vue sur les sommets environnants, comme le Ben More, seul *munro* des Hébrides en dehors de Skye.

OÙ SE RESTAURER SUR L'ÎLE DE MULL

Piecebox, Dervaig
Achetez un pique-nique pour la route : sandwichs aux fruits de mer, feuilletés à la saucisse et gâteaux. **£**

Lazy Cow Café & Farm Shop, Kintra
Déjeuners légers, plats à emporter et café de qualité ; une nouvelle adresse appréciée. **£**

The Creel Seafood Bar, Fionnphort
Fish and chips, langoustines, croquettes de poisson, le tout fraîchement pêché. **£**

Loch na Keal

Appin, avec *honesty box*. Combinez votre excursion en Land Rover avec une sortie guidée en paddle dans les eaux calmes du charmant **Port Ramsay** fondé il y a 200 ans pour les ouvriers des carrières de calcaire. Sinon, louez un vélo à **Lismore Bike Hire** ou tentez la **Shepherding Experience** avec Arthur, un éleveur qui rassemble ses moutons à l'aide de ses fidèles chiens de berger Misty et Tam et d'un VTT électrique…

Nage en eau libre sur une île à part : Easdale

COTTAGES ET CARRIÈRES

Dans l'archipel des Slate Islands, célèbres pour leurs carrières d'ardoise, **Easdale** vous réserve bien des surprises, à commencer par la traversée de 3 minutes en "ferry" au départ d'Ellenabeich (sur l'**Île de Seil**, à 27 km en voiture ou en bus au sud d'Oban). Cette petite île sans voitures est pleine de caractère, avec ses rangées de maisons blanches où vivaient les ouvriers des carrières, ses brouettes colorées pour le transport des marchandises débarquées du bateau et son pub, le **Puffer Bar & Restaurant**, qui sert de la cuisine

NAGER EN EAU LIBRE

Daniel Coyle, alias "Dan the Merman" ("Dan le Triton"), est un entraîneur de nage en eau libre basé à Argyll. Voici ses conseils pour une séance sûre et agréable. *@swim_danthemerman_argyll*

Nagez à votre rythme
Faites selon vos capacités et votre expérience et portez un équipement adapté (combinaison).

Restez visible et en contact
Portez un bonnet et une bouée de couleur vive, un téléphone portable chargé dans un étui étanche, et dites à quelqu'un où vous allez.

Évaluez les conditions
Vérifiez le vent, la hauteur des vagues et les marées, avant de partir et une fois sur place.

Préparez l'après
Choisissez soigneusement votre point d'entrée/sortie et prévoyez des vêtements chauds.

ARTISANAT SUR L'ÎLE DE LISMORE

Shepherd's Cottage Soaps
À Achinduin, produits pour le corps et savons écologiques, avec une *honesty box* où laisser votre argent.

Mogwaii Designs
Coussins, abat-jour et tissus inspirés de la nature environnante.

Lismore Luminations
Hazel fabrique, à la main, de belles bougies parfumées à base de cire de soja de qualité.

VISITES GUIDÉES ET EXCURSIONS EN BATEAU

Mull Magic
Balade à la découverte des loutres et de la faune et délicieux pique-nique maison avec un guide local.

Mull & Iona Geology
Circuits privés et promenades d'une journée/demi-journée guidées par le géologue local James Westland.

Seafari Adventures
Depuis Ellenabeich, à Seil, combinez une journée à Easdale avec une sortie vers le tourbillon de Corryvreckan, situé à la pointe nord de l'île de Jura (p. 270).

isleGo
À Coll, observation des baleines, croisières privées et journée dans les îles voisines.

IAIN MASTERTON/GETTY IMAGES ©

Easdale (p. 257)

maison et des plats de saison. Sur l'île, tout rappelle l'ancienne industrie de l'ardoise : empilements, murs, toits, panneaux, exposition à l'**Easdale Folk Museum** et surtout les carrières inondées qui occupent une bonne partie des terres et qu'on peut contempler depuis l'unique petite colline. Ces plans d'eau accueillent les championnats du monde de ricochet et forment un cadre inoubliable pour la nage en eau libre. Gagnez la carrière en L qui figure sur le site Above & Below Swimming Trails, géré par l'association Wild About Argyll ; c'est là que nagent les habitants.

Sports nautiques sur Tiree, l'île du soleil

SOLEIL, VENT ET VAGUES

Quand une île écossaise est surnommée la "Hawaii du Nord" en raison de ses eaux chaudes, de son ensoleillement supérieur à la moyenne et de ses plages de rêve, on devine sans peine quelles activités y sont les plus pratiquées. Réputée pour les sports nautiques, **Tiree** est l'île la plus occidentale des

OÙ SE LOGER DANS LES HÉBRIDES INTÉRIEURES

Lismore Bunkhouse & Campsite
Dortoirs et chambres modernes et écoresponsables, terrasse et chauffage au sol. Emplacements tentes et camping-cars. £

Kerrera Bunkhouse & Byre
Gîte rustique pour les groupes : une ancienne écurie avec canapés, vue sur le château et poêle à bois. £

Soa Cabins, Tiree
Accès direct à une plage de sable blanc ; bungalows haut de gamme en bois entièrement équipés. ££

Hébrides intérieures, à 55 minutes de Coll par ferry. Lancez-vous : apprenez à surfer avec **Blackhouse Watersports**, faites du surf, de la planche à voile, du kitesurf, du kayak et du paddle avec **Wild Diamond**, ou voyez avec **Tiree Sea Tours** pour une sortie à grande vitesse vers le spectaculaire **phare de Skerryvore**. De retour sur la terre ferme, adressez-vous à **Tiree Equestrian** pour faire du cheval sur les vastes étendues de sable de Balinoe, ou louez un vélo à **Tiree Fitness** pour explorer les plages, regarder les vagues et nager en eau libre.

Les nuits étoilées de l'île de Coll

AIR MARIN ET CIEL ÉTOILÉ

Petit paradis de nature, l'**île de Coll** vous comblera si vous aspirez au repos et à la détente sans une multitude de choses à voir et à faire. Principale localité, le paisible village d'**Arinagour** permet de se glisser immédiatement dans le rythme tranquille de la vie locale. L'île compte quelque 30 plages désertes, ainsi qu'une réserve naturelle gérée par la Royal Society for the Protection of Birds (RSPB), où se fait entendre le chant du discret râle des genêts. Les vivifiantes journées passées sur les plages seront suivies de nuits douillettes au **Coll Hotel**, établissement familial à la cuisine succulente et au service chaleureux, où l'on vient manger en bateau depuis les îles voisines.

Ne restez pas trop longtemps à bavarder dans le bar de l'hôtel : sortez et levez les yeux vers le ciel nocturne. Désignée Dark Sky Community par l'International Dark-Sky Association du fait de son isolement et de l'absence d'éclairage public, Coll est l'un des meilleurs endroits au Royaume-Uni pour **observer les étoiles**. Par une nuit sans nuages, le ciel est piqueté de constellations et baigne dans la lueur de la Voie lactée ; quand l'activité solaire est élevée, on peut aussi voir des aurores boréales. Venez de préférence en automne ou en hiver : couvrez-vous bien, prévoyez une flasque de *hot toddy* (whisky chaud) et croisez les doigts pour que la nuit soit claire.

MANIFESTATIONS

Les Hébrides intérieures accueillent divers événements annuels qui célèbrent la musique, la culture et l'environnement naturel remarquable de ces îles si particulières. Voici nos préférés, de jour ou de nuit.

Tiree Music Festival
Ce festival estival est une plongée dans la musique folk écossaise ; camping, danses et ambiance conviviale, au-dessus de la superbe plage de **Crossapol**.

Coll & the Cosmos
En partenariat avec le Cosmos Planetarium, l'auberge de jeunesse **Coll Bunkhouse** propose des week-ends astronomie en automne/hiver. Vous découvrirez les merveilles du ciel étoilé au fil de 10 heures de cours et d'observation ; le matériel est fourni.

COMMENT S'Y RENDRE ET CIRCULER

CalMac (www.calmac.co.uk) gère les traversées entre Oban et les Hébrides intérieures. Depuis le terminal principal des ferries, il existe des liaisons quotidiennes pour Lismore, Mull, Coll et Tiree : il faut réserver en ligne pour les passagers et les voitures (piéton/voiture 6,10-22,90/26-125 £ aller-retour selon l'île). À Mull, des bus desservent Tobermory dans le Nord et Fionnphort dans le Sud (pour le ferry vers Iona ; p. 260). On peut louer des vélos sur les petites îles de Lismore, Coll et Tiree.

Si vous roulez en voiture, familiarisez-vous avec l'utilisation des *passing places*. Sur les routes à voie unique, juste assez larges pour un seul véhicule, ces zones signalées par un losange blanc ou un poteau rayé noir et blanc sont utilisées pour permettre le passage d'une voiture roulant en sens inverse. Elles servent aussi à doubler – rangez-vous pour laisser passer un véhicule plus rapide. Il est interdit de s'y garer.

Tout près d'Oban, à Gallanach, un ferry sans réservation assure la traversée vers l'île de Kerrera. Il ne prend pas de voiture. Kerrera est idéale pour marcher ou pédaler ; des vélos électriques sont disponibles au débarcadère.

ÎLE D'IONA

Empreinte de beauté et de tranquillité, Iona se situe à 1,6 km de l'extrémité sud de Mull. Elle peut se visiter en une journée mais mérite un séjour plus long. La mer turquoise et les jolies maisons en pierre qu'on découvre en arrivant ne sont qu'un avant-goût de ses plages de rêve, de sa belle abbaye et de ses couchers de soleil à couper le souffle.

Le charme de ce minuscule paradis ne tient pas uniquement à sa beauté naturelle : Iona est également un trésor historique. Saint Colomban y débarqua d'Irlande en 563, faisant de l'île le berceau du christianisme en Écosse, un lieu sacré à jamais.

Suivez les traces des pèlerins et des visiteurs venus ici, au fil des siècles, en quête de sérénité. Religieuse, spirituelle ou autre, la magie de l'île vous apaisera et vous envoûtera. Il y flotte une atmosphère particulière, que l'on emporte avec soi en repartant.

Pour les infos pratiques, voir le Carnet d'adresses p. 291

À SAVOIR

Pour un panorama spectaculaire, montez en haut de **Dun I**, point culminant de l'île (110 m) accessible par une marche de 15 minutes. Passez devant l'abbaye et Iona Pods et guettez un panneau sur la gauche après une rangée de maisons blanches.

POURQUOI J'AIME L'ÎLE D'IONA

Kay Gillespie, autrice

Mes voyages m'ont menée dans plus de 60 îles écossaises et on me demande souvent laquelle est ma préférée. Il s'agit d'Iona. Cette petite île possède un je-ne-sais-quoi de spécial. J'y vais pour décompresser, savourer l'air marin et le calme, nager dans les eaux claires, boire du whisky sur la plage au coucher du soleil. J'en suis tombée amoureuse dès ma première visite.

Ruines religieuses et abbaye

LES JOYAUX HISTORIQUES D'IONA

Iona est le cœur sacré de l'Écosse et l'**Iona Abbey** en est le centre spirituel. La structure actuelle, une abbaye bénédictine restaurée et reconstruite au XIIIe siècle, occupe le site du monastère établi par saint Colomban des centaines d'années plus tôt et dont il subsiste une butte de terre encore visible près de l'abbaye. Les pèlerins affluent ici depuis le VIIe siècle et le site reste aujourd'hui un lieu de culte actif grâce à l'Iona Community, fondée en 1938.

La visite est payante et il vaut mieux réserver sur Internet. Des audioguides avec commentaires détaillés sont disponibles à l'entrée ; prenez le temps de déambuler, d'absorber les informations et d'admirer les lieux. L'abbaye comprend une église ornée, un joli cloître, dont les dalles funéraires sculptées du Moyen Âge voisinent avec des sculptures religieuses contemporaines, et un musée où sont exposées des pierres finement sculptées et des croix celtiques. Le site abrite aussi la **St Oran's Chapel**, le plus vieux bâtiment de l'île, et le cimetière **Reilig Odhrain**, où reposeraient de nombreux rois d'Écosse, dont Macbeth, qui connut une gloire posthume grâce à Shakespeare. Rien d'étonnant à ce que ce sanctuaire ait été ciblé et ravagé au cours des raids vikings. En allant à l'Iona Abbey, arrêtez-vous dans les ruines paisibles de l'**Iona Nunnery**, ancien couvent augustinien, construit à la même époque que l'abbaye bénédictine, et lieu de sépulture des femmes de la noblesse.

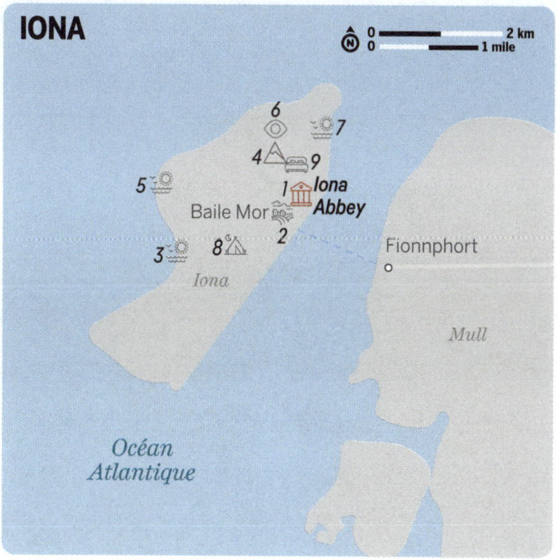

INCONTOURNABLE
1 Iona Abbey

VOIR
2 Baile Mor
3 Bay at the Back of the Ocean
4 Dun I
voir 2 Iona Nunnery
5 Port Bàn
6 The Green Shed
7 White Strand of the Monks

SE LOGER
voir 2 Bishop's House
8 Iona Campsite
9 Iona Pods

SE RESTAURER
voir 2 Ailidh
voir 2 Argyll Hotel
voir 2 St Columba Hotel
voir 2 The Rookery

SHOPPING
voir 2 Aosdàna
voir 2 Iona Craft Shop
voir 2 Oran Creative Crafts
voir 2 St Columba Larder

Sable blanc et baies venteuses

TROUVEZ VOTRE PLAGE PRÉFÉRÉE

Sur une île de 4,8 km par 2,4 km, on n'est jamais très loin de la mer, et le littoral est ourlé de plages immaculées et de baies accidentées. La plupart des visiteurs rejoignent à pied ou à vélo l'extrémité nord, où s'étendent des plages dont on a du mal à croire qu'elles se trouvent en Écosse. La plus belle est **White Strand of the Monks**, aux eaux turquoise et au sable fin d'une blancheur éclatante.

Sur la côte ouest, la **Bay at the Back of the Ocean** fait face aux vents et aux vagues de l'Atlantique. Vaste et exposée, elle se distingue par ses rochers de couleur pâle, ses poches de sable blanc et un splendide golf de 18 trous aménagé sur le *machair* (prairie fertile du bord de mer). De là, faites une courte marche vers le nord et franchissez une barrière pour trouver **Port Bàn**, une baie abritée, étroite et sablonneuse flanquée de petites falaises et propice à la nage en eau libre. Sinon, partez dans la direction opposée par un sentier peu marqué à travers le terrain de golf vers le sud de l'île, moins fréquenté.

PLAGES DE RÊVE

L'**île de Tiree** (p. 258), surnommée la "Hawaii du Nord", est célèbre pour les plages de sable blanc qui jalonnent sa côte et les nombreux sports nautiques qu'on peut y pratiquer.

OÙ SE LOGER SUR L'ÎLE D'IONA

Iona Campsite
Beau camping doté de toilettes, de douches et d'un espace brasero et barbecue ; loue des sacs de couchage. **£**

Iona Pods
Dans une ferme en activité, bungalows bien équipés avec douche chaude, lave-linge et sèche-linge. **££**

Green Shed
Trois logements à la déco originale pour voyageurs en solo, couples et groupes, dans un cadre superbe. **££**

PAROLE D'HABITANT : LA LAINE D'IONA

Michael Gordon, spécialiste local du tricot et propriétaire de l'Iona Craft Shop, explique comment est fabriquée la laine si particulière d'Iona. *@ionacraftshop*

Iona compte environ 170 habitants et plus de 1 000 moutons. La laine des différentes espèces est mélangée et il résulte de ce brassage une couleur argentée, chaude, profonde et naturelle.

Il faut deux ans pour récolter suffisamment de laine pour pouvoir la laver et la filer : cinq éditions ont été produites à ce jour.

Chaussettes, écharpes, pulls ou bonnets : porter un produit en laine d'Iona, c'est se sentir en contact direct avec l'île.

ASHLEY COOPER/GETTY IMAGES ©

Iona Abbey (p. 260)

Le chemin monte à travers un terrain de plus en plus rocailleux et longe le Loch Staoineag avant de redescendre vers **St Columba's Bay**, où aurait accosté le célèbre évangélisateur. Vous ne rencontrerez pas grand-monde sur cette plage retirée, partagée en deux par une formation rocheuse, hormis peut-être un troupeau de vaches.

Artisanat, cadeaux et marbre vert

ACHETEZ DES SOUVENIRS ORIGINAUX

En descendant du ferry, poussez la porte de l'**Iona Craft Shop** pour des vêtements colorés, des cartes, des cadeaux et des livres de qualité, durables et pleins d'humour écossais. Achetez un pull en laine authentique et profitez-en pour déguster le meilleur café de l'île.

Dans les St Columba Steadings, **Aosdàna** vend de beaux bijoux artisanaux contemporains reprenant des symboles tirés de l'histoire de l'île et fabriqués à l'aide de techniques traditionnelles ; certains sont rehaussés de marbre d'Iona, veiné de serpentine verte. À côté, la coopérative **Oran Creative Crafts** propose des objets uniques confectionnés

OÙ SE LOGER SUR L'ÎLE D'IONA

Bishop's House
Pour pèlerins et visiteurs en quête de paix ; pension complète et office dans la St Columba's Chapel. **££**

St Columba Hotel
Central, près de l'abbaye, avec des chambres donnant sur la mer ou sur le jardin et un restaurant. **£££**

Argyll Hotel
Hôtel douillet des années 1860 ; proche du ferry, plein de cachet, tables de pique-nique en bord de mer. **££**

KEVIN GEORGE/SHUTTERSTOCK ©

White Strand of the Monks (p. 261)

OÙ SE RESTAURER À IONA

Argyll Hotel
La meilleure cuisine de l'île, à base d'ingrédients locaux issus de l'agriculture durable ou du potager de l'hôtel. £££

St Columba Hotel
Fruits de mer frais et viande locale à midi et le soir ; restaurant, salon et tables à l'extérieur. ££

The Rookery
Ouvert en journée, avec tables dans le jardin ; soupe, assiettes à partager, gâteaux et plats du jour. £

AILIDH
Plats à emporter : pizza napolitaine garnie de mozzarella et de charcuterie faites avec la viande et le lait produits sur l'île. £

par 8 artistes, stylistes et artisans locaux. **St Columba Larder**, en face du St Columba Hotel, ravira les gourmets : cadeaux, vaisselle, produits alimentaires et gin St Columba Garden, préparé avec des plantes provenant du jardin biologique de l'hôtel.

COMMENT S'Y RENDRE ET CIRCULER

Les ferries **CalMac** (www.calmac.co.uk) desservent Iona en 10 minutes depuis Fionnphort, sur l'île de Mull. Les billets aller-retour (3,70 £ aller-retour) s'achètent à bord. Pour aller à Fionnphort, prenez le bateau d'Oban à Craignure (Mull ; 7,80 £ aller-retour), puis roulez sur 56 km ou montez dans un bus **West Coast Motors** (www.westcoastmotors.co.uk), qui parcourt la même route. Il est interdit d'embarquer pour Iona avec sa voiture ; il y a un parking gratuit à Fionnphort. Explorez Iona à pied, louez un vélo à l'**Iona Craft Shop** et réservez une excursion en bateau vers les îles voisines.

Environs de l'île d'Iona

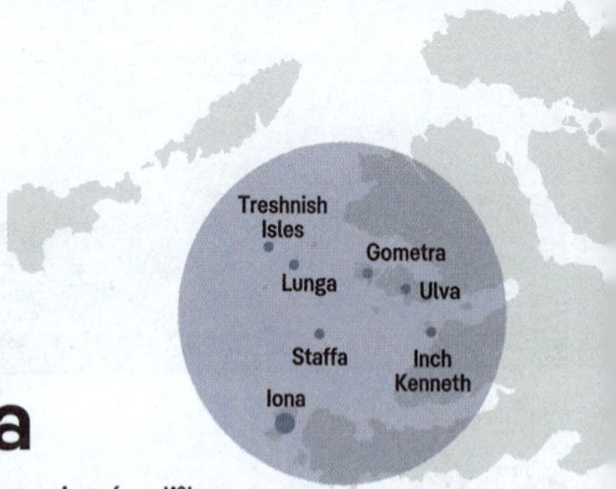

Prenez la mer en direction d'une poignée d'îles féeriques où la nature se montre sous son plus beau jour.

S'élevant dans la mer en face d'Iona, les silhouettes indistinctes de Staffa et des îles Treshnish vous font signe de si près qu'il est difficile de refuser l'invitation. Préservées et inhabitées, elles sont un refuge pour les oiseaux marins qui s'y rassemblent pour nidifier, se reproduire et élever leurs petits. À elle seule, Staffa en accueille 10 espèces différentes chaque année, notamment d'adorables macareux moines. Ces oiseaux, qu'on observe devant leurs terriers creusés au bord des falaises ou volant en cercle au-dessus de l'eau, fascinent tous ceux venus les découvrir et les photographier. La traversée en bateau est par ailleurs l'occasion d'apercevoir des animaux marins.

Pour les infos pratiques, voir le Carnet d'adresses p. 292

À SAVOIR

Le meilleur moment pour voir des macareux est leur saison de reproduction, allant de début mai à fin juillet.

Macareux, Staffa

Fingal's Cave, Staffa

Faites une croisière vers Staffa

MACAREUX, GROTTES ET COLONNES

Les macareux, ou "clowns des mers", installés pour l'été à **Staffa** feront vos délices avec leurs becs colorés, leurs atterrissages cocasses et leurs mouvements saccadés. Refuge des oiseaux marins, cette île vaut aussi pour sa géologie, ses colonnes de basalte hexagonales et son incroyable **Fingal's Cave**. C'est après avoir vu cette dernière, en 1829, que le compositeur allemand Felix Mendelssohn composa sa célèbre ouverture *Les Hébrides*.

Réservez une excursion auprès de **Staffa Tours** ou de **Staffa Trips**. Deux fois par jour, au départ d'Iona et de Fionnphort, ces deux agences vous déposent sur l'île pendant une heure. Commencez votre visite par la Fingal's Cave, pour sentir la force des vagues qui s'écrasent sur la roche basaltique. Puis prenez le sentier côtier jusqu'aux falaises au-dessus de la Goat Cave, pour voir les macareux ; plus vite vous marcherez, plus vous aurez de temps pour savourer le spectacle. Certains circuits, plus longs, incluent l'archipel inhabité des **îles Treshnish**, au nord-ouest de Staffa. À Lunga, l'une des deux îles principales de l'archipel, vous pourrez grimper au sommet de la colline pour marcher vers les colonies d'oiseaux du Harp Rock, sur la côte ouest.

Allez où le courant vous porte

SKIPPER ET BATEAU À VOILE

À Iona, **Alternative Boat Hire** possède un vieux bateau de pêche superbement restauré, le *Birthe Marie*, qui navigue lentement vers les îles voisines, notamment **Lunga**, **Inch Kenneth**, **Ulva** et **Gometra**. Cette agence familiale propose des excursions fixes chaque semaine mais on peut aussi louer tout le bateau avec son skipper. La destination, décidée le jour même, est dictée par les conditions en mer et la météo.

OISEAUX MARINS

Garde forestière pour le National Trust for Scotland à Staffa, **Rachel Bonnici** décrit les autres espèces d'oiseaux les plus présentes sur l'île de Staffa.

Cormoran huppé
Oiseau à l'aspect reptilien et aux plumes vert bouteille iridescentes, qu'on voit perché sur les rochers ou pêchant dans les eaux peu profondes. Écoutez ses cris rauques sortir de la Clamshell Cave, à côté du débarcadère.

Guillemot à miroir
Nichant dans les crevasses de la couche de lave qui couvre les colonnes de basalte, les adultes ont les pattes rouges et le plumage noir avec une tache blanche sur les ailes.

En mer, on peut voir des puffins des Anglais, des guillemots, des petits pingouins et des sternes arctiques.

COMMENT CIRCULER

Staffa Tours, à Tobermory (p. 255), Turus Mara, à Ulva Ferry (p. 255), Tiree Sea Tours, à Tiree (p. 258), et isleGo, à Coll (p. 258), proposent des excursions vers Staffa et les îles Treshnish.

ÎLE D'ISLAY

Le sol riche en tourbe, l'eau pure des sources et des lochs, l'orge des champs, les distilleries historiques, les odeurs qui flottent dans l'air et les passionnés qui ont élevé la production au rang d'art ont fait du whisky le cœur et l'âme d'Islay ("aïe-lah"). Cette île est un paradis pour les amateurs, avec neuf distilleries en activité et d'autres à venir : la Port Ellen Distillery va ressusciter après 40 ans de fermeture et la Portintruan doit également ouvrir. Si vous n'avez encore jamais senti la chaleur du whisky se diffuser en vous, il n'y a pas meilleur endroit pour une initiation. Et si la seule pensée d'un *single malt* vous fait grimacer, pas d'inquiétude. Rabattez-vous sur un gin ou un rhum, régalez-vous de fruits de mer frais et de produits locaux et laissez-vous transporter par les récits du passé et la beauté du présent.

Pour les infos pratiques, voir le Carnet d'adresses p. 292

À SAVOIR

La voiture offre une grande liberté de mouvement mais alcool oblige, mieux vaut emprunter les bus et les taxis. Les distilleries vendent des *drivers' drams* (échantillons à emporter) : un dernier verre sur la plage ?

Drams, fûts et vues

FAITES LA TOURNÉE DES DISTILLERIES

Trois des plus fameux *single malts* d'Islay se trouvent dans un rayon de 5 km autour de Port Ellen : **Laphroaig**, **Lagavulin** et **Ardbeg**. Ce secteur fait le bonheur des amateurs de whiskies très fumés et tourbés.

Dans la principale bourgade de l'île, les visites de la **Bowmore Distillery**, dotée du plus vieux chai d'Écosse, se terminent par une dégustation dans un bar avec vue sur le Lochindaal. Pour un cadre plus spectaculaire, allez à Port Askaig, sur une portion de côte qui fait face aux superbes Paps of Jura. Passez à la **Caol Ila Distillery** récemment rénovée, réservez une dégustation de whisky avec accompagnements à **Ardnahoe** (la plus récente distillerie d'Islay) et suivez la visite "Warehouse 9" de la **Bunnahabhain Distillery** pour goûter du whisky tiré directement du tonneau.

Au bord du Lochindaal, dans le joli village de Port Charlotte, la **Bruichladdich Distillery**, datant de l'époque victorienne, élabore le whisky le plus tourbé au monde, l'Octomore. À 10 km de là, on trouve la seule ferme-distillerie de l'île, la **Kilchoman Distillery**, où toute la production a lieu sur place, de l'orge cultivé alentour à la mise en bouteille. Non loin, sur la Machir Bay, l'épave d'un bateau émerge du sable à marée basse.

Pour plus de sûreté, nous vous recommandons de réserver les visites.

LES MEILLEURES BOUTIQUES

Spirited Soaps, Bowmore
Savons, lotions et baumes à lèvres au whisky, au gin ou au rhum ; à base d'ingrédients naturels.

The Celtic House, Bowmore
Vêtements, livres, cadeaux, objets d'art et d'artisanat ; café à l'étage.

Islay Celtic Craft Shop
Cadeaux, bijoux et souvenirs faits main dans un conteneur maritime reconverti, juste à l'extérieur de Portnahaven.

INCONTOURNABLES
1 Ardbeg
2 Ardnahoe
3 Finlaggan
4 Kilchoman Distillery

VOIR
5 American Monument
6 Bowmore Distillery
7 Bruichladdich
8 Caol Ila
9 Carraig Fhada Lighthouse
10 Dunyvaig Castle
11 Kildalton Cross
12 Lagavulin
13 Laphroaig
14 Mull of Oa
15 Museum of Islay Life
16 Port Ellen
17 Port Wemyss
18 Portnahaven
19 Singing Sands

ACTIVITÉS
20 Islay Outdoors
voir 16 Islay Sea Adventures
voir 16 Kayak Wild Islay

Paddle et vélo

METTEZ-VOUS AU VERT

Offrez-vous un bon bol d'air frais. **Islay E-Wheels** loue des vélos électriques à Port Ellen ou vous les livre à votre hébergement ; empruntez le circuit **Three Distilleries Path** ou poussez jusqu'au **Mull of Oa**. Pour une expérience insolite, enfourchez un *fat bike* sous la houlette de Dave, de **Kayak Wild Islay** ; avec ces VTT aux pneus surdimensionnés, pédaler sur le sable de Big Strand est une partie de plaisir. Dave organise aussi des excursions d'une journée/demi-journée en kayak. **Islay Outdoors** propose des sorties pêche, rando-cueillette ou observation des oiseaux et des marches dans la nature.

Falaises, oiseaux et monuments

DÉCOUVREZ LE CÔTÉ SAUVAGE D'ISLAY

Faites une balade sur les vastes landes, les hautes falaises et la plage de sable blanc de la réserve naturelle du **Mull of Oa** gérée par la Royal Society for the Protection of Birds (RSPB). Elle se rate facilement sur la route de Bowmore à Port Ellen, mais donnez-vous la peine de bifurquer pour aller l'explorer.

LES MEILLEURS RESTAURANTS

Peatzeria
Restaurant italien à Bowmore : pizzas au feu de bois sur place ou à emporter. ££

Islay Hotel
Moderne et agréable ; viande locale, fruits de mer frais et cuisine do pub. ££

SeaSalt Bistro
Ambiance décontractée ; burgers, kebabs et *fish and chips* à emporter. ££

OÙ SE RESTAURER SUR L'ÎLE D'ISLAY

Ardstream Trailer
Dans la cour de l'Ardbeg Distillery, cette caravane sert de la cuisine de rue et des pizzas au feu de bois. £

Kilchoman Distillery Cafe
Soupes et sandwichs dans le centre d'accueil des visiteurs : le *Cullen skink* (soupe au haddock) est un must. £

The Illicit Still Café, Ardnahoe
Prisé au déjeuner : pensez à réserver. Boissons chaudes, repas copieux et gâteaux maison. £

HONESTY BOXES

Native de l'île et amatrice de cuisine maison, **Emma Clark** tient l'excellente pension Glenegedale House avec son mari Graham. Voici ses *honesty boxes* préférées (vente en libre service avec une boîte où laisser l'argent). *@glenegedalehouseislay*

Cakes at the Cross
Thé, café et gâteaux sur une table de pique-nique à côté de la Kildalton Cross.

Shop in a Box
Cadeaux, cartes et artisanat dans une cabine téléphonique ; projet d'une école primaire.

Cakes Cupboard
Gâteaux et café dans un placard au Burnside Lodge, à Port Wemyss ; week-end uniquement.

An Gleann Tablet
Petite boutique à l'entrée d'une maison : *tablet* (caramel écossais), confitures et bougies.

KEVIN STANDAGE/SHUTTERSTOCK ©

Carraig Fhada Lighthouse

Allez voir la saisissante tour de l'**American Monument** élevée au bord d'une falaise pour honorer les soldats disparus dans deux naufrages durant la Première Guerre mondiale. Guettez les oiseaux : busards Saint-Martin, faucons pèlerins et aigles royaux en été.

Ne manquez pas non plus l'insolite **Carraig Fhada Lighthouse**, phare de forme carrée posté dans un cadre spectaculaire de l'autre côté de la péninsule, non loin de Port Ellen. De là, un sentier mène à l'idyllique plage de **Singing Sands**, sans doute la plus belle de l'île.

Sites et vestiges anciens

VOYAGEZ À TRAVERS LES SIÈCLES

À Port Charlotte, dans une ancienne église, les collections du **Museum of Islay Life** offrent un aperçu fascinant de l'histoire, du patrimoine et de la culture insulaires.

Sur un îlot dans le **Loch Finlaggan**, près de Ballygrant, s'étendent des ruines d'un intérêt historique majeur. Les puissants Lords of the Isles (les "seigneurs des Îles", chefs du clan MacDonald) en avaient fait, au Moyen Âge, leur centre administratif, d'où ils régnaient sur la région. S'il peut sembler curieux d'avoir choisi ce petit loch intérieur comme centre du

OÙ SE RESTAURER SUR L'ÎLE D'ISLAY

Port Mor Campsite
Emplacement tentes et camping-cars au bord du Lochindaal, avec café, accès Internet et aire de jeux. £

Port Charlotte Youth Hostel
Dans une ancienne distillerie, une auberge de jeunesse peu coûteuse, parfaite en famille. £

Islay Glamping Pods
Superbes bungalows dans une baie abritée à Lagavulin ; regardez le soleil se coucher depuis la terrasse. ££

pouvoir politique, son importance pour les populations locales remonterait en fait à la préhistoire. Un *crannog*, un fort et une chapelle datant des débuts du christianisme se dressaient ici, et la présence de pierres rituelles, probablement alignées en direction des Paps of Jura, témoigne du rang spirituel qu'avait déjà ce lieu avant que les MacDonald s'y installent.

On peut voir les vestiges de leur forteresse côtière, **Dunyvaig Castle**, sur un promontoire rocheux dans Lagavulin Bay. Ce château jadis sous la menace constante d'une attaque du clan rival, celui des Campbell, est aujourd'hui un endroit paisible où laisser vagabonder son imagination.

Encore plus ancienne, la **Kildalton Cross** a étonnamment bien résisté au climat écossais. Érigée à la fin du VIIIe siècle, elle s'orne de sculptures de scènes bibliques d'un côté et de motifs animaliers de l'autre.

Port Charlotte et Lagavulin se rejoignent en bus ; pour Finlaggan et la Kildalton Cross, mieux vaut avoir une voiture.

Whisky et pétoncles géants

FESTIN EN MER

Partez faire le tour de la côte avec l'agence **Islay Sea Adventures** ; accompagné d'un guide local, observez les phoques, les cerfs élaphes et les animaux marins. Pour savourer un barbecue de fruits de mer ultrafrais à bord, réservez le "Special Seafood Trip" ; vous pourriez même avoir l'occasion d'attraper vos propres prises.

Maisons et phoques cocasses

VILLAGES CÔTIERS SUR LES RHINNS OF ISLAY

Minuscule village aux maisons blanches au bord d'une baie abritée et sablonneuse, **Portnahaven** occupe l'un des plus jolis coins de l'île, à l'extrémité sud de la péninsule des **Rhinns of Islay** ; le bus local s'y rend en 45 minutes depuis Bowmore. Outre le charme paisible du hameau et son cadre photogénique, la principale attraction sont les phoques gris. Asseyez-vous pour les regarder se livrer à d'amusantes pitreries, puis marchez le long de la côte jusqu'à **Port Wemyss** pour admirer le phare des Rhinns of Islay, sur l'île d'Orsay.

LE FESTIVAL D'ISLAY

Organisé tous les ans durant la dernière semaine de mai, **Fèis Ìle** reflète l'essence d'Islay, laquelle ne se réduit pas au whisky. Concerts de musique traditionnelle, *cèilidh* (soirées dansantes) et journées portes ouvertes dans les distilleries s'enchaînent durant 10 jours et on vient du monde entier profiter de l'ambiance festive et conviviale, admirer les paysages et boire des *drams* (mesures de whiskies) au coucher du soleil.

Cet événement sans but lucratif permet aux habitants de soutenir et de promouvoir leur mode de vie. La population de l'île triple durant le festival ; réservez votre hébergement dès les dates annoncées sur Internet un an à l'avance (feisile.co.uk), ainsi que vos billets de ferry.

COMMENT S'Y RENDRE ET CIRCULER

Des ferries **CalMac** (www.calmac.co.uk) partent tous les jours de Kennacraig, sur le continent, vers **Port Ellen** et **Port Askaig** (piéton/véhicule 14,50/73,40 £ aller-retour). Il y a aussi une traversée entre Oban et Port Askaig le samedi (même tarif). Les réservations sont obligatoires (piétons et véhicules). Si vous n'avez pas de voiture, rejoignez Kennacraig depuis Glasgow par le bus **Citylink** (www.citylink.co.uk). Plus rapide mais plus cher, **Loganair** (www.loganair.co.uk) assure des vols de Glasgow à Islay. On trouve des voitures de location à l'aéroport d'Islay ; renseignez-vous sur le code de la route et l'utilisation des *passing places* (p. 259). Les bus locaux relient l'aéroport, les deux ports de ferries et les principales localités de l'île ; ils arrêtent de circuler le soir. Pour les excursions et les transferts, voyez avec **Islay Tuk Tuk** (islaytuktuk.co.uk). Les taxis doivent être réservés ; certains offrent des circuits d'une journée/demi-journée dans l'île. **Islay E-Wheels** (islayewheels.co.uk) loue des vélos électriques.

Environs de l'île d'Islay

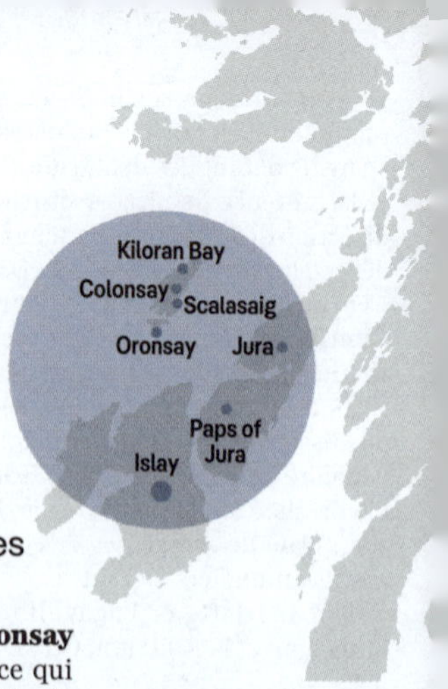

Depuis leurs hauts sommets montagneux jusqu'à leur rivages sablonneux, la beauté des îles proches d'Islay vous laissera sans voix.

Moins développées que leur célèbre voisine, **Jura** et **Colonsay** offrent chacune un visage différent : c'est justement ce qui fait leur intérêt. La civilisation n'a gagné qu'une partie de Jura, où quelques hameaux éparpillés jalonnent la seule route de l'île. Ailleurs, la nature règne en maître, entre espaces sauvages, hautes montagnes, grèves inaccessibles et des cerfs vingt fois plus nombreux que la communauté soudée des insulaires. Colonsay est beaucoup plus petite, basse et située plus loin en mer. Outre ses 21 petites collines, les "MacPhies", elle se caractérise par sa tranquillité extrême et ses plages éblouissantes bordées d'étendues de fleurs sauvages, de *machair* (prairies fertiles de bord de mer) et de dunes de sable.

Pour les infos pratiques, voir le Carnet d'adresses p. 293

À SAVOIR

Étant donné les horaires des ferries **CalMac**, Colonsay ne peut se visiter à la journée que le mercredi.

Cerf élaphe, Jura

À la découverte de Jura et de ses habitants

CERFS, MONTAGNES ET SUPERSTITIONS

Si les paysages et la faune de **Jura** sont un ravissement, ce sont les habitants qui donnent à l'île sa vraie mesure : laissez-les vous guider. Pour une découverte complète, réservez une excursion sur mesure auprès d'Alex, de **Discover Jura**, ou le circuit classique d'une journée proposé – avec visite de la **Jura Distillery**, déjeuner au **Jura Hotel**, excursion en bateau pour voir des phoques avec Robert, de Jura Boat Tours, et promenade en voiture sur l'unique route jusqu'à la distillerie Lussa Gin. Alex évoquera avec humour l'histoire, la culture et les particularités de Jura : le clan Campbell, les Clearances (évictions forcées), le tourbillon de Corryvreckan et la ferme reculée où George Orwell écrivit, entre 1946 et 1948, son célèbre roman dystopique, *1984*. L'île comptant 4 000 cerfs élaphes, six couples de pygargues et deux ou trois loutres tous les 5 km de côte, vous aurez de grandes chances d'y observer des animaux.

Succombez au charme des **Paps of Jura** lors d'une randonnée d'une journée avec Grant, de **Jura Guided**. Ce "Diurach" (habitant de Jura) passionné vous guidera dans cette rude ascension sur un terrain difficile en vous relatant des souvenirs de son enfance sur l'île, des contes et des superstitions locales. Gravissez un, deux ou les trois sommets des Paps par différents chemins. Terminez au pub du Jura Hotel, cœur de la vie sociale, pour prendre un verre avec les habitants.

LES MONTAGNES EN BREF

Musicien, fermier et propriétaire de Jura Guided, **Grant Rozga** a grandi sur l'île et participé 10 fois à l'éprouvante Jura Fell Race. Il nous décrit en quelques mots les célèbres Paps of Jura. *@juraguided*

Trois sommets
Le Beinn an Oir (748 m), le Beinn Shiantaidh (755 m) et le Bheinn a'Chaolais (734 m).

Terrain
Les pentes abruptes sont couvertes d'éboulis allant de fragments d'ardoise à d'énormes rochers.

Panorama
Par beau temps, on peut voir les Hébrides, le Ben Nevis, le Glen Coe, Arran, les collines de Galloway et l'Irlande du Nord.

Colonsay à vélo

BAIES, VÉLOS ET PASSAGE À GUÉ

À **Scalasaig**, principal village et débarcadère de **Colonsay**, louez un vélo à **Colonsay Bikes and Boards** et faites 4,5 km vers le sud jusqu'au Strand, d'où l'**île d'Oronsay** est accessible à marée basse ; passez d'abord au bureau de poste pour demander l'heure des marées au légendaire facteur Keith, décoré d'une médaille de l'Empire britannique en 2021 pour services rendus aux habitants de l'île. Empruntez pieds nus la chaussée qui mène à Oronsay, réserve naturelle de la Royal Society for the Protection of Birds (RSPB), pour admirer les ruines et la croix celtique de l'**Oronsay Priory** (XIVe siècle), l'un des prieurés médiévaux les mieux conservés d'Écosse.

De retour à Colonsay, pédalez sur 5,6 km de Scalasaig à **Kiloran Bay** et grimpez en haut du **Carnan Eoin**, point

OÙ SE LOGER DANS LES ENVIRONS DE L'ÎLE D'ISLAY

Jura Hotel
Familial et accueillant, près de la Jura Distillery ; chambres sur la mer, repas décontracté et seul pub de l'île. ££

Bothan Jura
Retraite bien-être avec sauna, bain de glace et Jacuzzis ; vélos, kayak et télescope à disposition des clients. £££

Colonsay Hotel
Charmante auberge du XVIIIe siècle, salons douillets, chambres confortables et cuisine de qualité. £££

PETITS COMMERCES – PETITS DÉLICES

The Whisky Island Gallery & Studio
Magnifiques clichés du photographe primé Konrad Borkowski montrant les paysages de Jura au fil des saisons.

Tea on the Beach
Boissons chaudes et gâteaux maison dans un van sur l'Inverlussa Beach, avec une *honesty box*.

Island Bakehouse
Pain, feuilletés à la saucisse, tourtes au cerf et gâteaux, à récupérer au Pink BreadShed, à Craighouse.

The Old Waiting Room Gallery
Jolis cadeaux artisanaux sur la jetée de Colonsay : cartes, coquillages peints et savons.

Colonsay Honey
Miel de fleurs sauvages produit par les abeilles noires de l'île, vendu au Colonsay Pantry.

DANNY LAWSON/PA IMAGES VIA GETTY IMAGES ©
Jura Distillery

culminant de l'île, pour une vue sans pareille sur la plage de sable blanc incurvée et la mer turquoise.

Orge et plantes

PORTEZ UN TOAST AUX ÎLES

La **Jura Distillery** date de 1810 mais son *single malt* n'est plus aujourd'hui le seul breuvage à siroter dans les deux îles et les bars de leurs hôtels. Essayez le **Deer Island Rum** épicé, une eau-de-vie exotique au caractère pourtant ancré dans le terroir local, produite en petite quantité, et la Laughing Stag Pale Ale de la **Jura Brewery**. Si vous préférez le gin, le **Lussa Gin** est aromatisé avec des plantes cultivées sur l'île ; la Lussa Gin Bramble Liqueur est absolument délectable. Colonsay possède deux marques de gin : le **Colonsay Gin** de Wild Thyme Spirits, sec et aux notes de genièvre, et le **Wild Island Gin**, élaboré avec des plantes locales.

COMMENT S'Y RENDRE ET CIRCULER

Pour Colonsay, les car-ferries **CalMac** (www.calmac.co.uk) partent de Port Askaig, sur Islay (piéton/véhicule 14,50/73,40 £ aller-retour ; réservez en ligne). Explorez l'île en voiture ou louez un vélo à votre arrivée. Le ferry pour Jura (qui arrive à Feolin) part aussi de Port Askaig mais est géré par l'**Argyll and Bute Council** (argyll-bute.gov.uk) et la réservation n'est pas nécessaire (à partir de 8,40 £ aller-retour) ; vérifiez simplement les horaires en ligne. Les bus **Garelochhead Coaches** (www.garelochheadcoaches.co.uk) relient Feolin et Craighouse ; vous pouvez aussi faire le trajet en voiture ou vous adresser à **Discover Jura** pour une excursion.

LOCH LOMOND & THE TROSSACHS NATIONAL PARK

Pour les infos pratiques, voir le Carnet d'adresses p. 294

Avec ses lochs immenses, ses sentiers montagneux, ses *glens* (vallons) verdoyants et ses précieuses forêts, le Loch Lomond & The Trossachs National Park concentre toute la beauté des paysages des Highlands. Créé en 2002 et devenu l'une des destinations touristiques les plus appréciées d'Écosse, ce parc est géré avec soin afin de protéger et de mettre en valeur l'environnement naturel et le patrimoine culturel, et d'engager les visiteurs à des comportements responsables.

On y trouve aussi des bourgades et villages charmants, des pubs historiques et des restaurants de qualité. C'est ici que nombre d'Écossais ont acquis leur amour du grand air, et la variété des paysages et des expériences à vivre dépasse l'imagination.

À SAVOIR

Si vous passez par le Loch Lomond & The Trossachs National Park en randonnant sur le **West Highland Way**, réservez votre hébergement bien à l'avance, organisez le transfert de vos bagages et venez au printemps ou en automne, lorsque touristes et *midges* (moucherons piqueurs) sont moins nombreux.

Forêts, jardins et glens

AVENTUREZ-VOUS DANS LES BOIS

Couvrant 145 km² au cœur du parc national, la **Great Trossachs Forest Nature Reserve**, l'une des dernières et des plus vastes forêts primaires d'Écosse, fait l'objet d'un ambitieux projet de reboisement, d'une durée prévue de 200 ans, avec déjà deux millions d'arbres plantés. Découvrez cette magnifique réserve naturelle en suivant les 48 km du **Great Trossachs Path** entre Callander et Inversnaid ou l'un des 9 sentiers balisés qui sillonnent le **Glen Finglas**, tapissé de jacinthes bleues au début du printemps.

En automne, une balade dans les bois du **Loch Ard**, près d'Aberfoyle, permet d'admirer le spectacle enchanteur des arbres qui se reflètent dans les eaux immobiles du lac. À 10 km de là, sur un tronçon de la célèbre route **Duke's Pass**, le **Three Lochs Forest Drive** (accès autorisé 9h-16h de mars à octobre) est un circuit en voiture de 11 km qui passe par le Lochan Reòidhte, le Loch Drunkie et le Loch Achray. Emportez un pique-nique, garez-vous et guettez la faune sur les berges arborées.

Peu de gens savent que le parc national s'étend jusqu'à la péninsule de Cowal et l'envoûtant **Puck's Glen**, vallée sombre et encaissée jalonnée de ponts de bois et de cascades. Non loin, les 49 hectares du **Benmore Botanic Garden** procurent une escapade bienvenue loin de la foule parmi des plantes rares, des rhododendrons aux couleurs vives et des arbres géants.

ROB ROY

Sur les terres sauvages des Trossachs régnait jadis le clan MacGregor. Son membre le plus célèbre était le hors-la-loi et héros populaire Rob Roy MacGregor, né dans le village de **Glengyle** en 1671 et dont les exploits ont inspiré un roman de sir Walter Scott et le film *Rob Roy*, tourné en 1995 avec Liam Neeson. Partez sur ses traces en buvant une pinte au **Drover's Inn**, un pub vieux de 300 ans réputé hanté, et en vous recueillant sur sa tombe dans le cimetière de la **Balquhidder Old Kirk**.

LOCH LOMOND & THE TROSSACHS NATIONAL PARK

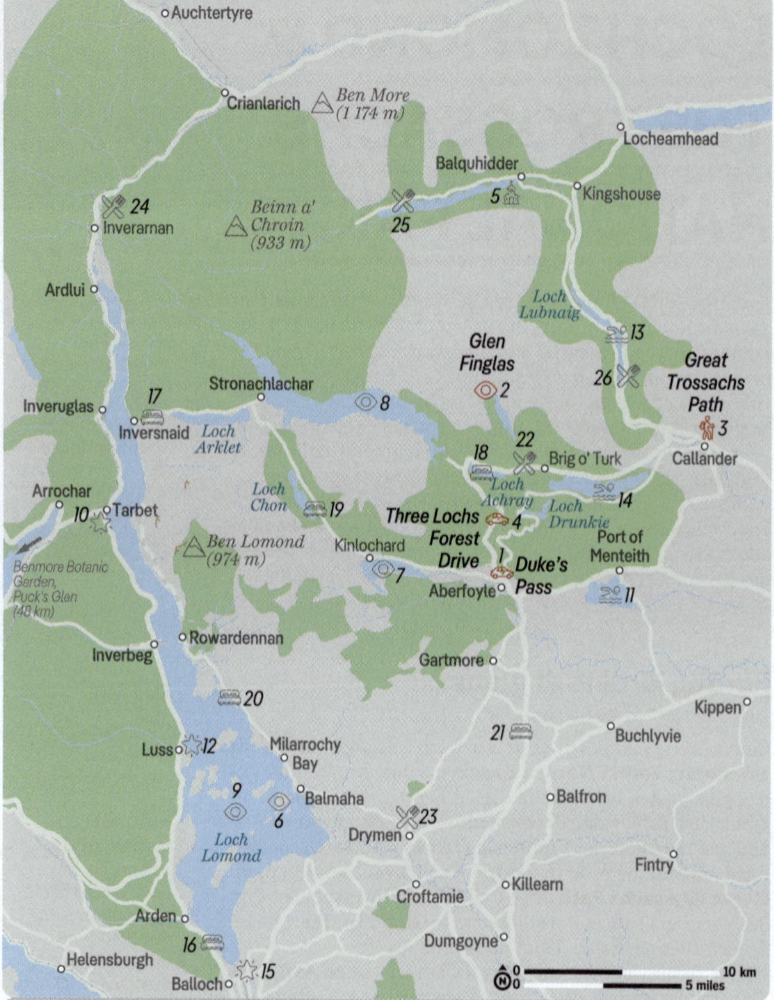

INCONTOURNABLES
1 Duke's Pass
2 Glen Finglas
3 Great Trossachs Path
4 Three Lochs Forest Drive
VOIR
5 Balquhidder Old Kirk
6 Inchcailloch
7 Loch Ard
8 Loch Katrine
9 Loch Lomond

ACTIVITÉS
10 Cruise Loch Lomond
11 Lake of Menteith
12 Loch Lomond Leisure
13 Loch Lubnaig
14 Loch Venachar
15 Sweeney's Cruises

SE LOGER
16 Duck Bay Hotel
17 Inversnaid Bunkhouse
18 Loch Achray Campsite
19 Loch Chon Campsite
20 Sallochy Campsite
21 Trossachs Collection

SE RESTAURER
22 Byre Inn
23 Clachan Inn
24 Drover's Inn
25 Monachyle Mhor
26 The Cabin35

RICHARDJOHNSON/SHUTTERSTOCK ©

Kayak sur le Loch Lomond

Lochs, îles et bateaux

ACTIVITÉS EN EAU DOUCE

Le **Loch Lomond**, avec sa chanson dédiée à ses *bonnie banks* (belles rives) – une chanson traditionnelle écossaise parue en 1841 et reprise depuis par de nombreux artistes – attire des nuées de visiteurs, surtout quand le soleil est de la partie. **Loch Lomond Leisure**, à Luss et Rowardennan, loue des kayaks, des skis nautiques et des planches de paddle et de wakeboard. Le Loch Lomond est le plus grand des lacs écossais, un immense plan d'eau douce parsemé de 22 îles et 27 îlots. Sillonnez-le en bateau : **Sweeney's Cruises** part de Balloch, tandis que **Cruise Loch Lomond** propose des excursions et des liaisons en bateau-bus au départ de plusieurs villes. Depuis le joli village de Luss, prenez un bateau-bus vers la réserve naturelle d'**Inchcailloch**. Suivez le court sentier qui monte au sommet de l'île pour contempler le Ben Lomond et Conic Hill, visitez le vieux cimetière et pique-niquez sur la plage de sable doré.

Le parc national abrite 21 autres lacs moins fréquentés. Faites une croisière tranquille sur le **Loch Katrine** en admirant les montagnes devant un verre de whisky ou de vin sur le pont. Dans des paysages aussi splendides, l'eau froide est un

RANDONNÉES MÉCONNUES

Beinn Dubh, Luss
Vue sur le Loch Lomond et les Arrochar Alps depuis la plus haute colline du Glen Striddle.

Cashel Forest, Balmaha
Marche tranquille à travers une forêt ancienne et restaurée ; une bonne alternative à Conic Hill.

Glenbranter, Argyll Forest Park
Regardez les écureuils roux bondir dans les pins depuis un affût sur le Waterfall Trail.

Cormonachan Woodlands, Loch Goil
Hors des sentiers battus, entre Lochgoilhead et le Carrick Castle : vue sur le loch, affût et abri propice à la contemplation.

Doon Hill & Fairy Knowe, Aberfoyle
Circuit en boucle dans un lieu "surnaturel" ; un vieux pin y serait l'entrée du palais de la reine des fées.

OÙ SE RESTAURER DANS LE PARC NATIONAL

Clachan Inn, Drymen
Le plus vieux débit de boissons d'Écosse. Repas copieux, rôti du dimanche et haggis. **££**

Byre Inn, Brig o'Turk
Pizzas au feu de bois, bières et concerts ; parking pour vans et camping-cars, avec petit-déjeuner assuré le lendemain. **££**

Monachyle Mhor, Balquhidder
Restaurant primé servant d'excellentes recettes inventives. Cuisine de pub disponible au déjeuner. **£££**

PROFITEZ DE VOTRE SÉJOUR

Voici les conseils de **Jim Downie**, garde-forestier en chef du Loch Lomond & The Trossachs National Park, pour savourer au mieux votre visite en utilisant les ressources du site Internet lochlomond-trossachs.org. *@lomondtrossachs*

Prenez les transports publics
Pour réduire les embouteillages, venez en train et/ou en bus. Planifiez vos trajets sur la page "National Park Journey Planner".

Boudez les parkings bondés
Si vous êtes en voiture, consultez les disponibilités des parkings et avisez en conséquence.

Évadez-vous
Évitez la foule durant la haute saison estivale : la rubrique "A Different Adventure" recense des activités moins courues et des coins tranquilles.

ALEX MCGREGOR/GETTY IMAGES ©

Loch Lubnaig

plaisir. Le **Lake of Menteith** et le **Loch Venachar** offrent des points d'entrée sûrs pour la nage en eau libre. Les groupes de nageurs locaux apprécient le **Loch Lubnaig** ; piquez une tête, puis réchauffez-vous avec une boisson chaude à **The Cabin**.

Camping sous les arbres

UNE NUIT SOUS LES ÉTOILES

Glissez dans un sommeil paisible et réveillez-vous aux sons de la nature en passant une nuit en plein air dans le parc national. Pour offrir aux visiteurs une expérience mémorable tout en réduisant leur impact environnemental, des zones à accès limité ont été mises en place de mars à septembre. Si vous voulez y planter votre tente, vous devrez réserver un emplacement dans un camping ou demander en ligne un permis de camping sauvage moyennant une somme modique ; en haute saison, organisez-vous bien à l'avance. En dehors de cette période et de ces zones, le camping sauvage est autorisé partout.

Dotés d'infrastructures sommaires dans un cadre tranquille en bord de lac, le **Loch Chon Campsite** et le **Loch Achray Campsite** sont à mi-chemin d'une aire de bivouac et d'un vrai camping. Géré par l'Office écossais des terres et forêts, le **Sallochy Campsite** occupe une chênaie bordée d'une plage de sable sur les rives orientales du **Loch Lomond** : admirez la vue sur les **Arrochar Alps** en sirotant votre café du matin.

COMMENT S'Y RENDRE ET CIRCULER

Le parc national se prête à un road trip sur des routes sublimes ponctuées de points de vue fabuleux. Le Loch Lomond est desservi par les transports publics depuis la Central Belt. Les trains **ScotRail** (www.scotrail.co.uk) relient Glasgow à Balloch, Arrochar, Tarbet et Ardlui ; les bus **Citylink** (www.citylink.co.uk) vont de Glasgow à Balloch, Luss, Arrochar, Tarbet et Inverarnan. Scotland's Wild organise des excursions d'une journée passant par les points forts du parc.

Environs du Loch Lomond & The Trossachs National Park

Après le parc national du Loch Lomond et des Trossachs s'étendent une péninsule reculée et des lochs marins de toute beauté.

Le parc national n'occupe qu'une partie de la péninsule de **Cowal**. Au-delà de ses frontières, la station balnéaire de **Dunoon** donne accès à la Clyde et à ses lochs marins, tandis que dans la direction opposée, une route spectaculaire conduit à la **"Secret Coast"** de l'**Argyll**, loin des sentiers battus. Flanquée par les Kyles of Bute et le Loch Fyne, cette portion de littoral est idéale pour se poser et recharger ses batteries. À l'autre extrémité du Loch Fyne, **Inveraray** vous charmera avec son château, ses cafés, ses berges et sa colline.

Pour les infos pratiques, voir le Carnet d'adresses p. 295

À SAVOIR

Arrêtez-vous au belvédère proche de Tighnabruaich pour admirer la vue sur les Kyles of Bute et prendre des photos.

Inveraray Castle (p. 278)

PETITS COINS SECRETS

Fiona McPhail, propriétaire de la Carry Farm et de la Tighnabruaich Sailing School, est une passionnée de nature et des magnifiques paysages de sa région. Voici ses lieux favoris sur la "Secret Coast" de l'Argyll. *@carryfarm*

The Ark
Structure bâtie par un habitant en surplomb de Tighnabruaich pour alerter sur le réchauffement et sur la hausse du niveau des mers. Vue sur les Kyles of Bute.

Kirsty's Bench
Suivez les panneaux pour monter à "Kirsty's Bench", près de la marina de Portavadie. Vue spectaculaire sur Arran, le Kintyre et le Loch Fyne.

Ostel Bay
Superbe plage de sable sur la péninsule d'Ardlamont ; 20 minutes de marche sur un chemin rural entre forêts anciennes et vallée pittoresque.

George Hotel, Inveraray

Château, prison et Loch Fyne

HISTOIRE ET POINTS DE VUE

Délaissez le Loch Lomond en faveur du Loch Fyne en passant une journée ou une nuit dans le charmant village d'**Inveraray**. Prenez un bus Citylink ou suivez en voiture la splendide route A83 qui monte vers le **belvédère Rest and Be Thankful**, à 245 m au-dessus du niveau de la mer. En arrivant à Inveraray, aux maisons typiques tout en noir et blanc, photographiez le petit cargo à vapeur *Vital Spark* amarré le long de la jetée. Siège ancestral du clan Campbell, l'**Inveraray Castle** vaut la visite pour son intérieur opulent, ses jardins parfaitement entretenus et son vaste parc. Sis au bord du Loch Fyne, au nord du village, il est la résidence des ducs d'Argyll (chefs du clan Campbell) depuis le XVe siècle. L'édifice, du XVIIIe siècle, avec ses tourelles et son donjon central crénelé, cache un intérieur avec quantité de salons, ainsi qu'une impressionnante salle d'armes, dont les murs disparaissent sous plus de 1 000 lances, dagues, mousquets et haches de Lochaber (sortes de hallebardes).

Derrière le château, le **Dun Na Cuaiche** offre une vue panoramique sur Inveraray et le Loch Fyne. L'aller-retour

OÙ SE LOGER DANS LES ENVIRONS DU PARC NATIONAL

Brambles of Inveraray
Chambres de style rural chic, douches à effet pluie, baignoires sur pied et café torréfié par Campbell Coffee. **££**

Kames Hotel
Hôtel familial aux chambres donnant sur la mer ; petits-déjeuners copieux et excellents dîners. **££**

Carry Farm, Tighnabruaich
Lodges et éco-camping au bord de l'eau dans un site riche en faune sauvage, avec galerie et café. **££**

à pied jusqu'à la tour de 1748 qui coiffe cette colline prend environ 2 heures et passe devant des vestiges de fours à chaux. Retournez au village pour visiter l'**Inveraray Jail**, immense ensemble du XIXe siècle qui comprend un musée, une prison et un tribunal et présente l'histoire de la bourgade, son système judiciaire brutal et la vie des malheureux détenus. En fonction de la météo, terminez par un verre et un plat simple au pittoresque Garden Bar du **George Hotel** ou repliez-vous à l'intérieur pour déguster un copieux ragoût près de la cheminée.

La Clyde en bateau à moteur

LOCHS MARINS ET ÉPAVES

Au départ de **Dunoon**, embarquez sur le bateau à moteur de **Wreckspeditions** (8 passagers maximum) pour le circuit "Shipwreck Hunters" et filez sur la Clyde jusqu'à la célèbre épave du MV *Captayannis*. Coulé lors d'une tempête en 1974, ce navire couché sur le flanc et partiellement submergé transportait du sucre brut, d'où son surnom de "Sugar Boat". Dans un rayon de 30 minutes, les lochs marins environnants, pareils à des fjords, abritent plus de 20 épaves que vous pourrez voir sur les écrans sonar placés à bord. Le circuit vous permettra aussi d'observer les cuirassés et les sous-marins de la base navale aménagée dans le Gare Loch. Les plongeurs qualifiés pourront louer le bateau pour plonger sur les épaves et les récifs.

Bien-être sur la "Secret Coast"

SPA, SAUNA ET RETRAITE

À **Otter Ferry**, sur les rives du Loch Fyne, le centre **West Coast Wellness** de l'Evanachan Farm conjugue yoga, nature, eau froide et vapeur chaude pour une séance bien-être holistique. Réservez une retraite d'une journée ou un cours de yoga dans le dôme géodésique donnant sur le lac, détendez-vous dans le sauna au bord de l'eau, puis piquez une tête dans le petit bassin d'eau froide ou la mer.

Plus au sud, faites-vous chouchouter au spa primé de **Portavadie**, un port de plaisance moderne sur les berges du Loch Fyne. Le "Spa Experience" comprend un soin et un accès de 2 heures à la piscine, au sauna et au bain de vapeur intérieurs ainsi qu'à la plus grande piscine extérieure à débordement chauffée d'Écosse.

CAFÉ ET GÂTEAUX

Campbell Coffee
Torréfacteur de qualité, à Inveraray. Déjeunez ou dégustez un gâteau en face, au Brambles.

The Tearoom Tighnabruaich
Scones, brownies et gâteaux. Goûtez le *Victoria sponge* (génoise).

Café de l'Hayshed Gallery
Pâtisseries et café Argyll Coffee Roasters, à la Carry Farm.

Five West
À Tighnabruaich, ce lieu agréable, avec terrasse, propose son café maison, le Five West Roast.

UNE AUTRE PÉNINSULE

De **Portavadie**, poursuivez votre road trip en prenant le ferry pour **Tarbert**, sur la péninsule de **Kintyre**, parcourue par un itinéraire baptisé **Kintyre 66**. De là, passez un jour sur l'**île de Gigha** (p. 286).

COMMENT S'Y RENDRE ET CIRCULER

Depuis le Loch Lomond, Inveraray se rejoint aisément en bus **Citylink** (www.citylink.co.uk) ; réservez en ligne pour être sûr d'avoir une place. Quelques bus circulent sur la péninsule de Cowal, mais mieux vaut avoir une voiture pour explorer cette région en toute liberté.

ÎLE D'ARRAN

Merveille géologique, Arran doit son existence et son aspect actuel à l'activité tectonique et volcanique et aux glaciations et déglaciations successives. La Highlands Boundary Fault ("ligne de faille des Highlands"), la plus grande et la plus importante ligne de faille écossaise, traverse l'île en diagonale. Cela fait d'elle une réplique insulaire de l'Écosse continentale, avec des hautes et des basses terres, ainsi qu'une destination touristique idyllique.

Cette géologie unique a créé des paysages et des côtes assez variés pour occuper sans relâche les amoureux du grand air, mais aussi un microclimat auquel les produits locaux doivent leur réputation d'excellence. Préparez-vous à faire bombance !

Facile à rejoindre depuis la Central Belt ou la côte ouest, Arran réunit sur un petit territoire tout ce qui fait la beauté et l'essence de l'Écosse : montagnes, *glens*, plages, forêts, faune sauvage, châteaux, pierres levées et distilleries. Ce n'est pas par hasard qu'on la surnomme l'"Écosse en miniature".

Pour les infos pratiques, voir le Carnet d'adresses p. 296

À SAVOIR

Téléchargez l'application **Geotourist** et cherchez la rubrique VisitArran pour une visite virtuelle de l'île. La carte interactive offre une découverte en immersion et présente 20 lieux d'intérêt avec des commentaires enregistrés par les habitants.

Châteaux, monolithes et artefacts

PLONGEZ DANS L'HISTOIRE ET SES MYSTÈRES

Que vous débarquiez à Brodick ou Lochranza, un château vous accueillera. Résidence historique des ducs de Hamilton, le **Brodick Castle** trône, à 5 km au nord de Brodick, au milieu d'un superbe domaine boisé, avec des plantes colorées, une aire de jeux et une curieuse maison d'été bavaroise au plafond orné de pommes de pin. La visite de son luxueux intérieur du XIXe siècle offre un contraste frappant avec le **Lochranza Castle** (XIIIe siècle) situé 20 km plus haut sur la côte. Cette forteresse en ruine mérite qu'on s'y arrête pour la prendre en photo et l'admirer de l'extérieur, surtout à l'aube ou au crépuscule.

Partez vers l'ouest, où une marche de 30 minutes dans la campagne vous ramènera 4 000 ans en arrière, aux **Machrie Moor Standing Stones**. Cette mystérieuse étendue de lande plate et isolée, où se tenaient des cérémonies religieuses et funéraires, regroupe des cistes (sépultures) néolithiques, des cairns et six cercles de pierres, dont le plus imposant est formé de trois immenses monolithes de grès.

De retour à Brodick, découvrez l'histoire géologique, sociale et archéologique de l'île à l'**Arran Heritage Museum**. Aménagé dans des maisons historiques, où se trouve restituée la vie d'antan, il abrite une section généalogique qui permet aux habitants de retracer leur histoire familiale. Ne manquez pas la réplique d'un navire viking, non plus que l'"homme de Clachaig", un visage reconstitué par ordinateur puis sculpté à partir d'un crâne néolithique découvert sur l'île.

ACTIVITÉS NAUTIQUES

Nage en eau libre
Allez à **Lamlash Beach**, **Kildonan Bay** et **Blackwaterfoot Beach**, ou optez pour le Blue Pool, un bassin aux eaux bleues au pied de la cascade du **Glen Rosa** (2 ou 3 heures de marche depuis Brodick).

Paddle
Arran Active assure des locations à la journée avec les accessoires nécessaires et indique des lieux où pratiquer en fonction des prévisions météo.

Kayak
Voyez **Kayak Arran** ou **Otter's Tail** pour un circuit guidé d'une journée/demi-journée.

VOIR
1 Blackwaterfoot Beach
2 Brodick
3 Brodick Castle
4 Glenashdale Falls
5 Isle of Arran Brewery
6 Isle of Arran Heritage Museum
7 King's Cave
8 Lagg Distillery
9 Lamlash
10 Lochranza Castle
11 Machrie Moor Standing Stones
voir 2 Mogabout

ACTIVITÉS
voir 2 Arran Active
voir 2 Arran Bike Hire
voir 2 Auchrannie Resort
12 Blue Pool – Glen Rosa
13 Goatfell
14 Kayak Arran
voir 9 Otter's Tail

SE LOGER
voir 2 Douglas
15 Ravens Gully

SE RESTAURER
voir 2 Douglas
voir 9 Drift Inn
16 Sandwich Station
17 Stags Pavilion
voir 2 The French Fox
voir 2 Wooley's of Arran

PRENDRE UN VERRE
voir 2 Cladach Beach House
18 Lochranza Distillery
voir 9 Seagate Brewery

SHOPPING
19 Arran Cheese Shop
20 Blackwater Bakehouse
21 The Arran Butcher
voir 2 The Coffee Lab

DIVINS PLATS DE POISSON

Les époux **Kirsty et Gordon Decaestecker** se fournissent en poissons issus de la pêche durable pour concocter une cuisine de rêve au Mara Fish Bar & Deli. Voici leurs plats préférés. *@mara_fish_arran*

Tacos de poisson
Tortillas à la farine de pois chiche garnies de merlan, d'aromates et d'une sauce à l'ail et assaisonnés avec un mélange secret d'épices.

Colin en papillote
Le grand favori de Kirsty et Gordon : un filet de colin et des légumes de saison, un plat simple aux saveurs délicates.

Kedgeree de merlan fumé
Riz, curry, merlan fumé produit par la Skipness Smokehouse et œuf poché : un classique du petit-déjeuner.

VWB PHOTOS/GETTY IMAGES ©

Machrie Moor Standing Stones (p. 280)

Fruits de mer, en-cas et produits locaux

SUCCOMBEZ AUX CHARMES GASTRONOMIQUES DE L'ÎLE

On ne saurait manquer les délices culinaires d'Arran. La qualité des produits locaux et la variété des établissements n'ont en effet pas d'équivalent. Si vous cherchez des en-cas gourmands ou de quoi faire un pique-nique, voire cuisiner, passez votre première journée à faire le plein de victuailles.

Commencez par les biscuits à l'avoine de la boulangerie **Wooley's of Arran**, à Brodick, et profitez-en pour prendre une tourte au haggis, pommes de terre et fromage. Non loin, le distributeur automatique Farm Shop de l'entreprise sociale Woodside Arran CIC vend fruits, légumes et œufs frais. L'**Arran Cheese Shop** aligne d'excellents fromages, à accompagner

LES MEILLEURS CAFÉS DE L'ÎLE D'ARRAN

Old Pier Café
Succulents feuilletés à la saucisse, quiche, salades fraîches et douceurs, près de la jetée de Lamlash. **£**

Janie's
Scones, soupes, gâteaux maison et café fraîchement moulu dans un joli salon de thé. **£**

Cafe Thyme
Essayez la *pide* turque au haggis et au fromage, cuite dans un four à bois traditionnel. **££**

des chutneys d'Arran Fine Foods. Le lait des vaches de la Tigheanfraoch Farm sert à élaborer de délicieux produits : les fromages à pâte molle de la Bellevue Creamery, le lait Isle of Arran vendu dans des bouteilles en verre réutilisables et l'Arran Ice Cream disponible dans plusieurs points de vente.

Empruntez la route de montagne ("The String") qui mène à Blackwaterfoot, sur la côte ouest, en faisant halte à l'**Arran Butcher** pour des viandes de qualité, du cerf sauvage, du haggis et du *black pudding* (boudin) maison. Derrière le Kinloch Hotel, le "Bread Shed" de la **Blackwater Bakehouse** propose du pain, des pâtisseries et d'autres douceurs sur le principe de la *honesty box* ; on y fait la queue dès 11h, à l'ouverture, pour s'emparer d'un café et d'un croissant aux amandes.

Côté whisky, la **Lochranza Distillery** et la **Lagg Distillery** possèdent une boutique et un café et offrent visites et dégustations. Pour des bières et notamment des *real ales*, rendez-vous à l'**Isle of Arran Brewery** ; plus récente, la **Seagate Brewery** élabore une bière d'inspiration belge brassée en petite quantité. L'Isle of Arran Coffee Company torréfie des grains de café issus du commerce équitable ; entrez dans son **Coffee Lab** pour en acheter un paquet, en siroter une tasse et voir l'atelier.

Les fast-foods gourmands sont une spécialité d'Arran. Incontournable si vous déjeunez ou prenez le ferry à Lochranza, la **Sandwich Station** vend des sandwichs froids ou chauds préparés avec le pain de la Blackwater Bakehouse. Un fourgon Peugeot J7, le **French Fox**, sert des spécialités françaises dans des boîtes en carton, tandis que le food truck **The Shack** prépare de petits pains aux écrevisses et au crabe ; pour savoir où les trouver, consultez les réseaux sociaux.

À Lamlash, face à l'île de Holy, le restaurant **Drift Inn** sert des fruits de mer frais, des grillades et des plats de pub. Au **Douglas Hotel**, on mange une cuisine écossaise sans chichis avec vue sur la Brodick Bay et le Goatfell. D'inspiration italienne, le très réputé **Stags Pavilion** est installé dans l'ancien clubhouse du golf de Lochranza ; réservez bien à l'avance et guettez les cerfs qui broutent alentour.

Entre mer et montagnes

PARTEZ SUR LES CHEMINS

Par temps dégagé, rien ne surpasse le puissant **Goatfell** (874 m), point culminant d'Arran, pour contempler la beauté de l'île. Facile à suivre et bien entretenu par les gardes forestiers, le sentier le plus prisé part du parc du **Brodick Castle**. L'aller-retour jusqu'au sommet vous prendra de 2 à 4 heures. Prévoyez des chaussures de marche, des vêtements adaptés et de l'eau en abondance.

UNE PLAGE ET DES PLANTES

Ambiance vacances, boissons inventives et paysages marins vous attendent à la **Cladach Beach House**, le "labo" d'Arran Botanical Drinks, où le gin Isle of Arran, les bières, les cocktails de saison et la crème de cassis maison sont parfumés avec des plantes et fleurs sauvages récoltées en mer et sur terre. Pour savourer ces breuvages, quoi de mieux qu'un coin de littoral sablonneux, un fond musical entraînant et un brasero crépitant ? Seuls la météo capricieuse et les ferries CalMac qui traversent le Firth of Clyde vous rappelleront que vous êtes en Écosse. Ce bar branché à l'allure tropicale accueille aussi des dégustations, des cours de mixologie et des fêtes privées. Pour vous y rendre, suivez le Fisherman's Walk depuis Brodick.

OÙ SE LOGER SUR L'ÎLE D'ARRAN

Seal Shore Campsite
À Kildonan, bungalows basiques et camping avec vue sur des phoques et le phare de Pladda. £

Lochranza Youth Hostel
Adresse lumineuse, confortable et abordable. Aux environs : whisky, faune sauvage et château en ruine. ££

Balmichael Glamping
Bungalows "tonneaux" et tentes safari. On peut louer un Jacuzzi et un four à bois pour la nuit. ££

RENCONTRES ANIMALES

Alpagas d'Arran
Partez en promenade avec les mignons alpagas du Balmichael Glamping.

Bellevue Farm
Jouez les fermiers en nourrissant les alpagas, les poules, les chèvres, les lapins, les cochons d'Inde et Hettie, la vache de race Highland.

Cairnhouse Stables
Équitation pour tous les niveaux sur le sable de la Blackwaterfoot Beach.

North Sannox Pony Trekking
À dos de cheval ou de poney, explorez les chemins entre les collines et la côte.

CRISTIAN GUSA/SHUTTERSTOCK ©

Glenashdale Falls

Si vous préférez rester près de la mer, optez pour l'**Arran Coastal Way**, une boucle de 104 km autour de l'île ; contentez-vous de certains tronçons ou comptez plusieurs jours pour parcourir la totalité du sentier en passant par le **Lochranza Castle**, la **King's Cave**, la **Kildonan Bay** et les **Glenashdale Falls**.

COMMENT S'Y RENDRE ET CIRCULER

Pour rejoindre Arran, **CalMac** (www.calmac.co.uk) assure la traversée entre Ardrossan et Brodick (piéton/véhicule 8,40/34,20 £ aller-retour). Il existe aussi un ferry sans réservation de Claonaig (dans le Kintyre) à Lochranza (6,40/21,30 £ aller-retour). Un train direct relie la gare centrale de Glasgow et le port d'Ardrossan, mais Claonaig n'est pas desservi par les transports publics. À Arran, une voiture permet de se déplacer librement ; sinon, on peut découvrir l'île en prenant les bus locaux, en louant un vélo à **Arran Bike Hire** et en suivant les excursions proposées par l'agence **Mogabout**. Taxis disponibles sur réservation.

Environs de l'île d'Arran

Entre péninsule tranquille, île paradisiaque et paysages marins à perte de vue : à vous les terres peu fréquentées de la côte ouest.

En contemplant les pics accidentés de l'île d'Arran depuis les rives orientales de la longue et étroite **péninsule de Kintyre**, on se sent à mille lieues des circuits touristiques, des parkings combles et des plages bondées. Cette région sauvage, reculée et chargée d'histoire reste pour l'instant assez méconnue. Hâtez-vous d'en profiter !

Pour les infos pratiques, voir le Carnet d'adresses p. 297

À SAVOIR

Lâchez le volant pour parcourir un tronçon du sentier de grande randonnée **Kintyre Way** le long de la côte atlantique.

Westport, Kintyre

ADRESSES GOURMANDES

Niall Macalister Hall possède le Torrisdale Estate et la Kintyre Distillery. Voici ses restaurants préférés dans la péninsule. *@kintyredistillery*

Muneroy Tearoom, Southend
Fameux pour ses gâteaux et ses meringues géantes. Sert aussi des repas chauds.

Glen Bar & Restaurant, Carradale
Bistro familial, service chaleureux et repas copieux élaborés avec des ingrédients locaux.

Number Forty-Two, Campbeltown
Un must : choisissez une pièce de bœuf et des fruits de mer et ajoutez des accompagnements et des sauces.

Glenbarr Cafe, Tarbert
Pancakes le matin ; assiettes de produits locaux, soupes maison, tartes salées et burgers à midi.

Achamore Gardens

Au large de la côte ouest du Kintyre, la paisible Gigha, île la plus méridionale des Hébrides, est accessible en 20 minutes de bateau. Propriété de ses habitants (l'île a été rachetée par eux en 2002), elle a bien plus à offrir qu'on le pourrait penser : baies turquoise peu profondes, sites anciens et beaux points de vue. Laissez votre voiture sur le continent pour une journée au grand air.

Gigha à vélo

JARDINS ET POINTS DE VUE

Dès votre descente du ferry, louez un vélo classique ou électrique à l'**Activity Centre** pour sillonner le nouveau réseau de chemins reliant les principaux sites, plages et points de vue de l'île. Lisez les panneaux du centre d'accueil des visiteurs (Visitor Information Hut), puis gagnez l'unique village, **Ardminish**. Tournez à gauche vers le sud et les **Achamore Gardens**, une oasis colorée où s'épanouissent des plantes tropicales. Depuis l'entrée du jardin, montez vers les ruines de la **Kilchattan Chapel** du XIIIe siècle et voyez les inscriptions gravées sur

OÙ SE LOGER DANS LES ENVIRONS DE L'ÎLE D'ARRAN

Guest House
Demeure victorienne où sont servis petits-déjeuners et dîners. La seule pension 5 étoiles du Kintyre. **£££**

Isle of Gigha Camp and Motorhome Site
Récemment ouvert, avec emplacement pour tentes et camping-cars en pleine nature. **£**

Yurt Experience
Yourte mongole traditionnelle dans un jardin derrière le magasin Ardminish Stores ; des poules vous tiendront compagnie. **££**

STEPHEN FINN/ALAMY STOCK PHOTO ©

Giant's Tooth

COMMERCES LOCAUX

Gigha Natural Skincare
Cosmétiques artisanaux abordables, éthiques et durables ; végans, sans parabènes et non testés sur les animaux.

Ardminish Stores
Produits alimentaires locaux, épicerie, livres, souvenirs et Isle of Gigha Coastal Gin.

l'**Ogham Stone**. Suivez le chemin "Southern Loop" pour savourer la solitude de la côte sud et la vue sur l'**île de Craro**.

Retournez à Ardminish et prenez le sentier pour **Creag Bhan** (100 m) ; de faible altitude, cette colline offre néanmoins une vue fabuleuse. Partez au nord vers **Wee Isle Dairy** et achetez une glace et des œufs frais au "Mark's Stand", un étal avec *honesty box* géré par un garçon de 11 ans. Passez devant le monolithe **Giant's Tooth** et gagnez les sublimes **Twin Beaches** (Eilean Garbh). Depuis **Càrn na Faire**, la pointe nord de l'île, la vue s'étend jusqu'à Islay et Jura. Après ce circuit à vélo, savourez un *fish and chips* à emporter à **The Nook**, dans le magasin Ardminish Stores, des fruits de mer frais au restaurant **Boathouse** ou de la cuisine locale au **Gigha Hotel**.

COMMENT S'Y RENDRE ET CIRCULER

De Lochranza (Arran), un ferry **CalMac** (www.calmac.co.uk) sans réservation rejoint Claonaig (péninsule de Kintyre ; piéton/voiture 6,40/21,30 £ aller-retour) ; de là, à moins d'être bon cycliste, il vous faudra une voiture pour vous rendre à Tayinloan, dans l'ouest de la péninsule, d'où un ferry CalMac dessert l'île de Gigha (5,80/16,80 £ aller-retour ; il existe aussi une traversée sans réservation). Une fois sur l'île, louez un vélo.

Carnet d'adresses

OBAN

Dunollie Castle
Voir p. 253 (0163-157 0550 ; www.dunollie.org ; Dunollie House, PA34 5TT ; adulte/enfant 6/3 £ ; 10h-17h lun-sam, 12h-17h dim avr-oct ; 1, 417 jusqu'à War Memorial)

Dunstaffnage Castle
Voir p. 253 (0163-156 2465 ; www.historicenvironment.scot/visit-a-place/places/dunstaffnage-castle-and-chapel ; Castle Grounds, Dunbeg, Oban PA37 1PZ ; adulte/enfant 7/4 £ ; 9h30-17h30 avr-sept, 10h-16h sam-mer oct-mars)

McCaig's Tower
Voir p. 253 (Duncraggan Rd, PA34 5DP ; 1, 5, 401, 403, 405, 408, 415 jusqu'à Dolce Vita)

Oban Distillery
Voir p. 252 (0163-157 2004 ; www.malts.com ; Stafford St, PA34 5NH ; visite 10 £ ; 12h ou 12h30-16h30 déc-fév, 10h15-17h mars-juin et oct-nov, 10h15-19h30 lun-ven et 10h15-17h sam-dim juil-sept ; 1, 5, 401, 403, 405, 408, 415 jusqu'à Dolce Vita)

Basking Shark Scotland
Voir p. 253 (07975 723140 ; www.baskingsharkscotland.co.uk ; excursions 60-160 £ ; mars-oct ; 41, 42, 46, 99 jusqu'à Railway Station)

Ganavan Sands
Voir p. 253 (www.visitscotland.com/info/see-do/ganavan-sands-p2568991 ; Ganavan Sands, PA34 5TB)

Oban Sea Tours
Voir p. 253 (0748-517 5844 ; obanseatours.co.uk ; North pier, PA34 5QD ; excursion adulte/enfant 36/15 £ ; 9h-17h ; 1, 5, 401, 403, 405, 408, 415 jusqu'à North Pier Car Park)

Sea Kayak Scotland
Voir p. 253 (0777-191 8431 ; www.seakayakscotland.com ; Tigh na Faire, Acha, Isle of Seil, PA34 4RJ ; excursion pour 1/2/4 pers 130/95/75 £ par pers)

Greystones B&B
Voir p. 252 (0163-157 0795 ; www.greystonesoban.com ; 1 Dalriach Rd, PA34 5EQ ; 1, 5, 401, 403, 405, 408, 415 jusqu'à North Pier Car Park)

Oban Caravan & Camping Park
Voir p. 252 (0163-156 2425 ; obancaravanpark.com ; Gallanachmore Farm, Gallanach Rd, PA34 4QH ; 417 jusqu'à Camp Site)

Oban Youth Hostel
Voir p. 252 (0163-156 2025 ; www.hostellingscotland.org.uk/hostels/oban ; Corran Esplanade, PA34 5AF ; 1, 401, 417 jusqu'à Glenrigh Hotel)

Ee-Usk
Voir p. 250 (0163-156 5666 ; www.eeusk.com ; North Pier, PA34 5QD ; plats 14,95-24,95 £ ; 12h-14h45 et 17h30-21h ; 1, 5, 401, 403, 405, 408, 415 jusqu'à North Pier Car Park)

Etive Restaurant
Voir p. 250 (0163-156 4899 ; etiverestaurant.co.uk ; 43 Stevenson St, PA34 5NA ; 18h-20h30 mer-dim ; 417 jusqu'à High St)

Food from Argyll at the Pier
Voir p. 250 (0163-156 3636 ; www.facebook.com/foodfromargyllatthepier ; The Ferry Terminal, PA34 4DB ; en-cas 2,95-4,40 £ ; 8h45-15h30 ; 1, 5, 23, 401, 403, 405, 408, 415 jusqu'à Oban-Station Square)

George Street Fish Restaurant & Chip Shop
Voir p. 250 (0163-156 6664 ; georgestreetfishrestaurant.co.uk ; 13-15 George St, PA34 5RU ; plats 12,50-16,95 £ ; 12h-21h30 dim-jeu, 12h-22h ven-sam ; 415, 416 jusqu'à Strathaven Terrace)

Hinba Coffee Roasters
Voir p. 250 (0795-673 4913 ; hinba.co.uk/pages/coffee-shops ; 62 George St, PA34 5SD ; 9h-16h ; 1, 5, 401, 403, 405, 408, 415 jusqu'à Dolce Vita)

Julie's Coffee House
Voir p. 250 (0163-156 5952 ; www.juliescoffeehouse.co.uk ; 33 Stafford St, PA34 5NH ; 10h-16h30 mar-sam ; 1, 5, 401, 403, 405, 408, 415 jusqu'à Dolce Vita)

Nories
Voir p. 250 (0163-156 3736 ; www.facebook.com/NoriesOban ; 86 George St, PA34 5NN ; 11h30-21h30 ; 1, 5, 401, 403, 405, 408, 415 jusqu'à North Pier Car Park)

Oban Chocolate Company
Voir p. 250 (0163-156 6099 ; obanchocolate.co.uk ; 34 Corran Esplanade, PA34 5PS ; 10h-16h30 ; 1, 5, 401, 403, 405, 408, 415 jusqu'à North Pier Car Park)

Oban Fish & Chip Shop
Voir p. 250 (0163-156 9828 ; www.obanfishandchipshop.co.uk ; 116 George St, PA34 5NT ; 12h-

20h ; 1, 5, 23, 401, 403, 405, 408, 415 jusqu'à Oban-Station Square)

Oban Seafood Hut
Voir p. 250 (0788-141 8565 ; www.facebook.com/obanseafood.hut.9 ; Calmac Pier, PA34 4DB ; 10h-18h ; 1, 5, 23, 401, 403, 405, 408, 415 jusqu'à Oban-Station Square)

Aulays Bar
Voir p. 252 (0163-156 2596 ; 8 Aird's Cres, PA34 5SQ ; 11h-1h ; 1, 5, 23, 401, 403, 405, 408, 415 jusqu'à Oban-Station Square)

LULU Lounge
Voir p. 252 (www.facebook.com/LULULoungeOban ; Queen's Park Pl, PA34 5RS ; 1, 5, 23, 401, 403, 405, 408, 415 jusqu'à Oban-Station Square)

Markie Dans
Voir p. 252 (0163-156 7441 ; markiedans.co.uk ; 1 Victoria Cres, Corran Esplanade, PA34 5PN ; 11h-1h ; 1, 5, 401, 403, 405, 408, 415 jusqu'à North Pier Car Park)

Oban Inn
Voir p. 252 (0163-156 4448 ; www.facebook.com/theobaninn ; 1 Stafford St, PA34 5NJ ; 11h-minuit lun-jeu, 11h-1h ven-dim ; 1, 5, 401, 403, 405, 408, 415 jusqu'à Dolce Vita)

The View
Voir p. 253 (0163-156 9599 ; www.obanview.com ; 34 George St, PA34 5NL ; 11h-minuit lun, 12h-minuit mar-mer, 12h-2h jeu-sam ; 1, 5, 401, 403, 405, 408, 415 jusqu'à Dolce Vita)

ENVIRONS D'OBAN

Aros Park
Voir p. 255 (A848, Tobermory, Mull PA75 6AD)

Calgary Art in Nature
Voir p. 255 (0168-840 0256 ; www.calgaryartinnature.co.uk ; Calgary, Mull PA75 6QQ ; 10h30-16h30 mar-dim ; 494 jusqu'à Farmhouse Hotel)

Île de Lismore

Castle Coeffin
Voir p. 256 (Lismore, Oban PA34 5UL)

Eas Fors Waterfall
Voir p. 255 (Mull PA73 6LT)

Easdale Folk Museum
Voir p. 258 (0185-230 0173 ; www.old-byre.co.uk ; 4 Ellenabeich, Easdale, Oban PA34 4TB ; 12h-15h avr-oct ; Easdale Island Ferry Landing)

Glengorm Castle & Estate
Voir p. 256 (0168-830 2321 ; glengormcastle.co.uk ; Glengorm Castle, Tobermory, Mull PA75 6QE)

Gylen Castle
Voir p. 256 (Kerrera, Oban PA34 4SX)

Mull Aquarium
Voir p. 255 (0168-830 2876 ; www.mullaquarium.co.uk ; Ledaig Bldg, Taigh Solais, Tobermory, Mull PA75 6NR ; adulte/enfant 6/5 £ ; 9h30-17h dim-jeu ; 494, 495 jusqu'à Ledaig Car Park)

Rubha nan Gall Lighthouse
Voir p. 255 (rubhanangall.com ; Tobermory, Mull PA75 6NR)

Skerryvore Lighthouse
Voir p. 259 (0187-922 0045 ; Hynish, Tiree PA77 6UG ; 498 jusqu'à Lower Square)

The Old Byre Heritage Centre
Voir p. 255 (0168-840 0229 ; www.old-byre.co.uk ; Dervaig, Mull, Argyll, PA75 6QR ; 10h30-17h30 lun-ven avr-oct ; 494, 495 jusqu'à Ledaig Car Park)

Tobermory Distillery
Voir p. 255 (0168-830 2647 ; tobermorydistillery.com ; Tobermory, Mull PA75 6NR ; 11h-16h lun-sam, 12h-16h dim ; 494, 495 jusqu'à Ledaig Car Park)

Blackhouse Watersports
Voir p. 259 (0773-633 0829 ; www.blackhouse-watersports.co.uk/surf-tiree ; Balevullin, Tiree PA77 6XD ; cours surf 40 £, kitesurf 150 £ ; 9h-21h)

Explore Lismore
Voir p. 256 (0163-176 0291 ; www.explorelismore.co.uk ; Lismore, Achnacroish ; excursions 79-175 £, Sherpherding Experience 225-325 £ ; 7h-22h)

isleGo
Voir p. 258 (0786-780 4573 ; www.facebook.com/IsleGooutandabout ; Bousd, Coll, Tobermory PA77 6XD ; excursions 40-200 £)

Lismore Bike Hire
Voir p. 257 (0737-642 5996 ; www.lismorebikehire.co.uk ; Point, Lismore, Oban PA34 5UN)

Mull Charters
Voir p. 255 (0168-030 0444 ; www.mullcharters.com ; Fascadail, Salen, Mull PA72 6JB ; excursion adulte/enfant 35/50 £ ; 9h-17h ; 495 jusqu'à Post Office)

Mull & Iona Geology
Voir p. 258 (0773-633 0829 ; visitmullandiona.co.uk ; Craignure, Mull, Argyll PA65 6AY)

Mull Magic
Voir p. 258 (0168-830 1213 ; www.mullmagic.com ; Breadalbane Ln, Tobermory, Mull PA75 6QP ; excursions 70-90 £ ; 10h-17h ; 494, 495 jusqu'à Ledaig Car Park)

Seafari Adventures
Voir p. 258 (0185-230 0003 ; www.seafari.co.uk ; Ellenabeich, Easdale, Oban PA34 4RF ; excursions adulte/enfant 53-120/43-96 £ ; 9h-17h)

Tiree Equestrian
Voir p. 259 (0783-303 1764 ; www.tireeequestrian.org ; Tiree PA77 6TZ)

Tiree Fitness
Voir p. 259 (0786-730 4640 ; www.tireefitness.co.uk ; Tir a Chladaich, Tiree PA77 6XQ ; location journée/semaine 20/85 £)

Turus Mara
Voir p. 255 (0168-840 0242 ; www.turusmara.com ; Ulva Ferry, Mull PA73 6LY ; excursions 40-80 £ ; Ulva Ferry Landing)

Wild Diamond
Voir p. 259 (0771-215 9205 ; www.wilddiamond.co.uk ; Burnside Cottage Cornaig PA77 6XA ; kayak 25-60 £, windsurf 100-300 £, kitesurf 100-200 £, surf 30-50 £, paddle 50-90 £ ; 7h-22h ; 498 jusqu'à High School)

Île d'Iona

JILL CLARDY/STOCK.ADOBE.COM ©

Coll Hotel
Voir p. 259 (0187-923 0334 ; collhotel.com ; Arinagour, Coll PA78 6SZ)

Island Pods, Gruline
Voir p. 255 (0748-335 2262 ; www.islandpods.co.uk ; Knock, Mull PA71 6HR)

Kerrera Bunkhouse & Byre
Voir p. 258 (0795-196 4231 ; kerrerabunkhouse.co.uk ; Kerrera, Gylen Castle, Lower, Oban PA34 4SX)

Lismore Bunkhouse & Campsite
Voir p. 258 (0772-097 5433 ; www.facebook.com/thelismorebunkhouse ; Lismore, PA34 5UG)

Ross of Mull Bunkrooms
Voir p. 255 (0775-961 5200 ; www.rossofmullbunkrooms.co.uk ; Fionnphort, Mull PA66 6BL)

Soa Cabins, Tiree
Voir p. 258 (0777-087 3667 ; www.soacabins.com ; Laingis, Tiree PA77 6TR)

Western Isles Hotel
Voir p. 255 (0168-830 2012 ; www.westernisleshotel.com ; Tobermory, Mull PA75 6PR)

Cafe Fish
Voir p. 255 (0168-830 1253 ; www.thecafefish.com ; 23 Main St, Isle of Mull PA75 6NU ; plats 14,50-26,50 £ ; 11h-23h mar-sam mi-mars à oct ; Tobermory)

Dutch Bakery
Voir p. 256 (0163-176 0291 ; www.facebook.com/dutchbakerylismore ; Point, Lismore, Oban PA34 5UN)

Fisherman's Pier Fish & Chip Van
Voir p. 255 (0739-296 9365 ; www.facebook.com/FishermansPierTobermory ; Raeric Road, Tobermory, Mull PA75 6PU ; 12h-14h30

et 18h-21h ; 494 jusqu'à Post Office)

Keel Row
Voir p. 256 (0742-551 3838 ; www.thekeelrowmull.co.uk ; Fionnphort PA66 6BL ; plats déj 5-12,95 £, dîner 10,95-15 £ ; 12h-23h ; 496 jusqu'à Ferry Terminal)

Kerrera Tea Garden
Voir p. 256 (0795-196 4231 ; www.kerrerabunkhouse.co.uk ; Kerrera, Gylen Castle, Lower, Oban PA34 4SX ; repas légers 3-10 £ ; 10h30-16h30 jeu-lun avr-sept)

Lazy Cow Café & Farm Shop, Kintra
Voir p. 256 (0779-628 1273 ; www.facebook.com/thelazycowcafeisleofmull ; Kintra Rd, Creich, Mull PA66 6BL ; 10h30-16h mer-lun ; 494 jusqu'à Post Office)

Piecebox, Dervaig
Voir p. 256 (0752-267 5404 ; thepiecebox.com ; Monachbeg, Tobermory, Dervaig, Mull PA75 6QJ ; h10h-16h tlj été, 10h-14 sam hiver, fermé nov-fév)

Puffer Bar & Restaurant
Voir p. 258 (0185-230 0022 ; pufferbarandrestaurant.co.uk ; Easdale Island, Oban PA34 4TB ; 18h-22h30 jeu-sam ; Easdale Island Ferry Landing)

The Boathouse
Voir p. 255 (0742-551 3838 ; Ulva, Ulva Ferry PA73 6LZ ; 9h-17h lun-ven ; Ulva Ferry Landing)

The Creel Seafood Bar, Fionnphort
Voir p. 256 (0786-460 5682 ; www.facebook.com/The-Creel-Seafood-Bar-767808459971629 ; 8 A849, Mull PA66 6BL ; 12h-14h et 18h-22h mar-sam ; 494 jusqu'à Post Office)

The Galleon, Bistro on the Brae
Voir p. 255 (0168-830 1117 ; thegalleontobermory.co.uk ; Post Office Brae, Mull PA75 6NT ; 12h-14h et 18h-21h mar-sam)

Tobermory Fish Co
Voir p. 255 (0168-830 2120 ; www.tobermoryfish.co.uk ; Unit 7, Baliscate, Tobermory, Mull PA75 6QA ; 9h-20h ; 495 jusqu'à Struan Crescent)

Macgochans
Voir p. 255 (0168-830 2350 ; macgochans-tobermory.co.uk ; Ledaig Bldg, Tobermory, Mull PA75 6NR ; 11h-23h ; 494, 495 jusqu'à Ledaig Car Park)

Mishnish
Voir p. 255 (0168-830 2500 ; themishnish.co.uk ; Mishnish Hotel, Mishnish Hotel, Tobermory, Mull PA75 6NU ; 11h-1h ; 494 jusqu'à Post Office)

Balliemore Farm
Voir p. 256 (0773-408 4366 ; www.facebook.com/balliemorefarmkerrera ; Main St, Tobermory, Mull PA75 6NT ; 12h30-17h)

Isle of Mull Ice Cream
Voir p. 255 (0786-748 9853 ; www.isleofmullicecream.co.uk ; Main St, Tobermory, Mull PA75 6NT ; 12h30-17h ; 495 jusqu'à High School)

Island Blue Tobermory
Voir p. 255 (0168-830 2901 ; kerreramarina.com ; Kerrera, Oban PA34 43X , 8h-17h lun-ven , 494 jusqu'à Post Office)

Lismore Luminations
Voir p. 257 (lismoreluminations.com ; Croic Ur, Lismore PA34 5UL)

Mogwaii Designs
Voir p. 257 (www.mogwaiidesign.com ; Lismore)

Sgriob-ruadh Farm
Voir p. 255 (0168-830 2627 ; www.sgriobruadh.co.uk ; Sgriob-ruadh Farm, Tobermory, Mull PA75 6QD ; 10h-17h)

Shepherd's Cottage Soaps
Voir p. 257 (www.shepherdscottagesoaps.co.uk ; Lismore PA34 5UH)

Tobermory Handmade Chocolate
Voir p. 255 (0168-830 2526 ; www.tobermorychocolate.com ; Tobermory Delivery Office, 57 Main St, Tobermory, Mull PA75 6NT ; 10h-17h30 lun-sam, 11h-16h dim ; 494 jusqu'à Post Office)

Coll & the Cosmos
Voir p. 259 (collbunkhouse.com/dark-skies-coll-cosmos ; mars et oct)

Tiree Music Festival
Voir p. 259 (tireemusicfestival.co.uk ; 7-9 juil)

ÎLE D'IONA

Iona Abbey
Voir p. 260 (0168-170 0512 ; www.historicenvironment.scot/visit-a-place/places/iona-abbey-and-nunnery ; Iona, PA76 6SQ , adulte/enfant 10/6 £ ; 10h-16h lun-sam oct-mars, 9h30-17h30 avr-sept, dernière entrée 30 min avant la fermeture)

Reilig Odhrain
Voir p. 260 (0168-830 2901 ; kerreramarina.com ; St of the Dead, Iona PA76 6SJ ; 8h-17h lun-ven ; 494 jusqu'à Post Office)

St Oran's Chapel
Voir p. 260 (www.isle-of-iona.net/things-to-do/history/st-orans-chapel ; Iona PA76 6SW)

Argyll Hotel
Voir p. 262 (0168-170 0334 ; argyllhoteliona.co.uk ; Argyll, Iona PA76 6SJ ; sandwichs 5,50-12 £, plats dîner 17-25 £ ; restaurant 12h-14h et 18h-20h)

Bishop's House
Voir p. 262 (0168-170 0111 ; island-retreats.org/iona/bishops-hous ; Iona PA76 6SJ)

Green Shed
Voir p. 261 (0168-170 0642 ; www.greenshediona.co.uk ; Lagandorain, Iona PA76 6SW)

Iona Campsite
Voir p. 261 (0774-772 1275 ; onacampsite.co.uk ; Fionnphort, Mull PA66 6BL)

Iona Pods
Voir p. 261 (0793-521 9079 ; ionapods.com ; Iona Pods, Iona PA76 6SW)

St Columba Hotel
Voir p. 262 (0168-170 0304 ; www.stcolumba-hotel.co.uk ; Iona PA76 6SL ; sandwichs 8,05-8,95 £, plats dîner 18,75-26,25 £)

AILIDH
Voir p. 263 (0784-617 2931 ; www.facebook.com/rugwitch ; Baile Mor, Iona PA76 6SJ ; 11h-20h)

The Rookery
Voir p. 263 (0168-170 0576 ; www.ionaheritage.co.uk ; Iona PA76 6SL ; 10h15-16h30 lun-sam)

Aosdàna
Voir p. 262 (0168-170 0121 ; aosdanaiona.com ; Iona PA76 6SJ ; 10h-17h)

Iona Craft Shop
Voir p. 262 (0168-170 0001 ; www.ionacraftshop.com ; Iona PA76 6SJ ; 10h-17h)

Oran Creative Crafts
Voir p. 262 (0168-170 0127 ; www.orancrafts.co.uk ; St Columba Steadings, Iona PA76 6SJ ; 12h-16h)

St Columba Larder
Voir p. 263 (0168-170 0483 ; www.facebook.com/StColumbaLarde ; The Main Road, Iona PA76 6SW)

ENVIRONS DE L'ÎLE D'IONA

Fingal's Cave
Voir p. 265 (www.nts.org.uk/visit/places/staff ; Staffa)

Alternative Boat Hire
Voir p. 265 (0168-170 0537 ; www.boattripsiona.com ; Lovedale Cottage, Iona PA76 6SJ ; location bateau adulte/enfant 35/15 £ ; juin-oct)

Staffa Tours
Voir p. 265 (0783-188 5985 ; www.staffatours.com ; Iona PA76 6SW ; excursions 30-70 £ ; 9h-18h)

Staffa Trips
Voir p. 265 (0168-170 0755 ; www.staffatrips.co.uk ; Torrasa, Iona PA76 6SP ; excursions adulte/enfant 30/15 £ ; 8h-21h)

ÎLE D'ISLAY

American Monument
Voir p. 268 (www.islayinfo.com/do/walks/american-monument ; Mull of Oa, Islay PA42 7AU)

Carraig Fhada Lighthouse
Voir p. 268 (Lagavulin, Argyll and Bute PA42 7DX)

Dunyvaig Castle
Voir p. 269 (0168-830 2901 ; kerreramarina.com ; Kerrera, Oban PA34 4SX ; 8h-17h lun-ven ; 494 jusqu'à Post Office)

Kildalton Cross
Voir p. 269 (www.historicenvironment.scot/visit-a-place/places/kildalton-cross/history ; Unnamed Road, Islay PA42 7EE)

Mull of Oa
Voir p. 267 (Mull of Oa , Islay PA42 7AU)

Museum of Islay Life
Voir p. 268 (0149-685 0358 ; www.islaymuseum.org ; Daal Terrace, Port Charlotte PA48 7UA ; adulte/enfant 5/4 £ ; 10h30-16h30 lun-ven avr-oct ; 450 jusqu'à Daal Terrace)

Ardnahoe
Voir p. 266 (0149-684 0777 ; ardnahoedistillery.com ; Port Askaig PA46 7RN ; visites 12-50 £ ; 10h-16h mar-sam)

Bowmore Distillery
Voir p. 266 (0149-681 0441 ; www.bowmore.com/experiences ; School St, Bowmore PA43 7JS ; visite 18-80 £ ; 10h-17h mar-sam ; 450, 451 jusqu'à Royal Bank of Scotland)

Bruichladdich Distillery
Voir p. 266 (0149-685 0190 ; www.bruichladdich.com ; Islay PA49 7UN ; visite 15-50 £ ; 10h-17h lun-sam ; 450 jusqu'à An Taigh Osda)

Bunnahabhain Distillery
Voir p. 266 (0149-684 0557 ; bunnahabhain.com ; Distell Group Ltd., Port Askaig, PA46 7RP ; visite 15-40 £ ; 10h-16h ; 451 jusqu'à Distillery Houses)

Caol Ila Distillery
Voir p. 266 (0149-630 2769 ; www.malts.com/en-gb ; Port Askaig, Islay PA46 7RL ; visites 20-60 £ ; 10h-17h lun-sam ; 451 jusqu'à Distillery Houses)

Islay E-Wheels
Voir p. 267 (0749-709 0716 ; islayewheels.co.uk ; 1 Charlotte St, Port Ellen, hotel PA42 7DF ; location journée 30-40 £ ; 9h-17h ; 450, 451 jusqu'à Charlotte St)

Islay Outdoors
Voir p. 267 (0149-685 0643 ; islayoutdoors.com ; Kentraw Farmhouse, Bruichladdich, Islay PA49 7UN ; excursions demi-journée/journée 175-250/250-400 £ ; 9h-18h)

Islay Sea Adventures
Voir p. 269 (0149-630 0129 ; islay-sea-adventures.co.uk ; Port Ellen Harbour, Port Ellen, Islay PA42 7BQ ; excursions adulte/enfant 55-100/45-100 £ ; 9h-17h lun-ven ; 450, 451 jusqu'à Charlotte St)

Kayak Wild Islay
Voir p. 267 (0797-372 5456 ; www.kayakwildislay.co.uk ; Charlotte St, Port Ellen, Islay PA42 7BY ; circuit 55-60 £ ; 450, 451 jusqu'à Charlotte St)

Kilchoman Distillery
Voir p. 266 (0149-685 0011 ; www.kilchomandistillery.com ; Rockside Farm, Bruichladdich, Islay PA49 7UT ; visites 10-40 £ ; 10h-17h dim-ven)

Islay Glamping Pods
Voir p. 268 (0149-630 0129 ; islay-pods.co.uk ; Surnaig Farm, Lagavulin, Islay PA42 7DX ; 450, 451 jusqu'à Distillery Houses)

Port Charlotte Youth Hostel
Voir p. 268 (0149-685 0385 ; www.hostellingscotland.org.uk/hostels/port-charlotte-islay ; Port Charlotte, Islay PA48 7TX ; 450 jusqu'à Daal Terrace)

Port Mor Campsite
Voir p. 268 (0149-685 0441 ; islandofislay.co.uk ; A847, Port Charlotte, Islay PA48 7UE ; 450, 451 jusqu'à West End Housing Scheme)

Ardstream Trailer
Voir p. 267 (0149-630 2244 ; www.ardbeg.com ; Ardbeg Distillery, Port Ellen, Islay PA42 7EA ; 9h30-17h ; 450, 451 jusqu'à Farm Road End)

Islay Hotel
Voir p. 267 (0149-630 0109 ; theislayhotel.com ; Charlotte St, Port Ellen, Islay PA42 7DF ; plats 12,50-27,50 £ ; 12h-14h-17h30-21h ; 450, 451 jusqu'à Charlotte St)

Kilchoman Distillery Cafe
Voir p. 267 (0149-685 0011 ; Rockside Farm, Bruichladdich, Islay PA49 7UT ; 10h-17h dim-ven)

Peatzeria
Voir p. 267 (0149-681 0810 ; peatzeria.com ; 22 Shore St, Bowmore, Islay PA43 7LB ; pizzas 8,95-19,95 £ ; 12h-22h, fermé le lun en hiver ; 450, 451 jusqu'à Royal Bank of Scotland)

SeaSalt Bistro
Voir p. 267 (0149-630 0300 ; www.seasalt-bistro.co.uk ;

Île d'Islay

57 Frederick Cres, Port Ellen, Islay PA42 7BD ; plats 12,50-26 £ ; 10h-16h mar-sam ; 450, 451 jusqu'à Royal Bank of Scotland)

The Illicit Still Café, Ardnahoe
Voir p. 267 (0149-684 0777 ; ardnahoedistillery.com/pages/the-illicit-still-cafe ; Ardnahoe, Port Askaig, Islay PA46 7RU ; plats 12-14 £ ; 9h-17h lun-ven)

An Gleann Tablet
Voir p. 268 (0149-686 0220 ; www.angleann.co.uk ; Port Charlotte, Islay PA48 7UE)

Cakes at the Cross
Voir p. 268 (Kildalton Cross, Unnamed Road, Islay PA42 7EE)

Cakes Cupboard
Voir p. 268 (0149-686 0296 ; burnsidelodge.co.uk/cake-cupboard ; Burnside Lodge B&B, Shore St, Port Wemyss, Islay PA47 7ST ; 450 jusqu'à Main St Junction)

Islay Celtic Craft Shop
Voir p. 266 (0149-686 0319 ; aosdanaiona.com ; 8 Claddach, Islay PA47 7SY)

Shop in a Box
Voir p. 268 (www.facebook.com/shopintheboxislay ; Risbus, Islay PA42 7AX)

Spirited Soaps, Bowmore
Voir p. 266 (0149-681 0938 ; www.spiritedsoaps.com ; 40 Main St, Bowmore, Islay PA43 7JJ ; 10h-16h lun et mer-sam ; 450, 451 jusqu'à Royal Bank of Scotland)

The Celtic House, Bowmore
Voir p. 266 (0149-681 0304 ; The Celtic House, Shore St, Bowmore, Islay PA43 7LD ; 9h30-16h30 lun-sam ; 450, 451 jusqu'à Royal Bank of Scotland)

Fèis Ìle
Voir p. 269 (feisile.co.uk ; fin mai début juin)

ENVIRONS DE L'ÎLE D'ISLAY

Colonsay Bikes and Boards
Voir p. 271 (0797-067 3942 ; www.colonsaybikesandboards.co.uk ; Colonsay ; location vélo journée/semaine 20/90 £)

Deer Island Rum
Voir p. 272 (0149-684 0777 ; deerisland.co.uk ; Jura ; 12h-16h lun, mer et ven)

Discover Jura
Voir p. 271 (0149-682 0314 ; www.discoverjura.co.uk ; Jura PA60 7XD ; 10h-16h mar-sam)

Jura Distillery
Voir p. 271 (0149-682 0385 ; www.jurawhisky.com ; Craighouse, Jura ; visites à partir de 5 £ ; 10h-17h lun-sam avr-oct, 10h-16h lun-ven nov-mars)

Jura Guided
Voir p. 271 (0738-460 7764 ; juraguided.com ; randonnées à partir de 50 £)

Lussa Gin
Voir p. 271 (0149-682 0196 ; www.lussagin.com ; The Stables, Ardlussa, Jura PA60 7XW ; 10h-16h30 lun-ven)

Bothan Jura
Voir p. 271 (0149-682 0415 ; www.bothanjura.co.uk ; Bothan Jura, Knockrome, Jura PA60 7XZ ; 456 jusqu'à The Bothy)

Colonsay Hotel
Voir p. 271 (0195-120 0316 ; colonsay-hotel.com ; Scalasaig, Islay PA61 7YP)

Jura Hotel
Voir p. 271 (0149-682 0243 ; www.jurahotel.co.uk ; Craighouse, Jura PA60 7XU)

Island Bakehouse
Voir p. 272 (www.facebook.com/theislandbakehouse ; Craighouse, Jura ; en-cas 3,50-6 £)

Colonsay Gin
Voir p. 272 (0195-120 0082 ; www.wildthymespirits.com ; Tigh na Uruisg, Upper Kilchattan, Colonsay PA61 7YR ; visites 12-50 £ ; 10h-18h lun-sam)

Colonsay Honey
Voir p. 272 (0195-120 0325 ; www.thecolonsaypantry.co.uk/colonsay-honey ; Scalasaig, Colonsay)

Jura Brewery
Voir p. 272 (0781-745 6347; www.facebook.com/JuraBrewery ; 7 Keils Croft, Keils, Craighouse, Jura)

Tea on the Beach
Voir p. 272 (0149-682 0043 ; www.facebook.com/profile.php?id=100057399733170 ; Old Schoolhouse Road End, Jura PA60 7XW ; 10h-17h ; 456 jusqu'à Old Schoolhouse Road End)

The Old Waiting Room Gallery
Voir p. 272 (0771-674 9620 ; www.theoldwaitingroomgallery.com ; Balnahard Farmhouse, Colonsay PA61 7YR ; 10h-14h et 17h-19h lun, mer et ven-sam, 10h-14h mar, 17h-19h dim)

The Whisky Island Gallery & Studio
Voir p. 272 (0778-635 2568 ; Unit 4, The Pier, Craighouse, Jura PA60 7XS ; 11h-16h30 lun-ven, 12h-15h sam)

Wild Island Gin
Voir p. 272 (0195-120 0190 ; wildislandgin.com ; The Brew House, Dunoran, Colonsay PA61 7YZ)

LOCH LOMOND & THE TROSSACHS NATIONAL PARK

Benmore Botanic Garden
Voir p. 273 (0136-970 6261 ; www.rbge.org.uk/visit/benmore-botanic-garden ; 4 Uig, Benmore, Dunoon PA23 8QU ; 10h-17h ; 489 jusqu'à Botanic Gardens Entrance)

Balquhidder Old Kirk
Voir p. 272 (0168-830 2901 ; www.scotlandschurchestrust.org.uk/church/balquhidder-parish-church ; Kerrera, Oban PA34 4SX)

Great Trossachs Forest Nature Reserve
Voir p. 273 (0138-972 2600 ; www.lochlomond-trossachs.org/things-to-see/great-trossachs-forest-national-nature-reserve ; Carrochan, Carrochan Road, Balloch G83 8EG ; 8h-17h lun-ven ; 494 jusqu'à Post Office)

Great Trossachs Path
Voir p. 273 (www.lochlomond-trossachs.org)

Puck's Glen
Voir p. 273 (0300-067 6600 ; forestryandland.gov.scot/visit/

Loch Lomond

JULIETPHOTOGRAPHY/STOCK.ADOBE.COM ©

forest-parks/argyll-forest-park/pucks-glen ; Dunoon PA23 8QT)

Three Lochs Forest Drive
Voir p. 273 (0300-067 6600 ; forestryandland.gov.scot/visit/forest-parks/queen-elizabeth-forest-park/three-lochs-forest-drive ; Duke's Pass, Stirling FK8 3SY)

Cruise Loch Lomond
Voir p. 275 (0130-170 2356 ; www.cruiselochlomond.co.uk ; The Boatyard, Tarbet, Loch Lomond G83 7DG ; excursions 14-20 £ ; 9h-17h lun-ven)

Loch Lomond Leisure
Voir p. 275 (0333-577 0715 ; lochlomond-scotland.com ; Luss, Alexandria G83 8NZ ; paddle 25-70 £, water-ski et wakeboard 100-150 £, kayak 25-80 £ ; 10h-20h lun-ven, 9h-22h sam-dim)

Sweeney's Cruises
Voir p. 275 (0138-975 2376 ; www.sweeneyscruiseco.com ; Riverside, Loch Lomond, Balloch, Balloch, Alexandria G83 8SS ; excursions aller-retour adulte/enfant 14/13 £ ; 9h-16h30)

Duck Bay Hotel
Voir p. 274 (0149-685 0385 ; duckbay.co.uk ; Auchendennan Road, Alexandria G83 8QZ ; 305, 306, 340 jusqu'à Duck Bay)

Inversnaid Bunkhouse
Voir p. 274 (0187-738 6249 ; www.inversnaid.com ; Bunkhouse Hostel, Inversnaid, Stirling FK8 3TU ; 450 jusqu'à Daal Terrace)

Loch Achray Campsite
Voir p. 276 (0138-972 2001 ; www.lochlomond-trossachs.org/things-to-do/camping/find-a-campsite/loch-achray-campsite ; Loch Achray Campsite, A821, Callander FK17 8HX)

Loch Chon Campsite
Voir p. 276 (0138-972 2001 ; www.lochlomond-trossachs.org/things-to-do/camping/find-a-campsite/loch-chon-campsite ; B829, Stirling FK8 3TL)

Sallochy Campsite
Voir p. 276 (0136-087 0142 ; forestryandland.gov.scot/visit/forest-parks/queen-elizabeth-forest-park/sallochy ; Sallochy Bay, Rowardennan, Glasgow G63 0AW)

Trossachs Collection
Voir p. 274 (0777-564 7845 ; www.trossachscollection.co.uk ; Gartcurrachan, Balfron Station, Glasgow G63 0QZ)

Byre Inn, Brig o'Turk
Voir p. 275 (0187-770 1601 ; byreinn.co.uk ; Brig o'Turk, Brig o' Turk, Callander FK17 8HT ; pizzas 11-17 £ ; 12h-19h30)

Cabin
Voir p. 276 (0755-744 9770 ; thecabinatlochlubnaig.co.uk ; Callande FK17 8HF ; 9h-17h)

Clachan Inn, Drymen
Voir p. 275 (0136-066 0824 ; www.clachaninndrymen.co.uk ; Loch Lomond, Drymen Square, Drymen, Glasgow G63 0BL ; plats 5,25-23,95 £ ; 11h-23h lun-jeu, 11h-minuit ven-sam, 12h30-23h dim ; 309 jusqu'à The Square)

Monachyle Mhor, Balquhidder
Voir p. 275 (0187-738 4622 ; monachylemhor.net ; Balquhidder, Lochearnhead FK19 8PQ ; plats 12-14 £ ; 12h-13h45 jeu-lun)

Drover's Inn
Voir p. 273 (0130-126 3108 ; www.droversinn.co.uk ; Inverarnan, Arrochar, Argyll and Bute G83 7DX)

ENVIRONS DU LOCH LOMOND & THE TROSSACHS NATIONAL PARK

Inveraray Castle
Voir p. 278 (0149-930 2203 ; www.inveraray-castle.com ; Inveraray PA32 8XE ; château et jardins adulte/enfant 16/12 £ ; 10h-17h jeu-lun avr-sept, 10h-16h jeu-lun oct)

Inveraray Jail
Voir p. 279 (0149-930 2381 ; www.inverarayjail.co.uk ; Church Square, Inveraray PA32 8TX ; adulte/enfant 14,95/8,95 £ ; 10h-17h, dernière entrée 16h)

Portavadie
Voir p. 279 (0170-081 1075 ; portavadie.com ; Ardnahoe, Port Askaig, Islay PA46 7RU ; spa à partir de 30 £ ; 10h-17h30)

West Coast Wellness
Voir p. 279 (www.westcoastwellnessuk.com ; Otter Ferry, Evanachan PA21 2DH ; cours de yoga pour deux pers 60 £)

Wreckspeditions
Voir p. 279 (0136-970 3477 ; www.wreckspeditions.com ; Unit 2b, Holy Loch Marina, Rankin's Brae, Sandbank, Dunoon PA23 8FE ; circuits à partir de 400 £ ; 9h-17h)

Brambles of Inveraray
Voir p. 278 (0149-930 2252 ; www.inverarayhotel.com ; 5 Main St W, Inveraray PA32 8TU)

Carry Farm, Tighnabruaich
Voir p. 278 (0787-622 7021 ; www.carryfarm.co.uk ; Ardlamont, Tighnabruaich PA21 2AH)

Kames Hotel
Voir p. 278 (0170-081 1489 ; www.kames-hotel.com ; Tighnabruaich PA21 2AF)

Café de l'Hayshed Gallery
Voir p. 279 (0170-038 5538 ; www.argyllcoffee.co.uk/coffee-bar ; Carry Farm, Tighnabruaich PA21 2AH ; 10h-15h sam-lun)

Campbell Coffee
Voir p. 279 (0149-930 2198 ; ardnahoedistillery.com/pages/the-illicit-still-cafe ; 15 Main St E, Inveraray PA32 8TP)

Five West
Voir p. 279 (0170-081 1022 ; www.five-west.com ; Royal Buildings, Tighnabruaich PA21 2DR ; plats 12-14 £ ; 10h-16h lun-ven, 8h30-17h sam-dim)

The Tearoom Tighnabruaich
Voir p. 279 (0170-081 1188 ; www.facebook.com/TheTearoomTighnabruaich ; Seaside, Tighnabruaich PA21 2DR ; 9h-16h lun-ven)

George Hotel
Voir p. 279 (0149-930 2111 ; www.thegeorgehotel.co.uk ; 1 Main St E, Inveraray PA32 8TT ; 11h-1h)

ÎLE D'ARRAN

Brodick Castle
Voir p. 280 (0177-030 2202 ; www.nts.org.uk/visit/places/brodick-castle ; Brodick, Arran KA27 8HY ; adulte/enfant 14,50/8,50 £ ; château 11h-16h avr-oct, parc 9h30-coucher du soleil toute l'année ; 324 jusqu'à Brodick Castle Entrance)

Glenashdale Falls
Voir p. 284 (Glenashdale Burn, Arran)

Isle of Arran Brewery
Voir p. 283 (0177-030 2353 ; www.arranbrewery.co.uk ; Cladach, Brodick, Arran KA27 8DE ; 10h-16h30 lun-sam ; 324 jusqu'à Gardeners Cottage)

Isle of Arran Heritage Museum
Voir p. 281 (musée du Patrimoine de l'île d'Arran ; 0177-030 2636 ; www.arranmuseum.co.uk ; Rosaburn ; adulte/enfant 5/3 £ ; 8h-17h lun-ven ; 322, 324 jusqu'à Arran Heritage Museum)

King's Cave
Voir p. 284 (0300-067 6900 ; forestryandland.gov.scot/visit/kings-cave ; KA27 8DX)

Lagg Distillery
Voir p. 283 (0177-087 0565 ; www.laggwhisky.com ; Lagg ; visites adulte/enfant 10 £/gratuit ; 10h-16h30 mar-sam ; 323 jusqu'à The Ross)

Lochranza Castle
Voir p. 284 (www.historicenvironment.scot/visit-a-place/places/lochranza-castle ; KA27 8HL ; 9h30-17h30 avr-sept, dernière entrée 17h ; 324 jusqu'à Lochranza Castle)

Machrie Moor Standing Stones
Voir p. 280 (Arran KA27 8DX)

Arran Active
Voir p. 280 (0177-030 2113 ; www.arranactive.co.uk ; Shore Road, Brodick, Arran KA27 8AJ ; location paddleboard journée à partir de 65 £ ; 9h-17h lun-ven)

Auchrannie Resort
Voir p. 281 (0177-030 3303 ; www.auchrannie.co.uk ; Auchrannie Rd, Brodick, Arran KA27 8BZ ; massages 50-105 £)

Blue Pool – Glen Rosa
Voir p. 280 (Brodick, Arran, Arran, Strathclyde)

Kayak Arran
Voir p. 280 (0793-180 3799 ; kayakarran.co.uk ; Ardnahoe, Port Askaig, Islay PA46 7RU ; circuit en kayak demi-journée/journée 65/105 £)

Mogabout
Voir p. 284 (0779-955 5287 ; www.mogabout.com ; Ardnahoe, Port Askaig, Islay PA46 7RU ; safari adulte/enfant 45/35 £)

Otter's Tail
Voir p. 280 (0177-070 0590 ; www.otterstail.co.uk ; Lamlash Pier, Lamlash, Arran KA27 8JN ; 321, 322, 323, 324 jusqu'à Bowling Green)

Douglas
Voir p. 283 (0177-030 2968 ; www.thedouglashotel.co.uk ; Shore Rd ; 321, 322, 323, 324 jusqu'à Douglas Hotel)

Ravens Gully
Voir p. 281 (0177-030 7267 ; www.ravensgully.co.uk ; Corriegills Rd, Brodick, Arran KA27 8BL ; 321 jusqu'à Corriegills)

Drift Inn
Voir p. 283 (0149-684 0777 ; www.driftinnarran.com ; Shore Road, Lamlash, Arran KA27 8JN ; plats déj 14,50-20,50 £, dîner 14,50-32 £ ; 12h-20h30 lun, 12h-23h jeu-ven, 12h-minuit sam-dim ; 322, 323 jusqu'à Bowling Green)

Sandwich Station
Voir p. 283 (0739-360 2806 ; thesandwichstation.weebly.com ; A841, Arran KA27 8HL ; 7h30-16h lun-sam, 8h45-15h30 dim)

Stags Pavilion
Voir p. 283 (0177-083 0600 ; www.stagspavilion.com ; Lochranza, Arran KA27 8HJ ; 324 jusqu'à Arran Distillery)

The French Fox
Voir p. 281 (0177-083 0374 ; www.thefrenchfox.co.uk ; One Auchrannie Road, Brodick, Arran KA27 8BS ; plats 12-14 £ ; 9h-17h lun-ven ; 321, 322, 323, 324 jusqu'à Auchrannie Road)

Wooley's of Arran
Voir p. 282 (0177-030 2280 ; www.wooleys.co.uk ; Invercloy House, Brodick, Arran KA27 8AJ ; 7h-17h lun-sam ; 321, 322, 323, 324 jusqu'à Alma Road)

Cladach Beach House
Voir p. 283 (0177-030 2513 ; arranbotanicaldrinks.com/cladach-beach-house ; Arran Botanical Drinks, Cladach, Brodick, Arran KA27 8DE ; 324 jusqu'à Gardeners Cottage)

Lochranza Distillery
Voir p. 283 (0177-083 0264 ; www.arranwhisky.com ; Lochranza, Arran KA27 8HJ ; 10h-16h30 ; 324 jusqu'à Arran Distillery)

Seagate Brewery
Voir p. 283 (0177-060 0110 ; www.seagatebrewery.co.uk ; Seagate, Lamlash, Arran KA27 8JN ; 10h-16h lun-ven ; 322, 323 jusqu'à Bowling Green)

Arran Cheese Shop
Voir p. 282 (0177-030 2788 ; www.arranscheeseshop.co.uk ; Home Farm, Arran KA27 8DD ; 9h-17h lun-sam, 10h-16h30 dim ; 324 jusqu'à Home Farm)

Blackwater Bakehouse
Voir p. 283 (0149-686 0296 ; www.facebook.com/bakehouseblackwater ; Blackwaterfoot, Arran KA27 8ET ; 11h-20h mar-sam ; 322, 323, 324 jusqu'à Ferry Cottage)

The Arran Butcher
Voir p. 283 (0177-086 0354 ; www.facebook.com/thearranbutcher ; Harbourview, Blackwaterfoot, Arran KA27 8EZ ; 9h-15h lun et mer-ven, 9h-13h sam ; 322, 323, 324 jusqu'à Ferry Cottage)

The Coffee Lab
Voir p. 283 (www.arrancoffee.com ; Duchess Court, Home Farm, Brodick, Arran KA27 8DD ; 324 jusqu'à Home Farm)

ENVIRONS DE L'ÎLE D'ARRAN

Achamore Gardens
Voir p. 286 (0158-350 5390 ; www.gardens-of-argyll.co.uk ; High Row, Gigha PA41 7AD ; aube-crépuscule)

Activity Centre – Gigha
Voir p. 286 (0754-968 2700 ; Gigha PA41 7AG ; 10h30-17h30)

Creag Bhan
Voir p. 287 (Ardailly, Isle of Gigha)

Kilchattan Chapel
Voir p. 286 (0158-350 5390 ; Gigha PA41 7AD)

Wee Isle Dairy
Voir p. 287 (0158-350 5033 ; www.facebook.com/WeeIsleDairy ; Tarbert Farm, Gigha PA41 7AA ; 9h-17h lun-ven)

Carradales Luxury Guest House
Voir p. 286 (0149-630 0129 ; carradales.com ; Carradale,

Île d'Arran

Campbeltown PA28 6QG ; 300, 445 jusqu'à Surgery)

Isle of Gigha Camp and Motorhome Site
Voir p. 286 (0158-350 5188 ; www.visitgigha.co.uk/Campsite ; Camp & Motorhome Site, Ardminish, Gigha PA41 7AA)

Yurt Experience
Voir p. 286 (0158-350 5251 ; Post Office House, Argyll Post Office House, Gortinanane PA41 7AA)

Boathouse
Voir p. 287 (0158-350 5123 ; boathouseongigha.com ; Gigha PA41 7AA ; plats 15-50 £ ; 10h-22h)

Gigha Hotel
Voir p. 287 (0158-350 5254; www.gighahotel.com ; Gigha PA41 7AA)

Glen Bar & Restaurant, Carradale
Voir p. 286 (0158-343 1105 ; www.glenbarandrestaurant.co.uk ; Carradale, Campbeltown PA28 6QG ; plats déj 14,75-15,75 £, dîner 9,25-13,95 £ ; 11h-23h lun-sam, 12h-23h dim ; 300, 445 jusqu'à Surgery)

Glenbarr Cafe, Tarbert
Voir p. 286 (0158-342 1200 ; www.glenbarrstores.com ; Stores Glenbarr Glenbarr, Barr Hill, Glenbarr, Tarbert PA29 6UT ; 10h-17h ; 449 jusqu'à Cottages)

Muneroy Tearoom, Southend
Voir p. 286 (0158-683 0221 ; muneroy.co.uk ; Southend, Campbeltown, Argyll PA28 6RW ; plats 6,95-7,95 £ ; 10h-17h)

Nook
Voir p. 287 (0755-727 7735 ; www.facebook.com/TheNookGigha ; Gigha PA41 7AA ; plats 10 £)

Number Forty-Two, Campbeltown
Voir p. 286 (0158-655 4642 ; gmat42.com ; 42 Main St, Campbeltown PA28 6AD ; brunch 4-12 £, plats 12-16 £ ; 9h40-22h30 mar-sam, 9h30-20h dim)

Ardminish Stores
Voir p. 287 (0149-686 0296 ; www.facebook.com/ardminishstores ; Post Office House, Gigha PA41 7AA ; 9h-17h15 lun et jeu-sam, 9h-13h mar-mer, 12h-14h dim)

Gigha Natural Skincare
Voir p. 287 (www.gighas-naturalskincare.co.uk ; 8 Grianan, Gigha PA41 7AE ; 10h-16h30 lun-ven, 10h-15h sam)

TRAVELLIGHT/SHUTTERSTOCK ©

Ci-dessus : viaduc de Glenfinnan (p. 335).
Page de droite : écureuil roux, Cairngorms National Park (p. 312)

INVERNESS ET HIGHLANDS DU CENTRE

LE CŒUR SAUVAGE DE L'ÉCOSSE

D'innombrables légendes tissent la trame de ces paysages idylliques entre montagnes majestueuses et bras de mer miroitants.

Partout où le regard se pose, il y a une histoire à raconter sur ces terres.

La région fut, il est vrai, le lieu de drames historiques bien réels : les combats de Bonnie Prince Charlie, les révoltes jacobites, le massacre de Glencoe. C'est aussi le décor de fantaisie des chasses au monstre (imaginaire ou non) du Loch Ness et des circuits des fans de Harry Potter, le long de la West Highland Line, jusqu'à Glenfinnan. Ce cœur de l'Écosse est enfin le fruit d'une longue histoire géologique : sa géographie a été sculptée par les glaciers du quaternaire, du plateau subarctique du Cairngorms National Park à l'imposante faille du Great Glen, vieille de 430 millions d'années, qui coupe le pays en deux entre le Moray Firth et Fort William, à l'extrémité du Loch Linnhe. Cette terre de montagnes accidentées, de rochers et de bruyère, de *glens* (vallons) et de sommets enneigés subjugue randonneurs, cyclistes et navigateurs.

En partant vers l'ouest et Ardnamurchan – le point le plus occidental de Grande-Bretagne – ou sur la Road to the Isles qui passe par Arisaig, Mallaig, les Small Isles et le Knoydart – un des coins les plus sauvages d'Europe –, vous retrouverez les traces de l'époque des clans et des Highland Clearances (éviction forcée des paysans au début du XIXe siècle). L'expérience la plus forte reste cependant d'y rencontrer leurs descendants : *crofters* (petits fermiers du littoral), pêcheurs et Highlanders, qui y vivent encore aujourd'hui.

SITES PRINCIPAUX

INVERNESS
La capitale des Highlands.
p. 304

CAIRNGORMS NATIONAL PARK
Aventures et plein air.
p. 312

GLEN COE
Histoire sanglante et randonnées vivifiantes.
p. 321

BEN NEVIS
Le toit de l'Écosse.
p. 327

ROAD TO THE ISLES
Nature sauvage et réappropriation des terres insulaires.
p. 334

S'orienter

La large diagonale que dessinent les Highlands du Centre entre mer du Nord et Atlantique offre une destination réjouissante. C'est une terre d'aventures de plein air, riche de culture et de paysages, qui vous ravira.

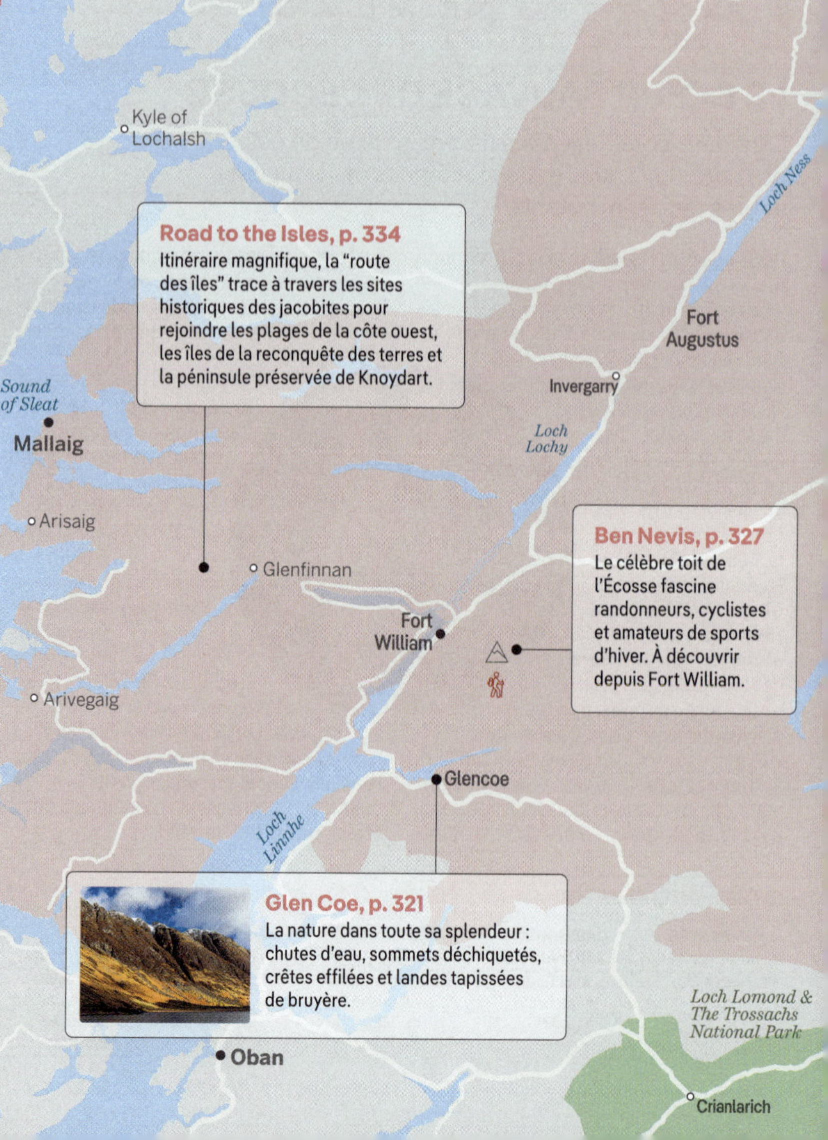

Road to the Isles, p. 334
Itinéraire magnifique, la "route des îles" trace à travers les sites historiques des jacobites pour rejoindre les plages de la côte ouest, les îles de la reconquête des terres et la péninsule préservée de Knoydart.

Ben Nevis, p. 327
Le célèbre toit de l'Écosse fascine randonneurs, cyclistes et amateurs de sports d'hiver. À découvrir depuis Fort William.

Glen Coe, p. 321
La nature dans toute sa splendeur : chutes d'eau, sommets déchiquetés, crêtes effilées et landes tapissées de bruyère.

Inverness, p. 304

Placée sous le regard altier de son château crénelé, la capitale des Highlands est le point de départ des "chasses" au monstre du Loch Ness.

Cairngorms National Park, p. 312

Le plus grand parc national du Royaume-Uni est une pure merveille : sommets accidentés, lacs, forêts de pins... l'aventure est partout. Sa traditionnelle porte d'entrée : Aviemore.

VOITURE

Pour profiter au mieux de la région, il faut une voiture. Vous pourrez voyager à votre rythme et savourer encore mieux les moments mémorables qui vous attendent sur la route.

BUS

Si les bus pour Inverness, Aviemore, Fort William et Glencoe sont fiables et fréquents, ils ne permettent pas vraiment de découvrir les espaces qui séparent ces villes. La principale compagnie de bus est **Scottish Citylink** (www.citylink.co.uk).

TRAIN

La West Highland Line de **Scotrail** (www.scotrail.co.uk), reliant Glasgow à Mallaig via Fort William, est la plus intéressante. Inverness et Aviemore sont aussi les terminus de lignes pittoresques qui donnent un petit aperçu des Cairngorms.

Planifier son séjour

Le paysage est ici si revigorant qu'il incite sans cesse à l'action. Difficile de flâner ! Un road trip dans les Highlands du Centre, c'est une succession ininterrompue de hauteurs à gravir, de bras de mer à parcourir et de *glens* à ravir le cœur.

Inverness Cathedral (p. 304)

Si vous avez peu de temps

- Le **Glen Coe** (p. 321) devrait être votre destination prioritaire. Filez droit sur l'A82 pour admirer la pyramide minérale du **Buachaille Etive Mòr** (p. 323) et les montagnes qui encadrent l'étroite vallée. Quittez la route principale pour entrer sur les terres de James Bond au **Glen Etive** (p. 323), puis découvrez l'histoire du **massacre de Glencoe** (p. 322). L'heure est venue d'un déjeuner au fameux **Clachaig Inn** (p. 323), avant de poursuivre jusqu'à **Kinlochleven** (p. 325) pour une des aventures des plus vertigineuses : mesurez-vous au plus grand mur de glace artificiel au monde, ou bien accrochez-vous aux câbles de l'unique **via ferrata** (p. 326) d'Écosse.

AU FIL DES SAISONS

L'hiver est synonyme de monts enneigés. L'été, lui, rime quant à lui avec camping, road trips... et *midges* (moucherons piqueurs). Préférez-lui la fin du printemps ou l'automne.

FÉVRIER

Cinq des six stations de sports d'hiver écossaises sont dans les Highlands du Centre. Pour le hors-piste, visez le **Nevis**, **Glencoe** ou les **Cairngorms**.

AVRIL

Le retour au nid des fameux balbuzards pêcheurs des Highlands, au **Loch Garten Nature Centre**, signale l'arrivée du printemps.

MAI

Fort William se mue en paradis des vététistes avec l'**UCI Mountain Bike Downhill World Cup**, qui attire des milliers de coureurs.

Si vous avez trois jours

- Passez une journée à visiter les principaux sites d'**Inverness** (p. 304) en longeant la Ness, le fleuve filant au pied du château, avant de gagner au sud Aviemore pour explorer les franges du **Cairngorms National Park** (p. 312). Le parc est l'occasion d'innombrables aventures en plein air. Au nombre des plus réjouissantes, citons les randonnées dans **Rothiemurchus Estate** (p. 314), au milieu des pins sylvestres de sa forêt calédonienne, l'observation des balbuzards pêcheurs et du seul troupeau de rennes du Royaume-Uni, sur les pentes couvertes de bruyère des **Cairngorms** (p. 312), ou la dégustation d'un *dram* (mesure de whisky), dans la **plus haute distillerie** d'Écosse (p. 318). Et comme il n'y a pas de Highlands sans château, finissez votre séjour par une pause près de Pitlochry, au majestueux **Blair Castle** (p. 318).

Si vous avez plus de temps

- La **Road to the Isles** (p. 334) est un itinéraire facile, mais l'exploration des **Small Isles** (p. 337) et de la **péninsule de Knoydart** (p. 337) qui vous attendent après la traversée en ferry depuis Mallaig est plus corsée.

- Si vous avez une semaine, consacrez deux jours à la découverte de la page de l'histoire nationale qui s'est jouée à **Glenfinnan** (p. 335) et des plages de carte postale des **Silver Sands of Morar** (p. 335), qui se succèdent sur la côte au nord d'Arisaig.

- Ensuite, il vous restera du temps pour séjourner à **Eigg** (p. 338), île que ses habitants sont parvenus à racheter, et dans la réserve naturelle de **Rùm** (p. 338), avant de déguster tranquillement une pinte dans le **pub le plus isolé de Grande-Bretagne** (p. 341).

JUIN
De plus en plus de randonneurs parcourent sac au dos la **West Highland Way**, soit près de 155 km de Milngavie à Fort William.

JUILLET
À l'ouest d'Inverness, à Kiltarlity, se tient le **Belladrum Tartan Heart Festival**, le plus grand festival de musique des Highlands.

SEPTEMBRE
Nouez vos lacets : **Skyline Scotland** est le grand week-end des courses de trail au Royaume-Uni. Ben Nevis et les sommets du Glen Coe figurent au programme.

OCTOBRE
C'est la saison du rut pour les cerfs du **Cairngorms National Park**. La plus grande population de cerfs mâles d'Europe s'y affronte, bois contre bois.

INVERNESS

Ancienne place forte des Pictes – les tribus celtiques établies dans le nord et l'est de l'Écosse –, Inverness ne vit pas dans le passé. Dynamique, tournée vers la mode, la ville affiche une croissance record dans le royaume. Si elle attire le meilleur de la culture et de la gastronomie des Highlands, Inverness reste proche de la nature : *glens*, landes et montagnes fameuses sont à ses portes.

Sise à l'embouchure de la Ness dans le Moray Firth, Inverness a longtemps eu une importance stratégique. Son port protégé et sa proximité avec la mer du Nord en ont fait dès le Moyen Âge un chantier naval. Aussi le roi David Ier fit-il bâtir au XIIe siècle le château d'Inverness pour superviser le développement du commerce dans ce *burgh* royal.

Puis la florissante Inverness a été témoin d'une histoire monarchique, politique et militaire aussi romantique que dramatique, avec Marie Stuart, Oliver Cromwell et Bonnie Prince Charlie, dernier prétendant Stuart au trône britannique. Non loin, Culloden est le site de la toute dernière bataille livrée par les clans sur le sol anglais.

Pour les infos pratiques, voir le Carnet d'adresses p. 342

À SAVOIR

Pour découvrir la "vraie vie" d'Inverness, visitez-la en semaine car, le week-end, les gens de toute la région viennent y faire leur shopping.

CAIRNS DE CLAVA

Initialement désignés dans leur ensemble comme des chambres funéraires et datés du néolithique, les trois cairns de Clava, proches de la rivière Nairn et à 1,6 km à l'ouest de Culloden, sont un des sites les plus évocateurs de l'Écosse préhistorique. Si deux des cairns seraient bien des tombeaux – d'ailleurs réutilisés sur plusieurs générations de l'âge du bronze –, de récents travaux stipulent que le grand cercle et les pierres dressées auraient un rôle autre, funéraire certes, mais aussi astronomique, voire purement symbolique.

Inverness à pied (ou à vélo)

L'ESPRIT DE LA VILLE

C'est en arpentant à pied les rues du centre que l'on découvre au mieux Inverness. Partez de la rive est de la **Ness** au pied de l'**Inverness Castle**, bastion intact qui a servi d'hôtel de ville, de tribunal et de prison. La forteresse de grès rouge ne se visite pas pour l'instant, à la différence de celles d'Édimbourg ou de Stirling, mais la rénovation de grande ampleur qui est en cours promet beaucoup. Pour l'instant, on peut admirer ses tours crénelées depuis son parc pittoresque.

À l'ombre des remparts dans Castle Wynd, l'**Inverness Museum and Art Gallery** expose divers objets des périodes picte et viking, ainsi que des témoignages des révoltes des jacobites. Le musée a aussi une vedette empaillée, **Felicity the Puma**, un gros chat "sauvage" capturé à Glen Affric (qui aurait en fait échappé à son propriétaire).

Les tours jumelles et les vitraux de la **St Andrews' Cathedral** ne manqueront pas d'attirer votre regard sur l'autre rive. Faites-y un détour ou poursuivez vers le sud sur la même rive, jusqu'aux **Ness Islands**, un petit chapelet d'îlots couverts de pins sylvestres, hêtres et sycomores, des passerelles victoriennes les reliant l'un à l'autre dans un véritable havre de paix. L'été, prenez une canne à pêche… vous attraperez peut-être un saumon de l'Atlantique.

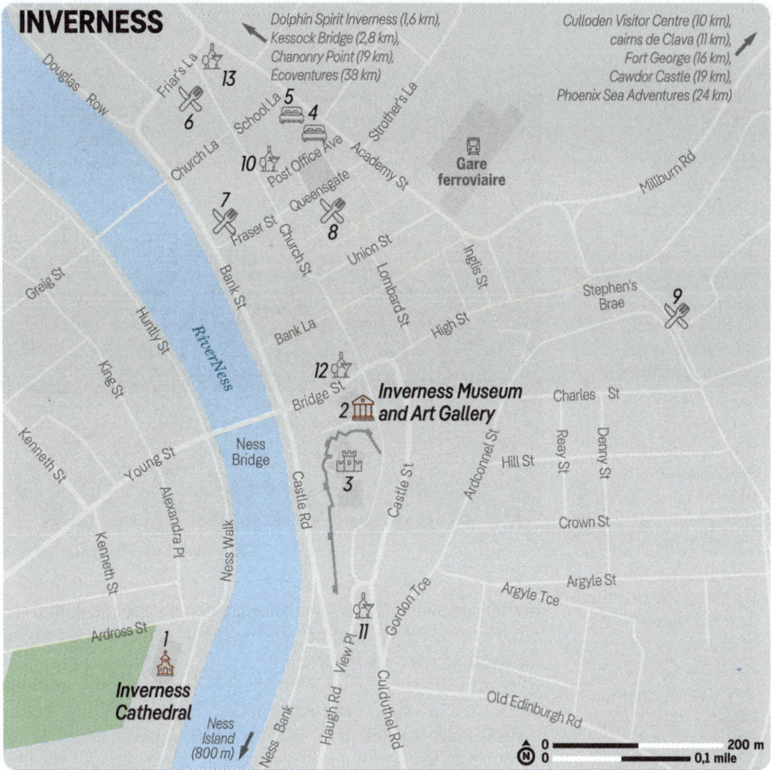

INCONTOURNABLES	VOIR	SE RESTAURER	PRENDRE UN VERRE
1 Inverness Cathedral **2** Inverness Museum and Art Gallery	**3** Inverness Castle **SE LOGER** **4** Black Isle Hostel **5** Pentahotel Inverness	**6** Leakey's Bookshop and Cafe **7** Mustard Seed **8** Scotch & Rye **9** Velocity Cafe	**10** Black Isle Bar **11** Castle Tavern **12** Gellions **13** MacGregor's

Culloden, la réelle fin des Stuarts

LA DERNIÈRE BATAILLE DES JACOBITES

Remontons au 19 août 1745 : l'Europe centrale est en pleine guerre de Succession d'Autriche et, le 21 août, deux très jeunes gens sont mariés en Russie, la future Grande Catherine épousant l'héritier de l'Empire, le futur Pierre III.

En Écosse, un exilé, Bonnie Prince Charlie, l'héritier des Stuarts évincés du trône britannique en 1688, dresse l'étendard de la dynastie à Glenfinnan (p. 335) où les clans

OÙ SE LOGER À INVERNESS

Rocpool Reserve Hotel
Une demeure georgienne ayant vue sur la Ness. Dans les chambres, bains bouillonnants et balcons privatifs. £££

Pentahotel Inverness
À l'attention d'une clientèle jeune, un lieu où se sentir "comme chez les gens d'ici", avec salon douillet et bar 24h/24. ££

Black Isle Hostel
Proche des gares routière et ferroviaire, une auberge de jeunesse à dortoirs mixtes. Le Black Isle Bar est juste au coin. £

LES TABLES CHOYÉES D'INVERNESS

Mustard Seed
Ouvert en continu et donnant sur la Ness, un bistrot servant produits de la mer, bœuf des Highlands... ££

Velocity Cafe
Un café associatif végétalien et "zéro déchet". Les cyclistes s'y plaisent ; atelier de réparation sur place. £

Scotch & Rye
Burgers au porc ou au bœuf écossais et whiskies *single malt* sont à l'affiche de ce bar rappelant les *speakeasy* de la Prohibition. ££

Leakey's Bookshop and Cafe
Librairie d'occasion et café servant soupes, sandwichs et bien sûr du café. £

MacGregor's
Bon gastropub pour petits-déjeuners et recettes typiques telles que le *Cullen skink* (soupe de haddock, pommes de terre, oignons et lait). £

CABLACH/GETTY IMAGES ©

Site de la bataille de Culloden

highlandais se rallient à sa cause. La courte épopée démarre : une marche vers le sud et Londres pour lancer la campagne militaire contre les Hanovre.

Un an plus tard, le 16 avril 1746, le prince et ses soutiens fidèles, les jacobites, affronteront les "habits rouges" anglais à **Culloden**. La dernière bataille des Stuart livrée sur le sol de Grande-Bretagne ne durera qu'une heure, mais sera une hécatombe : 1 600 morts ou blessés dans les rangs jacobites.

Aujourd'hui, le fascinant **Culloden Visitor Centre**, à 10 km à l'est d'Inverness, permet de revivre la bataille et ses suites. D'abord, un **cinéma immersif** à 360° vous transporte au cœur de ce combat sanglant, avant que vous ne découvriez les galeries exposant armes et objets uniques. Des lettres manuscrites de Bonnie Prince Charles permettent de recontextualiser le conflit.

Mais, pour beaucoup, le point fort reste la visite du **champ de bataille** même, une bande de terrain plat et venteux bien différent des pentes des *glens* où les jacobites excellaient au combat.

OÙ PRENDDRE UN VERRE À INVERNESS

Castle Tavern
Très apprécié des gens du cru, ce pub "real ale" du centre affiche un "malt du mois". Le plus : le *beer garden* sur la Ness.

Black Isle Bar & Rooms
L'annexe à Inverness de la réputée Black Isle Brewery sert ses propres bières artisanales à assortir de pizzas au feu de bois.

Gellions
Le plus ancien pub de la ville (1841) assure chaque soir des sessions de musique traditionnelle.

JAMES GREENSHIELDS/SHUTTERSTOCK ©

Fort George

Châteaux de campagne

FORTS ET CHÂTEAUX AUTOUR D'INVERNESS

Prenez la route qui contourne la capitale des Highlands et remontez l'Histoire, en commençant par le massif **Fort George** en forme d'étoile. S'il est très éloigné de l'idée qu'on se fait souvent des châteaux écossais, son histoire et sa conception hanovriennes sont liées au soulèvement jacobite. Bâti en 1727, le premier fort fut occupé et démoli par les troupes de Bonnie Prince Charlie en 1746 avant d'être rebâti pour devenir le fort d'artillerie le plus formidable de Grande-Bretagne.

De là, partez au sud-est jusqu'au **Cawdor Castle**, mentionné dans le célèbre *Macbeth* de Shakespeare (les trois sorcières saluent en Macbeth le "Thane de Cawdor", qui "sera roi un jour") sans que le vrai Macbeth, mort en 1057, trois siècles avant sa construction, y ait en définitive jamais résidé. Vieux de 600 ans, c'est un fort classique avec douves et pont-levis, tourelles, escaliers à vis et salles ornées de tapisseries. La visite guidée offre un aperçu fascinant du quotidien de l'aristocratie écossaise de l'époque.

Si votre rêve est d'avoir votre propre château, vous pouvez l'approcher en séjournant à l'**Aldourie Castle**, domaine privé avec 13 chambres luxueuses. C'est le seul château du Loch Ness à héberger des clients.

À LA RENCONTRE DES DAUPHINS

Une population de grands dauphins s'est établie au nord d'Inverness dans le Moray Firth. Des prestataires permettent de s'en approcher.

Dolphin Spirit Inverness
Circuits familiaux en bateau ou en canot semi-rigide sur le Moray Firth, au départ de la marina d'Inverness.

Dolphin Trips Avoch
Sorties en mer individuelles vers Black Isle (p. 309), au départ du village portuaire d'Avoch.

Phoenix Sea Adventures
Sorties de 2 heures au départ de Nairn, sur des hors-bords semi-rigides à cabine.

Ecoventures
Prestataire basé à Cromarty, proposant des circuits pour observer dauphins, baleines de Minke et requins pèlerins.

Chanonry Point
Cordon littoral de Black Isle permettant d'observer depuis le rivage les cétacés vivant au large.

COMMENT CIRCULER

Très accessibles et délicieux à explorer à pied, les principaux sites d'Inverness sont au bord du fleuve, à quelques pas des gares routière et ferroviaire. Pour gagner Culloden, à 6,4 km à l'est de la ville, prenez le bus n° 27 (30 minutes).

Environs d'Inverness

Au cœur d'un paysage envoûtant de *glens* entourés de pins et de montagnes érodées s'étire le loch le plus célèbre au monde, où rôde (dit-on) un monstre insaisissable.

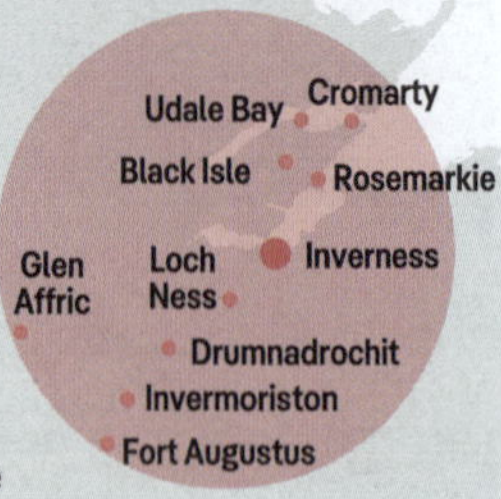

Long de 37 km, incroyablement profond (230 m), le plus grand lac en volume des îles Britanniques, le Loch Ness règne en maître sur tout le sud d'Inverness. Ses rives sont le point de départ d'aventures exaltantes, que ce soit en auto, en bateau, à pied ou à vélo, vers les *glens* tortueux qui l'entourent.

C'est ici que vivrait, depuis plus de 80 ans, Nessie, l'un des plus grands mystères du pays. Que l'on croie ou non à cette créature mythique créditée d'un look préhistorique, elle souligne parfaitement le côté fantastique des Highlands. Il en résulte que ce loch, désert et plein d'échos, encadré à l'ouest par les glens Affric, Urquhart et Moriston, et clos au nord par la péninsule de Black Isle, est à la fois le pays de la nature et du surnaturel – à condition de laisser vagabonder votre esprit.

Pour les infos pratiques, voir le Carnet d'adresses p. 343

À SAVOIR

La plupart des villes et des services touristiques sont sur la rive ouest. La rive est, méconnue, offre de larges plages de calme et de méditation.

Glen Affric

MUNROI/GETTY IMAGES ©

Rien de noir à Black Isle !

LA PÉNINSULE DU MORAY FIRTH

Quand les Écossais vous lancent sur la North Coast 500, souvent présentée comme l'un des road trips vedettes de la région, essaieraient-ils de garder pour eux seuls les délices de **Black Isle** ? D'autant que le Kessock Bridge, à 10 minutes au nord d'Inverness, permet d'y accéder facilement.

Black Isle, c'est l'image des bandes de grands dauphins croisant à quelques encâblures des pittoresques bourgs de pêcheurs de **Cromarty** ou **Rosemarkie**. C'est aussi les buses aperçues dans le Fairy Glen de la Royal Society for the Protection of Birds (RSPB). Autre site pour ornithologues amateurs, **Udale Bay**, avec ses oies et ses échassiers. De l'île, on apprécie aussi sa très photogénique **Fortrose Cathedral** comme les arts celte et picte mis en valeur au **Groam House Museum**. Fierté du musée : ses 15 pierres pictes magnifiquement sculptées, pour beaucoup mises au jour à Rosemarkie et témoignant de la présence d'un monastère et d'un lieu de pèlerinage il y a quelque 1 250 ans. Outre les sites préhistoriques et les cairns dolméniques répartis sur l'isthme, Black Isle est rurale et très agréable à parcourir à vélo. De fait, le "noir" de son nom ne renvoie pas à quelque sombre mystère, mais à la teinte que ses champs très fertiles prennent en hiver.

OÙ PRENDRE UN VERRE ET MANGER SUR BLACK ISLE

The Anderson
Le pub de l'hôtel animé de Fortrose propose barbecue et burgers à l'américaine, plus un superbe choix de bières artisanales et de whiskies.

Black Isle Brewery
La brasserie bio la plus connue des Highlands, avec une ferme et un potager où règnent recyclage et écologie. Visites guidées (lundi-samedi), boutique et hébergement type Airbnb.

Glen Ord Distillery
Créée en 1838 à Muir of Ord, c'est l'une des plus anciennes distilleries écossaises. Le Singleton Warehouse propose diverses visites guidées et dégustations.

Explorer le Glen Affric, le glen le plus sauvage d'Écosse

À PIED OU À VÉLO, ET SAC AU DOS

Loin des foules de visiteurs d'un jour et des chasseurs de monstres, à 33 km à l'ouest du Loch Ness, le **Glen Affric** est presque un autre monde. C'est en tout cas l'Écosse dans ce qu'elle a de plus sauvage. On pénètre dans un véritable royaume de l'aventure, pour randonneurs, grimpeurs, vététistes, canoéistes, campeurs sauvages et pêcheurs. Ce qui reste de l'antique **forêt de conifères calédonienne** s'étire sur plus de 40 km, l'une de ses étendues les plus larges du pays. Cerfs et balbuzards pêcheurs y vivent sous l'œil des loutres de la rivière qui serpente au fond de la vallée.

L'aventure commence au parking situé au bout de la route à voie unique qui mène au *glen*. Faites le long tour du loch à pied (5 heures), attaquez-vous à l'un des **12 munros** (sommets de plus de 3 000 pieds/914 m) qui entourent le *glen*, ou escaladez-les tous en deux longues journées. Sinon, allez nager, pagayer...

Le projet pilote de renaturalisation **Trees for Life** (p. 463) qui vise à régénérer la forêt calédonienne qui couvrait à l'origine la majorité des Highlands porte notamment sur la forêt endémique

OÙ SE LOGER SUR BLACK ISLE

Newhall Mains
Une ferme rénovée aux confortables cottages. Petit-déjeuner, dîner et panier pique-nique à la demande. Aérodrome privé. **£££**

The Allangrange
Hôtel douillet de 5 lits, à Munlochy, avec restaurant, pub et plats à emporter. Proche de la North Coast 500 et des sites de Black Isle. **££**

Wildwoodz
Centre d'activités (paintball, tir à l'arc) louant des bungalows sans eau ni électricité, mais avec poêles à bois et barbecues. L'idéal en groupe. **£**

BELLES BALADES DANS LE GLEN AFFRIC

Plodda Falls
On arrive à cette cascade haute de 40 m depuis Tomich par un sentier de 2,4 km qui traverse une jolie forêt de pins de Douglas.

Tom a' Choinich et Toll Creagach
Comptez 6 à 8 heures pour faire le tour de ces deux plus beaux *munros* du *glen* en partant du parking de Tomich.

Loch Affric Circuit
Randonnée de 17 km autour du *glen*, au départ du parking de Cannich.

De Glen Affric à Shiel Bridge
Marche de deux jours et 40 km à travers une nature sauvage, ponctuée de sommets et de lande déserte.

Affric Kintail Way
C'est une des nouvelles grandes randonnées écossaises : un itinéraire balisé de 69 km allant de Drumnadrochit à Morvich, en passant par le Loch Duich.

NITSAWAN KATERATTANAKUL/SHUTTERSTOCK ©

Urquhart Castle

des Affric Highlands. Bénévoles bienvenus ; renseignez-vous sur treesforlife.org.uk. Et si le *glen* se visite toute l'année, les amateurs de faune sauvage s'y retrouvent en octobre et début novembre pour le brame du cerf.

Mythes et folies du Loch Ness

CHASSE AU MONSTRE

"Regarde !" "Là-bas !" "Tu as vu ?" Ces fausses exclamations fusent sur le **Loch Ness**, où les bateaux de tourisme partis du village de **Drumnadrochit** (à 25 minutes d'Inverness) projettent leur ombre sur l'eau trouble. Nessie, insaisissable monstre (de légende), est censé se cacher ici depuis la révélation de sa première "apparition" dans l'*Inverness Courier* en date du 2 mai 1933.

Un peu kitsch, le **Loch Ness Centre & Exhibition** remet en contexte l'histoire à dormir debout du monstre du Loch Ness (la légende voudrait que saint Colomban ait aperçu Nessie pour la première fois en 564 !). C'est surtout le point de départ de croisières intéressantes et mystérieuses – au second degré.

Une fois sur l'eau, on se prend facilement au jeu de la chasse au monstre et de la possibilité, même infime, d'apercevoir la célèbre créature dans l'eau profonde et sombre. Pour en profiter pleinement, mettez vos doutes au placard. Comme disent les gens du coin, il y a de la magie dans le loch si on sait où regarder.

Les trois compagnies recommandées, **Castle Cruises**, **Cruise Loch Ness** et **Loch Ness by Jacobite**, proposent toutes des sorties d'une heure, d'une demi-journée ou d'une journée complète sur le loch.

OÙ SE LOGER PRÈS DU LOCH NESS

Eagle Brae
Dix chalets luxueux à flanc de montagne au-dessus de Carnoch. À 30 minutes à l'ouest du Loch Ness. **£££**

Foyers Lodge
Un adorable refuge victorien entouré de bois et de cascades, sur la rive est du loch. **££**

Morag's Lodge
Auberge de jeunesse écoresponsable avec un salon, un bar, et des repas sur place, en plein Fort Augustus. **£**

L'Urquhart Castle, un site convoité

IL Y A UN MILLÉNAIRE

Si Nessie est la vedette monstrueuse du Loch Ness, les ruines de l'**Urquhart Castle** en sont l'emblème romantique.

Sur un éperon au sud de Drumnadrochit, ce fort du XIIIe siècle est l'archétype du château en ruine avec ses tours effondrées, ses geôles et sa grande salle. Il changea de mains plusieurs fois, fut détruit et reconstruit, saisi par un clan puis un autre… Sans une garnison d'hommes de main ayant essayé de le raser en 1692 pour éviter son utilisation par les jacobites, il serait peut-être encore entier aujourd'hui ! De son donjon préservé, la tour Grant, la vue sur le loch et au-delà est exceptionnelle.

Le Loch Ness à pied, à cheval ou à vélo

LE LOCH SOUS TOUS LES ANGLES

Le **Loch Ness 360° Trail** est un circuit de 128 km pour randonneurs, cyclistes, coureurs et cavaliers fait de deux sentiers distincts : **Great Glen Way** et **South Loch Ness Trail**. On peut partir d'Inverness ou de tout point du parcours, et faire le tour en six étapes d'une journée (trois pour les cyclistes) reliant Glenmoriston (au nord-ouest) à Fort Augustus, puis Foyers et Dores sur la rive est.

Commencez par suivre le Great Glen Way en direction de Dunain Community Woodland et entrez dans l'**Abriachan Wood**, un joli bois d'où l'on a vue au loin sur les Monadhliath Mountains, à l'est. Escaladez le **Meall Fuar-mhonaidh**, le plus haut sommet (699 m) sur le loch. Ici, 15 km de chemins de VTT et de sections plus ardues vous attendent. Continuez à travers la lande jusqu'à Drumnadrochit, où le château d'Urquhart joue à cache-cache derrière les bosquets de pins. De là, il y a deux chemins vers **Invermoriston**, sur la rive ouest du loch, par les hauteurs ou par la vallée. Plus beau, l'itinéraire en hauteur domine l'antique forêt calédonienne.

Le sentier contourne **Fort Augustus**, bordé par le **canal calédonien** – achevé en 1822, ce chef-d'œuvre d'ingénierie reliant entre elles les côtes est et ouest de l'Écosse permettait d'éviter aux navires de passer par la mer. Le sentier remonte ensuite vers le nord jusqu'à un superbe belvédère, **Suidhe Chuimen**, avant de replonger vers Foyers. Le lendemain, suivez les sentiers zigzaguant dans la paisible Farigaig Forest en direction de **Dores Inn**, pub de campagne superbement restauré où se sustenter.

Les 16 derniers kilomètres jusqu'à Inverness peuvent être accidentés et marécageux mais on est récompensé d'une dernière vue sur le Loch Ness ainsi que sur la ville.

POUR BIEN PROFITER DU LOCH NESS

Freda Newton, gérante de Loch Ness by Jacobite, nous donne ses conseils pour découvrir le loch.

À chaque croisière au départ de Dochgarroch, j'aime le Loch Ness un peu plus encore. Le panorama qui surgit à hauteur du phare de Bona ne cesse de m'émerveiller. Le Loch Ness n'abrite pas qu'un monstre de légende. Ses paysages sont majestueux, la beauté de sa nature est absolue, il y a le château d'Urquhart… Beaucoup de gens ne voient pas à quel point le loch est le centre des Highlands de l'Ouest. Il l'est pourtant sur le plan géologique – le Ness appartient au Great Glen, vaste dépression suivant une ligne de faille coupant les Highlands en deux – et sur le plan historique, notamment avec les soulèvements jacobites.

COMMENT CIRCULER

Une route principale dessert le Loch Ness. Elle longe sa rive ouest sur 54 km entre Inverness et Fort Augustus. La partie la plus septentrionale du Great Glen Way, chemin de grande randonnée de 125 km, le longe aussi par l'ouest. Il n'y a pas de trains et peu de bus : mieux vaut venir en voiture ou à vélo.

CAIRNGORMS NATIONAL PARK

L'essentiel dans les Cairngorms, c'est d'être dehors. Peu importe la météo ! Plateau montagneux entaillé de *glens* profonds et de cols comme le Lairig Ghru, le plus grand parc national du Royaume-Uni héberge cinq des six plus hauts sommets du pays. D'Aviemore, au nord, aux Angus Glens, au sud, la région offre tout un panel d'activités de pleine nature – bivouac sous la neige, marathon autour du whisky, ski de randonnée – et attire tout autant pêcheurs et chasseurs de tétras que canoéistes et grimpeurs. Si ce décor subarctique de granit et de bruyère, de rochers et de glace est un appel à quitter la route pour les sentiers, des raisons moins sportives invitent aussi à y séjourner, à commencer par l'observation de la faune ou du ciel et la dégustation de whiskies. Sans compter le charme qu'opérera à coup sûr son vénérable couvert forestier de pins sylvestres – il est peu d'endroits dans le pays où la forêt calédonienne est aussi belle.

Pour les infos pratiques, voir le Carnet d'adresses p. 344

À SAVOIR

En semaine, les tarifs sont moindres. Si l'on veut conjuguer météo favorable et fréquentation raisonnable, mieux vaut opter pour le mois de mai ou celui de septembre.

LES BONNES TABLES D'AVIEMORE

Winking Owl
L'équipe à la tête de la géniale Cairngorm Brewery sert ici avec bonne humeur des bières et de réconfortants burgers, steaks, puddings... ££

Cairngorm Hotel
Cet hôtel parfait pour les familles propose aussi une cuisine qui tient au corps et sert cafés, puddings et whiskies. ££

Cheese and Tomatin
On apprécie les pizzas à pâte moelleuse et cuites au feu de bois que propose ce café décontracté au-dessus de Cairngorm Mountain Sports. £

Aviemore à toute vapeur

NAISSANCE D'UNE VILLE DE MONTAGNE

Depuis la gare, c'est à pied qu'on parcourt le mieux la porte d'accès aux Cairngorms.

La **Spey** coule à ses pieds, le massif des Cairngorms trône à mi-distance... On a tôt fait de comprendre quelle terre d'exercice et d'aventure nous attend. Aviemore n'en a pas moins sa petite histoire. C'est le terminus d'un ancien train à vapeur, le **Strathspey Steam Railway**, qui halète toujours sur 14 km jusqu'à **Boat of Garten** et **Broomhill**, et ramène à l'époque des sifflets des locomotives à vapeur et du cliquetis des roues sur les rails. Le trajet à bord offre une vaste perspective sur le Cairngorms National Park, qui met l'eau à la bouche.

Autour de la gare, Aviemore aligne boutiques de sports et plein air, cafés, pâtisseries et hôtels qui ont vu le jour dans les années 1960 pour répondre au nouvel engouement touristique. À l'ouest de la station, la **Craigellachie National Nature Reserve** offre plus de charme. On y accède sans difficulté à pied. De là, entre les lochs entourés d'arbres et les grandes clairières, divers sentiers partent à l'assaut des sommets. Après avoir grimpé dans d'épais bois de bouleaux, on atteint ces rochers haut perchés d'où la vue est à couper le souffle. Le cri aigu des buses vous surprendra en été. Ayez l'œil aussi pour repérer les faucons pèlerins.

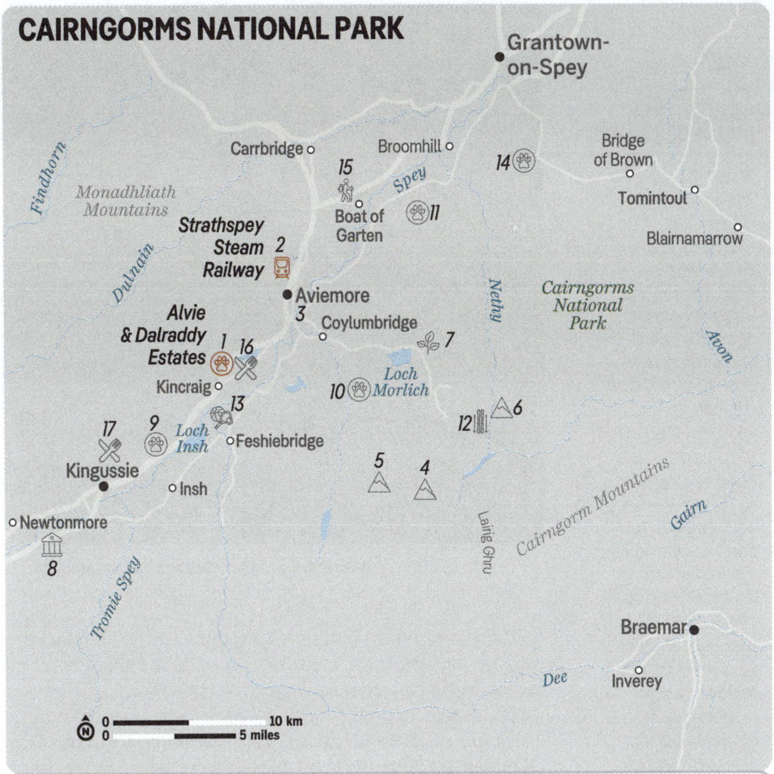

INCONTOURNABLES
1 Alvie & Dalraddy Estates
2 Strathspey Steam Railway

VOIR
3 Aviemore
4 Ben Macdui
5 Braeriach
6 Bynack More
voir 3 Craigellachie National Nature Reserve
7 Glenmore Forest Park
8 Highland Folk Museum
9 Highland Wildlife Park
10 Rothiemurchus Estate
11 RSPB Loch Garten Osprey Centre

ACTIVITÉS
12 Cairngorm Mountain Ski Area
13 Loch Insh Outdoor Centre
14 Lynbreck Croft
15 Scot Mountain Holidays

SE RESTAURER
16 Alvie Forest Food
17 The Cross

Un réel sanctuaire pour la faune

BALBUZARDS, CERFS, CHATS SAUVAGES...

Écureuils roux, chevreuils, rapaces et cerfs, le parc des Cairngorms est la capitale officieuse de la faune sauvage du nord de l'Écosse. Un seul jour de safari ici permet de voir bon nombre d'oiseaux et autres animaux souvent insaisissables. Le parc groupe

OÙ SE LOGER DANS LES CAIRNGORMS

Boat Country Inn
Chambres soignées, esprit tartan et table soignée à base de produits fermiers. Face au Strathspey Steam Railway. **££**

Aviemore Bunkhouse
Dortoirs et chambres privatives dans cette auberge indépendante proche de l'Old Bridge Inn et de la gare. **£**

Aviemore Youth Hostel
Simple auberge à dortoirs, avec garage à vélos et séchoir. Sur place, centre d'accueil du Scottish Natural Heritage. **£**

AU PLUS PRÈS D'ESPÈCES RARES

Alvie & Dalraddy Estates
Ce domaine proche de Kincraig programme des chevauchées dans les Cairngorms et des sorties pour photographier écureuils roux et cerfs élaphes.

Highland Wildlife and Birdwatch Safaris
Pour explorer en 4x4 les parties les plus reculées du parc national. Vous y aurez les cerfs et les aigles pour seule compagnie.

Speyside Wildlife
Les sorties taillées sur mesure sont la spécialité de cet opérateur de Grantown-on-Spey. Au programme notamment la nuit : l'observation des blaireaux et des martres depuis des abris conçus tout exprès.

Instinct Guides
Des ornithologues qui vous proposent un accès exclusif aux *leks*, lieux des parades nuptiales des tétras-lyres où les mâles s'affrontent.

Balbuzard pêcheur, Cairngorms National Park

neuf réserves naturelles, dont chacune protège un quart des espèces menacées du Royaume-Uni, allant de la martre au lagopède, du rare chat sauvage au tétras-lyre.

Commencez au nord d'Aviemore par aller voir les balbuzards pêcheurs du **RSPB Loch Garten Nature Centre**, dans l'**Abernethy National Nature Reserve**, aire de répartition historique de ces rapaces brun et blanc au Royaume-Uni. Ils avaient disparu il y a un demi-siècle des îles Britanniques, mais la protection de leur habitat permet désormais le retour annuel de près de 400 couples depuis l'Afrique de l'Ouest. La meilleure période pour les voir court d'avril à août.

À l'est du centre d'Aviemore, le **Rothiemurchus Estate**, ses 10 millions de pins sylvestres (partie de la forêt calédonienne) et le Loch an Eilein offrent un parfait refuge aux écureuils, grands tétras, cervidés et balbuzards pêcheurs. Plus loin sur la route forestière, passé le Loch Morlich et le **Glenmore Forest Park** (royaume des poules d'eau et canards), vit le seul troupeau de rennes sauvages du Royaume-Uni, le **Cairngorm Reindeer Herd**, que les gardiens du parc vous aideront à approcher.

OÙ SE LOGER DANS LES CAIRNGORMS

Glenmore Lodge
Chambres et chalets chez ce premier prestataire britannique d'activités de plein air du pays. Escalade, VTT et sports nautiques. **££**

Culdearn House Hotel
Villa victorienne à Grantown-on-Spey. Menu-dégustation de 4 plats et 60 whiskies *single malt* au choix. **££**

Tigh na Sgiath Country House
Façon manoir de Downton Abbey, des suites somptueuses et une atmosphère aristocratique. Le plus proche d'Aviemore. **£££**

Grimpette aux sommets

LA CHAÎNE DES CAIRNGORMS

La plus grande chaîne montagneuse du royaume se découvre depuis Aviemore. Point de départ de sentiers balisés, la **station de Cairn Gorm** attire toute l'année des randonneurs. Il y a un café près du sommet du Cairn Gorm (1 245 m, sixième sommet du Royaume-Uni) et un poste de rangers d'où partent les randonnées avec guides. On y vient pour des treks "alpins", pour inscrire un nouveau *munro* à ceux déjà gravis (dans la grande tradition du *munro bagging*), pour faire du camping sauvage ou pour se baigner quand le soleil réchauffe les *glens*. De décembre à avril, les pistes de **White Lady** et **Coire Cas** drainent leur lot de skieurs passionnés. En été ou en automne, on peut aussi monter par le **funiculaire** pour voir de haut le Loch Morlich.

Passer une nuit sur la glace n'est pas à la portée de tous, mais la perspective d'arriver à un ravin enneigé offrant une vue sur la chaîne des Grampians et de creuser dans la neige pour y dormir est une micro-aventure des plus excitantes. **Scot Mountain Holidays** propose de telles expéditions, ainsi que des cours d'activités hivernales de plusieurs jours.

LE MUST DU MUNRO BAGGING (P. 315)

Braeriach (1 296 m)
Troisième plus haut sommet de Grande-Bretagne. Sa longue approche, à pied comme à vélo, le protège de l'affluence.

Ben MacDui (1 309 m)
Point culminant des Cairngorms et deuxième sommet des îles Britanniques. C'est néanmoins le plus sauvage de par sa situation.

Bynack More (1 090 m)
La hauteur la plus fantasmagorique des Cairngorms. Le regard plonge tout en bas dans l'eau verte du Lochan Uaine où, dit la légende, les fées faisaient leur lessive.

Baignade dans le Loch Insh

PARADIS DES SPORTS NAUTIQUES DANS LES CAIRNGORMS

La basse vallée du splendide Glen Feshie qui file au sud depuis Kincraig offre le meilleur endroit qui soit dans le parc pour les activités nautiques. Le **Loch Insh Outdoor Centre** y assure la location de bateaux à voile, planches à voile, kayaks, canoës, SUP et matériel de pêche, ainsi que des cours. Le lieu est enchanteur pour se baigner.

Cueillette pour un festin

LE GARDE-MANGER NATUREL DES CAIRNGORMS

On vit dans les Cairngorms au rythme des saisons. La tradition de la **cueillette** perdure en fin d'été et en début d'automne dans les forêts denses de pins sylvestres et sur le bord des rivières et des lochs.

L'écomusée de Newtonmore, le **Highland Folk Museum**, a dessiné parmi ses chaumières et autres bâtiments un **Highland Herb Trail**, parcours autoguidé qui vous fera découvrir plantes et herbes nourricières ou curatives, qu'on mangeait encore ici au XVIIIe siècle.

RÉSERVE DE CIEL ÉTOILÉ

Au nord-est des Cairngorms, **Tomintoul** est un endroit remarquable pour admirer les étoiles et, avec de la chance, une aurore boréale. Autres sites parfaits pour observer le ciel : **Isle of Coll** (p. 259) et **Galloway Forest Park** (p. 168).

OÙ PRENDRE UN VERRE DANS LES CAIRNGORMS

Old Bridge Inn
Ales locales, plats de pub tels langue de bœuf ou risotto aux fruits de mer, feu de cheminée et sessions musicales.

Flying Stag
Un pub élégant d'esprit citadin, avec sa propre *lager*. Dans le Fife Arms 5 étoiles de Braemar.

Glen Hotel
Cet hôtel édouardien historique du centre de Kingussie abrite un pub fort fréquenté.

OÙ FAIRE DE BONNES PRISES

Rothiemurchus Fishery
Trois lochs où la truite (à relâcher après capture) abonde. Sont aussi programmées des sessions de pêche au brochet en compagnie d'un guide.

Loch Vaa
Un loch à la belle population de truites arc-en-ciel, fario ou mouchetées. La pêche ne s'y pratique qu'en bateau.

Alvie & Dalraddy Estates
Situé au sud d'Aviemore, ce domaine inclut sur ses terres les lochs Alvie et Beag. Deux sites première classe pour pêcher la truite fario et le brochet depuis les berges.

AJB/ALAMY STOCK PHOTO ©

Highland Folk Museum (p. 315), Newtonmore

La plupart des bonnes choses : chanterelles, framboises, myrtilles, mûres, orties, prunelles, ail sauvage... poussent le long des rivières et dans les bois. Les rangers du parc proposent des visites guidées, tout comme Lynbreck Croft et **Scot Mountain Holidays**. Mais n'oubliez pas qu'il est interdit de ramasser plantes et champignons dans les réserves naturelles du parc national.

Pour goûter à tout cela sans effort, allez voir Chris McCall et son **Alvie Forest Food** implantée dans l'Alvie Estate : il y propose des plats à base de produits glanés dans les forêts environnantes. Autre option : le vieux village de Kingussie et sa table **The Cross**, dont les excellents menus dégustation reposent sur les mêmes produits.

COMMENT CIRCULER

Pour couvrir les richesses du Cairngorms National Park, il faut une voiture ou un vélo. Sinon, cantonnez-vous autour des gares de la Highland Main Line : Newtonmore, Kingussie, Aviemore et Carrbridge.

Environs du Cairngorms National Park

Au nord, le massif des Cairngorms s'adoucit en direction du Speyside, le pays du whisky. Au sud, place aux châteaux extravagants et aux forêts profondes. Ne négligez ni l'un ni l'autre.

Les montagnes, bois et rivières qui forment les Cairngorms perdent en altitude au nord et au sud du parc national. Bon nombre des sites les plus attrayants se trouvent dans ces paysages intermédiaires, entre sommets et forêts de pins. Les abords de la route A9 sont assez peuplés, jalonnés aussi de traces du passé qui feraient la fierté de n'importe quelle région écossaise. Distilleries réputées de Tomintoul et de Dalwhinnie, châteaux du XIXe siècle, passé jacobite dans le **Highland Perthshire** (à Pitlochry et Blair Atholl) : cette partie des Highlands du Centre est un beau symbole de l'Écosse.

Pour les infos pratiques, voir le Carnet d'adresses p. 345

À SAVOIR

L'été est la saison où le Perthshire est le plus visité. Venez plutôt à l'automne : le feuillage flamboie, les saumons sautent dans les rivières et la douceur autorise à paresser dehors un verre de whisky à la main.

Blair Castle (p. 318)

Road trip : la route du whisky

SINGLE MALTS ET GRANDS WHISKIES

Au nord des Cairngorms, le **Speyside** (p. 236) regorge de distilleries. À ses confins, il existe aussi une pléthore d'adresses où déguster l'*uisge beatha* (eau-de-vie). Une des plus belles routes menant dans la région du whisky passe par le plus haut village des Highlands et ses maisons de pierre, **Tomintoul**, où l'on peut visiter la distillerie éponyme.

Roulez ensuite vers le nord-est sur 8 km, jusqu'à la **Glenlivet Distillery**, maison de réputation mondiale, fondée en 1822 dans un *glen* autrefois réputé pour ses contrebandiers, ses collecteurs d'impôts et ses distilleries illicites. Après quelques *drams* (mesures de whisky) profitez de votre retour à pied pour contempler la Voie lactée. Vous êtes dans la réserve de ciel étoilé la plus septentrionale du monde, le **Tomintoul and Glenlivet Cairngorms Dark Sky Park**, qui couvre 244 km².

Repartez vers l'ouest des Cairngorms et bifurquez sur l'A9 vers le sud pour visiter la **Dalwhinnie Distillery**. Sa cheminée, au bord de la route, est inratable. Fondée en 1898, c'est la plus haute distillerie du pays ; la tourbe abondante des environs donne du punch à son whisky très parfumé.

LITS DOUILLETS ET BONNES TABLES DANS LE NORD DES CAIRNGORMS

Smugglers Hostel
Dortoirs et chambres privatives de l'auberge de jeunesse municipale de Tomintoul se doublent d'un espace de stockage et d'une laverie très pratiques pour les cyclotouristes. £

Glenlivet House
À la fois cottage et dortoir, cet hébergement meublé est accessible à pied depuis la fameuse distillerie. ££

The Croft Inn
Mélange mémorable de cuisine thaïe et écossaise dans ce pub typique de Glenlivet. £

Courir le Dramathon

UN MIX SPORT ET WHISKY

Bordeaux a son Marathon du Médoc, course déguisée à travers les vignobles girondins. Les Cairngorms ont le **Dramathon** (contraction de *dram* et de marathon), une course de 26 miles (42 km) qui traverse le Speyside de distillerie en distillerie, et où des mignonnettes de whisky servent de trophées sur la ligne d'arrivée. Le parcours va de la distillerie de Glenfarclas à celle de **Glenfiddich**, mais passe aussi par le splendide **Ballindalloch Castle** et ses jardins, le plus bel exemple de château seigneurial encore debout dans les Cairngorms.

Blair Castle

VIE ARISTOCRATIQUE

À 1 heure d'Aviemore, vous voici à Blair Atholl où se trouve un des sites les plus fréquentés d'Écosse. Son château, fief des ducs d'Atholl depuis plus de sept siècles, est la demeure ancestrale du clan Murray, comme le montrent les tableaux, le mobilier et les ornements des 30 pièces que l'on peut visiter. Dominant la Garry, c'est une merveille de détails historiques, à l'architecture tour à tour médiévale, georgienne et victorienne.

OÙ SE LOGER ET SE RESTAURER DANS LE HIGHLAND PERTHSHIRE

The Old Manse of Blair
Luxueuse demeure de 1828 dont les suites et chambres donnent sur le jardin clos ou occupent les anciens communs. £££

Moor of Rannoch
Au village isolé de Rannoch Station, mais le service et le restaurant valent bien la montée à pied. ££

House of Bruar
À Pitlochry, un ancien grand magasin chic devenu un mini-centre commercial avec boutiques, restaurants et un espace d'alimentation. £

La tour d'origine date de 1269. Le hall d'entrée, avec ses larges épées, des cerfs empaillés et ses mousquets ayant servi à la bataille de Culloden, est un des plus beaux de toute l'Écosse. Pour bien profiter de l'intérieur et du parc, comptez une demi-journée au moins.

Chaque année en mai, le duc assiste à la parade des Atholl Highlanders, dernière armée privée d'Europe, ainsi qu'aux **Atholl Gathering and Highland Games**, le rassemblement des officiers dudit régiment.

Au départ de Kinloch Rannoch

DE VICTORIA À *OUTLANDER*

À pied, à vélo ou en voiture, l'itinéraire pittoresque qui longe d'est en ouest le **Loch Tummel** et le **Loch Rannoch** depuis Kinloch Rannoch – une excellente base de découverte – dévoile une nature sublime.

À l'extrémité du Loch Tummel, le belvédère Queen's View rappelle que la reine Victoria est venue visiter la région en 1866. Après les pins et les mélèzes du **Tay Forest Park**, sur l'autre rive du Dunalastair Water, un réservoir, le mythique Craigh na Dun est un antique cercle de pierres qui apparaît dans la série télé *Outlander*.

À l'ouest de **Kinloch Rannoch**, la route s'achève à **Rannoch Station**, gare magnifiquement solitaire de la West Highland Line, inaugurée en août 1894. Dominant le tout, on trouve le cône presque parfait du **Schiehallion** (1 083 m), site d'une expérience ayant marqué le XVIIIe siècle et qui visait à déterminer la densité moyenne de la Terre. Aujourd'hui, son ascension, assez aisée, s'entreprend au départ du parking de Braes of Foss. Comptez 10,5 km aller et retour. L'effort est récompensé par un panorama époustouflant.

Au-delà de Rannoch Station, vous pourrez choisir de pousser jusqu'à Rannoch Moor (voir p. 319), la plus grande lande de Grande-Bretagne. Passé la gare de Rannoch, la civilisation n'est alors plus qu'un souvenir : Rannoch Moor dévoile ses 20 km de paysages arides et déserts jusqu'à l'A82 (Glasgow-Fort William), à l'ouest.

Paisible Pitlochry

LA PORTE DU HIGHLAND PERTHSHIRE

Sur la route des Highlands, à un peu plus d'une heure d'Aviemore, **Pitlochry** est le grand centre touristique du Perthshire avec des châteaux convertis en hôtels, des boutiques

LOCH TAY ET BEN LAWERS

L'impressionnant **Ben Lawers** (1 214 m), qui surplombe le Loch Tay, au sud-ouest de Pitlochry, est le plus haut sommet du pays après le Ben Nevis et les cimes des Cairngorms. Une grande partie des terres au nord du Loch Tay forment la **Ben Lawers National Nature Reserve**, qui se distingue par sa flore alpine rare. Le principal point d'accès pour l'ascension du Ben Lawers (10,4 km, 5 heures aller-retour) est le parking situé à 2,4 km au nord de l'A827, sur la petite route reliant le Loch Tay au Bridge of Balgie.

À moins de 1,5 km au sud de Kenmore se trouve le **Scottish Crannog Centre**, formidable reconstitution de *crannogs* – des îlots artificiels construits sur pilotis qui ont longtemps servi d'habitat défensif à partir du IIIe millénaire av. J.-C. –, basée sur l'étude de l'un des 18 spécimens découverts sur le loch.

OÙ SE LOGER À PITLOCHRY

Pitlochry Backpackers Hotel
Lieu central de Pitlochry, idéal pour les routards, avec un salon cinéma et un séchoir pour les vêtements. £

Saorsa 1875
Un hôtel pour végétaliens et végétariens, au design très inventif, avec un restaurant très réputé. ££

The Old Mill Inn
Chambres *deluxe*, menus à base de produits locaux, bar, pub et musique live. Familial et très accueillant. ££

ENCHANTED FOREST, UNE EXPÉRIENCE À VIVRE

Nela Popovic, directrice du festival Enchanted Forest, nous présente en bref l'événement annuel incontournable du Perthshire, qui se déroule sur 3 semaines.

L'expérience
Le but est de transformer la forêt en terrain de jeu merveilleux, grâce à des effets visuels et un design innovant, accompagnés d'une musique originale.

La fréquentation
Au départ, Faskally Wood accueillait 80 000 visiteurs par an ; aujourd'hui, ils sont plus du double. Nous contribuons ainsi à sensibiliser un public toujours plus large aux enjeux des forêts.

En coulisse
Pour être parfait, le spectacle nécessite la mobilisation de plus de 100 personnes. Sur ce nombre, 80 travaillent tout le temps des représentations.

PIO3/SHUTTERSTOCK ©

The Old Mill Inn (p. 319), Pitlochry

vendant des lainages et une distillerie. De brèves excursions pittoresques mènent vers les rivières, les lochs et les sommets des environs.

Si vous arrivez à éviter les cars de touristes, son principal intérêt est son emplacement sur la rivière. Son **Pitlochry Dam Visitor Centre** qui domine la Tummel vous éclairera sur la production hydroélectrique en Écosse et le cycle de vie des saumons. On peut y voir des truites arc-en-ciel remonter l'échelle à poissons, et on n'est qu'à quelques pas du **Fonab Castle** et de ses tourelles pointues, où vous attendent un déjeuner ou un *afternoon tea* de luxe, et de la **Blair Atholl Distillery**, pour prendre un premier *dram* (mesure) de whisky.

La Tummell serpente du nord au sud pour rejoindre la Tay, dont les deux rives sont couvertes de forêts de pins sylvestres et d'arbres plus de deux fois centenaires. **Faskally Wood** est une forêt qui accueille chaque année en octobre un spectacle son et lumière baptisé **Enchanted Forest**. Bordé d'arbres dorés, pourpres ou rouges en automne, le **Loch Dunmore** est un paradis pour les photographes naturalistes.

COMMENT S'Y RENDRE ET CIRCULER

Le Perthshire est bien desservi par le train, grâce aux gares de Blair Atholl, de Pitlochry et de Rannoch. Mais pour en profiter pleinement, mieux vaut une voiture ou un vélo en sorte de découvrir les sites les plus éloignés des petites villes.

GLEN COE

Lorsqu'on pense à un paysage typique des Highlands, on imagine automatiquement une lande avec de la bruyère, des montagnes pentues et des *glens* isolés où ne résonne que le brame du cerf. Le Glen Coe, spectaculaire, est le plus célèbre de ces *glens*. Sa notoriété est telle qu'il est devenu l'un des endroits les plus visités d'Écosse – même quand il pleut ou que les nuages cachent les montagnes. Cascades jaillissantes, cerfs paissant sur la lande, chemins de crête et pubs historiques expliquent, à juste titre, cet engouement. C'est aussi ici qu'eut lieu le terrible massacre de Glencoe en 1692, l'une des pires atrocités de l'histoire écossaise – les hommes du clan Campbell assassinèrent alors les gens du clan MacDonald pendant leur sommeil.

Pour les infos pratiques, voir le Carnet d'adresses p. 346

À SAVOIR

Pour bien découvrir le Glen Coe et son village éponyme, Glencoe, faites-le à votre rythme, que ce soit en voiture, à vélo ou à pied, si vous randonnez sur le West Highland Way (p. 326).

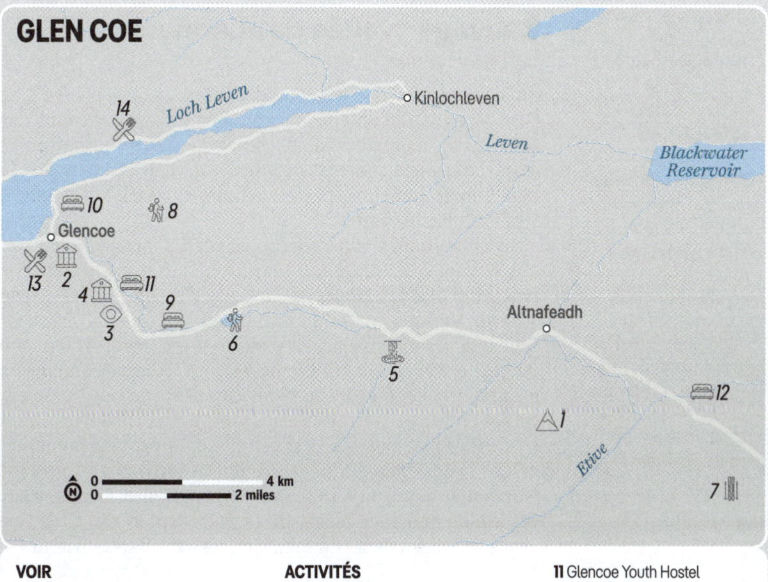

VOIR
1 Buachaille Etive Mòr
2 Glencoe Folk Museum
3 Glencoe National Nature Reserve
4 Glencoe Visitor Centre
5 Meeting of the Three Waters (cascade)

ACTIVITÉS
6 Aonach Eagach
7 Glencoe Mountain Resort
8 Pap of Glencoe

SE LOGER
9 Clachaig Inn
10 Glencoe House
11 Glencoe Youth Hostel
12 Kingshouse Hotel

SE RESTAURER
13 Glencoe Inn
14 Lochleven Seafood Café

LE MASSACRE DE GLENCOE

Le 13 février 1692, le Glen Coe fut le théâtre de violences parmi les plus tragiques de l'histoire du pays. Alors qu'ils étaient hébergés par les gens du clan MacDonald, les loyalistes du clan Campbell assassinèrent au petit matin leurs hôtes jacobites (partisans du roi exilé Jacques II d'Angleterre/ Jacques VII d'Écosse).

Furieux qu'ils ne lui aient pas encore prêté allégeance, Guillaume III d'Angleterre aurait ordonné ce massacre au capitaine Robert Campbell de Glenlyon : "Nous vous ordonnons par la présente d'attaquer les rebelles, les McDonald de Glencow, et de passer au fil de l'épée tous ceux de moins de 70 ans." Ainsi, les troupes loyalistes tuèrent 38 hommes, femmes et enfants.

George R. R. Martin n'a jamais caché s'être inspiré de cet horrible événement pour la scène du "mariage rouge" de *Game of Thrones*.

RPHSTOCK/SHUTTERSTOCK ©

Meeting of the Three Waters

Sauvage "vallée des Larmes"

NATURE ET FAUNE

Surnommé "*glen* of Wheeping" ("*glen* où l'on pleure"), le Glen Coe distille en chacun une forme de spleen, tant par son histoire sanglante (voir ci-contre) que par son atmosphère inspirant des sentiments contrastés : le Glen Coe peut être le plus impressionnant des *glens*, comme, par mauvais temps, l'un des plus lugubres.

De fantastiques randonnées, escalades, pauses photo et observations des animaux vous attendent dans la **Glencoe National Nature Reserve**. Sa porte d'entrée ? Le **Glencoe Visitor Centre**, centre d'information du National Trust for Scotland, où sont expliquées la géologie, la géographie et l'histoire du *glen* et des forêts qui l'entourent. À l'intérieur, un cinéma permet de remonter les millions d'années qui ont formé ces vallées glaciaires, mais c'est l'histoire des grands alpinistes passés par le Glen Coe au siècle dernier qui est encore plus prenante.

Côté randonnée, on peut inscrire 8 **munros** à son actif (surtout si l'on pratique le *munro bagging*) et compter sur **60 km de sentiers** bien balisés pour explorer le Glen Coe et ses forêts, au départ du parking du centre des visiteurs.

OÙ SE LOGER DANS LE GLEN COE

Glencoe Youth Hostel
Une auberge de jeunesse chaleureuse avec des dortoirs et un bungalow de bois. Ambiance familiale. **£**

Kingshouse Hotel
Le havre des randonneurs et des touristes en groupe. La plus belle vue de tout le *glen*. **££**

Glencoe House
Une demeure historique typique des Highlands, avec vue sur un loch et Jacuzzis. Lodges tout équipés également. **£££**

Les rangers organisent des **safaris en 4×4** (à réserver sur place) pour aller observer lagopèdes, lièvres variables et cerfs élaphes par des pistes non accessibles au public, dont une route militaire tracée dans les années 1780.

Glencoe Folk Museum

ÉPÉES ET BAIN DE SANG

Dans le calme de cette petite ferme au toit de chaume, on peut voir des reliques du jacobitisme, des costumes, des tableaux, des jouets anciens et des photos, mais ce sont les objets rappelant le sinistre **massacre de Glencoe** qui sont les plus émouvants.

Des jeux et des activités sont proposés aux jeunes enfants. Petite boutique sur place. Malgré la popularité du site, le **musée** n'ouvre que d'avril à octobre.

Le *glen* sur grand écran

VISITE DES LIEUX DE TOURNAGE

Chaque angle de vue raconte ici une histoire purement écossaise. C'est ainsi que le Glen Coe est devenu une star à part entière dans l'univers cinématographique.

Quand on arrive par l'A82 se dessine soudain l'inoubliable sentinelle pyramidale qui veille sur la vallée, **Buachaille Etive Mòr** (533 m). Archétype de la montagne écossaise et figure de nombreux films, elle domine le Loch Etive et le **Glencoe Mountain Resort**, un domaine skiable. Vous l'avez vue dans le James Bond *Skyfall* ou dans la saga *Harry Potter*.

Pour changer d'angle, quittez la route et descendez le **Glen Etive**, où Daniel Craig et Judi Dench s'enfuient dans l'Aston Martin DB5 de 007. Dans les montagnes déchiquetées qui le surplombent, Mel Gibson, le visage peint, y a joué William Wallace dans *Braveheart*, et Christopher Lambert et Sean Connery y ont brandi des *claymores* (épées à deux mains) dans *Highlander*.

Revenez vers Rannoch Moor (p. 319 et p. 326), qui a servi de décor à des films aussi différents que *Rob Roy, Trainspotting, Monty Python : Sacré Graal* ou *Marie, reine d'Écosse*. Ainsi, la scène absurde du pont de la Mort du film des Monty Python fut tournée près de **Meeting of the Three Waters**, non loin de Ballachulish. À proximité, sur une route à voie unique au-dessus du village de Glencoe, on trouve un ensemble de bâtiments apparaissant dans le troisième film de Harry Potter, *Le Prisonnier d'Azkaban*, dont la cabane de Hagrid.

SKIER DANS LE GLEN COE

Andy Murdoch, propriétaire du Glencoe Mountain Resort, nous indique ses pistes préférées.

Prenez à droite au sommet de Main Basin T-bar pour accéder à de nombreuses pistes bleues. À gauche, le chemin mène à Spring Run (rouge), Flypaper (noire) et au paradis du hors-piste. Là, vous trouverez souvent la solitude complète et des pentes assez raides pour faire battre les cœurs.

Si le pied de la montagne est idéal pour les skieurs débutants et intermédiaires avec des pistes bien tracées, le balisage est plus lâche en haut et vous pouvez descendre en suivant le tracé qui vous fait envie.

FAN DES MONTY PYTHON ?

Près de Stirling, **Doune Castle** (p. 193) fut aussi un des lieux de tournage du film *Monty Python : Sacré Graal.*

OÙ SE RESTAURER ET PRENDRE UN VERRE DANS LE GLEN COE

Clachaig Inn
Pub historique à 3 km de Glencoe : 3 bars, dont le Boots Bar en plein air, et près de 400 whiskies. Musique live en sus. ££

Glencoe Inn
Plusieurs restaurants dont le Steak and Lobster, bistrot qui sert du bœuf des Highlands et des moules du Loch Leven. ££

Lochleven Seafood Cafe
Entre Onich et Kinlochleven, l'endroit idéal pour les fruits de mer : crabe, homard et langoustines notamment. ££

POURQUOI J'AIME LE GLEN COE

Mike MacEacheran, auteur

Il y a quarante ans que j'ai franchi pour la première fois la chaîne de Black Mount et suivi la très photogénique route A82 qui longe les flancs du Meall a'Bhùiridh et de l'Aonach Eagach. Mais il me reste encore beaucoup à découvrir.

Le Glen Coe est un lieu d'aventures : ski, escalade sur glace, randonnée, baignade, pêche ou kayak. On a ici la sensation que le *glen* existe pour éveiller en chacun de nous une part d'inconnu.

Incontestablement, c'est un lieu magnifique et éminemment romantique. Mais le Glen Coe est surtout pour moi un lieu propice à l'introspection.

ULMUS MEDIA/SHUTTERSTOCK ©

Aonach Eagach

Randonnées rêvées

MESUREZ-VOUS AUX PLUS BELLES MONTAGNES D'ÉCOSSE

Sculptées dans des couches volcaniques et sédimentaires anciennes il y a 380 millions d'années, les montagnes qui enserrent l'étroite vallée de Glen Coe au nord et au sud forment un ensemble complexe de sommets, de contreforts et de gorges qui ne demandent qu'à être explorés.

Versant nord, les falaises escarpées d'**Aonach Eagach** (9,6 km, 7 à 9 heures), longue crête étroite reliant trois sommets, est une des randonnées les plus impressionnantes du pays. Si vous êtes sujet au vertige, passez votre chemin.

Plus paisible mais tout aussi exaltante, l'ascension du **Buachaille Etive Mòr** (13 km, 7 à 8 heures), le "grand berger d'Etive" (du nom de la rivière qui le borde), est très populaire. La montée par le flanc sud est bien balisée. Allez-y en fin de printemps pour voir les sommets enneigés à l'horizon.

Bien moins connue, **Lost Valley** (4 km, 3 heures) est une randonnée spectaculaire, dont l'histoire sied bien à la mélancolie du *glen*. Passé un petit pont, on remonte une vallée, puis on traverse un labyrinthe de rochers avant de déboucher sur 800 m de prairie totalement plats. C'est dans cette vallée secrète que les gens des clans cachaient le bétail volé. Une légende locale veut qu'elle soit aussi hantée par les fantômes de certains des MacDonald morts en tentant de fuir le massacre de Glencoe.

Autre randonnée superbe d'une journée, l'ascension du **Pap of Glencoe** (6,2 km, 3 heures 30 à 5 heures). Un chemin accidenté mène en haut du célèbre pain de sucre dominant le village de Glencoe. Du sommet, la vue sur le loch bleu marine encadré de sommets fascinants est tout à fait impressionnante.

COMMENT S'Y RENDRE ET CIRCULER

Le village de Glencoe est sur la ligne routière **Scottish Citylink** (www.citylink.co.uk), entre Glasgow et Skye. D'autres bus desservent aussi le village depuis Fort William et Oban. Une voiture facilite néanmoins bien les déplacements.

Environs du Glen Coe

Le Glen Coe fait un parfait camp de base pour qui souhaite découvrir le Loch Leven et parcourir la lande sauvage de Rannoch Moor.

Engoncé entre les monts Mamores et des lochs, Kinlochleven semble à des lieues de Glencoe, alors qu'on n'est qu'à 10 km à l'est. Circuits organisés ou excursionnistes à la journée font rarement ce détour, préférant filer tout droit jusqu'à Fort William par le pont de Ballachulish qui enjambe le détroit à la jonction des lochs Leven et Linnhe.

Un barrage et une fabrique d'aluminium ont assuré jadis la prospérité à cette ancienne petite ville industrielle, devenue un haut lieu pour passionnés et initiés d'escalade et de marche. Avant-dernière étape du West Highland Way, Kinlochleven voit passer des marcheurs fatigués tout l'été mais, en dehors de cette période, vous aurez le village et ses sentiers qui sillonnent landes et montagnes pour vous tout seul.

Pour les infos pratiques, voir le Carnet d'adresses p. 347

À SAVOIR

Plus de 30 000 personnes longent chaque été le West Highland Way, et la plupart passent par Kinlochleven entre juin et septembre. Venez-y en dehors de cette période.

Rannoch Moor

RANNOCH MOOR

La plus haute gare ferroviaire de Grande-Bretagne, **Corrour Station** est presque le terminus de la civilisation. C'est là que la voie ferrée reliant Glasgow à Fort William traverse la plus vaste lande de l'île, **Rannoch Moor** (p. 319), vaste plateau triangulaire revêtu de tourbières, encadré par des montagnes et parsemé d'innombrables lochs, étangs et monticules de tourbe, faisant le bonheur des amateurs de canoë, de baignade, voire de patinage sur glace en hiver.

Un itinéraire de randonnée populaire longe la lisière nord de Rannoch Moor jusqu'au **Kingshouse Hotel** (p. 322) à l'extrémité orientale du Glen Coe (15 km, 4 heures). Sinon, plusieurs randonnées d'une journée partent de la **Loch Ossian Youth Hostel**, située à 20 minutes à pied de la gare, là où le paysage devient irréel.

ASHLEY COOPER/GETTY IMAGES ©

Ice Factor

Escalade et frissons à Kinlochleven

ARMÉ DE PIOLETS ET DE SÉRÉNITÉ

À un quart d'heure de Glencoe en voiture, vous voilà au pied du “défi” : un mur de glace artificiel de 12 m de haut. Vous êtes à **Ice Factor**, au Centre national d'escalade sur glace (National Ice Climbing Center), l'endroit idéal pour vous initier à l'escalade sur cascade de glace en une séance accompagnée.

La paroi de 500 tonnes de vraie neige et de vraie glace est censée offrir des voies aux débutants comme aux plus hardis manieurs de piolets. Oubliez votre peur, entrez dans le “grand frigo”, comme disent les pros du coin, et attaquez la glace. Attention néanmoins, au moment de la rédaction de ce guide, l'endroit était fermé pour réparations impératives ; renseignez-vous avant de vous y rendre.

Aussi vertigineuse dans les hauteurs de Kinlochleven, la toute première **via ferrata** d'Écosse est un long parcours d'obstacles avec échelles d'acier, câbles, tyroliennes et cordes raides qui montent le long de la cascade de **Grey Mare's Tail**, avant de la traverser. L'activité, accessible à tous à compter de l'âge de 8 ans, est organisée par **Vertical Descents**.

L'Escalier du diable

UN INCONTOURNABLE DU WEST HIGHLAND WAY

Zigzaguant entre le **Kingshouse Hotel** (p. 322) et Kinlochleven, le **Devil's Staircase** (“Escalier du diable”, 8,8 km, 3 heures aller) est une voie emblématique et vertigineuse de l'itinéraire de grande randonnée **West Highland Way**.

Le parcours n'est pas si diabolique que cela. Il doit son nom démoniaque aux soldats britanniques mécontents du tracé de cette route militaire rudimentaire, initialement créée pour faire régner l'ordre dans cette région des Highlands après la révolte jacobite du XVIIIe siècle.

Pour y venir, comptez 20 minutes de voiture par l'A82, à l'est de Glencoe.

OÙ SE LOGER ET SE RESTAURER À KINLOCHLEVEN

Blackwater Hostel
Un hébergement branché, en lodge, en chambres privatives, en bungalows ou en camping. £

MacDonald Hotel & Cabins
Autre institution du West Highland Way avec chambres, bungalows et camping, plus un bar-restaurant populaire. £

Tailrace Inn
Pub typique des Highlands : feu de bois, whiskies, repas à toute heure… et beaucoup d'espace. £

BEN NEVIS

Comme carte de visite, difficile de faire mieux que le paysage stupéfiant du dôme volcanique effondré qu'est le Ben Nevis (1 345 m), point culminant de Grande-Bretagne. Une montagne emblématique : un whisky, une bière et un *fish and chips* portent son nom. C'est le sommet écossais par excellence, réputé pour ses sentiers difficiles, ses parois rocheuses, ses crêtes effilées, ses ravins et ses contreforts. On le parcourt en courant ou en marchant, crampons aux pieds ou à skis. Les objets les plus étranges et disparates ont été retrouvés sur les pentes du géant : un piano, un orgue d'église, des sièges de toilettes et même un foyer de cheminée. La légendaire Ford T a aussi gravi en 1911 sa piste cavalière, exploit promotionnel pour le lancement en Écosse de la belle américaine, une voiture voulue comme universelle.

Pour les infos pratiques, voir le Carnet d'adresses p. 347

À SAVOIR

L'ascension du Ben Nevis est une des plus longues du pays – ne la sous-estimez pas. La haute saison va de juin à septembre. Si vous l'affrontez l'hiver quand il est enneigé, prévoyez piolet et crampons, et soyez certain de vos capacités d'alpiniste.

Ben Nevis : la voie facile

LE SOMMET PAR LA "TOURIST TRACK"

Des deux voies principales qui montent au sommet, la plus directe commence après le pont sur la Nevis, au **Ben Nevis Visitor Centre**. On progresse ensuite le long d'une pente raide jusqu'au **Lochan Meall an t-Suidhe**, le "petit loch à mi-pente" avec vue superbe sur la crête est-ouest dessinée par le massif des Mamores, qui forment une barrière naturelle entre le Glen Nevis et Kinlochleven (p. 325).

On surplombe un loch scintillant, puis le sentier zigzague sur une pente rocheuse, entre rochers et éboulis, jusqu'à un replat. Comptez entre 3 heures et 4 heures 30 pour arriver au plateau du sommet (8 km), semé de cairns et des ruines d'une **station météo du XIXe siècle**. Cette voie attirant près de 125 000 randonneurs par an... évitez les week-ends.

Ben Nevis : la voie difficile

UNE CRÊTE EN DENTS DE SCIE

Ladite "voie des connaisseurs" est plus longue. Passant par l'arête du **Carn Mor Dearg**, c'est un itinéraire excitant, mais exigeant, qui passe par une crête effilée au pied d'un demi-cercle de rochers escarpés et de ravins très appréciés des grimpeurs aguerris.

Commencez par suivre le sentier principal du Ben Nevis avant d'obliquer au nord puis au sud-est. On traverse ensuite un ruisseau, l'**Allt a' Mhuilinn**, puis l'on grimpe une pente avec des rochers granitiques jusqu'à l'arête, qui s'étire sur 2 km jusqu'au sommet du **Carn Mor Dearg**. Reste alors une ascension en dents de scie jusqu'au sommet du Ben Nevis.

STEALL FALLS

Plus familiale, une excursion facile permet d'approcher le **Glen Nevis** en 2 heures (3,2 km) et d'aller voir la deuxième cascade d'Écosse par la taille, les tumultueuses **Steall Falls**.

Haute de 120 m, elle dévale une paroi rocheuse en arrosant d'embruns la passerelle métallique qui passe à son pied. De là, la Nevis s'engouffre dans une gorge en passant devant des cabanes de bergers pour rejoindre Fort William et se jeter dans le Loch Linnhe.

On trouvera cartes, infos et bulletins météo au **Ben Nevis Visitor Centre**.

INCONTOURNABLE
1 Ben Nevis

VOIR
2 Aonach Mòr
3 Ben Nevis Distillery
4 Carn Mor Dearg
5 Jacobite Steam Train
6 Lochan Meall an t-Suidhe
7 Neptune's Staircase
8 Nevis Range Mountain Gondola
9 Steall Falls (cascade)
10 West Highland Museum

ACTIVITÉS
11 Nevis Range
12 Cruise Loch Linnhe

RENSEIGNEMENTS
13 Ben Nevis Visitor Centre

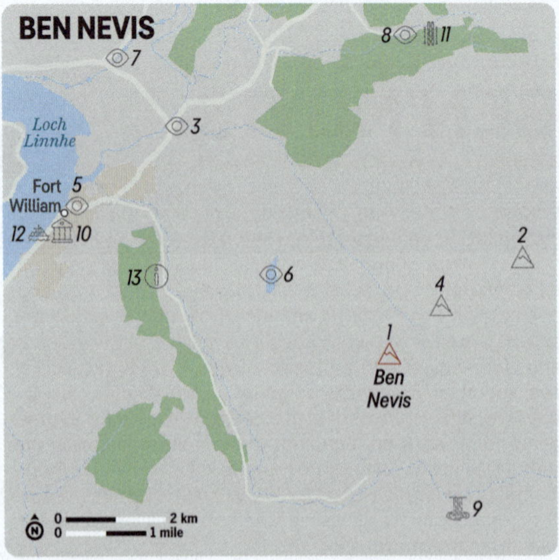

Comptez 5 heures à 6 heures 30 pour un parcours de 9,6 km. Une ascension digne des vrais alpinistes.

N'oubliez pas carte et boussole, et réfléchissez bien avant de partir si la météo est mauvaise.

Fort William, capitale du Lochaber

CAPITALE DU PLEIN AIR

Entre un bras de mer photogénique et une vallée glaciaire en forme de U, Fort William, capitale du district de Lochaber ("ouverture du lac"), est un camp de base sans égal pour aller explorer le dédale de *glens* et de montagnes qui l'entourent. Si l'on peut regretter un urbanisme déficient comme ce joli bord de loch gâché par une quatre-voies très empruntée, ces premiers défauts sont vite compensés par tout le reste.

S'il pleut, le **West Highland Museum** offre une vivante leçon d'histoire et déborde d'objets divers : outils des tailleurs de pierre celtiques, *sporran* (bourse portée à la ceinture avec le kilt) de Rob Roy – Robert MacGregor dit Robert le Rouge, chef du plus farouche des clans écossais –, gilet de Bonnie Prince Charlie... Et l'entrée est gratuite !

OÙ SE LOGER PRÈS DU BEN NEVIS

Glen Nevis Youth Hostel
Auberge de jeunesse bien située, avec une grande terrasse propice à la détente après une journée en montagne. **£**

Ben Nevis Inn
Refuge pour amoureux de la montagne avec dortoirs confortables, cuisine de pub servie en continu et musique live. **££**

Glen Nevis Caravan & Camping Park
Camp de base pour partir à l'assaut des montagnes avec lodges, emplacements de tentes, caravanes et un restaurant. **£**

Carn Mor Dearg (p. 327)

Le décor planté, il est temps de découvrir les trésors des environs. **Cruise Loch Linnhe** propose des balades sur le bras de mer pour aller voir les phoques de **Seal Island**. Au nord, le **Neptune's Staircase** (l'"escalier de Neptune") est un prodige d'ingénierie permettant aux bateaux de franchir en huit écluses le dénivelé de 20 m pour rejoindre le **canal calédonien** (voir p. 311), là où il rejoint le Loch Eil, à Banavie. Non loin, passez prendre un *dram* (mesure) de whisky à la **Ben Nevis Distillery**, l'une des plus anciennes du pays.

LES ACROBATES DES HIGHLANDS

Dans l'Aonach Mòr, les vététistes sont à la fête. De nombreux parcours tortueux s'offrent à eux, sans compter les fournisseurs de matériel, les écoles, les cours et les sorties accompagnées, programmées toute l'année.

Mais c'est surtout l'étape de descente de la Coupe du monde de VTT de Fort William qui fait battre le cœur des spectateurs. Chaque année en mai, ce grand événement du monde du vélo accueille des pros de plus de 120 pays, venus s'affronter à toute allure sur les parcours techniques, les sauts et les pistes noires.

Le massif d'Aonach Mòr

AVENTURES EN MONTAGNE

En toute saison, le massif d'Aonach Mòr déborde d'activité. Après avoir pris les **télécabines** (uniques de la sorte en Écosse), skieurs, snowboardeurs, grimpeurs sur glace et guides se rassemblent sur le domaine skiable de **Nevis Range**. L'enneigement est assez fiable de décembre à avril, et encore plus sûr en janvier-février. Et quand il est au rendez-vous, on se croirait vraiment dans les Alpes.

PÈLERINAGE

Traditionnellement, le **West Highland Way** (p. 141) s'achève à Fort William. Allez à contre-sens et parcourez ses 155 km du nord au sud.

OÙ SE LOGER À FORT WILLIAM

Fort William Backpackers
Auberge de jeunesse à l'ancienne, dans une villa victorienne. Cheminée au salon et jolie vue sur la ville en contrebas. **£**

Lime Tree
Hôtel plein de cachet avec un jardin donnant sur la mer, une galerie d'art et un restaurant sur place. **££**

Inverlochy Castle Hotel
Une somptueuse demeure campagnarde. **£££**

LOCHABER : LES DATES CLÉS DU DISTRICT

Fort William Mountain Festival
Films, activités de plein air, événements et fête de la culture montagnarde durant cinq jours (février).

Scottish Six Days Trial
Lancée en 1911, cette épreuve d'endurance invite les motards à suivre un parcours de 160 km à travers landes et pentes rocailleuses (mai).

The Ben Nevis Race
Admirez les coureurs et coureuses qui gravissent et redescendent comme des gazelles le plus haut sommet d'Écosse. Les vainqueurs réalisent des temps incroyables : autour de 1 heure 30 (septembre).

JASPERIMAGESCOTLAND/GETTY IMAGES ©

Scottish Six Days Trial

Pour des parcours hors-pistes comptant parmi les plus difficiles d'Europe, mesurez-vous aux **Back Corries** et à **West Face**. Summit Gully et Coire Dubh demandent, eux, de franchir des corniches. Les plus frimeurs essaieront **Bold Rush**, ravin aussi difficile qu'un couloir des Alpes françaises.

Et le rythme ne ralentit pas l'été. À 1 221 m d'altitude, la montagne tient ses promesses de paradis des vététistes avec **14 descentes balisées** qui serpentent sur les pentes boisées. Trois sont accessibles depuis le terminus de la télécabine. La Blue Doon est familiale, mais il y a aussi la seule **descente de coupe du monde** du Royaume-Uni. Raide, tortueuse, pleine de buttes et de rouleaux dans un paysage splendide, elle secoue beaucoup.

COMMENT S'Y RENDRE ET CIRCULER

Un train de la compagnie **ScotRail** (www.scotrail.co.uk) relie Fort William à Glasgow et Mallaig. Néanmoins une voiture, voire un vélo, est indispensable pour qui veut explorer en profondeur le Glen Nevis.

Environs du Ben Nevis

Au pied de l'antique sommet, les Highlands de l'Ouest (la région du Lochaber) et l'Atlantique nord se rencontrent. Cela donne des paysages proprement envoûtants.

Sur une carte, toute la région du Ben Nevis et de Fort William semble être un puzzle mal assemblé de bras de mer tortueux, de barrières montagneuses et d'îles mangées de criques. Si l'accès est par endroits difficile, le voyage dévoile de splendides plages de sable blanc, des péninsules hors du temps ou des réserves naturelles où marcher en pleine nature est plus qu'un passe-temps – c'est un droit : le *right to roam*.

Morvern et Ardnamurchan seront votre priorité. Accessibles par ferry, ces deux péninsules ne comptent que quelques milliers d'habitants seulement, mais des landes, des forêts, des lochs et des plages à perte de vue.

Pour les infos pratiques, voir le Carnet d'adresses p. 348

À SAVOIR

Dans le Lochaber, les meilleures choses sont gratuites : préparez-vous à l'aventure et explorez montagnes, forêts et bras de mer à votre guise.

Sanna Bay (p. 332)

PLAGES MÉMORABLES

Ardnamurchan vaut surtout pour sa côte occidentale. Voici quatre plages mémorables à découvrir.

Sanna Bay
Sable coquillier et mer frangée de turquoise, avec vue sur les Small Isles. Proche de Kilchoan.

Kentra Bay
La baie des Camas an Lighe ou Singing Sands ("Sables qui chantent"), superbe plage proche de Gortenfern.

Ardtoe Beach
Une plage abritée, méconnue, parfaite pour les familles, avec des piscines naturelles et une eau peu profonde propice à la baignade. La route est longue et sinueuse. Prévoyez des pièces de monnaie pour le parking.

Shoe Bay
Plage accessible en kayak ou canoë, avec une vue magnifique sur Skye et les Small Isles. Pour y aller, laissez votre véhicule au parking du château de Tioram, au bord du Loch Moidart.

LUKASSEK/GETTY IMAGES ©

Phare d'Ardnamurchan

Fantastique Morvern

UNE MERVEILLE DE LANDE, DE MONTAGNE ET D'EAU

Cinq minutes de ferry pris à **Corran** et vous voilà à **Ardgour**, sur la péninsule de Morvern, si proche et si lointaine à la fois, bordée sur trois côtés par la mer. C'est un carrefour des Highlands de l'Ouest depuis la préhistoire. Au fil de ses routes désertes et pleines de charme sont passés les seigneurs des îles tout comme saint Colomban, le moine irlandais évangélisateur. Et aujourd'hui ses

OÙ SE LOGER ET SE RESTAURER SUR MORVERN ET ARDNAMURCHAN

Highland Basecamp
L'adresse classique de Lochaline pour baroudeurs. Chambres, dortoirs, terrasse et sorties plongée sur épaves. £

Eilean Shona
Une île privée, sans voitures, avec plusieurs cottages indépendants qui se cachent le long de la côte. ££

The Whitehouse Restaurant
La meilleure table de Lochaline. Menus dégustation : crustacés, gibier et produits de la mer tout frais pêchés. ££

villages sont peuplés des descendants des déplacés des Highland Clearances (éviction forcée des paysans au début du XIXe siècle) et des habitants de la très lointaine île de St Kilda, évacués à leur demande en 1930.

Principal village de la péninsule, **Lochaline** (à une heure de route de Fort William) est l'endroit idéal pour pratiquer le kayak, le SUP et la plongée en eau froide vers les épaves du **Sound of Mull**, au nombre desquelles le SS *Rondo*, cargo à vapeur de 80 m datant de la Première Guerre mondiale, et le SS *Breda*, navire hollandais de 123 m transportant fret et passagers, coulé durant la Seconde Guerre mondiale. Des plongées en eaux peu profondes et depuis le rivage sont aussi proposées.

À 8 km au nord de Lochaline, la **Rahoy Hills Nature Reserve** s'étend jusqu'à **Ardtornish Estate**. Chaussez-vous bien et grimpez sur les hauteurs accidentées et pittoresques, jumelles au cou pour repérer loutres, aigles royaux, cerfs élaphes, martres et alouettes. Les habitats naturels sont très variés ici : prairies venteuses, landes, petits lacs et bois de chênes. D'en haut, on a une très belle vue sur le Loch Arienas, le Loch Aline et l'île de Mull.

La route d'Ardnamurchan

LOCHS SEREINS ET CÉTACÉS

Le point le plus occidental de Grande-Bretagne est aussi reculé que fabuleux. Au bout de 75 km (1 heure 40) d'une route à voie unique, on arrive à l'extrémité de la péninsule, en découvrant en chemin un paysage forgé par la géologie et le temps.

Cairns dolméniques du néolithique, pierres levées de l'âge du bronze et traces de bateaux funéraires vikings racontent le lointain passé. Plus récents, les petits hameaux de *crofts* (petites fermes) en ruine montrent combien cette terre habitée depuis si longtemps reste difficile à apprivoiser : elle ne compte plus que 2 000 habitants.

La route entre **Strontian**, porte d'entrée de la péninsule, et les sites principaux qu'on trouve pour la plupart à l'ouest du **Loch Sunart**, le plus long bras de mer des Highlands (30 km), est superbe. Bien équipés (combinaison, chaussons de caoutchouc, flotteur), les nageurs en eau libre pourront flotter au-dessus de forêts d'algues géantes de toutes les couleurs.

Au bout de la route, on atteint le point le plus occidental du continent britannique, le **phare d'Ardnamurchan** (1849). C'est le lieu fameux d'observation des baleines à bosse et des orques le long du **Hebridean Whale Trail**. La meilleure saison court de mai à septembre, quand les nuits courtes et le ciel clair permettent de rester plus longtemps dehors.

LE TOP DES SORTIES EN MER

Ardnamurchan Sea Charters
Croisières d'observation des phoques et marsouins et location de bateaux à Acharacle, au nord de Salen.

MW Guiding
Sorties en kayak depuis Lochailort, et circuits autour d'Ardnamurchan et des îlots d'Arisaig.

Rockhoppers Sea Kayaking
Sorties d'une demi-journée, d'un ou plusieurs jours vers le Loch Moidart, le Sound of Arisaig et Glencoe, au départ de Corpach, près de Fort William.

Staffa Tours
Traversées vers les merveilleuses îles Treshnish (p. 265), dont Staffa et sa Fingal's Cave (grotte). Départs réguliers depuis Kilchoan, sur la péninsule d'Ardnamurchan.

Loch Shiel Cruises
Sur un vaste loch, des circuits centrés sur l'histoire, la géologie et la faune.

COMMENT S'Y RENDRE ET CIRCULER

Ici, les trajets sont longs et un véhicule est impératif. Pour les péninsules des Highlands de l'Ouest, embarquez à Corran sur un ferry pour Ardgour (5 minutes, services fréquents) sur la rive ouest du Loch Linnhe. Il y a très peu de transports en commun, la voiture est la seule option commode.

ROAD TO THE ISLES

Sur 74 km entre Fort William et l'embarcadère des ferries de Mallaig, la "route des Îles" est le vrai cœur de l'Écosse jacobite. C'est le pays de Bonnie Prince Charlie : c'est ici, sur la rive du Loch Shiel, qu'il a levé son étendard en 1745, d'ici aussi qu'il a fui vers la France après la défaite à Culloden. Au-delà de Glenfinnan, la Road to the Isles, route côtière à faire en voiture ou à vélo, allie vieux villages de pêcheurs et petites îles mangées de criques, îlots rocheux, plages de sable argenté, baies au bleu azur et Rough Bounds (frontières sauvages) de la péninsule de Knoydart, la dernière région vraiment vierge d'Écosse. Au bout de la route, vous apercevrez un mélange de monts et d'ombre à l'horizon : ce sont les splendides Small Isles d'Eigg et Rùm, et leurs cousines des Hébrides.

Pour les infos pratiques, voir le Carnet d'adresses p. 348

À SAVOIR

Sur la majorité du parcours de cette route pittoresque de la côte ouest, la seule option est l'A830. Mais entre Arisaig et Mallaig, la dernière section a été améliorée et il y a deux options. Pour des panoramas encore plus mémorables, suivez les panneaux "Alternative Coastal Route", qui emprunte la B8008.

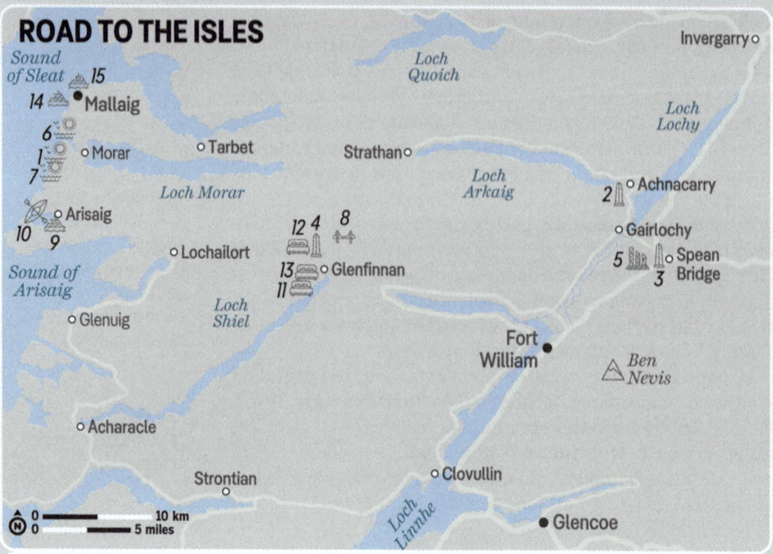

VOIR
1 Camusdarach Beach
2 Clan Cameron Museum
3 Commando Memorial
4 Glenfinnan Monument
5 High Bridge
6 Morar Bay
7 Traigh Beaches
8 Glenfinnan Viaduct

ACTIVITÉS
9 Arisaig Marine
10 Arisaig Sea Kayak Centre

SE LOGER
11 Glenfinnan House Hotel
12 Prince's House Hotel
13 Sleeping Car Bunkhouse

TRANSPORTS
14 Minch Adventures
15 Western Isles Cruises

Sur les traces des jacobites

TOUTE LA SPLENDEUR DE L'OUEST SAUVAGE

Prenez la route vers le nord-est depuis Fort William, puis faites votre première pause en haut de la crête du **Commando Memorial**, grande statue de trois soldats des forces spéciales britanniques dont le centre d'entraînement secret se trouvait en 1942 à l'**Achnacarry Castle**, à 10 km à l'ouest. De là, une boucle de 5 km offre une jolie vue sur le Ben Nevis en passant par les ruines de **High Bridge**, sur la Spean, là où furent tirés les premiers coups de feu de la révolte jacobite en 1745. Non loin à Spean Bridge, le **Clan Cameron Museum** rappelle le rôle joué durant la rébellion par un des principaux clans du Lochaber.

Revenez en arrière et prenez l'A830 sur 24 km (20 minutes) jusqu'au **Glenfinnan Monument**. Cette colonne de 18 m surmontée d'un Highlander en kilt se dresse depuis 1815 à l'endroit même où, le 19 août 1745, le chef des jacobites, Bonnie Prince Charlie, leva son étendard à l'extrémité du loch, appelant les clans des Highlands qui s'y étaient rassemblés à prendre les armes contre le monarque de Londres. En suivant la **visite guidée** jusqu'au sommet proposée par le centre d'information des visiteurs – le soulèvement jacobite de 1745-1746 y est retracé –, vous découvrirez un panorama emblématique : le mémorial avec pour toile de fond le loch et le *glen*, tout aussi sculpturaux.

Enfin, la route oblique au nord-ouest et traverse Arisaig, puis Mallaig, suivant ainsi le chemin pris par le "jeune prétendant" écossais au trône britannique dans sa fuite vers l'**île de Skye** (p. 356) après sa campagne militaire perdue.

Les sables argentés de Morar

UN LITTORAL VIERGE

Longeant le littoral, l'**Alternative Coastal Route** entre Arisaig et Morar découvre plusieurs plages qui passent du blanc scintillant au blond ou au brun en fonction de la météo, les **Silver Sands of Morar**. Du sud au nord, voici d'abord les **Traigh Beaches**, une succession de minuscules baies séparées par des dunes herbeuses, d'où l'on aperçoit des îlots rocheux et la silhouette des Small Isles. L'endroit est idéal pour ramasser des objets échoués ou faire des châteaux de sable, même si l'eau et le vent du large peuvent être diablement froids.

À moins de 1 km au nord, la plus belle plage d'Arisaig est **Camusdarach Beach**, qui apparaît dans les films *Highlander* et *Local Hero*. L'été, son camping joliment situé sur le rivage fait le plein d'Écossais venus chercher le soleil.

Enfin, une dernière bande de sable sublime s'arrondit pour former **Morar Bay**, le long du fleuve du même nom.

LE TRAIN DE POUDLARD

Près du Loch Shiel, le **Glenfinnan Viaduct** (1901), viaduc ferroviaire de 21 arches de la West Highland Line, est devenu une star de cinéma depuis qu'il a mené année après année (2001-2011) les comparses de Harry Potter à l'école des sorciers de Poudlard.

En saison, le **Jacobite Steam Train** traverse ce viaduc à toute vapeur comme au bon vieux temps, à raison de 2 allers-retours par jour entre Fort William et **Mallaig** (p. 336). Cette ligne touristique ouverte en 1995 est vite devenue pour les gens du coin le "train de Poudlard".

Pour découvrir le viaduc sans la foule, prenez le train de Scotrail, moins cher, qui dessert toute l'année Lochailort, Morar, Arisaig et Mallaig en suivant le même parcours. Notez aussi qu'un captivant petit musée est dédié aux beaux jours au chemin de fer à vapeur sur la West Highland Line : le **Glenfinnan Station Museum**.

OÙ SE LOGER À GLENFINNAN

Sleeping Car Bunkhouse
Un wagon de chemin de fer transformé en dortoir, qui fait partie du Glenfinnan Station Museum voisin. **£**

Prince's House Hotel
Ancien relais de poste du XVIIe siècle avec bistrot, bar et vue sur le loch sombre. **££**

Glenfinnan House Hotel
Une demeure seigneuriale avec lits à baldaquin, salle à manger somptueuse, hall orné d'œuvres d'art et vastes pelouses. **£££**

AU LARGE DE LA CÔTE OUEST

Arisaig Sea Kayak Centre
Sorties avec guides vers plusieurs plages, baies secrètes et bras de mer abrités de la côte ouest.

Arisaig Marine
Locations de bateaux avec équipage et sorties pour observer la faune, de mars à octobre. Les croisières de 3 heures sur le MV *Sheerwater* vont jusqu'à Ardnamurchan, Eigg ou Skye.

Minch Adventures
Une agence familiale de Mallaig organisant de très beaux circuits vers les Small Isles, Skye et la péninsule de Knoydart.

Western Isles Cruises
Sorties pour aller observer la faune (1 heure) vers la péninsule de Knoydart, synchronisées avec l'arrivée du train à Mallaig. Il y a un bar à whisky à bord.

VWB PHOTOS/GETTY IMAGES ©

Loch Morar

Monstres et Vikings

LÉGENDES DU LOCHABER

À l'est du village de Morar, le **Loch Morar** est le lac d'eau douce le plus profond de Grande-Bretagne. Certains disent qu'il abrite Morag, cousin de Nessie, le monstre du Loch Ness (p. 311). Guettez-le en longeant la jolie rive du loch jusqu'à **Tarbet** (8,8 km, 3 heures aller). Pour regagner ensuite **Mallaig** en bateau, réservez votre passage à l'avance auprès des **Western Isles Cruises**.

Pour aller piller ce coin de la côte ouest, les **drakkars vikings**, longs bateaux à fond plat, jetaient l'ancre dans la "baie des dunes", Mel Vik en vieux norrois, Mallaig aujourd'hui. Entre bateaux de pêche et ferries appareillant vers la péninsule de Knoydart, les Small Isles ou l'île de Skye, la petite ville animée est une étape pratique sur la route du large, où boire volontiers un verre et croquer un *fish and chips*.

COMMENT S'Y RENDRE ET CIRCULER

La **West Highland Line** (www.scotrail.co.uk) dessert Glenfinnan, Arisaig et Mallaig, ce qui en fait une section de côte parfaite à explorer en train. Sinon, venez en voiture ou à vélo.

Au-delà de la "route des îles"

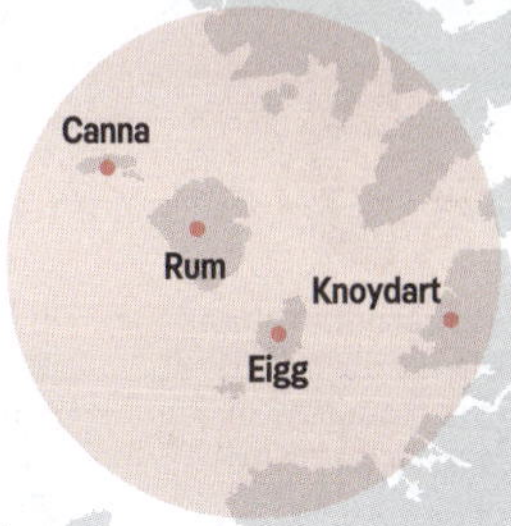

Cédez au chant des sirènes des Small Isles et de la péninsule de Knoydart. Leur esprit communautaire, leur histoire, leur littoral et les oiseaux valent bien un séjour.

On tombe vite amoureux des quatre "Petites Îles" d'Eigg, Rùm, Canna et Muck (les Small Isles). Ces îles aux terres arables sont redevenues depuis peu la propriété de leurs habitants, tournés vers l'écologie et les énergies vertes, quand ce ne sont pas des réserves naturelles protégeant des colonies d'oiseaux marins, de puffins notamment. Eigg appartient ainsi à un *community trust* (organisme foncier solidaire) depuis 1997 et a depuis inspiré d'autres projets similaires à travers toute l'Écosse.

L'histoire écossaise trouve ici un écho particulier. Sur ces îles et dans la péninsule de Knoydart, plus à l'est, on lutte depuis des siècles pour survivre : tempêtes atlantiques féroces, attaques de mercenaires espagnols, massacres interclaniques, émigration forcée suite aux Highland Clearances, avec des fermiers chassés par de grands propriétaires terriens et embarqués, de gré ou de force, sur des bateaux en partance pour l'Amérique du Nord. Aujourd'hui, ce passé est presque digéré et l'avenir est plus radieux que jamais.

Pour les infos pratiques, voir le Carnet d'adresses p. 349

À SAVOIR

Ne venez pas y passer qu'une journée, comme la plupart des touristes. Les souvenirs sont plus beaux et le plaisir plus grand en vous accordant quelques jours à chaque endroit. C'est aussi une excellente manière de soutenir l'économie locale.

An Sgurr, Eigg (p. 338)

LE TOP DE L'ÎLE D'EIGG

Les incontournables de l'île d'Eigg, vus par **Stu McCarthy**, maître brasseur à l'Isle of Eigg Brewery :

Faire le tour de l'île par la côte ou au large avec **Eigg Adventures**, des spécialistes des activités de plein air qui louent vélos (électriques ou non) comme kayaks.

Faire une visite dégustation à la première brasserie coopérative d'Écosse (et sans doute la plus écolo), **Isle of Eigg Brewery**. Puis détente au bar.

Aller manger au **Galmisdale Bay Café and Bar**. La cuisine, locale et maison, est fabuleuse. Le cadre aussi.

Se rendre sur la sublime plage de **Laig Bay** avec l'île de Rùm en arrière-plan. Photogénique à souhait.

Eigg à vélo

UNE ÎLE ÉCORESPONSABLE

Une fois débarqué avec votre vélo sur les quais de **Galmisdale**, prévoyez une virée d'une journée jusqu'aux Singing Sands, à la pointe nord de l'île. Attention ! le ferry n'embarque aucune voiture.

Le volcanisme et les plateaux basaltiques dessinent un relief et un paysage superbes. La route monte vers le nord en passant par des points de vue inoubliables comme **An Sgurr**, la plus grande crête de lave vitreuse d'Europe. Réservez votre ascension du Sgurr of Eigg (393 m) à un autre jour – 8 km, 4 heures de marche aller-retour et une vue magnifique au sommet –, et admirez simplement sa paroi rocheuse depuis **Kildonan Bay**. Là, cherchez dans l'eau les phoques, loutres et baleines de Minke.

Au fur et à mesure que l'on roule vers le nord, on peut saluer quelques-uns des artistes et entrepreneurs qui composent la centaine d'habitants de l'île, dans leurs petites fermes ou leurs ateliers écoresponsables – les tricots main **AnNead Hand Knitwear** ou encore la microbrasserie **Isle of Eigg Brewery**.

Au bout de la route, vous arrivez à **Cleadale**, juste au sud des **Singing Sands**, dont les petits grains de quartz chantent sous les pieds. Ici, vous serez en compagnie de plus de 200 espèces d'oiseaux : aigles royaux, buses et hiboux moyens-ducs, entre autres. Mai et juin sont les meilleurs mois pour les observer.

Rùm, l'île jadis interdite

OISEAUX MARINS, SABLE, MARCHE ET SÉRÉNITÉ

Longtemps appelée Forbidden Isle (Île interdite) à la suite de l'expulsion de ses agriculteurs au début du XIXe siècle pour laisser place aux moutons et à la chasse privée des Bullough, magnats du textile, **Rùm**, la plus vaste des Small Isles, compte une quarantaine d'habitants aujourd'hui, et des milliers d'oiseaux ! En 1957, sa vente au Nature Conservancy a en effet tout changé.

L'île est devenue une réserve de biosphère, la **Rum National Nature Reserve**, un havre de paix et de tranquillité abritant, dans les falaises proches du **Harris Mausoleum**, l'une des plus grandes colonies de **puffins des Anglais**.

Le **Rùm Cuillin** domine le centre de l'île avec ses cinq sommets déchiquetés dont la traversée (21 km, 12 à 14 heures) est une des grandes attractions des Small Isles. C'est une randonnée difficile, semblable au circuit plus connu du Black Cuillin sur l'île de Skye (p. 359), mais elle offre des vues parmi

OÙ SE LOGER SUR L'ÎLE D'EIGG

Glebe Barn
Auberge de jeunesse dans une ancienne ferme au pied d'An Sgurr, avec des dortoirs et un appartement charmant. £

Lageorna
B&B proche des plages de Laig Bay et des Singing Sands, et logement en cottage équipé pour 6 également. ££

Eigg Organics
La petite ferme bio de Cleadale réunit une yourte, un cabanon et le seul terrain de camping de l'île. £

Rùm, vue de l'île d'Eigg

les plus mémorables de la côte. Pour prolonger le plaisir, passez la nuit au refuge **Dibidil Bothy**.

Si vous avez pris votre vélo, prenez le temps d'aller jusqu'au sable fin et aux affleurements volcaniques de **Kilmory Beach**, la plus belle baie de l'île.

Canna, le jardin des Hébrides

UNE RÉSERVE NATURELLE SOLITAIRE

Contrairement à Eigg ou Rùm, l'île de **Canna** est surtout un refuge pour les oiseaux, propriété du National Trust for Scotland depuis que son propriétaire gaélique, John Lorne Campbell, lui en a fait don en 1981. Au dernier recensement, l'île ne comptait que 15 habitants humains, ses "vrais" résidents n'étant autres que les quelque **20 000 oiseaux marins**, dont d'importantes populations de guillemots et de mouettes tridactyles, ayant pour royaume la lande, rien que la lande, sans la moindre route.

VIVE LA BIÈRE !

Sur cette côte sauvage de l'ouest de l'Écosse, les brasseries artisanales ont la cote ! Tout comme l'Isle of Eigg Brewery, la jeune **Knoydart Brewery** (p. 341) est du tonnerre.

OÙ SE LOGER ET SE RESTAURER SUR LA PÉNINSULE DE KNOYDART

Knoydart Bunkhouse
Ancienne ferme de bric et de broc qui offre chambres et dortoirs, avec une cuisine. À dix minutes à pied de l'embarcadère. £

Knoydart Pottery and Tearoom
Prenez un thé "avec vue", sur la terrasse, et goûtez aux excellents produits locaux. £

The Gathering
B&B délicieux, avec des chambres indépendantes et un bistrot "de la ferme à l'assiette" proche du quai. Jacuzzi. ££

KINLOCH CASTLE

Sur l'île de Rùm, ce château tout de grès rouge devrait être un des monuments les plus visités d'Écosse. Cette merveille crénelée, de style Tudor, fut bâtie en 1900 pour être la résidence d'été de l'ancien propriétaire de l'île, George Bullough, fils d'un riche industriel du textile du Lancashire.

Mais après la Première Guerre mondiale, le château et son domaine sont tombés en décrépitude, faute d'entretien. Les réparations ont été estimées à 20 millions de livres.

À l'heure où nous écrivons, NatureScot, chargé de la gestion du château, espérait le vendre à un nouveau propriétaire pour le faire restaurer – le nom de l'homme d'affaires anglais Jeremy Hosking était alors avancé. En attendant, nous ne pouvons qu'espérer que cet édifice splendide soit à nouveau un jour ouvert au public...

VINCENT LOWE/ALAMY STOCK PHOTO ©

Rùm Cuillin

L'idéal est de marcher jusqu'à **Prison Rock** et **Black Beach**, puis de finir par une assiette de homard et de crabe de Canna au **Cafe Canna** (juin-septembre seulement, commandez à l'avance).

Muck, la minuscule

RANDO, PLAGE ET FLEURS SAUVAGES

La minuscule Muck, 3 km sur 1,5, a l'avantage d'un sol extrêmement fertile et se couvre au printemps et au début de l'été d'une multitude de fleurs sauvages. Elle tire son nom du gaélique *muc* (cochon) et accueille encore des élevages porcins.

Depuis le débarcadère, sur la côte sud, une courte marche de 15 minutes sur la seule route de l'île permet de rejoindre la plage de sable de **Gallanach**, sur la côte nord. Une randonnée plus exigeante (5,5 km, 1 heure 30 aller-retour) permet de contempler l'île depuis le sommet du **Beinn Airein** (137 m). Des macareux nichent sur les falaises bordant le sud de Camas Mor, la baie au pied méridional de la colline.

ANDY BUCHANAN/AFP VIA GETTY IMAGES ©

The Old Forge, Knoydart

Sortir des radars sur la péninsule de Knoydart

UN BOUT DU MONDE MÉMORABLE

Si la péninsule de Knoydart est considérée comme le dernier coin vierge de Grande-Bretagne, ce n'est pas pour rien : ici, le monde semble plus vivant, plus sauvage, plus vaste. La région est restée méconnue parce qu'aucune route n'y mène. Les visiteurs viennent en ferry depuis Mallaig, à moins de parcourir à pied 26 km à travers une lande déserte, une randonnée assez éprouvante pour les genoux.

Le village d'**Inverie** vous servira de camp de base : situé au pied des *munros* les plus reculés d'Écosse, c'est sans surprise un paradis pour les randonneurs. Les deux sommets combinés de **Luinne Bheinn** (939 m) et de **Meall Buidhe** (946 m) offrent une des plus belles marches sommitales des Highlands de l'Ouest, tandis que le **Ladhar Bheinn** (1 020 m), d'où la vue sur les vallées et le Loch Hourn est spectaculaire, est un des plus beaux sommets du pays. Attention, ces deux randonnées demandent 9 à 12 heures depuis Inverie.

Pour une excursion plus facile guidée par un ranger de la péninsule, faites la boucle appelée **Knoydart in a Knutshell** (5 km, 1 heure 30), qui permet d'aborder histoire locale, écologie et glanage. Sinon, prenez une canne à pêche ou louez un vélo électrique au poste des rangers pour aller voir et profiter du sublime **Loch an Dubh Lochain**.

Ensuite, tout se termine à l'**Old Forge**, pub qui appartient désormais aux habitants du village. C'est le cœur de cette localité de 110 âmes. On y sert des bières artisanales de la **Knoydart Brewery** voisine.

HISTOIRE D'UN PUB ISOLÉ

Chaque village a son feuilleton mais l'histoire de l'Old Forge de la péninsule de Knoydart, pub le plus isolé du pays, qui a pourtant toujours gardé une clientèle d'habitués, est incroyable.

Les habitants étaient mécontents de ses horaires d'ouverture réduits et du manque de personnel l'hiver, ce qui nuisait au tourisme mais aussi limitait leur accès au seul pub de la région.

Il s'ensuivit une consultation sur son rachat par les habitants du coin. En avril 2022, la chose put finalement avoir lieu, grâce à une campagne de financement participatif qui eut un écho mondial. Aujourd'hui, le pub appartient aux gens du village, tout heureux, et sa clientèle est plus internationale que jamais.

COMMENT S'Y RENDRE ET CIRCULER

Seul le ferry de **CalMac** (www.calmac.co.uk) au départ de Mallaig dessert les Small Isles (8,70-11,80 £ aller-retour). Il est plus facile de s'y rendre l'été, car les liaisons inter-îles sont réduites en hiver. Pour la péninsule de Knoydart, il y a deux ou trois ferries de **Western Isles Cruises** (westernislescruises.co.uk) par jour depuis Mallaig (7,50 £ aller-retour).

Carnet d'adresses

INVERNESS

Cawdor Castle
Voir p. 307 (0166-740 4401 ; www.cawdorcastle.com ; B9090, Cawdor, Nairn IV12 5RD ; parc et jardins adulte/enfant 8/6,50 £ ; 10h-17h avr-oct ; 4, 9, 437 jusqu'à Kirkwall Hotel)

Culloden
Voir p. 305 (0146-379 6090 ; www.nts.org.uk/visit/places/culloden ; Culloden, IV2 5EU ; tarif plein/réduit 14/11 £ ; 9h-16h)

Fort George
Voir p. 307 (0166-746 0232 ; www.historicenvironment.scot/visit-a-place/places/fort-george ; Near Ardersier, IV2 7TD ; adulte/enfant 10/6 £ ; 9h30-17h30 avr-oct, 10h-16h oct-mars)

Inverness Castle
Voir p. 304 (0163-157 0550 ; www.dunollie.org ; 41 Castle St, IV2 3EG ; adulte/enfant 6/3 £ ; 11h-18h avr-mai et sept-oct, 10h-19h juin-août, 11h30-16h ven-lun nov-mars)

Inverness Cathedral
Voir p. 302 (0146-322 5553 ; invernesscathedral.org ; Ardross St, IV3 5NN ; 9h-16h ; 1, 2, 17, 112 jusqu'à Planefield Road)

Inverness Museum and Art Gallery
Voir p. 304 (0134-978 1730 ; www.highlifehighland.com/inverness-museum-and-art-gallery ; Castle Wynd, IV2 3EB ; don suggéré ; 12h-16h mar-jeu, 11h-16h ven-sam nov-mars, 10h-17h mar-sam avr-oct ; 7, 14 jusqu'à Town House)

Chanonry Point
Voir p. 307 (0185-646 6008 ; www.moraydolphins.co.uk/chanonry-point.html ; Ness Rd, Fortrose IV10 8SD)

Dolphin Spirit Inverness
Voir p. 307 (0754-480 0620 ; dolphinspirit.co.uk ; Stadium Rd, IV1 1FF ; excursions adulte/enfant 49/39 £)

Dolphin Trips Avoch
Voir p. 307 (0138-162 2383 ; www.dolphintripsavoch.co.uk ; Harbour Office Pierhead, Avoch, Highlands and Islands, IV9 8PT ; excursions adulte/enfant 25/20 £)

Ecoventures
Voir p. 307 (0138-160 0323 ; www.ecoventures.co.uk ; Victoria Place, Cromarty IV11 8YE ; excursions adulte/enfant 36/44 £)

Phoenix Sea Adventures
Voir p. 307 (0166-745 7175 ; orkney-tailor-made-tours.co.uk ; Harbour St, Nairn IV12 4PH ; excursions adulte/enfant 45/38 £)

Aldourie Castle
Voir p. 307 (0146-375 1309 ; www.phoenix-nairn.co.uk ; Aldourie Castle, The Estate Office, Loch Ness, IV2 6EL)

Black Isle Hostel
Voir p. 305 (0146-323 3933 ; www.blackislebrewery.com/visit-us/accommodation/black-isle-hostel ; 47-49, Academy St, Inverness IV1 1LP ; 1 jusqu'à Queensgate)

Pentahotel Inverness
Voir p. 305 (0146-322 8850 ; www.pentahotels.com/hotels/united-kingdom/inverness ; 63 Academy St, IV1 1LU ; 1 jusqu'à Queensgate)

Rocpool Reserve Hotel
Voir p. 305 (0146-324 0089 ; rocpool.com ; Culduthel Rd, Inverness IV2 4AG ; 7, 14 jusqu'à Ardlarich Medical Centre)

Leakey's Bookshop and Cafe
Voir p. 306 (0146-323 9947 ; leakeysbookshop.com ; Church St, IV1 1EY ; 10h30-17h30 lun-sam ; 421 jusqu'à Academy St)

MacGregor's
Voir p. 306 (0146-371 9629 ; www.macgregorsbars.com ; 113 Academy St, IV1 1LX ; plats 10,95-15,85 £ ; 12h-1h ; 421 jusqu'à Academy St)

Mustard Seed
Voir p. 306 (0146-322 0220 ; www.mustardseedrestaurant.co.uk ; 16 Fraser St, IV1 1DW ; menus déj 2 plats 15,95 £, plats dîner 16,95-28,95 £ ; 12h-21h ; 1 jusqu'à Queensgate)

Scotch & Rye
Voir p. 306 (0146-371 5374 ; scotchandrye.co.uk ; 21 Queensgate, IV1 1DF ; plats 9,50-11 £ ; 12h-minuit lun-jeu, 12h-1h ven-sam ; 1 jusqu'à Queensgate)

Velocity Cafe
Voir p. 306 (0146-323 9947 ; www.velocitylove.co.uk ; plats 5,95-11,95 £ ; 9h30-15h30 lun-jeu, 9h-16h ven-sam, 10h-16h dim ; 6, 7, 14, 112 jusqu'à Midmills College)

Black Isle Bar & Rooms
Voir p. 306 (0146-322 9920 ; www.blackislebrewery.com/visit-

MACIEJ OLSZEWSKI/STOCK.ADOBE.COM ©

Black Isle

us/brewery/bars ; 68 Church St, Inverness IV1 1EN ; 12h-minuit ; 1 jusqu'à Queensgate)

Castle Tavern
Voir p. 306 (0146-371 8178 ; www.castletavern.pub ; 1 View Pl, Inverness IV2 4SA ; 12h-22h30 dim-lun et mar, 12h-23h30 mer, 12h-minuit ven-sam ; 4 jusqu'à Sobar Snooker Hall)

Gellions
Voir p. 306 (0146-323 3648 ; www.gellions.com ; 14 Bridge St, Inverness IV1 1HD ; 11h-1h dim-jeu, 11h-2h ven-sam ; 7, 14 jusqu'à Town House)

ENVIRONS D'INVERNESS

Fortrose Cathedral
Voir p. 309 (0166-746 0232 ; www.historicenvironment.scot/visit-a-place/places/fortrose-cathedral ; 7 Cathedral Square, Inverness, Fortrose IV10 8TB ; 9h30-17h30 avr-sept, 10h-16h oct-mars ; 26, 420, 421, 424 jusqu'à Post Office)

Groam House Museum
Voir p. 309 (0138-162 0961 ; www.groamhouse.org.uk ; High St, Rosemarkie, Fortrose IV10 8UF ; 13h-16h avr-oct ; 26, 421, 424 jusqu'à Spar Shop)

Loch Ness Centre & Exhibition
Voir p. 310 (0145-645 0573 ; lochness.com ; Drumnadrochit, Inverness IV63 6TU ; adulte/enfant 8,45/4,95 £ ; 10h-17h)

Urquhart Castle
Voir p. 311 (0145-645 0551 ; www.historicenvironment.scot/visit-a-place/places/urquhart-castle ; Drumnadrochit, Inverness IV63 6XJ ; adulte/enfant 14,50/8,70 £ ; 9h30-18h avr-mai et sept, 9h30-20h juin-août, 9h30-16h30 nov-mars)

Castle Cruises
Voir p. 310 (0185-646 6008 ; orkney-tailor-made-tours.co.uk ; Drumnadrochit, Inverness IV63 6XR)

Cruise Loch Ness
Voir p. 310 (0145-645 0695 ; www.lochnesscruises.com ; 13 Claymore Ct, Kirkwall KW15 1UP ; adulte/enfant 17/11 £ ; 17 jusqu'à Post Office)

Loch Ness 360° Trail
Voir p. 311 (lochness360.com)

Loch Ness by Jacobite
Voir p. 310 (0146-323 3999 ; www.jacobite.co.uk/fr ; Dochgarroch Lock, Inverness-shire, IV3 8JG ; excursions adulte/enfant 26-39/19-29,50 £ ; 9h-17h)

South Loch Ness Trail
Voir p. 311 (www.walkhighlands.co.uk/lochness/south-loch-ness-trail)

Eagle Brae
Voir p. 310 (0146-376 1301 ; www.eaglebrae.co.uk ; Eagle Brae, Struy IV4 7LE)

Foyers Lodge
Voir p. 310 (0145-648 6351 ; www.foyerslodge.co.uk ; General Wade's Military Rd, Foyers, Inverness IV2 6XT)

Morag's Lodge
Voir p. 310 (0132-036 6289 ; moragslodge.com ; Bunoich Brae, Fort Augustus PH32 4DG)

Newhall Mains
Voir p. 309 (0138-163 2032 ; www.newhall-mains.com ; Newhall Mains Balblair, By, Dingwall IV7 8LQ)

The Allangrange
Voir p. 309 (0146-381 9862 ; www.theallangrange.co.uk ; 54 Millbank Rd, Munlochy IV8 8NL ; 26, 420, 421, 424 jusqu'à Post Office)

Wildwoodz
Voir p. 309 (0138-162 2220 ; www.wildwoodz.co.uk ; A832, Munlochy IV8 8PE)

Black Isle Brewery
Voir p. 309 (0146-381 1871 ; www.blackislebrewery.com ; Old Allangrange, Munlochy IV8 8NZ ; 10h-18h lun-sam)

Dores Inn
Voir p. 311 (0146-375 1203 ; www.thedoresinn.co.uk ; B862, Dores, Inverness IV2 6TR ; 12h-22h jeu-dim ; 14, 302 jusqu'à Inn)

Glen Ord Distillery
Voir p. 309 (0146-387 2004 ; www.malts.com/en-gb/distilleries/the-singleton-of-glen-ord ; A832, Muir of Ord IV6 7UJ ; 10h-17h ; 44, 46 jusqu'à Ord Distillery)

The Anderson
Voir p. 309 (0138-162 0236 ; www.theanderson.co.uk ; Union St, Fortrose IV10 8TD ; plats 12-27 £ ; 17h-21h mer-dim ; 26, 420, 421, 424 jusqu'à Post Office)

CAIRNGORMS NATIONAL PARK

Abernethy National Nature Reserve
Voir p. 314 (0147-981 0477 ; www.nature.scot/enjoying-outdoors/visit-our-nature-reserves/abernethy-national-nature-reserve ; Dell Rd, Nethy Bridge PH25 3DG)

Alvie & Dalraddy Estates
Voir p. 314 (0154-065 1255 ; www.highlandsselfcatering.co.uk ; Alvie Estate, Kincraig, Kingussie PH21 1NE)

Craigellachie National Nature Reserve
Voir p. 312 (0147-981 0477 ; www.nature.scot/enjoying-outdoors/visit-our-nature-reserves/craigellachie-national-nature-reserve ; Aviemore PH22 1PZ)

Cairngorm Reindeer Herd
Voir p. 314 (0147-986 1228 ; www.cairngormreindeer.co.uk ; Reindeer House, Glenmore, Aviemore PH22 1QU ; 10h-17h ; 37 jusqu'à Visitor Centre)

Glenmore Forest Park
Voir p. 314 (0300-067 6100 ; forestryandland.gov.scot/visit/forest-parks/glenmore-forest-park ; Glenmore, Aviemore PH22 1QU ; 10h-17h lun-sam, 12h-17h dim avr-oct ; 37 jusqu'à Visitor Centre)

Highland Folk Museum
Voir p. 315 (0134-978 1650 ; www.highlifehighland.com/highlandfolkmuseum ; Aultlarie Croft, Kingussie Rd, Newtonmore PH20 1AY ; 10h30-16h mer-dim)

Highland Wildlife Park
Voir p. 313 (0154-065 1270 ; www.highlandwildlifepark.org ; Kincraig, Kingussie PH21 1NL ; adulte/enfant 18,50/13,95 £ ; 10h-16h ; 39, 138, 140 jusqu'à Wildlife Park Road End)

Rothiemurchus Estate
Voir p. 314 (rothiemurchus.net ; Rothiemurchus Centre, Aviemore PH22 1QH ; 9h45-16h30 jeu-lun ; 37, 137 jusqu'à Rothiemurchus Car Park)

RSPB Loch Garten Osprey Centre
Voir p. 314 (0163-157 0550 ; www.dunollie.org ; St Olaf's Wynd, KW15 1JB ; 10h-17h lun-sam, 12h-17h dim avr-oct ; 4, 9, 437 jusqu'à Kirkwall Hotel)

Strathspey Steam Railway
Voir p. 312 (0147-981 0725 ; www.strathspeyrailway.co.uk ; Aviemore Station, Dalfaber Road, PH22 1PY ; aller-retour adulte/enfant 19,50/9,75 £)

Cairngorms National Park

Cairngorm Mountain Ski Area
Voir p. 313 (☎0147-986 1261 ; www.cairngormmountain.org ; Cairngorm Ski Area, Aviemore PH22 1RB ; forfait ski journée adulte/enfant 38/24 £)

Highland Wildlife and Birdwatch Safaris
Voir p. 314 (☎0147-981 1169 ; www.highlandwildlifesafaris.co.uk ; Mertlefield, Car Park, Aviemore PH22 1SB ; adulte/enfant 18-22/9-11 £ ; 🚌 37, 39, 136, 138 jusqu'à Police Station)

Instinct Guides
Voir p. 314 (☎0794-428 0986 ; www.instinctguides.com ; Cairngorms National Park, Inverness-shire PH23 3BD ; circuit journée à partir de 130 £)

Loch Insh Outdoor Centre
Voir p. 315 (☎0185-646 6008 ; orkney-tailor-made-tours.co.uk ; Loch Insh Outdoor centre Kincraig Inverness, Kingussie PH21 1NU)

Lynbreck Croft
Voir p. 316 (www.lynbreckcroft.co.uk ; Tomintoul Road, Grantown-on-Spey PH26 3NN ; circuit 595 £)

Scot Mountain Holidays
Voir p. 316 (☎0147-983 1331 ; scotmountainholidays.com ; Fraoch Lodge, Deshar Rd, Boat of Garten PH24 3BN ; circuits à partir de 945 £/pers)

Speyside Wildlife
Voir p. 314 (☎0147-981 2498 ; www.speysidewildlife.co.uk ; Wester Camerorie, Ballieward, Grantown-on-Spey PH26 3PR)

Aviemore Bunkhouse
Voir p. 313 (☎0147-981 1181 ; www.aviemore-bunkhouse.com ; 2 Dalfaber Rd, Aviemore PH22 1PU)

Aviemore Youth Hostel
Voir p. 313 (☎0147-981 0345 ; www.hostellingscotland.org.uk/hostels/aviemore ; 25 Grampian Rd, Aviemore PH22 1PR)

Boat Country Inn
Voir p. 313 (☎0147-983 1258 ; boathotel.co.uk ; Deshar Rd, Boat of Garten PH24 3BH ; 🚌37 jusqu'à Post Office)

Culdearn House Hotel
Voir p. 314 (☎0147-987 2106 ; www.culdearn.com ; Woodlands Terrace, Grantown-on-Spey PH26 3JU ; 🚌37, 136, 337, 364 jusqu'à Craiglynne Hotel)

Glenmore Lodge
Voir p. 314 (☎0147-986 1256 ; glenmorelodge.org.uk ; Glenmore Lodge, Aviemore PH22 1QZ)

Tigh na Sgiath Country House
Voir p. 314 (☎0147-985 1345 ; tigh-na-sgiath.co.uk ; Skye of Curr Rd, Nethy Bridge, PH26 3PA)

Alvie Forest Food
Voir p. 316 (☎0147-985 1345 ; www.campinginaviemore.co.uk ; Aviemore PH22 1QB ; 🕑12h-19h mar-dim ; 🚌39, 138, 139, 140 jusqu'à Dalraddy Caravan Park)

Cairngorm Hotel
Voir p. 312 (☎0147-981 0233 ; cairngorm.com ; 77 Grampian Rd, Aviemore PH22 1PE ; plats déj 8,25-24,95 £, dîner 14,25-24,95 £ ; 🕑12h-22h ; 🚌37, 39, 136, 138 jusqu'à Cairngorm Hotel)

Cheese and Tomatin
Voir p. 312 (☎0146-322 3752 ; www.cheeseandtomatin.com ; 10 Stephens Brae, Inverness IV2 3JN ; pizzas 10,60-14,95 £ ; 🕑17h-21h mer-dim ; 🚌4, 5 jusqu'à Eastgate Centre)

The Cross
Voir p. 316 (☎0154-066 1166 ; thecross.co.uk ; Kingussie, Tweedmill Brae, Ardbroilach Rd, Kingussie PH21 1LB ; menus 3/6 plats 60/100 £)

Winking Owl
Voir p. 312 (☎0147-981 2368 ; thewinkingowl.co ; 123 Grampian Rd, Aviemore PH22 1RH ; plats 14-32 £ ; 🕑12h-23h dim et mer, 12h-1h jeu-sam ; 🚌37, 39, 136, 138 jusqu'à MacKenzies Hotel)

Flying Stag
Voir p. 315 (☎0133-972 0223 ; thefifearms.com/eat-drink/flying-stag ; Mar Rd, Braemar, Ballater AB35 5YN ; 🕑12h-23h ; 🚌201 jusqu'à Post Office)

Glen Hotel
Voir p. 315 (☎0154-067 3203 ; www.theglenhotel.co.uk ; Main St, Newtonmore PH20 1DD ; 🚌39, 139, 140 jusqu'à Newtonmore Clan Museum)

Old Bridge Inn
Voir p. 315 (☎0147-981 1137 ; www.oldbridgeinn.co.uk ; 23 Dalfaber Rd, Aviemore PH22 1PU ; 🕑12h-23h)

ENVIRONS DU CAIRNGORMS NATIONAL PARK

Ballindalloch Castle and Gardens
Voir p. 318 (☎0180-750 0205 ; www.ballindallochcastle.co.uk ; Banffshire, Ballindalloch AB37 9AX ; château et jardins adulte/enfant 14,50/8 £ ; 🕑10h-17h dim-jeu, dernière entrée 16h)

Ben Lawers National Nature Reserve
Voir p. 319 (www.nnr.scot)

Blair Atholl Distillery
Voir p. 320 (☎0179-648 2003 ; www.malts.com/en-gb/distilleries/blair-athol ; Perth Rd, Pitlochry PH16 5LY ; visites 17-80 £ ; 🕑10h-17h lun-sam nov-avr, 10h-18h tlj mai-oct)

Dalwhinnie Distillery
Voir p. 318 (☎0154-067 2219 ; www.malts.com/en-gb/distilleries/dalwhinnie ; General Wade's Military Rd, Dalwhinnie PH19 1AA ; visites 17-120 £ ; 🕑10h-17h ; 🚌39, 139 jusqu'à Distillery)

Dark Sky Park
Voir p. 318 (www.darksky.org)

Enchanted Forest
Voir p. 320 (www.enchantedforest.org.uk ; Loch Dunmore Faskally Wood, Pitlochry PH16 5LB ; 9h-21h ; 4, 9, 437 jusqu'à Kirkwall Hotel)

Faskally Wood
Voir p. 320 (forestryandland.gov.scot/visit/forest-parks/tay-forest-park/faskally ; Pitlochry PH16 5JZ)

Fonab Castle
Voir p. 320 (0179-647 0140 ; www.fonabcastlehotel.com ; Foss Rd, Pitlochry PH16 5ND ; plats 18-48 £ ; déj 12h-14h30, thé 14h-15h30, dîner 17h30-21h30)

Glenlivet Distillery
Voir p. 318 (0134-082 1720 ; www.maltwhiskydistilleries.com/theglenlivet/age-gate ; The Glenlivet, Ballindalloch AB37 9DB ; visites 20-350 £ ; 10h-17h mar-sam)

Pitlochry Dam Visitor Centre
Voir p. 320 (0179-648 4111 ; www.pitlochrydam.com ; Armoury Rd, Pitlochry PH16 5AP ; 10h-16h mer-dim)

Rannoch Station
Voir p. 319 (www.scotrail.co.uk/plan-your-journey/stations-and-facilities/ran ; Pitlochry PH17 2QA)

Scottish Crannog Centre
Voir p. 319 (01887-830583 ; www.crannog.co.uk ; Kenmore PH15 2HY : 7 £ ; mer-dim 10h-16h30).

Tay Forest Park
Voir p. 319 (forestryandland.gov.scot/visit/forest-parks/tay-forest-park ; St Olaf's Wynd, KW15 1JB)

Tour Blair Castle
Voir p. 318 (0179-648 1207 ; atholl-estates.co.uk/blair-castle ; Blair Atholl, Pitlochry PH18 5TL ; château et jardins adulte/enfant 17/11 £ ; 10h-17h avr-oct ; 83, 87, 887 jusqu'à Atholl Arms)

Glenlivet House
Voir p. 318 (0180-759 0742 ; www.glenlivethouse.com ; The Glenlivet, Ballindalloch AB37 9DJ)

House of Bruar
Voir p. 318 (0179-648 3236 ; www.houseofbruar.com ; Pitagowan, Blair Atholl, Pitlochry PH18 5TW ; 83, 87 jusqu'à House of Bruar car park)

Moor of Rannoch
Voir p. 318 (0188-263 3238 ; www.moorofrannoch.co.uk ; Rannoch Station, Pitlochry PH17 2QA)

Old Manse
Voir p. 318 (0145-182 0082 ; Victoria St, Bourton-on-the-Water, Cheltenham GL54 2BX)

Pitlochry Backpackers Hotel
Voir p. 319 (0179-647 0044 ; 134 Atholl Rd, Perthshire, Pitlochry PH16 5AB ; 24, 27, 82, 83, 87, 887 jusqu'à West End Car Park)

Saorsa 1875
Voir p. 319 (0179-647 5217 ; saorsahotel.com ; 2 E Moulin Rd, Pitlochry PH16 5DW ; 24, 27, 82, 83, 87 jusqu'à Acarsaid Hotel)

Smugglers Hostel
Voir p. 318 (0180-758 0364 ; www.thesmugglershostel.co.uk ; Main St, Tomintoul, Ballindalloch AB37 9EX)

The Croft Inn
Voir p. 318 (0180-759 0361 ; thecroftinn.co.uk ; The Croft Inn, Glenlivet, Ballindalloch AB37 9DP)

The Old Mill Inn
Voir p. 319 (0179-647 4020 ; www.theoldmillpitlochry.co.uk ; Mill Ln, Pitlochry PH16 5BH ; 24, 27, 82, 83, 87, 887 jusqu'à Fishers Hotel)

GLEN COE

Glencoe Folk Museum
Voir p. 323 (0185-581 1664 ; www.glencoemuseum.com ; Glencoe, Ballachulish PH49 4HS ; adulte/enfant 3 £/gratuit ; 11h-15h mer-dim avr-oct)

Glencoe Visitor Centre
Voir p. 322 (0185-581 1307 ; www.nts.org.uk/visit/places/glencoe ; Visitor Centre, Glencoe, Ballachulish PH49 4HX ; 4 £ ; 10h-16h jan-mars et déc, 9h30-17h30 mars-oct)

Meeting of the Three Waters
Voir p. 323 (www.atlasobscura.com/places/the-meeting-of-three-waters ; Ballachulish PH50 4SQ)

Glencoe Mountain Resort
Voir p. 323 (0185-585 1226 ; www.glencoemountain.com ; Kingshouse, Glencoe PH49 4HZ ; télésiège adulte/enfant 15/10 € ; 9h-16h)

Clachaig Inn
Voir p. 323 (0185(581 1252 ; www.clachaig.com ; Old Village Road, Glencoe, Ballachulish PH49 4HX)

Glencoe House
Voir p. 322 (0185-581 1179 ; glencoe-house.com ; Glencoe PH49 4HT)

Glencoe Youth Hostel
Voir p. 322 (0815-581 1219 ; www.hostellingscotland.org.uk ; Glencoe, Ballachulish PH49 4HX)

Kingshouse Hotel
Voir p. 322 (0185-585 1259 ; www.kingshousehotel.co.uk ; Kingshouse Hotel, Glencoe, Ballachulish PH49 4HY)

Glencoe Inn
Voir p. 323 (0185-581 1245 ; www.crerarhotels.com/the-glencoe-inn ; Tyndrum Road, Glencoe, Ballachulish PH49 4HP ; plats 7-16 £ ; 12h-21h)

Lochleven Seafood Café
Voir p. 323 (0185-582 1048 ; www.lochlevenseafoodcafe.co.uk ; B863, Onich, Fort William PH33 6SA ; plats 9,95-29,95 £, homard entier 50 £ ; 10h-

20h jeu-dim ; 37, 39, 136, 138 jusqu'à MacKenzies Hotel)

ENVIRONS DU GLEN COE

Grey Mare's Tail
Voir p. 326 (0771-378 6230 ; www.nts.org.uk/Property/Grey-Mares-Tail-Nature-Reserve ; Moffat DG10 9LH)

Ice Factor – The National Ice Climbing Centre
Voir p. 326 (0185-583 1100 ; www.facebook.com/youricefactor ; orkney-tailor-made-tours.co.uk ; Leven Rd, Kinlochleven PH50 4SF)

Vertical Descents
Voir p. 326 (0139-774 7111 ; www.verticaldescents.com ; orkney-tailor-made-tours.co.uk ; Righ Cres, Onich, Fort William PH33 6SD ; via ferrata 70 £ ; 9h30-17h30)

Blackwater Hostel
Voir p. 326 (0185-583 1253 ; www.blackwaterhostel.co.uk ; Lab Road, Kinlochleven PH50 4SG)

Loch Ossian Youth Hostel
Voir p. 326 (0139-773 2207 ; www.hostellingscotland.org.uk/hostels/loch-ossian ; Corrour, Fort William PH30 4AA)

MacDonald Hotel & Cabins
Voir p. 326 (0185-583 1902 ; www.macdonaldhotel.co.uk ; Fort William Rd, Kinlochleven PH50 4QL)

Tailrace Inn
Voir p. 326 (0185-583 1777 ; thetailraceinn.co.uk ; Riverside Rd, Kinlochleven PH50 4QH ; plats 9,95-12,50 £ ; 12h-22h)

BEN NEVIS

Ben Nevis Distillery
Voir p. 329 (0139-770 0200 ; www.bennevisdistillery.com ; Lochy Bridge, Fort William PH33 6TJ ; 9h30-17h lun-ven)

Glen Coe

Ben Nevis Visitor Centre
Voir p. 327 (0123 456 789 ; bennevis.co.uk/listing/visitor-centre ; Visitor Centre, Glen Nevis, Fort William PH33 6ST ; 8h-16h ; 4, 9, 437 jusqu'à Kirkwall Hotel)

Jacobite Steam Train
Voir p. 335 (0844-850 4685 ; www.westcoastrailways.co.uk ; Fort William Travel Centre, MacFarlane Way, Fort William PH33 6EN ; aller-retour dans la journée adulte/enfant 57-89/33-57 £ ; matin avr-oct, après-midi mai-sept)

Neptune's Staircase
Voir p. 329 (www.scottishcanals.co.uk/destinations/neptunes-staircase; Banavie, Fort William PH33 7NG)

Nevis Range Mountain Gondola
Voir p. 329 (0163-157 0550 ; www.nevisrange.co.uk/activities/mountain-gondola ; Nevis Range Development Co P, Fort William PH33 6SY ; 9h-17h)

West Highland Museum
Voir p. 328 (0139-770 2169 ; www.westhighlandmuseum.org.uk ; Cameron Square, Fort William PH33 6AJ ; don suggéré ; 10h-16h lun-ven, 10h30-13h30 sam)

Cruise Loch Linnhe
Voir p. 329 (0736-743 6088 ; cruiselochlinnhe.co.uk ; Town Centre Pier, Fort William PH33 6DZ ; excursions 28 £ ; 9h30-17h30)

Nevis Range
Voir p. 329 (0139-770 5825 ; www.nevisrange.co.uk ; Nevis Range Development Co P, Fort William PH33 6SY ; forfait ski journée adulte/enfant 41,70/27,30 £)

Ben Nevis Inn
Voir p. 328 (0139-770 1227 ; www.ben-nevis-inn.co.uk ; Achintee Rd, Achintee, Fort William PH33 6TE)

Fort William Backpackers
Voir p. 329 (0139-770 0711 ; fortwilliambackpackers.com ; Charlecote, Alma Rd, Fort William PH33 6HB)

Glen Nevis Caravan & Camping Park
Voir p. 328 (0139-770 2191 ; www.glen-nevis.co.uk ; Glen Nevis, Fort William PH33 6SX)

Glen Nevis Youth Hostel
Voir p. 328 (0139-770 2336 ; www.hostellingscotland.org.uk/hostels/glen-nevis ; Glen Nevis, Fort William PH33 6SY)

Inverlochy Castle Hotel
Voir p. 329 (0139-770 2177 ; www.inverlochycastlehotel.com ; Torlundy, Fort William PH33 6SN)

Lime Tree
Voir p. 329 (0139-770 1806 ; www.limetreefortwilliam.co.uk ; The Old Manse, Achintore Road, Fort William PH33 6RQ)

Fort William Mountain Festival
Voir p. 330 (www.mountainfestival.co.uk ; fév-mars)

Scottish Six Days Trial
Voir p. 330 (ssdt.org ; fin avr-début mai)

The Ben Nevis Race
Voir p. 330 (www.bennevisrace.co.uk ; début sept)

ENVIRONS DU BEN NEVIS

Ardnamurchan Lighthouse
Voir p. 333 (0197-251 0210 ; www.ardnamurchanlighthouse.com ; Ardnamurchan Point, Acharacle PH36 4LN ; 10h-16h30 avr-oct)

Ardtornish Estate
Voir p. 333 (0196-742 1288 ; ardtornish.co.uk ; Ardtornish, Morvern PA80 5UZ)

Rahoy Hills Nature Reserve
Voir p. 333 (scottishwildlifetrust.org.uk/reserve/rahoy-hills)

Ardnamurchan Sea Charters
Voir p. 333 (0197-250 0208 ; www.west-scotland-marine.com ; Laga Bay, Glenborrodale, Acharacle PH36 4JW ; circuit 30 £ ; 10h-18h lun et jeu-ven)

Hebridean Whale Trail
Voir p. 333 (0168-830 2620 ; hwdt.org ; 28 Main St, Tobermory, Isle of Mull PA75 6NQ ; 9h-17h lun-ven)

Road to the Isles

ACCELERATORHAMS/STOCK.ADOBE.COM ©

Loch Shiel Cruises
Voir p. 333 (0749-850 1566 ; www.highlandcruises.co.uk ; The Pier, Slatach, Glenfinnan PH37 4LT ; excursions adulte/enfant 24-50/12-25 £ ; avr-sept)

MW Guiding
Voir p. 333 (mwguiding.com)

Rockhoppers Sea Kayaking
Voir p. 333 (0773-983 7344 ; www.rockhopperscotland.co.uk ; Unit 17, Annat Point Industrial Estate, Corpach, Fort William PH33 7NA ; excursions journée/demi-journée 70-90/50-65 £)

Staffa Tours
Voir p. 333 (0783-188 5985 ; www.staffatours.com ; Loch Insh Outdoor centre Kincraig Inverness, Kingussie PH21 1NU ; avr à mi-oct)

Eilean Shona
Voir p. 332 (0196-743 1249 ; eileanshona.com ; Acharacle, PH36 4LR)

Highland Basecamp
Voir p. 332 (0782-454 1901 ; www.highlandbasecamp.com ; Lochaline PA80 5XT)

The Whitehouse Restaurant
Voir p. 332 (0179-587 7008 ; thewhitehouseonline.com ; The Broadway, Minster on Sea, Sheerness ME12 2TE)

ROAD TO THE ISLES

Achnacarry Castle
Voir p. 335 (Achnacarry, Spean Bridge PH34 4EJ)

Clan Cameron Museum
Voir p. 335 (0790-021 7975 ; www.clancameronmuseum.co.uk ; Achnacarry, Spean Bridge PH34 4EJ ; adulte/enfant 4 £/gratuit ; 11h-15h avr-oct ; 4, 9, 437 jusqu'à Kirkwall Hotel)

Commando Memorial
Voir p. 335 (0163-157 0550 ; www.undiscoveredscotland.

co.uk/speanbridge/commando ; Spean Bridge PH34 4EG)

Glenfinnan Monument
Voir p. 335 (www.nts.org.uk/visit/places/glenfinnan-monument)

Glenfinnan Station Museum
Voir p. 335 (www.glenfinnanstationmuseum.co.uk ; Station Rd, Glenfinnan PH37 4LT ; don à l'entrée ; 9h-17h Pâques-oct).

Glenfinnan Viaduct
Voir p. 335 (www.visitscotland.com/info/towns-villages/glenfinnan-p236571 ; A830 Rd, Glenfinnan PH37 4LT)

High Bridge
Voir p. 335 (Spean Bridge PH34 4EX)

Arisaig Marine
Voir p. 336 (0168-745 0224 ; www.arisaig.co.uk ; The Harbour, Arisaig PH39 4NH ; fin avr-sept)

Arisaig Sea Kayak Centre
Voir p. 336 (arisaigseakayakcentre.co.uk ; Main road, Arisaig PH39 4NH ; circuit journée 95 £ ; 9h30-15h30)

Minch Adventures
Voir p. 336 (0743-767 0212 ; www.minchadventures.co.uk ; Mallaig Yachting Marina, Mallaig PH41 4QF ; circuit à partir de 675 £)

Western Isles Cruises
Voir p. 336 (0168-746 2233 ; www.westernislescruises.co.uk ; The Pier Office, Mallaig PH41 4QD ; adulte/enfant 18/9 £)

Glenfinnan House Hotel
Voir p. 335 (0139-772 2235 ; www.glenfinnanhouse.com ; Glenfinnan PH37 4LT)

Prince's House Hotel
Voir p. 335 (0139-772 2246 ; www.glenfinnan.co.uk ; Glenfinnan PH37 4LT)

Sleeping Car Bunkhouse
Voir p. 335 (www.scottish-hostels.com/business-listings/glenfinnan-sleeping-car ; Railway Station, Glenfinnan PH37 4LT)

AU-DELÀ DE LA "ROUTE DES ÎLES"

Harris Mausoleum
Voir p. 338 (Rùm)

Kinloch Castle
Voir p. 340 (0131-314 4181 ; 1 Kinloch Cottages, Rùm PH43 4RR)

Rum National Nature Reserve
Voir p. 338 (0168-746 2026 ; www.nature.scot/enjoying-outdoors/visit-our-nature-reserves/rum-national-nature-reserve ; Rùm PH43 4RR)

Eigg Adventures
Voir p. 338 (0168-734 7007 ; www.eiggadventures.co.uk ; An Laimhrig, Eigg PH42 4RL ; 10h-17h lun-mer, 10h-15h jeu-ven, 10h-18h30 sam, 15h-16h dim)

Dibidil Bothy
Voir p. 339 (Rùm PH43 4RR)

Eigg Organics
Voir p. 338 (0168-748 2480 ; www.eiggorganics.co.uk ; Croft 13, Cleadale, Eigg PH42 4RL)

Glebe Barn
Voir p. 338 (0168-731 5099 ; www.glebebarn.co.uk ; The Glebe Barn, Eigg PH42 4RL)

Knoydart Bunkhouse
Voir p. 339 (0168-746 2163 ; knoydart.org/knoydart-bunkhouse ; Inverie, Knoydart, Mallaig PH41 4PL)

Knoydart Pottery and Tearoom
Voir p. 339 (0168-746 0191 ; www.facebook.com/KnoydartTea ; The Pier Stores/Inverie, Mallaig PH41 4P)

Lageorna
Voir p. 338 (0168-746 0081 ; lageorna.com ; Lageorna, Eigg PH42 4RL)

The Gathering
Voir p. 339 (0168-746 0051 ; www.thegatheringknoydart.co.uk ; Knoydart, Inverie PH41 4PL)

Cafe Canna
Voir p. 340 (0168-748 2488 ; www.cafecanna.co.uk ; West Bothy, Canna PH44 4RS ; plats 14-19 £ ; 13h-21h lun-ven et dim)

Galmisdale Bay Café and Bar
Voir p. 338 (0168-748 2487 ; galmisdale-bay.com ; An Laimhrig, Eigg PH42 4RL ; plats 10,95-12,95 £ ; 10h-22h lun et mer, 10h-17h mar, 10h-16h jeu, 10h-23h ven-sam)

Knoydart Brewery
Voir p. 341 (0168-746 2372 ; www.knoydartbrewery.co.uk ; St Agatha's Chapel Inverie Knoydart, Mallaig PH41 4PL)

Old Forge
Voir p. 341 (0168-746 2358 ; www.theoldforge.co.uk ; Inverie, Mallaig PH41 4PL ; cuisine 12h30-14h30 et 17h30-21h jeu-mar mai-oct)

AnNead Hand Knitwear
Voir p. 338 (0168-746 0153 ; anneadhandknitwear.co.uk ; An Nead, Eigg PH42 4RL)

Isle of Eigg Brewery
Voir p. 338 (www.eiggbrewery.com ; Nr. Tigh Na Coille, Eigg PH42 4RP)

En haut : Neist Point (p. 362). À droite : blocs de tourbe, Arnol Blackhouse(p. 377)

HIGHLANDS ET ÎLES DU NORD

BEAUTÉ SAUVAGE BATTUE PAR LES VENTS

Ce pan sauvage de l'Écosse allie montagnes, plages bordées de dunes et sombres châteaux en ruine.

Tout commença avec les Highland Clearances. À la fin du XVIIIe siècle et au début du suivant, les grands propriétaires, estimant que l'élevage de moutons serait plus rentable que l'agriculture, chassèrent des dizaines de milliers de fermiers de leurs terres. Bientôt, les Highlands et les îles du Nord devinrent une des régions les moins peuplées d'Europe. Aujourd'hui, cette contrée reste relativement vide et sauvage, mais le nombre de touristes, attirés par les montagnes, la houle marine et les lochs, ne fait que croître.

La North Coast 500 forme de loin l'itinéraire en boucle le plus populaire des Highlands du Nord. Au départ d'Inverness, cette route longe la côte sur plus de 800 km et permet de découvrir les sites de la région, de ses sommets irréguliers aux pelouses impeccables de ses terrains de golf. Les amateurs de nature préservée devront s'aventurer plus loin dans les terres, pour traverser des paysages jadis ponctués de fermes, dont ne demeurent aujourd'hui que quelques *crofts* (petites exploitations) à l'abandon. Côté îles, Skye est la plus fréquentée : avec sa côte découpée, ses collines verdoyantes et ses excellentes distilleries de whisky, elle est comme un condensé de l'Écosse. Là encore, si vous aspirez à vous éloigner des camping-cars et à vivre une véritable aventure insulaire, mettez le cap sur les Hébrides extérieures, leurs cercles de pierres préhistoriques, leurs plages paradisiaques et leurs falaises peuplées d'oiseaux marins. Quelle qu'aura été votre journée, concluez-la par un petit whisky, siroté au coin du feu dans un pub.

SITES PRINCIPAUX

PORTREE
Capitale côtière de l'île de Skye.
p. 356

ULLAPOOL
Randonnées et culture des Highlands.
p. 366

STORNOWAY
Porte d'accès aux Hébrides.
p. 374

DURNESS
Entre littoral et montagne.
p. 382

WICK
Whisky et golf à l'honneur.
p. 388

S'orienter

Les Highlands du Nord s'étendent au nord et à l'ouest d'Inverness et englobent le quart supérieur de l'Écosse continentale. Les îles, elles, sont au large de la côte ouest. Partez à la découverte de cette partie de l'Écosse et de ses nombreux lieux emblématiques.

Stornoway, p. 374
Des millénaires d'histoire des Hébrides vous attendent à un jet de pierre de la "capitale" de Lewis. Les plages immaculées de South Harris sont à 1 heure de route vers le sud.

Ullapool, p. 366
Point de départ parfait pour les randonnées dans le Nord-Ouest, Ullapool est la bourgade la plus notable à des kilomètres à la ronde. On y prend le ferry pour Lewis et Harris.

Portree, p. 356
Charmante ville portuaire avec hôtels, restaurants et boutiques de qualité, la capitale de l'île de Skye est une base idéale pour explorer cette dernière, notamment la péninsule de Trotternish.

Durness, p. 382
Posez vos valises dans ce village et allez découvrir les pics impressionnants, le littoral sablonneux et les routes spectaculaires du fin fond du Nord-Ouest écossais.

Wick, p. 388
Moins connue mais plus intéressante que John O'Groats, le village voisin, Wick offre un accès privilégié à la côte émaillée de châteaux et de terrains de golf. Et le whisky y est bon.

FERRY
Pour passer des Highlands aux îles éloignées, le ferry est le mode de transport le plus simple, à pied comme en voiture. Des liaisons aériennes sont aussi assurées entre certaines îles. Sans doute louerez-vous une voiture une fois sur place.

VOITURE
La voiture est (de loin) le meilleur moyen pour explorer les Highlands et les îles du Nord. Vous pourrez aller et vous arrêter où bon vous semblera, pour profiter pleinement du paysage.

BUS ET TRAIN
Meilleure option pour les voyageurs au budget serré, les bus relient à Inverness des agglomérations comme Ullapool et Portree. Un train longe aussi la côte ouest jusqu'à Wick. Pour les autres destinations, il faudra compter sur les bus locaux, qui ne passent pas souvent.

Planifier son séjour

Les Highlands et les îles du Nord constituent une vaste région étirée, dont la traversée demande du temps. Si vous êtes pressé, mieux vaut bien sillonner une zone précise qu'essayer de tout parcourir en vitesse.

RICHARD KELLETT/SHUTTERSTOCK ©

Benbecula (p. 380)

Si vous avez peu de temps

- Passez une journée (bien remplie) sur l'île de Skye. Levez-vous tôt pour éviter la foule sur le sentier (2 heures) qui monte au **Quiraing** (p. 359), puis roulez jusqu'à Portree en passant par la falaise de **Kilt Rock** (p. 359) et prenez le petit-déjeuner au **Café Arriba** (p. 357). Ensuite, explorez le **Dunvegan Castle et ses jardins** (p. 362) sur les rives du loch ainsi que le **phare de Neist Point** (p. 362), perché sur une falaise, puis longez la côte jusqu'à la **Talisker Distillery** (p. 361).

- L'après-midi, nagez dans les **Fairy Pools** (p. 362), puis roulez vers l'est (vous traverserez le pittoresque Sligachan Bridge et le village de Broadford) et savourez un bon dîner à **Kinloch Lodge** (p. 361).

EN BAS, DE GAUCHE À DROITE : 3523STUDIO/SHUTTERSTOCK ©, RICARDO92/GETTY IMAGES ©, BALIPADMA/SHUTTERSTOCK ©

AU FIL DES SAISONS

La meilleure période pour visiter les Highlands et les îles du Nord s'étend de la fin du printemps au début de l'automne. Attention, le beau temps n'est jamais garanti. Maints sites, restaurants et hôtels ferment aux mois les plus froids.

FÉVRIER

Pour se réchauffer, rien de tel qu'un verre de **Drambuie**, liqueur à base de whisky et de miel créée au Broadford Hotel (Skye).

AVRIL

Le **Dunrobin Castle** ouvre pour la saison. Démonstrations de fauconnerie dans les jardins.

MAI

Participez au **May Book Festival** à Ullapool et allez voir les macareux en période de nidification sur Handa Island.

Si vous avez trois jours

- Restez sur la côte ouest pour profiter des plus beaux paysages des Highlands du Nord. Passez la soirée à **Ullapool** (p. 366), pôle culturel de la région. Le lendemain, gravissez le **Stac Pollaidh** (p. 371) et visitez les **Summer Isles** (p. 371).

- Le deuxième jour, suivez la photogénique **Drumbeg Loop** (p. 386) sans hésiter à ponctuer le trajet d'arrêts plage ou cascade, puis dînez au **Kylesku Hotel** (p. 386).

- Le troisième jour, montez vers **Durness** (p. 382) à travers des paysages parmi les plus impressionnants d'Écosse – si possible, faites un détour d'une demi-journée pour visiter **Handa Island** (p. 387), **Sandwood Bay** (p. 385) ou **Cape Wrath** (p. 383).

Si vous avez une semaine

- Explorez les Hébrides extérieures de haut en bas sur une semaine. Prenez le ferry pour **Stornoway** (p. 374) et accordez quelques jours à la visite de Lewis et Harris, des **Callanish Standing Stones** (p. 377) aux plages de sable blanc.

- Offrez-vous une excursion dans l'archipel isolé de **St Kilda** (p. 380) avant de prendre le ferry pour **North Uist** (p. 380). Descendez jusqu'à South Uist sur 2 jours en passant par **Benbecula** (p. 380) – ne manquez pas la monumentale sculpture *Our Lady of the Isles* – et passez votre dernier jour sur les plages de **Barra** (p. 380). Prenez le ferry pour Oban et regagnez le continent après une semaine de rêve.

JUILLET
Célébrez la musique traditionnelle des îles durant le **Hebridean Celtic Festival** (Lewis) et le **Fèis an Eilein** (Skye).

AOÛT
Profitez du mois le plus chaud d'Écosse pour escalader le **Stac Pollaidh**. Rien ne dit qu'il ne pleuvra pas...

OCTOBRE
Découvrez la **Smoo Cave** en bateau (20 minutes) avant que le guide Fraser Eadie ne remballe pour l'hiver.

NOVEMBRE
Bravez le froid et découvrez les curiosités de **Lewis**, dont les Callanish Standing Stones, le *broch* de Dun Carloway et la *blackhouse* d'Arnol.

PORTREE

Portree, si petite soit-elle, est la capitale culturelle de l'**île de Skye** : une ravissante ville portuaire aux maisons colorées donnant sur une baie à l'abri du vent qui plaît à tous. Ici se mêlent auberges sans manières et hôtels chics, marchés artisanaux et boutiques de luxe, stands de *fish and chips*, restaurants huppés de fruits de mer et charmants pubs traditionnels. En fait, il ne manque à Portree qu'un "vrai" monument à visiter. Car la localité à d'autres avantages : elle se trouve au pied de la péninsule de Trotternish, avec sa foule d'activités, et on accède facilement, d'ici, au reste de l'île. Même en plein été, lorsque les touristes dépassent largement les 2 300 habitants que la ville compte le reste de l'année, Portree ne perd rien de son attrait. Elle est une base rêvée pour aller découvrir l'île de Skye.

Pour les infos pratiques, voir le Carnet d'adresses p. 394

À SAVOIR

Plate et peu étalée, Portree se visite aisément à pied, mais mieux vaut prévoir de bonnes chaussures si vous vous aventurez vers le port ou montez jusqu'au Lump. Il y a des parkings aux abords de l'agglomération et dans de nombreux hôtels. Les bus s'arrêtent au centre-ville, au niveau du Somerled Square.

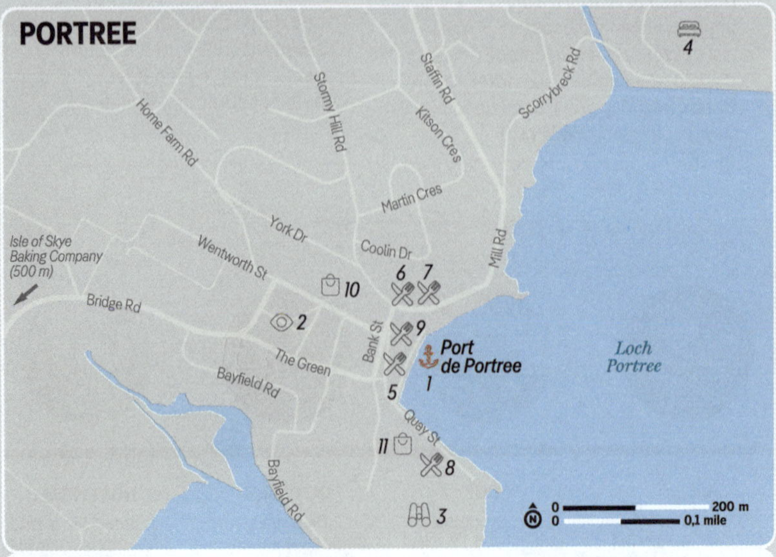

INCONTOURNABLE
1 Port de Portree

VOIR
2 Somerled Square
3 The Lump

SE LOGER
4 Cuillin Hills Hotel

SE RESTAURER
5 Café Arriba
6 Dulse & Brose
7 Scorrybreac
8 Sea Breezes
9 The Chippy Portree

SHOPPING
10 Isle of Skye Soap Company
11 Skye Gathering Hall

Port de Portree

Emplettes, crustacés et promenades

DÉCOUVREZ LA CAPITALE DE SKYE

Rares sont les capitales à se visiter en un après-midi. Prenez un en-cas chez **Chippy**, sur Quay Brae, et mangez en flânant devant la rangée de jolies maisons pastel qui bordent le **port de Portree**. Après déjeuner, montez au **Skye Gathering Hall** qui abrite un petit marché aux puces (fermé le lundi), puis suivez le sentier non pavé qui grimpe jusqu'au **Lump**. La montée, courte et intense, a pour récompense une vue panoramique sur les collines alentour. Redescendez, de l'autre côté, par Bayfield Rd, passez le centre d'accueil des visiteurs et traversez la route jusqu'à **Somerled Square**. Vous voici au cœur de la ville, avec ses charmants cafés et ses petits magasins où musarder une heure ou deux, à l'exemple de la boutique **Isle of Skye Soap Company**, une savonnerie artisanale. De là, marchez vers le nord-est jusqu'au **Cuillin Hills Hotel**, où des panneaux indiquent le début du Scorrybreac Circuit. Cette boucle plaisante et relativement facile (45 minutes) suit la côte avec, à la clef, une vue mémorable sur la baie. La balade vous ouvrira aussi l'appétit et vous pourrez goûter une spécialité écossaise à **Scorrybreac**. Mieux vaut réserver pour cette adresse, aussi chic qu'excellente : il n'y a que 20 places et la salle est bondée tous les soirs. Pour finir, prenez un dernier verre dans un des pubs de Portree.

LES MEILLEURES TABLES DE PORTREE

Café Arriba
Ce café en hauteur sert un petit-déjeuner copieux et des plats de la mer. Ambiance décontractée. £

Isle of Skye Baking Company
Un café-pâtisserie (et galerie d'art) qui vaut le détour. La spécialité : les pains fourrés. £

Sea Breezes
Ici, les produits de la mer sont à l'honneur : commandez le plateau de saumon, moules et langoustines. ££

Dulse & Brose
Cuisine écossaise moderne aux touches asiatiques, à base de poisson, gibier et fromage de Skye. £££

RANDONNÉE SUR LA CÔTE

La région abonde en sentiers côtiers. Descendez jusqu'au **phare de Neist Point** (p. 362) à Glendale, marchez jusqu'à **Sandwood Bay** (p. 385) près de Durness ou jusqu'au **Castle Sinclair Girnigoe** (p. 389) depuis Wick.

COMMENT CIRCULER

Portree est au carrefour de l'île ; on peut s'y rendre et rayonner alentour sans voiture. Des bus partent dans toutes les directions : au nord jusqu'à Uig, à l'ouest jusqu'à Dunvegan et au sud vers Bradford et le continent. Pour aller à l'est, il vous faudra un bateau.

Ailleurs sur Skye et dans ses environs

Sentiers, espèces sauvages et whisky à foison, avec pour cadre l'un des plus beaux paysages insulaires d'Écosse.

Si charmante soit-elle, ce n'est pas Portree qui attire les touristes sur Skye, mais les paysages de l'île, entre pics dentelés, vallées verdoyantes traversées de cours d'eau et cascades à flanc de falaise. Mieux vaut s'y munir de chaussures de randonnée. Escaladez les éboulements et sommets de Quiraing, arpentez les falaises de Neist Point, longez la crête des montagnes de Black Cuillin et approchez-vous des incroyables Fairy Pools. Pour ceux que la marche tente moins, Skye, c'est aussi du whisky de renom international, des plages de corail fin et des phoques et oiseaux marins peu farouches, le tout aisément accessible depuis Portree.

Pour les infos pratiques, voir le Carnet d'adresses p. 394

À SAVOIR

Mettez le cap vers le nord pour les randos les plus difficiles, vers l'ouest et le sud pour de superbes paysages et traversez le Skye Bridge pour visiter châteaux et jardins.

Quiraing

HELEN HOTSON/SHUTTERSTOCK ©

ALEXEY FEDORENKO/SHUTTERSTOCK ©

Kilt Rock

Escalader le Quiraing

GAGNER DE LA HAUTEUR

Dans les hauteurs de la péninsule de Trotternish, le site de Quiraing constitue l'un des paysages les plus singuliers de l'île. Son nom imprononçable vient du vieux norrois *Kví Rand* (qui signifie "pli arrondi").

Partez de bonne heure de Portree et garez-vous au parking de Quiraing (40 minutes) ; plus vous arriverez tôt, plus vous aurez de chances de trouver une place. Suivez ensuite le sentier balisé jusqu'à ce paysage unique d'éboulements. Les rochers dentelés devant vous ont été baptisés **Prison**, au motif de leur ressemblance avec une forteresse médiévale (à tout le moins vus d'un certain angle). Prenez garde aux pierres glissantes lorsque vous traverserez le cours d'eau et montez sur la pente caillouteuse jusqu'au sommet. Observez le rocher **Needle** (aiguille), une colonne de 37 m de haut en basalte dressée dans le paysage, puis suivez le sentier à flanc de falaise qui descend et remonte jusqu'à la **Table**. C'est sur ce plateau herbeux que les fermiers des alentours cachaient leur bétail en cas d'incursion viking. Prenez le temps d'admirer la vue sur Trotternish et sur les îles de Rona et Raasay, avant d'entamer la descente ; un sentier pentu et souvent boueux vous conduira jusqu'au parking principal.

LE TOP DES VISITES SUR LA PÉNINSULE

Old Man of Storr
Impressionnant rocher à 45 minutes à pied du parking sur la route principale.

Kilt Rock
Colonnes de basalte sur la paroi d'une immense falaise (on dirait les plis d'un kilt).

Skye Museum of Island Life
Un aperçu de la vie d'autrefois dans cet écomusée mêlant *crofts* et cottages aux toits de chaume.

Fairy Glen
Collines luxuriantes, bassins fériques et rochers aux airs de châteaux... on se croirait dans le *Seigneur des anneaux*.

VUE MARITIME

Dans cette partie de l'Écosse, il faut parfois prendre le large pour avoir une meilleure vue. Embarquez pour une traversée mouvementée jusqu'à l'archipel lointain de **St Kilda** (p. 380) et prenez un ferry pour rejoindre la péninsule sauvage de **Cape Wrath** (p. 383).

OÙ SE LOGER SUR L'ÎLE DE SKYE

Glenbrittle Campsite
Dormez sous les étoiles, entre montagnes et plage de sable. **£**

Skye Basecamp
Auberge tenue par des guides de montagne. Belle vue sur la mer, jusqu'aux Crowlin Islands. **£**

Portree Youth Hostel
Auberge de jeunesse dans le centre-ville. Dortoirs colorés et coin extérieur face à la baie. Petits prix. **£**

LE TOP DES RESTAURANTS DE POISSONS/ FRUITS DE MER SUR SKYE

Dunvegan Prawn & Mussel Bar
Bons fruits de mer vendus dans un modeste camion. Mention spéciale pour les queues de langoustine au beurre aillé. £

Elgol Bistro
Plats de la mer simples (salade de saumon fumé chaud) servis dans un charmant bistrot loin de la foule. ££

Claymore
Bonne cuisine de pub, du *Cullen skink* (soupe au haddock) au *fish and chips*. Ambiance chaleureuse. ££

Loch Bay Restaurant
Le célèbre chef Michael Smith propose des plats à base de produits frais pêchés autour de Skye avec une subtile touche française. £££

ELGOL/GETTY IMAGES ©

Kayak de mer au large de Skye

Prendre le large

EXPLORER LA MER AUTOUR DE SKYE

Affalés au soleil sur les rochers, le pelage scintillant, les phoques résidents de Rona ne semblent guère prêter attention aux bateaux qui passent non loin. Les visiteurs venus en excursion de Portree ont toutes les chances d'en voir. C'est l'une des plus grandes colonies de phoques gris de Grande-Bretagne. D'aucuns apercevront peut-être aussi des dauphins, de petits rorquals, ou des pygargues à queue blanche.

Si les paysages de Skye impressionnent déjà vus de la terre ferme, partir en mer permet de les apprécier sous un tout autre jour. Outre les excursions jusqu'à Rona assurées par **Seaflower Skye**, entre autres, la compagnie **Sea to Skye Xperience** propose, au départ de Broadford, des sorties découverte en kayak de mer à la journée, pour être au plus près des flots (et de la faune). On peut aussi plonger et partir en sortie de snorkeling avec **Dive & Sea the Hebrides** pour observer l'incroyable vie marine, les récifs et les épaves autour de l'île.

Sur l'eau ou dans l'eau, n'oubliez pas de régulièrement vous retourner pour admirer la côte de l'île de Skye, et la vue sur l'Old Man of Storr et sur les Cuillin Hills.

OÙ SE LOGER SUR L'ÎLE DE SKYE

Skye Picture House
Charmant B&B avec vue sur la mer jusqu'à l'île de Scalpay. Excellente adresse abordable. ££

Shulista Croft
Offrez-vous une nuit dans une cabane en bois de luxe avec douche, kitchenette et TV. ££

Carters Rest
B&B collé à Neist Point avec grandes chambres et superbe vue sur la côte. On y mange bien. ££

Colonie de phoques près du Dunvegan Castle (p. 362)

Circuit sur le thème du whisky

VISITEZ TROIS INCROYABLES DISTILLERIES

Fondée en 1830 sur la côte ouest, Talisker fut l'unique distillerie de whisky légale de Skye pendant près de deux siècles. Aujourd'hui, son *single malt* est reconnu dans le monde entier et elle n'est plus seule dans ce coin d'Écosse ; deux nouveaux producteurs locaux ont sorti leurs premiers whiskies en 2021. Les amateurs pourront visiter les trois distilleries en une journée.

Honneur à l'âge : la **Talisker Distillery** est un complexe de jolis bâtiments blancs à une trentaine de minutes de route au sud-ouest de Portree. La visite vous permettra de goûter plusieurs whiskies classiques au goût fumé et iodé, ainsi que des distillats plus originaux, plus doux, vieillis en fût de sherry et de porto. Après une petite balade sur les plages de la Talisker Bay, allez vers l'est et prenez le ferry entre Sconser et Raasay. En face de Skye, l'**Isle of Raasay Distillery**, tout en verre, regarde vers le relief désolé des Cuillin Hills. Admirez la vue en sirotant un verre du premier whisky de la distillerie ; délicatement tourbé, avec une note finale fruitée. Enfin, reprenez le ferry pour Skye et visitez la Torabhaig Distillery (Sleat). Installé dans la cour de ce vieux corps de ferme aux murs de pierre, savourez un *single malt* légèrement tourbé aux notes vanillées.

PLEINS FEUX SUR LA PÉNINSULE DE SLEAT

Souvent négligée par les visiteurs, la péninsule la plus au sud de Skye vaut le coup d'œil. Le site phare en est l'**Armadale Castle, Gardens & Museum of the Isles**, une visite alliant les ruines romantiques d'un château du XVIIe siècle, un domaine de 16 hectares couvert de fleurs et fort d'une vue à couper le souffle, ainsi qu'un excellent musée consacré au clan MacDonald (ou Seigneurs des îles). À découvrir aussi : la plage de sable de **Rubha Shlèite** et les whiskies tourbés de la **Torabhaig Distillery**. Pour qui souhaite se faire plaisir, la péninsule de Sleat abrite certains des hôtels les plus luxueux de l'île, comme le somptueux **Kinloch Lodge**, au bord d'un loch, ou le joli boutique-hôtel **Duisdale House Hotel**.

Skeabost House Hotel
Hôtel de luxe dans un ancien pavillon de chasse au bord d'un loch. Une des meilleures tables de Skye. **£££**

Kinloch Lodge
Hôtel du XVIIe siècle plein d'antiquités, en surplomb du Loch na Da, soumis aux marées. **£££**

House Over-By
Six chambres minimalistes juste à côté du très bon restaurant Three Chimneys. **£££**

LE TOP DES RANDONNÉES DANS LE NORD-OUEST DE SKYE

Simone et Jonathan Parkin, de Carters Rest (cartersrestskye.co.uk), partagent leurs balades préférées.

Coral Beach
Après le Dunvegan Castle, cette plage s'étend sur 4 km. Observez les couleurs dans l'eau et marchez pieds nus sur le "corail" (des algues décolorées par le soleil).

Ramasaig
Depuis les ruines de Lorgill, suivez le sentier qui remonte jusqu'aux chutes, descend jusqu'à l'embouchure du cours d'eau et revient le long du cap The Hoe. Continuez jusqu'à Waterstein Head et profitez de la vue sur Neist Point.

MacLeod's Maidens
Longue randonnée entre la Varasaig Beach, à Orbost, et d'impressionnants pics rocheux. Pour la meilleure vue, suivez le sentier à travers le Rebel Wood.

À vélo dans le nord-ouest sauvage

PÉDALER D'UN PHARE À UN AUTRE

Le long de la côte nord-ouest de Skye, les deux péninsules de Waternish et de Duirnish s'avancent comme les pinces tordues d'un crabe géant. À la fois très fréquentés et isolés, certains sites sont bondés de voitures et de camping-cars tandis que d'autres n'attirent pas un chat. Les deux phares de David Alan Stevenson (cousin de l'écrivain Robert Louis Stevenson) illustrent parfaitement ce contraste.

Votre journée de vélo commence à **Neist Point**, à environ 1 heure de route de Portree. L'élégant phare, monument emblématique de Skye, se dresse sur une falaise découpée qui s'avance dans la mer. Montez en selle et suivez la route qui traverse Glendale et longe le Loch Dunvegan. Si votre budget vous le permet, déjeunez dans le superbe restaurant **Three Chimneys**, ou reposez-vous du vélo en explorant à pied le **Dunvegan Castle et ses jardins**. Monument historique le plus célèbre de Skye, ce château était autrefois le siège du chef du clan MacLeod. Walter Scott, qui visita le château en août 1814, en fut grandement impressionné. Il décrivit plus tard dans un de ses ouvrages le Fairy Flag qu'on y trouve (entre autres objets dignes d'intérêt) – une fragile bannière de soie diaphane datée entre le IVe et le VIIe siècle, associée aux traditions celtiques. Les éléments les plus anciens sont le donjon et le cachot (XIVe siècle), mais la majeure partie du château date du XVIIe au XIXe siècle.

Ensuite, poursuivez vers l'est jusqu'au **Fairy Bridge**, point d'accès à Waternish. En direction du nord, vous croiserez peut-être à Stein quelques touristes profitant des restaurants et pubs de la ville, mais le reste du temps, vous serez plutôt tranquille. Devant les ruines de la **Trumpan Church** (Moyen Âge), attachez votre vélo et poursuivez à pied : un sentier boueux (1 heure 30) vous conduira à **Waternish Point** et à son charmant phare. Là, peut-être serez-vous seul au monde, avec les rorquals et les dauphins dans la baie pour seule compagnie.

Nager avec les fées

BAIGNADE VIVIFIANTE EN PLEIN AIR

S'il faut déjà du courage pour se baigner en Écosse, le faire à l'île de Skye, l'un des endroits les plus humides et venteux du pays, relève d'une authentique témérité. Chaque jour pourtant, des visiteurs se rendent aux **Fairy Pools** (piscines des fées), admirent ces bassins d'eau transparente, ces

OÙ PRENDRE UN VERRE SUR L'ÎLE DE SKYE

Stein Inn
Une des plus vieilles tavernes de Skye avec murs en pierre et poutres apparentes. Bière, whisky et plats de la mer.

Ferry Inn
Une institution à Uig ; fameuse pour ses cocktails colorés, à base de gin, et ses concerts.

Old Inn
Cette chaleureuse taverne, à Carbost, propose un choix de bières et d'alcools locaux.

TWSTIPP/GETTY IMAGES ©

Fairy Pools

minicascades et cette végétation luxuriante, et ils ne peuvent résister à l'appel du plongeon. Si on n'a jamais vu autant de baignades improvisées en Écosse, les vrais nageurs (et les plus pudiques) savent que leur patience sera récompensée.

Suivez la foule qui se dirige du parking (à 40 minutes de route de Portree) vers les Fairy Pools. En voyant l'eau d'un bleu vert si clair, peut-être aurez-vous d'emblée envie de plonger, or retenez-vous. Continuez à grimper, passez devant les baigneurs impatients déjà dans l'eau (et ceux qui les observent, en frissonnant, depuis les berges). La foule se fera moins dense ; les visiteurs font souvent demi-tour ou empruntent les sentiers qui s'enfoncent dans les collines, vers l'ouest. On dirait alors qu'il n'y a plus rien, mais poussez encore un peu plus loin et vous tomberez sur de nouveaux bassins : ces piscines d'eau claire et profonde, parfois presque vides, n'attendent que vous.

Partir en road trip jusqu'à Elgol

LA PLUS BELLE ROUTE DE VOTRE VIE

Au début de la B8083, à la sortie de Broadford (une demi-heure de route au sud de Portree), rien ne présage que vous vous engagez sur l'une des routes les plus mémorables d'Écosse... Bientôt pourtant, à hauteur du Broadford Hotel, le sommet arrondi du **Beinn na Caillich** se dessine. À partir de là suivent 30 minutes de route de pur bonheur. D'abord avec la vallée pittoresque de **Strath Suardal**. Ensuite

LE TOP DES BAIGNADES NATURE SUR SKYE

Sligachan
Près de l'ancien pont de Sligachan, nagez dans la rivière en admirant la vue sur les Cuillin Hills.

Glenbrittle Beach
Non loin des Fairy Pools, plage de sable parfaite pour une baignade vivifiante dans la mer.

Loch Sheanta
Dans ce petit lac isolé (étonnamment profond), l'eau est très claire et légèrement teintée de vert.

ARTISANAT SUR L'ÎLE DE SKYE

Edinbane Pottery
Cet atelier excentré vend des pièces originales en céramique inspirées des paysages locaux.

Ragamuffin
Créations en laine et autres fibres naturelles dans une boutique installée de longue date à Armadale.

Skye Silver
Bijoux celtiques en or et en argent ; un souvenir unique à glisser dans sa valise.

LE BERCEAU DE LA LIQUEUR DRAMBUIE

La plus célèbre liqueur à base de whisky est née dans le **Broadford Hotel**. L'histoire commence au milieu du XVIIIe siècle : Charles Édouard Stuart aurait donné la recette de sa liqueur personnelle au clan MacKinnon, en remerciement de l'aide reçue de leur part pendant son exil. Un siècle plus tard, le propriétaire de l'hôtel, John Ross, a convaincu la famille de préparer une ration de liqueur et de la vendre au bar. Les clients la baptisèrent Drambuie (*an dram buidheach*, "la boisson satisfaisante") et on connaît la suite. Si la recette reste un secret bien gardé, d'aucuns pensent qu'elle inclut du miel et de la lavande.

HADRIAN FRANKLAND/GETTY IMAGES ©

Loch Slapin et Bla Bheinn

avec les ruines d'une église sans toit donnant sur le Loch Cill Chriosd. Enfin avec la vue sur le mont **Bla Bheinn** si solennel, de l'autre côté du Loch Slapin (faites une pause thé à **Amy's Place** pour admirer pleinement le paysage). À l'approche d'**Elgol**, les traditionnels *crofts* se suivent jusqu'à la jetée de la ville. C'est peut-être le plus beau paysage, avec les **Cuillin Hills** (du vieux norrois *kjöllen*, qui signifie "en forme de quille") dressées vers le ciel sur l'autre rive. Les randonneurs avertis désireux de les voir de plus près pourront suivre le sentier côtier (difficile) jusqu'au **Loch Coruisk** (2 heures), au pied des montagnes. Isolé et entouré des plus hauts pics des Cuillin, ce loch (du

OÙ BOIRE UN CAFÉ À BROADFORD

Deli Gasta
Excellent café, sandwichs grillés et gâteaux maison servis dans un ancien moulin. Ambiance rustique.

Cafe Sia
Café artisanal torréfié sur place. À déguster avec une part de pizza à la toscane.

Coffee Bothy
Bon café et large choix de pâtisseries végétaliennes.

gaélique *Coir' Uisg*, "cirque des eaux"), devenu célèbre en 1815 grâce au poème *Lord of the Isles* de sir Walter Scott, a eu notamment la faveur du peintre William Turner, dont des aquarelles illustrent les œuvres de l'écrivain.

Ceux que la randonnée ne tentent guère pourront visiter le loch avec la compagnie **Misty Isles Boat Trips**.

Châteaux, jardins et villages

FAITES UN CROCHET PAR LE CONTINENT

Visiter Skye, ce n'est pas se cantonner à la seule île, mais aussi en découvrir les environs. La partie continentale abrite plusieurs sites spectaculaires, depuis des baies peuplées de phoques jusqu'à des châteaux pittoresques, qui méritent un détour d'une journée.

Traversez le Skye Bridge (à environ trois quarts d'heure de route de Portree), puis prenez à gauche à la sortie de Kyle of Lochalsh pour suivre la route côtière jusqu'à **Plockton**. Ce joli village de pêcheurs, lové autour d'une baie naturelle, jouit d'un microclimat généralement chaud, d'où les palmiers qui en bordent la rue principale, Harbour St. Des phoques sont aussi présents dans la baie (possibilité d'excursions d'observation en bateau). Ensuite, roulez environ 30 minutes vers le nord-est pour visiter les **Attadale Gardens**, propriété de 8 hectares composée de jardins thématiques et d'une petite forêt ancienne offrant une vue dégagée sur la côte, ainsi que d'un sentier jalonné de sculptures qui amusera les enfants. Gardez le clou du spectacle pour la fin de la journée : un des châteaux les plus photographiés d'Écosse. Perché sur une petite île après un pont cintré en pierre, le **château d'Eilean Donan** est sur toutes les brochures touristiques. Le château d'origine (XIIIe siècle) fut bombardé jusqu'à sa destruction par les navires du gouvernement anglais en 1719, après la défaite jacobite ; il fut reconstruit sous sa forme actuelle entre 1912 et 1932. À l'intérieur, vous découvrirez une excellente exposition d'introduction, des photos du château lors du tournage du film *Highlander* et une épée datant de la bataille de Culloden en 1746.

En roulant vers l'ouest, vous serez retourné sur l'île de Skye en un rien de temps. Si, à l'inverse, vous avez eu votre content d'île, poursuivez vers l'est, sur la même route, en direction du Loch Ness, de Fort William et des villes du Sud.

LE TOP DES RESTAURANTS/ HÔTELS À PLOCKTON

The Shores
Adresse populaire dans Harbour St, où déguster langoustines, moules, noix de Saint-Jacques et homards ultrafrais. ££

Plockton Tasting Room
Délicieux gâteaux maison, café artisanal, whisky, gin et cocktails. £

Duncraig Castle
Rares sont les B&B aussi luxueux que celui-ci, installé dans un magnifique château qui surplombe le Loch Carron, dans les Highlands. £££

ENCORE PLUS DE FÉES

Les fées sont ancrées dans la culture de Skye. Allez voir le **Fairy Glen** (p. 359) sur la péninsule de Trotternish, le Fairy Flag du **Dunvegan Castle** (p. 362) et le **Fairy Bridge** (p. 362) sur la route de Stein.

COMMENT CIRCULER

Il vaut mieux être en voiture pour explorer l'île de Skye (ou à vélo, pour les plus sportifs). Des bus publics circulent sur les grands axes uniquement et ne seront donc pas très utiles pour découvrir les coins reculés qui font tout le charme de l'île. Attention : nombre de routes n'ont qu'une seule voie et il faut donc se ranger, en ayant reculé au besoin, dans un des espaces prévus sur le bas-côté, si un véhicule arrive en face.

ULLAPOOL

En 1788, un petit port de pêche fut installé sur les berges du Loch Broom, pour tirer profit de ses riches réserves de hareng. Le village se développa au rythme de cette activité et des rangées de cottages s'alignèrent bientôt le long du rivage. Après l'effondrement de la population de harengs au milieu des années 1800, la pêche au homard et au maquereau se poursuivit, tout comme la croissance de la bourgade. Aujourd'hui, c'est de loin la plus grande agglomération du Wester Ross, et l'une des plus jolies des Highlands.

Les petits bateaux de pêche sont toujours là, minuscules d'aspect à côté des énormes ferries qui rallient Stornoway (p. 374). Porte d'entrée vers les Hébrides extérieures et l'extrême nord-ouest de l'Écosse continentale, Ullapool est un pôle touristique fort d'hôtels, de restaurants et de magasins parmi les meilleurs de la région. Flânez-y un jour ou deux (ou arpentez les collines alentour) avant de poursuivre votre voyage.

Pour les infos pratiques, voir le Carnet d'adresses p. 396

À SAVOIR

Si vous comptez suivre la North Coast 500 vers le nord, Ullapool est la dernière grande ville avant Thurso (à 265 km environ). C'est le moment de faire le plein, d'acheter des provisions ou de faire une lessive si besoin.

Achats et balade en bord de mer

JOURNÉE TRANQUILLE À ULLAPOOL

À votre arrivée à Ullapool, vous aurez déjà fait pas mal de route – et en aurez encore à couvrir. Accordez-vous une journée de flânerie dans cette bourgade des Highlands.

Mentionnons d'abord l'**Ullapool Museum**, où est retracée l'histoire de la région, de l'ère glaciaire aux temps modernes, avec un accent mis sur la période "klondyke" (terme scots désignant la "ruée vers le poisson") des années 1970 et 1980, lorsque des bateaux du bloc de l'Est affluèrent pour pêcher le maquereau dans ces eaux. Allez vers l'est dans **West Argyll Street**, jalonnée de magasins de souvenirs, d'équipement de randonnée et de glaciers, sans oublier le comptoir d'une distillerie locale populaire, **Highland Liquor Co**. Traversez la rue et prenez un en-cas à **West Coast Delicatessen**, puis baladez-vous jusqu'à **West Shore Street** et repartez dans le sens opposé en passant, cette fois-ci, par le port et le front de mer. Au bout, continuez sur le sentier herbeux et posez-vous sur un banc face au loch pour admirer le paysage. À l'heure du dîner, regagnez le bourg pour vous attabler dans un restaurant chic (comme le **Dipping Lugger**) ou sans prétention (à l'exemple du **Seefresh**). Ensuite, direction l'**Arch Inn**, pour un verre ou (selon l'heure) un concert au **Ceilidh Place**.

LES MEILLEURS HÔTELS À ULLAPOOL

Westlea House
B&B confortable et décalé ; décoration colorée, tableaux originaux et chambres thématiques. **££**

Tanglewood House
Au sud d'Ullapool, ce B&B en demi-lune possède une vue panoramique sur le loch. **££**

Dipping Lugger
Charmante maison blanche et chambres spacieuses : le boutique-hôtel le plus chic d'Ullapool. **£££**

VOIR
1 Ullapool Museum
2 West Argyle St
3 West Shore St

SE RESTAURER
4 Arch Inn
5 Ceilidh Place
6 Cult Cafe
7 Seafood Shack
8 Seefresh
9 West Coast Delicatessen

SHOPPING
10 Dipping Lugger
11 Highland Liquor Co
12 Westlea House

Randonnée et vue panoramique

JOURNÉE SPORTIVE À ULLAPOOL

Si flâner ne vous tente pas, lancez-vous dans une randonnée de 5 heures (16 km) jusqu'au Meall Mòr (676 m) et au Loch Achall.

Partez du centre d'Ullapool et mettez le cap vers le nord sur l'A835 jusqu'aux panneaux indiquant **Ullapool Hill Paths**. Derrière la barrière en bois, rejoignez le sentier qui monte abruptement ; à l'automne, le sol est couvert de bruyère violette. Après une courte côte, vous arriverez à **Cnoc na Croiche**, mais vous n'aurez alors encore rien vu. Le chemin qui monte jusqu'au **Meall Mòr** est jalonné de bancs pour reprendre son souffle en profitant du paysage. Une fois rendu au cairn, à 270 m d'altitude, vous pourrez voir les berges du Loch Broom et du Loch Achall, votre prochaine destination.

Redescendez sur le même chemin jusqu'au premier banc. Tournez alors à droite, sur le sentier qui va vers le nord-est. Vous traverserez la lande boueuse et parsemée de bruyère jusqu'au pont qui traverse la rivière, au niveau de la jolie

FIÈVRE ACHETEUSE

Si les Highlands n'ont rien d'un épicentre du shopping, peut-être trouverez-vous votre bonheur à Ullapool, à **Portree** (p. 356) sur l'île de Skye, au village d'artisans de **Balnakeil** (p. 382) près de Durness ou à **Tarbert** (p. 378) sur Harris.

OÙ SE RESTAURER ET PRENDRE UN VERRE À ULLAPOOL

Seafood Shack
À vous les plats de la mer simples et ultrafrais. Le wrap au haddock fait fureur. **£**

Seefresh (Deli-Ca-Sea)
Sur le port, haddock frit et autres classiques du genre à emporter. **£**

Dipping Lugger
Un restaurant chic aux menus dégustation originaux. **£££**

MANGER SUR LE POUCE À ULLAPOOL

Robert Hicks, copropriétaire du boutique-hôtel Dipping Lugger (thedippinglugger.co.uk), partage ses meilleures adresses pour un en-cas.

Café et petit-déjeuner au Cult Cafe
La journée commence ici : quand la culture du café néo-zélandaise (merci à la copropriétaire, Zoe) rencontre l'hospitalité des Highlands.

Thé et scones au Ceilidh Place
Les après-midi pluvieux, on n'est jamais mieux qu'avec un thé, un scone maison et un bon livre choisi dans l'excellente librairie sur place.

Pinte de bière et crevettes à l'Arch Inn
Véritable institution sur la côte ouest, ce pub populaire sert de la bière locale (goûtez la lager Cromarty) et des crevettes fraîches du Loch Broom.

Seafood Shack (p. 367)

cascade d'**Eas Dubh**. Poursuivez sur la rive nord du loch jusqu'au domaine de **Rhidorroch** avant de repartir en direction d'Ullapool. Au virage qui monte à Meall Mòr, suivez le marquage blanc pour rejoindre une autre route de forêt qui mène aux Braes, avec belle vue sur le Loch Broom. Ensuite, regagnez la route principale vers Ullapool, où vous pourrez vous offrir un verre bien mérité.

COMMENT CIRCULER

Stationnement gratuit pendant 3 heures sur le parking du supermarché Tesco du centre-ville et dans la plupart des hôtels et B&B. Une fois en ville, oubliez la voiture et déplacez-vous à pied. Pour s'aventurer sur les collines avoisinantes, mieux vaut avoir de bonnes chaussures de marche.

Environs d'Ullapool

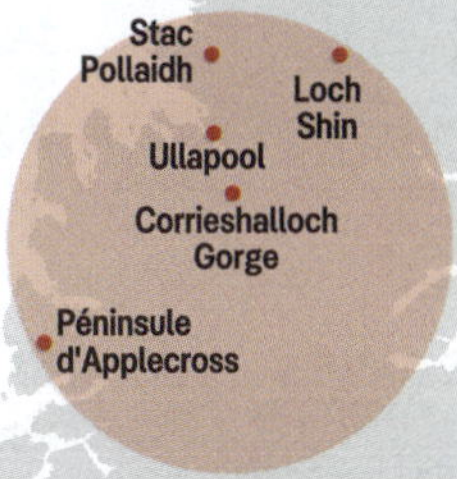

Que vous exploriez les environs d'Ullapool à pied, en voiture ou à vélo, préparez-vous à en prendre plein la vue à chaque virage.

Ullapool est au cœur d'une des contrées les plus spectaculaires d'Écosse. Au sud (en direction du Loch Carron), vous trouverez plusieurs itinéraires à parcourir en voiture ou à vélo, comme la Destitution Road, le Glen Torridon et la péninsule d'Applecross. Au nord (en direction du Loch Assynt), les marcheurs seront aux anges, entre pics dentelés, collines couvertes d'ajoncs et falaises de grès escarpées. À l'est (en direction de Lairg), les terres âpres et peu fréquentées du nord des Highlands, riches de l'un des plus grands et jolis lochs d'Écosse, n'attendent que vous. Enfilez vos chaussures de marche, chargez les vélos sur le toit de la voiture et partez à l'aventure.

Pour les infos pratiques, voir le Carnet d'adresses p. 397

À SAVOIR

Si vous louez une voiture, souscrivez l'assurance tous risques : cailloux et nids-de-poule ne sont pas rares sur les routes.

Stac Pollaidh (p. 371)

MICHAL BALADA/GETTY IMAGES ©

Destitution Road

LE TOP DES PLAGES SUR DESTITUTION ROAD

Firemore Beach
Appréciée ici pour son sable rougeoyant et la température de l'eau (merci le Gulf Stream !).

Slaggan Bay
Facilement accessible depuis la Destitution Road, c'est la plage parfaite pour pique-niquer en paix.

Gairloch Beach
Plage de sable doux proche d'un village, protégée des éléments par les dunes et la lande. Ambiance familiale.

Big Sand Beach
Plage de sable et de galets avec les montagnes de Skye et de Torridon en arrière-plan.

La Destitution Road

UN DÉFILÉ DE PAYSAGES

La **Destitution Road** – son nom, "route de la misère", rend hommage aux malheureux qui la construisirent en pleine famine, dans les années 1840 – est une route splendide. Ces 135 km de voie côtière (qui débutent à 20 minutes au sud d'Ullapool) se couvrent en 2 heures, mais rares sont ceux à la parcourir d'une traite, tant on se plaît à s'y arrêter.

L'incroyable paysage commence sitôt quitté l'A835, en longeant la **Corrieshalloch Gorge**. Garez-vous, descendez dans la vallée boisée jusqu'au pont suspendu et admirez les **Falls of Measach**. Hautes de 45 m, ces chutes se jettent dans l'étroite et profonde gorge, dont montent un grondement et un voile de brume. Ensuite, la route serpente dans la lande sauvage et vous pourrez voir les sommets dentelés d'**An Teallach** avant de longer les berges du Little Loch Broom. Arrêtez-vous pour profiter de la vue sur la **Gruinard Bay**, avec ses plages rosées et ses mares résiduelles pleines de vie, puis continuez

OÙ SE LOGER AU NORD D'ULLAPOOL

Acheninver Hostel
Petites cabanes hors des sentiers battus, à 5 minutes de marche de la route. **£**

Port Beag Chalets
Chalets indépendants pour passer un moment "loin de tout" en famille ou entre amis. **££**

Summer Isles Hotel
Hôtel de luxe où a séjourné Charlie Chaplin. Excellent restaurant de fruits de mer. **£££**

DUNCAN ANDISON/SHUTTERSTOCK ©

Randonnée sur le Beinn Eighe

SUMMER ISLES

Éparpillées au large de la côte du Coigach, où le Loch Broom rejoint le Minch (détroit entre le continent et l'île de Lewis et Harris), les Summer Isles regroupent plusieurs îles inhabitées, que séparent des eaux riches de faune. La plus grande, **Tanera Mòr**, abrita autrefois un village de pêcheurs, mais seuls y vivent désormais des oiseaux marins. Des excursions en bateau partent d'Achnahaird et d'Ullapool et 5 cottages indépendants peuvent être loués à la semaine.

jusqu'à l'**Inverewe Garden**, un splendide jardin dont les plantes témoignent de l'effet du Gulf Stream sur le climat local. Plus loin sur la côte est, vous passerez sur la rive sud du **Loch Maree**, un magnifique lac cerné de pins sylvestres et aux berges duquel s'attardent des cerfs élaphes. En direction de l'est, vous aurez plus qu'à votre tour l'occasion de vous garer pour vous dégourdir les jambes (à la faveur d'une randonnée d'une journée jusqu'au sommet du **Beinn Eighe**, par exemple) avant d'atteindre la fin de la Destitution Road et de regagner l'A835.

À l'assaut du célèbre Stac Pollaidh

LA BALADE DE PRETTY POLLY

Tout est dans le nom. Les mots Stac ("sommet" en gaélique) et Pollaidh (de *pollå* en vieux norrois, qui signifie "fosse de rivière") témoignent en effet de la double influence celte et scandinave dans cette partie

PAS ASSEZ DE KILOMÈTRES AU COMPTEUR ?

Les Highlands et les îles du Nord abondent en routes panoramiques : la spectaculaire **Drumbeg Loop** (p. 386) plus loin sur la côte, la mémorable route d'**Elgol** (p. 363) sur l'île de Skye ou encore la mystique **Golden Road** (p. 379) sur South Harris.

OÙ SE LOGER AU SUD D'ULLAPOOL

Gairloch Sands Youth Hostel
Auberge idéale pour les randonneurs et les amoureux de la plage. Vue sur la montagne et la mer. £

Rua Readh Lighthouse
Glissez-vous le temps d'une nuit, dans la peau d'un gardien de phare. Très isolé et rudimentaire. £££

Shieldaig Lodge
Hôtel de luxe dans un ancien pavillon de chasse qui donne sur la baie. Le meilleur restaurant des environs. £££

LE TOP DES RESTAURANTS/ HÉBERGEMENTS DANS LE GLEN TORRIDON

Wee Whistle Stop Café
Attablé devant un café ou un bon petit plat de bistrot, profitez de la vue sur le Loch Torridon. **£**

Torridon Youth Hostel
Une des meilleures auberges du coin, appréciée des routards, randonneurs et grimpeurs. **£**

The Torridon
L'hôtel le plus chic de la région, dans un bâtiment de style "château gothique". Bonne adresse pour un *afternoon tea*. **£££**

de l'Écosse, et annoncent la couleur : à savoir une montagne surplombant une étendue d'eau. **Stac Pollaidh** (prononcer "stack polly") n'est pas le plus haut sommet de la région, mais n'en est pas moins prisé : vous pourrez le gravir et en redescendre en moins de 3 heures et la vue, depuis le sommet, est incroyable.

Partez du parking situé à peu près à mi-chemin sur la rive nord du scintillant **Loch Lurgainn**, à une trentaine de minutes d'Ullapool. De l'autre côté de la route, un sentier balisé monte au milieu d'arbustes. À mesure que vous grimperez, retournez-vous pour admirer la vue, de plus en plus belle, sur le loch et jusqu'aux flancs lisses du **Sgùrr Tuath**. Le sentier fait le tour du Stac Pollaidh puis grimpe à pic jusqu'à la crête rocheuse. Si vous rejoignez la partie inférieure de l'arête, vous aurez une vue panoramique sur la nature sauvage alentour, les sommets désolés, les lochs argentés et les îles ondoyantes. Les plus expérimentés pourront gagner le sommet (il leur faudra escalader de gros rochers et des éboulements) ; les autres redescendront, par le même sentier, jusqu'au Loch Lurgainn.

La péninsule d'Applecross à vélo

MONTÉE AU SOMMET

Sur le tronçon côtier de Skye à Ullapool, on serait tenté de se cantonner aux "grandes routes" – un terme désignant ici d'aimables routes de campagne, ponctuées de beaux paysages. Or, si vous prenez l'A896 de Lochcarron à Shieldaig, vous passerez à côté de la formidable **péninsule d'Applecross**.

La route peut se parcourir en voiture, mais les cyclistes expérimentés préféreront la découvrir à vélo (parking sur Applecross Pass). C'est un vrai baptême du feu ; le sentier grimpe presque dès le premier coup de pédale et ce pendant 1 heure environ, zigzaguant dans la vallée montagneuse jusqu'au **Bealach na Ba** ("col du Bétail", 626 m). Mais ces efforts sont récompensés d'une vue panoramique qui s'étend jusqu'à Raasay. De surcroît, Skye est encore plus belle, pour qui vient de gravir la plus grande montée d'Écosse, et la troisième, par l'altitude, du Royaume-Uni. Maintenant, à vous la longue et superbe descente jusqu'à **Applecross**, où vous pourrez faire une pause à la plage ou avaler quelque chose avant de poursuivre vers le nord, le long de la côte. Après 3 heures de vélo (cette fois sans réelle difficulté), vous rejoindrez l'A896, non loin de là où vous avez garé votre véhicule. N'oubliez pas de prendre un café et une pâtisserie au **Bealach Café** (près de la fenêtre si possible) : vous l'aurez bien mérité !

OÙ SE LOGER ET SE RESTAURER À LOCHCARRON

Old Manse
Une maison d'hôtes d'exception, superbement aménagée et forte d'un emplacement paisible sur le loch. **£**

Kishorn Seafood Bar
Sur la route qui part de Shieldaig, dégustez poissons et fruits de mer ultrafrais dans une maison en bois bleue. **££**

Lochcarron Bistro
Observez les chefs aux fourneaux depuis l'une des cinq tables de cet excellent restaurant. **££**

Un saumon dans les Falls of Shin

Oubliez Nessie, cap sur le Loch Shin

DÉCOUVRIR UN LOCH IGNORÉ

Depuis son ouverture en 2015, le succès de la route North Coast 500 ne s'est jamais démenti. Des millions de touristes lui doivent leur découverte de la somptueuse côte des Highlands du Nord. L'intérieur de la région, en revanche, s'en trouve relativement négligé, alors qu'il renferme son lot de trésors.

En plein cœur des Highlands du Nord, le **Loch Shin** est l'un des plus grands lacs d'eau douce du pays, mais aussi l'un des moins visités. Partez de **Lairg**, joli village à l'extrémité sud-est du lac, à un peu plus d'une heure de route à l'est d'Ullapool. Vous y découvrirez d'excellents cafés et restaurants, ainsi que la **Wee Hoose**, une maisonnette au milieu du lac, que l'on surnomme ici "la maison secondaire de Nessie". Faites un petit détour jusqu'aux **Falls of Shin** (à 6,5 km au sud de Lairg), un écoulement du loch dont les saumons remontent le courant en été. Ensuite, mettez le cap vers le nord et parcourez les 27 km de la rive septentrionale du Loch Shin. Arrêtez-vous autant que vous le souhaiterez pour profiter de ce paysage d'eaux calmes sur fond de montagnes. Au nombre de ces dernières, mentionnons le **Ben Kilbrech** (au sud) et le **Ben More Assynt** (au nord) qui culminent à près de 1 000 m. Au bout de la route, vous serez rendu à l'orée de l'extrémité nord-ouest de l'Écosse.

LE TOP DES RESTAURANTS/ HÉBERGEMENTS DANS LES TERRES

The Pier
À Lairg, ce café-restaurant sert des plats simples et savoureux, face au Loch Shin. **££**

The Crask Inn
Lueur au milieu de nulle part, ce pub propose de bonnes bières et des plats légers. **££**

Garvault House
Ce charmant hôtel rustique se targue d'être le plus isolé de Grande-Bretagne. **££**

COMMENT CIRCULER

Les routes au nord et au sud d'Ullapool sont étroites et sinueuses : il vaut mieux être en forme avant de partir. Ne vous laissez pas trop distraire par le paysage, vous pourrez régulièrement vous arrêter et ainsi en profiter pleinement.

STORNOWAY

Fondée par les Vikings il y a 1 200 ans, passée entre les mains de plusieurs clans au Moyen Âge et investie par les militaires pendant la Seconde Guerre mondiale, Stornoway a une histoire bien remplie. Avec près de 7 000 habitants, elle est de loin la localité la plus peuplée des Hébrides extérieures et abrite la plupart des meilleurs musées, restaurants et salles de concert des îles. C'est aussi le berceau du *black pudding* (sorte de boudin à base de farine d'avoine, oignon et sang de porc), un incontournable du petit-déjeuner : goûtez-y dans un café de la ville ou achetez-en à la boucherie Macleod & Macleod. Stornoway a, pour autre fierté, les figurines de Lewis. Découvertes à une trentaine de kilomètres à l'ouest de la ville, ces magnifiques pièces d'échecs, sculptées au Moyen Âge dans de l'ivoire de morse, sont une trouvaille archéologique exceptionnelle. Six d'entre elles sont exposées au Museum nan Eilean.

Pour les infos pratiques, voir le Carnet d'adresses p. 398

À SAVOIR

À part la douce montée jusqu'au Lews Castle, Stornoway est assez plate ; inutile de sortir les chaussures de marche (mais évitez les sandales ; il pleut régulièrement ici). Si vous voulez vous dégourdir les jambes après le voyage, sachez que l'aéroport n'est qu'à une heure de marche de la ville.

STORNOWAY, MON AMOUR

Joseph Reaney, auteur

À Stornoway, place à l'aventure, entre mégalithes, randonnées en montagne et paysages côtiers aux plages dorées et aux falaises battues par la mer. Il s'agit du point de départ vers les Hébrides, Barra Head et la mystique île de St Kilda. C'est aussi le point de chute au terme d'un périple dans les zones reculées : une ville chaleureuse, où l'on trouve de bons petits plats, du whisky et tout le confort nécessaire.

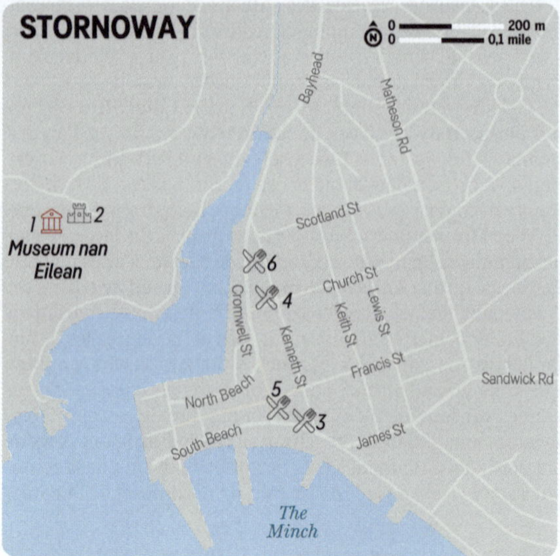

INCONTOURNABLE
1 Museum nan Eilean

VOIR
2 Lews Castle

SE RESTAURER
3 An Lanntair Cafe Bar
4 Artizan Cafe
5 Harbour Kitchen
6 Kopi Java

CM DIXON/PRINT COLLECTOR/GETTY IMAGES ©

Figurines de Lewis

Le Museum Nan Eilean

HISTOIRE ET CULTURE DES ÎLES

En 1831, Malcolm "Sprot" MacLeod, fermier de Lewis, marchait le long d'un banc de sable sur la côte ouest de l'île lorsqu'il fit une incroyable découverte : quatre séries de pièces d'échecs datant du Moyen Âge, sculptées dans des dents de cétacés et de l'ivoire de morse au XIIe siècle à Trondheim (Norvège). Considérées comme une des plus remarquables trouvailles archéologiques faites au Royaume-Uni, les merveilleuses **figurines de Lewis** sont aujourd'hui exposées dans trois musées : le British Museum de Londres, le National Museum of Scotland à Édimbourg et le Museum nan Eilean à Stornoway.

Spécialement conçu et ouvert en 2016, le **Museum nan Eilean** (fermé dimanche-lundi) présente les pièces d'échecs de Lewis et des centaines d'autres objets qui racontent les Hébrides extérieures, par l'histoire, la géologie, les traditions et la culture. C'est une superbe visite, et une mise en contexte avant d'aller découvrir les îles. Le cadre est magnifique, le musée étant accolé au **Lews Castle**, manoir seigneurial sis dans un beau domaine boisé, ouvert au public et parcouru de sentiers donnant sur le port. La deuxième quinzaine de juillet, le parc accueille le Hebridean Celtic Festival, ponctué de chants et de danses.

LE TOP DES RESTAURANTS/ BARS À STORNOWAY

An Lanntair Café Bar
Café et centre artistique où l'on mange soupes, salades et sandwichs. Enfants bienvenus. £

Kopi Java
Lieu populaire servant du bon café et des délices sucrées (préparées avec amour par Baiba's Bakes). £

Artizan Cafe
Adresse la plus branchée de Stornoway, ce café-galerie devient bar à cocktails en soirée le week-end. ££

Harbour Kitchen
Poissons et fruits de mer du coin préparés avec soin dans la cuisine ouverte. Pensez à réserver. £££

COMMENT S'Y RENDRE ET CIRCULER

Avec deux liaisons maritimes par jour assurées par les ferries **CalMac** (www.calmac.co.uk ; piéton/voiture 20,50/11,50 £ aller-retour) depuis Ullapool en été, et les vols réguliers de la compagnie **Loganair** (www.loganair.co.uk) depuis Édimbourg, Glasgow et Inverness, Stornoway est bien desservie. Une fois sur l'île, des bus partent de la gare routière de Stornoway (près du terminal maritime) et desservent la plupart des grandes villes. Horaires variables selon les saisons, consultables sur cne-siar.gov.uk.

Au-delà de Stornoway

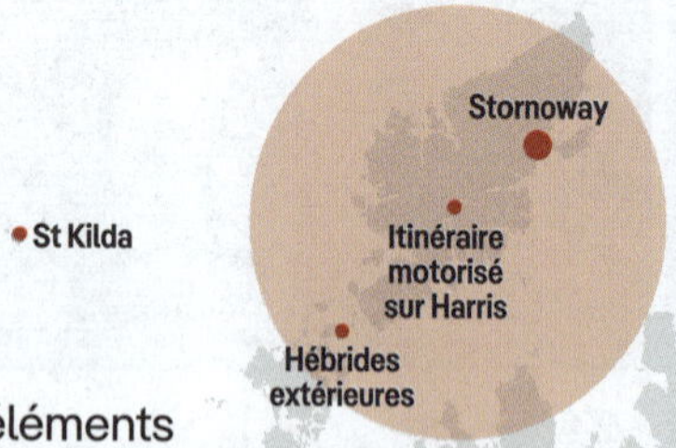

Quittez Stornoway et découvrez des éléments d'histoire ancienne, des plages de sable et de superbes galeries d'art, ainsi que d'autres îles.

Les plus belles perles de Lewis et Harris se trouvent à l'extérieur de Stornoway. La zone au nord et à l'est de la ville – la partie "Lewis" – est riche de son histoire, avec ses mégalithes, ses phares blancs du XIXe siècle et autres merveilles croisées en chemin. Le secteur qui s'étend au sud de la ville – la partie "Harris" – brille par ses paysages ; des montagnes aux plages, on y passe des Alpes aux Caraïbes. Vous y trouverez aussi des produits de l'artisanat local, allant du tissu Harris Tweed au gin médaillé. Et vous n'avez encore rien vu : Lewis et Harris marquent le départ de votre aventure dans les Hébrides extérieures où vous attendent falaises à pic, baies sablonneuses, oiseaux marins chahuteurs, musées fascinants et œuvres d'art en plein air.

Pour les infos pratiques, voir le Carnet d'adresses p. 398

À SAVOIR

Si vous avez repéré un B&B, réservez vite car les établissements peuvent se remplir rapidement par ici.

Gearrannan Blackhouse Village

MARION CARNIEL/SHUTTERSTOCK ©

Dun Carloway

Lewis à vélo

BOUCLE HISTORIQUE

Cinq mille ans d'histoire en quatre heures de vélo. Votre odyssée de 65 km commence à Stornoway. Partez vers le nord jusqu'à **Arnol** et votre premier site de la journée : la **Blackhouse**. Cet exemple de maisons typiques des Hébrides (familles et animaux vivaient alors sous le même toit) semble sortir de temps révolus de longue date, mais sachez qu'elles étaient encore très courantes au début du XXe siècle. Poursuivez vers l'ouest en direction de Carloway ; vous passerez par le **Gearrannan Blackhouse Village**, un hameau de neuf *blackhouses* aux toits de chaume, toutes restaurées, surplombant la côte atlantique. Vous ferez ensuite un bond de 2 000 ans en arrière et atterrirez en plein âge du fer à **Dun Carloway** (Lewis). Datant de 200 ans avant notre ère, ce *broch* (tour de défense) a été érigé pour protéger les habitants des pilleurs qui arrivaient par la mer. Et on peut dire qu'il est solide, puisque certaines parois en pierre sèche sont encore debout et atteignent 9 m, soit presque leur hauteur d'origine. Longez ensuite la côte ouest jusqu'à un site protohistorique majeur : les **Callanish Standing Stones**. Dressés sur un promontoire sauvage et isolé surplombant

PAUSES RAVITAILLEMENT SUR LA BOUCLE

Hebridean Bakehouse
Dans le village de Brue, choisissez une pâtisserie maison et laissez l'argent dans la boîte prévue à cet effet. £

Mollans Fish & Chips
Le "plus petit stand de *fish and chips* d'Écosse", et une adresse prisée localement. £

Callanish Visitor Centre Café
Bon café et gâteaux en dessous des mégalithes. Vue sur le Loch Roag. £

Crust
Au bord de la route, conteneur converti en comptoir de pizzas à emporter. Excellentes napolitaines. ££

OÙ SE RESTAURER SUR LEWIS

Wobbly Dog of Lewis
Bons café et en-cas près du phare de Butt of Lewis. £

Borve House Hotel
Dans cet hôtel-restaurant, les fruits de mer sont souvent accompagnés de *black pudding*. ££

Uig Sands Restaurant
Menus dégustation qui mettent à l'honneur les produits locaux : poissons, crustacés, bœuf et agneau. £££

UNE JOURNÉE DE RÊVE SUR LEWIS

Mhairi Law, artiste-photographe et propriétaire de la galerie **Island Darkroom** (islanddarkroom.com), puise son inspiration de l'île. Elle nous livre ses conseils pour une journée parfaite sur Lewis. *@island_darkroom*

Commencez par un délicieux petit-déjeuner au Hub (options végétariennes) avant de filer sur la côte : prenez un cours de surf avec Surf Lewis, nagez dans la mer avec Immerse Hebrides ou explorez des îles désertes au large de la côte ouest avec Seatrek. L'après-midi, visitez l'ancien village de Mealasta et les collines d'Uig. La vue époustouflante sur les Flannan Isles et les aiguilles rocheuses de St Kilda ont beaucoup inspiré mon travail. À l'heure du thé, direction le Fank, à Stornoway, qui propose aussi des plats originaux et un beau choix de bières.

HELEN HOTSON/SHUTTERSTOCK ©

Seilebost

le Loch Roag, 13 mégalithes en gneiss strié sont disposés autour d'un monolithe central de 4,5 m de haut. Quelque 40 pierres plus petites partent de ce cercle, dessinant une croix, et les traces d'une chambre funéraire sont toujours visibles au centre. On estime que l'ensemble date de 2 500 à 3 000 ans avant notre ère et serait donc plus ancien que Stonehenge. Profitez de la vue sur le Loch Roag et remettez-vous en selle pour regagner le point de départ ; dans 1 heure 30, vous siroterez une bière bien méritée dans un pub de Stornoway.

Harris en voiture

DE HAUT EN BAS

Si petite soit-elle, la partie Harris – tiers sud de l'île Lewis et Harris – est d'une singulière variété. Ses quelque 780 km^2 renferment trois contrées différentes : le nord et ses imposants pics montagneux ; le sud de la côte ouest et ses plages ; et le sud de la côte est et son paysage lunaire désolé.

Prenez la route à l'extrémité ouest du **Loch Shiphoirt** en forme de T, à 30 minutes de Stornoway. L'A859 coupe à travers les paysages de plus en plus montagneux du nord de Harris. Pour vous dégourdir les jambes, faites une randonnée, comme l'ascension du **mont Clisham** (799 m), ou observez les aigles royaux au **North Harris Eagle Observatory**. À **Tarbert**, accordez-vous une pause déjeuner ou une dégustation de gin (pour peu que vous ne conduisiez pas).

OÙ SE LOGER SUR LEWIS

Otter Bunkhouse
Refuge idéal pour passer la nuit au bord d'un loch sans se ruiner. **£**

Hebridean Bothy Pods
Dans le village d'Achmore, chalets en bois pour 4 personnes. Bon rapport qualité/prix. **££**

Broad Bay House
Hébergement luxueux avec une vue magnifique sur la mer. Juste au nord de Stornoway. **£££**

Ensuite, continuez à descendre la côte ouest jusqu'au sud de Harris. La route est magnifique, bordée de jolies plages de sable (comme **Seilebost** et **Sgarasta Mhòr**) et de *machair* couvert de fleurs. Faites un petit crochet par **Luskentyre**, la plus belle de toutes.

Consacrez un moment à la charmante **St Clement's Church**, à Rodel, impressionnante église du XVIe siècle construite par Alexander MacLeod de Dunvegan entre 1520 et 1550. Parmi de belles tombes, on remarque le cénotaphe de MacLeod, finement sculpté, arborant des scènes de chasse, un château, un *birlinn* (la traditionnelle chaloupe des îles) et plusieurs saints, dont saint Clément (à qui l'église avait été dédiée) empoignant un crâne.

Après cette visite à l'extrême sud, rentrez par la côte est, sur la **Golden Road** qui serpente dans un décor de rochers gris et de minuscules *lochans* (petits lochs). Rien à voir avec la côte ouest, mais c'est tout aussi magnifique. Enfoncez-vous sur des petites routes pour découvrir des paysages encore plus étonnants, avant de rejoindre l'A859 juste au sud de Tarbert.

Artisanat insulaire

SOUVENIRS ARTISANAUX DE LEWIS ET HARRIS

Le Harris Tweed est sans nul doute la première exportation des Hébrides extérieures. Ce tissu en laine vierge colorée tricoté à la main n'est fabriqué qu'ici et envoyé aux quatre coins du monde, où on le transforme en vêtements et tissus d'ameublement. Mais il n'y a pas que le tweed : Lewis et Harris ont une âme créative et abritent des ateliers d'artisans et d'artistes, ainsi que des galeries indépendantes.

On peut soutenir ces talents locaux en achetant leurs œuvres à la faveur des visites. Vous vous rendez au phare de Butt of Lewis ? Arrêtez-vous en chemin à **Borgh Pottery** où sont vendus les vases, bols et autres créations de la céramiste Sue Blair ou passez à la **Harbour View Gallery** pour voir les toiles colorées à l'acrylique d'Anthony J. Barber. Vous allez vers Dun Carloway ? Faites un saut au **Blue Pig Studio** où sont exposées les œuvres graphiques de Jane Harlington. Entre Stornoway et Harris, vous pourrez visiter **Island Darkroom**, qui présente le travail de la photographe primée Mhairi Law, et le **Hebridean Art Studio**, où sont exposées les superbes linogravures en noir et blanc de Fiona Simes représentant des scènes typiques de la région. Sur Harris, allez découvrir

LE TOP DES HÉBERGEMENTS SUR HARRIS

Lickisto Blackhouse
Tentes de luxe dans un camping à l'écart de la Golden Road, pour une superbe nuit loin de tout. £

Scarista House
B&B chic dans un ancien presbytère georgien. Bonne cuisine et belle vue sur la côte. ££

Sorrel Cottage
Près de Leverburgh, charmant B&B plein de caractère installé dans une ancienne ferme. ££

Hotel Hebrides
Pour un séjour chic et confortable à Tarbert, surtout dans les suites de luxe indépendantes. £££

LES PIEDS DANS LE SABLE

La côte ouest de South Harris n'a pas le monopole des plages immaculées. Marchez jusqu'à **Sandwood Bay** (p. 305) près de Durness, prenez le soleil sur le sable rouge de **Firemore Beach** (p. 370) près d'Ullapool, ou promenez-vous le long de **Glenbrittle Beach** (p. 363) sur Skye.

OÙ SE RESTAURER À TARBERT

Distillery Canteen
Grandes tablées et bons petits plats : ambiance conviviale garantie au café de la distillerie de Harris. £

Hebscape
À la sortie de Tarbert, café-galerie chic qui sert des scones maison à déguster en admirant la vue. £

Flavour
Menu du soir en huit services à base de produits locaux. Service soigné. £££

les paysages marins peints à l'huile par Andrew John Craig, à la Skoon Gallery, et les aquarelles de fleurs sauvages de Margarita Williams, à la **Holmasaig Gallery**. Quelle que soit votre prédilection, le choix est tel que vous trouverez forcément votre bonheur.

ALLEZ À LA PLAGE... EN AVION

Depuis Glasgow, décollez pour Barra et découvrez les îles de façon unique. À bord du Viking DHC-6, vous atteindrez les Hébrides extérieures en une heure environ et atterrirez alors sur **Traigh Mhòr**, étendue sablonneuse d'un peu plus de 3 km. C'est le seul aéroport de plage au monde à assurer des vols fixes, et on dit que la descente est d'une rare beauté, avec cette vue sur le sable compact couleur d'or. Une occasion qui ne se présentera pas tous les jours.

Les Hébrides extérieures

EXPLOREZ DES ÎLES DISCRÈTES

Alliant ruines anciennes, art contemporain et paysages ponctués de lochs, les Uists ont tout pour plaire. Depuis Lewis et Harris, il ne vous faudra qu'un petit trajet en ferry pour que s'ouvre à vous un autre pan des Hébrides extérieures.

Vous débarquerez sur **Berneray**, minuscule île connue pour ses plages de rêve et ses phoques lézardant au soleil. Traversez en direction de **North Uist** ; vous apercevrez un panneau indiquant le dernier *broch* habité à l'âge du fer. Prenez à droite en direction de la **Balranald Nature Reserve**, à 29 km à l'ouest de Lochmaddy, où des visites guidées sont proposées pour observer les nombreuses espèces d'oiseaux (écoutez le crissement du râle des genêts), ou prenez à gauche en direction du **Taigh Chearsabhagh**, musée et centre artistique qui vous plongera dans l'histoire et la culture des Uists. Quel que soit votre choix, ne manquez pas le cairn vieux de 5 000 ans (tombe néolithique) de **Barpa Langais**. Traversez la petite île de **Benbecula** – dont l'histoire est liée à Charles Édouard Stuart, qui y serait passé dans sa fuite, en 1746 – jusqu'à **South Uist** et l'immanquable **Our Lady of the Isles**, immense sculpture de la Vierge à l'Enfant. Riche d'un remarquable fonds photographique, le **Kildonan Museum** vaut le détour pour en apprendre plus sur la culture des îles et les rudes conditions de vie d'antan. À **Lochboisdale**, plusieurs choix s'offriront à vous : Skye à l'est, Barra au sud, ou Oban au sud-ouest, sur le continent. Autrement, vous pourrez bien sûr regagner Berneray puis Harris.

UN AUTRE PÔLE CRÉATIF

Vous allez vers les Highlands du Nord ? Le village d'artisans de **Balnakeil** (p. 382), près de Durness, est une étape incontournable pour les amateurs d'art. Les rues sont jalonnées de stands variés : toiles, céramiques, vêtements et chocolat.

L'île sauvage de St Kilda

VISITEZ UNE ÎLE ISOLÉE

À environ 72 km à l'ouest de North Uist, **St Kilda** est un groupe d'aiguilles rocheuses surgissant de la mer et d'îles déchiquetées entourées de falaises. Hirta, la plus grande de ces îles, mesure seulement 3,2 km de long sur 1,6 km de large, et de gigantesques falaises bordent la majeure partie de son littoral. Propriété du National Trust for Scotland (NTS), les îles

OÙ MANGER SUR LE POUCE SUR LES UISTS

Wee Cottage Kitchen
Café et en-cas chauds face à la baie. Goûtez le petit pain aux noix de Saint-Jacques et *black pudding.* **£**

Croft & Cuan
Des burritos aux smoothies, tout est bon dans cette caravane populaire installée à Lochboisdale. **£**

Taigh Chearsabhagh Café
Café niché dans un centre d'art : cafetière à piston, pâtisseries et en-cas. **££**

FOTOVOYAGER/GETTY IMAGES ©

Falaises de Hirta, St Kilda

sont inscrites au patrimoine mondial de l'Unesco et abritent le plus important site de nidification de l'Atlantique nord, avec plus d'un million d'oiseaux.

Hirta est la seule île du groupe où les visiteurs sont autorisés à débarquer. Deux millénaires durant, St Kilda a abrité une petite communauté qui devait sa survie aux oiseaux marins. Sur le sentier escarpé qui sort du village et mène à **Conachair** (2 heures), point culminant de Hirta, vous remarquerez de nombreux *cleitean*, abris en pierre laissant passer les vents forts qui soufflent sur l'île, de sorte à servir de séchoirs à viande. Continuez d'avancer en prenant garde à ne pas réveiller les moutons de Soay et les grands labbes, espèces indigènes qui se sont depuis longtemps approprié les lieux. Depuis le sommet, la vue sur Hirta, masse de roches volcaniques grises et d'herbe verte, est magnifique. Au loin, vous discernerez les autres îles de St Kilda ainsi que les immenses aiguilles rocheuses au large de la côte. Et, au-delà, l'océan à perte de vue.

COMMENT SE RENDRE DANS L'ARCHIPEL DE ST KILDA

Go to St Kilda
Au départ de Stein (île de Skye), l'excursion à la journée (7h-20h) prévoit 4 heures sur Hirta.

Kilda Cruises
Bateau à moteur long de 16,5 m, pouvant accueillir 12 passagers, à l'intérieur ou sur le pont. Départ de Leverburgh.

Sea Harris
Le *Redbay Stormforce* assure la liaison entre Leverburgh et St Kilda. Le trajet sera plus confortable (mais tout de même mouvementé).

Hebridean Sea Tours
Au départ de la minuscule île de Barra (au sud des Uists), partez explorer St Kilda à bord d'un grand bateau.

COMMENT CIRCULER

La voiture est le meilleur mode de transport sur les îles, mais les nombreuses traversées peuvent finir par coûter cher. Louez plutôt un véhicule à Stornoway à votre arrivée. Encore mieux, découvrez les Hébrides extérieures à vélo. Après tout, la distance d'un bout à l'autre de Lewis et Harris (environ 125 km) ne représente que 7 heures de pédalage. Vous pourrez embarquer votre vélo sur le ferry (gratuit) ou en louer un à Stornoway, à la boutique Bike Hebrides (bikehebrides.com).

DURNESS

Avec ses quelque 350 habitants, le village de Durness n'a rien d'une grande localité des Highlands, à l'image de Wick, Ullapool ou Portree. Et pourtant. Sa commune couvre une zone plate et fertile des Highlands du Nord qui s'étend du Loch Eriboll, à l'est, à Rhiconich, au sud. Ici, à vous les paysages insolites : promenez-vous le long de plages de sable doux, aventurez-vous loin dans des grottes calcaires naturelles, plongez dans l'eau transparente de lochs marins, faites un golf sur un parcours venteux et frottez-vous à la nature sauvage au Cape Wrath. Avec tant d'activités de plein air à portée de main, on comprend mieux pourquoi Durness a finalement tout d'une grande. Elle est la ville idéale pour rayonner dans l'extrême nord-ouest de l'Écosse ; la localité compte de nombreux B&B.

Pour les infos pratiques, voir le Carnet d'adresses p. 399

À SAVOIR

Vous avez prévu de faire quelques courses à Durness ? N'arrivez pas trop tard : le supermarché ferme à 18h tous les jours. Les cafés du village d'artisans de Balnakeil ferment encore plus tôt. Seule la pompe à essence en libre service est ouverte 24h/24.

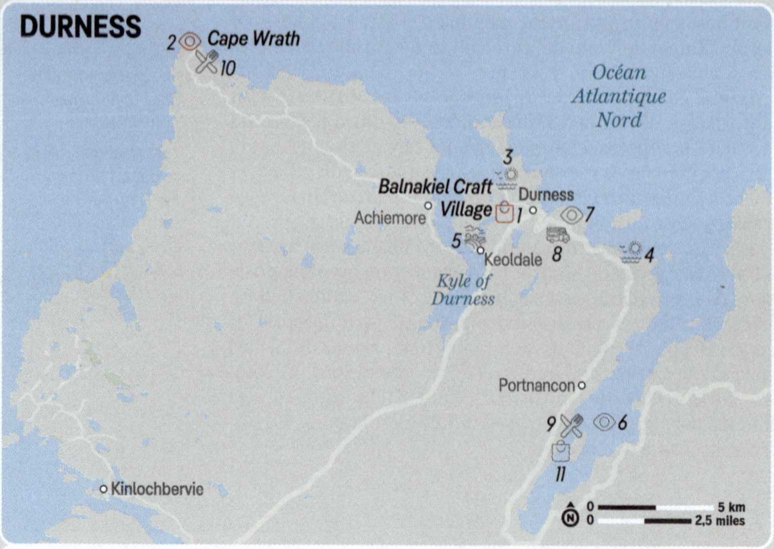

INCONTOURNABLES
1 Balnakiel Craft Village
2 Cape Wrath

VOIR
3 Balnakeil Beach
4 Ceannabeine Beach
5 Keoldale
6 Loch Eriboll
7 Smoo Cave

SE RESTAURER
8 Cheese N Toasted
9 Choraidh Croft Tearoom
voir 1 Cocoa Mountain
voir 1 Meet & Eat – Cafe & Restaurant
10 Ozone Cafe

SHOPPING
11 Lotte Glob

Smoo Cave

Falaises, grottes et artisanat

EXPLORER DURNESS ET LES ENVIRONS

Passez la matinée au **Cape Wrath**, pointe isolée où se dressent les plus hautes falaises de la Grande-Bretagne continentale. Des ferries partent régulièrement du minuscule embarcadère de Keoldale, à environ 3 km au sud de Durness ; après la traversée de 10 minutes, un minibus vous conduira jusqu'au cap (1 heure) sur une route cabossée dans un paysage désolé… mais le jeu en vaut la chandelle ! Depuis l'extrémité nord-ouest de l'Écosse, admirez les falaises de Clo Mor et les oiseaux marins autour du phare. Rentrez à Durness pour déguster un croissant et un bon chocolat chaud à **Cocoa Mountain**. Ce petit café-chocolaterie fait partie du Balnakeil Craft Village, village d'artisans où les artistes ont investi d'anciens bâtiments militaires et vendent leurs tableaux, pièces de céramique et de verrerie, entre autres. Avant de partir, baladez-vous le long de la jolie Balnakeil Beach.

L'après-midi, mettez le cap vers l'est et visitez la **Smoo Cave**, à 1,5 km du centre. Avec ses salles formées par l'eau de mer et de pluie, c'est la seule grotte de ce genre au Royaume-Uni. Sa vaste salle principale débouche sur une caverne inondée, plus petite, où une chute d'eau dévale parfois du toit. En haute saison, des visites guidées en bateau vous conduiront plus loin, jusqu'à la cascade de 20 m de haut. Poussez encore plus à l'est jusqu'à **Ceannabeinne Beach**, une plage de rêve, et la magnifique rive ouest du **Loch Eriboll** (passez voir le *Sculpture Croft* imaginé par l'artiste danoise **Lotte Glob**), puis rentrez à Durness avant l'heure de fermeture des commerces.

OÙ MANGER SUR LE POUCE PRÈS DE DURNESS

Meet & Eat
Petit café artisanal dans le village d'artisans de Balnakeil : sandwichs ciabatta, soupes et pâtisseries maison. £

Cheese 'N' Toasted
Près de la Smoo Cave, ce camion sert des sandwichs grillés au fromage à emporter. Simple mais exquis. £

Choraidh Croft Tearoom
Minuscule salon de thé près de l'atelier de Lotte Glob. Bonnes pâtisseries à déguster en admirant la vue sur le Loch Eriboll. £

Ozone Cafe
Tout au bout du Cape Wrath, ce café chaleureux sert des boissons et de petits plats chauds. £

COMMENT CIRCULER

La plupart des sites aux alentours de Durness sont accessibles sans voiture. Balnakeil et la Smoo Cave se trouvent tous deux à 20 minutes de marche du village. Le ferry pour Cape Wrath qui part de Keoldale est à 45 minutes à pied. Louez un vélo ou une voiture pour aller jusqu'au Loch Eriboll.

Environs de Durness

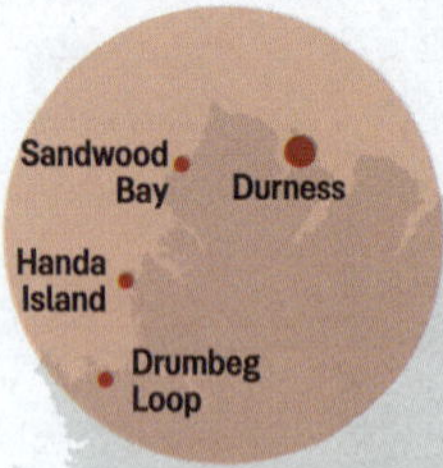

La côte autour de Durness vous réserve plages isolées, châteaux en ruine, cascades et routes mémorables.

Idéalement située à l'extrême nord-ouest de l'Écosse, Durness est une base parfaite pour explorer, dans les deux directions, le magnifique littoral. La côte orientale, vers Bettyhill, recèle des lochs marins scintillants, de splendides plages dorées et les ruines anciennes d'Ard Neackie Lime Kilns et du Castle Varrich, entre autres. La côte ouest, en direction de Lochinver, offre quant à elle l'un des plus impressionnants paysages de Grande-Bretagne : un patchwork extraordinaire d'herbe, de rochers, de sable, de bruyère et d'eau. Ici, la vue change à chaque virage. Roulez au pas et arrêtez-vous à la moindre occasion, notamment au niveau de Sandwood Bay, à la plage sauvage, d'Eas a'Chual Aluinn, une haute cascade, et de Handa Island, une île peuplée de macareux.

Pour les infos pratiques, voir le Carnet d'adresses p. 400

À SAVOIR

Chaque virage cache un paysage à couper le souffle ; prévoyez de nombreuses pauses photo dans votre programme de la journée.

La Drumbeg Loop, le long du Loch Assynt (p. 386)

RPHSTOCK/SHUTTERSTOCK ©

BILL WARD/ROBERTHARDING/GETTY IMAGES ©

Sandwood Bay

Marcher jusqu'à Sandwood Bay

UNE PLAGE LOINTAINE

Première image de la randonnée : l'eau du vaste loch ondulant au vent. Ensuite viennent les murs en ruine d'un ancien cottage, puis les falaises du Cape Wrath, au loin. Enfin, après 6 km, vous apercevez votre destination : **Sandwood Bay** (www.johnmuirtrust.org/trust-land/sandwood), une magnifique étendue de sable doré au pied de dunes herbeuses, l'une des plages les plus isolées de Grande-Bretagne.

Le périple commence sur le parking de Blairmore, à 45 minutes de route au sud-ouest de Durness (quittez l'A838 à Rhiconich). Le sentier traverse des champs peuplés de moutons puis émerge dans la lande tourbière, paysage à la fois morne et beau, ponctué de *lochans* (petits lochs) bordés d'herbe. Continuez sur le sentier, plus étroit et rocailleux ; il traverse quelques cours d'eau et commence à grimper. Après environ 1 heure 30 de marche, vous verrez le bout de la montée et redescendrez à travers champs jusqu'à la baie. Derrière les dunes de sable, vous voici soudain sur la plage de Sandwood Bay. D'un côté, le rocher **Am Buachaille**, dressé au loin, semble veiller au grain. Prenez le temps de marcher sur

UNE AUTRE BELLE PLAGE – SANS MARCHER DES HEURES

L'idée de la plage isolée vous plaît, mais la randonnée d'une demi-journée un peu moins ? Heureusement pour vous, une autre option se trouve à quelques kilomètres de la route. Comme Sandwood Bay, **Oldshoremore Beach** est une jolie bande de sable doré, bordée de dunes herbeuses, à ceci près qu'elle est bien plus accessible. Prenez la même direction depuis l'A838 via Kinlochbervie, mais tournez à gauche au niveau de la boîte aux lettres rouge au bout de la route d'Oldshoremore. Garez-vous sur le grand parking (équipé de toilettes). Marchez jusqu'aux dunes de sable et descendez les marches : vous y êtes.

OÙ SE LOGER DANS L'EXTRÊME NORD-OUEST

Clachtoll Beach Campsite
Charmant camping sur une plage de sable blanc le long de la Drumbeg Loop. **£**

Tongue Hotel
Feu de cheminée, plaids en tartan et porridge matinal : un hôtel douillet sur la côte nord. **££**

Mackay's Rooms
Offrez-vous une nuit tout confort dans ce B&B de luxe (qui garde un esprit familial). **£££**

LE TOP DES PLAGES PRÈS DE DURNESS

Fraser Eadie est le gérant de **Smoo Cave Tours** (smoocavetours.com). Il aime les plages des environs de Durness. Voici ses préférées :

Ceannabeinne Beach
Plage de sable magnifique, idéale pour la baignade et le surf. Attention au contre-courant à l'embouchure. Vous pouvez essayer de vous faufiler dans les petites grottes.

Sango Sands
J'ai déjà vu des baleines, des dauphins et un requin pèlerin dans la baie depuis ces plages (séparées par un affleurement rocheux). À la fin de l'été, l'océan est bioluminescent.

Balnakeil Beach
Plage préférée des habitants (et du bétail). Lorsque l'eau est houleuse, c'est un bel endroit pour surfer. Allez jusqu'aux falaises et repérez les macareux... ou une aurore boréale !

JONATHAN W. COHEN/GETTY IMAGES ©

Clashnessie Falls

le sable et de profiter de la solitude. Si d'autres randonneurs et campeurs sauvages sont sur place, avancez vers le nord ; vous devriez trouver un coin tranquille, car peu de visiteurs s'y aventurent. Ensuite, rebroussez chemin pour rentrer.

L'inoubliable Drumbeg Loop

UNE ROUTE MÉMORABLE

Le parcours le plus direct (15 minutes) de Kylesku à Inchnadamph, via l'A894, a déjà son charme, avec ses cascades et ses châteaux. Pourtant, rien ne vaut le chemin le plus long : la **Drumbeg Loop** (1 heure 30) est en effet une route mémorable.

Elle commence sur la B869, à environ 3 km au sud de Kylesku et à 1 heure de route au sud de Durness (tournez au panneau "An Druim Beag"). Engagez-vous sur cette route

OÙ SE RESTAURER DANS L'EXTRÊME NORD-OUEST

An Cala Café
À Lochinver, ce café sert soupes, sandwichs, salades et pâtisseries maison. **£**

Shorehouse Restaurant
Fruits de mer ultrafrais (pêchés par les propriétaires). Près de l'embarcadère du ferry pour Handa. **££**

Kylesku Hotel
À Kylesku, un établissement isolé en bordure de loch, où se régaler de produits de la mer. **££**

à voie unique et en bon état qui se faufile entre les pics de la chaîne montagneuse de **Quinag** (808 m) et les berges dentelées du **Loch a' Chuarn Bhain**. Sur les kilomètres de lacets à travers la lande rocheuse – les virages en épingle à cheveux et le paysage à couper le souffle donnent le tournis –, vous aurez souvent l'occasion de vous arrêter pour apprécier pleinement la vue ; au niveau des **Clashnessie Falls** ou de la plage idyllique d'**Achmelvich Bay**, par exemple. Vous n'êtes pas pressé ? Faites un crochet par le phare de Point of Stoer et marchez sur la côte jusqu'à l'immense aiguille rocheuse **Old Man of Stoer**. Rejoignez la route et passez à **Lochinver**, joli village de cottages chaulés, parfait pour une pause repas. Vous aurez deux options pour rejoindre l'A894 : continuer vers l'est sur la Drumbeg Loop pendant 20 minutes, sur la rive nord du **Loch Assynt**, jusqu'à Inchnadamph ; ou descendre la côte pendant environ 1 heure, jusqu'à Drumrunie.

Les oiseaux de Handa Island

MACAREUX ET LABBES

Entre Ullapool et Durness, la petite commune de **Scourie** se trouve au beau milieu d'un paysage reculé et irrégulier, ponctué de centaines de lochs d'eau douce, paradis des pêcheurs à la mouche qui viennent parfois de loin. Mais c'est au large de la côte ouest, à quelques kilomètres au nord de Scourie Bay, que se cache son plus beau trésor : la réserve naturelle de **Handa Island**, gérée par le Scottish Wildlife Trust.

Prenez le ferry – petit et sans toit – à **Tarbet**, à quelques kilomètres au nord de Scourie. Vous débarquerez sur le rivage sablonneux au sud de Handa, point de départ d'une boucle de 2 heures 30. Le premier tronçon coupe à travers la lande humide au centre de l'île (prévoyez de bonnes chaussures de marche, même si des passerelles ont été installées dans les zones les plus boueuses), en direction de la côte nord. C'est là que culminent à 100 m les incontournables falaises en grès de l'île, couvertes de centaines de milliers d'oiseaux en période de nidification. Asseyez-vous et observez les pétrels, guillemots, grands labbes, petits pingouins et mouettes tridactyles (en mai-juin, les macareux sont aussi de la partie). Ensuite, le sentier continue vers l'ouest, avec une belle vue sur l'immense Great Stack (un piton rocheux isolé et proche de la côte) et les sommets découpés de Sutherland (sur le continent), puis rejoint les plages du sud où vous pourrez reprendre le ferry vers Tarbet.

ÉTAPE À KYLESKU

Le hameau de pêcheurs de Kylesku, jadis rallié par un ferry gratuit avant la construction du pont, se révèle une belle étape entre Ullapool et Durness. Garez la voiture et arpentez le port, dans cet impressionnant paysage de montagnes. Le superbe **Kylesku Hotel** abrite le meilleur restaurant de la région. Au menu : homard, huîtres et autres fruits de mer ultrafrais. Vous pourrez aussi vous balader sur l'eau avec la compagnie **Northwest Sea Tours** (northwestseatours.co.uk). Le capitaine Stephen vous conduira jusqu'à la plus grande cascade de Grande-Bretagne, **Eas a'Chual Aluinn** (200 m), et autour des lochs marins de **Glencoul** et **Glendhu**, qui accueillent phoques et oiseaux de mer.

COMMENT CIRCULER

Oubliez les transports publics : la voiture est indispensable dans cette région. Prévoyez le plus de temps possible pour vous aventurer hors de la route principale, sur les petits chemins étroits : que ce soit pour un panorama de rêve ou une plage déserte, les arrêts impromptus sont nombreux.

WICK

À l'âge du fer, les premiers païens s'installèrent ici et baptisèrent le camp Wick (du norrois *vik*, qui signifie "baie", aussi à l'origine du mot "viking"). Au XVIIIe siècle, la pêche au hareng commença à se développer : en un rien de temps, le petit poisson argenté fit la réputation et la fortune de la ville. Au début du XIXe siècle, la distillerie Old Pulteney – désormais mondialement reconnue – produisit ici son premier breuvage à la belle robe dorée. Si colons païens et pêcheurs de hareng ont depuis tiré leur révérence (le marché de la pêche au hareng finit par s'effondrer après la Seconde Guerre mondiale), le whisky, lui, est toujours bien présent. La distillerie est l'un des sites les plus visités à Wick, suivie de près par le Wick Heritage Museum, qui retrace l'histoire fascinante de cette minuscule localité norroise devenue l'une des plus grandes agglomérations des Highlands du Nord.

Pour les infos pratiques, voir le Carnet d'adresses p. 400

À SAVOIR

La plupart des sites touristiques de Wick – le port, la distillerie et le musée – sont sur la rive sud, dans une zone appelée ici Pulteneytown. Sur la rive nord, vous trouverez des boutiques dans High St, ainsi que le grand supermarché Tesco.

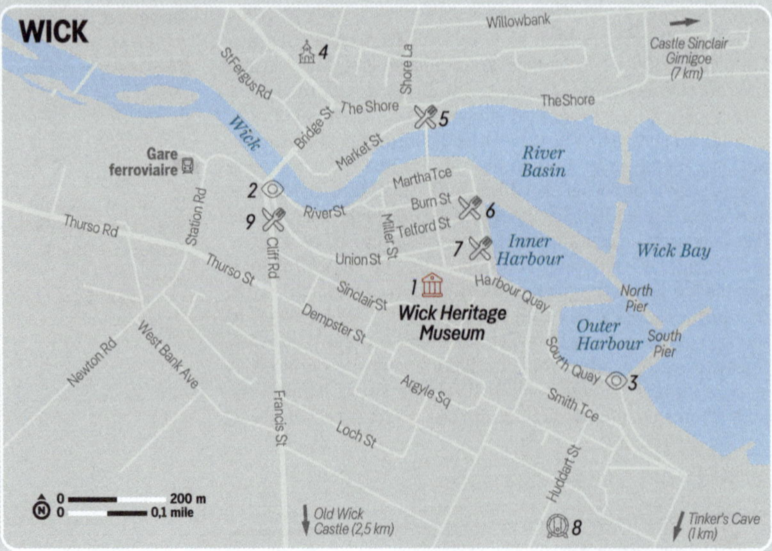

INCONTOURNABLE	VOIR	SE RESTAURER	PRENDRE UN VERRE
1 Wick Heritage Museum	2 Ebenezer Place	5 Bord de l'Eau	8 Old Pulteney Distillery
	3 Harbour Road	6 Harbour Chip Shop	9 The Printers Rest
	4 St Fergus Church	7 Wickers World	

MARCO SOLBIATI/SHUTTERSTOCK ©

Castle Sinclair Girnigoe

De château en château

CIRCUIT PÉDESTRE DANS WICK

Votre journée de visite commence et finit devant un château. Partez des ruines de l'**Old Wick Castle**, sur un cap étroit flanqué de falaises à pic. Suivez le sentier qui suit la falaise vers le nord, passez devant la **Tinker's Cave**, grotte marine occupée tout au long du XIXe siècle, et rejoignez la **Harbour Road**, ses vieilles cabanes en bois et son marché au hareng au toit rouge. Dirigez-vous vers la distillerie **Old Pulteney** et suivez toutes les étapes de fabrication du whisky pendant une visite dégustation. Ensuite, déjeunez sur le pouce à **Harbour Chip Shop**. L'après-midi, faites un tour au **Wick Heritage Museum**, qui revient sur l'âge d'or et le déclin de la pêche dans la ville. Ensuite, suivez Union St vers l'ouest jusqu'à l'**Ebenezer Place**, une "rue" tenue pour la plus courte du monde (2,06 m) qui n'accueille qu'un bâtiment (particulièrement étroit), le Mackays Hotel. Traversez le pont et suivez la route jusqu'à High St et la **St Fergus Church**, dont le cimetière abrite les restes de l'église originale du XVe siècle. Longez la côte vers l'est jusqu'à Broadhaven, puis suivez les panneaux jusqu'à Noss Head. À partir de là, c'est parti pour 1 heure de marche à travers champs jusqu'aux ruines du **Castle Sinclair Girnigoe**, au bord du vide.

LE TOP DES RESTAURANTS À WICK

Wickers World
Café sur le port qui sert de bons petits plats : sandwichs baguette, pommes de terre au four et *fish and chips*. **£**

Bord de l'Eau
Grands classiques français à base de viande et de gibier et spécialités de la mer, le tout dans un cadre simple et une ambiance détendue. **££**

Printers Rest
Plats à emporter, simples et efficaces : pâtes fraîches, pizzas et poulet frit, sans oublier les churros servis avec du chocolat. **££**

No 1 Bistro
Restaurant du Mackays Hotel : goûtez les noix de Saint-Jacques poêlées et le *mac and cheese* à l'effiloché de bœuf. **££**

COMMENT CIRCULER

Contrairement aux autres bourgades de ce pan isolé d'Écosse, Wick est bien desservie : liaisons quotidiennes en train et bus avec Inverness et 3 vols par jour pour Aberdeen. Vous pouvez donc vous rendre à Wick sans voiture, puis en louer une sur place (agence Hertz à l'aéroport) pour explorer les environs.

Environs de Wick

Entre les sentiers ardus sur les falaises et les terrains de golf impeccables, l'extrême nord-est de l'Écosse a de quoi plaire à tout le monde.

À la pointe nord-est de l'Écosse continentale, l'ancien comté de Caithness est ponctué de formidables paysages côtiers. Wick est le point de passage vers les grandes destinations de la côte nord : John O'Groats (souvent considéré comme le point le plus septentrional de Grande-Bretagne) et Dunnet Head (le vrai tenant du titre), mais aussi les vastes baies sablonneuses, les falaises couvertes d'oiseaux marins et les excellentes distilleries. Wick fait de surcroît une bonne base pour explorer la côte est et ses tombeaux néolithiques, anciens châteaux, somptueux manoirs et terrains de golf réputés. Grâce aux liaisons ferroviaires entre Inverness et plusieurs grandes villes de la région, l'extrême nord-est de l'Écosse semble moins loin de tout que son extrême nord-ouest.

Pour les infos pratiques, voir le Carnet d'adresses p. 401

À SAVOIR

C'est la partie la plus plate des Highlands, l'endroit parfait pour travailler votre endurance avant de vous lancer sur les sentiers de la côte ouest.

Duncansby Head

CATUNCIA/SHUTTERSTOCK ©

JEREMY WOODHOUSE/GETTY IMAGES ©

Macareux, Dunnet Head

Randonner sur la côte nord

SENTIERS SUR LES FALAISES

La pointe est de la côte nord de l'Écosse offre des sentiers de randonnées mémorables. Les trois meilleures durent environ 2 heures 30 et peuvent donc se faire en une journée. Alors, cap ?

Partez du parking de **John O'Groats**, à 25 minutes de route au nord de Wick. Descendez au port pour la photo souvenir sous le panneau multidirectionnel (vous êtes à 874 miles de Land's End !) – avant de rejoindre le sentier aménagé vers l'est. Après des tronçons de côte couverts d'algues et des jolies plages de galets, vous arriverez au **phare de Duncansby Head**. Admirez la vue sur les falaises et les aiguilles rocheuses (couvertes de guillemots et de macareux en période de nidification), puis regagnez John O'Groats pour récupérer votre voiture… et manger un morceau. Roulez 10 minutes vers l'ouest jusqu'au **Castle of Mey**, une des résidences préférées de feu la Reine mère et point de départ d'une autre boucle jusqu'au cap de **St John's Point**, d'où vous pourrez voir l'île de Stroma. En chemin, repérez le Scotland's Haven, bassin qui se remplit au gré des marées. Ensuite, roulez jusqu'à **Dunnet Head**, point le plus au nord de la Grande-Bretagne continentale, et admirez la vue jusqu'aux îles Orcades. Baladez-vous autour du phare (XIXe siècle), construit par Robert Stevenson (grand-père de l'auteur de *L'Île au trésor*), et dans la réserve naturelle gérée par la Royal Society for the Protection of Birds (RSPB), puis longez la côte ouest jusqu'aux berges herbeuses du **Sanders Loch**. Retournez à votre voiture ou continuez jusqu'à la ravissante plage de **Peedie Sands** (vous aurez alors encore 2 heures 30 de marche pour regagner le point de départ).

DISTILLERIES DE LA CÔTE NORD

Wolfburn
Il faut réserver pour visiter les coulisses de cette distillerie de whisky (pas d'accueil).

Dunnet Bay Distillery
Distillerie familiale qui propose régulièrement des visites et des dégustations. Leur gin Rock Rose est multimédaillé.

North Point Distillery
Distillerie moderne spécialisée en rhum et gin, dans une ancienne base de la marine américaine. Visites tous les jours.

8 Doors Distillery
La petite dernière de John O'Groats : une nouvelle distillerie de whisky pleine de promesses.

OÙ MANGER SUR LE POUCE SUR LA CÔTE EST

Tasty Toes
Cabane sur le port de Dunbeath qui vend des petits pains au crabe ou au homard à emporter. **£**

Jam Fire Deli
Dans le musée Timespan, à Helmsdale, ce café caribéen sert un incroyable poulet à la sauce jerk. **£**

Harry Gow Brora
Au menu de ce café-boulangerie médaillé : pancakes, pâtisseries, tourtes et paninis. **£**

LE TOP DES ACTIVITÉS À DORNOCH

Robert Ratcliffe, gérant du **Royal Golf Hotel** (royalgolfhotel dornoch.com), en dit plus sur ses activités préférées à Dornoch.

Marcher sur la plage
Le sable doré de Dornoch Beach est parfait pour une promenade.

Jouer au golf
Le Royal Dornoch est l'un des meilleurs terrains de compétition. Nombre de golfeurs rêvent d'arpenter ses parcours donnant sur la mer (*links*).

Siroter un café
Milk and Honey affiche une grande variété de thés et cafés, ainsi que des douceurs maison.

Écouter de la musique
Pub traditionnel avec une superbe carte de plats et boissons, The Eagle accueille des concerts pendant la saison.

Déguster du whisky
Au sud de la ville, la Glenmorangie Distillery tourne depuis plus de 175 ans.

Dunrobin Castle

Le Dunrobin Castle

UNE DEMEURE QUI EN IMPOSE

L'extravagance du château saute aux yeux lorsqu'on l'observe depuis les jardins. Édifié sur plusieurs siècles (depuis 1275) et selon divers styles, le **Dunrobin Castle** (à environ 1 heure de route de Wick) est une création totalement unique, singulier (et beau) mélange d'un château français, d'un palais anglais et d'un château des Highlands, aux parois ponctuées de fenêtres décoratives et surmontées de tourelles dignes d'un conte de fées. C'est aussi (et de loin !) la plus grande demeure du nord de l'Écosse. L'essentiel de ce que l'on peut admirer aujourd'hui fut construit dans un style à la française entre 1845 et 1850. L'intérieur est richement décoré de portraits de famille, de tapisseries du XVIIIe siècle et de tables en

OÙ SE LOGER SUR LA CÔTE NORD-EST

The Hawthorns
Charmant B&B avec 5 chambres spacieuses au rez-de-chaussée. Tout près du Castle of Mey. **££**

John O'Groats by Together Travel
Chalets indépendants hauts en couleur au bord de l'eau. Vue sur les Orcades. **££**

Forss House
Manoir de luxe avec des cottages encore plus luxueux et le meilleur restaurant des environs. **£££**

acajou. L'ensemble appartient aux ducs de Sutherland et donne une idée de l'opulence de leur mode de vie.

La plupart des visiteurs privilégient l'extérieur et ses jardins conçus par l'architecte Charles Barry, à qui l'on doit aussi le palais de Westminster (Londres). Ils s'étendent sur plus de 400 hectares, des remparts du château à la mer. Aux deux jardins classiques, encadrant des bassins ornés de fontaines, s'ajoutent de petits bosquets et des parterres de fuchsias, ainsi qu'une pelouse impeccable réservée aux démonstrations quotidiennes de fauconnerie.

Golf sur la côte est

FAIRWAYS ET BELLE VUE

D'après les estimations, le tourisme lié au golf rapporterait 300 millions de livres sterling à l'Écosse chaque année. Si des centaines de milliers de golfeurs affluent tous les ans pour s'affronter sur les célèbres parcours de St Andrews et de Carnoustie, la pointe de la côte nord-est est souvent négligée. Pourtant, elle abrite d'exceptionnels parcours en bord de mer.

Commencez votre circuit sur les *links* les plus connus du Nord-Est, le Championship Course du **Royal Dornoch Golf Club** (comptez 1 heure 30 de route de Wick ; vous remonterez ensuite tranquillement). Conçu par le légendaire Old Tom Morris et idéalement situé entre les plages de sable blanc immaculé, les dunes herbeuses et le jaune éclatant des ajoncs du Dornoch Firth, il ne quitte pas les classements des meilleurs terrains mondiaux. Remontez ensuite la côte sur une petite dizaine de kilomètres jusqu'au **Golspie Golf Club** pour d'autres parcours avec vue sur la mer et sur la montagne ! Encore une dizaine de kilomètres au nord, le **Brora Golf Club** abrite un terrain de compétition imaginé par le célèbre James Braid. Plus haut encore sur la côte, vous atteindrez le **Wick Golf Club**, dont le premier *links* battu par les vents a ouvert en 1870. C'est votre première fois ? Commencez votre journée golf sur le parcours débutant à 9 trous (ouvert à tous) au **Helmsdale Golf Club** ou au **Lybster Golf Club**.

LES SUTHERLAND CLEARANCES

Au début du XIXe siècle, le duc et la duchesse de Sutherland, jugeant plus rentable de consacrer leurs terres à l'élevage des moutons, décidèrent d'en expulser les métayers. Au cours des dix années suivantes, des milliers d'habitants furent ainsi déplacés et un grand nombre d'entre eux dut émigrer.

La "réussite" de cette opération fit du duc l'homme le plus riche de Grande-Bretagne. Sa famille dépensa une fortune pour rénover leur demeure, le Dunrobin Castle. Aujourd'hui, le duc reste une personnalité controversée et certains se montrent favorables au remplacement de la statue à son effigie près de Golspie par un monument en hommage aux victimes des Sutherland Clearances.

À Helmsdale, le musée **Timespan** évoque les Clearances.

COMMENT S'Y RENDRE ET CIRCULER

Des trains et des bus circulent sur la côte est jusqu'à Wick et Thurso, avec des arrêts à Dornoch, Golspie et Helmsdale ; c'est donc la partie la plus accessible des Highlands du Nord. Néanmoins, les trajets sont plus longs qu'en voiture et il faut faire plusieurs correspondances pour atteindre certains coins du Nord-Est (comme John O'Groats).

Carnet d'adresses

PORTREE

Port de Portree
Voir p. 357 (0147-861 2926 ; Quay St, Portree IV51 9DE)

Somerled Square
Voir p. 357 (Portree IV51 9EH ; 52, 56, 58, 152, 607, 608 jusqu'à Somerled Square)

The Lump
Voir p. 357 (6 Bayfield Rd, Portree IV51 9EW)

Cuillin Hills Hotel
Voir p. 357 (0147-861 2003 ; www.cuillinhills-hotel-skye.co.uk ; Scorrybreac Rd, Portree IV51 9QU)

Café Arriba
Voir p. 357 (0147-861 1830 ; www.cafearriba.co.uk ; Quay Brae, Gladstone Buildings, Portree IV51 9DB ; plats 8-23 £ ; 8h-16h mar-dim ; 52, 56, 58, 152, 607, 608 jusqu'à Somerled Square)

Chippy
Voir p. 357 (0147-861 2111 ; Armadale House, Bank St, Portree IV51 9DA ; 12h-19h30 lun-sam ; 52, 56, 58, 152, 607, 608 jusqu'à Somerled Square)

Dulse & Brose
Voir p. 357 (0185-688 5604 ; perlehotels.com/the-bosville/restaurant ; Bosville Terrace, Portree IV51 9DG ; plats 14,95-29,95 £ ; 17h-22h ; 52, 56, 58, 152, 607, 608 jusqu'à Somerled Square)

Isle of Skye Baking Company
Voir p. 357 (0147-861 2669 ; www.facebook.com/IsleofSkyeBaking ; The Old Woolen Mill, Dunvegan Rd, Portree IV51 9HG ; 11h-23h mer-jeu, 11h-1h ven-sam)

Scorrybreac
Voir p. 357 (0147-861 2069 ; www.scorrybreac.com ; Scorrybreac Restaurant, 7 Bosville Terrace, Portree IV51 9DG ; menu dégustation 95 £ ; 12h-22h mer-sam ; 52, 56, 58, 152, 607, 608 jusqu'à Somerled Square)

Sea Breezes
Voir p. 357 (0147-861 2016 ; sea-breezes-skye.co.uk ; Quay St, Portree IV51 9DE ; plats 20-34 £ ; 17h-21h30)

The Chippy Portree
Voir p. 356 (0147-861 2111 ; Armadale House, Bank St, Portree IV51 9DA ; 12h-19h30 lun-sam ; 52, 56, 58, 152, 607, 608 jusqu'à Somerled Square)

Isle of Skye Soap Company
Voir p. 357 (0147-861 1350 ; www.skye-soap.co.uk ; Somerled Square, Portree IV51 9EH ; 10h-17h lun-sam ; 52, 56, 58, 152, 607, 608 jusqu'à Somerled Square)

Skye Gathering Hall
Voir p. 357 (0147-058 2410 ; www.facebook.com/people/The-Skye-Gathering-Hall/100067105393370 ; 1934 Bank St, Portree IV51 9BZ)

AILLEURS SUR SKYE ET DANS SES ENVIRONS

Armadale Castle
Voir p. 361 (0147-184 4305 ; www.highlandpark.co.uk ; Armadale Sleat, Skye IV45 8RS ; adulte/enfant 13/7 £ ; 9h30-17h avr-oct ; 52, 152 jusqu'à Clan Donald Centre)

Attadale Gardens
Voir p. 365 (0786-040 3605 ; www.attadalegardens.com ; Attadale Gardens, Strathcarron IV54 8YX ; adulte/enfant 10 £/gratuit ; 10h-17h avr-oct)

Dunvegan Castle & Gardens
Voir p. 362 (0147-052 1206 ; www.dunvegancastle.com ; MacLeod Estate, Dunvegan House, Dunvegan, Skye IV55 8WF ; château et jardins adulte/enfant 16/11 £ ; 10h-18h30 avr à mi-oct ; 56 jusqu'à Highland Castle)

Eilean Donan Castle
Voir p. 365 (0159-955 5202 ; www.eileandonancastle.com ; Dornie, IV40 8DX ; adulte/enfant 11/6,50 £ ; 10h-16h fév-mars et nov-déc, 10h-18h mars-mai et oct, 9h30-18h mai-juin, 9h-17h juil-août ; 915, 916, 917 jusqu'à Bridge Road End)

Fairy Glen
Voir p. 359 (www.facebook.com/fairyglenisleofskye ; Highland Skye, Uig, Portree IV51 9YG)

Fairy Pools
Voir p. 362 (www.dunvegancastle.com/fairy-pools ; Glenbrittle, Skye IV47 8TA)

Isle of Raasay Distillery
Voir p. 361 (0147-847 0178 ; raasaydistillery.com ; Borodale House, Raasay, Kyle IV40 8PB ; visites 15-40 £ ; 11h-20h mer-sam)

Skye Museum of Island Life
Voir p. 359 (0147-055 2206 ; www.skyemuseum.co.uk ; Kilmuir, Portree IV51 9UE ; adulte/

enfant 5 £/gratuit ; 10h-17h lun-sam ; 57A jusqu'à Museum Road End)

Talisker Distillery
Voir p. 361 (0147-861 4308 ; www.malts.com/en-gb/distilleries/talisker ; Teangue, Skye IV44 8RE ; visites 15-20 £ ; 10h-17h ; 607, 608 jusqu'à Talisker Distillery)

Torabhaig Distillery
Voir p. 361 (0147-183 3447 ; www.torabhaig.com ; Holm Rd, KW15 1SU ; visites 12 £ ; 10h-16h lun-mer et ven ; 52, 152 jusqu'à Road End)

Trumpan Church
Voir p. 361 (Trumpan, Skye IV55 8GW)

Waternish Point
Voir p. 362 (www.visit-waternish.co.uk/category/waternish-walks)

Dive & Sea the Hebrides
Voir p. 360 (0147-059 2219 ; dive-and-sea-the-hebrides.co.uk ; Shorepark, Lochbay, Waternish, Skye IV55 8GA)

Misty Isles Boat Trips
Voir p. 365 (0147-186 6288 ; mistyisleboattrips.co.uk ; 20 Elgol, Skye IV49 9BL ; excursions adulte/enfant 20-38/10-19 £ ; 8h-18h lun-sam ; 55, 612 jusqu'à Community Centre)

Sea to Skye Xperience
Voir p. 360 (0777-09 09737 ; seatoskyexperience.co.uk ; The Croft Field, Glen Shiel, Kyle IV40 8HW ; excursions kayak journée/demi-journée 95/75 £ ; 9h30-16h30)

Seaflower Skye
Voir p. 360 (0734-262 2727 ; seaflowerskye.com ; 2 Fisherfield, Viewfield Rd, Portree IV51 9EU ; excursions 70-180 £)

Carters Rest
Voir p. 360 (0147-051 7143 ; www.cartersrestskye.co.uk ; Upper Milovaig, Glendale, Skye IV55 8WY)

JI/STOCK.ADOBE.COM ©

Fairy Glen, île de Skye

Duisdale House Hotel
Voir p. 361 (0147-037 3737 ; skyehotel.co.uk/duisdale ; Aird of Sleat, Skye IV43 8QW ; 9 jusqu'à Ayre Hotel)

Glenbrittle Campsite
Voir p. 359 (0147-864 0404 ; www.dunvegancastle.com/glenbrittle/campsite ; Carbost, Skye IV47 8TA)

House Over-By
Voir p. 361 (0147-051 1258 ; threechimneys.co.uk/rooms/book-a-room ; Colbost, Dunvegan, Skye, IV55 8ZT ; 56 jusqu'à Folk Museum)

Kinloch Lodge
Voir p. 361 (0147-183 3333 ; kinloch-lodge.co.uk ; A851, Sleat, Skye IV43 8QY)

Portree Youth Hostel
Voir p. 359 (0147-861 2231 ; www.hostellingscotland.org.uk/hostels/portree ; Lisigarry Ct, Portree IV51 9EW ; 52, 56, 58, 152, 607, 608 jusqu'à Somerled Square)

Shulista Croft
Voir p. 360 (0147-055 2314 ; www.wigwamholidays.com/shulista-croft ; North Duntulm, Shulista, Portree IV51 9UG ; 9 jusqu'à Ayre Hotel)

Skye Basecamp
Voir p. 359 (0147-182 0044 ; www.skyebasecamp.co.uk ; Lime Park, Broadford, Skye IV49 9AE ; 55, 612 jusqu'à Primary School)

Skye Picture House
Voir p. 360 (0147-182 2531 ; www.skyepicturehouse.com ; Skye Picture House, Ard Dorch, Broadford IV49 9AJ ; 52, 152, 155 jusqu'à Picture House)

Amy's Place
Voir p. 364 (0147-182 2847 ; amysplaceskye.co.uk ; B8083, Skye IV49 9BA ; 11h30-17h mar-ven, 11h-15h sam ; 55, 612 jusqu'à Post Office)

Café Sia
Voir p. 364 (0147-182 2616 ; www.cafesia.co.uk ; Ford Rd, Skye IV49 9AB ; plats 10,95-14,95 £ ; 10h-17h lun-jeu, 10h-20h ven-dim ; 52, 55, 152, 155, 612 jusqu'à Post Office)

Coffee Bothy
Voir p. 364 (www.facebook.com/thecoffeebothyskye ; Harrapool, Broadford, Skye IV49 9AE ; 10h30-16h30 ven-lun ; 52, 55, 152, 155, 612 jusqu'à Old Mill Road End)

Claymore
Voir p. 360 (Broadford, Harrapool, Isle of Skye IV49 9AQ ; 18h-21h ; 52, 55, 152, 155, 612 jusqu'à Old Mill Road End)

Deli Gasta
Voir p. 364 (0147-182 2646 ; www.deligasta.co.uk ; The Old Mill, Harrapool, Broadford, Skye IV49 9AQ ; 9h-17h ; 52, 55, 152, 155, 612 jusqu'à Old Mill Road End)

Duncraig Castle
Voir p. 365 (0159-954 4295 ; duncraigcastle.co.uk ; Suzanne Hazeldine, Plockton, Rossshire IV52 8TZ)

Dunvegan Prawn & Mussel Bar
Voir p. 360 (0772-457 6177 ; Dunvegan, Skye IV55 8WA ; langoustine 6 £ ; 56 jusqu'à Hotel)

Elgol Bistro
Voir p. 360 (www.facebook.com/elgolbistro ; 21 Elgol, Skye IV49 9B ; mer-sam avr-oct ; 55, 612 jusqu'à Post Office)

Loch Bay Restaurant
Voir p. 360 (0147-059 2235 ; www.lochbay-restaurant.co.uk ; 1 Macleods Terrace, Stein, Skye IV55 8GA ; 18h30-22h30 mer-sam)

Plockton Tasting Room
Voir p. 365 (0159-954 4403 ; www.facebook.com/PlocktonTastings ; 12 Harbour St, Plockton IV52 8TG ; 10h-20h lun-sam)

The Shores
Voir p. 365 (0159-954 4263 ; www.plocktonshores.com ; 30 Harbour St, Plockton IV52 8TN ; 9h-15h et 18h-20h mar-dim)

Three Chimneys
Voir p. 362 (0147-051 1258 ; threechimneys.co.uk ; Colbost, Dunvegan, Skye IV55 8ZT ; menu 2/3 plats 55/68 £ ; 12h-13h30 et 18h-21h ; 56 jusqu'à Folk Museum)

Ferry Inn
Voir p. 362 (0147-054 2300 ; theferryinnskye.com ; Uig, Skye IV51 9XP ; 57A jusqu'à Post Office)

Old Inn
Voir p. 362 (0147-864 0205 ; www.theoldinnskye.co.uk ; Carbost, Skye IV47 8SR ; 11h-23h mer-jeu, 11h-1h ven-sam ; 608 jusqu'à Primary School)

Stein Inn
Voir p. 362 (0147-059 2791 ; thesteininn.co.uk ; Macleods Terrace, Stein IV55 8GA)

Edinbane Pottery
Voir p. 363 (0147-058 2234 ; edinbane-pottery.co.uk ; Edinbane, Portree IV51 9PW ; 9h-18h lun-ven)

Ragamuffin
Voir p. 363 (0147-184 4217 ; www.ragamuffinstore.com ; Skye IV45 8RS ; 10h-17h ; 52, 152 jusqu'à Pier)

Skye Silver
Voir p. 363 (0147-051 1263 ; skyesilver.com ; The Old School Colbost, Dunvegan IV55 8ZT)

ULLAPOOL

Ullapool Museum
Voir p. 366 (0185-461 2987 ; www.ullapoolmuseum.co.uk ;

Ullapool

DEREK/STOCK.ADOBE.COM ©

7 West Argyle St, Ullapool IV26 2TY ; adulte/enfant 5 £/gratuit ; 11h-16h lun-mar et jeu-sam, 12h-16h dim ; 809, 811 jusqu'à Latheron Lane Car Park)

Tanglewood House
Voir p. 366 (0185-461 2059 ; www.tanglewoodhouse.co.uk ; Ullapool, Highland IV26 2TB)

Westlea House
Voir p. 366 (0185-461 2594 ; www.westlea-ullapool.co.uk ; 2 Market St, Ullapool IV26 2XE ; 809, 811 jusqu'à Latheron Lane Car Park)

Arch Inn
Voir p. 366 (0185-461 2454 ; www.thearchinn.co.uk ; 10-11 West Shore St, Ullapool IV26 2UR ; plats 13,50-19,50 £ ; 12h-14h30 et 17h-21h ; 809, 811 jusqu'à Latheron Lane Car Park)

Ceilidh Place
Voir p. 366 (0185-461 2103 ; www.theceilidhplace.com ; 14 West Argyle St, Ullapool IV26 2TY ; plats 9,50-29,50 £ ; 8h-23h ; 809, 811 jusqu'à Latheron Lane Car Park)

Dipping Lugger
Voir p. 367 (0185-461 3344 ; www.wigwamholidays.com/shulista-croft ; 4 W Shore St, Ullapool IV26 2UR ; menu déj 50 £, menu dîner 95 £ ; 19h-23h dim, 12h30-14h et 19h-23h ven-dim ; 809, 811 jusqu'à Latheron Lane Car Park)

Cult Cafe
Voir p. 368 (0185-461 2995 ; www.facebook.com/cult.cafe.ullapool ; 27 Argyle St, Ullapool IV26 2UB ; plats 5,50-14,50 £ ; 7h30-16h30 ; 809, 811 jusqu'à Latheron Lane Car Park)

Seafood Shack
Voir p. 367 (0787-614 2623 ; www.seafoodshack.co.uk ; West Argyle St, Ullapool IV26 2TY ; plats 5-10 £, demi-homard 20 £ ; 12h-18h avr-oct ; 809, 811 jusqu'à Latheron Lane Car Park)

Seefresh
Voir p. 367 (0185-461 2141 ; www.delicasea.co.uk ; West Shore St, Ullapool IV26 2UR ; 12h-14h et 15h30-20h sam-jeu, jusqu'à 19h30 ven ; 809, 811 jusqu'à Latheron Lane Car Park)

West Coast Delicatessen
Voir p. 366 (0185-461 3450 ; www.westcoastdeli.co.uk ; 5 Argyle St, Ullapool IV26 2UB ; en-cas 3-7 £ ; 8h30-17h lun-dim ; 809, 811 jusqu'à Latheron Lane Car Park)

Highland Liquor Co
Voir p. 366 (www.highlandliquorcompany.com ; 26 W Argyle St, Ullapool IV26 2TY ; 10h-18h ; 809, 811 jusqu'à Latheron Lane Car Park)

ENVIRONS D'ULLAPOOL

Corrieshalloch Gorge
Voir p. 370 (www.nts.org.uk/visit/places/corrieshalloch-gorge ; Braemore, Garve IV23 2PJ)

Falls of Measach
Voir p. 370 (A835, Garve IV23 2PJ)

Falls of Shin
Voir p. 373 (kosdt.com/index.php/falls-of-shin-2 ; 4 jusqu'à Falls of Shin Visitor Centre)

Inverewe Garden
Voir p. 371 (0144-571 2950 ; www.nts.org.uk/visit/places/inverewe ; Poolewe, Achnasheen IV22 2LG ; adulte/enfant 13/1 £ ; 9h30-16h avr-oct ; 700, 707 jusqu'à Inverewe Garden)

Wee Hoose
Voir p. 373 (Lairg IV27 4AZ ; 2, 4, 805, 806 jusqu'à War Memorial)

Acheninver Hostel
Voir p. 370 (0778-330 5776 ; acheninverhostel.com ; Achiltibuie, Coigach IV26 2YL)

Gairloch Sands Youth Hostel
Voir p. 371 (0144-571 2219 ; www.hostellingscotland.org.uk/hostels/gairloch-sands ; B8021, Carn Dearg, Gairloch IV21 2DJ)

Garvault House
Voir p. 373 (0759-620 2171 ; garvaulthouse.uk ; Kinbrace KW11 6UF)

Port Beag Chalets
Voir p. 370 (0185-462 2372 ; www.portbeag.co.uk ; 217 Althandhu, Achiltibuie IV26 2YR ; 811 jusqu'à Smokehouse)

Rua Readh Lighthouse
Voir p. 371 (0144-577 1263 ; www.stayatalighthouse.co.uk ; Melvaig, Gairloch IV21 2EA)

Shieldaig Lodge
Voir p. 371 (0144-574 1333 ; www.shieldaiglodge.com ; Badachro, Gairloch IV21 2AN)

Summer Isles Hotel
Voir p. 370 (0185-462 2282 ; summerisleshotel.com ; Achiltibuie, Ullapool IV26 2YG)

Torridon Youth Hostel
Voir p. 372 (0144-579 1284 ; www.hostellingscotland.org.uk/hostels/torridon ; Torridon, Achnasheen IV22 2E ; 705 jusqu'à Youth Hostel)

Bealach Café
Voir p. 372 (0152-073 3436 ; www.thebealach.co.uk ; Tornapress, Kishorn, Strathcarron IV54 8XE ; 11h-15h jeu-ven ; 702, 704 jusqu'à Applecross Road End)

Crask Inn
Voir p. 373 (0154-941 1241 ; www.facebook.com/thecraskinn ; Crask Cottage Crask, Lairg IV27 4AB)

Kishorn Seafood Bar
Voir p. 372 (0152-073 3240 ; www.kishornseafoodbar.co.uk ; Kishorn, Strathcarron IV54 8XA ; 12h-15h lun-ven mars-avr, 12h-15h et 18h-21h lun-ven, 12h-15h sam mai-juin ; 702, 704 jusqu'à Shop)

Lohcarron Bistro
Voir p. 372 (0744-957 5509 ; White House, Lochcarron, Strathcarron IV54 8YB ; plats 17,95-30 £ ; 17h-22h30 mer-dim ; 702, 704 jusqu'à Post Office)

Pier
Voir p. 373 (0154-940 2971 ; www.pier-cafe.co.uk ; A836, Lairg IV27 4EG ; plats déj 13,20-14,60 £, dîner 13,20-20 £ ; 10h-16h lun-jeu, 10h-21h ven-sam, 10h-18h dim ; 2, 805, 806 jusqu'à Lochside)

Torridon
Voir p. 372 (0144-579 1242 ; www.thetorridon.com ; Annat, By Achnasheen, Wester Ross IV22 2EY ; salon de thé 13h-16h45 ven-dim, dîner 18h45-21h mer-sam)

Wee Whistle Stop Café
Voir p. 372 (0144-579 1361 ; www.facebook.com/WeeWhistleStop ; Loch Torridon Community Hall, Torridon, Achnasheen IV22 2EZ ; repas 7-15 £ ; 8h30-17h lun-jeu, 8h30-20h ven, 10h-16h sam ; 705 jusqu'à Hall)

STORNOWAY

Museum nan Eilean et Lews Castle
Voir p. 375 (0162-541 6430 ; www.lews-castle.co.uk ; Lews Castle Grounds, Stornoway HS2 0XP ; 10h-17h mar-sam avr-sept, 13h-16h mar-sam oct-mars)

An Lanntair Cafe Ba
Voir p. 375 (0185-170 8480 ; lanntair.com ; Kenneth St, Stornoway HS1 2DS ; 10h-17h lun-mer, 10h-23h jeu-sam ; W1, W2, W4, W5 jusqu'à Stornoway)

Artizan Cafe
Voir p. 375 (0185-170 6538 ; www.facebook.com/artizanstornoway ; 12-14 Church St, Stronoway HS1 2DH ; plats 4-8 £ ; 9h30-17h lun-ven, 9h30-19h sam ; W1, W2, W4 jusqu'à Church St)

Harbour Kitchen
Voir p. 375 (0185-170 6586 ; www.harbour-kitchen.co.uk ; 5 Cromwell St, Stornoway HS1 2DB ; 17h-21h jeu-sam ; W1, W2, W4, W5 jusqu'à Cornwell St)

Kopi Java
Voir p. 375 (0185-170 0477 ; 87 Cromwell St, Stornoway HS1 2DG ; 9h-17h30 lun-sam ; W1, W2, W4 jusqu'à Church St)

AU-DELÀ DE STORNOWAY

Balranald Nature Reserve
Voir p. 389 (www.rspb.org.uk/reserves-and-events/reserves-a-z/balranald ; Holm Rd, KW15 1SU)

Blackhouse d'Arnol
Voir p. 377 (0185-171 0395 ; www.historicenvironment.scot/visit-a-place/places/the-blackhouse-arnol ; 42 Arnol, Bragar, Lewis HS2 9DB ; adulte/enfant 7/4 £ ; 10h-16h lun-mar et jeu-sam oct-mars, 10h-16h lun-sam avr-sept)

Blue Pig Studio
Voir p. 379 (0185-164 3225 ; www.bluepigstudio.co.uk ; 10 Upper Carloway, Lewis HS2 9AG ; 11h-17h30 lun-mer et ven-sam ; W2 jusqu'à Road End)

Callanish Standing Stones
Voir p. 377 (0185-162 1422 ; www.historicenvironment.scot/visit-a-place/places/calanais-standing-stones ; A859, Lewis HS2 9DY ; W2 jusqu'à Stones Visitor Centre)

Harbour View Gallery
Voir p. 379 (0185-181 0735 ; www.abarber.co.uk ; Port of Ness, Lewis HS2 0XA ; 10h-17h lun et mer-sam)

Hebridean Art Studio
Voir p. 379 (0752-170 2455 ; www.hebrideanartstudio.co.uk ; Laxay, Lewis HS2 9PJ ; adulte/enfant 30/70 £ ; 9h30-18h lun-ven, 9h-17h sam ; 3E jusqu'à Highland Park Car Park)

Holmasaig Gallery
Voir p. 380 (0185-953 0401 ; www.holmasaiggallery.com ; Quidinish, Harris HS3 3JQ ; 10h-17h ; W13 jusqu'à Road End)

Kildonan Museum
Voir p. 380 (0187-871 0343 ; kildonanmuseum.co.uk ; Kildonan, South Uist HS8 5RZ ; adulte/enfant 3 £/gratuit ; 10h-17h avr-oct ; W17 jusqu'à Museum)

Island Darkroom
Voir p. 378 (0759-921 7064 ; islanddarkroom.com ; 5c Achmore, Lewis HS2 9DU ; 10h-17h ; W2, W3, W4 jusqu'à Pentland Road End)

North Harris Eagle Observatory
Voir p. 378 (0185-950 2222 ; www.north-harris.org/north-harris/the-north-harris-eagle-observatory ; Glen, Meavaig, Harris HS3 3AW)

Our Lady of the Isles
Voir p. 380 (West Gerinish, South Uist HS8 5RW)

Skoon Gallery
Voir p. 380 (0185-953 0268 ; www.skoon.com ; 4 Geocrab Harris HS3 3HB ; 10h-16h30 mar-sam été ; W13 jusqu'à Ard Mhor Rd End)

St Clement's Church
Voir p. 379 (www.historicenvironment.scot/visit-a-place/places/st-clements-church ; A859, Harris HS5 3TW ; 9h30-17h avr-sept, 10h-16h oct-mars ; W10, W13 jusqu'à St Clements Church)

Taigh Chearsabhagh
Voir p. 380 (0187-060 3970 ; www.taigh-chearsabhagh.org ; Lochmaddy, North Uist HS6 5AA ; 10h-16h lun-sam ; W16, W18 jusqu'à Cearsabhagh)

Go to St Kilda
Voir p. 381 (0778-991 4144 ; www.gotostkilda.co.uk ; excursions pour St Kilda 280 £ ; 7h30-21h lun-sam avr-sept)

Hebridean Sea Tours
Voir p. 381 (0187-181 7803 ; www.hebrideanseatours.co.uk ; 3 Caolas, Castlebay HS9 5YL ; excursions pour St Kilda adulte/enfant 265/185 £ ; W33 jusqu'à Horve Road)

Kilda Cruises
Voir p. 381 (0185-950 2060 ; www.kildacruises.co.uk ; Pier Rd, Tarbert, Harris HS3 3DG ; excursions pour St Kilda adulte/enfant 285/255 £ ; 10h-17h lun-ven ; W10, W11, W12, W13, W14 jusqu'à Car Park)

Sea Harris
Voir p. 381 (0147-186 6288 ; seaharris.com ; Ulg, Tarbert, Harris HS3 3DB ; 8h-18h lun-sam ; W10, W11, W12, W13, W14 jusqu'à Car Park)

Broad Bay House
Voir p. 378 (0185-182 0390 ; www.broadbayhouse.co.uk ; Broad Bay House, Back, Lewis HS2 0LQ)

Hebridean Bothy Pods
Voir p. 378 (0777-918 9623 ; www.hebrideanbothypods.com ; 5C Achmore, Lewis HS2 9DU ; W2, W3, W4 jusqu'à Pentland Road End)

Hotel Hebrides
Voir p. 379 (0185-950 2364 ; www.hotel-hebrides.com ; Pier Road, Tarbert, Harris, HS3 3DG)

Lickisto Blackhouse
Voir p. 379 (0796-895 1314 ; lickistoblackhousecamping.co.uk ; 1 Lickisto, Harris HS3 3EL ; W13 jusqu'à Road End)

Otter Bunkhouse
Voir p. 378 (0794-234 9755 ; www.otterbunkhouse.com ; 2 Carishader, Uig, Lewis, HS2 9ER ; W4 jusqu'à Township)

Scarista House
Voir p. 379 (0185-955 0238 ; scaristahouse.com ; Scarista, Harris HS3 3HX ; W10 jusqu'à Golf Course)

Sorrel Cottage
Voir p. 379 (0185-952 0319 ; www.accommodationisleofharris.co.uk ; 2 Glen Kyles, Harris HS5 3TY ; W10 jusqu'à Kyles Glen Houses)

Borve House Hotel
Voir p. 377 (0185-185 0223 ; www.borvehousehotel.co.uk ; Borve, Lewis HS2 0RX)

Callanish Visitor Centre Café
Voir p. 377 (0185-162 1422 ; calanais.org ; Standing Stones Road, Callanish, Lewis HS2 9DY ; 10h-16h mar-sam ; W2 jusqu'à Stones Visitor Centre)

Croft & Cuan
Voir p. 380 (0187-870 0117 ; www.facebook.com/CroftandCuan ; Unit 9, Lochboisdale Pier Development, Lochboisdale, South Uist HS8 5TP ; 10h-15h mer-sam ; W2 jusqu'à Car Park)

Crust
Voir p. 377 (0776-212 8108 ; www.crustlikethat.co.uk ; Achmore, Lewis HS2 9DU ; pizzas 9,50-15 £ ; 12h-20h jeu-sam)

Distillery Canteen
Voir p. 379 (Isle of Harris Distillery, Tarbert, Harris HS3 3DJ ; plats 6-10 £ ; 10h-17h lun-sam ; W10, W11, W12, W13, W14 jusqu'à Scott Road)

Flavour
Voir p. 379 (0738-836 6361 ; flavour.scot ; Unit 1, Iomairt an obain, Tarbert, Harris HS3 3DS ; 10h-16h lun-ven, 11h-15h sam ; W14 jusqu'à Sunnyhill)

Hebscape
Voir p. 379 (0185-950 2363 ; www.hebscapegallery.co.uk ; 2a Aird Asaig, Harris HS3 3AJ ; plats 3-7 £ ; 10h30-16h30 mar-sam avr-oct)

Hebridean Bakehouse
Voir p. 377 (0794-760 8806 ; www.hebrideanbakehouse.co.uk ; Brue House, Brue, Lewis HS2 0QW ; 9h-21h ; W2 jusqu'à Road End)

Mollans Fish & Chips
Voir p. 377 (0798-523 3723 ; www.mollanstakeaway.com ; 32 N Shawbost, Lewis HS2 9BQ ; plats 6,20-11 £ ; 12h-14h et 16h-19h30 ven-sam)

Taigh Chearsabhagh Café
Voir p. 380 (0187-060 3970 ; taigh-chearsabhagh.org ; Lochmaddy, North Uist HS6 5AA ; 10h-16h lun-sam ; W16, W18 jusqu'à Cearsabhagh)

Uig Sands Restaurant
Voir p. 377 (0185-167 2334 ; www.uigsands.co.uk ; Timsgearraidh, Timsgarry, Lewis HS2 9ET ; 17h-23h ven-sam)

Wee Cottage Kitchen
Voir p. 380 (0748-578 1427 ; www.facebook.com/theweecottagekitchen ; North Uist HS6 5BX ; plats 8-12 £ ; 10h-15h30 lun-sam ; W16, W18 jusqu'à Struan Ruadh)

Wobbly Dog of Lewis
Voir p. 377 (0185-181 0838 ; www.facebook.com/11Lional ; 11 Lionel, Lewis HS2 0XB ; 11h-16h jeu-sam ; W1 jusqu'à Adabrock Rd End)

DURNESS

Balnakiel Craft Village
Voir p. 382 (balnakeilcraftvillage.weebly.com ; 21E Craft Village, Balnakeil, Durness, Lairg IV27 4PT)

Cape Wrath
Voir p. 383 (0197-151 1284 ; www.visitcapewrath.com ; Braemar, Lairg IV27 4PZ)

Smoo Cave
Voir p. 383 (accès libre ; Durness, Sutherland, IV27 4QA)

Cheese N Toasted
Voir p. 383 (0770-359 5473 ; www.facebook.com/cheesentoasted ; 1&2 Caberfeidh, Smoo, Durness IV27 4QA ; 10h-15h lun-jeu, 10h-16h ven, 10h-17h sam-dim ; 803, 805, 806 jusqu'à Smoo Cave)

Choraidh Croft Tearoom
Voir p. 383 (0197-151 1235 ; Lairg IV27 4UN ; 10h-16h ; 803 jusqu'à Village)

Cocoa Mountain
Voir p. 383 (0197-151 1233 ; www.cocoamountain.co.uk ; 8 Balnakeil, Durness, Craft IV27 4PT ; 805, 806 jusqu'à Balnakeil Craft Village)

Meet & Eat - Cafe & Restaurant
Voir p. 383 (0197-151 1464 ; 383.facebook.com/meetandeatdurness ; 17c Balnakeil Craft Village IV27 4PT ; plats 6,50-9,50 £ ; 12h-15h30 lun-jeu et sam-dim ; 805, 806 jusqu'à Balnakeil Craft Village)

Ozone Cafe
Voir p. 383 (0197-151 1314 ; Cape Wrath, Durness, Lairg IV27 4QQ ; 12h-minuit)

Lotte Glob
Voir p. 383 (0776-122 0953 ; lotteglob.co.uk ; Sculpture Croft, 105 Laid, Loch Eriboll, Sutherland IV27 4UN)

ENVIRONS DE DURNESS

Stoer Lighthouse
Voir p. 387 (0185-688 5604 ; www.stoerlighthouse.co.uk ; Lairg IV27 4JH)

Northwest Sea Tours
Voir p. 387 (0794-996 0500 ; northcoastseatours.co.uk ; Kylesku Hotel, Kylesku, Lairg IV27 4HW ; excursions adulte/enfant 22/11 £ ; 8h-18h lun-sam ; 804 jusqu'à Road End)

Clachtoll Beach Campsite
Voir p. 385 (0157-185 5377 ; www.clachtollbeachcampsite.com ; 134 Clachtoll, Lochinver, Sutherland IV27 4JD ; 809 jusqu'à Beach Road End)

Mackay's Rooms
Voir p. 385 (0197-151 1202 ; www.visitdurness.com ; A383, Durness, Lairg IV27 4PN ; 803, 805, 806 jusqu'à Post Office)

Tongue Hotel
Voir p. 385 (0184-761 1206 ; tonguehotel.co.uk ; Sutherland, A838, Tongue, Lairg IV27 4XD ; 2, 803 jusqu'à Hotel)

Aiguilles rocheuses de Duncansby

EYESTRAVELLING/STOCK.ADOBE.COM ©

An Cala Café
Voir p. 386 (0157-184 4598 ; www.ancalacafeandbunkhouse.co.uk ; Culag Park, Lochinver IV27 4LE ; plats 8,95-19,95 £ ; 10h-14h mar, 10h-14h et 17h-19h mer-sam ; 804, 809 jusqu'à Culag Hotel)

Kylesku Hotel
Voir p. 386 (0197-191 0047 ; www.kyleskuhotel.co.uk ; Kylesku, IV27 4HW ; 12h-14h30 et 18h-20h hiver, 12h-14h45 et 17h30-21h été ; 804 jusqu'à Road End)

Shorehouse Restaurant
Voir p. 386 (0197-150 2251 ; www.shorehousetarbet.co.uk ; Tigh Na Mara, Tarbet, Lairg IV27 4SS ; 12h-19h)

WICK

Castle Sinclair Girnigoe
Voir p. 389 (Wick KW1 4QT)

Old Wick Castle
Voir p. 389 (www.historicenvironment.scot/visit-a-place/places/castle-of-old-wick ; March Rd, KW1 5TY)

St Fergus Church
Voir p. 389 (www.wickstferguschurch.org.uk ; 34 High St, KW1 4BS ; 11h30-12h30 dim ; 282, 914, 917, 918 jusqu'à Post Office)

Wick Heritage Museum
Voir p. 389 (0195-560 5205 ; www.wickheritage.org ; 20 Bank Row, Wick KW1 5EY ; adulte/enfant 4/0,50 £ ; 10h-17h avr-oct, dernière entrée 15h45)

Bord de l'Eau
Voir p. 389 (0195-560 4400 ; 2 Market St, KW1 4AR ; plats 17-25 £ ; 12h-14h30 et 18h-23h mar-sam, 18h-23h dim ; 276 jusqu'à The Shore)

Harbour Chip Shop
Voir p. 389 (0195-560 6700 ; Harbour Quay, Wick KW1 5E ; 16h-20h mar-sam ; 276 jusqu'à Medical Centre)

No 1 Bistro
Voir p. 389 (0195-560 2323 ; www.mackayshotel.co.uk/eat-drink-bar-restaurant/lunches-at-

no-1-bistro ; 1 Ebenezer Pl, Wick KW1 5BX ; plats 15-22 £ ; 12h-23h ; 276 jusqu'à River St)

Wickers World
Voir p. 389 (0195-560 2433 ; wickers.world ; 21 Harbour Quay, Wick KW1 5EP, ; plats 6,25-7,25 £ ; 9h-16h lun-jeu, 9h-17h ven-sam ; 276 jusqu'à Medical Centre)

Old Pulteney Distillery
Voir p. 389 (0195-560 2371 ; www.oldpulteney.com ; Huddart St, KW1 5BA ; visites guidées 10 £ ; 10h-16h30 lun-ven ; 276, 914 jusqu'à Council Yard)

The Printers Rest
Voir p. 389 (0195-560 1249 ; www.theprintersrest.co.uk ; Cliff Rd, Wick KW1 5BX ; 17h-22h mar-sam ; 82, 99, 276, 282, 914, 917, 918 jusqu'à Caithness General Hospital)

ENVIRONS DE WICK

Castle of Mey
Voir p. 391 (0184-785 1473 ; www.castleofmey.org.uk ; Mey, Thurso KW14 8XH ; adulte/enfant 14,50/8 £ ; 11h-15h mai-sept, fermé 23 juil-9 août)

Duncansby Head Lighthouse
Voir p. 391 (0185-688 5604 ; www.nlb.org.uk/lighthouses/duncansby-head ; Wick KW1 4YS ; adulte/enfant 30/70 £ ; 10h-17h)

Dunrobin Castle
Voir p. 392 (0140-063 3177 ; www.dunrobincastle.co.uk ; adulte/enfant 11/6 £ ; 10h30-16h30 avr-mai et oct, 10h-17h tlj juin-sept)

Timespan
Voir p. 393 (01431-821327 ; www.timespan.org.uk ; Dunrobin St, Helmsdale KW8 6JA ; adulte/enfant 4/2 £ ; 10h-17h Pâques-oct, 12h-16h mar, 10h-15h sam-dim nov-Pâques)

Brora Golf Club
Voir p. 393 (0140-862 1417 ; broragolfclub.co.uk ; 43 Golf Rd, Brora KW9 6QS ; 8h-20h)

Golspie Golf Club
Voir p. 393 (0140-863 3266 ; www.golspiegolfclub.co.uk ; Ferry Rd, Golspie KW10 6ST ; 8h30-16h)

Helmsdale Golf Club
Voir p. 393 (0143-182 1063 ; www.scottishgolfcourses.com/highlandsandislands/helmsdale ; Helmsdale KW8 6JL ; 11h-22h)

Lybster Golf Club
Voir p. 393 (0159-372 1316 ; www.lybstergolfclub.co.uk ; Main St, Lybster KW3 3BL ; 8h-21h ; 99, 275, 918 jusquà Primary School)

Royal Dornoch Golf Club
Voir p. 393 (0186-281 0219 ; royaldornoch.com ; Royal Dornoch Club Golf, Golf Rd, Dornoch IV25 3LW ; 8h30-17h)

Wick Golf Club
Voir p. 393 (0195-560 2726 ; www.wickgolfclub.org.uk ; Reiss, Wick KW1 4RW ; 8h30-17h30)

Forss House
Voir p. 392 (0184-786 1201 ; www.forsshousehotel.co.uk ; Forss, Thurso KW14 7XY)

John O'Groats by Together Travel
Voir p. 392 (0162-541 6430 ; www.togethertravel.co.uk/destinations/scotland/john-ogroats ; A99, John o' Groats, Wick KW1 4YR ; 80, 280, 914, 915 jusqu'à Car Park)

Royal Golf Hotel
Voir p. 392 (0186-281 0283 ; www.royalgolfhoteldornoch.com ; The First Tee, Dornoch, IV25 3LG)

The Hawthorns
Voir p. 392 (0184-785 1444 ; www.meybandb.co.uk ; Mey, Thurso KW14 8XH ; 9 jusqu'à Ayre Hotel)

Harry Gow Brora
Voir p. 391 (0140-862 2139 ; www.harrygow.co.uk ; Rosslyn St, Brora KW9 6NY ; 8h-15h lun-sam ; X25 jusqu'à Fountain Square)

Jam Fire Deli
Voir p. 391 (Timespan Heritage Centre, Dunrobin St, Helmsdale KW8 6HU ; menu déj 9,50 £ ; 10h-16h mar-dim)

Milk and Honey
Voir p. 392 (0186-281 1235 ; www.visitdornoch.com/eat-and-drink-in-dornoch/location/milk-and-honey-cafe ; High St, Dornoch IV25 3SH ; 9h-16h lun-sam ; 25A jusqu'à Cathedral Square)

Tasty Toes
Voir p. 391 (0758-456 8565 ; www.facebook.com/tastytoesshellfish ; The Harbour, Dunbeath KW6 6EF ; 10h-17h mer-lun)

8 Doors Distillery
Voir p. 391 (0147-054 2300 ; www.8doorsdistillery.com ; John O' Groats, Wick KW1 4YR ; 10h-17h ; 80, 280, 914, 915 jusqu'à Car Park)

Dunnet Bay Distillery
Voir p. 391 (0184-785 1287 ; www.dunnetbaydistillers.co.uk ; Dunnet, Thurso KW14 8XD ; 10h-16h lun-sam ; 80, 280, 915)

Eagle
Voir p. 392 (0186-281 0008 ; theeaglehotel.business.site ; Castle St, Dornoch IV25 3SR ; 11h-minuit ; 25A jusqu'à Clydesdale Bank)

Glenmorangie Distillery
Voir p. 392 (0186-289 2477 ; www.glenmorangie.com ; A9, Tain IV19 1PZ ; 10h-17h lun-ven)

North Point Distillery
Voir p. 391 (0184-780 8120 ; theferryinnskye.com ; Forss Business and Energy Park, Thurso KW14 7UZ ; 10h-17h30 lun-ven ; 274 jusqu'à Business and Tech Park)

Wolfburn
Voir p. 391 (0184-789 1051 ; wolfburn.com ; Henderson Park, Thurso KW14 7XW ; 10h-16h lun-ven)

Ci-dessus : Old Man of Hoy (p. 417). Page de droite : colonies d'oiseaux sur l'île de Noss

ÎLES ORCADES ET ÎLES SHETLAND

LE VRAI NORD ÉCOSSAIS

Une culture riche, des hivers rudes, une faune variée et un passé fortement ancré : découvrez le charme pénétrant de ces archipels à mi-chemin de l'Écosse et de la Scandinavie.

Ne vous attendez pas à une expérience 100% écossaise sur ces îles austères et venteuses à la croisée de la mer du Nord et de l'Atlantique nord. Très attachées à leurs racines scandinaves, les Orcades et les Shetland forment un bout d'Écosse pas comme les autres.

Ici, point de haggis, de kilts, ni de cornemuses, mais une atmosphère unique et un sentiment de fierté bien trempé.

Découvrez des toponymes issus du vieux norrois, réveillez les sagas vikings et écoutez les douces inflexions d'une langue ponctuée de mots et d'expressions étranges. Sentez le baiser du vent salé sur vos joues et affrontez la morsure d'une bourrasque en vous emmitouflant dans de chauds lainages aux motifs éclatants.

Sur ces terres physiquement et culturellement séparées du reste de l'Écosse et qui possèdent des fêtes et festivals bien à elles, on se sent orcadien ou shetlandais avant d'être écossais.

Régis par les Vikings et les comtes nordiques des Orcades, les deux archipels appartenaient jadis au royaume de Scandinavie et ne devinrent "écossais" qu'en 1469, lorsque le roi Christian Ier de Danemark les céda comme dot de sa fille Marguerite promise au roi Jacques III d'Écosse. Pour le meilleur ou pour le pire.

Aujourd'hui, on commémore cette histoire par des fêtes du feu, des sagas et des drapeaux fièrement arborés sur les bâtiments publics et les maisons. Ces archipels laisseront ainsi les voyageurs conquis et brûlants du désir de revenir.

SITES PRINCIPAUX

KIRKWALL
Ville historique moderne et branchée.
p. 408

LERWICK
La grande ville la plus septentrionale du Royaume-Uni.
p. 418

S'orienter

À l'extrême nord de l'Écosse, les Orcades et les Shetland ont une superficie et un nombre d'habitants comparables (22 000 et 23 000 respectivement). La répartition de leur population est néanmoins fort différente : 20 des quelque 70 îles de l'archipel des Orcades sont habitées, tandis que seules 16 îles des Shetland le sont, sur plus d'une centaine.

Lerwick, p. 418

Une pittoresque cité ancienne bâtie sur la mer. Située au centre des Shetland, c'est le point de départ idéal pour un périple à travers cet archipel.

MARC-ANDRE_LETOURNEUX/GETTY IMAGES ©, ASHLEY COOPER/GETTY IMAGES ©

Kirkwall, p. 408

Fondée par les Vikings et dominée par une imposante cathédrale, c'est la plus grande ville des Orcades et le cœur du commerce.

FERRY

Des ferries inter-îles desservent toute la région. La plupart sont des car-ferries, d'autres ne prennent que les piétons : pensez à vérifier. Mieux vaut réserver (surtout sur les lignes Orkney Ferries ; orkneyferries.co.uk). Dans les Orcades, la plupart des ferries partent de Kirkwall. Dans les Shetland, les embarcadères sont souvent ruraux (voiture conseillée).

AVION

Plusieurs îles lointaines (les îles du Nord dans les Orcades, Fair Isle et Foula dans les Shetland) sont desservies depuis les aéroports de Kirkwall (Orcades) et de Tingwall (Shetland). Le vol commercial le plus bref au monde, entre Westray et Papa Westray dans les Orcades, dure moins de 2 minutes !

VOITURE

C'est la meilleure option, car elle permet de gagner des lieux non desservis par les transports en commun. On peut embarquer sa voiture sur le ferry ou en louer une dans les îles. Les routes sont souvent à voie unique, avec des *passing places* (zones de refuges ou de dépassement).

Planifier son séjour

Si vous n'avez qu'un jour ou deux, choisissez soit les Orcades, soit les Shetland. Impossible d'explorer ces îles à la va-vite : lâchez prise et immergez-vous dans la vie locale.

ALFIOFER/GETTY IMAGES ©

Orkneyinga Saga Centre (p. 417), Orphir

Découverte des Orcades

- Il peut y avoir beaucoup de monde sur Mainland en haute saison, surtout quand les bateaux de croisière accostent. Si vous voulez sortir des sentiers battus, visitez plutôt le reste de l'archipel. De **Kirkwall** (p. 408), embarquez pour **Westray** (p. 415) au nord et suivez une excursion organisée par **Westraak** (p. 408), ou mettez le cap sur les tranquilles plages de sable de **Sanday** (p. 415) au nord-est. Embarquez ensuite pour **Hoy** (p. 417) au sud-ouest pour une randonnée jusqu'au célèbre **Old Man of Hoy**, avant de dormir au **Rackwick Hostel**. Enfin, l'île de **Rousay** (p. 416), réputée pour les nombreux sites pré et protohistoriques qu'elle abrite, montre ses archéologues au travail, loin de la foule qui se presse dans le célèbre **Heart of Neolithic Orkney** (p. 411).

EN BAS, DE GAUCHE À DROITE : ANDREW J SHEARER/SHUTTERSTOCK ©, LUDOVIC FARINE/SHUTTERSTOCK ©, KEITH CHALMERS/SHUTTERSTOCK ©

AU FIL DES SAISONS

Les longues journées et les températures douces de l'été (juin-août) en font la saison idéale. La période d'octobre à mars rime avec tempêtes hivernales, aurores boréales et fêtes du feu.

JANVIER

Début des célébrations d'**Up Helly Aa** dans les Shetland, avec 12 fêtes vikings du feu qui illuminent la nuit.

AVRIL

Les deux archipels accueillent des festivals de musique traditionnelle : le **Shetland Folk Festival** en avril, puis l'**Orkney Folk Festival** en mai.

MAI

Guettez l'**éclosion** de la primevère d'Écosse (*Primula scotica*) dans les Orcades et du céraiste (*Cerastium nigrescens*) dans les Shetland.

Quatre jours aux quatre coins des Shetland

● Prenez la mesure de l'empreinte scandinave au festival **Up Helly Aa** de Lerwick (p. 420), avant d'examiner les multiples strates du passé sur le site archéologique **Jarlshof Prehistoric & Norse Settlement** (p. 455), à l'extrême sud de l'archipel, ou de vous balader parmi des maisons longues vikings sur l'île d'**Unst** (p. 424), dans le Nord. Allez randonner dans le Westside de Mainland du côté de **Culswick**, **Deepdale** et **Westerwick** (p. 424). Tenez-vous sur les pentes d'un volcan à **Eshaness** (p. 425), dans le Nord, ou gravissez **Ronas Hill** (p. 425) pour contempler des îles à perte de vue. Les Shetland sont un endroit qui invite à ralentir, à marcher, à respirer et à savourer la vie.

D'île en île

● Partez à l'exploration de quelques petites îles. Commencez par les Orcades en prenant le ferry pour **St Margaret's Hope** (p. 417) sur **South Ronaldsay** (p. 417) et terminez à **Hermaness** (p. 426), sur **Unst** (p. 424), l'île la plus septentrionale du Royaume-Uni. Visitez le célèbre **Mousa Broch** ou admirez les oiseaux marins qui tournoient au-dessus de **Noss**. Suivez le **St Magnus Way** (p. 416) à **Egilsay** (p. 416) ou visitez l'**Italian Chapel** de **Lamb Holm** (p. 413). Offrez-vous une escapade lointaine à **Fair Isle** (p. 423) ou à **North Ronaldsay** (p. 417), célèbres pour leurs oiseaux et leurs pulls. Enfin, faites un incroyable saut de puce de 90 secondes en avion entre **Westray** et **Papa Westray**.

JUIN

Découvrez le *simmer dim* (crépuscule d'été) et profitez de journées de 19 heures. Le **St Magnus Festival** se tient dans les Orcades.

AOÛT

Le temps reste clément et les écoliers reprennent le chemin de l'école (mi-août). Les prix et la fréquentation baissent.

OCTOBRE

Assistez au célèbre **festival Wool Week** dans les Shetland. À l'honneur : tricotage, pelotes de laine et moutons.

NOVEMBRE

Les nuits s'allongent : par temps dégagé, observez le prodigieux spectacle des **aurores boréales**.

KIRKWALL

Appelée *Kirkjuvagr* ("église sur la baie"), la très vivante capitale des Orcades descend de la cité scandinave fondée par les Vikings au XIe siècle. En son cœur se dressent aujourd'hui les murs de grès rouge et jaune de l'imposante St Magnus Cathedral. Le Bishop's Palace, l'Earl's Palace et l'Orkney Museum situés non loin rendent aussi Kirkwall très attachante.

Bordée de boutiques et de restaurants qui lui confèrent une ambiance branchée et cosmopolite, l'artère principale est l'une des plus jolies d'Écosse. La ville, plaque tournante de l'archipel en période estivale, peut être particulièrement fréquentée quand les bateaux de croisière y font escale.

Point de départ des ferries inter-îles, Kirkwall est la base idéale pour explorer le reste de Mainland et de l'archipel. L'aéroport assure également des vols quotidiens vers les îles du Nord.

Pour les infos pratiques, voir le Carnet d'adresses p. 428

À SAVOIR

Vous n'avez pas de voiture mais désirez en voir plus ? Prenez le ferry pour Westray et réservez une excursion avec **Westraak Tours**. L'agence vient vous chercher au débarcadère et vous y redépose après une agréable journée à la découverte des principaux sites de l'île.

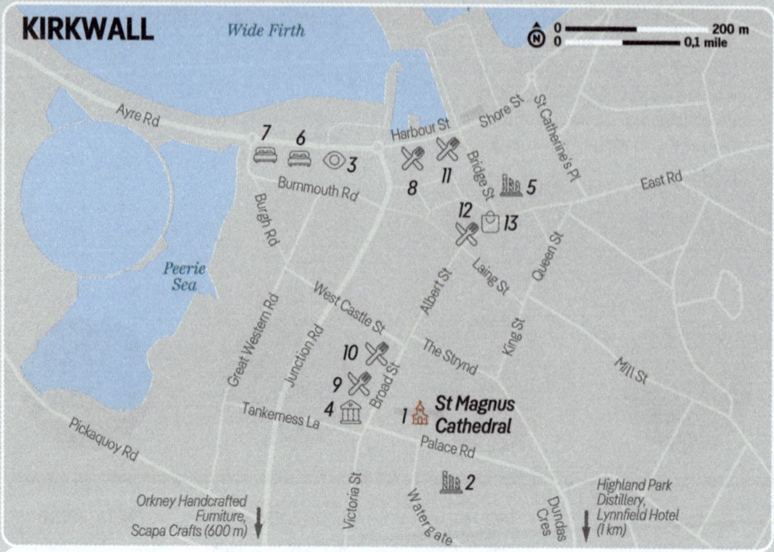

INCONTOURNABLE
1 St Magnus Cathedral

VOIR
2 Earl's Palace
3 Orkney Distillery
4 Orkney Museum
5 St Olaf's Kirk

SE LOGER
6 Ayre Hotel
7 Peedie Hostel

SE RESTAURER
8 Helgi's
9 Judith Glue Real Food Cafe
10 Kirkness & Gorie
11 Kirkwall Hotel
12 Twenty One

SHOPPING
13 Brig Larder

St Magnus Cathedral

Cathédrale, palais...

RICHESSE ARCHITECTURALE DE KIRKWALL

Bâtie dès 1137 sur l'ordre du comte Rognvald en hommage à son oncle Magnus, saint patron des Orcades, la **St Magnus Cathedral** règne sur le centre-ville. Ses murs de grès rouge et jaune sont de toute beauté quand le soleil les éclaire. On appelle d'ailleurs "Lumière du Nord" cette cathédrale d'architecture normande (XIIe siècle), la seule entièrement médiévale en Écosse et l'un des édifices normands les mieux conservés de Grande-Bretagne.

Non loin se dressent les ruines de deux palais, l'un épiscopal, l'autre comtal. La vue sur la ville du haut de la "Moosie Toor" du **Bishop's Palace** (XIIe siècle) est très révélatrice. C'est aussi le seul palais épiscopal nordique d'Écosse. Vide, sans toit et resté inachevé faute d'argent, l'**Earl's Palace** témoigne du style Renaissance à la française en vogue à l'époque de sa construction en 1606. Son commanditaire ? Patrick Stewart, le tyrannique "Black Patie", qui succéda en 1593 à son père Robert comme comte des Orcades et seigneur des Shetland, et finit décapité en 1615.

Contrairement à ce que l'on pourrait croire, Kirkwall ne doit pas son nom d'"église sur la baie" à la St Magnus Cathedral, mais à la petite **St Olaf's Kirk**, dont il ne reste qu'une belle arcade en pierre dans Bridge St. Cette église qui précède la cathédrale d'au moins un siècle a livré une pierre tombale de type viking (un *hogback*) aujourd'hui conservée à l'**Orkney Museum**, lequel regorge d'objets qui retracent 5 000 ans d'histoire insulaire.

Profitez de votre présence à Kirkwall pour faire un saut à la **Highland Park Distillery** ou à l'**Orkney Distillery**. Et pourquoi ne pas acheter de quoi pique-niquer chez **Brig Larder** ou **Kirkness & Gorie**.

PAUSES GOURMANDES

Lynnfield Hotel
Un must : accueil chaleureux typique des Orcades et bonnes recettes locales.

Helgi's
Une cuisine traditionnelle de pub, sans chichis et comme à la maison.

Twenty One
Moderne, chic et branché, ce bar sert des assiettes à partager de style tapas et des cocktails.

Judith Glue Real Food Cafe
Face à la cathédrale, dans la fabuleuse boutique de cadeaux de Judith Glue : une halte parfaite au déjeuner.

OÙ SE LOGER À KIRKWALL

Peedie Hostel
"Peedie" signifie "petit" en orcadien et désigne ici l'auberge de jeunesse sur le front de mer, en plein cœur de l'action. **£**

Ayre Hotel
Bien placé dans le centre-ville, un hôtel de standing qui affiche un excellent rapport qualité/prix. **£££**

Kirkwall Hotel
Cet hôtel victorien récemment rénové donne sur la mer. Le bar sert des whiskies Highland Park. **£££**

Ailleurs dans les Orcades

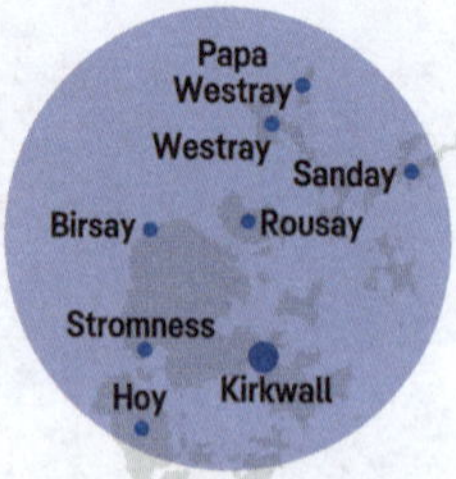

Au-delà de Kirkwall, les riches et fertiles paysages vallonnés des Orcades recèlent des sites archéologiques exceptionnels, une faune sauvage tout à fait étonnante et des panoramas saisissants.

Les Orcades sont d'une richesse historique incroyable. On dit même qu'ici, il suffit de gratter la terre pour qu'apparaissent des vestiges archéologiques.

Pierres levées et cairns funéraires du néolithique, palais ou tombeaux, ces sites ont résisté au passage du temps. Ils font la fierté des habitants, qui célèbrent ce passé et le gardent vivant par leurs contes, leur artisanat et les bijoux qu'ils fabriquent. L'économie, quant à elle, s'appuie principalement sur l'agriculture, omniprésente.

Avec ses trésors et son atmosphère féerique, pas étonnant que ce fabuleux archipel à quelques encâblures de la pointe nord de l'Écosse continue à émerveiller les visiteurs.

Pour les infos pratiques, voir le Carnet d'adresses p. 428

À SAVOIR

Les sites archéologiques sont pris d'assaut quand les bateaux de croisière accostent. Choisissez un jour sans débarquement de croisiéristes en consultant le site de l'autorité portuaire des îles Orcades : orkneyharbours.com/info/shipping.

Ring of Brodgar

Maeshowe

Cœur néolithique des Orcades

MAINLAND

On se sent parfois dépassé par la richesse archéologique des Orcades. Une visite d'une heure au pas de charge ne suffit pas : il faut plusieurs jours pour absorber ce que des millénaires d'histoire humaine nous apprennent. Rechargez la batterie de votre appareil photo et prenez le temps de vous immerger dans cet univers.

Occupant une grande partie de l'ouest de Mainland, le **Heart of Neolithic Orkney**, classé par l'Unesco, est un bon point de départ pour découvrir le vaste patrimoine archéologique de l'archipel.

Ledit "cœur néolithique" couvre quatre sites proches : le village néolithique de **Skara Brae**, le mieux préservé d'Europe (voir ci-contre), le cercle de pierres dressées **Ring of Brodgar** (2500-2000 av. J.-C.), les **Standing Stones of Stenness** (mégalithes, vers 3300 av. J.-C.) et le cairn funéraire à chambres multiples de **Maeshowe**, bâti avec des dalles de grès énormes, certaines pesant plusieurs tonnes – bien que l'on ne sache rien sur qui (ou ce qui) y était enterré, la taille du tombeau laisse penser qu'il revêtait une grande importance. Tous ces sites ont révolutionné la vision qu'on avait auparavant des schémas de peuplement en

SKARA BRAE

Situé dans un cadre impressionnant près d'une baie ourlée d'une plage de sable, à 13 km au nord de Stromness, l'extraordinaire Skara Brae est un village néolithique parmi les mieux préservés d'Europe du Nord et l'un des sites préhistoriques les plus fascinants au monde.

Une communauté vivait ici il y a 5 000 ans. On peut encore voir le mobilier en pierre – lits, coffres et niches de rangements – dont elle se servait. Le village resta dissimulé jusqu'en 1850, lorsqu'une violente tempête mit à nu les maisons enfouies sous le sable et l'herbe, au-dessus de la plage.

SITES NÉOLITHIQUES MOINS FRÉQUENTÉS

Unstan Chambered Cairn
Célèbre pour ses poteries, ce cairn funéraire est comparable à celui de Maeshowe, mais bien plus tranquille.

Cuween Hill Chambered Cairn
Pour un aperçu des rites funéraires pratiqués il y a 5 000 ans. Prenez une lampe torche.

Barnhouse Settlement
Proche des pierres levées de Stenness, ce site ouvre une fenêtre sur la vie domestique au néolithique.

LE CHANTIER DE NESS OF BRODGAR

Plongez dans l'histoire ancienne en regardant les archéologues exhumer peu à peu ce site mondialement connu qui a modifié nos connaissances sur l'histoire du néolithique. Les fouilles en cours sur l'étroite bande de terre qui sépare le Loch Harray et le Loch Stenness livrent régulièrement des trouvailles qui bousculent les théories sur la vie dans la Grande-Bretagne de l'époque.

Datant d'environ 3000 av. J.-C., les bâtiments mis au jour jettent un nouvel éclairage sur ce que nous savons de l'Europe du Nord et de ses peuples préhistoriques. On peut le visiter en été, durant la saison des fouilles.

À Stromness, le superbe Stromness Museum expose certains des artefacts exhumés sur le site. Vous y trouverez aussi tout un bric-à-brac d'objets liés à la vie maritime et à l'histoire naturelle.

Grande-Bretagne. Ils donnent, entre autres, un riche aperçu de la vie quotidienne et des pratiques funéraires au néolithique, il y a 5 000 ans.

Les Orcades sont un paradis pour tous ceux que le très lointain passé passionne. On y voit les archéologues à l'œuvre sur le vaste complexe du **Ness of Brodgar** (voir ci-contre), vraisemblable centre religieux, voire de pouvoir au néolithique. Des fouilles sont également en cours sur la côte ouest de l'île de Rousay (p. 416) : à **Swandro** (âge du fer) et à la **Skaill Farm**, deux endroits qui se visitent.

Un foisonnement créatif

D'ÎLES EN ÎLES

Les Orcades débordent de créativité grâce à la présence de nombreux petits artistes et artisans qui tirent leur inspiration de leur archipel natal. Influencés par la mer, l'histoire, les paysages et la vie sauvage, ils s'expriment dans toutes sortes de domaines allant de la peinture à la joaillerie, en passant par la céramique, l'ébénisterie, la photographie, la sculpture et la gravure.

Le **Creative Orkney Trail**, un itinéraire qui parcourt les îles à la découverte des ateliers locaux, permet de rencontrer les artistes et de les voir à l'œuvre.

De **Vicky Shaw**, sur Sanday, au nord, jusqu'à la **Hoxa Tapestry Gallery**, sur South Ronaldsay, ce circuit vous conduit aux quatre coins des Orcades, avec l'opportunité de visiter les sites touristiques en chemin. Vous verrez **Andrea Holmes** sur Birsay et **Zoe Davidson** à Stromness, la **Celina Rupp Jewellery** à Holm et, plus à l'est, l'atelier et café de **Sheila Fleet** à Tankerness. Près de Dounby, ne manquez pas **Alison Moore Designs** et **Harray Potter**.

Pièce emblématique de l'archipel et de son patrimoine, la chaise Orkney au dossier en paille fait depuis des siècles partie intégrante du mobilier domestique. Vous la trouverez dans plusieurs magasins : Orkney Handcrafted Furniture et Scapa Crafts à Kirkwall, et Orkney Furniture Maker à St Ola. À noter que cette tradition est néanmoins menacée de disparition.

L'histoire militaire des Orcades

DES ÎLES EN GUERRE

Malgré leur emplacement reculé, les Orcades ont joué un rôle stratégique primordial pour les forces alliées au cours des deux guerres mondiales. Dans tout l'archipel, des vestiges souvent bien visibles rappellent les luttes menées pour la paix dans l'Europe du XXe siècle.

OÙ SE RESTAURER SUR LE CREATIVE ORKNEY TRAIL

Eviedale Bakehouse
Pizzas au levain cuites au feu de bois. Prenez-en une à emporter pour la déguster au Broch of Gurness. £

Orkney Street Food – Beiting & Brew
Ce food truck apprécié sert une cuisine de rue de type fusion à Hatston. £

Murray Arms Hotel
À St Margaret's Hope, une adresse réputée pour ses fruits de mer parmi les meilleurs des Orcades. ££

Italian Chapel, Lamb Holm

Les cicatrices de la guerre sont gravées dans les paysages aujourd'hui tranquilles. La base navale principale, **Scapa Flow**, procurait à la Royal Navy un mouillage relativement sûr et lui donnait à la fois accès à la mer du Nord et à l'Atlantique nord. Le long des **Churchill Barriers**, digues construites par Churchill après le torpillage du *Royal Oak*, les épaves rouillées de **navires sabordés** témoignent de l'importance de cette base qui abritait alors des milliers de militaires.

Visitez la poignante **Italian Chapel** sur Lamb Holm ou suivez une excursion guidée vers la **Ness Battery** (nessbattery.co.uk), au sud de Stromness, face aux collines de Hoy de l'autre côté du détroit. Explorez l'est de Mainland et ses anciennes fortifications, notamment **Rerwick Head**, où se trouvaient un campement et des batteries d'artillerie, face à l'île de Shapinsay.

L'île de Hoy est truffée de vestiges militaires. La **Lyness Naval Base** abrite aujourd'hui le **Scapa Flow Museum** et ses expositions dernier cri. Le **Lyness Naval Cemetery** est l'un des plus grands cimetières du Commonwealth au Royaume-Uni. Construites à l'époque des guerres napoléoniennes, les **Hackness Martello Tower and Battery** rappellent l'importance du Pentland Firth pour les navires marchands qu'elles devaient protéger des attaques des bâtiments français.

VESTIGES MILITAIRES

Churchill Barriers
Après le torpillage du *Royal Oak* (1939), Churchill fit bâtir ces chaussées surélevées en béton pour protéger les bras de mer à l'est de la base navale britannique de Scapa Flow.

Scapa Flow Museum
À Hoy, ce musée moderne et interactif éclaire sur l'importance stratégique de Scapa Flow.

Italian Chapel
Sur Lamb Holm, cette chapelle (restaurée dans les années 1960 et 1990) marque l'emplacement du camp de prisonniers de guerre où logeaient les soldats italiens affectés à la construction des Churchill Barriers. Ils l'ont bâtie avec des matériaux de récupération et peinte.

HMS Tern (RNAS Twatt)
Au nord-ouest de Mainland, l'un des 4 aérodromes militaires des Orcades qui a joué un rôle important dans la Seconde Guerre mondiale.

EXCURSIONS DANS LES ORCADES

Kraken Diving
Plongez à Scapa Flow pour explorer les vestiges d'épaves de vaisseaux, notamment allemands, des deux guerres mondiales.

My Orkney Tours
Marlene organise une véritable odyssée orcadienne : sites, cuisine, sons et parfums.

Orkney Tailor-Made Tours
David et Margaret vous concocteront un circuit sur mesure en fonction de vos centres d'intérêt.

LES PLUS BEAUX SPOTS PHOTO

Front de mer de Stromness
Des rues sinueuses et des maisons construites sur l'eau : le lieu idéal pour s'immortaliser.

Falaises de Yesnaby et Marwick Head
Au crépuscule, ces falaises venteuses battues par les vagues de l'Atlantique sont l'essence même des Orcades.

Skaill Bay et Skara Brae
Cette vaste baie où vivait il y a 5 000 ans une communauté néolithique ignorée jusqu'en 1850 impose le respect.

Ring of Brodgar
Quel meilleur cadre pour ces monolithes que le ciel nocturne illuminé par une aurore boréale ou la Voie lactée ?

Brough of Birsay
Une colonie de mignons macareux moines, avec la mer et les falaises en arrière-plan.

Front de mer de Stromness

En voiture dans l'Ouest

LA CÔTE OCCIDENTALE DE MAINLAND

La côte ouest de Mainland, spectaculaire, est parfaite pour un road trip d'une journée depuis Kirkwall. Des couches de grès s'y sont déposées il y a des millions d'années, durant le Dévonien, quand les Orcades faisaient partie d'un immense lac d'eau douce nommé Orcadia.

Arpentez les collines entre **Stromness**, **Yesnaby** et **Skara Brae** pour admirer la primevère d'Écosse de couleur améthyste, qu'on ne trouve que dans le nord de l'Écosse et qui fleurit dans les zones littorales en mai et en juillet.

Si la grand-rue de Stromness semble parfois un peu endormie, ce n'en est pas moins l'endroit où aller faire ses emplettes pour un pique-nique au **Bayleaf Delicatessen** ou déguster un petit pain au crabe au **Julia's Cafe**.

De Stromness, remontez la côte ouest en direction du nord en passant par les vertigineuses falaises de **Yesnaby**, la **Bay of Skaill**, l'**Orkney Brewery** et **Marwick Head** avant d'arriver au village de **Birsay**.

Là, vous vérifierez l'horaire des marées avant de vous engager à pied sur la chaussée qui mène à l'île de **Brough of Birsay** et son village viking. Observez les macareux, cherchez sur la plage un *grottie buckie*, ce coquillage qu'on appelle porcelaine-monnaie ou cauri, avant de regagner Birsay.

OÙ SE LOGER DANS LES ORCADES

Merkister Hotel
Sur les rives du Harray Loch, une retraite paisible dans un paysage de toute beauté. £££

Foveran
Près de Kirkwall, ce restaurant est réputé l'un des meilleurs. Parfait pour une soirée de détente. £££

Sands Hotel
Un hébergement pittoresque dans un petit village de pêcheurs sur l'île de Burray, au large de Mainland. ££

Le village a conservé le seul moulin à eau en activité des Orcades, **Barony Mill**, et les pans de mur écroulés plus quelques colonnes de ce qui fut le palais démesuré du despotique comte Robert Stewart au XVIe siècle, l'**Earl's Palace**. Goûtez la cuisine locale au **Birsay Bay Tearoom** en admirant la vue panoramique sur Marwick Head. Allez voir jusqu'au village d'Evie la ferme fortifiée de **Broch of Gurness** et, à l'intérieur des terres, le petit **Kirbuster Museum**, un musée ethnographique.

Westray et sa beauté sauvage

LA REINE DES ÎLES

Sixième île des Orcades par la taille, **Westray** vous enchantera. Pleine de vie et peuplée d'une abondante faune sauvage, elle a conservé son identité et sa singularité et semble la plus "orcadienne" de toutes les îles de l'archipel. On s'y sent loin des lumières de Kirkwall, dont elle n'est pourtant séparée que par un court trajet en avion ou en bateau.

Des falaises et des paysages marins parmi les plus envoûtants des Orcades bordent un littoral cinglé par les eaux agitées de l'Atlantique. L'atmosphère est stimulante, avec de longues plages de sable et de riches terres vallonnées où domine l'agriculture.

Allez admirer au **Westray Heritage Centre** la vénérable (et minuscule) Westray Wife ("Épouse de Westray"), une figurine néolithique sculptée dans la pierre, la plus ancienne représentation humaine trouvée à ce jour au Royaume-Uni. Imaginez la vie néolithique sur les fouilles de **Links of Noltland** ou entrez dans une maison longue viking à **Quoygrew**. Les ruines du **Noltland Castle** impressionnent par le nombre de meurtrières, soulignant l'influence écossaise et rappelant la sinistre époque de Marie Stuart, dont le conseiller et traître Gilbert Balfour fit construire cette robuste maison forte.

S'étirant le long de la côte, le principal village de l'île, **Pierowall**, invite à une agréable balade digestive après un dîner au **Pierowall Hotel**, au **Jack's Chippy**, **Saintear**, au **Groatie Buckie's Cafe** ou encore à la **Richan's Retreat**.

Cap sur Sanday

LES ORCADES EN MODE PLAGE

Célèbre pour ses plages de sable immaculé digne des Caraïbes, l'île de **Sanday**, au nord-est de l'archipel, est accessible par avion ou par bateau depuis Kirkwall. Elle compte deux bourgs principaux, Lady Village et Kettletoft. C'est l'endroit idéal pour découvrir le littoral et la faune des Orcades.

FAITES UN SAUT À PAPAY

Prenez un bref vol à destination de l'île minuscule (6,5 km sur 1,5) de **Papa Westray** – Papay, pour faire court – et découvrez sa faune. Mais le plus émouvant reste néanmoins la plus vieille maison connue à ce jour en Europe septentrionale, **Knap of Howar**, une ferme néolithique à laquelle vous mènera un circuit guidé par un garde forestier. Pour saisir l'ambiance des lieux, lisez *L'Écart* (*The Outrun*), le premier roman en grande partie autobiographique d'Amy Liptrot, porté tout récemment à l'écran.

UNE ESCAPADE INSULAIRE ?

Suivez le **Sanday Artists Studio Trail** (p. 416) pour découvrir 8 artistes orcadiens réputés.

OÙ SE RESTAURER SUR WESTRAY

Pierowall Hotel
Bonne cuisine de pub et ambiance chaleureuse. Ne vous arrêtez pas à sa façade peu engageante. **££**

Saintear
Ce café sympathique vous surprendra par son atmosphère branchée digne d'une grande ville. **£**

Westray Bakehouse
Accompagnés d'un fromage local, ces biscuits vendus dans les magasins de l'île sont incomparables. **£**

NOS ENDROITS PRÉFÉRÉS SUR WESTRAY

Andy et Karen Penn dirigent Westraak Tours. Née sur Westray, Karen est revenue s'y installer avec son mari et les deux fils de ce dernier. Voici leurs sites préférés :

Castle O' Burrian
Un must : la plus importante colonie de macareux des Orcades.

Noup Head
Fous de Bassan, *aaks* (guillemots), petits pingouins, *mallymaks* (fulmars) et mouettes tridactyles par milliers.

Nort' End
Près de Pierowall, ce site peu connu abrite des *pickies* (sternes arctiques), des *scarfies* (cormorans), des *tysties* (guillemots à miroirs) et des *selkies* (phoques) allongés au soleil.

On peut y chercher des coquillages, tels le très convoité *grottie buckie*, censé porter chance à qui le trouve, et le rare pied-de-pélican, ou simplement dénicher un coin tranquille où se baigner.

Promenez-vous sur la jolie **Backaskaill Beach**, puis sur les dunes de **Tresness**, sans doute la plus belle plage des Orcades, ourlée à perte de vue d'eaux turquoise cristallines. De mai à septembre, d'innombrables fleurs sauvages ajoutent une touche de couleur à ces superbes paysages.

Guettez les phoques dans la **Whitemill Bay** ou sur la péninsule nord de **Tofts Ness**. Sillonnez à vélo (location sur l'île) les routes plates et calmes du Nord-Est autour de **Scuthvie Bay**.

Côté histoire, découvrez en périphérie de Lady Village le **Sanday Heritage Centre** et, dans le champ voisin, un **croft** (petite ferme maritime) restauré et la reconstitution du **cairn funéraire de Meur**. À la pointe nord-est, les tumulus et bâtiments de **Tofts Ness** témoignent d'une présence humaine du néolithique à l'âge du fer. Visitez aussi la chambre funéraire néolithique de **Quoyness**.

Côté traditions, prendre part à un week-end de **Sanday Soulka** (plusieurs organisés dans l'année), pour fêter le “cercle de l'horizon aussi loin qu'on puisse le voir”, permet d'entrevoir bien des facettes de la culture locale. Gardez aussi du temps pour faire du kayak, pêcher et… bâtir des châteaux de sable.

S'il vous dit de goûter la pizza cuite au four à bois le plus septentrional du Royaume-Uni, allez déjeuner à la pizzeria **59 Degrees North**. Enfin, le camping de Sanday accueille les camping-cars, les caravanes et les tentes.

Petite sélection de perles rares

LE MEILLEUR DES ÎLES

Les îles de l'archipel possèdent chacune leurs points forts. Si votre objectif est de les sillonner, certains sites sont incontournables.

Riche de 5 000 ans d'histoire, **Rousay**, appelé l'“Égypte du Nord” en raison des nombreux sites archéologiques qu'elle abrite, surplombe l'Eynhallow Sound. Imaginez un camp fortifié de l'âge du fer sur le littoral ouest au **Midhowe Broch**, les cérémonies rituelles et funéraires de l'énorme **cairn** voisin (surnommé le “grand navire de la mort”) ou observez encore les archéologues à l'œuvre à **Swandro** et à **Skaill Farm**.

Marchez sur les traces du saint patron des Orcades, Magnus, en parcourant le **St Magnus Way**. Ce circuit de 93 km démarre sur le lieu de son martyre, la **St Magnus Kirk d'Egilsay**, et rejoint Mainland par un émouvant pèlerinage à travers les plus beaux sites et paysages des Orcades avant de s'achever devant l'imposante **St Magnus Cathedral** de Kirkwall.

LE SANDAY ARTISTS STUDIO TRAIL

Studio Bu Ceramics
Céramique contemporaine tournée à la main, fruit d'une collaboration entre Vicky Shaw et John Webber.

Gallery in the Nortwa'
Le pêcheur retraité Bill McArthur peint des paysages marins inspirés de son travail et de sa vie sur Sanday.

Carolyn Dixon
Les peintures, gravures et créations de Carolyn s'appuient sur les traces du passé pour illustrer la vie d'hier et d'aujourd'hui sur Sunday.

KEEBLE1337/SHUTTERSTOCK ©

Churchill Barriers

Partez vers l'île la plus septentrionale de l'archipel, **North Ronaldsay**, célèbre pour ses moutons qui se nourrissent d'algues, sa faune aviaire exceptionnelle et son phare aux 176 marches.

Dite l'"île aux Baies", **Stronsay**, à l'est de l'archipel, fait le bonheur des randonneurs avec ses plages de sable, ses baies aux eaux d'un bleu intense et l'extraordinaire arche rocheuse qu'on appelle le **Vat of Kirbister**.

Empruntez les célèbres **Churchill Barriers** ("chaussées de Churchill") pour gagner la toute petite île de **Burray** et visiter son passionnant **Orkney Fossil and Heritage Centre**. Continuez vers **South Ronaldsay** et le joli village de **St Margaret's Hope**, où arrivent la plupart des visiteurs en provenance d'Écosse continentale.

Enfin, votre tour ne serait pas complet sans avoir arpenté l'**île de Hoy**, deuxième île des Orcades par la taille, dont l'**Old Man of Hoy**, rocher haut de 137 m dressé sur un socle rocheux avancé dans les flots, dévoile d'époustouflants paysages.

TRADITIONS ORCADIENNES

L'Orkneyinga Saga
Cette fascinante saga du XIIe siècle qui mêle fiction et faits historiques raconte l'histoire des comtes vikings des Orcades. Rendez-vous à l'**Orkneyinga Saga Centre**, à Orphir.

Le jeu de ba'
À Noël et au Nouvel An, deux équipes, les Uppies et les Doonies, jouent de tous les coups permis pour faire traverser Kirkwall de part en part à un ballon de cuir rempli de liège, le *ba'*.

Le "Blackening"
Une tradition nuptiale : les futurs époux sont "noircis" avec de la suie et des plumes par les amis du marié et exhibés dans les rues de Kirkwall.

COMMENT S'Y RENDRE ET CIRCULER

La voiture est la meilleure option et les routes sont généralement calmes. Il faut néanmoins tenir compte de la rareté des panneaux routiers en dehors de Kirkwall et de Stromness, surtout dans les petites îles. La plupart des routes rurales étant à voie unique, il existe des *passing places* pour les croisements de véhicules ou dépassements. On peut louer une voiture sur Mainland et des vélos à Kirkwall, à Stromness et dans la plupart des îles du Nord.

Des bus sillonnent tout l'archipel et la plupart passent non loin des principaux sites de Mainland (orkney.gov.uk).

Les 9 ferries qui desservent 13 îles partent en majorité de Kirkwall. Ceux pour Hoy, Graemsay, Flotta, Rousay, Egilsay et Wyre partent de Houton (près de Stromness) ou de Tingwall (au nord-ouest de Kirkwall). Comptez 5,64-10,98/17,86-25,92 £ par piéton/voiture suivant le trajet. Un ferry pour piétons circule entre Stromness et North Hoy (sans réservation ; aller simple 2,82 £). Mieux vaut s'y prendre bien à l'avance ; notez que les billets sont parfois chers et que le nombre de traversées est limité. Les réservations se font en ligne (orkneyferries.co.uk), mais pour les caravanes, il faut téléphoner.

Loganair assure des liaisons aériennes quotidiennes entre l'aéroport de Kirkwall et les îles du Nord (Eday, Stronsay, Westray, Papa Westray, Sanday et North Ronaldsay), tout comme le vol commercial le plus court au monde, entre Westray et Papa Westray.

LERWICK

Ses ruelles de carte postale qui descendent en serpentant de Hillhead vers la mer donnent un charme fou à la principale ville des Shetland.

Bordée de petits commerces indépendants, la grand-rue, **Da Street** comme on l'appelle ici, longe le front de mer du **fort Charlotte** jusqu'à **South Commercial Street**. Les fans de la série télévisée britannique *Shetland* y reconnaîtront la maison de l'inspecteur Jimmy Perez.

Cette ville moderne s'est développée aux XVIIe et XVIIIe siècles grâce au négoce avec les pêcheurs hollandais pour devenir au début du XIXe siècle le cœur commercial et administratif de l'archipel.

Aujourd'hui, c'est un port animé qui joue un rôle-clé dans l'économie locale et accueille des bateaux de pêche et les navires des plateformes pétrolières et gazières.

Située au centre des Shetland, Lerwick est le point de départ idéal pour découvrir l'archipel.

Pour les infos pratiques, voir le Carnet d'adresses p. 431

À SAVOIR

Pour mieux comprendre comment les îliens se sont adaptés aux rudes conditions de vie sur l'archipel, visitez sur le Hay's Dock le **Shetland Museum & Archives**. L'entrée est libre et le bâtiment moderne abrite un café avec vue sur le front de mer et les loutres à l'occasion.

LES MEILLEURES TABLES

No 88
Parfait pour manger local dans un cadre branché et décontracté. Des ingrédients de première catégorie.

Peerie Shop Cafe
Un rendez-vous prisé à l'heure du *lunch* pour son café, sa soupe, ses scones et ses sandwichs, les meilleurs de la ville.

Fjarå
Vue sans pareille, bonne cuisine, ambiance cosmopolite et possibilité de voir phoques, oiseaux, loutres et orques.

Histoire, faune sauvage, guerre et petit écran

UN PATRIMOINE NATUREL ET CULTUREL IMPRESSIONNANT

Lerwick est une ville relativement récente qui aurait été fondée par des contrebandiers. Sa ravissante **South Commercial Street**, sa superbe **Bain's Beach** (accessible à marée basse) et ses maisons en pierre bâties sur la mer ont fait d'elle la vedette de la série policière télévisée *Shetland*. Ne manquez pas le Town Hall, élevé vers 1883.

Pour voir certaines des fortifications côtières qui protégeaient l'avant-poste britannique le plus septentrional de la Seconde Guerre mondiale ainsi que des animaux, promenez-vous autour du **Knab**, le cap pointant à l'entrée du bras de mer de Bressay Sound. On y a une vue superbe sur la baie de Breiwick et l'île de Bressay. Rejoignez l'ancienne batterie d'artillerie du **Ness of Sound**, puis la petite baie où se love la **Sands of Sound Beach**. De là, une courte marche vous mènera au site fortifié de **Clickimin Broch** remontant à l'âge du fer, soit au moins à 500 av. J.-C., comme hors du temps.

La semaine de la laine

UNE MAILLE À L'ENDROIT, UNE MAILLE À L'ENVERS

Les Shetland peuvent indéniablement prétendre au titre de capitale mondiale du tricot. Temps fort du calendrier, la **Shetland Wool Week** organisée chaque automne durant une semaine attire des amateurs du monde entier. L'archipel a adopté la tradition de l'intersaison et cette manifestation

INCONTOURNABLE
1 Shetland Museum

VOIR
2 Clickimin Broch
3 Commercial St
4 Lerwick Town Hall

SE LOGER
5 Aald Harbour
6 Islesburgh House Hotel

SE RESTAURER
7 Da Steak House
8 Dowry
9 Fjarå
10 No 88
11 Peerie Shop Cafe

SHOPPING
12 Anderson & Co
13 Jamieson and Smith Shetland Wool Brokers
14 Jamieson's Knitwear

apporte un peu de couleur dans la grisaille de l'automne. Alors que les vents se font plus violents et les jours plus courts, ce festival qui met à l'honneur l'art du tricot, l'élevage rural et la race de mouton la plus septentrionale de Grande-Bretagne permet de repousser à la mi-octobre le début de la pause hivernale.

Le gros des activités se tient à Lerwick mais divers événements ont lieu dans tout l'archipel, d'Unst à Fair Isle. À 3 km du centre-ville, l'incontournable **Shetland Textile Museum**

OÙ SE LOGER À LERWICK

Islesburgh House Hostel
Dans une demeure victorienne à 5 minutes de Commercial St, une auberge de jeunesse impeccable et bien équipée. **£**

Aald Harbour
Proche de Commercial St, un B&B central, agréable et accueillant. Séjour minimum de 3 nuits. **££**

Shetland Seawinds
Gîte moderne dans une maison du XVIIIe siècle, avec vue sur Bain's Beach. Séjour minimum de 3 nuits. **££**

POURQUOI J'AIME LERWICK

Laurie Goodlad, autrice

Alors que le coucher du soleil teinte le ciel de rose et que les sternes se nourrissent bruyamment dans le port au milieu des yachts où se mêlent toutes sortes de langues et de drapeaux étrangers, le calme redescend sur les rues. L'été, Lerwick est saisissante : la mer fait chatoyer les maisons, Commercial St se couvre de fanions, les fleurs dégringolent en cascade des jardinières et une atmosphère joyeuse s'empare des rues pavées. En hiver, la ville change de visage, avec son ciel gris acier et ses pavés luisants où se reflètent les bâtiments en proie aux assauts des tempêtes soufflant de l'Atlantique.

ANDREW MILLIGAN/PA IMAGES VIA GETTY IMAGES ©

Up Helly Aa, Lerwick

couvre divers volets de la culture des Shetland : géologie, industrie de la pêche, mythologie locale, phares... On y trouve aussi une boutique d'artisanat.

Une fête flamboyante

DES TORCHES AU CŒUR DE L'HIVER

Les Shetlandais sont farouchement attachés à leur identité culturelle singulière, où se mêlent racines écossaises et scandinaves. Rien ne reflète mieux ce sentiment que les célébrations annuelles de la fête du feu, **Up Helly Aa** (janvier-mars), dans la lignée des célébrations vikings pour la renaissance du soleil, au solstice d'hiver.

La plus marquante de ces manifestations, le **Lerwick Up Helly Aa**, a lieu le dernier mardi de janvier. Menée par le Guizer Jarl (chef viking), elle a pour point fort une procession aux flambeaux réunissant un millier de "*guizers*" porteurs de torches qui défilent dans les rues et brûlent la réplique d'un drakkar. La fête se poursuit toute la nuit, et le lendemain (mercredi) est un jour férié : la plupart des boutiques et cafés sont fermés, et les services publics sont limités.

BOUTIQUES DE LAINE

Jamieson's of Shetland
Dans Commercial St : tout un mur est tapissé de pelotes de laine des Shetland de toutes les couleurs.

Jamieson & Smith Shetland Wool Brokers
À 1 km du centre-ville : fils à tricoter, kits de tricot et articles en laine des Shetland.

Anderson & Co
Parfait pour acheter des bonnets, gants, mitaines, pulls et cardigans dans le style traditionnel de Fair Isle.

Ailleurs dans les Shetland

Sur cette mosaïque d'îles modelées par la mer et la glace vous attendent des découvertes naturelles et culturelles inoubliables.

Avec la variété de leurs paysages cernés par la mer, les Shetland exercent un attrait irrésistible, offrant un riche terrain de jeu à ceux qui souhaitent s'éloigner des sentiers battus ou sont en quête de solitude pour décompresser. On est immédiatement frappé par la singularité de ces îles âpres, cinglées par le vent. Habité depuis cinq millénaires, l'archipel continue de se développer, de fasciner et de célébrer son passé. Cairns néolithiques, *brochs* (tours défensives) de l'âge du fer, charmants villages de pêcheurs, infrastructures pétrolières ou gazières, faune exceptionnelle : tout cela n'est jamais à plus de quelques kilomètres de la mer qui reste, aujourd'hui encore, le moteur de l'économie.
Bienvenue dans les Shetland.

Pour les infos pratiques, voir le Carnet d'adresses p. 432

À SAVOIR

Pour circuler, le mieux est une voiture, que ce soit sur Mainland, sillonnée par un réseau routier du nord au sud, ou sur les autres îles.

Le tombolo de St Ninian's Isle (p. 422)

EXCURSIONS À MOUSA

Au large de Sandwick, la nature et l'archéologie entrent en résonance sur l'île inhabitée de **Mousa**. Le soir, des centaines de curieux oiseaux, les océanites tempête, rejoignent les hauts murs du **Mousa Broch** – l'une des fortifications nordiques de l'âge du fer les mieux conservées en dépit de ses plus de 2 000 ans. Ce site extraordinaire est une réserve naturelle de la Royal Society for the Protection of Birds (RSPB) qui protège ces oiseaux marins parmi les plus petits de Grande-Bretagne.

D'avril à septembre, **Mousa Boat** assure des traversées quotidiennes (15 minutes), ainsi que des excursions en soirée (sur réservation) de fin mai à mi-juillet pour observer le retour au nid des océanites tempête à l'intérieur du *broch*. Un mariage entre nature et archéologie qui laisse un souvenir inoubliable.

Jacquard typique de Fair Isle

Le sud de Mainland côté sable

DE PLAGE EN PLAGE

Que vous rêviez d'étendues de sable immaculées, de criques cachées, de péninsules fouettées par les vents ou juste d'un petit bout des 1 600 km de côtes pour une balade en solitaire, vous trouverez de quoi vous satisfaire. Les Shetland sont réputées pour leurs plages et le **sud de Mainland**, partagé d'est en ouest par les Clift Hills, abrite les plus belles d'entre elles.

Côté Atlantique, le long tombolo (isthme sédimentaire) de **St Ninian's Isle** est la plage la plus connue et la plus impressionnante. Faites le tour de l'île pour voir la **chapelle en ruine** (XIIe siècle) où un trésor picte a été mis au jour.

Près de la pointe sud des Shetland, **West Voe** a révélé une occupation remontant au mésolithique, époque de transition entre le paléolithique des chasseurs-cueilleurs et le néolithique des agriculteurs.

Les plages ont beau être nombreuses, la seule à se prêter au surf est **Quendale Beach**, sur la baie la plus méridionale, où les amateurs viennent glisser sur les vagues.

Sur le littoral atlantique, **Rerwick** et **Scousburgh** se font face dans la baie de Scousburgh. Le mieux pour admirer

SITES PATRIMONIAUX DU SUD

Jarlshof, Sumburgh
Un site habité du néolithique au Moyen Âge où l'on passe des *brochs* et maisons rondes protohistoriques aux maisons longues vikings.

Village de Hoswick
Expositions sur l'histoire locale et informations touristiques, non loin de Sandwick.

Sumburgh Head
Un phare à l'histoire fascinante et des colonies d'oiseaux marins en été, notamment des macareux.

Rerwick et les phoques qui viennent souvent s'y prélasser est de se poster sur la route. Quant à la longue bande de sable de Scousburgh Beach, c'est une splendeur au coucher du soleil, avec la mer pour seul horizon.

Pour la baignade, préférez la côte est et **Levenwick Beach**, nichée à l'abri du Levenwick Ness, un cap, et ainsi préservée de la pleine force du vent et de la houle.

Le spectacle est plus théâtral du côté des falaises sur l'Atlantique qui viennent enserrer la grève sablonneuse de **Maywick**.

Fair Isle, un bijou planté dans la mer

TRICOT, OISEAUX, MARCHE ET FAUNE SAUVAGE

À mi-chemin des Shetland et des Orcades, **Fair Isle** est une merveille. Loin de l'animation de Mainland, l'île la plus méridionale de l'archipel des Shetland, la plus isolée de toutes, dégage une ambiance particulière. Il émane de cette communauté très soudée quelque chose de magique, entre le cliquètement des *makkin wires* (aiguilles à tricoter) et l'attente silencieuse, jumelles vissées aux yeux, des oiseaux qui passent dans le ciel.

Les habitants portent sur la vie un regard aussi vif que les pulls colorés et inimitables qui font la réputation de l'île : les jacquards Fair Isle, pivots de la **Shetland Wool Week** (p. 418). Les visiteurs qui s'inscrivent à des ateliers et à des stages de tricot approcheront ce mode de vie rythmé par le travail de la maille et la vie à la ferme.

Le **George Waterston Memorial Centre** présente l'histoire de l'île sous toutes ses formes, notamment la musique, la pêche et les fameuses **chaises Fair Isle** au dossier en paille, similaires à celles des Orcades (p. 428). Plusieurs épaves et sites archéologiques parsèment aussi cette île venteuse.

La présence d'espèces migratrices rares ou plus communes et de colonies d'oiseaux marins aux populations recensées toute l'année par des gardes forestiers désigne surtout Fair Isle comme la destination de choix pour les passionnés d'ornithologie. C'est particulièrement le cas au printemps et à l'automne, lorsque les connaisseurs s'y rejoignent, espérant observer une espèce rare.

Les randonneurs profiteront d'un littoral magnifique, de vastes panoramas et de points de vue sans pareils, notamment à **Sheep Craig**, à **Malcolm's Head** ou aux **phares de Fair Isle North** et de **Fair Isle South**.

UN GÉOPARC MONDIAL DE L'UNESCO

La richesse et la diversité de sa géologie ont valu aux Shetland le statut de Géoparc mondial. Cet archipel spectaculaire recèle des roches parmi les plus anciennes de la planète. On peut découvrir des ophiolites (morceaux de croûte océanique remontés des fonds marins), suivre des coulées de lave, explorer des lacs volcaniques ou randonner sur des chaînes montagneuses érodées. Les 1 600 km de côtes, ponctuées d'arches et d'éperons rocheux, de grottes et d'autres formations, se prêtent idéalement à la marche, au kayak et à la pêche.

D'AUTRES PLAGES ?

Gagnez l'île de **Yell** (p. 426) où les plages de West Sandwick et de Sands of Breckon resteront gravées dans votre mémoire.

OÙ SE LOGER À FAIR ISLE

South Lighthouse
Hébergement en pension complète dans un phare, sur un littoral rocheux d'une incroyable beauté. ££

The Auld Haa
Dans les superbes paysages du sud de l'île, une belle maison traditionnelle avec pension complète et vue sur la mer. ££

Upper Leogh
Dans une petite ferme en activité organisant des cours et des stages de tricot. ££

LA FAUNE SAUVAGE D'UNST

Passionné par la faune de l'île et l'écologie, **Brydon Thomason** travaille comme guide touristique et photographe au sein de son agence Shetland Nature. Après avoir grandi à Fetlar, il s'est installé avec sa famille à Unst. Il a passé sa vie à côtoyer la faune des Shetland.

Je suis un insulaire dans l'âme. Tout l'archipel des Shetland réserve de belles découvertes naturelles, mais Unst, l'île la plus septentrionale du Royaume-Uni, a quelque chose de spécial. Ici, nous avons l'embarras du choix : colonies aviaires mondialement célèbres, oiseaux des landes parmi les plus rares du pays, mammifères marins et bien sûr la discrète loutre – des espèces auxquelles j'ai consacré la majeure partie de ma vie professionnelle.

Mainland, le meilleur de l'Ouest

ÉCARTEZ-VOUS DES SENTIERS BATTUS

Envie d'un petit coin de paradis à savourer seul ? À une demi-heure de Lerwick, l'ouest de Mainland – **Westside** comme on l'appelle ici – est souvent plus calme que les zones touristiques du Nord et du Sud. Avec de superbes sentiers pédestres le long de la côte atlantique accidentée, des couchers de soleil à couper le souffle, de jolis lochs parfaits pour la pêche à la truite et moins de brouillard marin en été, donc plus de soleil, cette région vous enchantera.

De belles balades mènent à **Deepdale** – à mi-chemin de **Sandness** (célèbre pour sa filature) et de **Dale of Walls** – et à **Westerwick**. Le Westside compte aussi plusieurs sites archéologiques, tels que l'enceinte néolithique appelée **Stanydale Temple**, un des rares lieux à n'avoir pas vue sur la mer. Par contraste, la marche jusqu'au **Culswick Broch** offre de sublimes perspectives sur la côte déchiquetée ; les ruines de ce *broch* en granit rouge coiffent une colline d'où l'on peut contempler Foula, l'île la plus à l'ouest de l'archipel.

Visitez la boutique et le café de la **Bonhoga Gallery**, à Weisdale, mais aussi **Michaelswood**, parfait pour une sortie en famille, le **Burn of Lunklet (Aith)**, la plus jolie cascade des Shetland, et **Sand Gairdins**, un parc de 24 hectares avec des bois et des sentiers.

À 10 km de Lerwick, le charmant village côtier de **Scalloway**, ancienne capitale de l'archipel, a conservé sa maison forte (sans le toit), le **Scalloway Castle**, commandité vers 1600 par le tyrannique Patrick Stewart, comte des Orcades et seigneur des Shetland. Par ailleurs, le **Scalloway Museum** éclaire la vie quotidienne dans ces contrées et raconte notamment l'histoire du Shetland Bus, une unité secrète qui faisait la navette en bateaux de pêche entre les Shetland et la Norvège occupée par les nazis.

Si vous aimez les plages et la marche, deux sublimes étendues de sable, **Meal** et **Min**, vous attendent à **Burra**.

Sur la piste des volcans à Mainland

EXPLOREZ LE NORD SAUVAGE

Avec son littoral spectaculaire, ses vastes panoramas et la richesse de sa géologie, le **Géoparc mondial de l'Unesco** (voir p. 423) s'explore idéalement à pied, en bateau ou en paddle.

Façonnée par le feu, la glace, la collision des continents et la fermeture des océans, la partie nord-ouest des Shetland vous réserve des expériences sans pareilles.

OÙ SE LOGER DANS LE WESTSIDE

The Taing
Ce gîte plein de caractère, spacieux et tout équipé constitue la retraite rurale idéale. **£££**

Westshore
Cette maison d'architecte entièrement équipée est une excellente base pour les randonneurs. **£££**

Skeld Caravan Site & Campsite
À Skeld, un site bien équipé avec emplacements pour tentes ou camping-cars et caravanes. **£**

ALANMORRIS/SHUTTERSTOCK ©

Ness of Hillswick

À une heure de route de Lerwick, **Eshaness** est le meilleur endroit qui soit pour observer les restes d'un ancien volcan. Foulez les étendues de toundra de **Ronas Hill** (ou Rönies Hill), point culminant de l'archipel (451 m), où de rares plantes arctiques s'accrochent aux pentes rocheuses ; pour l'ascension la plus courte, garez-vous sur **Collafirth Hill**. Poussez ensuite jusqu'à **Lang Ayre**, l'une des plages les plus longues et les plus isolées des Shetland, faite de fragments de granit rouge : une marche difficile mais mémorable entre hautes falaises rouges et paysages sauvages.

Juste assez large pour une route, l'isthme de **Mavis Grind** qui mène à Northmavine abrite un mur présentant les différentes roches de la région. Ici, au point de rencontre entre la mer du Nord et l'Atlantique nord, Mainland se scinde presque en deux.

Près du village d'**Ollaberry**, perdu dans un océan de lande verte, s'étend une série de fissures dans la croûte terrestre, la **Walls Boundary Fault**, qui fait partie de la **Great Glen Fault**.

Des randonnées permettent de découvrir les paysages grandioses, la faune et la beauté austère des **Hams of Muckle Roe**, d'**Uyea**, de **Fethaland** et du **Ness of Hillswick**.

FÊTES DU FEU DANS LES SHETLAND : LES DATES

Le Up Helly Aa de Lerwick est la plus importante de ces fêtes organisées partout dans l'archipel.

Fête du feu à Scalloway au mois de janvier.

Lerwick Up Helly Aa et **Junior Up Helly Aa** en janvier.

Nesting, Girlsta, **Uyeasound**, **Northmavine**, **Bressay, Cullivoe, Norwick Up Helly Aa** en février.

Delting, Walls Junior, sud de **Mainland Up Helly Aa** au mois de mars.

LA SEMAINE DE LA LAINE

Tous les ans, la **Wool Week** (p. 418) met à l'honneur l'art traditionnel du tricot dans les Shetland, au passé comme au présent.

OÙ SE RESTAURER DANS LE NORD

Busta House Hotel
Niché sur les rivages de Busta Voe, le plus bel hôtel historique des Shetland. À une demi-heure de Lerwick. **££**

Braewick Cafe & Caravan Park
Vue panoramique sur les Drongs (éperons rocheux) et excellents produits locaux dans ce café tenu en famille. **£**

Frankie's Fish & Chips
À Brae, le restaurant de *fish and chips* le plus septentrional du pays sert du poisson ultrafrais. **£**

CAMPINGS DE RÊVE

Gardiesfauld Hostel Caravan & Campsite, Unst
Idéal pour voir des loutres, en surplomb de la plage d'Uyeasound. Réservez bien à l'avance.

Burravoe Pier Trust Caravan & Campsite, Yell
Un site abrité sur le port de Burravoe, avec de belles balades aux alentours. Sans réservation.

Braewick Cafe & Caravan Park, North Mainland
Ce site exposé, dans le nord de Mainland, jouit d'une vue splendide. Le café est fabuleux !

Bridge End Outdoor Centre & Caravan Park, Burra
Bien situé sur l'île de Burra, ce charmant camping est un excellent point de chute.

Cunningsburgh Touring Park, sud de Mainland
Situation centrale et équipements modernes. Parfait pour explorer le sud de Mainland.

Escapade insulaire : Unst

FAUNE, RANDONNÉE ET ARCHÉOLOGIE

Beaucoup de visiteurs viennent à Unst pour fouler le sol du territoire habité le plus septentrional du Royaume-Uni. Cette île à la faune remarquable, à la géologie singulière, aux randonnées superbes, où presque tout peut se targuer d'être “le plus au nord”, abrite la plus forte densité de sites vikings au monde, même en comptant la Scandinavie.

Au grand dam de sa voisine méridionale Fetlar (p. 426), Unst est souvent présentée comme ayant été le premier point de débarquement des Vikings au Royaume-Uni. Elle concentre de nombreux vestiges d'habitations vikings et nordiques datant du IXe siècle, avec au moins 60 maisons longues, notamment sur les sites de **Hamar**, **Underhoull**, **Belmont** et **Sandwick Beach** (Eastings). Mais le patrimoine viking n'est pas tout : voyez aussi la **Lund Standing Stone** (néolithique), le **broch d'Underhoull** (âge du fer) et le **Muness Castle** (fin du XVIe siècle).

Pour en savoir plus sur l'histoire de l'île, rendez-vous à l'**Unst Heritage Centre** et au musée **Unst Boat Haven**, tous deux à Haroldswick. Au nord de Baltasound, le **Bobby's Bus Shelter** a ceci d'original qu'il change de décor tous les ans depuis que les habitants l'ont aménagé confortablement.

Les amateurs de randonnée et de nature iront à **Hermaness** pour admirer l'île de **Muckle Flugga**, point le plus septentrional des îles Britanniques, ou chercheront la fleur endémique *Cerastium nigrescens* dans la **Keen of Hamar Nature Reserve**.

Pour voir des animaux, notamment la loutre d'Europe, réservez une excursion auprès de **Shetland Nature**.

Enfin, une pause indispensable : la **Saxa Vord Distillery**, qui produit des gins aux saveurs inspirées de l'île, à goûter absolument !

Escapade insulaire : Yell et Fetlar

À LA DECOUVERTE DES ÎLES DU NORD

Ses mornes landes et ses paysages monochromes peuvent donner l'impression que **Yell** n'a pas grand-chose à offrir. C'est une erreur. Explorez sa côte orientale, découvrez les plages de **West Sandwick**, **Gossabrough** et **Sands of Breckon**, informez-vous sur l'histoire locale à l' , marchez jusqu'à la **White Wife** et le **Burraness Broch** et allez voir le **Gloup Fishermen's Memorial** dédié aux

OÙ SE LOGER SUR UNST

Noosthamar Holiday Cottage
Au-dessus de la belle Burrafirth Beach, un cottage traditionnel amoureusement rénové dans un style moderne. **£££**

Belmont House
Un manoir georgien du XVIIIe siècle à louer dans sa totalité en haute saison et en chambres B&B le reste de l'année. **£££**

Peerie Neuk
Cet hébergement écologique à Haroldswick mêle simplicité, style et charme. **££**

ARTERRA/UNIVERSAL IMAGES GROUP VIA GETTY IMAGES ©

Phalaropes à bec étroit, Mires of Funzie

58 pêcheurs victimes d'une tempête d'été inattendue, le Gloup Disaster, en 1881.

Avec ses terres fertiles qui se parent de couleurs vives en été et lui valent son surnom de "jardin des Shetland", **Fetlar** a offert un refuge aux colons dès la préhistoire. En attestent divers vestiges : un *broch* de l'âge du fer à **Houbie**, le **Haltadans Stone Circle**, un cercle de pierres sans doute mégalithique qui a pris le nom légendaire de Fairy Ring (cercle des Fées)… Le **Fetlar Interpretive Centre** présente l'histoire poignante des Clearances (évictions forcées des paysans par les grands propriétaires au début du XIXe siècle) et la riche tradition orale de l'île. Contemplez l'insolite maison ronde de **Gruting** et admirez le **Snap**, une arche naturelle qui défie la pesanteur. Les environs des **Mires of Funzie** abritent des phalaropes à bec étroit qui y reviennent tous les ans après avoir passé l'hiver près des Galapagos.

UN ARCHIPEL TÉLÉGÉNIQUE

Les Shetland ont récemment gagné en notoriété en servant de cadre à la série policière *Shetland*, basée sur les romans d'Ann Cleeves. Le personnage principal, l'inspecteur général Jimmy Perez, est originaire de Fair Isle et plusieurs épisodes ont été tournés sur cette île, mettant en avant son atmosphère et sa beauté naturelle. Le rôle de l'inspecteur Perez est tenu par Douglas Henshall, qui s'est engagé dans la défense de Fair Isle et les activités de collecte de fonds en faveur de son **Bird Observatory**. Partout dans les Shetland, les fans de la série reconnaîtront des lieux et paysages immortalisés grâce au petit écran.

COMMENT S'Y RENDRE ET CIRCULER

Grâce aux revenus du pétrole, les Shetland possèdent un bon réseau routier et les trajets inter-îles, subventionnés, sont moins chers que dans les Orcades ; compter 2,80/16,50 £ par piéton/véhicule (prix incluant le conducteur) l'aller-retour. La plupart des routes rurales sont à voie unique et faciles à emprunter une fois qu'on maîtrise l'utilisation des *passing places*.

Les bus circulent partout dans l'archipel mais notez que l'arrêt est parfois à des kilomètres du lieu que vous souhaitez visiter. Le réseau est géré par ZetTrans (zettrans.org.uk).

Les îles du Nord – Yell, Unst et Fetlar – sont desservies par les ferries inter-îles. La traversée pour Yell depuis Toft, sur Mainland, ne prend pas plus de 15 minutes. Partant de Gutcher (au nord-est de Yell), des ferries rallient Unst et Fetlar à travers le Bluemull Sound. Les trois îles disposent de transports en commun mais ceux-ci étant limités, une voiture est préférable.

Il existe également 6 ferries inter-îles qui relient Mainland aux îles de Whalsay, Skerries, Bressay, Papa Stour, Fair Isle et Foula. Il y a plusieurs départs par jour pour Whalsay, Bressay et les îles du Nord. Pour Skerries, Papa Stour, Fair Isle et Foula, les liaisons sont moins fréquentes et il faut réserver. À l'exception de ceux pour Fair Isle et Foula, tous les ferries (shetland.gov.uk/ferries) embarquent les voitures.

Airtask (airtask.com) assure plusieurs vols hebdomadaires entre Tingwall et Fair Isle comme Foula.

Carnet d'adresses

KIRKWALL

Bishop's Palace
Voir p. 409 (0185-687 1918 ; www.historicenvironment.scot/visit-a-place/places/bishop-s-and-earl-s-palaces-kirkwall ; Watergate, KW15 1PD ; entrée avec l'Earl's Palace adulte/enfant 7,50/4,50 £ ; 9h30-12h et 13h-17h30 avr-sept ; 4, 9 jusqu'à St Magnus Centre)

Earl's Palace
Voir p. 409 (0185-687 1918 ; www.historicenvironment.scot ; Watergate, KW15 1PD ; entrée avec le Bishop's Palace adulte/enfant 7,50/4,50 £ ; 9h30-12h et 13h-17h30 avr-sept ; 4, 9 jusqu'à St Magnus Centre)

Highland Park Distillery
Voir p. 409 (0185-688 5604 ; www.highlandpark.co.uk ; Holm Rd, KW15 1SU ; visites 30-70 £ ; 10h-17h ; 3E jusqu'à Highland Park Car Park)

Orkney Distillery
Voir p. 409 (0185-687 5338 ; www.orkneydistilling.com ; Ayre Rd, KW15 1QX ; visite adulte/enfant 20/12,50 £ ; 10h-17h lun-sam, 12h-17h dim avr-oct ; 9 jusqu'à Ayre Hotel)

Orkney Museum
Voir p. 409 (0185-687 3191 ; www.orkney.gov.uk ; Broad St, KW15 1DH ; 10h30-17h lun-sam ; 4, 9 jusqu'à St Magnus Centre)

St Magnus Cathedral
Voir p. 409 (01856-874894 ; www.stmagnus.org ; Broad St, KW15 1DH ; 9h-13h et 14h-17h lun-sam ; 4, 9 jusqu'à St Magnus Centre)

St Olaf's Kirk
Voir p. 409 (0163-157 0550 ; www.dunollie.org ; St Olaf's Wynd, KW15 1JB ; 10h-17h lun-sam, 12h-17h dim avr-oct ; 4, 9, 437 jusqu'à Kirkwall Hotel)

Ayre Hotel
Voir p. 409 (0185-687 3001 ; www.ayrehotel.co.uk ; Ayre Rd, KW15 1QX ; 9 jusqu'à Ayre Hotel)

Kirkwall Hotel
Voir p. 409 (0185-687 2232 ; www.kirkwallhotel.com ; Harbour St, KW15 1LE ; 4, 9, 437 jusqu'à Kirkwall Hotel)

Peedie Hostel
Voir p. 409 (0185-687 5477 ; www.stayinkirkwall.co.uk/peedie-hostel.html ; Ayre House, Ayre Rd, KW15 1QX ; 9 jusqu'à Ayre Hotel)

Helgi's
Voir p. 409 (0185-687 9293 ; www.facebook.com/Helgis ; 14 Harbour St, KW15 1LE ; 15h-23h mar-mer, 16h-minuit jeu, 11h45-1h ven-sam, 12h30-23h dim ; 4, 9, 437 jusqu'à Kirkwall Hotel)

Kirkness & Gorie
Voir p. 409 (0185-688 8792 ; www.kirknessandgorie.com ; 11 Broad St, Kirkwall KW15 1DH ; 10h-17h mar-sam ; 4, 9 jusqu'à St Magnus Centre)

Judith Glue Real Food Cafe
Voir p. 409 (0185-687 4225 ; www.judithglue.com ; 25 Broad St, KW15 1DH ; 12h-14h45 et 17h30-21h ; 4, 9 jusqu'à St Magnus Centre)

Lynnfield Hotel
Voir p. 409 (0185-687 2505 ; lynnfield.co.uk ; Holm Rd, St Ola, KW15 1SU ; 12h-13h30 et 18h-20h30 ; N1 jusqu'à Highland Park Car Park)

Twenty One
Voir p. 409 (www.facebook.com/TwentyOneKirkwall ; 8 Laing St, KW15 1NW ; burgers 10,90 £ ; 11h-23h mer-jeu, 11h-1h ven-sam ; 4, 9, 437 jusqu'à Kirkwall Hotel)

Brig Larder
Voir p. 409 (0185-687 3146 ; www.jollysoforkney.co.uk/pages/the-brig-larder ; Dunollie House, PA34 5TT ; 8h30-17h30 lun-ven, 9h-17h sam ; 4, 9, 437 jusqu'à Kirkwall Hotel)

ENVIRONS DE KIRKWALL

Barnhouse Settlement
Voir p. 411 (www.orkney.com/listings/barnhouse-settlement ; B9055, Stromness KW16 3JZ)

Barony Mill
Voir p. 415 (0185-672 1439 ; www.baronymill.com ; A968, KW17 2LY ; adulte/enfant 5 £/gratuit ; 9h-17h mai-sept ; 7, 441 jusqu'à Barony Mill)

Broch of Gurness
Voir p. 415 (0185-675 1414 ; www.historicenvironment.scot/visit-a-place/places/broch-of-gurness ; Aikerness, Evie, Orcades KW17 2NH ; adulte/enfant 7/4 £ ; 10h-12h30 et 13h30-17h avr-sept)

Castle O' Burrian
Voir p. 416 (www.orkney.com/listings/castle-oburrian ; Orcades KW17 2DE)

Churchill Barriers
Voir p. 417 (www.visitscotland.com/info/see-do/churchill-barriers-p669121 ; A961, Orcades KW17 2RZ)

Cuween Hill Chambered Cairn
Voir p. 411 (0185-684 1815 ; www.historicenvironment.scot/visit-a-place/places/cuween-hill-chambered-cairn ; Old Finstown Rd, Orcades KW17 2EJ)

Earl's Palace
Voir p. 415 (www.historicenvironment.scot/visit-a-place/places/earls-palace-birsay ; Mainland, KW17 2LX ; 6, 7, 441 jusqu'à Palace Shop)

Egilsay's St Magnus Kirk
Voir p. 416 (0163-156 2596 ; www.historicenvironment.scot/visit-a-place/places/st-magnus-church-egilsay ; Orcades KW17 2QD)

Hackness Martello Tower and Battery
Voir p. 413 (0185-670 1727 ; www.historicenvironment.scot/visit-a-place/places/hackness-martello-tower-and-battery ; Hackness, South Walls KW16 3PQ ; adulte/enfant 7/4 £ ; visite guidée 10h15, 12h et 14h30 avr-sept)

'Heart of Neolithic Orkney'
Voir p. 411 (0163-156 2596 ; 8 Aird's Cres, PA34 5SQ ; 11h-1h ; 1, 5, 23, 401, 403, 405, 408, 415 jusqu'à Oban-Station Square)

Heritage Centre
Voir p. 417 (0185-767 7414 ; westrayheritage.co.uk ; Westray Heritage Centre, Orcades KW17 2BZ ; 11h30-17h lun, 9h-12h et 14h-17h mar-sam, 13h30-17h dim)

HMS Tern (RNAS Twatt)
Voir p. 413 (0747-038 1237 ; hmstern.co.uk ; Twatt, Orcades KW17 2JH)

Hoxa Tapestry Gallery
Voir p. 412 (0163-156 2596 ; hoxatapestrygallery.co.uk ; St Margarets Hope, Orcades KW17 2TW ; 10h-17h30 lun-ven, 14h-17h dim)

Italian Chapel
Voir p. 413 (0185-678 1580 ; www.facebook.com/italianchapelorkney ; Lamb Holm, Orcades KW17 2SF ; adulte/enfant 3 £/gratuit ; 10h-16h avr-oct, 9h-18h30 juin, 9h-17h30 juil-août, 9h-17h mai-sept, 10h-13h nov-mars)

St Magnus Kirk, Egilsay, Orcades

Kirbuster Museum
Voir p. 415 (0185-677 1268 ; www.orkney.gov.uk/Service-Directory/S/kirbuster-museum ; Kirbuster Farm Museum, Hundland Rd, Birsay, Orcades KW17 2LR ; 10h-13h et 14h-17h lun-sam, 13h-17h dim)

Knap of Howar
Voir p. 415 (0163-156 2596 ; www.historicenvironment.scot/visit-a-place/places/st-magnus-church-egilsay ; Orcades KW17 2QD)

Links of Noltland
Voir p. 415 (www.historicenvironment.scot/visit-a-place/places/links-of-noltland ; Unnamed Road, Orcades KW17 2DW)

Lyness Naval Cemetery
Voir p. 413 (Hoy, Stromness, KW16 3NT)

Maeshowe
Voir p. 411 (0185-676 1606 ; www.historicenvironment.scot/visit-a-place/places/maeshowe-chambered-cairn ; Maes Howe, Stoneyhill Rd, Stromness KW16 3HQ ; adulte/enfant 9,50/5,50 £ ; 10h-17h avr-sept, 10h-16h oct-mars)

Marwick Head
Voir p. 414 (Birsay, KW17 2NB)

Midhowe Broch
Voir p. 416 (0185-684 1815 ; www.historicenvironment.scot/visit-a-place/places/midhowe-broch ; Orcades KW17 2PS)

Noltland Castle
Voir p. 415 (0185-687 2044 ; www.historicenvironment.scot/visit-a-place/places/noltland-castle ; Orcades KW17 2DW ; 9h30-17h30 avr-sept, 10h-16h oct-mars)

Ness Battery
Voir p. 413 (0775-985 7298 ; nessbattery.co.uk ; Ness Rd, Stromness KW16 3EL ; adulte/enfant 8/5 £ ; juin-déc)

Ness of Brodgar
Voir p. 412 (www.nessofbrodgar.co.uk ; Ness of Brodgar, Stennes, Stromness KW16 3JZ ; 11h, 13h et 15h lun-ven juil à mi-août)

Orkney Brewery
Voir p. 414 (0185-684 1777 ; www.orkneybrewery.co.uk ; Quoyloo House, Quoyloo,

Stromness KW16 3LX ; visites adulte/enfant 11/4,75 £ ; visites 11h, 11h45, 12h30, 13h30, 14h15 et 15h)

Orkney Fossil and Heritage Centre
Voir p. 417 (0185-673 1255 ; www.orkneyfossilcentre.co.uk ; Viewforth, Burray KW17 2SY)

Orkneyinga Saga Centre
Voir p. 417 (www.orkney.com/listings/orkneyinga-saga-centre ; 1 Gyre Rd, Orphir, Orcades KW17 2RD ; 9h-18h)

Quoyness
Voir p. 416 (www.historicenvironment.scot/visit-a-place/places/quoyness-chambered-cairn ; HY677 378)

Rerwick Head
Voir p. 413 (Rerwick Head, Tankerness, Orcades)

Ring of Brodgar
Voir p. 414 (cercle de Brodgar ; www.historicenvironment.scot/visit-a-place/places/ring-of-brodgar-stone-circle-and-henge ; B9055, Stromness KW16 3JZ)

Sanday Heritage Centre
Voir p. 416 (0185-766 8266 ; www.sanday.co.uk ; Heilsa Fjold, Sanday KW17 2BN ; don suggéré ; 9h30-16h30 lun-ven)

Scapa Flow Museum
Voir p. 413 (0185-679 1300 ; Lyness, Hoy, Stromness KW16 3NT ; 9h30-16h15 tlj mai-sept, mar-dim oct-déc, jeu-sam mars, lun-sam avr)

Skaill Farm
Voir p. 412 (Skaill Farm, Rousay ; 9h-17h juil)

Skara Brae
Voir p. 411 (0185-684 1815 ; www.historicenvironment.scot/visit-a-place/places/skara-brae ; Sandwick, Stromness KW16 3LR ; adulte/enfant nov-mars 7,50/4,50 £, avr-oct billet combiné avec la Skaill House 11/6,60 £ ; 9h30-17h30 avr-sept, 10h-16h oct-mars)

Standing Stones of Stenness
Voir p. 411 (pierres levées de Stenness ; www.historicenvironment.scot/visit-a-place/places/stones-of-stenness-circle-and-henge ; Stromness KW16 3JZ)

Stromness Museum
Voir p. 412 (01856-850025 ; www.stromnessmuseum.org.uk ; 52 Alfred St ; adulte/enfant 6/2 £ ; 11h-15h30 lun-sam)

Swandro
Voir p. 412 (0163-156 2596 ; www.swandro.co.uk ; Bay of Swandro, Rousay KW17 2PT ; dim-jeu 21 juin-7 août)

Tofts Ness
Voir p. 416 (KW17 2BP)

Unstan Chambered Cairn
Voir p. 411 (0185 6841 815 ; www.historicenvironment.scot/visit-a-place/places/unstan-chambered-cairn ; Stromness KW16 3JX)

Vat of Kirbister
Voir p. 417 (www.orkney.com/listings/vat-of-kirbister ; Stronsay, KW17 2AG)

Yesnaby Cliffs
Voir p. 414 (www.orkney.com/listings/yesnaby ; Yesnaby Road, Orcades, KW16 3LP)

Andy and Karen Penn
Voir p. 416 (www.orkney.com/things/crafts/trail)

Creative Orkney Trail
Voir p. 412 (www.orkney.com/things/crafts/trail)

Kraken Diving
Voir p. 413 (0793-349 2349 ; www.krakendiving.co.uk ; Palace Cottage, Birsay, Orcades KW17 2PLX ; Palace Cottage, Birsay ; plongée initiation 125 £ ; 9h-18h)

My Orkney Tours
Voir p. 413 (0771-049 4187 ; myorkneytours.co.uk ; East Massater, South Ronaldsay, Kirkwall KW17 2RN)

Orkney Tailor-Made Tours
Voir p. 413 (0185-646 6008 ; orkney-tailor-made-tours.co.uk ; 13 Claymore Ct, Kirkwall KW15 1UP)

Foveran
Voir p. 414 (0185-687 2389 ; www.thefoveran.com ; A964, Kirkwall KW15 1SF ; 2 jusqu'à Foveran Road End)

Skara Brae, Orcades

XTRAVAGANT/STOCK.ADOBE.COM ©

Merkister Hotel
Voir p. 414 (0185-677 1366 ; merkister.com ; Harray Loch, Harray, Orcades KW17 2LF ; 7 jusqu'à Russland Road End)

Sands Hotel
Voir p. 414 (0185-673 1298 ; www.thesandshotel.co.uk ; Burray, Orcades KW17 2SS)

59 Degrees North
Voir p. 416 (0185-760 0260 ; www.59-degreesnorth.co.uk ; Whistlebrae Sanday, Orcades KW17 2AZ ; 11h-20h mer-dim)

Bayleaf Delicatessen
Voir p. 414 (0185-685 1605 ; www.facebook.com/bayleafdelicatessen ; 103 Victoria St, Stromness KW16 3BU ; 10h-17h30 lun-sam)

Birsay Bay Tearoom
Voir p. 415 (0185-672 1399 ; birsaybaytearoom.co.uk ; Palace, Birsay, Orcades KW17 2LX ; 12h-14h jeu, 10h30-16h ven-dim)

Eviedale Bakehouse
Voir p. 412 (0185-675 1714 ; www.eviedale-cottages.co.uk/bistro ; Eviedale Centre, Evie KW17 2PJ ; pizzas 10,50-13,90 £ ; 16h-20h30 ven-dim)

Jack's Chippy
Voir p. 415 (0185-767 7471 ; www.pierowall-fish.co.uk ; Broughton, Westray, Pierowall KW17 2DA ; plats 9-11,85 £ ; 9h-17h lun-ven, 9h-13h sam)

Julia's Cafe
Voir p. 414 (0185-685 0904 ; www.juliascafe.co.uk ; Stromness KW16 3AE ; 9h30-16h30, 10h-16h30 dim)

Murray Arms Hotel
Voir p. 412 (0185-683 1205 ; themurrayarmshotel.com ; Finstown, Orcades KW17 2EH ; 12h-23h dim-jeu, 12h-minuit ven-sam été, 16h-22h dim-lun et jeu, 12h-1h ven-sam)

Pierowall Hotel
Voir p. 415 (0185-767 7472 ; pierowallhotel.co.uk ; Pierowall, Papa Westray, Orcades KW17 2BZ ; 12h-14h et 17h-20h)

Richan's Retreat
Voir p. 415 (0185-767 7877 ; www.facebook.com/RichansRetreat ; Rapness, Orcades KW17 2DE ; 8h30-18h30)

Saintear
Voir p. 415 (0782-501 7124 ; www.facebook.com/people/Saintear/100067001912771 ; Saintear Westray KW17 2DP ; 9h30-16h lun, 9h30-16h et 17h-18h30 mar, 17h-18h30 ven, 9h30-16h sam)

Westray Bakehouse
Voir p. 415 (0185-767 7349 ; www.thewestraybakehouse.co.uk ; Westray, Orcades KW17 2DL ; 9h-17h lun-ven)

Alison Moore Designs
Voir p. 412 (0185-677 1511 ; www.alisonmoore.co.uk ; Dounby, Orcades KW17 2HT ; 9h-17h lun-sam)

Andrea Holmes
Voir p. 412 (0795-074 8607 ; andreaholmesartist.com/shop ; 4 Palace Gardens, Birsay, Orcades KW17 2LL ; 10h-17h mer-dim ; 6, 7, 441 jusqu'à Palace Shop)

Carolyn Dixon
Voir p. 416 (0185-760 0282 ; www.working-landscape.co.uk ; Kirkha, Sanday, Orcades KW17 2BL)

Celina Rupp Jewellery
Voir p. 412 (0185-660 0897 ; www.celinaruppjewellery.co.uk ; The Commodore, Main Street, Holm, Orcades KW17 2RU ; 12h30-17h)

Gallery in the Nortwa'
Voir p. 416 (0771-213 9624 ; www.orkney.com/listings/the-gallery-in-the-nortwa ; 3 Lettan, Orcades KW17 2BP ; 12h30-17h)

Harray Potter
Voir p. 412 (0185-677 1419 ; www.harraypotter.com ; Fursbreck Pottery, Harray, Orcades KW17 2JR ; 9h45-18h lun-sam, 13h-17h dim)

Sheila Fleet
Voir p. 412 (0185-686 1758 ; sheilafleet.com ; Sheila Fleet Jewellery, The Workshop, Tankerness, Orcades KW17 2QT ; 10h-17h)

Studio Bu Ceramics
Voir p. 416 (www.visitsanday.com/the-bu-pottery-ceramics-vicky-john-shaw)

Vicky Shaw
Voir p. 412 (0798-275 4574 ; www.vickyshaw.co.uk)

Zoe Davidson
Voir p. 412 (0773-089 3625 ; zoedavidsonjewellery.co.uk ; Springfield Cottage, Back Road, Stromness, Orcades KW16 3AW ; 10h-16h30 mar-ven)

LERWICK

Clickimin Broch
Voir p. 418 (www.historicenvironment.scot/visit-a-place/places/clickimin-broch ; Hillhead, Shetland ZE1 0HB ; 9h30-17h30 avr-sept, 10h-16h oct-mars)

Lerwick Town Hall
Voir p. 418 (0159-574 4511 ; www.shetland.gov.uk ; A968, KW17 2LY ; adulte/enfant 5 £/gratuit ; 9h-17h)

Shetland Museum
Voir p. 418 (0159-569 5057 ; www.shetlandmuseumandarchives.org.uk ; Hay's Dock, Shetland ZE1 0WP ; adulte/enfant 5 £/gratuit ; 10h-17h lun-sam, 12h-17h dim sept-avr, 10h-16h mar-sam oct-mars ; 1, 3, 6, 9, 19, 23 jusqu'à St Magnus St)

Shetland Textile Museum
Voir p. 419 (0159-569 4386 ; www.shetlandtextilemuseum.com ; Böd of Gremista, Gremista Industrial Estate, Shetland ZE1 0PX ; adulte/enfant 3 £/gratuit ; 11h-16h mar-sam ; 4, 9, 1, 19, 21, 23 jusqu'à Lower Blackhill)

Aald Harbour
Voir p. 419 (0159-584 0689 ; www.aaldharbourbedandbreakfast.com ; 7 Church Rd, Shetland ZE1 0AE ; 7h-21h ; 5, 6, 9, 12, 19, 21, 23 jusqu'à Annsbrae Gardens)

Islesburgh House Hotel
Voir p. 419 (0159-574 5100 ; www.shetland.gov.uk/islesburgh-community-centre-hostel/islesburgh-house-hostel ; King Harald St, Lerwick, Shetland ZE1 0EQ ; 1, 3, 9, 12, 19, 21, 23 jusqu'à Isleburgh House)

Shetland Seawinds
Voir p. 419 (www.facebook.com/seawindsshetland)

Da Steak House
Voir p. 419 (0159-569 6566 ; www.facebook.com/lerwicksteakhouse ; 5 Mounthooly St, Shetland ZE1 0BL ; plats 18,50-33,50 £ ; 17h-20h30 mar-sam ; 6, 9, 12, 19, 21, 23 jusqu'à Harrison Square)

Dowry
Voir p. 419 (0159-569 2373 ; www.thedowry.co.uk ; 98 Commercial St, Shetland ZE1 0EX ; repas légers 6-13 £ ; 10h-22h mar-jeu, 10h-23h ven-sam ; 6, 9, 12, 19, 21, 23 jusqu'à Harrison Square)

Fjarå
Voir p. 418 (0159-569 7388 ; www.fjaracoffee.com ; Sea Rd ; plats 8-22 £ ; 8h-22h mar-sam, 9h-17h dim ; 5 jusqu'à Tesco Car Park)

No 88
Voir p. 418 (0159-569 2139 ; www.no88shetland.com ; 88 Commercial St, Shetland ZE1 0EX ; plats déj 9,90-14,90 £ ; 10h-22h mer-sam, 12h-16h dim ; 6, 9, 12, 19, 21, 23 jusqu'à Harrison Square)

Peerie Shop Cafe
Voir p. 419 (0159-569 2816 ; www.peerieshop.co.uk ; Campbells Close, Esplanade, ZE1 0LL ; en-cas 3-8 £ ; 8h-16h mar-dim ; 6, 9, 12, 19, 21, 23 jusqu'à Harrison Square)

Anderson & Co
Voir p. 420 (0159-569 3714 ; www.shetlandknitwear.com ; 60-62 Commercial St, Shetland ZE1 0BD ; 9h-16h lun-mar et jeu-ven, 10h-16h sam ; 6, 9, 12, 19, 21, 23 jusqu'à Harrison Square)

Jamieson and Smith Shetland Wool Brokers
Voir p. 420 (0159-569 3579 ; www.shetlandwoolbrokers.co.uk ; 90 North Rd, Shetland ZE1 0PQ ; 9h-17h lun-ven ; 1 jusqu'à North Road)

Jamieson's of Shetland
Voir p. 420 (0159-569 3114 ; www.jamiesonsofshetland.co.uk ; 93-95 Commercial St, Shetland ZE1 0BD ; 9h-17h lun-sam ; 6, 9, 12, 19, 21, 23 jusqu'à Harrison Square)

Fire Festival
Voir p. 420 (www.shetland.org/visit/up-helly-aa-fire-festivals ; jan-mars)

Wool Week festival
Voir p. 418 (www.shetlandwoolweek.com ; 23 sept-1 oct)

ENVIRONS DE LERWICK

Bobby's Bus Shelter
Voir p. 426 (www.shetland.org/blog/bobbys-bus-shelter ; A968, Shetland ZE2 9TW)

Bonhoga Gallery
Voir p. 424 (0159-574 5750 ; www.shetlandarts.org/venues/bonhoga ; Weisdale Mill, Weisdale ZE2 9LW ; 10h30-16h30 mer-dim)

Fetlar Interpretive Centre
Voir p. 427 (0195-773 3206 ; www.fetlar.org ; Houbie, Feltar, Shetland ZE2 9DJ ; 11h-16h lun-sam, 12h30-16h dim)

George Waterston Memorial Centre
Voir p. 423 (0159-576 0244 ; www.shetland.org/listings/george-waterston-memorial-centre-museum ; Auld Skoll, Utra, Fair Isle, Shetland ZE2 9JU ; 14h-16h lun, 10h30-12h mer, 14h-15h30 ven mai-oct)

Jarlshof Prehistoric & Norse Settlement
Voir p. 455 (0195-046 0112 ; www.historicenvironment.scot/visit-a-place/places/jarlshof-prehistoric-and-norse-settlement ; Sumburgh, Shetland ZE3 9JN ; adulte/enfant 7/4 £ ; 10h-16h mar-sam oct-mars, 9h30-17h30 tlj avr-sept)

Keen of Hamar nature reserve
Voir p. 426 (www.nature.scot/enjoying-outdoors/visit-our-nature-reserves/keen-hamar-nature-reserve ; Shetland ZE2 9TW)

Old Haa Museum
Voir p. 426 (0195-772 2339 ; www.oldhaa.com ; Brough Rd, Shetland ZE2 9AY ; don suggéré ; 10h30-15h30 lun-jeu et sam, 14h-18h dim avr-oct)

Michaelswood
Voir p. 424 (Aith, Shetland ZE2 9NB)

Muness Castle
Voir p. 426 (www.historicenvironment.scot/visit-a-place/places/muness-castle ; Unst, Shetland ZE2 9DL)

Scalloway Castle
Voir p. 424 (0159-574 4511 ; www.shetland.gov.uk ; A968, KW17 2LY ; adulte/enfant 5 £/gratuit ; 9h-17h)

Scalloway Museum
Voir p. 424 (0185-684 1815 ; www.historicenvironment.scot/visit-a-place/places/scalloway-castle ; Castle St, Shetland ZE1 0TQ)

Sand Gairdins
Voir p. 424 (0159-574 4511 ; www.gairdins.org.uk ; Mainland, Bixter, Shetland ZE2 9NQ ; 7h-19h)

Saint Ninian's Chapel
Voir p. 422 (Unnamed Road, Shetland ZE2 9JA)

Saxa Vord Distillery
Voir p. 426 (0195-771 1217 ; www.shetlandreel.com ; Saxa Vord, Unst, Shetland ZE2 9TN ; visite adulte/enfant 20 £/gratuit)

Stanydale Temple
Voir p. 424 (www.historicenvironment.scot/visit-a-place/places/stanydale-temple/history ; A971, ZE2 9NS)

Sumburgh Head
Voir p. 422 (0195-046 1966 ; www.sumburghhead.com ; Sumburgh ZE3 9JN ; adulte/enfant 6/2 £ ; avr-sept)

Unst Boat Haven
Voir p. 426 (0195-771 1809 ; Haroldswick, Unst ZE2 9ED ; adulte/enfant 4 £/gratuit ; 11h-16h mai-sept)

Unst Heritage Centre
Voir p. 426 (0195-771 1528 ; Haroldswick, Unst ZE2 9EE ; adulte/enfant 4 £/gratuit ; 11h-16h mai-sept)

Mousa Boat
Voir p. 422 (0790-187 2339 ; www.mousa.co.uk ; Sandsayre Pier, Sandwick, Shetland ZE2 9HP ; 11h30-14h30 dim-ven)

Shetland Nature
Voir p. 426 (www.shetlandnature.net ; Fair Isle, Shetland ZE2 9JU ; excursions 150-800 £)

Belmont House
Voir p. 426 (0753-417 9092 ; belmontshetland.com ; Belmont, Unst, Shetland ZE2 9DW)

Braewick Cafe & Caravan Park
Voir p. 426 (0180-650 3345 ; www.facebook.com/BraewickCafe ; Cafe and Campsite, Braewick, Shetland ZE2 9RS)

Bridge End Outdoor Centre & Caravan Park
Voir p. 426 (0159-585 9486 ; www.bridgeendoutdoors.com ; Bridge End, Shetland ZE2 9LE)

Bressay, Shetland

Burravoe Pier Trust Caravan & Campsite
Voir p. 426 (0195-772 2315 ; www.shetland.org/listings/burravoe-pier-trust-caravan-and-campsite ; Yell, Shetland ZE2 9AY)

Cunningsburgh Touring Park
Voir p. 426 (0747-089 9605 ; www.ctp.holiday ; Aithsvoe Marina, Cunningsburgh ZE2 9HG)

Gardiesfauld Hostel Caravan & Campsite
Voir p. 426 (0195-775 5279 ; unst.org/web/location/accommodation/gardiesfauld-youth-hostel-caravan-park ; 2 Belmont, Uyeasound, Unst, Shetland ZE2 9DW)

Noosthamar Holiday Cottage
Voir p. 426 (www.facebook.com/Noosthamar ; Burrafirth, Shetland ZE2 9EQ)

Peerie Neuk
Voir p. 426 (0753-586 0743 ; www.peerieneuk.co.uk ; Haroldswick, Unst, Shetland ZE2 9EF)

Skeld Caravan Site & Campsite
Voir p. 424 (0159-586 0287 ; www.skeldcaravanpark.co.uk ; Skeld, Shetland ZE2 9NY)

South Lighthouse
Voir p. 423 (0159-574 5100 ; Fair Isle, Sumburgh Airport, Shetland ZE2 9JU)

The Auld Haa
Voir p. 423 (0159-576 0349 ; Fair Isle ZE2 9JU)

The Taing
Voir p. 424 (0794-498 7270 ; www.thetaingshetland.com ; Reawick, Shetland, ZE2 9NJ)

Upper Leogh
Voir p. 423 (0159-576 0248 ; kathy.coull@btinternet.com ; Fair Isle)

Westshore
Voir p. 424 (westshoreshetland.co.uk ; Walls, Westshore ZE2 9PD)

Busta House Hotel
Voir p. 425 (0180-652 2506 ; www.bustahouse.com ; Busta, Shetland ZE2 9QN ; 12h30-13h30 et 17h30-20h)

Braewick Cafe & Caravan Park
Voir p. 425 (0180-650 3345 ; www.facebook.com/BraewickCafe ; Braewick, Shetland ZE2 9RS ; 10h-16h mer-dim)

CARNET PRATIQUE

Ce chapitre présente toutes les informations pratiques essentielles dont vous aurez besoin pour voyager en Écosse.

Randonnée dans les Eildon Hills (p. 157)

Arriver en Écosse

L'Écosse compte quatre aéroports internationaux : Aberdeen, Édimbourg, Glasgow et Glasgow-Prestwick. Quelques vols internationaux de courte distance atterrissent à Inverness. En train depuis l'Europe, il vous faudra passer par Londres pour rejoindre Édimbourg ou Glasgow.

Visas

Les ressortissants européens et de certains autres pays comme le Canada peuvent séjourner en Écosse sans visa (pour une durée de 6 mois maximum) ; renseignez-vous en ligne.

Contrôle des passeports

Il est nécessaire de présenter un passeport en cours de validité. Le Royaume-Uni étant sortie de l'UE, la seule carte d'identité ne suffit plus pour les ressortissants européens.

Téléphone

Le Royaume-Uni n'est plus lié par les règles européennes en matière d'itinérance mobile. Des frais, variables selons les opérateurs, peuvent aujourd'hui s'appliquer. Veillez à vous renseigner avant de partir.

Argent liquide

En Écosse, comme dans tout le reste du Royaume-Uni, la monnaie est la livre sterling (£). Pour consulter les derniers taux de change, reportez-vous au site Internet www.xe.com/fr.

Transports en commun de l'aéroport au centre-ville

	Édimbourg	Glasgow
BUS	24 min **4,50 £**	25 min **8,50 £**
TRAM	34 min **6,50 £**	N/A
TAXI	20 min **28 £**	25 min **25 £**

LES TRIBULATIONS D'UN TRAM

Après des années de retard et de controverse, un budget dépassé de plus de 400 millions de livres et un trajet final réduit de moitié, la ligne de tramway reliant l'aéroport d'Édimbourg au centre-ville a finalement vu le jour en 2014. En 2020, les travaux de prolongement des rails jusqu'au front de mer ont commencé, avec des conséquences fâcheuses pour le quartier de Leith, ses commerces, ses routes, ses voies de bus et ses trottoirs. Malgré tous les problèmes engendrés et une forte opposition locale, les nouveaux tronçons (annoncés pour le printemps 2023) permettront de se rendre directement de l'aéroport aux quartiers de Leith et Newhaven.

Avion

Aéroport d'Édimbourg (www.edinburghairport.com). À 13 km à l'ouest de la ville, cet aéroport offre de nombreux vols pour d'autres régions d'Écosse et pour le reste du Royaume-Uni, l'Irlande et le reste de l'Europe, ainsi que des long-courriers, vers le Canada notamment.
Aéroport de Glasgow (www.glasgowairport.com). Le principal aéroport de Glasgow dessert toute l'Écosse, le Royaume-Uni et l'Europe, ainsi que des destinations plus éloignées comme le Canada.
Aéroport de Londres-Heathrow (www.heathrow.com). Le principal aéroport international du Royaume-Uni. Si vous arrivez du Canada, il revient parfois moins cher de transiter par cet aéroport.

Bateau

Depuis la France Les ferries et l'Eurostar proposent une traversée de la Manche pour rejoindre l'Angleterre à des tarifs similaires. Les **ferries P&O** (www.poferries.fr) gèrent plusieurs traversées quotidiennes Calais-Douvres. La traversée (1 heure 30) avec voiture et 2 adultes coûte au minimum 80 €. **Brittany Ferries** (www.brittany-ferries.fr) propose des trajets entre Caen, Saint-Malo, Cherbourg et Roscoff vers Portsmouth, entre Cherbourg et Poole et entre Roscoff et Plymouth.
DFDS Seaways (www.dfdsseaways.fr) assure des trajets de Dieppe vers Newhaven et de Dunkerque ou Calais vers Douvres (ainsi que d'Amsterdam vers Newcastle).
Depuis la Belgique Les **ferries P&O** (www.poferries.be) assurent la liaison Zeebruges-Hull (et aussi Rotterdam-Hull).
Depuis l'Irlande du Nord Les traversées sont assurées par **Stena Line** (www.stenaline.co.uk) et **P&O** (www.poferries.com). Stena Line propose la traversée Belfast-Cairnryan, et P&O la traversée Larne-Cairnryan.

Bus

Pour vous rendre en Écosse en bus depuis la France, la Belgique ou la Suisse, il vous faudra d'abord rejoindre Londres avec Flixbus (France www.flixbus.fr ; Belgique fr.flixbus.be/ ; Suisse fr.flixbus.ch). Ensuite, utilisez une compagnie anglaise, dont Megabus (www.megabus.com), National Express (www.nationalexpress.com) et Scottish Citylink (www.citylink.co.uk).

Train

Se rendre en Écosse en train est plus rapide et plus confortable qu'en bus, mais plus coûteux. En partant de Paris, il vous faudra changer à Londres (trajet minimum de 7 heures 05).
Eurostar (www.eurostar.com/fr-fr) met la gare de St Pancras, à Londres, à moins de 2 heures 30 de Paris et à 2 heures de Bruxelles. Des départs sont possibles de Lille, Calais et Lyon. De St Pancras, on accède facilement aux gares de King's Cross et Euston, d'où des trains partent pour Édimbourg et Glasgow.

Le **National Rail Enquiries** (www.nationalrail.co.uk) vous renseignera sur les horaires et les tarifs de tous les trains en Grande-Bretagne.
Avanti West Coast (www.avantiwestcoast.co.uk). Trains entre Londres (gare de Euston) et Glasgow (4 heures 30, toutes les heures).
Caledonian Sleeper (www.sleeper.scot). Train de nuit reliant Londres (gare de Euston) à Édimbourg, Glasgow, Stirling, Perth, Dundee, Aberdeen, Fort William et Inverness.
Crosscountry (www.crosscountrytrains.co.uk). Trains circulant entre le pays de Galles/le centre et le sud-ouest de l'Angleterre et Glasgow, Édimbourg et Aberdeen.
LNER (www.lner.co.uk). Liaisons entre Londres (gare de Kings Cross) et Édimbourg (4 heures 30, toutes les 30 minutes).
TransPennine Express (www.tpexpress.co.uk). Trains reliant Manchester (au nord-ouest de Londres) à Glasgow et Édimbourg.

Voiture et moto

Il est assez simple de venir en Écosse avec un véhicule immatriculé dans l'Union européenne pour une période n'excédant pas 6 mois, mais renseignez-vous avant de partir.

Le trajet Paris-Édimbourg via le tunnel sous la Manche fait 1 025 km (dont 750 km pour la section Calais-Édimbourg). En voiture, il se parcourt en 12 heures environ. À noter que dans le tunnel, vous ne "conduisez" pas, vous entrez avec votre voiture dans un wagon… et c'est ce wagon qui, sur des rails, roule jusqu'en Angleterre. Une fois le tunnel passé, prenez la direction de Londres et empruntez le périphérique M25 pour rejoindre l'autoroute M1 ; puis continuez vers le nord et l'Écosse par la M1 et la M6.

Au Royaume-Uni, on roule à gauche. Les limitations de vitesse sont indiquées en miles et non en kilomètres. Toutefois, si vous n'êtes pas très à l'aise avec la conduite à gauche, vous pouvez tout à fait laisser votre véhicule à Folkestone (à la sortie du tunnel, en Angleterre) et prendre un train direct vers Londres à la gare de Folkestone Central, puis vous rendre en Écosse.

Comment circuler

Louez une voiture pour un road trip épique à travers l'Écosse ou admirez les paysages au rythme des très nombreux transports en commun.

BUDGET

Location de voiture
À partir de 20 £/jour

Carburant
Env. 1,70 £/litre

Vols de Glasgow à Barra
À partir de 100 £ aller/retour

Trains d'Édimbourg à Inverness
Env. 60 £ aller/retour aux heures creuses

Louer une voiture

On peut louer une voiture dans les grandes villes et les aéroports. Les tarifs sont généralement calculés à la journée (soyez vigilant sur les heures stipulées). La demande est très forte en été ; les véhicules automatiques sont plus rares et plus chers. Réservez bien à l'avance.

Les tarifs de location de voiture sont assez intéressants au Royaume-Uni. Vous pourrez parfois dénicher des offres très intéressantes sur Internet – jusqu'à 15 £ par jour pour une location de longue durée. Utilisez des comparateurs comme Kayak pour trouver les meilleures offres.

NOTRE CONSEIL

Si vous visitez les Hébrides extérieures, les Orcades ou les Shetland, il revient souvent moins cher de louer un véhicule sur place que de payer la traversée en ferry d'une voiture de location.

SUR LES ROUTES

Vous suivrez des autoroutes, de grands axes et des routes de campagne très étroites et sinueuses. Conduisez lentement et avec prudence, surtout par mauvais temps.

Le Highway Code, largement disponible en librairie et téléchargeable (en anglais) sur www.gov.uk/highway-code, détaille de manière exhaustive le code de la route en vigueur au Royaume-Uni. Consultez-le pour connaître les règles de priorité aux ronds-points et sur les *single track roads* (routes à voie unique mais à double sens). Et n'oubliez pas de profiter du paysage !

GEORGE MDIVANIAN / EYEEM/GETTY IMAGES ©

N'OUBLIEZ PAS

La conduite se fait à gauche.

70

La vitesse est limitée à 70 mph (112 km/h) sur les autoroutes et les quatre-voies rapides, à 60 mph (96 km/h) hors agglomération et à 30 mph (48 km/h) en agglomération.

0,5

La limite d'alcoolémie tolérée au volant est de 0,5 g/l de sang.

L'Écosse à vélo

La taille réduite de l'Écosse permet d'y circuler à vélo sans problème particulier. Pour les îles, le vélo est l'option la moins chère (en ferry) et la plus adaptée. Pour plus de détails, consultez www.visitscotland.com/cycling et le site Internet de **Sustrans** (www.sustrans.org.uk/national-cycle-network).

Les vélos voyagent gratuitement sur tous les trains ScotRail, mais la place à bord est souvent restreinte. Des wagons baptisés "Active Travel Carriages" pouvant transporter jusqu'à 20 vélos, et disposant de points de recharge pour les modèles électriques, ont été mis en place sur la ligne Glasgow-Oban-Fort William-Mallaig. La réservation est obligatoire sur certains itinéraires, notamment Inverness-Kyle of Lochalsh et Glasgow-Oban-Fort William-Mallaig, et fortement recommandée sur de nombreuses autres lignes. Vous pouvez réserver pour votre vélo de 8 semaines à 2 heures à l'avance dans les grandes gares, ou bien par téléphone ou en ligne au moment de réserver vos billets.

Avion

En Écosse, la plupart des lignes intérieures sont conçues pour une clientèle d'affaires ou pour le ravitaillement des îles isolées. L'avion est donc peu rentable sur ces courtes distances ; à envisager surtout si le temps vous manque et si vous souhaitez visiter les Hébrides, les Orcades ou les Shetland.
Loganair (www.loganair.co.uk). Relie quotidiennement Édimbourg, Glasgow, Inverness, Aberdeen et plusieurs îles : Barra, Benbecula, Islay, Lewis, les Orcades, les Shetland et Tiree. La plupart des vols durent 1 heure environ. Depuis l'aéroport d'Oban, **Hebridean Air Services** (www.hebrideanair.co.uk) vole moins fréquemment vers Coll, Colonsay, Islay et Tiree.

Bus et train

Explorer l'Écosse en transports en commun est une expérience aussi enrichissante qu'agréable. Bus et trains relient les grandes villes aux petites bourgades, aux destinations touristiques et aux ports. Les lignes de bus locales desservent les campagnes et les îles.
Attention toutefois : si un vaste réseau de bus couvre la majeure partie de l'Écosse, les liaisons vers les zones rurales reculées répondent surtout aux besoins des habitants (ramassage scolaire, courses en ville…), et leurs horaires ne conviennent pas toujours aux visiteurs.
De même, le réseau ferroviaire écossais s'étend à toutes les villes, moyennes et grandes, mais présente d'importantes lacunes dans les Highlands et les Southern Uplands, où il vous faudra recourir à la route. À noter : la ligne West Highland, qui relie Glasgow à Fort William et à Mallaig, et la ligne Inverness-Kyle of Lochalsh traversent des paysages splendides.
First (www.firstgroup.com). Gère les bus locaux dans différentes parties de l'Écosse.
Scottish Citylink (www.citylink.co.uk). Un réseau national de bus fiables et confortables à destination des principales villes. En dehors des grandes lignes, vous devrez recourir aux compagnies locales.
Stagecoach (www.stagecoachbus.com). Assure des liaisons locales en bus dans de nombreuses régions écossaises.
ScotRail (www.scotrail.co.uk). Gère la plupart des lignes de train en Écosse ; horaires téléchargeables sur le site Internet.

Ferry

Caledonian MacBrayne (CalMac ; www.calmac.co.uk). Dessert la côte et les îles occidentales. Tous les horaires sont disponibles sur le site Internet ou sous forme de brochure dans les offices du tourisme. Il y a des horaires d'été et des horaires d'hiver, ces derniers étant quelque peu réduits. Le forfait CalMac Island Hopscotch offre 30 combinaisons de traversées à prix réduits, listées sur le site Internet et dans leur brochure. Les vélos voyagent gratuitement avec la formule piéton.
Northlink Ferries (www.northlinkferries.co.uk). La compagnie des ferries du Nord relie Aberdeen et Scrabster (près de Thurso) aux Orcades, les Orcades aux Shetland et Aberdeen aux Shetland.

Réserver ses billets

Économisez en réservant. Abonnez-vous aux notifications Ticket Alerts de **TheTrainLine** (www.thetrainline.com) pour sauter sur les meilleurs tarifs douze semaines avant le départ des trains. Achetez vos places de bus sur Citylink (www.citylink.co.uk) à un prix avantageux jusqu'à 48 heures à l'avance.

Comme les Écossais

À bord des bus, divertissez-vous en contemplant les paysages, en observant les passants et en conversant joyeusement avec votre chauffeur ou les autres passagers. Ce mode de transport, particulièrement prisé des habitants des campagnes, vous offrira un bel aperçu de la vie locale.

Pass avantageux

ScotRail (www.scotrail.co.uk) propose plusieurs forfaits avantageux. Le pass Spirit of Scotland permet notamment un accès illimité aux trains, bus et ferries d'Écosse. Il est valable pour 4/8 jours de voyage sur une durée totale de 8/15 jours (149/189 £).

EN STOP

Il est plutôt facile de voyager en stop en Écosse, excepté autour des grandes villes et dans les zones densément habitées. Si la pratique est plus aléatoire dans le nord-ouest du pays, il est rare de devoir attendre de longues heures ailleurs. Sur certaines îles, l'auto-stop est très intégré dans les mentalités. Il est interdit de faire du stop sur les autoroutes et leurs bretelles d'accès. Si répandu soit-il, l'auto-stop n'est néanmoins jamais totalement dénué de risque.

Argent

MONNAIE : **LIVRE STERLING (£)**

Carte bancaire

Le paiement par carte est très répandu en Écosse ; depuis la pandémie, certains lieux refusent même les autres modes de paiement. En revanche, les petits commerces et B&B n'acceptent parfois que le liquide ; renseignez-vous à l'avance. Le paiement sans contact (jusqu'à 100 £) est fréquent.

Retraits de liquide

Mieux vaut avoir du liquide pour les pourboires et les petits commerces. On trouve des DAB dans les villes et villages ; retirez-y des espèces avant d'aller dans des endroits plus reculés de l'Écosse. Prévenez votre banque de votre voyage afin de ne rencontrer aucun problème avec votre carte.

Pourboires

Hôtels 1 £ par bagage transporté suffit. Pourboires à votre discrétion pour le personnel de chambre.

Restaurants 10% de l'addition généralement ; plus en fonction du lieu et du service (mais vérifiez que l'addition n'inclut pas déjà le service !). On peut parfois ajouter le pourboire lors du paiement par carte, mais cela reste rare.

Taxis Ce n'est pas une règle, mais il est courtois d'ajouter 1 £ ou d'arrondir à la livre supérieure.

COMBIEN COÛTE...

Circuit guidé dans une ville
12 £

Aller-retour en ferry d'Oban à Mull
7,80 £

Accès au château d'Édimbourg
18 £

Train de Glasgow à Fort William (aller simple en heures creuses)
34,50 £

BONS PLANS

Planifiez et réservez tout en amont. Hébergement, location de voiture, transports en commun... La demande est élevée et l'offre s'épuise rapidement. Le bus revient généralement moins cher que le train ; comparez les prix. Logez, mangez et sortez hors des zones touristiques et des centres-villes ; vous découvrirez ainsi les pubs bon marché et les petites adresses gastronomiques que fréquentent les Écossais.

SOUTENEZ LES COMMERCES LOCAUX

Après s'être relevés de la pandémie, les commerçants écossais font face à une hausse considérable de leurs frais et du coût de la vie. Heureusement, les touristes peuvent avoir un impact positif en achetant des souvenirs locaux et en choisissant des expériences authentiques. Les grandes chaînes de magasins et de supermarchés ont un côté pratique et familier (et sont parfois moins chères), mais elles dépendent moins du tourisme. Privilégiez les boutiques, restaurants et cafés indépendants, les créations d'artistes et d'artisans écossais, et les excursions, activités et hébergements proposés par des professionnels locaux.

À SAVOIR

Profitez des réductions sur les activités, pubs, restaurants et hôtels proposés sur les sites Itison (www.itison.com) et Groupon (www.groupon.co.uk). Afternoon tea, soirées, week-ends romantiques, excursions... on y trouve tous types d'offres.

Hébergement

Édifices historiques

En Écosse, l'histoire est partout, jusque dans les chambres. Les châteaux sont très prisés et se déclinent sous toutes les formes : hôtels et spa de luxe, appartements modernes, B&B traditionnels et même logements privatifs. Option moins onéreuse : les auberges historiques ayant hébergé des personnages célèbres au fil des siècles. La plupart des édifices anciens revendiquent leurs fantômes !

RYAN MCVAY/GETTY IMAGES ©

B&B

Accueil chaleureux, anecdotes et recommandations personnelles, petites attentions et bol de porridge fumant ou petit-déjeuner pour bien commencer la journée : séjourner chez des particuliers a plus d'un avantage. En optant pour un B&B, vous bénéficierez de l'hospitalité et du confort d'un foyer tout en favorisant l'économie locale.

Glamping

Charmant, original et souvent au cœur de la nature, le glamping (contraction de "glamour" et "camping") allie évasion et confort. Les logements vont des cabanes rustiques aux cocons romantiques pourvus de Jacuzzi, souvent plus coûteux qu'un hôtel ou un B&B. *Pods* (cabanes arrondies), roulottes, maisons de hobbit, tentes de safari, cabanes dans les arbres, dômes transparents ou yourtes, faites votre choix !

COMBIEN COÛTE UNE NUIT DANS...

un B&B
100 £

un dortoir
20 £

une roulotte
120 £

LES BOTHIES

Dans les contrées reculées, ces refuges en pierre offrent aux randonneurs un confort rudimentaire : ni électricité, ni eau, ni toilettes, mais une cheminée et d'éventuelles banquettes en bois sur lesquelles étendre son duvet. Entretenus par la Mountain Bothies Association, ils sont régis par le "Bothy Code" : un ensemble de règles officieuses invitant à partager ce que l'on possède (nourriture, whisky, talents musicaux...).

Pour les voyageurs à petit budget

L'Écosse compte une vaste gamme d'auberges de jeunesse et de *bunkhouses* (refuges) abritant dortoirs, chambres et suites familiales. Qu'il s'agisse d'établissements indépendants ou d'adresses du réseau Hostelling Scotland (www.hostellingscotland.org.uk), propreté et confort y sont de rigueur. Loin d'être réservés à la "jeunesse", ces lieux sont parfaits pour rencontrer d'autres amoureux du voyage.

CAMPING RESPECTUEUX

La loi écossaise garantissant le libre accès aux espaces naturels, le *right to roam*, permet à chacun de s'y promener et d'y camper sous réserve de ne laisser aucune trace de son passage. Malheureusement, les abus sont nombreux : dégradation de l'environnement, abandon de détritus et d'équipement de camping... Les rangers veillent au grain et l'Office des forêts (Forestry and Land Scotland) régule le stationnement des camping-cars. En haute saison, le camping sauvage est soumis à un permis dans certaines zones du Loch Lomond & The Trossachs National Park.

Avec des enfants

Voyageurs accompagnés de bébés, d'enfants et d'adolescents, réjouissez-vous, l'Écosse sait choyer les familles ! Activités de plein air, festivals pour tous les âges, restaurants variés et grands espaces vous réservent bien des distractions, en facilitant la tâche des parents grâce aux tarifs réduits, lieux publics pourvus de tables à langer, hébergements tout équipés et transports en commun bien organisés.

Offres et réductions

La plupart des sites et des prestataires proposent des forfaits famille ou des tarifs enfants.
En général, les transports publics sont gratuits pour les moins de 5 ans et accessibles à tarif réduit jusqu'à 15 ans. Certains réseaux de bus proposent des pass à la journée pour les familles.
Les auberges de jeunesse louent, à des prix raisonnables, des chambres familiales propres et confortables, tout en offrant l'accès à une cuisine.

Jeux et cahiers

Les librairies, boutiques de souvenirs et sites touristiques vendent souvent des cahiers d'activités et des petites boîtes en métal contenant des jeux et des autocollants portant sur l'histoire ou la nature écossaises : de quoi amuser les petits tout en leur faisant découvrir le pays.

Au restaurant

En règle générale, les restaurants écossais reçoivent très bien les familles : menus enfants alléchants (petites portions à petits prix) ; jeux et coloriages ; chaises hautes et tables à langer... Certains, surtout dans les grandes villes, proposent même des formules gratuites pour les petits.

SORTIES EN FAMILLE

Camera Obscura & World of Illusions (p. 58). Une attraction surprenante entre illusions d'optique, tunnel tourbillonnant et vue imprenable sur la ville.

Jacobite Steam Train (p. 335). Un trajet aux paysages inoubliables à bord du train de Harry Potter.

Sortie sur le Loch Ness (p. 310). Sonars, en-cas et histoires frissonnantes rythment les croisières à la recherche du monstre.

Luskentyre Beach (p. 379). Une superbe plage, sur Harris, fréquentée par des vaches des Highlands et des chevaux blancs sauvages.

VOYAGER AVEC UN BÉBÉ

Tables à langer La plupart des toilettes publiques, gares, hôtels, sites touristiques et grands supermarchés ont un espace pour changer les bébés.

Allaitement Les autorités écossaises encouragent volontiers l'allaitement en public. Les mères allaitantes sont particulièrement bien accueillies dans les établissements affichant l'autocollant "Breastfeeding Friendly Scotland".

Landaus et poussettes Les rues pavées et escarpées des centres historiques ne facilitent pas les déplacements ; prévoyez un porte-bébé.

Santé et sécurité

Assurance

Il n'est pas obligatoire de souscrire à une assurance voyage pour un séjour en Écosse, mais cela demeure fortement recommandé. Elle vous permettra d'être couvert en cas de vol, de perte, de vol annulé ou de problème médical. Les citoyens de l'UE détenant la carte européenne d'assurance maladie (CEAM) peuvent se faire soigner gratuitement lors de séjours de moins de 6 mois.

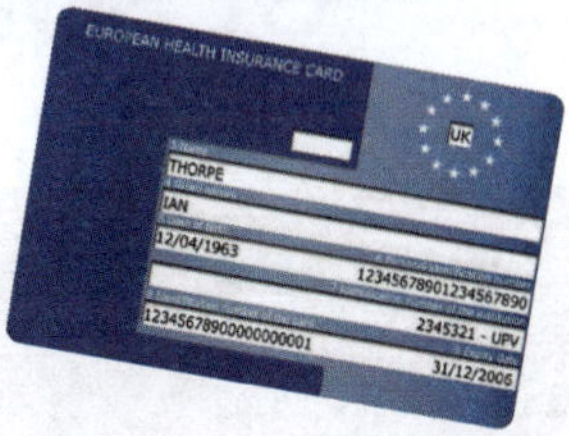

Tiques

Ces minuscules arachnides se nourrissant du sang des animaux s'accrochent volontiers à la peau des humains. Seul un faible pourcentage transmet la maladie de Lyme, mais l'infection peut avoir de graves conséquences. Ne renoncez pas à vous balader pour autant ; évitez simplement les hautes herbes, couvrez tout votre corps, examinez-vous une fois rentré et, si vous en trouvez une, arrachez-la à l'aide d'un tire-tique.

Voyager en solo

L'Écosse est une destination accueillante et inclusive ; un pays aux habitants chaleureux, agréable à explorer seul. Les femmes et membres de la communauté LGBTIQ+ s'y sentent généralement en sécurité. Les agressions sont rares mais, comme partout, ne prenez pas de risque inconsidéré la nuit venue. Si vous partez randonner ou nager seul, prévenez quelqu'un.

VACCINS

Aucune vaccination spécifique n'est actuellement requise pour voyager en Écosse.

PANNEAUX DE SIGNALISATION

Passage fréquent de cervidés
Ralentissez

Attention
Traversée d'écureuils

Attention
Traversée de loutres

Attention
Traversée de moutons

Hydratez-vous

Les célèbres averses écossaises alimentent les lochs et les rivières, fournissant l'eau nécessaire à la fabrication du whisky, mais elles offrent surtout une eau potable de qualité, disponible directement au robinet. Pensez à remplir votre gourde aux fontaines "Top Up Tap" présentes dans les rues, parcs et gares de tout le pays ; une carte en ligne permet de les localiser.

GARE AUX BICHES !

Chaque année, lorsque les jeunes faons gambadent en mai et en juin, puis que les jours raccourcissent à la fin de l'automne, les accidents de la route impliquant des cervidés augmentent. La plupart ont lieu la nuit. Regardez loin devant vous et sur les bas-côtés, conduisez lentement et rapportez la moindre collision à la police.

Manger, boire et sortir

Les repas

Petit-déjeuner (8h-11h) Aussi léger ou copieux que vous le désirez ; les Écossais l'aiment bien généreux.

Déjeuner (12h-14h30) On peut manger des plats simples sans prétention ou des formules d'un excellent rapport qualité/prix dans des restaurants plus gastronomiques.

Dîner (17h-21h) On trouve des menus plus élaborés et plus chers, mais aussi des formules moins onéreuses.

Où se restaurer

Cafés Ouverts en journée, ils servent petits-déjeuners, déjeuners et boissons chaudes ; craquez pour une assiette complète le matin ou un bol de soupe.

Pubs La plupart servent des plats généreux à prix raisonnables, dont les indémodables rôtis du dimanche et *fish and chips*.

Restaurants Il en existe de toutes sortes, pour tous les goûts et tous les budgets.

Boulangeries Leurs mets faits maison, sucrés et salés, sont idéals pour un déjeuner à petits prix ou sur le pouce.

Marchés On y trouve souvent des stands de plats cuisinés.

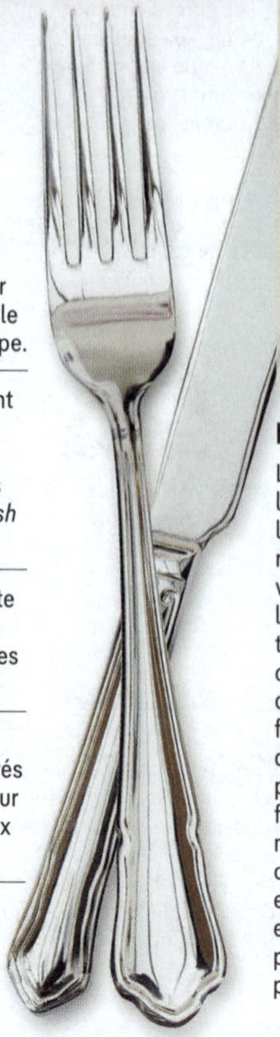

PETIT GLOSSAIRE DU WHISKY

Scotch Whisky intégralement produit en Écosse. Fait d'orge, d'eau et de levures ; élevé au moins trois ans en fûts de chêne et mis en bouteille avec un taux d'alcool de 40% vol. minimum.

Single malt Fait à partir d'un seul ou de plusieurs fûts de whisky 100% orge maltée, provenant d'une seule et même distillerie (Laphroaig, Glenfiddich, Macallan...).

Blended Assemblage de whiskies issus de plusieurs distilleries (Johnnie Walker, Famous Grouse, Chivas Regal...).

Peated "Tourbé" ; whisky aux notes fumées, dont le goût provient de la tourbe employée comme combustible pour sécher l'orge maltée.

Âge L'âge indiqué sur la bouteille correspond à la durée de vieillissement en fût du plus jeune whisky composant l'assemblage.

Cask strength "Brut de fût" ; embouteillé directement, sans être dilué comme c'est l'usage. On y ajoute quelques gouttes d'eau à la dégustation.

Honesty boxes

L'honnêteté est une belle qualité, célébrée dans les campagnes écossaises. À pied ou en voiture, lorsque vous sillonnerez les contrées rurales, restez à l'affût des *honesty boxes*, des lieux de vente en libre service pouvant prendre toutes les formes : armoires aux couleurs vives, cabines téléphoniques rouges, anciens frigos, glacières, cabanons... La vraie surprise toutefois réside dans ce que vous trouverez à l'intérieur ! À l'origine, les fermiers y déposaient des œufs ; aujourd'hui, on y déniche toutes sortes de délices faits localement : pâtisseries, scones, caramels, *tablets* (une friandise écossaise), viennoiseries, confiture, moutarde, etc. Prenez ce qui vous fait plaisir, consultez la liste des prix fixés ou conseillés, et glissez la somme dans la tirelire installée à cet effet. Depuis la pandémie, le paiement en ligne est parfois possible, mais mieux vaut prévoir du liquide pour profiter de ces savoureuses découvertes.

COMBIEN COÛTE

un plat de haggis
15 £

un bol de *Cullen skink*
7 £

un plateau de fruits de mer pour deux
95 £

un *fish and chips* à emporter
11 £

un café
3,50 £

un *dram* de whisky (12 ans d'âge)
4,50 £

une pinte de bière
5 £

L'ART DE Faire la fête avec les Écossais

Votre soirée ne sera pas la même selon le lieu, le jour et les rencontres que vous ferez. Les grandes villes regorgent de pubs et de boîtes de nuit vibrant au rythme des musiques actuelles. Le week-end, les jeunes boivent (souvent beaucoup trop) chez l'un d'entre eux avant d'envahir les pubs à partir de 21h en attendant une heure acceptable (autour de 23h) pour enflammer les pistes de danse des boîtes et salles de concert. Le code vestimentaire est généralement décontracté ; dans les établissements chics, optez pour un look glamour ou sobrement élégant. Pour une sortie plus calme, allez boire un verre dans des quartiers moins animés ou préférez la semaine pour sortir en centre-ville. Renseignez-vous sur les concerts et festivals locaux.

En remontant des Lowlands jusqu'aux Highlands et aux îles, vous remarquerez que la vie nocturne évolue autant que les paysages. Influencée par l'héritage gaélique, elle s'anime au son de la musique et des danses traditionnelles réunissant les habitants dans les pubs, les hôtels et les lieux culturels. Les soirées plus tranquilles sont rythmées par les verres de whisky et les histoires partagés au bar. Dans tous les cas, une chose ne change jamais : la convivialité des Écossais et leur promptitude à trinquer ; leurs qualités sont nombreuses, mais la sobriété n'est pas la première !

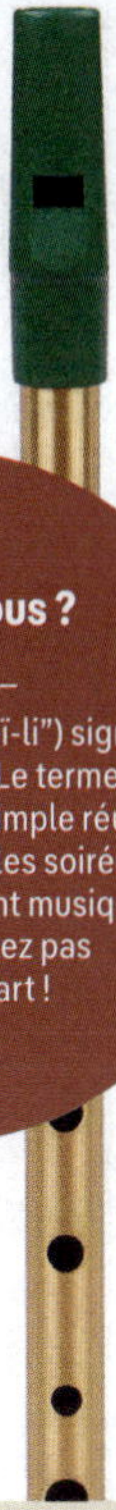

Le saviez-vous ?

Cèilidh (prononcez "kèï-li") signifie "visite" en gaélique. Le terme, à l'origine synonyme de simple réunion, désigne aujourd'hui les soirées traditionnelles mêlant musique et danse. N'hésitez pas à y prendre part !

FRIS-LE SI TU PEUX !

L'Écosse a toujours eu un penchant pour la friture. On y sert des mets cuits dans l'huile depuis des décennies, du classique *fish and chips* aux "pizzas crunch" (un supplice pour les artères !). Le chocolat, pourtant, a dû attendre 1995 pour connaître cet honneur. Tout a commencé dans une échoppe de *fish and chips* de Stonehaven où déjeunaient deux écoliers. John Davie défia son ami, Brian McDonald, de manger un Mars frit, si un tel prodige était possible. Derrière le comptoir, Evelyne Balgowan, poussée par la curiosité, entreprit alors d'enduire une barre chocolatée de pâte et le plongea dans l'huile bouillante. Ainsi fut créé le premier Mars frit.

La nouvelle circula rapidement, d'abord dans la presse locale, puis à l'international et bientôt un véritable phénomène était né. Aujourd'hui encore, des touristes se rendent en pèlerinage sur la côte de l'Aberdeenshire, pour manger au Carron Fish Bar (anciennement Haven Chip Bar), où le fameux dessert fut inventé. Si vous n'êtes pas prêt à voyager aussi loin, vous pourrez en déguster dans les échoppes des villes, qui l'agrémentent même parfois d'une boule de glace. Un mets à ne pas rater ? Absolument : enrober un cœur fondant de chocolat et de caramel d'une croûte dorée n'était pas une si mauvaise idée ! Un danger pour la santé ? Sans aucun doute ! Heureusement, la plupart des Écossais mangent moins gras que ne le laisse penser leur réputation, et cette spécialité nationale s'y déguste avec modération.

Voyage responsable

Voyages et changement climatique

L'impact des voyages sur l'environnement est aujourd'hui bien connu, et impose de faire ce qui est en notre pouvoir pour le limiter. Lonely Planet recommande ainsi aux voyageurs de se renseigner sur l'empreinte carbone de leurs déplacements. Divers outils en ligne permettent de calculer les émissions de CO_2 générées par chaque trajet, notamment celui de l'Ademe. De nombreuses plateformes de réservation et compagnies aériennes proposent de compenser leurs émissions de gaz à effet de serre par une contribution financière à des projets respectueux de l'environnement, partout dans le monde. Chez Lonely Planet, nous continuons à compenser l'empreinte carbone de tous nos auteurs, tout en étant conscients que ce n'est qu'une solution partielle.

Scannez pour accéder au calculateur d'émissions de carbone de l'Ademe

Errer sans laisser de trace

La loi écossaise offre à tous le "droit à l'errance" (*right to roam*). Il s'agit d'un droit à parcourir librement son territoire, des montagnes aux plages, en passant par les lochs. Prévoyez toujours de quoi emporter vos déchets et laissez chaque lieu comme vous l'avez trouvé.

Transports en commun

Profitez de vos trajets en bus ou en train pour vous reposer et planifier la suite de vos aventures. L'Écosse se prête parfaitement à une exploration en transports en commun – une bonne façon de limiter vos émissions de CO_2 et les embouteillages.

Voyager hors saison

Laissez-vous émerveiller par les teintes automnales des forêts, la magie hivernale de la neige ou les fleurs sauvages du printemps, et soutenez l'industrie écossaise du tourisme tout au long de l'année en évitant les foules de la haute saison estivale.

Souvenirs et artisanat

Dénichez des souvenirs uniques et faits main dans les boutiques indépendantes, les *honesty boxes* (voir p. 268) ou directement dans les ateliers d'artistes et d'artisans. L'association **Isle20** (www.isle20.com) promeut les petits créateurs des îles écossaises.

Visitez une distillerie indépendante et engagée, sur la paisible péninsule de Morvern (p. 332). En 2022, la **distillerie Nc'nean** (ncnean.com) est devenue la première du Royaume-Uni à atteindre la neutralité carbone.

Récolter des algues avant d'apprendre à les cuisiner avec les ateliers **East Neuk Seaweed** (eastneukseaweed.com), ou faites une cueillette en forêt avec **Wedgwood the Restaurant** (p. 68) avant que le chef ne vous serve vos trouvailles.

Bénévolat

Si vous en avez le temps, prenez une grande bouffée d'air marin et faites des rencontres en ramassant les déchets sur les plages avec l'association **Keep Scotland Beautiful** (keepscotlandbeautiful.org) ou la **Marine Conservation Society** (mcsuk.org).

Produits locaux

Délectez-vous de produits frais, locaux et de saison. Cherchez des restaurants servant des produits issus de la pêche durable ; du cerf des Highlands et des fruits et légumes cultivés dans la région.

Baladez-vous dans l'étonnant et coloré **Findhorn Ecovillage**, une bourgade engagée sur la côte du Moray.

Chaussez vos palmes et découvrez le milieu marin le plus riche d'Écosse grâce à l'**Argyll Snorkel Trail** (wildaboutargyll.co.uk/see-do/nature-and-wildlife/above-and-below/snorkel-trail/).

Éco-logis

Choisissez un hébergement original, douillet, séduisant et surtout écologique, comme le lointain **Loch Ossian Youth Hostel** (p. 326) ; la maison de hobbit **Hideaway Under the Stars** (hideawayunderthestars.co.uk) dans le Speyside ; ou encore **Saorsa 1875** (p. 319), le premier hôtel 100% végan du Royaume-Uni.

97%

En 2020, 97% de la consommation électrique de l'Écosse provenait de ressources renouvelables. Les autorités entendent porter à 50% la part d'énergies renouvelables dans sa consommation totale d'ici à 2030, et à 100% avant 2050.

SITES UTILES

keepscotlandbeautiful.org
Une association organisant des campagnes de ramassage des déchets et d'autres initiatives de protection de l'environnement.

www.outdooraccess-scotland.scot
Un guide de règles détaillées pour mieux profiter des grands espaces écossais tout en les respectant.

scottishwildlifetrust.org.uk
Pour en savoir plus sur le Scottish Wildlife Trust, qui gère des réserves naturelles et centres d'information dans toute l'Écosse.

EN HAUT : ALBERTO MASNOVO/GETTY IMAGES ©, EN BAS : FOTOFERMER/SHUTTERSTOCK ©

Voyageurs LGBTIQ+

L'Écosse est une nation progressiste et inclusive, où les droits des personnes LGBTIQ+ sont protégés par l'Equality Act 2010 et les mariages homosexuels célébrés depuis 2014. Comme partout, les préjugés ont la peau dure et il reste bien du chemin à parcourir, mais la communauté LGBTIQ+ écossaise ne cesse de s'épanouir et les touristes s'y sentent généralement en sécurité et bien accueillis.

Marches des fiertés

Les plus grandes marches des fiertés d'Écosse, la **Pride Edinburgh** (www.prideedinburgh.co.uk) et la **Pride Glasgow** (www.prideglasgow.com), ont lieu le même jour, à la fin de juin. Célébrant l'amour, la diversité et l'égalité, leurs défilés sont une explosion de musique, de costumes et de drapeaux arc-en-ciel. La fête se poursuit le soir, dans de nombreux pubs et boîtes de nuit. De plus petits rassemblements sont organisés aux quatre coins du territoire, d'Arran à Elgin et de Perth aux Shetland, signe d'une belle avancée, surtout dans les régions rurales, plus conservatrices.

DRAG-QUEENS EN CAMPAGNE

Dans le Sud, le monde des drag-queens a débarqué à Dumfries, une bourgade endormie réveillée à coups de talons aiguille par une légende du genre, **Devine Tension**. Les événements qu'elle organise et sa soirée mensuelle au **Chancers Nightclub** (www.facebook.com/ChancersNightclubDumfries) sont une révolution dans cette région rurale !

25 ANS DE FIERTÉ

Regardez **Oor Pride** sur YouTube, un court-métrage sur l'histoire et l'évolution des marches des fiertés en Écosse. Réalisé par Lisa Emily Petersen, le documentaire donne la parole aux figures de la communauté LGBTIQ+, à travers des témoignages poignants.

Bars et clubs gay-friendly

Pour des soirées endiablées, mettez le cap sur les grandes villes. La scène nocturne queer d'Édimbourg se concentre autour de l'Edinburgh Playhouse, au **CC Blooms**, au **Habana** et au **Planet** (voir p. 76). À Glasgow, considérée comme l'une des destinations les plus *gay-friendly* d'Europe, on trouve dans un petit rayon une belle concentration de bars et clubs à l'ambiance chaleureuse : l'**Underground** (www.facebook.com/UndergroundGlasgo), le **Delmonica's** (delmonicas.co.uk), l'**AXM Glasgow** (www.facebook.com/axmclubglasgow) et le **Polo Lounge** (pologlasgow.co.uk).

SITES UTILES

Tenez-vous au courant de l'actualité culturelle et militante grâce à **Pink Saltire** (www.pinksaltire.com), une association basée à Fife, qui lutte pour la visibilité de la communauté LGBTIQ+ dans tout le pays. Engagée auprès des 13 à 25 ans, **LGBT Youth** (www.lgbtyouth.org.uk) encourage l'inclusivité dans les établissements scolaires et sur les lieux de travail. **LGBT Health & Wellbeing** (www.lgbthealth.org.uk) offre un soutien psychologique grâce à une ligne d'écoute et à des groupes de rencontre.

Attitudes et mentalités

Bien que l'Écosse soit une destination très accueillante pour la communauté LGBTIQ+, certaines personnes peuvent se montrer intolérantes, voire hostiles.

Voyage et handicap

L'Écosse fait des progrès constants en matière d'accessibilité, notamment en ce qui concerne les infrastructures les plus récentes. Côté bâtiments historiques, rues pavées et petits B&B et pensions en revanche, des efforts restent à fournir.

Aéroports

Les aéroports écossais ont un service d'assistance aux passagers à mobilité réduite, à réserver auprès de la compagnie aérienne 48 heures à l'avance. L'**aéroport d'Édimbourg** propose un cordon à porter autour du cou pour signaler au personnel un handicap invisible.

Hébergement

L'offre d'hébergements accessibles est de plus en plus riche, mais les bâtiments anciens restent souvent inadaptés et les renseignements demeurent généralement lacunaires. Mieux vaut contacter l'hôtel ou vos hôtes à l'avance pour en savoir plus.

FÊTES ET FESTIVALS

Le **TRNSMT Festival** (trnsmtfest.com) de Glasgow et le **REW!ND Festival** (rewindfestival.com) de Perth ont des places de stationnement, des toilettes, des plateformes et des zones assises réservées au public à mobilité réduite. L'**Enchanted Forest** (p. 320) dans le Perthshire propose un bus adapté aux visiteurs à besoins spécifiques.

THÉÂTRE

ATG Tickets (www.atgtickets.com/access) propose toute une gamme d'excellents services aux spectateurs de l'Edinburgh Playhouse et du King's Theatre Glasgow : places accessibles aux personnes à mobilité réduite, audiodescriptions, visites tactiles, aide auditive, représentations "décontractées", résumés papier...

Ferries

Les ferries ont parfois des marches escarpées et un accès à bord peu aisé. Contactez le service client de **CalMac** au moins 48 heures à l'avance pour bénéficier d'une assistance.

Transports en commun

ScotRail a un dispositif d'aide aux personnes à mobilité réduite, à réserver en ligne plus de 2 heures avant le départ. Les bus et tramways d'Édimbourg ont des rampes d'accès et des places réservées aux fauteuils roulants. Les taxis adaptés sont peu nombreux.

À LA PLAGE

Tout le monde devrait pouvoir profiter des plages écossaises, que plusieurs associations s'emploient à rendre accessibles à tous. Des fauteuils roulants sur le sable sont prêtés gratuitement à Portobello, North Berwick, St Andrews, Aberdeen, Dornoch et sur l'île de Tiree.

DANS LES RUES

Les rues escarpées et pavées des villes peuvent être un obstacle pour les personnes à mobilité réduite, surtout dans les centres historiques. Des scooters adaptés peuvent être loués à Édimbourg, Glasgow et Stirling.

Boîte à outils

Tabac

Il est interdit de fumer (et de vapoter) dans tous les lieux publics clos, ce qui inclut les aéroports, les gares ferroviaires et routières, et les stades. Certains bars, boîtes de nuit et auberges de jeunesse ont une cour ou une terrasse pour les fumeurs.

Toilettes

Il peut être difficile de trouver des toilettes publiques en dehors des grandes villes, des sites touristiques et des gares. La plupart sont gratuites, certaines sont tenues par des bénévoles ; les autres sont accessibles à prix libre ou modique.

Wi-Fi

La plupart des hébergements, lieux publics et trains offrent une connexion Wi-Fi gratuite (souvent lente et instable).

Poids et mesures

L'Écosse emploie le système métrique, sauf pour ce qui est des distances routières (1 mile = 1,6 km) et de la bière (1 pinte = 570 ml).

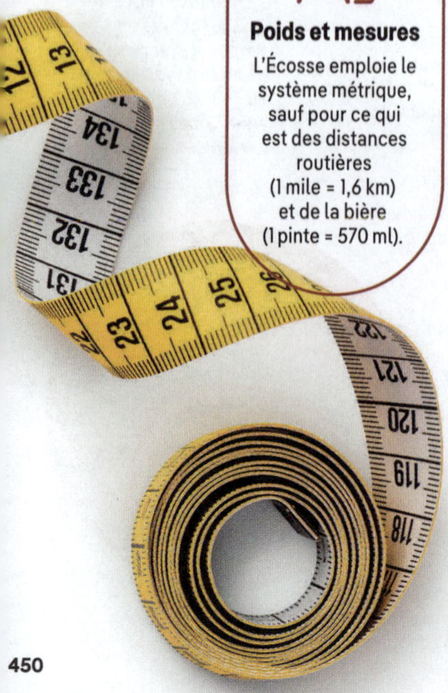

EN BREF

Fuseau horaire
Heure moyenne de Greenwich (GMT). Lorsqu'il est midi en France, il est 11h en Écosse.

Indicatif du pays
+44

Numéro d'urgence
999

Population
5,45 millions

Électricité

230 V/50 Hz

JOURS FÉRIÉS

L'Écosse compte neuf jours fériés officiels, mais tous ne sont pas appliqués de manière effective comme dans le reste du Royaume-Uni. Leur date peut varier d'une ville à l'autre et toutes les villes ne respectent pas les mêmes. Les cinq jours fériés suivants sont globalement respectés partout, notamment par les services publics et les commerces.

Nouvel An
1er janvier

Vendredi saint
Mars ou avril

St Andrew's Day
30 novembre

Noël
25 décembre

Boxing Day
26 décembre

Langue

Les Écossais parlent anglais avec un accent dont l'intensité varie selon les régions ; à Glasgow et à Aberdeen, il peut être très difficile à comprendre. Étonnamment, c'est souvent dans les régions de langue gaélique que l'accent est le moins fort.

Les essentiels

Bonjour. Hello.
Au revoir. Goodbye.
Comment allez-vous/vas-tu ? How are you?
Bien, merci. Et vous/Et toi ? Fine thanks, and you?
Je m'appelle... My name is...
Enchanté(e). Pleased to meet you.
D'où venez-vous ? Where are you from?
Je viens de... I'm from...
Quelle est votre/ton adresse e-mail ? What's your email address?
Quel âge avez-vous/as-tu ? How old are you?
J'ai (25) ans. I'm (twenty-five) years old.
Aimes-tu voyager ? Do you like travelling?

Sensations

J'ai faim. I'm hungry.
J'ai froid. I'm cold.
J'ai chaud. I'm hot.
J'ai soif. I'm thirsty.
Comment vous sentez-vous/te sens-tu ? Are you okay?

Demander son chemin

Est-ce le bus (pour...) ? Is this the bus (to...)?
Est-ce l'avion (pour...) ? Is this the plane (to...)?
Est-ce le train (pour...) ? Is this the train (to...)?
C'est combien pour aller à... ? How much is it to go to...?
Ce taxi est-il libre ? Is this taxi available?
À quelle heure part-il ? What time does it leave?
Où puis-je trouver un hôtel ? Where's a hotel?
Où se tient le marché ? Where's a market?

Visites touristiques

Quand a lieu la prochaine excursion à la journée ? When's the next day trip?
Combien de temps dure l'excursion ? How long is the tour?
L'entrée est-elle comprise ? Is the admission charge included?
À quelle heure doit-on rentrer ? What time should we be back?

Urgences

Au secours ! Help!
J'ai besoin d'un médecin qui parle français. I need a doctor who speaks French.
Où y a-t-il un dentiste par ici ? Where's the nearest dentist?
Où est l'hôpital le plus proche ? Where's the nearest hospital?
Où y a-t-il une pharmacie de garde ? Where's a night pharmacy?

Au restaurant

Pouvez-vous me conseiller un restaurant ? Can you recommend a restaurant?
Servez-vous des plats végétariens ? Do you have vegetarian food?
Je voudrais une table pour (5) personnes, s'il vous plaît. I'd like a table for (five), please.
Que me conseillez-vous ? What would you recommend?
L'addition, s'il vous plaît. I'd like the bill, please.

IN DE FENS
IACOBVS
REX·S

COMPRENDRE

L'ÉCOSSE

Nos auteurs proposent une découverte des multiples facettes de l'Écosse

Stirling Castle (p. 188)

UNE HISTOIRE DE L'ÉCOSSE EN 15 LIEUX

En Écosse, méfiez-vous des apparences. Pour connaître un endroit et son passé, comprendre son histoire et son incidence sur le présent, il faut gratter la surface, naviguer entre l'histoire et le mystère et pénétrer le royaume des mythes et du folklore.

L'HISTOIRE ÉCOSSAISE est particulièrement mouvementée. Comme souvent ailleurs, des sites proches géographiquement sont en revanche séparés, quant à leur origine ou aux événements qui les marquèrent, par l'abîme du temps. Les premiers chasseurs-cueilleurs arrivèrent vers la fin de l'ère glaciaire, mais ce sont les populations du néolithique qui ont laissé le plus de traces de leur existence. Le territoire recèle ainsi des tombeaux à plusieurs chambres, des peintures murales préhistoriques, des pierres levées, des *brochs* (tours de défense), des forts et même un village entier hérité de cette période.

Depuis, l'Écosse a vu se succéder d'innombrables figures et peuples, tels que les Pictes, les Romains, les clans des Highlands, les seigneurs des Îles, les héros et bandits, de nombreux rois et une seule reine. Sans parler des terribles pillards vikings, qui s'installèrent et firent souche, laissant une marque indélébile sur leur lieu d'élection et les îles en particulier.

Des histoires tantôt édifiantes, tantôt bouleversantes, ont perduré dans des écrits, récits et chansons. En découvrant des légendes qui ont nourri livres, films, séries télévisées et folklore écossais, plongez dans un passé de romance, de rébellions, de loyauté, de trahisons et de batailles. De la lutte acharnée anglo-écossaise aux différends politiques qui scindent aujourd'hui la nation, nous levons ici le voile sur des pans majeurs de son histoire.

1. Highland Boundary Fault

BARRIÈRE GÉOLOGIQUE

Commençons par le début : une structure tectonique de près d'un demi-milliard d'années qui organise encore le pays. Cette ligne de faille majeure traverse l'Écosse de l'île d'Arran (ouest) à Stonehaven (est) : elle sépare les roches métamorphiques des paysages montagneux du Nord et les roches sédimentaires, plus récentes et à strates, du Sud. Cette frontière naturelle, la plus grande du pays, a modelé le territoire, mais aussi contribué à accentuer les différences naturelles et culturelles entre Highlands et Lowlands. En matière de paysages, l'île d'Arran fait figure de "petite Écosse".

Pour plus d'informations sur l'île d'Arran, voir p. 280

2. Skara Brae

VIE PRÉHISTORIQUE

On dit qu'aux Orcades, il suffit de creuser pour découvrir un site. De fait, ces îles ont l'un des plus beaux potentiels archéologiques de Grande-Bretagne. L'architecture néolithique de l'archipel est même classée à l'Unesco. Ce "cœur néolithique des Orcades" (Heart of Neolithic Orkney) est composé de quatre monuments, dont Skara Brae, célèbre village néolithique parmi les mieux préservés, qui renseigne sur le quotidien d'il y a 5 000 ans. Avec sa poignée de maisons imbriquées, autrefois habitées par une communauté soudée, et un mobilier en pierre superbement conservé, ce site est une formidable fenêtre sur le passé.

Pour plus d'information sur Skara Brae, voir p. 411

3. Jarlshof Prehistoric & Norse Settlement

STRATES D'HISTOIRE

Le village était enfoui sous terre, mais des tempêtes hivernales de la seconde moitié du XIXe siècle finirent par en dégager des constructions, donnant un aperçu de la vie dans les Shetland voici plusieurs milliers d'années. On y trouva des vestiges du début du néolithique, mais aussi de l'âge du bronze, de l'âge du fer et du Moyen Âge. Plus nombreux, les vestiges vikings et scandinaves renseignent sur la vie à l'époque de leur colonie. Bien que les Shetland aient été intégrées à l'Écosse en 1469, les îliens célèbrent toujours leur héritage viking lors du spectaculaire Up Helly Aa, qui illumine les rudes mois d'hiver sur les îles.

Pour plus d'informations sur le patrimoine des Shetland, voir p. 421

4. Iona Abbey

LES BASES D'UNE RELIGION

En 563, saint Colomban, un moine irlandais, et ses douze compagnons arrivèrent sur les côtes écossaises, à Southend, sur la péninsule de Kintyre. Leur mission était d'introduire le christianisme en Écosse, en commençant par le royaume de Dál Riata. Ils voyagèrent au nord et traversèrent l'île d'Iona ; saint Colomban y édifia son monastère (actuel emplacement de l'Iona Abbey, XIIIe siècle, en photo). C'est sans doute ici que le *Livre de Kells*, magnifique manuscrit illustré, fut transcrit au IXe siècle. Berceau écossais du christianisme, Iona demeure un lieu de quiétude et de pèlerinage.

Pour plus d'informations sur les sites sacrés d'Iona, voir p. 260

5. Loch Ness

MONSTRE LÉGENDAIRE

En 565, tandis que saint Colomban s'efforçait de convertir les Pictes calédoniens au christianisme, il serait tombé face à une créature aquatique dans le fleuve de la Ness. Il aurait alors brandi sa croix, faisant reculer la bête dans les profondeurs du Loch Ness. Cette première apparition du monstre du Loch Ness n'est pas la dernière : beaucoup ont ensuite clamé avoir vu Nessie, et plusieurs prétendus clichés du monstre ont défrayé la chronique, dont la célèbre photo du chirurgien Robert Wilson (1934). Pourtant, aucun témoignage n'est avéré. Cinq webcams ont été installées autour du loch pour surveiller le monstre ; suivez-en les images en direct sur le site Internet Visit Inverness Loch Ness.

Pour plus d'informations sur le Loch Ness, voir p. 310

6. Stirling Castle

POUVOIR ET CONTRÔLE

Mentionné dans des documents écrits remontant, pour les plus anciens, à 1107, le Stirling Castle est associé à nombre d'histoires. Fort d'un emplacement stratégique au bord du Forth, le château contrôla la frontière entre les Highlands et les Lowlands des siècles durant, ce qui en rendit la prise déterminante. Pendant les guerres d'indépendance menées par le rebelle William Wallace et, plus tard, Robert Bruce, le château changea de mains huit fois au cours d'un demi-siècle. Perché sur la falaise, il fut le témoin privilégié de la bataille du pont de Stirling (1297) et de celle de Bannockburn (1314).

Pour plus d'informations sur l'histoire de Stirling, voir p. 188

7. Glasgow Cathedral

TOMBEAU D'UN SAINT

Bijou d'architecture du Moyen Âge, la cathédrale gothique de Glasgow est célèbre à plusieurs titres. Relativement épargnée par les destructions qui accompagnèrent la Réforme (1560), elle est non seulement l'édifice le plus ancien de la ville, mais aussi la plus vieille cathédrale d'Écosse continentale et le plus grand bâtiment religieux du pays. Édifiée sur le tombeau présumé de saint Mungo (VIe siècle, fondateur et saint patron de Glasgow), elle arbore une profusion de piliers, d'arches, de sculptures et de vitraux. À deux minutes à pied de la cathédrale, une splendide peinture murale de saint Mungo en vêtements modernes orne un mur pignon de High St.

Pour plus d'informations sur Glasgow, voir p. 110

8. Bataille de Culloden

CHUTE DES CLANS

Le 16 avril 1746, la morne étendue marécageuse de Drummossie Moor se fit une place dans les livres d'histoire en devenant le théâtre de la dernière bataille livrée sur sol britannique. Tout commença en 1688, lorsque le roi Jacques II fut destitué, entraînant une série de rébellions jacobites. En 1745, Bonnie Prince Charlie, petit-fils du roi déchu et descendant de la monarchie des Stuarts, quitta la France pour reconquérir le trône écossais. La défaite brutale essuyée à Culloden étouffa la cause jacobite à jamais, modifiant le cours de l'histoire et bouleversant la vie dans les Highlands.

Pour plus d'informations sur le site de la bataille de Culloden, voir p. 305

9. Dunrobin Castle

LES FRUITS DE L'ÉVICTION FORCÉE

Rien dans l'aspect superbe du Dunrobin Castle ne laisse entrevoir qu'il fut le théâtre de l'un des pans les plus sombres de l'histoire écossaise. Après la bataille de Culloden, pas moins de 10 000 habitants du Sutherland furent expulsés de leurs maisons et communautés agricoles entre 1807 et 1821. Ils furent alors relogés dans des villages côtiers très exposés pour travailler dans l'industrie de la pêche qui leur était totalement étrangère, ou envoyés sur des bateaux pour des colonies étrangères, sans moyen ni espoir de retour. L'élevage du mouton rapportant bien plus que la culture de la terre, le duc de Sutherland finança ainsi la rénovation de son château.

Pour plus d'informations sur les Highland Clearances, voir p. 393

10. Dumfries

HISTOIRES DU BARDE NATIONAL

Poète de génie et légende nationale, "Rabbie" Burns mourut âgé de seulement 37 ans en 1796. Il passa ses dernières années dans la Burns House, à Dumfries. Réputé pour son attachement profond à l'Écosse et pour son succès auprès de la gent féminine, Burns eut une vie courte, mais retentissante, qu'il passa à boire, à faire la cour et à écrire des poèmes et chansons aujourd'hui connues dans le monde entier. Chaque année, on célèbre l'homme et son talent littéraire lors de la Burns Night (25 janvier). À Hogmanay (31 décembre), on chante *Auld Lang Syne* dans le monde entier aux douze coups de minuit.

Pour plus d'informations sur Dumfries, voir p. 161

11. Abbotsford House

HAUT LIEU DU TOURISME LITTÉRAIRE

Cette opulente maison rend hommage à son ancien résident, sir Walter Scott, célèbre poète, dramaturge et romancier écossais des XVIIIe et XIXe siècles. On se souvient de lui non seulement pour ses classiques intemporels, mais aussi pour son rôle dans la résurgence du tartan, la redécouverte des joyaux de la Couronne écossaise et la naissance du tourisme écossais. Explorateur passionné, Walter Scott a placé les terres écossaises au cœur de ses œuvres et a contribué à faire d'elles des lieux de visite incontournables. C'est notamment le cas du Loch Katrine et des Trossachs, dont il brossa un portrait saisissant dans son poème à succès *La Dame du lac* (1810).

Pour plus d'informations sur Abbotsford House, voir p. 157

12. St Kilda

AU BOUT DU MONDE

Nulle part ailleurs en Écosse ne peut-on avoir un aperçu aussi saisissant de ce en quoi consiste la vie sur une île reculée, avec tous les avantages et difficultés que cela implique. 64 km de mer déchaînée séparent l'archipel isolé de St Kilda (en photo ci-dessus, à gauche) et les Hébrides extérieures. Hirta,

l'île principale, connut un pic de population au XVIIe siècle avec 180 habitants recensés, avant de se dépeupler rapidement. Dans un environnement hostile à la merci des éléments, les insulaires survécurent en se nourrissant d'oiseaux de mer et de leurs œufs. Après des périodes de pénurie alimentaire et une autarcie devenue difficile, les 36 derniers survivants furent évacués en 1930, à leur demande. Leurs maisons abandonnées sont un spectacle troublant.

Pour plus d'informations sur St Kilda, voir p. 380

13. Les Kelpies

HISTOIRES D'ACIER

L'origine des *Kelpies*, deux statues monumentales de têtes de chevaux, mêle histoire et folklore. Selon la légende, les *kelpies* sont des monstres aquatiques mythiques et protéiformes qui prennent la forme de beaux chevaux pour tromper les voyageurs et causer leur mort. Œuvre du sculpteur écossais Andy Scott, les *Kelpies* se dressent à 30 m au-dessus du Forth & Clyde Canal. Ils ont été inspirés par deux chevaux de race Clydesdale, Duke et Baron, qui transportèrent de lourdes marchandises le long du canal pendant la révolution industrielle. La construction en acier de 300 tonnes symbolise aussi les liens historiques unissant Falkirk à la sidérurgie.

Pour plus d'informations sur les Kelpies, voir p. 194

14. Dundee

HAVRE DE LA CRÉATIVITÉ ET DU DESIGN

En 2014, Dundee fut la première (et la seule) ville du Royaume-Uni à être nommée Cité du design par l'Unesco. La désignation récompense la fabuleuse innovation dont la ville fait preuve, notamment dans les champs du jeu vidéo, de la bande dessinée et du design – avec l'ouverture tant attendue du V&A Dundee en 2018. Évoquant un bateau moderne échoué sur les rives de la Tay, l'édifice aux lignes nettes et rectilignes s'inspire des falaises de la côte du nord-est du pays. Conçu par l'architecte japonais réputé Kengo Kuma, le musée abrite une collection permanente d'œuvres de designers écossais. Le clou de la visite est l'Oak Room, initialement conçue par Rennie Mackintosh pour la Glasgow Ingram Street Tearoom, et reconstruite ici.

Pour plus d'informations sur Dundee, voir p. 222

15. Le Parlement écossais

À LA CHARNIÈRE DU PASSÉ ET DU PRÉSENT

Dans ce quartier de la capitale en bas du Royal Mile se dressent trois importants sites historiques dont le contraste frappe. En les regardant tout à tour, on fait un grand voyage dans le temps. Arthur's Seat, célèbre vestige d'un volcan éteint, dont la dernière éruption remonte à 340 millions d'années, voisine avec le Palace of Holyroodhouse, résidence royale depuis plus de cinq siècles, où se tiennent les ruines d'une abbaye (XIIe siècle). Ces sites détonnent avec leur voisin du XXIe siècle, l'édifice du Parlement écossais (en photo en haut à droite) incroyablement moderne (qui laisse beaucoup d'habitants perplexes). C'est ici que débattent les parlementaires et que la foule manifeste en faveur de l'indépendance.

Pour plus d'informations sur le Parlement écossais, voir p. 66

À GAUCHE : FOTOVOYAGER/GETTY IMAGES ©, À DROITE : CHRISHEPBURN/GETTY IMAGES © ARCHITECT: ENRIC MIRALLES

À LA RENCONTRE DES ÉCOSSAIS

L'accent écossais est souvent porté aux nues, mais... de quel accent parle-t-on au juste ? Kay Gillespie nous en dit davantage sur son peuple.

QUOIQUE PETITE DE SUPERFICIE, l'Écosse compte trois langues principales, plus de 10 dialectes différents et divers accents qui égaieront (et pimenteront !) vos échanges sur place. Dans le Nord-Est, le doric, un dialecte scots, est très présent ; des phrases à la singulière structure y sont débitées à un rythme que même nombre d'Écossais ne parviennent pas à suivre. L'accent chantant des Hébrides extérieures tient, quant à lui, d'une vraie berceuse ; tendez l'oreille lorsque des locuteurs du gaélique discutent à l'épicerie du village. En ville, c'est une autre histoire. Nous parlons anglais, bien sûr, mais un anglais ponctué de mots d'argot et de jurons locaux, de surcroît à une cadence qui peut vite grimper. *Trainspotting* vous plongera dans le parler d'Édimbourg. À Glasgow, en cas de doute, contentez-vous de sourire et de hocher la tête.

Ainsi qu'il en va des mots, expressions et manières de prononcer, chaque région a ses propres caractéristiques culturelles. Nous sommes en général assez fiers de nos origines et ce sentiment s'exacerbe à mesure qu'on s'éloigne des villes des Lowlands. Vous rencontrerez, en route, des gens très attachées à leurs racines et aux traditions : le gaélique dans les Highlands et sur les îles, le norrois sur les îles du Nord. Cette identité définit le mode de vie de ces Écossais, les instruments dont ils jouent, leurs fêtes et leur sens de la communauté.

D'aucuns viennent du bout du monde sur les traces de leur histoire familiale, alors que la plupart des citadins s'intéressent ici fort peu à leurs origines et ne savent souvent même pas si leur famille appartient à tel ou tel clan. Je n'ai guère eu de cours sur l'histoire de l'Écosse pendant ma scolarité à Édimbourg et, eussé-je organisé un *cèilidh* traditionnel pour mes 18 ans que j'y aurais dansé toute seule.

Partout dans le pays, notre humeur dépend de la météo : nous tombons la chemise et arborons de grands sourires sitôt que le soleil pointe son nez, mais sombrons dans le pessimisme lorsqu'il pleut à verse. Le temps alimente beaucoup de conversations.

Avant tout, nous sommes connus pour être chaleureux et serviables. L'hospitalité des Highlands est un code social qui a traversé les siècles, et l'on se pliera en quatre pour que vous vous sentiez à l'aise. Ainsi les chauffeurs de taxi en campagne (si rares soient-ils) vous raconteront-ils fièrement des anecdotes du coin, tandis que cet habitué du pub, qui vous semblait si austère en début de soirée, sera-t-il devenu votre meilleur ami lorsqu'elle se terminera, quand bien même vous n'auriez pas compris tout ce qu'il disait.

Population et langues

La population écossaise est estimée à 5,45 millions d'habitants. Lors du recensement de 2011, 5,1 millions des personnes interrogées ont indiqué parler anglais, contre plus de 1,5 million pour le scots et 57 000 seulement pour le gaélique, qui fait l'objet d'initiatives de promotion.

Dans le sens horaire, en partant d'en haut à gauche : Braemar Gathering (p. 231) ; pêcheur au large de Lerwick (p. 418) ; Édimbourg (p. 48) ; Portobello (p. 89), Édimbourg.

J'AIME L'ÉCOSSE… FINALEMENT

À considérer ma passion pour l'Écosse, mes interlocuteurs pensent souvent que j'ai grandi en crapahutant dans la nature, que j'ai passé toutes mes vacances dans la région et que je descends d'une passionnante lignée… mais non. Je ne regardais pas autour de moi et préférais voyager à l'étranger ; et je ne suis pas la seule. Lorsque j'avais une vingtaine d'années, on m'a proposé un emploi différent de celui pour lequel j'avais postulé : un poste de guide à bord des bus touristiques qui parcourent les Highlands et l'île de Skye, alors que je n'y avais jamais mis les pieds. J'ai accepté à contrecœur et ma vie a changé à jamais. Depuis, j'ai arpenté l'Écosse en long, en large et en travers, et je suis tombée éperdument amoureuse de ses paysages, de sa côte, de son histoire et de sa lumière changeante. Après la pandémie, les restrictions liées aux voyages n'ont pas tout de suite été levées ici. Faute de partir à l'étranger, les gens ont dû se rabattre sur la région et l'ont découverte sur le tard, tout comme moi. Je n'oublierai jamais ce moment et gage qu'eux non plus.

IDENTITÉ INSULAIRE

UNIS PAR LA MER, LIÉS PAR LES MOTS

Pourquoi la langue dépasse de loin le simple dialecte insulaire.
Par Laurie Goodlad

CE QUE SONT NOS ÎLES ne peut s'expliquer que par la langue. L'histoire, les espoirs et les rêves de leurs habitants se mêlent en un tissu de mots bien particulier qui leur confère une force, une constance et une familiarité propres à traverser les époques. Mais pourquoi cette importance, et en quoi le langage façonne-t-il nos identités insulaires ?

Cela importe d'autant plus que, lorsqu'une langue disparaît, nous perdons, outre des mots et des phrases, un pan d'héritage culturel. Littérature, poésie, théâtre, arts, chansons et traditions orales s'en retrouvent appauvris. Or, ils sont à la source de l'identité insulaire, ce substrat sur lequel s'épanouit la culture.

Dans le sens horaire, en partant d'en haut à gauche : en langue gaélique ; Skye (p. 358) ; Eigg (p. 338) ; conteur d'histoire.

Les langues donnent de la texture aux sociétés, un sens à l'histoire et une valeur aux lieux. En plus de définir un peuple et sa culture, une langue constitue un lien entre les gens ; une trame commune fédérant leurs existences, leurs expériences et leur histoire. Parce que l'essence des identités et des communautés insulaires repose sur leurs langues, tout risque d'érosion en la matière constitue une menace à prendre très au sérieux.

Les îles écossaises sont l'exemple même de cette situation à risque. Nos communautés insulaires magnifient la vie en même temps qu'elles perdent leurs langues, comme c'est également le cas ailleurs en Écosse et dans le monde. Les statistiques sont alarmantes. Toutes les deux semaines, une langue disparaît avec son dernier locuteur. On parle actuellement entre 6 000 et 7 000 langues dans le monde et, dans 100 ans, de 50 à 90% d'entre elles auront disparu.

DU LÉGER ACCENT DES ORCADES AU GAÉLIQUE DE TIREE, CHAQUE ÎLE A SA CHANSON BIEN À ELLE.

L'Écosse n'est pas qu'une nation, c'est un melting-pot de cultures et un archipel géant fait de plus de 900 îles – au final, l'Écosse concentre 70% des côtes britanniques. La majorité des îles sont intégrées dans les Shetland, les Orcades, ainsi que dans les Hébrides, intérieures et extérieures. De la grande bande de terre au petit rocher battu par la mer, la plupart ne sont habitables que par la faune sauvage. Tantôt mystérieuses et inhabitées, elles abritent aussi néanmoins des communautés bien vivantes, chacune avec ses particularités. Des endroits qui, en plus d'être en première ligne du dérèglement climatique et de l'érosion côtière, sont aussi au bord d'une extinction linguistique.

D'Arran, au sud, à Unst, au nord, chaque île est unique. Sa culture est sous-tendue par une langue propre dont les mots décrivent le moindre bout de terre : noms de lieux, flore, faune, poésie, prose, chansons et même cinéma. Du léger accent des Orcades au gaélique de Tiree, chacune a sa chanson bien à elle. Quelle que soit l'île que vous visitez, petite ou grande, quelque chose dans l'air vous annonce que vous venez d'arriver dans un lieu pareil à nul autre, soudé par un lien indéfinissable, bercé par la mer qui l'entoure.

Et pourtant, toutes les choses qui font la particularité de chacune, la forgent et lui donnent une identité sont sujettes à changements. Ainsi en va-t-il de la langue des Shetland et des Orcades. Il n'y reste du vieux norrois (ou norne) qu'on y parlait encore il y a quelques siècles au coin du feu que quelques traces écrites, éparpillées çà et là dans de vieux livres.

Le gaélique des Highlands et des îles est aussi menacé. Rhoda Meek a écrit un bel essai, "*Let My Language Die with Dignity*", montrant bien son érosion continue. Elle décrit la mort lente du gaélique vivant, usuel. "La maladie est fatale. La langue survivra peut-être, mais le gaélique en tant que véhicule d'une culture, d'une façon d'être et de voir la vie, en tant que prisme pour voir le monde, ne vivra plus très longtemps. Les Highlands, et surtout les îles, sont devenus les derniers refuges du mode de vie et de la culture qui donnent à la langue gaélique sa voix, poursuit-elle. Le gaélique que je parle est dans la terre. Dans la mer. Dans la nature qui m'entoure. Il est dans les noms de lieux, l'histoire, les contes, les souvenirs, le vent, les oiseaux et les fleurs."

La perte de nos langues insulaires sera une catastrophe.

Les îles écossaises ont inspiré et intrigué des générations d'artistes et d'artisans qui vivent et respirent leurs paysages, les immortalisent sur le papier, à l'écran ou en chansons, d'écrivains pour qui elles sont des personnages à part entière dans leurs récits d'aventure, de meurtre ou de mystère.

Les langues de nos îles et leurs chansons, avec toutes leurs intonations et leurs nuances, devraient être fêtées, protégées, préservées. Sans elles, les communautés auxquelles nous tenons tant perdront leur essence même. On peut aujourd'hui légitimement se demander à quoi ressemblera le chant du cygne de nos îles...

RENATURALISER LES HIGHLANDS

En Écosse, on a abattu les arbres endémiques et chassé la faune jusqu'à l'extinction, mais la tendance s'inverse. Par Mike MacEacheran

QUICONQUE PENSE aux Highlands d'Écosse imagine un paysage austère de monts pelés, de landes désertes et de *glens* (vallons), ponctué de rares forêts de pins. Or cet aspect ne doit rien à l'œuvre de la nature.

Il y a quelque 6 000 ans, les paysages des Highlands étaient bien différents, avec de vastes forêts de pins sylvestres, de sorbiers et de chênes, peuplées de lynx, de castors et de sangliers, aujourd'hui disparus. Des millénaires durant, des ours ont parcouru les bois et pêché le saumon dans les rivières ; des meutes de loups ont chassé, dans les prairies, le cerf, l'élan et même l'aurochs, une espèce de bovidé désormais éteinte. Les Romains appelaient autrefois le nord de l'Écosse la *silva Caledonia* (forêt calédonienne).

Avec le temps, la forêt recula brutalement. D'abord du fait des fermiers du néolithique qui mettaient le feu aux landes et aux pinèdes pour laisser place aux jeunes pousses de bruyère que pâturaient leur bovins, chèvres et moutons. Puis on abattit les arbres pour construire et se chauffer, avant que les peuples nordiques et celtes

n'en fassent des bateaux et des maisons. Lorsque furent appliquées les Highland Clearances (évictions forcées des paysans) au XVIIIe siècle, l'élevage du mouton occupait tout le paysage et le couvert forestier était au plus bas. Le climat, froid et humide, était par ailleurs plus propice aux tourbières qu'au retour des forêts.

Le bois étant, tout comme la production vivrière, essentiel à l'effort de guerre, les deux conflits mondiaux du XXe siècle n'arrangèrent rien en aval.

Mais la roue commence à tourner. Dans les Highlands du Nord et du Centre, on fait de plus en plus d'efforts pour replanter des espèces quasiment disparues, et la volonté d'investir dans la restauration des forêts endémiques écossaises est aussi réelle que pérenne.

Trees for Life (treesforlife.org.uk), une organisation à but non lucratif établie dans le Dundreggan Estate, à l'ouest du Loch Ness, est à la pointe de ce mouvement. À l'origine du renouveau de nombreuses forêts d'Écosse depuis 2008, elle a aussi contribué à créer le Rewilding Centre, voué à aider nos contemporains à renouer leurs liens avec la nature. Çà et là sur son domaine, des groupes de bénévoles travaillent toute l'année dans des pépinières pour faire revivre d'anciennes espèces de pins et de genévriers.

CETTE INITIATIVE VISE, SUR TRENTE ANS, À RECRÉER PLUS DE 200 000 HECTARES DE FORÊTS, ENTRE LE LOCH NESS ET LA CÔTE OUEST...

Affric Highlands est un projet non lucratif à l'échelle nationale encore plus ambitieux, qui doit permettre à l'Écosse de devenir la première nation renaturalisée du monde. Cette initiative vise, sur trente ans, à recréer plus de 200 000 hectares de forêts, entre le Loch Ness et la côte ouest en passant par les *glens* Cannich, Affric, Moriston et Shiel, favorisant ainsi l'habitat et la diversité de la faune. Jusqu'ici, le résultat est impressionnant, avec deux millions d'arbres endémiques replantés à ce jour.

À une heure au nord d'Inverness, on renaturalise aussi. Sur les 93 km² de l'Alladale Wilderness Reserve, près du Dornoch Firth, la renaissance des écosystèmes passe par la restauration des tourbières et la replantation d'arbres : près d'un million en 15 ans. Les initiatives secondaires de ce projet se développent d'année en année et on tente maintenant de réintroduire sur ces terres des espèces éteintes ou menacées localement. La réintroduction d'élans d'Europe ou de sangliers a été moins fructueuse que celle d'autres espèces essentielles comme l'écureuil roux, le pygargue à queue blanche ou le chat sauvage, baptisé aussi *Highland tiger*. Il existe même des projets sérieux pour réintroduire le loup dans la région.

La route sera longue, et le futur climatique est incertain, mais le voyage est assurément gratifiant...

À gauche : pygargue à queue blanche.
À droite : chat sauvage écossais.

DE GAUCHE À DROITE : LAKES4LIFE/GETTY IMAGES © ; NOODLEPIX/GETTY IMAGES ©

GLASGOW, VILLE ROCK

Découvrez en quoi la ville a eu une influence majeure sur le monde de la musique. Par Mike MacEacheran

AU TERME D'UN ESCALIER ROUGE au sol couvert de paroles de chansons, on entend, assourdies, la batterie et les guitares d'un groupe de rock. Passé les portes, on découvre 2 000 spectateurs pressés dans la fosse, dont le plancher en érable du Canada, monté sur ressorts, a été spécialement pensé pour en supporter les assauts. Quand, près d'une heure plus tard, les spots illuminent la scène juste avant le rappel, on croirait assister au second avènement du Messie. De fait, il ne s'agit pas d'une salle de rock ordinaire, mais d'une des plus mythiques d'Écosse, à savoir Barrowland, berceau de la scène musicale nationale.

Depuis la fin des années 1970, Glasgow a été, tout comme Manchester, un haut lieu de la musique populaire. En sont issus, entre autres groupes et artistes, Simple Minds, Deacon Blue, Primal Scream, Texas, Teenage Fanclub, Franz Ferdinand, Biffy Clyro, Belle and Sebastian, Snow Patrol, Mogwai ou The Vaselines (un temps le groupe préféré de Kurt Cobain).

Tout remonte, d'une certaine manière, à la création, en 1979, de Postcard Records, le label qui promut les mélodies savantes

de groupes comme Aztec Camera ou Orange Juice d'Edwyn Collins. Deux ans plus tôt, la municipalité avait fait interdire le punk – à tout le moins les concerts de cette mouvance –, et le retour de bâton post-punk et new wave était alors en marche. S'ensuivit une vague de musique plus consensuelle, dont beaucoup de gens écoutent encore les titres aujourd'hui.

Les **Glasgow Music City Tours** (glasgowmusic-citytours.com), des circuits des principaux clubs et salles de la ville, témoignent aujourd'hui de l'influence qu'a eue Glasgow sur la scène musicale mondiale – et de cet engouement toujours pérenne pour la musique, dans une ville par ailleurs dix fois plus petite que Londres ou New York. Les visites passent par le Royal Concert Hall, le désormais défunt Apollo (où AC/DC a enregistré son premier album live) et des salles comme le CCA, l'O2 Academy et le Nice N Sleazy. Point d'orgue, le célèbre King Tut's Wah Wah Hut, où fut "découvert" Oasis, superstars de la britpop, et où sont passés tous les groupes écossais, de Travis à Chvrches, avant de percer dans les *charts*.

À GLASGOW, LA MUSIQUE A ÉTÉ ET DEMEURE FLORISSANTE...

Si d'autres cités mettent volontiers l'accent sur leur localisme, Glasgow, elle, revendique fièrement son caractère mondial. Classée "ville de musique" par l'Unesco en 2008 (la première au Royaume-Uni), et forte du plus grand nombre d'étudiants en musique du pays, elle a vu ses salles, organisateurs, festivals, promoteurs, écoles et universités musicales tisser des liens étroits et former un vivier bien particulier.

"À Glasgow, la musique a été et demeure florissante, déclare Fiona Shepherd, initiatrice des Glasgow Music City Tours et critique musicale au journal *The Scotsman*. Si vous avez beaucoup de petites salles, cela offre une plateforme à nombre de groupes. Le sentiment d'appartenance à une communauté qui en résulte fait indéniablement la spécificité de Glasgow." Autre donnée importante et bien spécifique à la ville : la propension à l'autodérision si caractéristique des Glaswégiens exclut toute possibilité aux musiciens d'attraper ici la grosse tête.

Si le succès de Glasgow s'est construit sur une solide culture musicale, un culte voué à la débrouille et sur une attitude positive, il n'y en a pas que pour les guitares électriques. Jazz, blues, hip-hop, musique classique et folk y sont bien représentés, notamment avec le festival **Celtic Connections** (www.celticconnections.com), qui investit la ville en janvier. Lancé en 1994, avec 130 000 spectateurs chaque année, c'est aujourd'hui le plus grand festival hivernal de musique au monde.

Ici, vous chanterez et danserez, au moins le temps d'une soirée. Alors venez !

À gauche : Barrowland Ballrom (p. 123)
À droite : le groupe Chvrches

INDEX

Référence des cartes **000**

Référence
des cartes **000**

Référence des cartes **000**

Référence des cartes **000**

NOTES

NOTES

"Symbole le plus éloquent de la capitale écossaise, le château d'Édimbourg (p. 56) se dresse depuis près d'un millénaire sur les rochers escarpés qui surplombent la ville."

"En matière de paysage emblématique, difficile de surpasser le panorama époustouflant offert aux alentours de l'ancien dôme volcanique du Ben Nevis (1 345 m de hauteur ; p. 327), point culminant des îles Britanniques."

À GAUCHE : PHOTOFIRES/GETTY IMAGES © ; À DROITE : LUCENTIUS/GETTY IMAGES ©

À PROPOS DE CET OUVRAGE

Cette 9e édition française du guide *Écosse* est la traduction-adaptation de la 12e édition du guide *Scotland* (en anglais), actualisée et rédigée par Kay Gillespie, Laurie Goodlad, Mike MacEacheran, Joseph Reaney et Neil Wilson

Traduction Louise Cabanes, Naomi Defays, Hélène Demazure, Vincent Guiluy, Virginie Lochou, Laura Vaz

Direction éditoriale Dominique Bovet

Responsable prépresse Jean-Noël Doan

Adaptation française Carole Huon

Maquette Valérie Salvo

Cartographie Cartes adaptées en français par Nicolas Chauveau

Couverture Adaptée en français par Laurent Briard

Merci à Vahagn Terzian pour la préparation du manuscrit, à Hugo Gadroy pour les carnets d'adresses et à Olympe Richez pour son travail de référencement. Merci à Agnès Poujol et Jean-Victor Rebuffet pour leur précieux travail sur le texte, et à Marjorie Bensaada pour sa relecture attentive. Merci à Stéphanie Rian à Paris. Enfin, merci à Luan Angel et Nigel Longuet à Londres, et à Jean-Pierre Masclef à Melbourne.

En Voyage Éditions | un département édi8

Écosse

9e édition
Traduit et adapté de l'ouvrage
Scotland, 12th edition, May 2023

92 avenue de France
75013 Paris

Dépôt légal Mai 2023
ISBN 978-1-83869-357-2

Imprimé par Pollina - 50451, Luçon, France
Réimpression 03, juin 2024